[행정법연구 2]

행정소송의 구조와 기능

2006

朴 正 勳

博 英 社

[Studies of Administrative Law 2]

Structure and Functions of Judicial Review of Administrative Action

2006

BY

Dr. PARK, JEONG HOON

Professor of Law
College of Law, Seoul National University

Pakyoung Publishing Co.
Seoul, Korea

머 리 말

이 책은 2005년에 출간된 『행정법의 체계와 방법론[행정법연구 1]』에 이어, 그 동안 발표한 글 가운데 행정소송에 관한 논문들을 모아 硏究論集으로 편집한 것이다. 학생들의 심화학습을 위한 副敎材로, 또한 대학원생과 연구자를 위한 硏究書로, 그리고 행정소송실무에 필요한 理論書로 사용되었으면 하는 마음에서 감히 세상에 펴낸다.

발표된 글의 원래 내용 중 불명확한 부분을 보완하고 변경된 법령의 이름과 조문을 수정하였으며 논문 발표 이후 선고된 주요 판례들을 소개하는 등 부분적으로 수정·가필하였다. 행정소송에 관한 저자의 이론체계는 이 책에 실린 글들을 통해 점진적·단계적으로 발전된 것이기 때문에 상호 중복되는 부분이 많아 그러한 부분을 생략 또는 축약하여 중복을 피하고자 노력하였다. 그럼에도 아직 중복되는 내용이 적지 아니한데, 널리 양해를 부탁드린다. 또한 인용된 문헌에 관해 新版의 面數로 수정하지 못한 점에 대하여 그 문헌의 저자·필자들께 송구스럽다.

본 연구논집의 출간을 가능하게 해 주신 博英社 安鍾萬 회장과 金善敏 차장과 趙成皓 차장께 감사의 말씀을 드린다. 우리나라 행정법학을 반석 위에 올리시고 저자에게는 크나큰 學恩을 베풀어 주시고 작년 10월 16일 별세하신 故 南河 徐元宇(1931-2005) 서울대학교 명예교수님의 冥福을 빌면서 이 작은 책자를 선생님의 靈前에 바친다.

2006년 4월
서울 봉천동 寓居에서
著 者

行政訴訟의 構造와 機能
[행정법연구 2]

제 1 장　行政訴訟法의 概觀
『現代の韓國法』, 有信堂, 東京 2004, 63-84면 (原題: 韓國の行政訴訟法)

제 2 장　行政法院의 任務와 役割
서울행정법원 (편), 『행정법원의 좌표와 진로』 (개원 1 주년 기념 백서), 1999, 278-302면 (原題: 행정법원 1년의 성과와 발전방향)

제 3 장　取消訴訟의 四類型 — 取消訴訟의 對象適格과 原告適格
특별소송실무연구회 (편), 『특별법연구』 제 6 집, 2001, 124-148면 (原題: 取消訴訟 四類型論 — 취소소송의 대상적격과 원고적격의 체계적 이해와 확대를 위한 試論)

제 4 장　人類의 普遍的 智慧로서의 行政訴訟 — 裁判管轄과 訴訟類型의 多元的 法比較
서울대학교 법학연구소 (편), 『서울대학교 법학』 제42권 제 4 호 (통권 121호), 2001, 66-105면 (原題: 인류의 보편적 지혜로서의 행정소송 — 多元的 法比較를 통해 본 우리나라 행정소송의 현상과 발전방향, 재판관할과 소송유형을 중심으로)

제 5 장　取消訴訟의 性質과 處分概念
考試界 2001년 9월호, 권두논문, 6-34면

제 6 장　取消訴訟의 原告適格 (1) — 독일법의 批判的 檢討
비교법실무연구회 (편), 『판례실무연구』 제 4 집, 2000, 475-499면; 행정법이론실무학회 (편), 『행정법연구』 제 6 호 (2000년 하반기), 97-118면 (原題: 환경위해시설의 설치 · 가동 허가처분을 다투는 취소소송에서 인근주민의 원고적격 — 독일법의 비판적 검토와 행정소송법 제12조의 해석을 중심으로)

제 7 장　取消訴訟의 原告適格 (2) — 比較法 · 學說 · 判例

金鐵容·崔光律 (편집대표), 『註釋 行政訴訟法』, 박영사, 2004, 제12조 전문, 337-391면

제 8 장 取消訴訟의 訴의 利益과 權利保護必要性
비교법실무연구회 (편), 『판례실무연구』 제 5 집, 2001, 417-445면 (原題: 독일법상 취소소송의 권리보호필요성 — 우리 행정소송법 제12조 후문의 해석과 더불어)

제 9 장 地方自治團體의 自治權을 보장하기 위한 行政訴訟
한국지방자치법학회 (편), 『지방자치법연구』 제 1 권 제 1 호, 2001, 9-21면

제10장 取消訴訟의 訴訟物 — 處分事由의 追加·變更, 訴變更 및 取消判決의 效力과 관련하여
한국행정판례연구회 (편), 『행정판례연구』 제 9 집, 2004, 135-235면 (原題: 취소판결의 기판력과 기속력 — 취소소송의 관통개념으로서 소송물)

제11장 處分事由의 追加·變更과 行政行爲의 轉換
한국행정판례연구회 (편), 『행정판례연구』 제 7 집, 2002, 196-274면 (原題: 처분사유의 추가·변경과 행정행위의 전환 — 제재철회와 공익상 철회)

제12장 行政訴訟과 行政節次 (1) — 比較法的 考察 및 네 개의 接點問題
서울대학교 법학연구소 (편), 『서울대학교 법학』 제45권 제 1 호 (통권 130호), 2004, 195-218면 (原題: 상호관련적 법구체화절차로서 행정절차와 행정소송)

제13장 行政訴訟과 行政節次 (2) — 독일법과 유럽공동체법
서울대학교 법학연구소 (편), 『서울대학교 법학』 제45권 제 1 호 (통권 130호), 2004, 176-194면 (Thomas Würtenberger, Das Verhältnis zwischen Verwaltungsprozeßrecht und Verwaltungsverfahrensrecht, 『서울대학교 법학』 제45권 제 1 호 (통권 130호), 2004, 363-384면의 번역)

제14장 行政訴訟의 裁判上和解
金鐵容·崔光律 (편집대표), 『註釋 行政訴訟法』, 2004, 특수문제 2, 166-180면 및 『인권과 정의』, 1999/11, 8-24면의 종합·재구성

제15장 英國의 行政訴訟
金鐵容·崔光律 (편집대표), 『註釋 行政訴訟法』, 박영사, 2004, 1222-1241면

行政法의 體系와 方法論
[행정법연구 1] (2005)

차　　례

제 1 장　行政訴訟法의 槪觀

제 2 장 行政法院의 任務와 役割

제 3 장 取消訴訟의 四類型 — 取消訴訟의 對象適格과 原告適格

제 4 장 人類의 普遍的 智慧로서의 行政訴訟
— 裁判管轄과 訴訟類型의 多元的 法比較

제 5 장 取消訴訟의 性質과 處分槪念

제 6 장 取消訴訟의 原告適格(1) — 독일법의 批判的 檢討

제 7 장 取消訴訟의 原告適格 (2) — 比較法 · 學說 · 判例

제 8 장 取消訴訟의 訴의 利益과 權利保護必要性

제 9 장　地方自治團體의 自治權을 보장하기 위한 行政訴訟

제10장 取消訴訟의 訴訟物 —處分事由의 追加·變更, 訴變更 및 取消判決의 效力과 관련하여

제11장 處分事由의 追加·變更과 行政行爲의 轉換

제13장 行政訴訟과 行政節次 (2) — 독일법과 유럽공동체법

제14장 行政訴訟의 裁判上和解

제15장　英國의 行政訴訟

略 語 表

a.a.O.	am angegebenen Ort (전게) (독)
A.C.	Appeal Cases (영국 상급법원 판결집)
Admin L.R.	Administrative Law Review (영국 법학잡지)
A.J.D.A.	Actualité juridique droit administratif (프랑스 법학잡지)
Abs.1	Absatz 1 (제 1 항) (독)
AJR	Application for Judicial Review (영국 사법심사청구소송, 2000년까지 명칭)
All E.R.	All England Law Reports (영국 판결집)
Anm.	Anmerkung (각주) (독)
AO	Abgabenordnung (독일 조세법통칙)
APA	Administrative Procedure Act (미국 행정절차법)
ARSP	Archiv für Rechts- und Sozialphilosophie (독일 법학잡지)
Art.5	Artikel 5 (제 5 조) (독)
Aufl.	Auflage (版) (독)
AöR	Archiv des öffentlichen Rechts (독일 법학잡지)
B. v. 11. 3. 1985	Beschluß vom 11. 3. 1985 (1985년 3월 11일자 결정) (독)
BAG	Bundesarbeitsgericht (독일 연방노동법원)
BauGB	Baugesetzbuch (독일 건설법전)
Bd.2	Band 2 (제 2 권) (독)
BFH	Bundesfinanzhof (독일 연방재정법원)
BFHE	Entscheidungen des Bundesfinanzhofes (독일 연방재정법원 판결집)
BGB	Bürgerliches Gesetzbuch (독일 민법전)
BGHSt	Entscheidungen des Bundesgerichtshofes in Strafsachen (독일 연방통상법원 형사판결집)
BGHZ	Entscheidungen des Bundesgerichtshofes in Zivilsachen (독일 연방통상법원 민사판결집)
BImSchG	Bundes-Immissionsschutzgesetz (독일 연방임밋시온방지법)
BSG	Bundessozialgericht (독일 연방사회법원)
BVerfG	Bundesverfassungsgericht (독일 연방헌법재판소)

BVerfGE	Entscheidungen des Bundesverfassungsgerichts (독일 연방 헌법재판소 판결집)
BVerwG	Bundesverwaltungsgericht (독일 연방행정법원)
BVerwGE	Entscheidungen des Bundesverwaltungsgerichts (독일 연방 행정법원 판결집)
BayVBl.	Bayerischer Verwaltungsblatt (독일 바이에른주 법학잡지)
BayVGH	Bayerischer Verwaltungsgerichtshof (독일 바이에른주 고등 행정법원)
C-6/90	Case 6/90 (유럽법원의 사건번호, 1990년의 6번째 사건)
C.A.A.	Cour administrative d'appel (프랑스 행정항소법원)
Cass. crim.	Cour de cassation, Chambre criminelle (프랑스 파기원 형사재판부)
C.const.	Conseil constitutionnel (프랑스 헌법재판소, 헌법위원회)
C.E.	Conseil d'Etat (프랑스 꽁세유・데따, 국참사원)
C.E. Ass.	Conseil d'Etat Assemblée (프랑스 꽁세유・데따 大裁判部)
C.E. Sec. 7	Conseil d'Etat Section 7 (꽁세유・데따의 제 7 재판부)
Ch.	English Chancery Cases (영국 판결집)
C.J.A	Code de justice administrative (프랑스 행정소송법전)
CJR	Claim for Judicial Review (영국 사법심사청구소송, 2000년부터 새로운 명칭)
C.M.P.	Code des marchés publics (프랑스 공공조달법전)
C.T.A.-C.A.A.	Code des tribunaux administratifs et des cours administratives d'appel (프랑스 행정지방법원 및 행정항소법원 법전: C.J.A.로 변경되었음)
ders.	derselbe (同人) (독)
Diss.	Dissertation (박사학위논문) (독)
DVBl.	Deutsches Verwaltungsblatt(독일 법학잡지)
DÖV	Die Öffentliche Verwaltung (독일 법학잡지)
ebd.	ebenda (同人의 전게논문) (라)
ECR	European Court Reports (유럽법원 판결집)
ed.	edition (版) (영)
éd.	édition (版) (프)
EGV	Vertrag zur Gründung der Europäischen Gemeinschaft (유럽공동체조약) (독)
ELR	England Law Reports (영국 판결집)
et s.	et suivantes (이하 계속되는 面) (프)

EuGH	Gerichtshof der Europäischen Gemeinschaften (유럽법원)
EUV	Vertrag zur Gründung der Europäischen Union (유럽연합 조약) (독)
f.	folgende Seite (바로 이하 面) (독)
ff.	folgende Seiten (이하 계속되는 面) (독)
FGO	Finanzgerichtsordnung (독일 조세법원법)
Fn. (FN)	Fußnote (각주) (독)
GewArch	Gewerbearchiv (독일 법학잡지)
GG	Grundgesetz (기본법: 독일 연방헌법)
H.12	Heft (제12권) (독)
Hg.	Herausgeber (編輯者) (독)
hrsg. v.	herausgegeben von (~에 의해 편집되었음) (독)
JuS	Juristische Schulung (독일 법학잡지)
JZ	Juristenzeitung (독일 법학잡지)
Kap.4	Kapitel 4 (제 4 장) (독)
Lfg.5	Lieferung 5. (제 5 보급판) (독)
NdsOVG	Niedersächsisches Oberverwaltungsgericht (독일 니더작센주 고등행정법원)
NJW	Neue Juriste Wochenschrift (독일 법학잡지)
n°	numéro (번호) (프)
Nr.	Nummer (번호) (독)
NVwZ	Neue Zeitschrift für Verwaltungsrecht (독일 법학잡지)
NVwZ-RR	NVwZ-Rechtsprechungs-Reports (독일 법학잡지 판례속보)
op. cit.	opere citato (전게서 · 전게논문) (라)
OVG NW	Oberverwaltungsgericht Nordrhein-Westfalen (독일 베스트팔렌주 고등행정법원)
p.100	page 100 (100면) (영·프)
PrOVG	Preußisches Oberverwaltungsgericht (프로이센 고등행정재판소)
PrOVGE	Entscheidungen des Preußischen Oberverwaltungsgerichts (프로이센 고등행정재판소 판결집)
QB	Queen's Bench Reports (영국 High Court 여왕재판부 판결집)
R.	Rex (Regina) (國王) (라)
R.D.P.	Revue du droit public et de la science politique (프랑스 법학잡지)

R.F.D.A.	Revue française de droit administratif (프랑스 법학잡지)
RG	Reichsgericht (라이히법원, 독일제국·바이마르공화국 시대의 연방최고법원)
RGZ	Entscheidungen des Reichsgericht in Zivilsachen (독일 라이히법원 민사판결집)
Rn.	Randnummer (갓번호) (독)
Rs.	Rechtssache (사건) (독)
RVBl.	Reichsverwaltungsblatt (독일 바이마르시대 법학잡지)
S.	Seite (面) (독)
SGB X	Sozialgesetzbuch (Zehntes Buch) - Verwaltungsverfahren (독일 사회법전 제10권 - 행정절차)
SGB-AT	Sozialgesetzbuch (Erstes Buch) - Allgemeiner Teil (독일 사회법전 제 1 권 - 총칙)
SGG	Sozialgerichtsgesetz (독일 사회법원법)
Slg.	Sammlung der Entscheidungen des Gerichtshofs der Europäischen Gemeinschaften (유럽법원 판결집) (독)
soc.	société (회사) (독)
T.2	Tome 2 (제 2 권) (프)
T.A.	Tribunal administratif (프랑스 지방행정법원)
T.C.	Tribunal des conflits (프랑스 관할재판소)
TA-Luft	Technische Anleitung zur Reinhaltung der Luft (독일 대기오염방지 기술지침)
U.S.	United States Reports (미국 연방대법원 판결집)
U.S.C.	United States Code (미국 연방법전)
U. v. 15. 8. 1975	Urteil vom 15. 8. 1975 (1975년 8월 15일 선고 판결) (독)
VerwArch	Verwaltungsarchiv (독일 법학잡지)
VGH BW	Verwaltungsgerichtshof Baden-Württemberg (독일 바덴뷔르템베르크주 고등행정법원)
VVDStRL	Veröffentlichungen der Vereinigung der Deutschen Staatsrechtslehrer (독일 공법학자협회 학술지)
VwGO	Verwaltungsgerichtsordnung (독일 행정법원법)
VwVfG	Verwaltungsverfahrensgesetz (독일 행정절차법)
VwVG	Verwaltungsvollstreckungsgesetz (독일 행정집행법)
VwZG	Verwaltungszustellungsgesetz (독일 행정송달법)
WLR.	Weekly Law Reports (영국 판례주보)

제 1 장

行政訴訟法의 槪觀

Ⅰ. 序　　說

1. 沿　　革

한국의 행정소송법은 처음에 한국전쟁 중이던 1951년에 당시 일본의 行政事件訴訟特例法을 본떠 14개조의 극히 간략한 내용으로 제정되어 1970년대까지 시행되다가(제 1 기), 1979년 유신독재의 종말로 도래한 1980년 '서울의 봄'을 계기로 대폭적인 개정작업을 거쳐 1984년 전면개정됨으로써 현행법의 골격이 만들어졌는데(제 2 기), 다시 1994년 사법제도개혁의 일환으로 행정소송 三審制와 제 1 심 전문법원으로서의 행정법원의 설치 및 행정심판의 임의절차화를 요체로 하는 일부개정이 이루어져 1998년 3월부터 시행되어 오늘에 이르고 있다(제 3 기).

한국 행정소송법의 내용과 운용에 있어 제 1 기에는 일본법의 차용이라고 할 정도로 일본의 제도와 판례에 전적으로 의존하고 있었고, 제 2 기의 전면개정에 있어서도 일본의 行政事件訴訟法을 모범으로 삼았었다. 일본법과 비교하여, 후술하는 바와 같이, 한국법에는 행정에 대한 보다 적극적인 재판통제가 이루어질 수 있는 여지를 부분적으로나마 갖고 있었음에도 불구하고, 판례와 재판실무는 이를 외면하고 많은 쟁점에 관하여 — 다분히 사법소극주의적인 — 일본의 법규정과 판례를 추종하여 왔음은 부인할 수 없다. 그러나 제 3 기에 이르러, 한편으로 그 동안의 민주화와 법치주의의 발전을 배경으로 시민의 민주주의적 욕구를 법치주의의 그릇으로 담아내어야 할 필요성과, 다른 한편으로 행정소송 三審制와 행정법원의 설치 및 헌법소원심판과의 경쟁관계에 기하여, 종래의 일본법에 따른 소극성에서 벗어나 차츰 적극적인 태도를 취하고 있다.[1)] 이러한 변화에 발맞추어 2002년 4월 대법원에 「행정소송법 개정위원회」가 설치되어 행정에 대한 사법적 통제 및 국민의 권리구제의 강화를 위한 개정작업이 진행되고 있다(제 4 기).

2. 行政訴訟法의 位相

행정소송법은 행정소송에 대한 일반법으로서, 다른 법률에 특별한 규정이 있는 경우를 제외하고는 행정소송법이 적용된다(행정소송법 [이하 '법'] 제 8 조 제 1 항). 다만, 행정소송법은 행정소송에 관한 모든 규율을 담고 있는 소

1) 행정소송(본안)사건도 급증하여 행정소송법이 전면개정된 1984년에 1,822건(司法年鑑 1985, 592면)이었으나 행정법원이 설치된 1998년에는 7,422건(司法年鑑 1999, 834면), 2001년에는 11,696건(司法年鑑 2000, 748면), 2004년에는 17,858건(司法年鑑 2005, 545면)이 되었다.

위 '自足法'이 아니라, 행정소송에 특별히 적용되는 46개조의 규정만을 정하고 동법에 특별한 규정이 없는 사항에 대하여는 법원조직법과 민사소송법 및 민사집행법이 준용된다(법 제8조 제2항). 그리하여 법관의 제척·기피·회피, 당사자능력, 소송비용, 기일 및 기간, 송달, 소송절차의 중단·중지, 변론과 그 준비, 증거조사, 상소 등에 관한 민사소송법의 규정들이 준용된다. 그러나 행정소송법에 특별한 규정이 없는 경우에도 행정소송의 특수성에 비추어 민사소송법과 민사집행법의 규정 중 행정소송의 성질에 반하는 것, 예컨대 청구의 포기·인락·화해, 가처분 등에 관한 규정은 적용되지 않는 것으로 보는 것이 판례·통설이다.

Ⅱ. 裁判管轄

1. 行政事件과 民事事件

행정사건이든 민사사건이든 모두 대법원을 정점으로 하는 일원적인 사법권의 재판관할에 속한다(헌법 제101조 제1항). 그러나 행정사건에 대해서는 그 소송절차에 관해 여러 가지 점에서 민사소송법과 상이한 행정소송법이 적용됨으로써 '소송절차적 특수성'이 인정될 뿐만 아니라, 그 제1심이 전문법원의 하나인 행정법원의 관할에 속하며(법원조직법 제3조 6호, 제40조의4) 제2심에서도 고등법원의 특별재판부에 배당됨으로써 — 상고심은 대법원으로 귀일되지만 — 부분적으로 '재판관할의 특수성'도 인정된다. 현재 행정법원은 서울에만 설치되어 있고(각급법원의설치와관할구역에 관한법률 제2조 및 별표 6), 행정법원이 설치되지 않은 지역에서는 지방법원본원 합의부가 이를 대신하고 있다.

이와 같이 행정사건에 관해 소송절차와 재판관할의 면에서 특수성이 인정되고 있으므로, 행정사건과 민사사건의 구별은 중요한 의미를 갖는데, 이는 결국 행정주체의 활동에 있어 공법관계와 사법관계의 구별의 문제로 귀착된다.[2] 이에 관해 판례·통설은 대체로 三分說을 취하고 있다. 즉, 권력행정은 공법관계에, 국고행정은 사법관계에 각각 해당되고, 그 중간 영역으로서 관리행정 내지 비권력행정은 부분적으로 — 즉, 실정법상 특수한 규정이 마련되어 있거나 해석상 그 목적 달성을 위해 특수한 규율이 필요한 경우에 — 공법관계에 속하는 것으로 본다. 권력행정과 국고행정에 관해서는 행정활동의 영역이 일차적 기준이 되지만, 개별적으로 당해 사안에 대한 실정법 규정에 따른 특수성도 중요한 판단요소가 된다. 예컨대, 조달작용은 국고행정에 속하는 것으로, 이에 관한 분쟁은 원칙적으로 민사사건이 되지만, 국가를당사자로하는계약에관한법률 제27조에 의거한 입찰참가자격 제한조치는 권력적 행위로서 행정사건(항고소송)이 된다.[3] 관리행정에 관해서는, 근로복지공단의 산재보험금 급여와 석탄사업합리화사업단의 석탄가격안정지원금 급여[4]에 관한 분쟁은 행정사건(전자는 항고소송, 후자는 당사자소송)으로 파악되는 반면, 공기업의 내부관계, 예컨대 서울특별시지하철공사의 임직원에 대한 징계처분은 민사사건이 된다.[5]

행정상 손배배상과 공법상 부당이득반환은 판례·실무상 그 청구권이 私權이라는 이유로 사법관계로 파악되어 민사소송으로 취급되어 왔고, 행정소송에서는 항고소송의 관련청구로서만 병합 심리될 수 있을 뿐이다(법 제10조). 행정상 손실보상은 토지수용절차에서와 같이 행정청의 裁決이 게재되는 경우에는 행정소송의 대상이 되고,[6] 그렇지 않은

2) 공법과 사법의 구별문제에 관하여, 拙著, 행정법의 체계와 방법론 [행정법연구 1], 제 5 장 행정조달계약의 법적 성격, 특히 173면 이하 참조.

3) 대법원 1983. 12. 27. 선고 81누366 판결; 1996. 12. 20. 선고 96누14708 판결 등.

4) 대법원 1997. 5. 30. 선고 96다28960 판결.

5) 대법원 1978. 4. 25. 선고 78다414 판결.

6) 2002년까지 보상금의 증감에 관한 소송에서는 재결청과 기업자·토지소유자를

경우에는 민사소송의 대상이 된다.[7)]

행정사건에 관한 행정소송법의 적용 및 행정법원의 제 1 심 재판관할은 말하자면 전속관할로서 합의관할 또는 응소관할이 인정되지 않는다. 그러나 행정사건이 민사소송으로, 또는 민사사건이 행정소송으로 잘못 제기된 경우에 판례·실무상 소변경과 이송을 폭넓게 허용함으로써 원고의 소송종류 선택의 위험을 최소화하고 있다.[8)]

2. 先決問題에 대한 民事訴訟·刑事訴訟에서의 審判權

행정사건에 관한 전속적 재판관할의 예외로서, 처분의 효력 유무 또는 존재 여부가 민사소송에서의 선결문제로 되는 경우에는 이를 민사소송에서 직접 심판할 수 있는데, 다만 행정청의 소송참가, 행정심판기록의 제출명령, 직권심리 등에 관한 행정소송법의 규정이 이러한 민사소송에 적용된다(법 제11조 제 1 항). 선결문제는 '처분의 효력 유무 또는 존재 여부'에 한정되므로, 민사소송에서 처분의 무효 또는 부존재를 확인할 수 있지만, 단순위법을 이유로 처분의 효력을 부정할 수는 없다. 그러나 민사소송으로 취급되는 국가배상청구소송에서 처분의 위법성을 이유로 손해배상을 명하는 것은 처분의 효력을 부정하는 것은 아니기 때문에 가능하다는 것이 확립된 판례이다.[9)]

형사소송에 관해서는 명문의 규정이 없으나, 민사소송에서와 마찬

동시에 피고로 하도록 하였으므로 재결청에 대한 관계에서는 취소소송의 성격을 가졌으나(舊 토지수용법 제75조의2 제 2 항), 2003년부터는 기업자·토지소유자만을 피고로 함으로써 소위 '형식적 당사자소송'의 형태를 띠게 되었다(공익사업을위한토지등의취득및보상에관한법률 제85조 제 2 항).

7) 대표적으로 河川의 堤外地의 국유화로 인한 손실보상청구(대법원 1990. 12. 21. 선고 90누5689 판결 등).

8) 행정사건을 민사소송으로 제기한 경우 이송에 관한 판례로는 대법원 1997. 5. 30. 선고 95다28960 판결이 있고, 소변경에 관한 판례로는 대법원 1999. 11. 26. 선고 97다42250 판결이 있다.

9) 대법원 1972. 4. 28. 선고 72다337 판결 등.

가지로 처분의 효력 유무 또는 존재 여부에 관해서는 선결문제 심판권이 인정되고 따라서 범죄성립의 적극적 요건을 이루는 처분이 무효 또는 부존재라는 이유로 무죄를 선고할 수 있다는 점에는 異論이 없다. 단순위법의 경우에도 원칙적으로 처분의 위법성을 이유로 범죄성립을 부정하여 무죄를 선고할 수 있다는 것이 판례이다.[10)]

3. 行政訴訟과 憲法訴願審判

헌법은 헌법재판소의 관장사항의 하나로 "법률이 정하는 헌법소원에 관한 심판"을 규정하고(제111조 제1항 5호), 이에 따라 헌법재판소법 제68조는 헌법소원심판의 유형으로서, "공권력의 행사 또는 불행사로 인하여 헌법상 보장된 기본권을 침해받은 자"가 제기하는 경우(제1항) 및 법원에 제기한 법률의 위헌여부심판제청의 신청이 기각된 때 제기하는 경우(제2항)를 규정하고 있다. 행정소송과의 관계가 문제되는 것은 바로 전자의 헌법소원심판인데, 항고소송의 대상인 '처분'도 헌법소원심판의 대상이 되는 '공권력의 행사 또는 불행사'에 해당하기 때문이다. 그러나 이 헌법소원심판은 법원의 재판을 대상으로 할 수 없고 또한 다른 법률에 구제절차가 있으면 먼저 그 절차를 모두 거쳐야 한다는 보충성의 제한이 붙어 있다. 따라서 공권력의 행사 중 처분에 해당하는 것에 대해서는 항고소송을 제기하여야 하고 또한 그 확정판결에 대해서는 ― 또한 원래의 처분에 대해서도[11)] ― 헌법소원심판을 제기할 수 없다. 반면에 행정작용이라 하더라도 처분에 해당하지 않는 것은 위와 같은 보충성의 제한이 적용되지 않기 때문에 바로 헌법소원심판을 제

10) 도시계획법상 조치명령위반죄에 관한 대법원 1996. 7. 12. 선고 96도12371 판결 및 1992. 8. 18. 선고 90도1709 판결. 이에 관해서는 拙著, 행정법의 체계와 방법론 [행정법연구 1], 제 8 장 협의의 행정벌과 광의의 행정벌, 351면 이하 참조.

11) 이에 관해 학설상 견해가 대립되지만, 이러한 原處分에 대한 헌법소원심판은 확정판결의 기판력에 저촉된다는 이유로 원칙적으로 허용되지 않는다는 것이 헌법재판소의 판례이다(1998. 5. 28. 선고, 91헌마98등 결정 등).

기할 수 있다는 것이 확립된 헌법재판소의 판례이다. 따라서 행정작용 중 처분에 해당하는 것은 항고소송으로, 처분에 해당하지 않는 것은 헌법소원심판으로 다투게 되는, 말하자면 二元的 構造를 초래하게 되었다. 이는 한편으로 대법원과 헌법재판소의 권한충돌이라는 副作用도 낳았지만, 다른 한편으로 행정소송과 헌법소원심판의 경쟁관계를 통하여 행정작용에 대한 사법심사가 확대·강화되는 긍정적인 결과를 가져다 주었으며, 행정소송의 관점에서는 처분개념의 — 판례와 입법을 통한 — 확대의 필요성을 깨닫게 하는 계기가 되었다.

또한 행정소송 중 기관소송과 헌법재판소에 의한 권한쟁의심판과의 관계가 문제되고 있는데, 이는 기관소송과 관련하여 후술하기로 한다.

Ⅲ. 訴訟類型

1. 槪　　觀

행정소송의 유형은 日本의 行政事件訴訟法(이하 '일본법')과 동일하다. 법 제 3 조는 '행정소송의 종류'라는 제목 하에서 행정소송을 抗告訴訟, 當事者訴訟, 民衆訴訟, 機關訴訟의 네 가지로 구분하고 있다. 抗告訴訟은 "행정청의 처분등이나 부작위에 대하여 제기하는 소송"이고, 當事者訴訟은 "행정청의 처분등을 원인으로 하는 법률관계에 관한 소송 그 밖에 공법상의 법률관계에 관한 소송으로서 그 법률관계의 한쪽 당사자를 피고로 하는 소송"이며, 民衆訴訟은 "국가 또는 공공단체의 기관이 법률에 위반되는 행위를 한 때에 직접 자기의 법률상 이익과 관계없이 그 시정을 구하기 위하여 제기하는 소송"이고, 機關訴

訟은 "국가 또는 공공단체의 기관 상호간에 있어서의 권한의 존부 또는 그 행사에 대하여 제기하는 소송"이다.

민중소송과 기관소송은 법률이 정한 경우에 법률에 정한 자에 한하여 제기할 수 있는데(법 제45조) 현행법상 민중소송과 기관소송이 극히 제한적으로만 인정되고 있으므로, 항고소송과 당사자소송이 행정소송의 중심을 이룬다. 그 중에서도 판례·실무상 당사자소송의 대상이 한정되어 있기 때문에 항고소송(특히 취소소송)이 행정소송의 대부분을 차지하고 있다.

2. 抗告訴訟

(1) 訴訟類型

抗告訴訟은 역시 일본법과 동일하게 세 가지의 하부유형으로 구분되는바, "행정청의 위법한 처분등을 취소 또는 변경하는 소송"인 取消訴訟, "행정청의 처분등의 효력 유무 또는 존재 여부를 확인하는 소송"인 無效等確認訴訟 및 "행정청의 부작위가 위법하다는 것을 확인하는 소송"인 不作爲違法確認訴訟이 그것이다(법 제4조). 행정심판에 관해서는 처분의 발급을 명하는 義務履行審判이 규정되어 있으나(행정심판법 제4조 3호, 제32조 제5항),[12] 행정소송에서는 義務履行訴訟이 규정되어 있지 않은데, 현행법상 무명항고소송 또는 당사자소송으로서도 의무이행소송이 허용되지 않는다는 것이 판례의 입장이다. 이하에서는 취소소송을 중심으로 그 소송요건, 본안심리, 소송의 종료에 관하여 고찰하고, 무효등확인소송과 부작위위법확인소송에 관해 특기할 사항이 있으면 해당 부분에서 언급하기로 한다.

---

12) 이는 거부처분 또는 부작위에 대하여 신청된 처분 자체를 발급할 것을 명할 수 있다는 점에서, 부작위에 대해서만 그것도 모종의(なんらかの) 행위를 할 것을 명할 수 있을 뿐인 일본(行政不服審査法 제51조 제3항)과 다르다.

(2) 訴訟要件

1) 對 象

취소소송과 무효등확인소송의 대상은 '처분등'이다. 이는 처분 및 행정심판재결을 포괄하는 개념으로서 일본법과 동일하지만, '처분'을 명시적으로 "행정청이 행하는 구체적 사실에 관한 법집행으로서의 공권력의 행사 또는 그 거부와 그 밖에 이에 준하는 행정작용"(법 제2조 제1항 1호)으로 정의하고 있다는 점이 일본법과 다르다. 처분에 대하여 행정심판을 거친 때에는 원칙적으로 처분을 대상으로 하고, 재결 자체에 고유한 위법이 있음을 이유로 하는 경우에 한하여 재결을 대상으로 할 수 있다(법 제19조). 이는 처분에 관한 심사청구를 기각한 재결의 취소의 소에서는 처분의 위법을 이유로 할 수 없다는 일본법 제10조 제2항과 동일한 취지이다.

종래 판례의 주류는 위와 같은 행정소송법상의 定義를 외면하고 '처분'을 "권리의 설정 또는 의무의 부담을 명하거나 기타 법률상의 효과를 발생케 하는 등 국민의 구체적인 권리의무에 직접적인 변동을 일으키는 행위"로 파악하고 있었다.[13] 그리하여 한편으로 토지대장·임야대장 · 건축물대장 등 지적공부의 등재와 경고 · 권고 · 중재 등 행정지도에 해당하는 행위나 행정청 내부행위 또는 중간결정은 국민의 권리의무에 직접 영향을 미치지 않는다는 이유로 모두 처분성을 부정하여 왔고, 다만 斷水措置를 '권력적 사실행위'로서 처분으로 인정한 판례가 있을 뿐이었다.[14] 그러나 최근 2004년 전원합의체 판결에 의한 판례변경을 통해, "지목은 토지소유권을 제대로 행사하기 위한 전제요건으로서 토지소유자의 실체적 권리관계에 밀접하게 관련되어" 있다는 이유로 지목변경의 거부행위를 "국민의 권리관계에 영향을 미

13) 대표적으로 대법원 1993.10.26. 선고 93누6331 판결.
14) 대법원 1979.12.28. 선고 79누218 판결.

치는 것"으로서 처분성을 긍정하기에 이르렀다.[15]

다른 한편으로 법규명령 · 조례 · 규칙 등 행정입법은 '일반적, 추상적 법령'으로서 '구체적인' 법률효과를 발생하지 않는다는 이유로 역시 처분성이 부정되고 있다.[16] 이러한 판례는 행정입법 중에 일반적·추상적이지 아니한 것은 처분성이 인정될 수 있음을 함축하고 있으나, 특정 공립학교를 폐지하는 조례와 같이 조문의 형식과 내용 자체로 개별 · 구체적 조치임이 명백한 경우에 처분성을 긍정한 판례가 있을 뿐,[17] 그 실질적인 효과가 구체적이고 직접적이라는 이유로 행정입법을 처분으로 파악한 사례는 아직 없다.[18] 다만 특기할 것은 도시계획

---

15) 대법원 2004. 4. 22. 선고 2003두9015 전원합의체 판결. 지목이 토지소유권을 제대로 행사하기 위한 전제요건이라고 인정하는 논거로서 "지목은 토지에 대한 공법상의 규제, 개발부담금의 부과대상, 지방세의 과세대상, 공시지가의 산정, 손실보상가액의 산정 등 토지행정의 기초로서 공법상의 법률관계에 영향을 미치고, 토지소유자는 지목을 토대로 토지의 사용 · 수익 · 처분에 일정한 제한을 받게 되는 점 등을 고려하면, …"이라고 판시하였다. 이 판결에서 문제된 것은 지목변경 '거부행위'의 처분성의 요건으로서 신청권의 유무가 아니라, 그 전제로서 신청 대상인 '지목변경' 자체의 처분성이었다. '거부행위'의 처분성 문제는 지목변경의 처분성이 인정되면 당연히 그에 대한 (조리상의) 신청권이 인정되는 것으로 전제되었던 것이다.

16) 대법원 1992. 3. 10. 선고 91누12639 판결; 1994. 9. 10. 선고 94두33 판결 등.

17) 대법원 1996. 9. 20. 선고 95누8003 판결.

18) 최근 대법원 2003. 10. 9.자 2003무23 결정은 "어떠한 고시가 일반적 · 추상적 성격을 가질 때에는 법규명령 또는 행정규칙에 해당할 것이지만, 다른 집행행위의 매개 없이 그 자체로서 직접 국민의 구체적인 권리의무나 법률관계를 규율하는 성격을 가질 때에는 항고소송의 대상이 되는 행정처분에 해당한다"고 전제한 다음 특정 제약회사의 특정 의약품을 대상으로 하는 보건복지부 요양급여 고시가 다른 집행행위의 매개 없이 그 자체로서 제약회사, 요양기관, 환자 및 국민건강보험공단 사이의 법률관계를 직접 규율하는 성격을 가진다는 이유로 처분성을 인정하였다. 매우 환영할 만한 타당한 판결이다. 그러나 여기에서도 고시의 내용 자체에 의해 특정 의약품을 대상으로 한다는 점이 명백하므로, 아직 실질적인 관점에서 행정입법의 처분성을 인정한 것은 아니라고 할 것이다. 다만, 1회적으로 적용됨으로써 규율의 목적이 종료되는 위 공립학교 폐지조례와는 달리, 이 사건 요양급여 고시는 계속적으로 제약회사, 요양기관, 환자 및 국민건강보험공단 사이의 법률관계를 규율한다는 점에서 규율의 '일반성'이 어느 정도 높기 때문에, 위 공립학교 폐지조례 사건에서보다는 행정입법에 대한 처분성을 한 단계 확대한 것으로 평가할 수 있을 것이다.

결정과 개별공시지가결정에 대해서는 그것만으로 국민의 권리의무에 직접적인 영향을 미친다는 점을 근거로 처분성이 긍정되고 있다는 점이다.[19)]

헌법재판소는 위와 같이 대법원에 의해 처분성이 부정되는 행정작용을 '공권력의 행사 또는 不行使'에 해당한다는 이유로 폭넓게 헌법소원심판의 대상으로 수용하고 있다.[20)] 특히 행정입법에 관해서는, 원칙적으로 재판의 선결문제에 대한 구체적 규범통제로서 대법원의 최종적 재판권에 속하지만(헌법 제107조 제 2 항), 예외적으로 그것이 집행행위의 매개 없이도 직접 국민의 기본권을 침해하는 경우에는 대법원의 — 항고소송에 관한 — 재판권에 속하지 않고 헌법소원심판의 대상이 된다는 판례를 확립하고 있다.[21)] 위 각주 18의 판결에서 설시하고 있다시피, 행정입법이 집행행위의 매개 없이 직접 국민의 기본권을 침해하는 경우라면 항고소송의 대상인 처분에 해당할 수 있기 때문에, 이 점이 상술한 행정소송과 헌법소원심판의 관계에서 가장 논란이 되고 있는 부분이다.

또한 언급되어야 할 것은 거부처분이다. 확립된 판례에 의하면, 신청에 대한 거부조치가 거부'처분'이 되기 위해서는 신청의 대상이 처분에 해당하여야 할 뿐만 아니라 신청인에게 그러한 신청을 할 '법규상 또는 조리상의 신청권'이 있어야 한다고 한다. 그리하여 문화재지정 취소신청의 거부, 도시계획시설 변경신청의 거부, 감독권행사 요구의 거부, 교수재임용의 거부 등은 종래 관계법령이나 조리상 그에

19) 대법원 1982. 3. 9. 선고 80누105 판결(도시계획결정); 1993. 1. 15. 선고 92누12407 판결(개별공시지가결정).

20) 대표적으로 재무부장관의 은행장에 대한 재벌의 해체준비착수지시에 관한 1993. 7. 29. 선고, 89헌마31 결정과 지적공부상의 지목변경에 관한 1999. 6. 24. 선고, 97헌마315 결정.

21) 헌법재판소 1990. 10. 15. 선고, 89헌마178 결정; 1996. 8. 29. 선고, 94헌마113 결정; 1997. 6. 26. 선고, 94헌마52 결정 등.

관한 신청권이 인정되지 않는다는 이유로 모두 처분성이 부정되었다.[22] 다만 검사신규임용의 거부에 관해서는 관계법령상 임용신청에 관한 명문의 규정이 없음에도 조리상 신청권, 즉 "재량권의 한계일탈이나 남용이 없는 적법한 응답을 요구할 권리"를 인정하여 처분성을 긍정하였다.[23]

최근 판례의 경향은 신청권의 인정 범위를 확대하고 있다. 즉, 원칙적으로 국토이용계획변경에 관한 신청권을 부정하면서도, 폐기물처리법에 의거하여 사업계획의 적정통보를 받은 자와 같이 "장래 일정한 기간 내에 관계 법령이 규정하는 시설 등을 갖추어 일정한 행정처분을 구하는 신청을 할 수 있는 법률상 지위에 있는 자"의 경우에는 그 사업을 위한 국토이용계획변경의 신청을 거부하는 것은 실질적으로 그 사업에 관한 행정처분 자체를 거부하는 결과가 된다고 하면서 예외적으로 그 신청인에게 국토이용계획변경의 신청권을 인정하고 따라서 그에 대한 거부행위의 처분성을 인정한 판결이 있다.[24] 또한, 교수재임용 거부에 관해서는 2004년 전원합의체 판결에 의한 판례변경을 통해, 임용기간이 만료된 국·공립대학의 교수는 "교원으로서의 능력과 자질에 관하여 합리적인 기준에 의한 공정한 심사를 받아 위 기준에 부합되면 특별한 사정이 없는 한 재임용되리라는 기대를 가지고 재임용 여부에 관하여 합리적인 기준에 의한 공정한 심사를 요구할 법규상 또는 조리상 신청권을 가진다고" 판시하면서, 임용기간만료의 통지에 대하여 처분성을 인정하였다.[25] 나아가 도시계획변경과 관련

22) 대법원 2001. 9. 28. 선고 99두8565 판결(문화재지정취소); 1984. 10. 13. 선고 84누227 판결(도시계획시설변경); 1991. 2. 26. 선고 90누5597 판결(사업개선명령); 1997. 6. 27. 선고 96누4305 판결(교수재임용) 등.

23) 대법원 1991. 2. 12. 선고 90누5825 판결.

24) 대법원 2003. 9. 23. 선고 2001두10936 판결.

25) 대법원 2004. 4. 22. 선고, 2000두7735 전원합의체 판결. 이 판결 이전에 헌법재판소는 교수재임용제도에 관하여 객관적 기준의 결여, 절차적 보장 및 불복수단의 미비 등을 이유로 헌법불합치결정을 내린 바 있다(2003. 2. 27. 선고, 2000헌

하여 최근 국토의계획및이용에관한법률 제26조에 신설된 도시계획입안 제안제도에 의거하여 동 제안을 할 수 있는 주민(이해관계자 포함)에게 도시계획입안을 요구할 수 있는 법규상 또는 조리상의 신청권이 인정되었다.[26]

이러한 거부처분에 관한 판례는 부작위위법확인소송의 대상인 '부작위'의 개념과 연결된다. 즉, '부작위'는 일본법 제 3 조 제 5 항과 유사하게 "행정청이 당사자의 신청에 대하여 상당한 기간 내에 일정한 처분을 하여야 할 법률상 의무가 있음에도 불구하고 이를 하지 아니하는 것"이라고 정의되어 있는데(법 제2조 제1항 2호), 판례는 여기서 '일정한 처분을 하여야 할 법률상 의무'를 역시 거부처분에서와 같은 '법규상 또는 조리상 신청권'에 대응하는 것으로 해석하고 있다. 다시 말해, 이러한 신청권이 없는 자는 신청에 대하여 행정청이 거부의 응답을 한 경우 (거부처분에 대한) 취소소송을 제기할 수 없는 것과 마찬가지로, 행정청이 아무런 응답을 하지 않은 경우에는 부작위위법확인소송을 제기할 수 없다는 것이다.[27]

2) 原告適格

취소소송의 원고적격은 일본법 제 9 조와 동일하게 "처분등의 취소를 구할 법률상 이익이 있는 자"로 규정되어 있다(법 제12조 前文). 판례는 '법률상 이익'을 당해 처분의 근거법규에 의해 보호되는 개인적 이익으로 파악하되, 이에 관한 명문의 규정이 없더라도 근거법규의 합리적 해석상 개인적 이익을 보호하는 취지까지 포함되어 있다고 해석되는 경우에는 원고적격을 인정하고 있다.

바26 결정). 이상의 처분개념과 신청권 문제에 관하여 本書 제 3 장 취소소송의 4 유형, 70면 이하, 84면 이하; 제 5 장 취소소송의 성질과 처분개념, 145면 이하 참조.

26) 대법원 2004. 4. 28. 선고 2003두1806 판결.

27) 대표적으로 대법원 1993. 4. 23. 선고 92누17099 판결(불법건축물에 대한 시정조치 발동요구).

법률상 이익이 아닌 '반사적 이익'에 불과하다 하여 원고적격이 부인된 사례는, 목욕탕 영업허가, 양곡가공업허가 등 (경찰)허가영업에 관한 처분을 다투는 競業者,[28] 도로용도폐지처분에 의해 산책로 이용의 이익을 침해받는 자와 주택건설사업계획승인처분에 의해 문화재 향유의 이익을 침해받는 자,[29] 상수원보호구역변경처분에 대하여 그 상수원으로부터 급수를 받는 주민,[30] 공장입지지정승인처분에 대하여 그 공장으로부터 공해 피해를 입을 우려가 있는 인근주민,[31] 전임강사임용처분으로 인해 학습권이 침해되었다고 주장하는 학생,[32] 교수임용처분에 대하여 같은 학과의 기존의 교수[33] 등이다.

그러나 선박운항사업면허처분, 자동차운송사업면허처분 등 특허사업 관련처분에 대한 競業者(既存業者),[34] 우선순위에 따라 일정수의 사람에게만 수익적 처분을 하는 경우 우선순위에서 밀려 처분을 받지 못한 競願者,[35] 교도소장의 접견허가거부처분에 대하여 그 접견 대상자이었던 未決囚,[36] 公設火葬場의 설치허가를 다투는 인근주민[37] 등에게는 법률상 이익이 인정되어 원고적격이 부여되었다. 또한 최근 국립공원내 집단시설지구의 개발허가,[38] 수력발전댐의 건설사업승인[39]

28) 대법원 1963. 8. 31. 선고 63누101 판결(목욕탕); 1981. 1. 27. 선고 79누433 판결; 1990. 11. 13. 선고 89누756 판결(양곡가공업).
29) 대법원 1992. 9. 22. 선고 91누13212 판결.
30) 대법원 1995. 9. 26. 선고 94누14544 판결.
31) 대법원 1995. 2. 28. 선고 94누3964 판결.
32) 대법원 1993. 7. 27. 선고 93누8139 판결.
33) 대법원 1995. 12. 12. 선고 95누11856 판결.
34) 대법원 1969. 12. 30. 선고 69누106 판결(선박운항사업면허); 1974. 4. 9. 선고 73누173 판결(자동차운송사업면허). 원고적격에 관한 규정이 없던 1984년 전면개정 이전에도 판례는 '법률상 이익' 또는 '법률상 보호되는 이익'을 원고적격의 요건으로 파악하고 있었다.
35) 대법원 1992. 5. 8. 선고 91누13274 판결; 1998. 9. 8. 선고 98두6272 판결 등.
36) 대법원 1992. 5. 8. 선고 91누7552 판결.
37) 대법원 1995. 9. 26. 선고 94누14544 판결.
38) 대법원 1998. 4. 24. 선고 97누3286 판결; 1998. 9. 22. 선고 97누19571 판결.
39) 대법원 1998. 9. 4. 선고 97누19588 판결.

을 다투는 환경소송에서 환경영향평가지역 내의 주민에게 원고적격이 부여되었는데, 처분의 직접적인 근거법규가 아니라 절차적 관련법규인 환경영향평가법에 의거하여 법률상 이익이 인정되었다.[40)]

무효등확인소송의 원고적격은 "처분등의 효력 유무 또는 존재 여부의 확인을 구할 법률상 이익이 있는 자"이고(法 제35조), 부작위위법확인소송의 원고적격은 "처분의 신청을 한 자로서 부작위의 위법의 확인을 구할 법률상 이익이 있는 자"이다(法 제36조).

3) 狹義의 訴益

法 제12조 後文은 "처분등의 효과가 기간의 경과, 처분등의 집행 그 밖의 사유로 인하여 소멸된 뒤에도 그 처분등의 취소로 인하여 회복되는 법률상 이익이 있는 자"는 취소소송을 제기할 수 있다고 규정하고 있다. 종래의 판례는 — 前文을 '원고적격'에 관한 규정으로 보는 데 반해 — 위 後文을 '(협의의) 소의 이익'에 관한 규정으로 파악하면서도, 그 "법률상 이익"을 前文의 "법률상 이익"과 동일하게 '처분의 근거 법령에 의하여 보호되고 있는 직접적이고 구체적인 개인적 이익'으로 파악함으로써 소의 이익을 좁게 인정하였었다. 대표적으로 1995년 전원합의체 판결은, 제재처분의 제재기간이 경과한 후에는, 部令上 선행 제재처분의 존재가 장래의 제재처분의 가중사유로 규정되어 있는

40) 이들 사건에서 위법사유로 주장된 것은 — 원고적격의 근거가 되었던 — 환경영향평가법규의 위반이 아니라 환경오염방지를 위한 실체적 요건의 위반이었다는 점에 주목하여야 한다. 다시 말해, 독일의 보호규범(Schutznorm)이론에서 말하는 원고적격의 '위법성과의 견련성'(Rechtswidrigkeitszusammenhang)이 요구되지 않는다는 점이다. 우리나라에는 일본법 제10조 제 1 항의 "취소소송에 있어서는 자기의 법률상 이익과 관계 없는 위법을 이유로 하여 취소를 구할 수 없다"와 같은 규정이 없다. 따라서 원고가 주장하는 위법사유가 무엇인가는 묻지 않고 당해 처분의 (실체적 또는 절차적) 적용법규의 전체적 취지가 원고의 개인적 이익도 보호하는 것으로 해석되기만 하면 원고적격이 인정될 수 있는 것이다. 이 점이 우리나라에서 취소소송의 원고적격을 확대할 수 있는 주요한 이론적 기반이라고 할 수 있다. 이에 관해서는 本書 제 6 장 취소소송의 원고적격(1), 208면 이하; 제 7 장 취소소송의 원고적격(2), 218면 이하, 251면 이하 참조.

경우에도, 그 가중규정은 部令이라는 형식에도 불구하고 실질적으로는 법적 구속력 없는 행정규칙이라는 전제하에,[41] 장래에 가중된 제재처분을 받을 위험은 사실상의 위험에 불과하고, 따라서 그 위험을 제거하기 위해 현재의 제재처분의 취소를 구할 '법률상 이익'은 없다고 하여 소익을 부정하였다.[42] 또한, 건축공사 완료 후에는 국가배상청구소송을 제기하기 위한 준비로서 건축허가처분의 취소를 구할 소익이 없다고 판시하고,[43] 사법시험 불합격처분 취소소송의 상고심 계속 중 사법시험에 합격한 경우에는 소익이 소멸한다고 판시한 것[44]도 동일한 취지이었다.

그러나 최근 2000년대 판례에서는 소의 이익을 확대하는 경향이 발견된다. 한편으로, '법률상 이익'을 처분의 근거 법령 이외의 법령에서 구하여, 공장등록취소처분 이후 공장시설물이 철거되어 등록의 대상이 소멸된 이후에도, 등록된 공장의 지방 이전에 대하여 조세감면, 우선입주 등의 혜택을 부여하는 관계법령을 근거로, 공장등록취소처분의 취소를 통해 공장등록을 회복할 소익을 인정하였다.[45] 다른 한편으로, 입영 이후에도 현역병입영통지처분이 복무관계 · 병적관리 등 입

---

41) 部令上의 제재처분기준을 법적 구속력 없는 행정규칙으로 파악하는 것은 확립된 판례이다(대법원 1984. 2. 28. 선고 83누551 판결; 1996. 9. 6. 선고 96누914 판결 등).

42) 대법원 1995. 10. 17. 선고 94누14148 전원합의체 판결(이 판결은 후술하는 바와 같이 2006년 전원합의체 판결에 의해 폐기 · 변경되었음). 반면에, 대통령령 또는 법률 자체에 위와 같은 가중규정이 있는 경우에는, 부령과는 달리, 그 가중규정을 법적 구속력 있는 '법규명령'으로 인정하기 때문에, 향후 가중된 제재처분을 받을 위험은 '법률상 불이익'에 해당하고 따라서 당해 제재처분의 취소를 구할 소의 이익을 긍정하였다. 대법원 1999. 2. 5. 선고 98두13997 판결(감리원업무정지처분, 건설기술관리법시행령상의 가중규정); 2005. 3. 25. 선고 2004두14106 판결(의사면허자격정지처분, 의료법상의 가중규정) 등 참조.

43) 대법원 1992. 4. 28. 선고 91누13441 판결.

44) 대법원 1996. 2. 23. 선고 95누2685 판결. 반면에, 고등학교에서 퇴학처분을 당한 후 졸업학력검정고시에 합격한 사안에서는 그로 인해 고등학교 학생으로서의 신분과 명예가 회복될 수 없고 이는 '법률상 이익'의 침해라는 이유로 퇴학처분의 취소를 구할 소익을 인정하였다(대법원 1992. 7. 14. 선고 91누4737 판결).

45) 대법원 2002. 1. 11. 선고 2000두3306 판결.

영 후의 법률관계에 영향을 미친다는 점을 근거로 동 처분의 취소를 구할 소익을 인정하였는데,[46] 소익의 근거를 처분의 근거법령(즉, 병역법령)에서 찾고 있으나, 그 실질적 논거로서, 현역 입영 후에는 현역병입영통지처분 외에는 불복할 처분이 없게 된다는 점을 지적함으로써 '현실적인 불복의 필요성'을 강조한 점이 특기할 만하다.

이러한 경향은 한층 더 발전하여 2006년 전원합의체 판결[47]에서 결실을 맺는다. 즉, 소의 이익을—'법령'과는 무관하게—'현실적이고 구체적인 불이익을 제거할 필요성'으로 파악하면서, 제재처분의 제재기간이 경과한 이후에도, 가중 규정이 법적 구속력 있는 법규명령인지 여부와는 상관없이, 선행처분의 존재로 인해 장래에 가중처분을 받을 구체적이고 현실적인 위험이 있으므로 선행처분의 취소소송을 통해 그 불이익을 제거할 필요가 있다는 이유로 소의 이익을 인정하고, 상술한 1995년 전원합의체 판결을 폐기·변경하였다.[48] 2007년 전원합의체 판결[49]은 한 걸음 더 나아가 '동일한 처분의 반복 위험성'으로 인한 '처분의 위법성 확인 내지 법률문제의 해명의 필요성'에 의거하여, 학교법인 임원취임승인 취소처분 및 임시이사 선임처분에 대하여, 소송 도중 원래의 임원 임기가 만료되거나 임시이사가 교체된 경우에도, 취소소송의 소익을 인정함으로써 종전의 판례를 변경하였다.

46) 대법원 2003.12.26. 선고 2003두1875 판결.
47) 대법원 2006.6.22. 선고 2003두1684 전원합의체 판결.
48) 학설상으로는 법 제12조 후문의 취소소송을 독일의 계속확인소송(Fortsetzungs-feststellungsklage)과 같은 것으로 파악하고 그 요건인 확인의 '정당한 이익'(berechtigtes Interesse)에 준하여 소의 이익을 재산적·인격적·문화적 이익까지로 확대하고자 하는 견해가 유력하다. 私見에 의하면, 법 제12조 前文과 後文을 동일하게 취소소송의—넓은 의미의—'소의 이익'에 관한 규정으로 파악하고, 양자의 "법률상 이익"을 공히 '법적으로 보호할 가치 있는 이익' 내지 '취소소송을 제기할 정당한 이익'으로 해석하는 것이 조문의 체계상 타당하다고 본다. 즉, 前文은 소의 이익 중 '주체'에 관한 문제이고, 後文은 '시간'에 관한 문제이다. 이에 의하면, 협의의 소익과 더불어 원고적격도 함께 확대할 수 있는 가능성이 열린다. 本書 제 8 장 취소소송의 소의 이익과 권리보호필요성, 314면 이하 참조.
49) 대법원 2007.7.19. 선고 2006두19297 전원합의체 판결.

소의 이익과 관련하여 언급할 것은 무효확인소송에서의 확인의 이익이다. 법 제35조에 의하면 처분의 무효의 "확인을 구할 법률상 이익"이라고 규정되어 있을 뿐 일본법 제36조에서와 같은 보충성의 제한이 없다. 그럼에도 종래의 판례는 민사소송을 통하여 과세처분의 무효를 전제로 과오납세금에 대한 부당이득반환을 청구하고 공무원면직처분의 무효를 전제로 급료청구 또는 손해배상청구를 할 수 있으므로, 행정소송으로 계쟁처분의 무효확인을 구할 이익이 없다고 하여 무효확인소송의 보충성을 요구하였다.[50] 그러나 2008년 전원합의체 판결에 이르러 민사소송에 대한 행정소송의 독자성, 항고소송으로서의 무효확인소송의 법적 성질, 무효확인판결의 실효성, 외국의 입법례, 소송경제 등을 근거로 무효확인소송의 보충성을 부정함으로써 판례가 변경되었다.[51]

4) 提訴期間

취소소송은 처분이 있음을 안 날부터 (재결은 재결서를 송부받은 날부터) 90일 이내에 제기하여야 하고, 처분 또는 재결이 있은 날부터 1년이 경과하면 제기하지 못한다(법 제20조 제1항 및 제2항). 후자의 1년은 정당한 사유가 있으면 연장될 수 있으나, 전자의 90일은 불변기간으로서 민사소송법(제173조)상 '소송행위의 추후보완'에 의해서만 구제될 수 있다.[52]

50) 대법원 1976. 2. 10. 선고 74누159 전원합의체 판결; 1992. 9. 8. 선고 92누4383 판결 등(이상 과세처분); 1991. 6. 28. 선고 90누9346 판결; 1993. 1. 15. 선고 91누5747 판결(이상 면직처분). 처분의 부존재확인소송에 관해서도 마찬가지이었다. 대법원 1982. 3. 23. 선고 80누476 전원합의체 판결 참조.

51) 대법원 2008. 3. 20. 선고 2007두6342 전원합의체 판결. 여기서 "외국의 입법례"라 함은 명문의 규정(행정법원법 제43조 제2항)에 의해 무효확인소송의 보충성이 부정되는 독일과 그와 반대로 그 보충성이 명문으로 규정되어 있는 일본을 가리킨다. 이러한 입법례에 비추어 보면 무효확인소송의 보충성은 "입법정책적인 선택의 문제"이고, 일본의 판례에서도 그 보충성을 완화하는 해석론이 점차 받아들여지고 있으므로, 명문의 제한규정이 없는 우리나라에서는 그 보충성을 요구하지 않는 것이 "세계적인 추세에도 부합된다"고 판시하였다.

52) 전자의 소위 주관적 제소기간이 3월이 아니라 90일이라는 점을 제외하고는 일본법 제14조와 동일하다.

판례는 소송행위의 추완의 요건인 '당사자가 책임질 수 없는 사유'를 매우 엄격하게 해석하여, 행정심판기간을 법정기간보다 긴 것으로 통지받은 사안에서, 행정심판법 제18조 제 5 항에 의해 행정심판기간이 그 기간으로 연장되지만, 행정심판과 행정소송은 본질이 다르므로 행정소송에 관해서는 소송행위의 추완을 인정할 수 없다고 하였다.[53]

5) 行政審判과의 關係

1994년 개정 이전까지 행정심판전치주의를 취하고 있었으나 동 개정에 의해 — 일본법(제8조)과 동일하게 — 다른 법률에 행정심판의 재결을 거치지 아니하면 취소소송을 제기할 수 없다는 규정이 있는 때를 제외하고는 원칙적으로 행정심판이 임의절차로 되었다(법 제18조 제 1 항). 개별법상 행정심판전치를 취하고 있는 것은 조세부과처분, 공무원징계처분, 토지수용재결, 노동위원회의 결정, 도로교통법에 의한 처분 등이다. 이러한 예외적 행정심판전치에 있어서도 행정심판을 제기하되 반드시 재결을 기다릴 필요가 없는 경우(동조 제 2 항)[54] 및 행정심판 자체를 제기함이 없이 바로 취소소송을 제기할 수 있는 경우(동조 제 3 항)[55]가 규정되어 있다.

(3) 本案審理

1) 職權審理

법 제26조는 "법원은 필요하다고 인정할 때에는 직권으로 증거조

53) 대법원 2001. 5. 8. 선고 2000두6916 판결.

54) ① 행정심판청구가 있은 날로부터 60일이 지나도 재결이 없는 때, ② 처분의 집행 또는 절차의 속행으로 생길 중대한 손해를 예방하여야 할 긴급한 필요가 있는 때, ③ 법령의 규정에 의한 행정심판기관이 의결 또는 재결을 하지 못한 사유가 있는 때, ④ 그 밖의 정당한 사유가 있는 때이다.

55) ① 同種事件에 관하여 이미 행정심판의 기각재결이 있은 때, ② 서로 내용상 관련되는 처분 또는 같은 목적을 위하여 단계적으로 진행되는 처분 중 어느 하나가 이미 행정심판의 재결을 거친 때, ③ 행정청이 사실심의 변론종결 후 소송의 대상인 처분을 변경하여 당해 변경된 처분에 관하여 소를 제기한 때, ④ 처분을 행한 행정청이 행정심판을 거칠 필요가 없다고 잘못 알린 때이다.

사를 할 수 있고, 당사자가 주장하지 아니한 사실에 대하여도 판단할 수 있다"고 규정함으로써 직권심리주의를 천명하고 있다. 그러나 판례는 이 규정의 의미를 축소 해석하여, 아무런 제한 없이 당사자가 주장하지 않은 사실을 판단할 수 있는 것이 아니라 법원이 필요하다고 인정할 때 당사자가 명백히 주장하지 않더라도 일건 기록에 나타난 사실을 기초로 판단할 수 있음에 불과한 것으로 파악하고 있다.[56] 이와 관련하여 특기할 것은 법 제25조가 법원이 決定으로써 재결청에 대하여 행정심판기록의 제출을 명할 수 있도록 하면서도 이를 당사자의 신청이 있는 경우에 한정하였다는 점이다. 또한 자백의 구속력에 관한 민사소송법의 규정이 준용되는 것으로 보아 청문절차의 준수여부,[57] 과세요건사실[58] 등에 관해 자백의 구속력이 인정되고 있다.

2) 主張 · 立證責任

이와 같이 직권심리가 일건 기록에 나타난 사실에 한정되는 결과 당사자가 주장하지도 아니하고 일건 기록상 나타나 있지 아니한 사실에 대하여는 법원은 심리 · 판단할 의무가 없다는 것이 판례의 입장이므로,[59] 항고소송에서도 주장책임, 또는 말하자면 '기록현출책임'이 존재한다고 할 수 있다. 민사소송에서는 주장책임의 소재는 입증책임의 소재와 동일하지만, 취소소송에 있어 판례는 원칙적으로 처분의 적법성에 관하여 피고 행정청이 입증책임을 부담하는 반면 위법사유에 해당하는 구체적 사실은 원고가 먼저 주장하여야 한다고 한다.[60]

---

56) 대법원 1997. 10. 28. 선고 96누14425 판결; 1994. 10. 11. 선고 94누4820 판결; 1987. 11. 10. 선고 86누491 판결 등.

57) 대법원 1995. 2. 24. 선고 94누9146 판결.

58) 대법원 1991. 1. 29. 선고 90누5054 판결.

59) 대법원 1997. 10. 28. 선고 96누14425 판결; 1994. 10. 11. 선고 94누4820 판결 등.

60) 대법원 2001. 1. 16. 선고 99두8107 판결(법인세등부과처분취소); 2000. 3. 23. 선고 98두2768 판결(도시계획결정취소); 1995. 7. 28. 선고 94누12807 판결(소득세부과처분취소) 등.

처분·원고적격의 존재, 제소기간의 준수 등 소송요건은 직권조사사항이므로 주장책임은 문제되지 않으나, 그 존부가 不明일 때에는 부적법한 소로서 각하되기 때문에 결국 이에 관한 입증책임은 원고에게 있는 것으로 이해된다. 본안인 처분의 적법성에 관해서는 특단의 사정이 없는 한 피고 행정청이 입증책임을 부담한다는 것이 확립된 판례이다. 적극적 침익처분이든[61] 거부처분[62]이든, 실체적 적법성에 관한 것이든 절차적 적법성에 관한 것이든[63] 마찬가지이다. 예외적으로—소위 '권리장애사실'로서—원고에게 입증책임이 부담된 사안은 면세·비과세대상,[64] 특별경비의 공제,[65] 철회권유보에 의거한 철회권 행사의 경우 정당한 사유가 없다는 점,[66] 재량권의 일탈·남용[67] 등이다. 또한 무효확인소송에 있어 하자의 중대성과 명백성도 원고에게 주장·입증책임이 있다고 한다.[68]

3) 判斷基準時

이에 관한 명문의 규정이 없으나, 판례는 적극적 침익처분과 거부처분을 구별하지 않고 모두 處分時를 위법판단의 기준시로 삼고 있다.[69] 申請 이후 법령 및 사실상태가 신청인에게 불리하게 변경된 경

61) 대법원 1984. 7. 24. 선고 84누124 판결.

62) 대법원 1986. 4. 8. 선고 86누107 판결. 이는 중기대여업허가신청에 대하여 허가기준의 하나인 사무실 보유사실을 증명하기 위해 첨부된 임대차계약서가 위조되었음을 이유로 거부한 사안인데, 허가기준의 미달은 피고 행정청의 입증책임에 속한다고 판시한 것이다. 이 판례는 강학상 허가에 해당하는 것으로서, 강학상 특허에 해당하는 수익처분의 경우에는 입증책임이 원고에게 속한다는 것이 통설이지만, 이에 관한 명시적인 판례는 없다.

63) 대법원 1984. 12. 11. 선고 84누225 판결(납세고지서 기재요건 및 명세서 첨부요건); 1994. 10. 14. 선고 94누4134 판결(송달의 적법성).

64) 대법원 1986. 10. 14. 선고 85누722 판결; 1990. 5. 22. 선고 90누639 판결.

65) 대법원 1988. 5. 24. 선고 86누121 판결; 1989. 8. 8. 선고 88누9978 판결.

66) 대법원 1964. 6. 9. 선고 63누40 판결.

67) 대법원 1987. 12. 8. 선고 87누861 판결.

68) 대법원 1976. 1. 13. 선고 75누175 판결; 1984. 2. 28. 선고 82누154; 1992. 3. 10. 선고 91누6030 판결.

69) 대법원 1983. 6. 28. 선고 82누182 판결; 1987. 8. 18. 선고 87누49 판결; 1996.

우에도 행정청이 신청을 수리한 후 정당한 이유 없이 그 처리를 늦추는 등 특단의 사정이 없는 한 處分時가 기준시가 된다고 한다.[70] 다만 부작위위법확인소송의 판단기준시는 判決時로 보는 것이 통설이다.

문제는 거부처분의 경우에도 處分時가 위법판단 기준시가 되기 때문에 거부처분 취소판결의 기속력도 處分時를 기준으로 발생하고, 따라서 행정청은 處分時 이후의 사정변경을 이유로 그 기속력을 면할 수 있다는 점이다.[71] 이에 대하여, 處分時에 거부처분이 위법하면 이를 취소하되, 判決時까지 사정변경에 의해 행정청의 처분발급의무가 소멸하였는지 여부를 판단하여 판결이유에 명시하면 — 그 "판결의 취지"에 따라(제30조 제2항) — 判決時를 기준으로 거부처분 취소판결의 기속력이 발생한다는 주장이 제기되고 있다(私見, 本書 585면 각주 41 참조).

4) 處分事由의 追加·變更

이에 관한 명문의 규정은 없고, 확립된 판례에 의하면, 당초의 처분사유와 기본적 사실관계에 있어서 동일성이 인정되는 한도 내에서만 처분사유의 추가·변경이 허용된다고 하고, 기본적 사실관계의 동일성 유무는 처분사유를 법률적으로 평가하기 이전의 구체적인 사실에 착안하여 그 기초가 되는 사회적 사실관계가 기본적인 점에서 동일한지 여부에 따라 결정된다고 한다.[72] 구체적인 사안들을 살펴보면, 사실관계는 변경 없이 단순히 근거법령을 추가하거나 추상적, 또는 불명확한 당초의 처분이유를 구체화하는 경우에만 기본적 사실관계의 동일성을 인정함으로써 처분사유의 추가·변경을 엄격하게 제한하고

12.20. 선고 96누9799 판결 등(이상 적극적 침익처분); 1989.3.28. 선고 88누12257 판결; 1998.1.7.자 97두22 결정 등(이상 거부처분).

70) 대법원 1984.5.22. 선고 84누77 판결; 1989.7.25. 선고 88누11926 판결; 1993.2.12. 선고 92누4390 판결; 1996.8.20. 선고 95누10877 판결 등.

71) 대표적 판례로는 대법원 1998.1.7.자 97두22 결정.

72) 대법원 2001.3.23. 선고 99두6392 판결; 1995.10.12. 선고 95누4704 판결; 1987.7.21. 선고 85누694 판결 등.

있음을 알 수 있다. 이러한 판례의 태도는 행정청의 이유제시의무를 고려한 것으로서, 절차적 하자를 원칙적으로 독자적 취소사유로 인정하는 등 행정절차를 중시하는 판례의 일반적 경향과 일치하는 것으로 평가될 수 있다.[73)]

5) 不作爲違法確認訴訟의 審理範圍

마지막으로 언급할 것은 판례상 부작위위법확인소송은 단지 행정청의 응답의무만을 관철시키기 위한 소송으로 파악되어 그 심리범위도 이에 한정되고 실체법상 행정청의 처분발급의무 또는 거부처분의 재량하자는 제외된다는 점이다.[74)] 그리하여 1984년 전면개정시 의무이행소송의 도입 대신에 마련된 부작위위법확인소송이 실질적으로 의무이행소송에 유사한 기능을 담당할 수 있을 것이라는 기대가 이루어지지 못하고 있다.

(4) 訴訟의 終了

1) 判決의 效力

행정소송법은 — 일본법과 동일하게 — 확정된 취소판결이 제 3 자에 대하여도 효력이 있으며(제29조 제 1 항), 또한 그 사건에 관하여 당사자인 행정청과 그 밖의 관계행정청을 기속한다고 규정하고 있다(제30조 제 1 항). 통설에 의하면, 기판력은 민사소송법의 준용에 의하여 인정되는 것이고, 위 제29조 제 1 항은 형성력에 관한 것이라고 한다. 그리하여 취소판결의 제 3 자에 대한 효력은 처분의 취소라는 형성력에 한정되고 처분의 위법성에 관한 기판력은 민사소송법에 따라 당사자간에만 미친다고 한다. 이러한 통설은 일본의 일반적 견해와 같은 것인데, 한국법에는 다음과 같은 차이점이 있다는 것을 간과해서는 아니 된다.

---

73) 이에 관하여 本書 제11장 처분사유의 추가·변경과 행정행위의 전환, 471면 이하 참조.

74) 대법원 1990. 9. 25. 선고 89누4758 판결.

즉, 일본법에는 취소판결의 제 3 자적 효력에 관한 규정(제32조 제 1 항)이 다른 항고소송에 준용되지 않는 반면, 한국법에서는 위 규정(제29조 제 1 항)이 무효확인소송과 부작위위법확인소송에도 준용되고 있다(법 제38조 제 1 항 및 제 2 항). 무효확인판결과 부작위위법확인판결은 형성력을 발생하지 않고 다만 처분의 무효 또는 부작위의 위법성에 관한 기판력만을 발생하는 것이므로 제 3 자적 효력은 기판력에 관한 것이라고 할 수 있고, 따라서 취소소송의 경우에도 처분의 위법성에 관한 기판력이 제 3 자적 효력을 갖는다는 해석이 가능해진다. 이는 상술한 바와 같이 한국법상 취소이유를 제한하는 일본법 제10조 제 1 항과 같은 규정이 없다는 점과 함께 한국의 항고소송을 객관소송적 성격을 강하게 갖는 것으로 해석하고 이를 바탕으로 처분성과 원고적격을 확내할 수 있는 이론적 근거를 이루는 것이라고 할 수 있다.[75]

또한 특기할 것은 한국법에는 일본법 제33조 제 2 항과 같은 거부처분 취소판결의 기속력 이외에 거부처분 취소판결의 간접강제를 명문으로 규정하고 있다는 점이다. 즉, 행정청이 거부처분 취소판결의 취지에 따른 처분을 하지 않는 경우에는 第一審 수소법원은 당사자의 신청에 의하여 결정으로써 상당한 기간을 정하고 행정청이 그 기간내에 이행하지 않는 때에는 그 지연기간에 따라 일정한 배상을 할 것을 명하거나 즉시 손해배상을 할 것을 명할 수 있다(법 제34조 제 1 항). 실무상 이에 따른 간접강제 신청사건이 다수 제기되고 있고 또한 이를 통해 거부처분 취소판결의 실효성이 확보되고 있다.[76]

2) 請求의 認諾·抛棄·和解

청구의 포기·인락·화해에 관한 민사소송법 규정은 항고소송의

75) 이에 관한 상세한 내용은 本書 제 5 장 취소소송의 성질과 처분개념, 145면 이하; 제 6 장 취소소송의 원고적격 (1), 183면 이하; 제 7 장 취소소송의 원고적격 (2), 217면 이하 등 참조.

76) 이에 관하여 또한 本書 제10장 취소소송의 소송물, 454면 이하 참조.

특성상 준용될 수 없다는 것이 통설이며, 항고소송에 관한 不提訴合意를 무효라고 한 판례가 있다.[77] 다만 1998년 행정법원 개원 이후 실무상 법원의 권고에 따라 피고 행정청이 직권취소 또는 변경처분을 하고 이에 따라 원고가 소를 취하하는 소위 '事實上 和解'가 상당수 —2000년에는 서울행정법원 처리사건수 대비 약 10퍼센트—이루어지고 있다. 또한 2002년 민사소송법 개정에서 법원의 화해권고결정에 대하여 二週日 이내에 이의신청하지 않으면 화해가 성립한 것으로 간주하는 제도가 도입됨에 따라 최근 이를 항고소송에도 준용할 수 있다는 해석론과 이에 준하는 화해권고제도를 항고소송에도 마련해야 한다는 입법론이 제기되고 있다.[78]

3) 事情判決

일본법 제31조와 유사한 사정판결이 인정되고 있다. 즉, 원고의 청구가 이유 있다고 인정하는 경우에도 처분등을 취소하는 것이 현저히 공공복리에 적합하지 아니하다고 인정하는 때에는 법원은 원고의 청구를 기각할 수 있는데, 이 경우 법원은 판결의 주문에서 그 처분등이 위법함을 명시하여야 한다(법 제28조 제1항). 법원이 이러한 사정판결을 함에 있어서는 미리 원고가 그로 인하여 입게 될 손해의 정도와 배상방법 그 밖의 사정을 조사하여야 한다(동조 제2항).

이러한 사정판결이 선고된 예는 극히 드문데, 환지예정지지정처분에 절차적 위법이 있으나 원고를 제외한 관계인 전원이 이에 불복하지 않고 위 처분을 전제로 다수인의 새로운 법률관계가 형성된 경우가 대표적인 예이다.[79] 반면에 취소의 대상이 된 과세처분과 동일한 내용의 과세처분에 의한 과세액이 전국적으로 수십억원에 달하는 경

77) 대법원 1998. 8. 21. 선고 98두8919 판결.
78) 이에 관하여 本書 제14장 행정소송의 재판상화해, 626면 이하 참조.
79) 대법원 1992. 2. 14. 선고 90누9032 판결.

우,[80] 버스운송사업계획인가처분이 취소되면 연장노선이용 승객들의 불편이 예상되는 경우,[81] 재개발사업에 동의한 자가 동의하지 않은 자보다 많다거나 재개발사업을 시행하지 못함으로써 사업시행에 동의한 사람들이 생활상의 고통을 받는 경우[82]에도 사정판결이 부인되었다.

3. 當事者訴訟

당사자소송에는 취소소송에서의 관련청구의 이송·병합, 피고경정, 소송참가, 소변경, 처분변경으로 인한 소변경, 행정심판기록 제출명령, 직권심리주의, 판결의 기속력, 소송비용부담 등에 관한 규정이 준용된다(법 제44조). 이와 같이 당사자소송은 민사소송에 비해 여러 가지 면에서 특수성이 있으나, 종래 특히 행정소송이 二審에 불과하다는 점 때문에, ―상술한 바와 같이 행정상 손해배상청구와 공법상 부당이득반환청구가 민사소송으로 다루어지고 있고― 당사자소송이 공무원 봉급·연금청구에만 한정되어 활용되어 왔다. 1990년대부터 당사자소송이 확대되어 지방전문직공무원 채용계약해지 무효확인,[83] 서울시립무용단원해촉 무효확인,[84] 광주민주화운동관련자보상등에관한법률에 의한 보상금청구,[85] 석탄산업법에 의한 석탄가격안정지원금청구[86] 등이 당사자소송으로 허용되었다. 1994년 개정으로 행정소송도 三審制로 되었으므로 행정상 손해배상청구와 공법상 부당이득반환청구를 당사자소송으로 전환할 필요는 있으나, 특별법에 의한 금전지급청구까지 당사

80) 대법원 1964. 5. 21. 선고 63누161 판결.
81) 대법원 1991. 5. 28. 선고 90누1359 판결.
82) 대법원 2001. 6. 15. 선고 99두5566 판결.
83) 대법원 1993. 9. 14. 선고 92누4611 판결.
84) 대법원 1995. 12. 22. 선고 95누4636 판결.
85) 대법원 1992. 12. 24. 선고 92누3335 판결.
86) 대법원 1997. 5. 30. 선고 95다28960 판결 등.

자소송에 포함시키는 것에 관해서는 의문의 여지가 있다.[87]

私人을 상대방으로 하는 소위 형식적 당사자소송은 개별법의 규정이 있는 경우에만 허용된다는 것이 통설이다. 현행법상 그러한 예로는 이미 상술(각주 6)한 토지수용 보상금에 관한 재결에 불복하는 소송 이외에, 특허무효심판청구, 권리범위확인심판청구, 보상금 또는 대가 등에 관한 심결에 불복하는 소송(특허법 제187조 단서, 제191조), 통신위원회의 재정에 불복하는 소송(전기통신기본법 제40조의2 제 5 항 및 제 6 항) 등이 있다.

4. 民衆訴訟・機關訴訟

상술한 바와 같이 민중소송과 기관소송은 法定主義를 취하고 있는데, 현행법상 인정되는 민중소송은 국민투표무효소송(국민투표법 제92조)과 선거무효・당선무효소송(공직선거법 제222조 및 제223조)이다. 또한 민중소송의 일종으로 최근 주민소송이 지방자치법에 도입되었다. 즉, 주민이 主務部長官 또는 市・道知事에 대하여 당해 지방자치단체의 사무의 감사를 청구한 다음 감사가 이루어지지 않거나 감사결과 또는 이행조치에 불복하는 경우에는 지방자치단체의 장을 상대로 행위의 중지, 취소 또는 변경, 효력의 유무 또는 존재 여부의 확인, 해태사실의 위법확인, 지방자치단체의 장 및 직원, 지방의회의원, 당해 행위와 관련 있는 상대방에 대한 손해배상청구 또는 부당이득반환청구 등을 구하는 소송을 제기할 수 있다(지방자치법 제13조의5).

현행법상 인정되는 기관소송은 지방자치단체의 장과 교육감이 지방의회 또는 교육위원회의 법령위반을 이유로 대법원에 제기하는 소송(지방자치법 제159조 제 3 항, 지방교육자치에관한법률 제31조 제 3 항)이다. 기관소송에 관하여 법 제 3 조 4 호 단서는 헌법재판소의 관장사항으로 되는 소송은 제외한다고 규정하고

87) 이에 관한 자세한 내용은 本書 제 5 장 취소소송의 성질과 처분개념, 179면 이하 참조.

있는데, 여기서 문제되는 헌법재판소의 관장사항은 국가기관 상호간, 국가기관과 지방자치단체간 및 지방자치단체 상호간의 권한쟁의에 관한 심판(헌법 제111조 제1항 5호, 헌법재판소법 제2조 4호)이다. 행정법학계의 통설은 법 제3조 4호 소정의 기관소송의 정의에서 "국가 또는 공공단체의 기관 상호간"이라 함은 동일 법인격 내부의 기관 상호간을 의미하고, 따라서 기관소송은 단지 국가기관 상호간의 권한쟁의심판과 중복될 뿐이라고 한다. 餘他의 권한쟁의심판에 관해서는, 권한쟁의심판은 "권한의 존부 또는 범위에 관하여 다툼이 있을 때" 청구하는 것으로서(헌법재판소법 제61조 제1항), 추상적 권한의 문제에 한정되는 것이고, 국가기관 · 상급지방자치단체 · 인근지방자치단체의 처분이 구체적인 법령상의 요건을 위반하여 위법한 경우에는 그 취소를 구할 법률상 이익을 갖는 지방자치단체가 취소소송을 제기할 수 있다는 견해가 유력하다.[88]

Ⅳ. 假 救 濟

1. 執行 · 效力停止

일본법과 마찬가지로 執行不停止原則을 취하고 예외적으로 법원의 결정에 의한 집행 · 효력정지(이하 '집행정지')를 인정하고 있다. 즉, 법 제23조에 의하면, 취소소송의 제기는 처분등의 효력이나 그 집행 또는 절차의 속행에 영향을 주지 아니하지만(제1항), 취소소송이 제기된 경우에 처분등이나 그 집행 또는 절차의 속행으로 인하여 생길 회복하기 어려운 손해를 예방하기 위하여 긴급한 필요가 있다고 인정할 때에는 본안이 계속된 법원은 당사자의 신청 또는 직권에 의하여 처분등의 효력이나 그 집행 또는 절차의 속행의 전부 또는 일부의 정지

88) 本書 제9장 지방자치단체의 자치권을 보장하기 위한 행정소송, 344면 이하 참조.

를 결정할 수 있는데, 효력정지는 집행 또는 절차의 속행의 정지로써 목적을 달성할 수 없는 경우에 한정되고(제2항), 공공복리에 중대한 영향을 미칠 우려가 있을 때에는 집행정지가 허용되지 않는다(제3항). 이상의 내용과 또한 즉시항고(법 제23조 제5항) 및 집행정지의 취소(법 제24조)에 관한 규정도 일본법과 거의 동일하다. 다만, 집행정지결정과 그 취소를 법원의 직권에 의해서도 가능하고 일본법상의 內閣總理大臣의 異議와 같은 제도가 없다는 점이 다르다. 전자에 의거하여 당사자의 신청이 없더라도 법원이 취소판결을 선고하면서 원칙적으로 상급심 판결 선고시까지의 집행정지결정을 붙이는 실무관행이 형성되어 있다.

집행정지의 형식적 요건으로서, 본안소송이 적법히 계속되어야 하지만, 행정심판전치의 경우 사실심 변론종결시까지 전심절차를 거치면 하자가 치유되므로, 집행정지신청 당시 재결까지 거칠 필요가 없음은 물론, 행정심판 청구기간이 도과하지 않은 이상 아직 행정심판청구를 하지 않았다 하더라도 사후에 보정될 가능성이 있으므로 바로 집행정지결정을 내릴 수 있다는 것이 판례[89]이고 확립된 실무이다. 실무상 필요적 전치사건의 경우 통상적으로 본안소송, 집행정지신청 및 행정심판청구를 모두 동시에 제기하고 법원은 행정심판의 재결을 기다리지 않고 집행정지 여부를 결정한다. 집행정지의 실체적 요건은 원칙적으로 보전의 필요성에 한정되고 처분의 위법 여부는 문제되지 않지만,[90] 처분의 적법성이 명백한 경우에는 집행정지의 제도적 취지에 비추어 집행정지가 인용될 수 없다는 것이 판례의 입장이다.[91] 보전의 필요성으로서의 '회복할 수 없는 손해'는 원칙적으로 금전으로 보상할 수 없는 손해를 의미하는 것이나,[92] 최근 과징금처분에 관하여 이는 금전으로 보상할 수 있는 손해이긴 하지만 기업이 사업여건의

89) 대법원 1970. 11. 30.자 70그5 결정.
90) 대법원 1990. 7. 19.자 90두12 결정.
91) 대법원 1997. 4. 28.자 96두75 결정.
92) 대법원 1992. 4. 29.자 92두7 결정; 1987. 6. 23.자 86두18 결정.

악화 및 막대한 부채비율의 상황 하에서 거액(295억원)의 과징금을 납부하기 위해 무리하게 외부자금을 신규차입하게 되면 중대한 경영상의 위기를 맞게 된다는 이유로 '회복하기 어려운 손해'를 인정한 판례가 있다.[93)]

문제는 거부처분에 대한 가구제인데, 일련의 판례에 의하면, 거부처분의 효력이 정지되더라도 행정청에 대해 어떠한 처분을 명하는 등 적극적인 상태를 만드는 것이 아니라 단지 그 거부처분이 없었던 것과 같은 상태로 되는 것에 불과하므로 거부처분으로 인한 손해를 피하는 데 아무런 도움이 되지 않는다는 이유로 그 효력정지신청이 신청의 이익을 결한 것으로 부적법 각하되었다.[94)] 게다가 후술하는 바와 같이 판례상 민사소송법의 가처분에 관한 규정의 준용이 부성되기 때문에 거부처분에 대한 가구제는 원천적으로 불가능하였다. 그러나 최근 한약사 국가시험에서 응시자격 미달로 원서가 반려된 사안에서 그 반려처분의 효력을 정지하고,[95)] 2 단계로 치루어지는 국립대학교 입학시험에서 1 차전형 불합격처분의 효력을 정지한[96)] 하급심 판례가 있다. 이는 처분의 위법성의 현저한 개연성과 가구제의 중대한 필요성 이외에도, 원서반려처분과 1 차전형 불합격처분은 (최종적) 응시기회를 박탈하는 것으로서 일종의 적극적 침익처분으로서의 성질을 갖는 것이기 때문에 그 효력이 정지되면 당연히 응시기회가 부여된다고 하는 이론구성이 가능하다는 점에서 학계의 긍정적 평가를 받고 있다.

2. 假 處 分

한국법에는 일본법 제44조와 같이 항고소송에 관해 민사소송법

93) 대법원 2001. 10. 10.자 2001무29 결정.
94) 대법원 1995. 6. 21.자 95두26 결정; 1992. 2. 13.자 91두47 결정 등.
95) 서울행정법원 2000. 2. 18.자 2000아120 결정.
96) 서울행정법원 2003. 1. 14.자 2003아95 결정.

(2002년부터 '민사집행법'으로 분리되었음, 이하 '민사법')상의 가처분을 금지하는 규정이 없다. 따라서 민사법 규정의 준용을 통해 가처분을 허용할 여지가 있음에도 판례는 1984년 전면개정 이전과 이후 줄곧 항고소송에서는 가처분이 허용되지 않는다는 입장을 취하고 있다.[97] 행정소송법상 가구제의 특례규정으로서 집행정지제도가 마련되어 있는 이상 민사법상의 가처분은 배제된다는 것이 주된 논거이다. 그러나 최근 학설상 재판청구권의 실효적 보장을 위해 최소한 집행정지로써 그 목적을 달성할 수 없는 경우에는 중대한 긴급성을 요건으로 가처분이 허용되어야 한다는 견해가 우세해지고 있고, 상술한 바와 같이 하급심에서 일정한 사안에 관해 거부처분의 효력정지를 통해 실질적으로 가처분과 같은 효과를 거두고 있다. 당사자소송의 경우에는 항고소송에 관한 집행정지규정이 준용되지 않고 또한 민사소송과 유사하다는 점 때문에 민사법 규정의 준용을 통해 가처분이 가능하다는 것이 학설·실무상 일치된 견해이다.

V. 行政訴訟法의 改革

현재 행정소송법 개정 논의에서 중심을 이루는 것은 항고소송의 대상·원고적격·訴益의 대폭적인 확대, 의무이행소송의 도입, 가처분제도의 명시, 당사자소송의 확대, 기관소송 법정주의의 폐지 등이다. 한국의 행정소송법은 과거의 시행착오를 딛고 지금까지 착실히 다져온 민주주의와 법치주의를 바탕으로 앞으로 명실상부한 개혁을 이룰 것으로 전망된다.[98]

97) 대법원 1967. 5. 29.자 67마311 결정; 1975. 12. 30.자 74마446 결정; 1992. 7. 6.자 92마54 결정.

98) 拙著, 행정법 개혁의 과제 [행정법연구 3] (近刊) 제 2 장 행정소송법의 개혁 참조.

제 2 장

行政法院의 任務와 役割

Ⅰ. 序　說

정부수립 후 50년이 지나고 새로운 50년이 시작된 1998년의 새봄에 우리는 獨裁・非民主의 과거를 딛고 민주화의 產苦 끝에 민주법

* 이 글은 1999년 4월 25일 대법원에서 개최된 행정법원 개원 1주년 기념세미나에서 '행정법원 1년의 성과와 발전방향'이라는 제목으로 발표된 논문이다.

치국가의 새로운 章을 열 옥동자를 얻었다. 오늘 여기 그 옥동자의 첫 돌을 기념하고 건강한 성장을 축원하는 자리에서 필자는 형언하기 어려운 감회와 기대를 갖는다.

행정법원[1]은 법치주의의 보루인 행정재판제도가 완전한 모습으로 구축되기 위한 초석이다. 무엇보다도 우선, 필자는 과거 獨裁·非民主의 경험을 통해 인간의 존엄과 자유의 보장을 위한 법치주의의 가치를 신뢰하는 한 국민으로서, 행정법원의 一年을 기뻐하며 그 장래를 축복하고자 한다. 이 점에서 1994년 대법원의 법원조직법 및 행정소송법 개정법률안 설명자료에서 행정법원의 필요성으로 강조한 "법의 지배"의 의미를 되새긴다. 우리나라가 20세기 식민지지배를 거쳐 독립한 국가 중에서 많은 정치적·경제적 난관을 뚫고 민주·법치주의를 쟁취하여 확립하고 있는 거의 유일한 국가라는 긍지를 우리는 잊어서는 아니 된다. 올바른 행정재판제도의 확립과 운영이 그 중 가장 중요한 요소의 하나이다.

다른 한편으로, — 특히 서양법을 계수한 우리나라에서 — 진정한 우리의 법으로서 행정법이 형성되기 위해서는 행정재판제도의 활성화가 필수불가결하다. 다른 모든 법영역에서도 마찬가지이지만, 특히 인류역사상 새로운 법영역으로서 아직도 형성과정에 있는 행정법에서의 법형성은 바로 재판과 판례를 통해, 보다 구체적으로 말하자면, 법관을 통해 이루어져 왔다. 영국과 미국은 물론 대륙법계인 프랑스와 독일에서도 예외가 아니다.[2] 이와 같이 행정재판제도의 초석으로서의

1) 이하 '행정법원'이라 함은 서울행정법원과 행정소송 제 1 심을 담당하는 지방법원 합의부를 의미한다.

2) 프랑스 행정법은 國參事院(Conseil d'Etat)의 판례를 중심으로 발전한 것임은 주지의 사실이다. 또한 독일 행정법의 주요내용도 1872년 행정재판제도 도입 이래 라이히법원 및 각 주의 고등행정재판소와 2 차세계대전 이후 연방행정법원의 판례의 산물이다. [R. Mußgnug, Das allgemeine Verwaltungsrecht zwischen Richterrecht und Gesetzesrecht, in: Richterliche Rechtsfortbildung. Erscheinungsformen, Auftrag und Grenzen. Festschrift der Jur. Fakultät zur 600-Jahr-

행정법원은 행정법의 형성·발전을 촉진하는 원동력이 된다. 이것이 바로 위 대법원의 개정법률안 설명자료에서 강조된 "법이론의 축적"이다. 이는 동시에 — 실정법의 체계적 인식과 역사적·이념적·방법론적 평가를 임무로 하는 — '학문으로서의 법학'에게 풍부한 연구대상을 제공하고 연구의욕을 자극함으로써 진정한 우리의 학문으로 발전하는 계기가 된다. 행정법원의 장래는 곧 우리나라 행정법학의 장래이다. 바로 이 점에서 필자가, 행정법학을 위해 헌신하기로 한 初學者로서, 행정법원의 一年에 즈음하여 남다른 감회와 기대를 갖는 것이다.

이하에서 먼저 행정법원 一年의 성과를 살펴본 다음(Ⅱ.), 한편으로 행정법원이 행정재판제도의 초석을 이룬다는 의미에서 행정재판제도 전반에 초점을 맞추어 행정법원의 발전방향을 제시하고(Ⅲ.), 다른 한편으로 행정법원은 행정재판 第一審을 위한 전문법원으로서의 위상을 갖는다는 점에 초점을 맞추어 그 발전방향을 제시하고자 한다(Ⅳ.).

Ⅱ. 行政法院 一年의 成果

이제 한 돌을 맞은 행정법원의 성과를 평가하기에는 아직 이른 듯하다. 그러나 여러 가지 면에서 앞으로 행정법원이 명실공히 專門法院으로서 행정재판제도의 초석으로 발전할 수 있다는 확신을 가지게 하는 점들이 발견된다. 한 돌까지의 건강이 평생의 건강을 좌우하고 세 살 버릇이 여든까지 간다는 말이 있듯이, 행정법원 일년의 성과는 곧 장래의 무궁한 발전을 약속하는 것이라 하겠다. 어떤 돌잔치에서든

Feier der Ruprecht-Karls-Universität Heidelberg, Heidelberg 1986, S. 203-229 (203-204) 참조]. 특히 1976년 제정된 독일의 연방행정절차법은 그 동안의 수많은 판례이론을 약간의 수정·보완을 거쳐 실정법화한 것이다. 판례의 의의 및 法源性에 관해, 拙稿, 判例의 法源性, "法實踐의 諸問題," 東泉金仁燮辯護士華甲紀念, 박영사 1996, 2면 이하 참조.

지 옥동자를 낳고 건강한 아이로 키운 어머니의 노고를 가장 먼저 치하하여야 하듯이, 그 동안 수고를 아끼지 아니한 행정법원의 법관 및 직원 여러분의 업적을 기리는 의미에서 행정법원 일년의 성과를 개략적으로 살피기로 한다.

1. 行政法院의 構成

가장 먼저 언급해야 할 것은 서울행정법원 및 12개 지방법원 행정재판부가 모두 능력과 소신을 갖춘 우수한 법관으로 충원되었다는 점이다. 어떠한 제도이든지 成敗는 결국 그 제도의 운영을 담당한 '사람'에게 달려 있음은 多言을 요하지 않는다. 그 동안 초창기에 우수한 법관들이 행정법원을 담당하여 부족한 제반여건 속에서도 사명의식을 갖고 연구하는 자세로 헌신의 노력을 아끼지 않고 있을 뿐만 아니라 많은 수의 젊고 우수한 법관들이 행정법원 근무를 지원하고 있다는 점이 행정법원 一年의 최대의 성과라고 할 것이다. 職業法官制의 기초가 되는 職業官僚制(Berufsbeamtentum)의 핵심은 전문직업인으로서 한 개인의 평생에 걸친 인격발현 내지 인생보람의 노력을 공직수행과 연결하는 데 있다. 앞으로 계속 우수한 법관들이 행정법원을 위해 최대한 능력을 발휘할 수 있도록 하는 人事制度와 硏修制度 등을 수립하는 것이 앞으로 가장 중요한 과제라고 할 것이다.

2. 迅速·愼重·公正한 事件處理

다음으로, 집중심리제도의 확립과 사건처리기준의 통일을 통해 신속·신중·공정한 사건처리를 위해 노력하고 있다는 점이다.[3] 먼저 집중심리제도에 관해 보면, 사건을 유형화하여 유형별로 일반적인 쟁

3) 이하 서울행정법원, 법원현황(198회 정기국회 국정감사 제출자료), 1998. 11 참조.

점과 문제점들을 정리해 놓은 다음, 사건이 배당되면 즉시 준비절차 또는 서면선행방식을 통해 쟁점과 증거를 파악·정리하여 변론기일에 집중심리를 가능하도록 함으로써, 대부분 준비절차와 변론기일 각 2회씩을 거쳐 판결이 선고되고 있다. 이러한 집중심리제도의 정착을 위해 소송당사자에 대한 홍보·교육을 적극적으로 실시하고 있으며, 당사자 쌍방간 또는 재판부와 당사자간의 팩스에 의한 문건교환을 활성화하고 있고, 또한 법원의 후견적 기능과 직권에 의한 증인신문을 강화하고 있다. 이는 소송의 두 가지 — 일반적으로 상충되는 것으로 간주되는 — 이념인 신속과 신중성을 동시에 실현하기 위한 열쇠임과 동시에, 아래 Ⅳ.에서 강조하는 바와 같이, 제 1 심 전문법원으로서의 행정법원이 갖는 의의를 최대한 살리는 길이기도 하다. 다음으로 사건처리기준의 통일에 관해 보면, 이는 재판의 공정성과 투명성·신뢰성을 확보하는 데 필수적인 것으로서, 재판의 독립성을 저해하지 않는 범위내에서, 법관회의, 전산망을 통한 정보교환, 유형별 사례의 수집·비교를 통해 재판부간 사건처리기준의 통일을 기하고 있는 것이다. 대표적인 예가 자동차운전면허취소·정지사건과 집행정지사건이다.

3. 紛爭調整者로서의 役割

행정법원 一年의 성과에 있어 간과할 수 없는 것은 행정사건에서의 화해·조정의 시도를 통해 분쟁조정자로서의 역할을 위해 노력하고 있다는 점이다. 오늘날 거의 대부분의 행정소송사건은 명백히 위법한 행정작용에 대해 국민을 보호하기 위한 것이라기보다는 행정과 국민의 法的 紛爭을 해명·해결하기 위한 것이다.[4] 따라서 소송과정에서 재판상화해를 통해 분쟁을 종식시키는 것은 행정소송의 본질에 반

4) 同旨, W. Brohm, Zum Funktionswandel der Verwaltungsgerichtsbarkeit, NJW 1984, S. 8-14(10).

하는 것이 아닐 뿐만 아니라 법관의 업무부담경감과 행정과 국민 양측을 위해서 유익한 것이다.[5] 아직 화해조서작성을 통한 정식의 재판상화해 — 이에 관해서는 아래 Ⅳ.에서 다시 언급한다 — 는 이루어지고 있지 않지만, 訴取下를 통한 사실상의 화해·조정은 적지 않게 시도되고 있다.

4. 法理論 축적을 위한 硏究活動

행정법원의 출범은 행정법과 행정법학의 발전에 새로운 계기가 된다는 점은 이미 서두에서 강조한 바와 같다. 이러한 관점에서 특히 서울행정법원에서 소속 법관 전원이 참여하는 實務硏究會를 조직하여 매주 1회 세미나를 개최하고 있다는 사실은 매우 중요한 성과이다. 아래 Ⅳ.에서 논의하는 바와 같이, 판결의 삼단논법에서 대전제를 이루는 — 성문법규정에서 바로 발견될 수 없는 — 법명제를 정립하고 그 근거를 부여하는 법이론,[6] 즉 법도그마틱의 수립은 학문만의 임무가 아니라 법실무(특히 법원)와 학문의 공동작업으로서, 그 풍부한 소재와 실제적 문제점을 제공할 수 있다는 점에서 오히려 법실무가 주도적 역할을 하여야 한다. 뿐만 아니라 이러한 행정법원의 연구자세는 국민과 특히 행정에 대하여 전문법원으로서의 위상과 행정재판의 권위를 확립하는 데 필수적인 요소라고 할 것이다.

---

5) 本書 제14장 행정소송의 재판상화해, 613면 이하 참조.

6) 이를 독일에서는 '법도그마틱'(Rechtsdogmatik)이라고 하는데, 그 의미를 충실히 살려 번역한다면 '법적 판단을 위한 도구이론'이라고 할 수 있고, 이를 줄여 '법이론'이라고도 할 수 있을 것이다. 아래 Ⅳ.에서 자세히 논의하기로 한다.

5. 國民의 接近可能性 및 行政裁判에 대한 社會的 認識의 提高

마지막으로 행정법원 一年의 성과로 강조되어야 할 것은 — 三審制를 통해 심급의 이익이 확대되었다는 점 이외에 — 고등법원(5개: 서울, 부산, 대구, 광주, 대전)이 설치되어 있지 아니한 지방법원의 행정재판부에 많은 사건이 접수됨으로써 위 대법원의 개정법률안 설명자료에서 강조한 "국민의 행정소송에 관한 법원으로의 접근"이 용이하게 되었다는 점이다. 대법원 통계자료에 의하면, 1998년 3월부터 1999년 2월까지 1년간 접수된 행정사건은 인천지방법원 376건, 수원지방법원 918건, 춘천지방법원 126건, 청주지방법원 164건, 울산지방법원 273건, 창원지방법원 413건, 전주지방법원 173건, 제주지방법원 108건 도합 2,551건으로서 전체 사건(9,034건)의 28.2퍼센트를 차지하고 있다. 뿐만 아니라 서울'행정'법원과 지방법원 '행정'재판부가 설치됨으로써 행정재판도 민사·형사·가사재판과 마찬가지로 정식의 완전한 재판으로 이루어진다는 사회적 인식이 제고되었음을 간과할 수 없다. 이러한 사회적 인식은 국민의 권리구제의 보장과 아울러 각급 행정기관의 法治行政 실현의 노력으로 연결된다는 점에서 21세기 우리나라의 참다운 민주·법치주의 구현을 위한 소중한 資產이라고 할 것이다.

Ⅲ. 行政裁判制度의 礎石으로서 行政法院의 發展方向

이제 행정법원의 바람직한 발전방향을 제시함에 있어 먼저, 행정법원이 완전한 행정재판제도 확립을 위한 초석을 이룬다는 의미에서,

행정재판제도 전반에 초점을 맞추어 논의하기로 한다. 이하의 논의는 행정법원에 국한된 문제는 아니지만, 행정법원이 행정재판의 제 1 심으로서 무엇보다도 특히 행정재판제도 전반에 관한 올바른 인식과 자세를 가져야 한다는 것은 多言을 요하지 않는다.

1. 行政裁判制度와 權力分立 — 行政裁判權의 獨立性

행정재판의 위상과 역할에 관한 근본적인 문제는 司法府에 의한 행정재판이 권력분립원칙과 어떠한 관계에 있는가에 있다. 특히 우리나라에서 이제까지 권력분립원칙은 빈번히 행정재판을 제한하거나 아니면 그 강화를 반대하기 위한 논거로 동원되어 왔기 때문에, 이 문제의 근원지로 알려져 있는 프랑스와 독일에 관한 — 개략적이나마 — 고찰을 피할 수 없다.

일찍부터 '法의 支配'(rule of law) 원칙에 의해 행정도 私人과 마찬가지로 (통상)법원의 재판관할에 속하게 되어 있고 의회(상원, House of Lords)의 일부가 최고법원을 구성하는 영국에서나, 1803년 *Marbury v. Madison* 판결 이래 모든 국가권력 행사에 대해 헌법·법률에 의거한 사법심사(judicial review) 원칙이 확립된 미국에서는, 행정재판이 민사·형사재판과 동일한 司法作用으로 간주되고 권력분립원칙과의 관계에서 별다른 문제를 야기하지 않고 있음은 주지의 사실이다.

반면에 프랑스에서는 대혁명 이후 法治行政 및 행정재판제도를 도입하면서도 시민세력이 주도하는 행정이 아직 귀족적 색채가 남아있는 司法權(민사·형사)의 간섭·개입을 받지 않도록 하기 위해 행정재판을 행정부에 소속된 國參事院(Conseil d'Etat)이 담당하도록 하였는데, 그 이론적 근거로 동원된 것이 몽테스키외(Montesquieu)의 권력분립이론이다. 그는 국가권력의 남용으로부터 시민의 자유를 확보하기 위해 국가권력이 입법권, 집행권, 사법권으로 분립되어야 한다는 점을 주장하였지만, 여기서 사법권은 단지 민사·형사재판에 한정되었고 더구나 법관은 "법률의 문구를 말하는 입"(la bouche qui prononce les paroles de la loi)[7]에 불과한 것으로 간주됨으로써, 권력분립구도에 있어 사법권은 부차적인 것이었다. 이러한 사상은 당시 유럽대륙을 지배하던 의회주의와 법률실증주의에 의거한 것으로서, 이는 결국 권력분립을 권력의 '분할' 내지 '개입금지'로 이해하는 것으로 귀결된다. 즉, 행정재판은 어디까지나 행정에 관한 것이기 때문에 행정권에 귀속되어야 한다는 것이다. 그리하여 그 때부터 현재까지 國參事院은 편제상 행정부에 속하는 것으로 되고 있고 그 조직의 상당부분(즉, sections administratives)이 정책자문과 법령제정 등 최고행정기관으로서의 성격을 갖고 있으나, 행정재판을 담당하는 부서(즉, section contentieux)는 법관과 동일한—오히려 실제적으로는 통상법원의 법관보다 우월한—권위와 독립성을 갖고 있고 완전한 사법적 절차에 의해 광범위하고 강력한 행정재판권을 행사하고 있다.[8]

이러한 프랑스의 예에서 행정재판제도의 본질이, 역사·이념적인 배경에 의한 조직적 귀속 여하와 관계없이, 재판관의 독립성과 사법적 절차에 있음을 알 수 있다. 즉, 행정작용에 대한 법적 통제는 그 행위주체인 행정과는 독립된 기관에 의해 완전한 사법적 절차를 통해 이루어질 때만 제대로 기능하는 것이다. 이것이 바로 오늘날 보편적으로 승인되고 있는—19세기 정치상황과 이념의 산물인 '분할적 내지 범주적' 권력분립이 아닌,—'기능적' 권력분립인바, 특히 행정재판에 있어서의

7) Montesquieu, De l'esprit des lois, livre XI. chap. 6.
8) Jean Rivero, Droit administratif. 16. éd., Paris 1996, p. 168-178; René Chapus, Droit du contentieux administratif. 7. éd., Paris 1998, p. 62-66, 239-243; Wolfgang Müller, Der Conseil d'Etat, AöR 1992, S. 337-409 참조. 프랑스의 행정재판제도의 詳細는 拙著, 행정법의 체계와 방법론[행정법연구 1], 제11장 독일 행정법과 비교하여 본 프랑스 행정법의 특수성, 461면 이하 참조.

기능적 권력분립은 몽테스키외가 전제한 바와 같은 법률실증주의가 오늘날 더 이상 타당할 수 없기 때문에 더욱 절실히 요청되는 것이다.

독일에서는 19세기 후반 행정재판제도를 수립하는 과정에서 처음부터 — 몽테스키외의 분할적인 권력분립이론을 극복하기 위한 노력과 함께 — 행정재판의 기능적 독립성이 핵심 쟁점이 되었다. 1848년 3월 혁명 때 선포된 헌법(Paulskirchenverfassung) 제182조는 그 때까지 행정기관 자체에서 행해지고 있던 '行政司法'(Verwaltungsrechtspflege)[9]을 폐지하고 일반법원이 행정재판을 담당하도록 규정하고 있었다. 이 헌법은 혁명의 실패로 실제로 시행되지 못하였지만, 그 후 이에 관한 주장과 논의가 계속되었다. 대표적으로 Otto Bähr는 자신의 근본사상인 '국가와 사회의 농일성'을 전제로 하여 국가행정에 대한 개인의 권리구제는 민사·형사재판과 마찬가지로 일반법원에서 이루어져야 한다는 주장을 하였다.[10] 반면에, Rudolf von Gneist는 1875년 개최된 제12차 독일법률가대회의 주제발표에서, 자유주의적인 '국가와 사회의 엄격한 분리'를 근거로 하여, 시민(사회)적 성격을 가진 일반법원은 행정에 대한 법적 통제에 — 여기에서는 공공복리 실현이 요청되고 공법을 적용해야 하기 때문에 — 적합하지 않으므로 이에 대해 별도의 재판권이 필요하다는 견해를 피력하였다.[11] 위 법률가대회는 von Gneist의 견해를 공식 건의의견으로 채택하였는데, 결국 같은 해 설립된 프로이센 고등행정재판소를 비롯한 각 주의 고등행정재판소는 이를 수용한 것이라고 할 수 있다. 이들은 기존의 일반법원과는 분리된 별도의 재판권으로서 조직적인 측면에서는 行政府에 속하는 것이었다. 그러나 여

9) 이는 행정조직 내부에서 자기통제적 기능을 주된 목적으로 한 것으로서, 실질적으로는 오늘날 행정심판에 상응하는 것이라고 할 수 있다.

10) O. Bähr, Der Rechtsstaat. Eine publicitische Skizze, Cassel 1864.

11) R. von Gneist, Über die rechtliche Natur, die Zuständigkeit und die Verhandlungsformen der Verwaltungsjuridiction. Verhandlungen des 12. Deutschen Juristentages. 3. Bd., 1875, S. 221 ff.; ders, Der Rechtsstaat und die Verwaltungsgerichte in Deutschland. 2. Aufl, Berlin 1879, S. 159 ff.

기서 간과해서는 아니 될 것은, 행정재판에 있어 국민의 권리구제기능보다는 행정에 대한 법적 통제기능을 중시하면서 이를 위한 별도의 행정재판권을 주장한 von Gneist도 완전한 권리구제를 보장하는 독립된 행정재판이 "법치국가의 아르키메데스의 점"(archimedischer Punkt des Rechtsstaates)[12]임을 강조하였으며, 실제로 고등행정재판소의 재판관은 법관자격자와 고위관료 각 1/2씩 황제로부터 종신직으로 임명되어 조직·인사적인 측면에서 일반법관과 동일한 독립성을 갖고 있었다는 점이다.[13]

2차세계대전 이후 독일에서는 행정재판권이 司法權의 일부로 구성되어 있음은 주지의 사실이다. 그러나 그 이전에도 제국시대에서부터 바이마르시대까지 — 프랑스에서와 마찬가지로 — 행정재판권은 일반법원의 司法府와는 별도의 조직으로서 형식·범주적으로는 行政府에 소속된 것이지만 실질적으로 또 하나의 司法權으로서 완전한 독립성을 갖고 정식의 司法節次에 의해 행사되고 있었던 것이다.

우리나라의 경우 행정재판권도 차별 없이 대법원을 정점으로 하는 司法府에 속한다는 점에 헌법상 異論의 여지가 없다(헌법 제40조, 제107조 제2항). 뿐만 아니라, 만일 권력분립원칙에 의거하여 司法府에 의한 행정재판의 정당성을 의심하거나 행정재판의 범위를 제한하고자 하는 견해가 있다면, 이는 '기능적' 권력분립을 몰각하는 것이라고 하지 않을 수 없다. 위에서 본 바와 같이 행정재판의 본질 내지 생명은 그것이 재판대상인 행정작용의 주체로부터 독립될 때 제대로 기능할 수 있다는 점

12) Ders, a.a.O. (Der Rechtsstaat und die Verwaltungsgerichte in Deutschland), S. 159 f.

13) Georg-Ch. von Unruh, Verwaltungsgerichtsbarkeit im Verfassungsstaat, Herford 1984; ders, Einführung der Verwaltungsgerichtsbarkeit in Preußen, Jura 1982, S. 113-126; Wolfgang Rüfner, Die Entwicklung der Verwaltungsgerichtsbarkeit, in: Kurt G.A. Jeserich u.a. (Hg.), Deutsche Verwaltungsgeschichte. Bd. Ⅲ, Stuttgart 1984, S. 909 ff. 참조.

에 있고, 우리나라의 헌법구조상 그리고 정치·사회·문화적 상황하에서 행정재판의 생명인 독립성을 확보할 수 있는 곳은 바로 司法府이기 때문이다. 뿐만 아니라, 행정재판에 관한 '기능적' 권력분립은 — 미국에서 강조되는 바와 같은 — 行政府와 司法府 사이의 '견제와 균형'(check and balance)을 위한 권력분립과 연결될 때 완성되는 것이다.

행정법원의 장래는 무엇보다도 먼저, 이러한 (司法府에 의한) 행정재판제도의 당위성에 관한 자각과 소신과 긍지를 갖고 그 생명인 독립성을 수호하는 것으로부터 시작된다. 이는 또한 행정심판과 고충민원처리 등 非定型的 權利救濟手段과의 관계에서 행정재판의 秀越性을 확보하는 길이기도 하다.

2. 行政裁判의 特徵 — 公益·私益의 調整을 위한 公論場

권력분립을 '기능적'으로 이해할 때 그것은 행정재판 관할의 所在의 문제가 아니라 행정재판의 내용적 특징에 관한 문제가 된다. 즉, 행정재판의 기능적 독립성을 위해 이를 司法府에서 담당하더라도 이것이 통상의 민사·형사재판으로 해소될 수 없는 특징을 갖는다. 행정재판은 그 대상이 행정작용으로서, 권력분립구조 하에서 司法府와 나란히 국가권력을 구성하는 行政府를 규율하는 것이기 때문이다.

이러한 행정재판의 특징을 그 규율대상인 행정이 국민에 대해 우월적 지위를 갖는 데에서 찾은 것이 독일의 전통적인 국가주의적·권위주의적 행정법이론이다.[14] 공법의 개념적 징표로서의 우월·종속관계, 특별권력관계·공정력·재량행위, 행정소송의 취소소송에의 한정, 취소소송의 대상에 관한 列記主義, 처분성의 축소, 공권 및 원고적격의 제한 등은 행정에 대한 재판적 통제와 국민의 권리구제의 기회 자

14) 이하 행정법의 발전단계에 관하여 拙著, 행정법의 체계와 방법론 [행정법연구 1], 제 1 장 행정법에 있어서의 이론과 실제, 36면 이하 참조.

체를 상당부분 봉쇄하는 데 기여하였다(제 1 단계 행정법).

다음으로 행정재판의 특징을 — 국민의 권리구제에 초점을 맞추어 — 그 규율대상인 행정이 국민에 대해 권한을 남용하여 국민의 권리·자유를 침해할 우려가 현저하다는 데에서 찾은 것이 자유주의적·개인주의적 행정법이론이다. 여기에서는 행정소송의 대상에 관한 포괄조항 및 이에 따른 행정소송 유형의 다양화, 처분성의 확대, 공권 및 원고적격의 확대를 통해 국민의 권리구제 기회를 확장하는 한편, 특별권력관계의 축소·부정, 공정력의 한정, 재량행위의 축소 및 재량에 대한 통제이론 등을 통해 행정의 우월적 지위를 삭감·제거하고자 한다. 이러한 자유주의적 행정법이론은 특히 독일에서 2 차세계대전 이후 나찌에 대한 철저한 반성과 연방헌법재판소와 연방행정법원의 강력한 정치적 지위에 의거하여 비약적인 발전을 한다(제 2 단계 행정법).

우리나라에서도, 日帝를 통해 계수되어 정부수립 이후 독재와 고압적 행정에 직접·간접으로 기여한 독일의 전통적인 국가주의적 행정법이론을 극복하기 위해, 80년대부터 — 民主化와 시대를 함께 하며 — 위와 같은 제 2 단계 행정법, 즉 자유주의적 행정법이 독일로부터 적극적으로 도입되었다. 자유주의적 행정법이 극단화되면, 행정재판에서 행정의 특수한 지위가 완전 부정됨으로써 私人間의 민사소송과 동일시되는 것은 물론, 행정의 권한남용이 항상 추정됨으로써 '원고 국민은 善, 피고 행정청은 惡'이라는 定式이 성립하고 그리하여 마치 피고 행정청이 형사재판에서의 피고인처럼 '法廷에 끌려가 재판받는다'라는 인식이 의식적으로나 무의식적으로나 생길 수 있다.

그러나 우리 헌법상 행정은, 독일 제국시대의 왕권에 기반을 둔 행정과는 달리, 입법부와 사법부와 함께 나란히 헌법적·민주적 정당성을 부여받은 국가권력으로서, 그 존재의의는 헌법에 의해 부여받은 공익실현의 책무를 다하는 데 있다. 그렇기 때문에 행정재판의 특징은 그 재판대상인 행정이 바로 이러한 공익실현 책임을 부여받고 있다는 데에서 찾아야 하는 것이다. 다시 말해, 행정재판에 있어 행정의 권위주의적·무조건적인 우월한 지위는 마땅히 부정되어야 할 것이지만, 행정이 — 私人과는 달리 — 헌법상 공익실현의 책무를 지고 있다는 점은 간과되어서는 아니 된다. 이러한 관점에서 행정법은 이제 편면적으로 행정의 法律羈束과 司法的 統制만을 확대하고자 하는 자유주의적 행정법을 넘어, 한편으로 국민의 권리구제 실현과 행정에 대한 법적 통제를 견지하되, 다른 한편으로 행정의 공익실현의 책임과 이를 위한 자율성을 함께 고려하는, 말하자면, '공익과 사익의 조정'의 행정법으로 발전되어야 한다. 법률유보 범위에 관한 소위 新侵害留保說, 행정유보, 특별권력관계이론의 수정, 불확정개념의 해석·적용에 관한 행정의 자율성, 소위 규범구체화행정규칙 등은 이러한 맥락에서 이해될 수 있다(제 3 단계 행정법).

제 3 단계 행정법, 즉 공익과 사익의 조정을 위한 행정법에 있어 행정재판은 바로 당해 사안에 관련된 공익과 사익을 해명하고 이를 형량·조정·조화하기 위한 公論場이다. 단적으로 말해, 행정재판은 '非理를 저지른 행정을 재판하는 것'이 아니라 행정작용에 관련된 법적 분쟁을 해명하고 해결하는 것이다. 독일의 행정법 학자들은 행정재판이 "헌법과 법률을 통해 창설되고 권한을 부여받은 국가기관과 행정청을 점검(kontrollieren)하는 것"[15]이며, 또한 행정의 잘못에 대한 "是正만이 아니라 교향악단의 지휘와 같은 것"[16](dirigieren und nicht allein korrigieren)이라고 강조한다. 이는 또한 견제와 균형을 통한 권력분립 이념과 맥락을 같이한다.

15) F. Ossenbühl, 40 Jahre Bundesverwaltungsgericht. Bewahrung und Fortentwicklung des Rechtsstaates, DVBl. 1993, S. 753-762 (758).

16) Ch.-F. Menger, Rechtsschutz im Bereich der Verwaltung, DÖV 1969, S. 153-161 (160).

행정법원의 장래는 바로 이러한 행정재판의 특징을 올바로 인식하고 공익과 사익의 조정자로서의 역할을 수행하는 데 있다. 이것은 또한 — 아래 Ⅳ.에서 강조하는 같이 — 전문법원으로서 행정법원이 갖는 전문성의 요체이기도 하다. 자유주의적 관점에 바탕을 둔 편면적인 病理的 行政觀은 지양해야 한다. 이는 실체적 정의를 발견하는 데 장해가 될 뿐만 아니라 행정으로부터 필요 없는 저항을 야기할 우려가 있기 때문이다. 이제 행정이 행정법원으로부터의 기일소환장을 받는 것은 '法廷에 끌려가는 것'이 아니라 '독립성과 절차적 신중성을 갖춘 행정법원 앞에서 공익실현의 필요성과 공익·사익의 조정문제를 논의하고 그 해결을 확정할 수 있는 기회'로 인식되어야 할 것이다.

3. 訴訟要件의 擴大

행정재판이 공익·사익의 조정을 위한 公論場으로서의 역할을 수행하기 위해서는 무엇보다도 소송요건이 확대되어야 한다. 이는 물론 행정재판이 권리구제를 위한 주관적 소송의 틀을 완전히 벗어나 객관소송으로 가야 한다는 의미가 아니다. 우선 권리구제의 관점에서 본다면, 현대사회에 있어 이해대립과 분쟁의 증가 현상에 비추어, 권리구제의 가능성을 확대하고 그 구제대상인 권리 자체의 범위를 확장하자는 것이고, 동시에 이를 계기로 행정에 대한 — 공익·사익의 조정이라는 의미에서 — 법적 통제의 기회를 넓히자는 것이다. 공익과 사익의 조정은 본안판단에서 비로소 이루어질 수 있는 것이기 때문이다.

일반적으로 행정재판의 권리구제라는 주관적 기능과 행정에 대한 법적 통제라는 객관적 기능은 서로 모순되는 것으로 이해되는 경우가 많다. 전자를 근거로 행정재판의 독립성과 司法的 성격을 강조하면 후자를 근거로 이를 의심하거나 축소하고자 하고, 후자를 근거로 소송요건을 확대하고자 하면 전자를 근거로 소송요건, 특히 원고적격을 제한하고자 하는 것이 그것이다. 그러나 우선, 행정재판의 독립성과 司法的 성격은 행정재판에 관해 주관적 기능이 중시되느냐 아니면 객관적 기능이 중시되느냐 여부와는 직접 관계가 없는 것이라는 점은 — 위 1.에서 von Gneist의 견해에서 알 수 있듯이 — 독일의 19세기 후반에 이미 확인된 것이다. 다음으로, 현대 행정법에 있어 행정과 개인 그리고 개인 상호간의 이해관계의 복잡화에 따라 개인의 이익을 보호함과 동시에 공익과 사익의 충돌을 조정할 필요가 증대하였기 때문에, 행정재판의 주관적 기능과 객관적 기능의 모순은, 전자를 확대할 수 있는 범위까지 후자를 확대한다는 의미에서, 다시 말해, 양자는 서로 相乘作用을 한다는 의미에서, 해소되는 것이다.

장기적인 또는 입법론적인 과제로서 취소소송 이외에 새로운 행정소송의 유형으로서 의무이행소송과 처분에 해당하지 않는 행정작용에 관한 행정소송을 도입하는 것이 바람직한가 라는 문제는 별론으로 하고, 행정법원은 현행법 하에서 처분성의 확대(특히 거부처분의 문제), 隣人訴訟 · 환경소송 · 경업자소송에서의 원고적격 문제(특히 생명 · 신체에 대한 직접적 위해를 가할 우려가 있는 환경소송에서 — 환경권이 아니더라도 — 생명 · 신체에 관한 기본권의 방어권적 지위를 근거로 원고적격을 인정하는 문제), 권리보호필요성(특히 기간이 경과된 제재처분에 대한 권리보호필요성의 문제) 등에 관하여 단계적으로라도 본안심사의 기회를 확대해 가야 할 것이다. 이는 물론 사건처리를 위한 인적 · 물적 설비 문제와 직결되는 것이기는 하지만, 단지 이를 이유로 안이하게 생각하여서는 아니 된다. 본안심사의 거부를 통해 곧 '공익과 사익의 조정'이라는 행정재판의 존재의의를 몰각하여 국민과 행정 양측에 대해 모두 행정재판의 권위를 상실할 우려가 있기 때문이다. 행정의 공익실현 책임과 이를 위한 자율성은 본안심리에서 고려할 문제이지 소송요건의 제한을 통해 배려될 수 있는 것이 아니다. 처분성·원고적격·권리보호필요성을 이유로 사건을 부적법 각하한다고 해서 행정청에게 반드시 유리하게 되는 것이 아닐뿐더러 행정청이 항상 이를 환영하지도 않는다. 행정작용의 정당성을 실체적으로 확인받고자 하는 경우가 적지 않기 때문이다. 특히 현재 소송실무상 장기간 증인신문 등 본안에 관한 심리를 진행한 다음 訴訟要件 不備를 이유로 부적법 각하하는 경우가 빈번하다는 점에서 이러한 문제는 더욱 심각하다. 뿐만 아니라 — 현행 헌법재판소법 제68조 제 1 항 및 '보충성의 非適用'으로 말미암은 — 행정소송과 헌법소원심판의 경쟁관계 하에서, 행정소송의 허용범위의 확대는 三審制와 正式의 소송절차라는 행정소송의 秀越性의 관점에서 의의를 찾을 수 있다.[17)]

소송요건과 관련하여 민사소송·취소소송·당사자소송의 구별문제는 최소한 국민의 소제기 위험부담으로 연결되지 않도록 할 것이 요망된다. 이미 민사소송으로 제기된 사건을 행정소송 관할법원으로 이송하도록 하는 판례[18)]가 있는바, 이를 보다 일반화하여, 원고가 관할 또는 소송유형을 오인하여 소를 제기한 경우 — 취소소송으로 변경되면 (예외적) 행정심판전치의 불비 또는 제소기간 도과를 이유로 각하될 경우를 제외하고 — 受訴法院이 이송결정(행정소송과 민사소송 상호간) 또는 소변경(취소소송과 당사자소송 상호간)의 釋明을 하도록 하고, 그 이송결정과 소변경 허가결정[19)] 또는 원래 제기된 소송형태를 적법한 것으로 인정한 판결은 상소심에 대해서도 구속력이 있도록 하는 방안을

17) 행정소송과 헌법소원심판의 관계에 관하여, 拙稿, "憲法과 행정법 — 行政訴訟과 憲法訴訟과의 관계," 서울대학교 '법학' 제39권 4 호, 1999. 2, 81-105면 참조.

18) 대법원 1997. 5. 30. 선고 95다28960 판결.

19) 물론 移送決定에 대해서는 민사소송법 제35조에 의해, 訴變更 許可決定에 대해서는 행정소송법 제21조 제 3 항에 의해 卽時抗告가 가능하므로, 여기서 상소심에 대해 구속력이 있다는 것은 卽時抗告 期間(1 주일: 민사소송법 제414조)이 도과한 후 移送이나 訴變更을 전제로 한 종국판결에 관한 설명이다.

강구할 만하다.[20] 다른 한편으로 受訴法院의 제청에 의해 관할·소송형태를 결정하는 재판부를 대법원 또는 고등법원에 설치하는 방안을 강구할 수도 있을 것이다.

이상과 같은 소송요건의 확대와 소송형태 문제의 해결은 행정법학 발전에도 결정적으로 중요한 의미를 갖는다. 이제까지 행정법학이 치중해 온 일반행정법상의 많은 문제들이 모두 행정소송과 민사소송의 구별과 처분성·원고적격·권리보호필요성 등 소송요건에 관련된 것인데, 행정법학이 이러한 문제들에 매달려 정작 행정법의 '본마당'인 개별행정법 영역의 법령 연구와 공익의 구체적 분석 및 유형화에 소홀함으로써 '訴訟要件法學'이라는 汚名을 갖게 되었다. 국가권력에 대해 법적 구속을 부과하기 위한 법으로서 행정법에서는, 국가권력의 일부인 행정권의 활동이 어느 범위에서 사법심사를 받게 되느냐 라는 문제가 행정법이 '진정한 법'으로 발전하기 위한 難關門이다. 이것은 행정법학에게 부과된 역사적·숙명적 과제로서, 이것이 해결될 때 비로소 본안의 문제, 특히 위법성 판단의 척도가 되는, 방대한 특별행정법 영역의 실체법적 연구로 발전할 수 있는 것이다.

행정법원의 장래는 우리의 행정재판제도가 이상과 같은 소송요건의 문제들을 전향적으로 해결하여 국민과 행정에 대해 공익과 사익의 조정자로서의 위상과 권위를 확보함과 아울러 행정법학의 본격적 발전을 촉진시키는 데 원동력으로서 기여하는 데 있다.

---

20) 이러한 점은 독일에서 일반적으로 인정되고 있다. 독일 법원조직법(Gerichtsverfassungsgesetz, GVG) 제17조a는 민사소송과 행정소송 상호간의 이송결정뿐만 아니라 원래 제기된 소송형태를 확인해주는 결정이 가능하도록 규정하고 있다. 이러한 제 1 심 법원의 이송결정 또는 확인결정은 중대한 하자가 있는 예외적인 경우를 제외하고는 상소심을 구속한다. 이에 관해 F. Hufen, Verwaltungsprozeßrecht. 3. Aufl., München 1998, S. 206 참조.

4. 本案의 審査尺度의 擴大 및 審査强度의 調節

행정소송에 있어 본안심사의 테마는 계쟁 행정작용의 위법성의 문제로 귀착되는바, 이를 판단하기 위한 심사척도가 무엇인가는 바로 행정법의 法源에 관한 문제이다. 행정에 대한 재판적 통제를 제한하고자 했던 독일의 전통적 행정법이론(제 1 단계 행정법)에서는 — 대상적격 · 원고적격의 제한이라는 소송요건의 측면과 아울러 — 본안심리에 관해 법률실증주의 내지 형식적 법치주의에 의거하여 행정법의 法源을 법률 및 하위의 성문법규에 한정하였다. 그렇기 때문에 국민의 권리구제와 行政에 대한 법적 통제를 확대 · 강화하고자 노력해 온 행정법이론(제 2 단계 행정법)에서는 — 대상적격 · 원고적격의 확대와 더불어 — 본안심사의 척도가 되는 法源을 확대하여 왔음은 多言을 요하지 않는다. 그 확대과정은 관습법 · 판례법 · 條理法이라는 不文法源의 과도기를 거쳐 실질적 법치주의가 확립됨에 따라 결국 헌법으로 포섭된다.[21] 대표적인 예가 평등원칙, 비례원칙, 신뢰보호원칙, 부당결부금지원칙이다. 물론 일차적으로는 법률과 하위법규를 철저히 조사하여 여기에서 심사척도를 발견해야 하겠으나, 특히 일반행정법상의 개념 · 이론들은 궁극적으로 헌법적인 문제로 귀결되기 때문에, 말하자면 최종적 심사척도로서의 헌법을 간과할 수 없다. 예컨대, 전통적 이론에서 허가·

21) 이에 관한 자세한 내용은 拙著, 행정법의 체계와 방법론[행정법연구 1], 제 4 장 행정법의 法源, 124면 이하 참조. 이와 같이 행정법의 第三의 不文法源으로서의 條理가 이제는 모두 憲法으로 파악될 수 있으므로, 우리 판례가 거부처분 취소소송의 대상으로서의 '拒否處分'과 부작위위법확인소송의 대상으로서의 '不作爲'의 성립요건으로 — '법규상 신청권'과 더불어 — 제시하고 있는 "조리상" 신청권이라는 것은 바로 '법률 및 하위법규에는 신청권을 인정할 만한 규정이 없지만 헌법에 비추어 신청권을 인정할 수 있는 경우'를 의미한다고 할 것이다. 예컨대, 교수재임용거부와 행정개입청구가 문제되는 사안에서 전자에 관해서는 헌법상 학문의 자유, 직업선택의 자유 등이, 후자에 관해서는 기본권 및 국가의 기본권보호의무가 신청권을 인정할 수 있는 헌법적 근거가 되고, 따라서 판례가 말하는 조리상 신청권은 항상 인정된다고 할 것이다.

특허의 구별을 위한 기준으로 삼은 '자연적 자유'의 문제는 오늘날 헌법상 자유권적 기본권(신체의 자유, 직업선택 · 영업활동의 자유 등) 및 헌법 제37조 제 2 항에 따른 기본권 제한의 문제로 파악된다. 또한 公定力의 근거로서 '취소소송의 배타적 관할의 반사적 효과'를 내세우는 것만으로 부족하고, 궁극적으로 취소소송의 배타적 관할이 헌법상 정당화될 수 있는 근거, 다시 말해 헌법 제37조 제 2 항 소정의 기본권 제한의 사유로서의 '공공복리'에 관한 고찰이 필요하다.

이와 같이 행정재판에서 헌법이 최종적 심사척도가 되는 이상, 행정법원의 장래는, 법률 및 하위법규에 관해 정통하여야 함은 물론, 헌법 특히 기본권과 그 제한에 관한 法理를 완전히 파악함으로써 헌법 제107조 제 2 항에 의해 부여된 행정재판권의 헌법해석권한을 제대로 행사할 수 있는 데 있다고 할 것이다. 필자의 私見에 의하면, 행정재판에서 요구되는 '헌법적 감각'은 개인의 기본권만을 중시하는 자유주의적 헌법관이 아니라 헌법이 행정권에게 부여한 공익실현의 책임과 권한도 아울러 고려하는 균형잡힌 헌법관이다.

이는 바로 행정소송에 있어 審査強度[22]의 문제와 연결된다. 구체적인 예로서, 기속행위와 재량행위의 구별과 불확정개념의 해석 · 적용에 관한 행정의 자율성 인정여부,[23] 재량권의 일탈 · 남용에 관한 심

22) 독일에서는 이를 Kontrolldichte라고 하는데, 이를 직역하면 '統制密度'가 되겠으나, 영·미에서의 intensity of review와 우리말의 뉘앙스에 비추어 '審査強度'라는 표현이 적절하다고 생각한다.

23) 이러한 자율성을 裁量(Ermessen; discretion)으로 파악하느냐 — 독일에서와 같이 — 判斷餘地(Beurteilungsspielraum)로 파악하느냐는 근본적인 문제가 아니다. 독일은 법령상 불확정개념으로 된 요건부분에 관해 행정의 裁量을 부정하고 원칙적으로 완벽한 심사강도의 사법심사를 인정하는, 세계에서 거의 유일한 국가이다. 따라서 요건부분에 관해 행정의 자율성을 인정하기 위해서는 재량과는 본질이 다른 개념으로서 판단여지라는 개념이 필요한 것이다. 즉, 재량은 법령상 효과부분에 인정되는 '意志의 自由'이지만, 판단여지는 요건부분의 불확정개념에 관한 '認識의 不確實性'이라고 한다. 그러나 요건부분에 관해 전면적으로 裁量을 부정하지 않는 우리나라나 프랑스와 영국 · 미국에서는 이러한 판단여지라는 별도의 개념이 필요없다. 그 대신, 요건부분의 불확정개념으로 인해 — 정확하게 말해, 認定事實을 불

사 등을 들 수 있다. 또한 재량권의 행사 내지 불확정개념의 해석에 관해 제정되어 있는 행정규칙 또는 법규명령을 행정소송의 심사척도로 받아들일 것인가의 문제도 결국 심사강도의 문제이다. 부관의 허용성과 가능성에 관한 것도 마찬가지이다. 여기서 강조할 것은, 이러한 문제들에서 심사강도는 획일적으로 정해질 수 없다는 점이다. 심사강도는 — 기능적 권력분립으로서의 — 司法權과 行政權의 관계, 구체적으로 말해, 국민의 재판청구권과 결부된 전면적 사법심사의 필요성 및 당위성을 전제로 하여 행정청에게 공익실현의 책임과 행정의 전문성에 의거하여 어느 정도로 자율성을 부여할 것인지의 문제인데, 이것은 문제된 행정영역 및 사익과 공익의 개별·구체적 상황에 따라 같을 수 없기 때문이다. 간과해서는 아니 될 것은, 여기서 말하는 심사강도는 실체법적 심사에 관한 것으로서, 절차법적 심사는 언제든지 전면적으로 이루어져야 한다는 점이다. 실체법적 심사강도가 후퇴되는 경우에는 오히려 절차법적 심사는 보다 더 엄격해야 할 것이다.

따라서 행정법원의 장래는 문제된 사안 또는 사안유형에 따라 심사강도를 적정하게 조절함으로써 공익과 사익의 조정자로서의 역할을 다함과 동시에 행정권과의 기능적 권력분립을 올바로 구현할 수 있도록 행정재판제도의 초석을 다지는 데 있다. 취소소송의 대상과 원고적격을 확대하여 사법심사의 關門은 최대한 넓게 열되, 본안판단에서는 심사강도를 적절히 조절하여 행정의 자율적 책임성을 존중하지 않으면 아니 된다. 사법심사의 가능성이 넓게 열려 있기 때문에 행정은 스스로 이에 대비하게 되는데, 행정이 최선을 다하면 행정소송에서 충분히 자신의 결정을 방어할 수 있다는 자신감을 가질 때 비로소 법치행정은 실현되기 때문이다. 행정소송은 그 자체가 목적이 아니라, 법치

확정개념에 포섭하는 법적 평가에 관해 — 인정되는 재량이라는 의미에서 '요건재량'이라고 하고 효과의 선택에 관해 인정되는 '효과재량'과 구별하면 충분하다고 할 것이다. 이에 관해 拙稿, "불확정개념과 판단여지," 「행정작용법」 中凡金東熙 교수정년기념논문집, 2005, 250면 이하 참조.

행정을 실현하기 위한 수단이라는 점을 명심하여야 한다. 이러한 심사강도의 문제는 — 민사·형사재판에서는 없는 — 행정재판에서의 특유한 것으로서, 그렇기 때문에 아래 Ⅳ.에서 지적하는 행정법원의 專門性과 직결되는 문제이기도 하다.

행정소송의 본안심사와 관련하여 언급하고자 하는 것은 법규명령에 대한 심사 강화의 필요성이다. 헌법 제107조 제 2 항에 의해 부여된 법규명령에 대한 심사권한이 지금까지 철저히 행사되지 않았음은 부인할 수 없다. 部令의 형식으로 정립된 처분기준에 대해 일관되게 법적 구속력을 부인한 판례에 대해 일종의 '암묵적 규범통제'로서의 의의를 부여할 수 있겠으나, 大統領令으로 제정된 처분기준을 법규명령으로 인정한 이상,[24] 근본적인 문제해결은 법원조직법 제 7 조 제 1 항 1 호 및 2 호를 개정하여 대통령령을 헌법·법률에 위반함을 인정하는 경우에만 대법원 전원합의체에 의하도록 하는 데 있다고 생각한다. 그럼으로써 대통령령 이외의 법규명령에 대해서는 — 部令에 제정된 처분기준이나 또는 법규적 효력이 인정되는 告示 등에 대해서도 — 대법원 전원합의체를 거치지 않더라도 규범통제가 가능하도록 하여야 할 것이다. 部令에 제정된 처분기준을 법규명령으로 인정하더라도 이에 의거하여 내려진 제재처분이 당해 사안의 구체적 사정에 비추어 과중한 경우에는 그 사안에 관해서는 그 처분기준이 헌법상의 비례원칙 및

24) 대법원 1997. 12. 26. 선고 97누15418 판결. 본 논문 발표 이후 대법원 2001. 3. 9. 선고 99두5207 판결은 대통령령(청소년보호법시행령)상의 과징금기준에 대하여 법규성을 인정하면서도, "모법의 위임규정의 내용과 취지 및 헌법상의 과잉금지의 원칙과 평등의 원칙 등에 비추어 같은 유형의 위반행위라 하더라도 그 규모나 기간·사회적 비난 정도·위반행위로 인하여 다른 법률에 의하여 처벌받은 다른 사정·행위자의 개인적 사정 및 위반행위로 얻은 불법이익의 규모 등 여러 요소를 종합적으로 고려하여 사안에 따라 적정한 과징금의 액수를 정하여야 할 것이므로 그 수액은 정액이 아니라 최고한도액"이라고 하여 그 법규의 규범적 내용을 최고한도액으로 한정하였다. 이는 대법원에 의한 규범통제에 있어 — 헌법재판소의 위헌법률심사에서와 같은 — 합헌적 해석을 통한 변형결정의 일종으로 정당화될 수 있을 것이다.

근거법률의 위임취지에 위반된 것으로 효력이 없는 것으로서 그 적용을 배제할 수 있다고 할 것이다. 이와 같이 법원조직법이 개정되기 이전에도, 행정법원은 — 고등법원도 마찬가지이다 — 아무런 절차적 제한 없이 직권으로 재판의 전제가 된 법규명령의 위헌·위법성을 심사할 수 있기 때문에, 이에 대한 적극적인 자세가 요망된다. 당사자의 주장이 있으면 이에 대한 판단의무가 있으므로 판단하지 않으면 판단유탈이 된다. 현재 적지 않은 수의 법규명령들이 자의적·비합리적으로 제정되고 있는데다가 행정절차법상 입법예고제도만이 있을 뿐 미국 행정절차법의 '규칙제정절차'(rule-making)에서와 같은 이해관계인 참여 등 절차적 규율이 없기 때문에, 행정재판에서의 법규명령 통제가 더욱 더 필요하다.

Ⅳ. 專門法院으로서 行政法院의 發展方向

다음으로, 행정법원이 행정사건에 관한 제 1 심 전문법원이라는 점에 초점을 맞추어 논의하기로 한다. 이하의 논의는 행정재판제도 전반의 문제와도 관련이 있는 것이지만, 전문법원으로서의 행정법원의 출범을 계기로 환기·강조될 수 있는 것이기 때문에, 별도로 언급하는 것이다.

1. 行政法院의 專門性 — 方法論的 專門性

전문법원으로서 행정법원이 갖는 전문성은 내용적인 전문성, 즉 행정법에 관한 법령·판례·법이론에 대한 지식과 경험만을 의미하는 것이 아니다. 보다 근본적이고 결정적인 것은 방법론적인 전문성이다. 이미 위에서 지적한 바와 같이, 행정재판의 핵심적 역할은 공익과 사익의 형량·조정에 있고, 이는 審査尺度에 있어 헌법적 감각 내지 인식, 그리고 審査強度의 적정한 조절과 연결되는 것으로서, 요컨대 公法的 思考라고 할 수 있다. 행정법원의 장래는 바로 소속법관들이 이러한 공법적 사고를 연마하고 숙달하는 데 있다. 법관의 전문성을 제고하기 위한 연수과정도 이에 높은 비중을 두어야 할 것이다.

이와 관련하여 당사자소송의 확대 문제를 지적할 수 있다. 종래 민사소송으로 다루어져 왔던 국가배상·손실보상·부당이득반환 사건들에 있어, 그 소송물인 손해배상청구권, 손실보상청구권 및 부당이득반환청구권이 公權인지 私權인지 여부의 문제를 차치하고서라도, 그 쟁점은 대부분의 경우에 공익과 사익의 형량·조정이라는 행정법 특유의 방법론적 사고를 요하는 것이다. 그럼에도 이들 사건들이 평소 사실인정의 문제와 私法규정의 해석, 그리고 사익 상호간의 충돌의 조정 문제에 익숙한 민사법원의 법관들에게 산발적으로 배당되는 결과, 사건처리의 공정성과 효율성 측면에서 중대한 결함이 발생할 우려가 있다.[25] 이러한 관행이 종래 행정소송(당사자소송)이 2심급에 한정되었기 때문에 이루어진 것임은 주지의 사실이다. 따라서 행정소송이 三

25) 필자가 1989년 당시 서울민사지방법원 합의부 판사로 재직할 때 과세처분의 무효를 원인으로 한 부당이득반환청구사건 1건을 주심으로 처리한 경험이 있는데, 재판부 전원이 — 계쟁 과세처분의 위법성 여부 문제는 물론 — 그 위법성으로 인해 당해 처분이 당연무효가 되느냐 아니면 단순위법이 되느냐의 문제에 관해, 평소 처리하던 민사합의사건과는 전혀 다른 사고메커니즘 때문에, 매우 고생한 것으로 기억한다. 또한 최근에 쟁점이 되고 있는 '부담의 이행으로 이루어진 기부채납 토지에 관해 의사표시의 착오에 기한 취소를 이유로 반환을 구하는 사건'들도 기부채납이 私法上의 행위라는 이유로 민사사건으로 처리되고 있는바, 이 사건은 부관의 허용성과 가능성, 당연무효와 단순위법의 구별, 공정력 및 불가쟁력 등 행정법의 주요개념·이론들이 결부되어 있고 이는 결국 공익·사익의 형량·조정 문제로 귀결된다. 私見에 의하면, 부담의 이행으로서 행해진 기부채납은 — 자발적인 기부채납과는 달리 — 부담이라는 공법적 원인에 기한 것으로서 공법상 행위로 파악되어야 하므로 그 부담이 무효임을 전제로 당해 토지를 부당이득으로서 반환을 구해야 하는데, 이는 당사자소송으로 처리되어야 할 것이다. 이에 관해서는 拙著, 행정법의 체계와 방법론[행정법연구 1], 제 7 장 기부채납부담과 의사표시의 착오, 304면 이하 참조.

審制로 변경됨으로써 이러한 관행을 유지할 이유가 없어진 이상, 대법원 예규를 통해 이들 사건들을 유형화하여 최소한 행정처분 및 부관이 관련된 것들은 당사자소송으로서 행정법원에서 처리하도록 하는 것이 바람직할 것이다. 더욱이 당사자소송으로 처리될 때에는 소변경, 청구병합, 참가 및 직권탐지가 가능할 뿐만 아니라 판결의 기속력의 범위가 관계 행정청에게도 미치는 등 소송법적인 측면에서 주요한 장점들이 있기 때문에 더욱 그러하다.[26)]

규범적인 측면에서 볼 때, 독일에서는 헌법상의 명문규정에 의해 국가배상과 손실보상사건이 민사법원의 관할에 속하도록 되어 있는데, 이는 오랜 연혁상의 이유에 의거한 것으로서, 이에 관한 헌법개정을 주장하는 견해가 적지 않다. 국가배상과 손실보상사건을 헌법규정으로써 관할을 정한 것은 그렇지 않다면 그 성질상 당연히 행정사건이 된다는 것을 의미한다고 할 것이다. 헌법상으로는 물론 법률상 명문의 규정이 없는 우리나라에서는 — 독일 헌법의 반대해석으로서 — 마땅히 행정사건으로 취급되어야 하는 것이다. 프랑스에서는 1873년 블랑꼬 판결 이래 국가책임에 관한 사건은 Conseil d'Etat의 관할에 속한다.

공익과 사익의 형량·조정이라는 방법론적 전문성은 행정법원의 사실심리 및 판결문 작성과도 밀접한 관련이 있다. 공익과 사익의 형량은 당해 사건에 관련된 공익·사익의 구체적 상황이 완전히 해명되었을 때만 제대로 이루어질 수 있기 때문에, 철저한 사실심리가 필요하다. 행정재판 三審制에 있어 제 1 심의 주요한 기능은 바로 이러한 事實解明 기능이다.[27)] 또한 그렇기 때문에 행정법원의 판결문은 추상

26) 백윤기, "당사자소송의 대상," 행정판례연구 제 4 집, 1999, 359면 참조.
27) 同旨, Schmidt-Aßmann, Funktionen der Verwaltungsgerichtsbarkeit, in: System des verwaltungsgerichtlichen Rechtsschutzes (Festschrift für Ch.-F. Menger), Köln u.a. 1985, S. 107-123 (120).

적인 요건사실만을 나열해서는 아니 되고 판결에 결정적으로 작용한 형량관점들을 구체적으로 설시함으로써 판결의 실질적 합리성을 확보할 것이 요청된다. 실질적 판단이유는 숨겨둔 채 다른 형식적·개념적 이유를 제시하는 소위 '假裝的 근거부여'(Scheinbegründung)는 지양되어야 한다. 이러한 의미에서, 이미 위 Ⅱ.에서 지적한 바와 같이, 행정법원이 이미 집중심리제도를 도입하여 성공적으로 실시하고 있고 또한 판결이유 구성에 있어 형식적인 설시는 대폭 축소하고 그 대신 실질적인 이유제시에 집중하는 방법으로 판결문 작성방식을 간이화하고 있다는 점은 자못 의의가 크다고 할 것이다. 그리고 행정법원의 심리를 중요사건의 실질적 심사에 집중될 수 있도록 유형화된 사건이나 경미한 사건은 裁定單獨으로 처리할 수 있는 제도도 필요하다.

2. 紛爭의 調整者로서의 役割

오늘날 행정소송의 重點은, 위 Ⅱ.에서 지적한 바와 같이, 행정과 국민 사이의 법적 분쟁 해결에 있으므로 재판상화해가 행정소송의 본질에 반하는 것이 아닐 뿐만 아니라, 공익과 사익의 조정을 위한 전문법원으로서의 행정법원의 역할에도 부합하는 것이다. 앞으로 행정소송법 또는 대법원규칙의 개정을 통해 — 독일 행정법원법 제106조에서와 같이 — 재판상화해의 근거와 절차를 마련할 것이 요청된다.[28] 재판상화해의 副作用으로서는 원고와 피고소송수행자 사이의 결탁·부정의 위험이 지적될 수 있는데, 이를 방지하고 행정측이 책임 있는 판단을 할 수 있도록 하기 위해, 독일법에서와 같이 먼저 재판부가 화해권고결정을 하고 이를 행정이 내부결재과정을 거쳐 수락하는 방식을 도입하는 방안도 강구할 만하다.

---

28) 本書 제14장 행정소송의 재판상화해, 635면 이하 참조.

뿐만 아니라 분쟁의 조정자로서의 역할을 다하기 위해서는 행정소송법 제16조 및 제17조 소정의 소송참가제도를 적극적으로 활용하여야 한다. 오늘날 많은 수의 행정사건은 소위 이중효과적 행정행위를 둘러싼 다원적·집단적 분쟁이기 때문에, 이해관계인을 모두 소송에 참가시켜 분쟁을 일회적으로 해결할 것이 요청된다. 또한 행정법령상 수익적 처분의 발급에 관해 상급 또는 관계행정청의 동의·승인·협의를 요건으로 정한 경우가 많은데, 이러한 경우 피고인 처분청만을 상대로 해서는 분쟁의 실질적 해결은 불가능하므로, 상급 또는 관계행정청을 참가시킬 필요가 크다. 당사자의 신청이 있는 경우에는—법문상 임의규정으로 되어 있지만—특단의 사정이 없는 한 소송참가를 결정하고, 당사자의 신청이 없는 경우에도 마찬가지이다.[29)]

3. 地方自治의 同伴者로서의 役割

행정법원, 특히 지방법원 행정재판부는 지방자치와 밀접한 관련을 맺고 있다. 이는 담당사건의 대부분이 지방자치단체의 사무 또는 지방자치단체장의 처분에 관한 것으로서, 당해 지방자치단체 주민들의 권리구제와 직결되는 것이기 때문이다. 위 Ⅱ.에서 지적하였듯이 고등법원 소재지가 아닌 지방법원에 행정재판부가 설치됨으로써 국민의 행정소송에의 접근가능성이 확대되었다고 하는 것은 바로 이러한 지방

29) 독일 행정법원법 제65조 제 2 항은 판결의 효력이 제 3 자에 대해서도 동일하게 미치게 될 경우에는 그 제 3 자를 반드시 참가시키도록 규정하고 있다(필요적 참가). 대표적 예가 건축허가처분에 대한 인근주민의 취소소송에 있어 건축주, 경쟁자소송에 있어 수익처분의 상대방, 환경정보제공을 요구하는 행정소송에 있어 정보의 대상이 되는 기업체 등이다. 이러한 필요적 참가사유에 해당하지 않더라도 제 3 자의 청문권 또는 기본권의 보장을 위해 필요한 때에는 그 제 3 자의 참가신청에 대하여 법원의 재량권이 零으로 수축하여 반드시 허가결정을 해야 하는 경우가 있는데, 학설상 이를 '헌법상 요구되는 참가'(verfassungsrechtlich gebotene Beiladung)라고 한다. F. Hufen, Verwaltungsprozeßrecht. 3. Aufl., München 1998, S. 217 참조.

자치와 관련된 행정소송 제기의 기회가 증가하였음을 의미한다. 이는 결국 지방자치제도를 법적으로 확립하는 데 기여하는 것이다. 독일에서 19세기 후반 행정재판제도를 수립하는 과정에서 처음에는 '광역지방자치단체 의회의 위원회'(Kreisausschuß)가 제 1 심 행정재판을 맡았었는데,[30] 이는 제 1 심 행정재판과 지방자치와의 관련성을 단적으로 나타내주는 것이다. 이러한 '지방자치와의 관련성' 때문에 지방법원 행정재판부는 지방자치에 관해 적극적인 관심을 가져야 하며, 이러한 관점에서도 앞으로 행정법원이 지방법원 단위에서뿐만 아니라 전국의 합의지원까지 확대될 것이 요청되는 것이다. 행정법원의 장래는 곧 우리나라 지방자치의 장래이다!

4. 行政法理論의 開拓·硏究者로서의 役割

행정법원의 출범이 우리나라 행정법학의 발전의 주요한 계기가 된다는 점은 이미 위 Ⅱ.에서 강조한 바와 같다. 여기에서는 마지막으로, 행정법에 있어 法實務와 학문으로서의 法學의 대화·협력의 필요성을 강조한다는 의미에서, 양자의 연결고리가 되는 법도그마틱(Rechtsdogmatik)의 의의와 문제점을 고찰하고자 한다.

학문 중에 역사가 가장 오래된 신학, 의학과 법학의 공통점은 도그마틱(Dogmatik)을 갖고 있다는 점이다. 이는 이들 모두 인간생활에 있어서의 實踐을 지향하는 학문으로서, 직접 연결되는 實務(Praxis)를 갖고 있다는 데에서 연유한다. 즉, 도그마틱은 이론적 탐구의 결과를 실무에게 제공함으로써 학문과 실무를 연결하는 기능을 하는 것이다. 법도그마틱의 본질적인 기능은, 법적 판단에서 불가피하게 대두되는 正義 내지 價値配分의 문제에 대해 구체적인 결정기준을 정립함으로

30) G.-Ch. Unruh, a.a.O. (Verwaltungsgerichtsbarkeit im Verfassungsstaat), S. 31-38 참조.

써, 법실무에 있어 매번 그러한 본질적인 문제를 천착할 필요가 없도록 하여 주는, 말하자면, 실무의 '부담경감기능'(Entlastungsfunktion)이다.[31)]

이러한 法도그마틱을 정립하는 것은 법학만의 임무가 아니라 법실무의 임무이기도 하다. 역사적 · 이념적 · 방법론적 관점에서, 충분한 시간을 갖고, 법도그마틱의 '基礎'가 되는 가치판단과 이익형량의 기준을 제시하고 검토하는 것은 법학의 몫인 반면, 수많은 다양한 사건에 접하여, 문제해결의 직접적 책임을 갖고, 법도그마틱의 '素材'가 되는 분쟁상황, 다시 말해, 가치 및 이익충돌의 상황을 분석하고 검토하는 것은 법실무의 몫이기 때문이다.

法學	→	법도그마틱	←	法實務
(가치판단 · 이익형량의 基準)		(개념 · 체계 · 방법론)		(가치충돌 · 이익충돌의 狀況)
법도그마틱의 基礎 제공				법도그마틱의 素材 제공

이와 같이 행정법 영역에서도 법도그마틱 내지 법이론은 그 素材가 우선 법실무에 의해 제공됨으로써 개척된다고 할 것이다. 이를 체계화하고 역사적 · 이념적 · 방법론적 관점에서 평가하고 비판하는 작업이 순수한 '學問으로서의 法學'의 임무이다. 이와 같이 행정법이론의 개념 · 체계 · 방법론의 수립은 법실무와 법학의 공동작업으로 이루어지는데, 행정법원이 그 법실무의 最一線에 서 있는 것이다. 따라서 행정법원은 學界로부터 이미 완성된 행정법을 — 그러한 우리나라의 행정법은 아직 없다 — 수동적으로 넘겨받고자 할 것이 아니라 스스로 우리 문제에 관한 우리의 법이론을 개척하고 연구하는 자세를 견지하여야 한다.

행정법에 관한 연구에서 앞으로 치중해야 할 부분은 주요한 개별

31) 이에 관한 자세한 내용은 拙著, 행정법의 체계와 방법론[행정법연구 1], 제 1 장 행정법의 이론과 실제, 4-6면.

행정법률이다. 이에 관해 제대로 된 註釋書(Kommentar)는 아직 한 권도 없다고 해도 과언이 아니다. 이러한 주석서의 편찬을 행정법원의 주도하에 實務界와 學界의 공동작업으로 진행할 것이 요망된다. 또한 學界와의 대화의 창구를 마련하고 나아가 법학자들로 하여금 행정소송실무를 이해하고 이론적인 측면에서 기여할 수 있는 제도적 방안을 모색하여 주길 바란다.

V. 結 語

행정재판제도는 우리나라 법치주의의 보루이자 생명이다. 행정법원은 이를 위한 礎石이요 原動力이다. 행정법원의 장래는 바로 우리나라 법치주의와 행정법학의 미래이다. 우리 모두의 옥동자의 한 돌을 다시 축하하며, 앞으로 "智慧와 愼重과 勇氣"[32]를 바탕으로 이 땅의 正義를 실현할 건강한 成人으로 성장하기를 진심으로 기원한다.

---

32) 이 말은 1993년 독일 연방행정법원의 40주년 기념행사에서 동 法院長인 Everhardt Franßen이 행한 개식사의 제목이다(Weisheit, Besonnenheit und Tapferkeit — die Grundlagen der Gerechtigkeit. Eröffnungsworte beim Festakt zum 40jährigen Bestehen des Bundesverwaltungsgerichts, DVBl. 1993, S. 751-752).

제 3 장

取消訴訟의 四類型

- 取消訴訟의 對象適格과 原告適格 -

Ⅰ. 序　　說

행정소송실무에서 가장 빈번히 부닥치는 문제가 취소소송의 대상적격과 원고적격이며, 행정법학의 두 가지 중심이론인 행정활동 형식론과 공권론도 취소소송의 대상적격과 원고적격의 문제를 해결하기 위한 것이다. 이는 행정법이 아직도 '형성과정에 있는 법'이라는 사실을 단적으로 보여주는 것이다. 법 발전의 역사적 관점에서 보면, 어떤 법영역의 성립 초기 단계에서는 어떠한 생활관계에 대하여 누구의 提訴에 의해 재판이 이루어지는가 라는 문제, 즉 소송의 대상과 원고적격의 문제가 최대의 쟁점이 되는데, 이것이 완전히 해결되었을 때 비로소 하나의 법영역으로서 완성되고 그 때부터는 소송의 대상과 원고적격의 문제는 거의 소멸하게 됨을 알 수 있다. 로마법에서의 訴權(actio) 문제가 그토록 중요하였으나 현대의 民法에서는 거의 문제되지 않고 있다. 국가권력에 대해 법적 구속을 부과하기 위한 법으로서 行政法에서는, 국가권력의 일부인 행정권의 활동이 어느 범위에서 국가권력의 또 다른 일부인 사법권에 의한 사법심사를 받게 되느냐 라는 문제가 행정법이 '진정한 법'으로 발전하기 위한 關門이다. 행정법에 관한 실무와 이론이 취소소송의 대상적격과 원고적격의 문제에만 매달려 있어, 말하자면 '訴訟要件法學'에 그치고 있다는 비판을 종종 받고 있는데, 바로 위와 같은 行政法의 歷史的·宿命的 課題 때문이다. 이 難題를 제대로 극복할 때에만 행정법학은 비로소 '本案要件', 즉 사법심사의 尺度(=행정법의 法源)와 強度(=재량 및 소위 판단여지)의 문제에 盡力할 수 있고, 이로써 본격적으로 — 실제적으로 가장 중요한 사법심사의 尺度가 되는 — 방대한 특별행정법 영역의 실체법적 연구로 발전할 수 있는 것이다.

이러한 행정법의 숙명적 과제인 취소소송의 대상적격과 원고적격은 행정소송에 관한 권력분립의 문제와 직결되어 있다. 헌법은 "司法權"을 法院에 부여하고 있다(제101조 제1항). 여기서 司法權이라 함은 무엇인가? 법원조직법은 법원의 권한을 "일체의 법률상의 쟁송을 심판"하는 것으로 정의하고 있다(제2조 제1항). 여기서 법률상의 쟁송이란 무엇인가? 이를 글자 그대로 새기면 '법률적용에 관한 다툼'이 되는데, 민사·형사소송에 있어서는 '법률적용'이 사법권의 전권적 권한임에 의문의 여지가 없으나, 행정소송에 있어서는 '법률적용'에 관하여 행정권과 사법권의 권력분립의 문제가 대두되는 것이다. 19세기적 분할적 권력분립이념에 따르면, 행정활동에 관한 객관적 법질서의 유지는 원칙적으로 행정의 몫이고, 다만 그것이 개인의 주관적인 권리와 연결될 때에만 권리구제를 매개로 하여 司法權의 대상이 되는 것으로 이해되었다. 따라서 취소소송의 대상은 개인의 권리 내지 법적 지위에 직접 영향을 미치는 '행정행위'에 국한되고 원고적격은 '권리침해'를 요건으로 하였다. 그러나 현대에 있어 행정소송이 갖는 制度的 意義의 핵심은 주관적 권리구제의 측면만이 아니라, 행정의 객관적 法遵守에 관한 통제는 그 행위주체인 행정과 독립된, 완전한 사법적 절차에 의해 판단하는 법원에 의할 때에 제대로 수행될 수 있다는 데에 있다.[1] 이러한 기능적 권력분립이념에 따라 행정에 대한 사법심사의 범위를 어디까지 확대할 수 있는가의 문제가 바로 취소소송의 대상적격과 원고적격의 문제이다.

더욱이 우리나라에서는 행정소송과 헌법소원심판의 경합관계로 인해 취소소송의 대상적격과 원고적격의 문제는 대법원과 헌법재판소의 권한배분의 문제로 연결된다.[2] 즉, 헌법소원심판의 대상에서 재판이 제외되기 때문에(헌법재판소법 제68조 제 1 항 본문), 대상적격과 원고적격을 충족하여 취소소송이 가능한 행정작용에 대해서는 대법원이 최종적으로 심사권한을 갖게 되고 헌법소원심판이 배제되는 반면, 대상적격 또는 원고적격이 흠결되어 취소소송이 불가능한 행정작용은 '헌법소원심판의 보충성 원칙의 예외 내지 非適用'에 해당되어 — 헌법소원심판의 대상과 청구인적격을 충족하는 한 — 헌법소원심판의 대상이 된다. 이와 같이 행정소송(취소소송)과 헌법소원심판이 택일・상호배타적 관계에 있는데, 헌법소원심판이 單審으로 끝나고 구두변론이 제한되어 있는 등 불완

1) 本書 제 2 장 행정법원의 임무와 역할, 40면 이하 참조.
2) 이에 관해서는 拙稿, "헌법과 행정법 — 행정소송과 헌법소송의 관계," 서울대학교 법학 제39권 4 호(통권 109호), 81-105면 (95면 이하) 참조.

전한 보충적·비상적 권리구제수단이므로, 가능한 한 취소소송의 범위를 확대해야 한다는 요청이 긍정될 수 있다. 여하튼 취소소송의 대상적격과 원고적격은, 한편으로 행정권에 대한 관계에서뿐만 아니라, 동시에 헌법재판소에 대한 관계에서도, 대법원의 사법권의 범위와 위상을 결정하는, 우리나라 법질서의 重且大한 문제이다.

Ⅱ. 取消訴訟의 四類型

취소소송의 대상적격과 원고적격의 문제를 제대로 해결하는 첫걸음은 취소소송을 類型化하는 데 있다. 같은 취소소송이지만, 그것이 침익적 처분을 대상으로 하는 것인가, 아니면 수익적 처분의 발급의 拒否를 다투는 것인가, 아니면 이중효과적 내지 제 3 자효를 갖는 처분에 관한 것인가, 그 이중효과적 처분도 제 3 자에게 침익적 효과를 갖는 것인가, 수익적 효과를 갖는 것인가에 따라 그 기능과 이익상황이 전혀 다르기 때문이다. 법적 사고에 있어 가장 중요한 방법론은 문제된 사안들을 가능한 한 세분하고 유형화하는 것이다. 로마 法諺에 이르기를 '잘 구별하는 자, 잘 판단한다'(bene cernit, qui bene distinguit)(Wer gut unterscheidet, der entscheidet gut)고 한다. 이는 '동일한 것은 동일하게, 다른 것은 다르게'라는 正義의 이념이 방법론적으로 표현된 것인데, 일차적으로는 문제의 체계적 이해에 이바지하는 것이지만, 취소소송의 발전과 행정법분쟁의 사회적 실제의 변천, 기본권의 기능의 변화, 나아가 공법과 공법학 전체의 역사적 발전단계를 조망할 수 있게 된다. 이러한 점에 착안하여 취소소송을 네 가지 유형으로 나누면 다음과 같다.

第一類型: 侵益的 處分에 대한 取消訴訟 (防禦訴訟)
第二類型: 授益的 處分의 拒否措置에 대한 取消訴訟 (要求訴訟)
第三類型: 侵益的 第三者效를 갖는 二重效果的 處分에 대한 取消訴訟 (第三者 防禦訴訟)
第四類型: 授益的 第三者效를 갖는 二重效果的 處分의 拒否措置에 대한 取消訴訟(第三者 要求訴訟)

제 2 유형과 제 4 유형에서 거부조치만이 아니라 무응답(부작위)을 추가하면 부작위위법확인소송의 문제가 대두된다. 각 유형에서 處分만이 아니라 非處分的 行政活動을 포괄하면 '行政法紛爭 四類型'이 되며, 이는 항고소송만이 아니라 당사자소송, 특히 행정상 손해배상소송의 문제도 포괄하게 된다.[3]

제 1 유형은 행정법의 생성초기부터 존재하던 (오히려 그것 때문에 행정법이라는 법영역이 생긴 것이라고 보는 것이 타당할지도 모른다) 유형으로서, 행정이 개별·구체적으로 作爲·禁止·受忍下命 등 불이익처분을 내리는 데 대항하여 상대방이 그 취소를 구하는 것이다. 기본권의 기능에 있어 자유권에 의거한 방어권적 지위에 상응한다.

제 2 유형은 수익적 처분의 발급을 신청하였으나 거부된 경우 —

3) 이러한 '行政法紛爭 四類型'은 취소소송 내지 행정소송의 대상적격과 원고적격의 문제 이외에도 행정법상의 많은 쟁점들을 정확히 이해하고 타당한 해결책을 찾는 데 도움을 줄 수 있을 것으로 기대된다. 예컨대, 행정처분의 무효·단순위법(취소)의 구별에 있어, 제 1 유형의 경우에는 '제소기간 도과 후의 (무효주장을 통한) 권리구제 수단의 확보'의 요청과 '행정법관계의 조기확정을 통한 행정의 효율성 확보'의 요청이 대립하지만, 제 3 유형의 경우에는 '수익적 효과를 받고 있는 직접 상대방의 신뢰이익 내지 법적 안정성'이라는 점이 고려되어야 하는 것이다. 또한 제 2 유형과 관련해서는 행정청이 스스로 기존의 수익적 행정처분, 예컨대 공무원 임용처분의 무효를 주장하는 경우에 관한 무효·단순위법의 구별의 문제에 있어서는 상대방의 신뢰이익 내지 법적 안정성이 주요한 요소로 고려되어야 한다. 행정처분의 집행정지에 있어서도 제 1 유형과 제 3 유형의 경우에 그 판단요소가 동일하지 않을 것이다. 형사재판과 행정처분의 공정력의 문제도 제 1 유형(침익처분)과 제 2 유형(수익처분)을 구별하여 논의되어야 한다. 이에 관해 拙著, 행정법의 체계와 방법론 [행정법연구 1], 제 8 장 협의의 행정벌과 광의의 행정벌, 349면 이하 참조.

의무이행소송이 인정되지 않는 결과 — 그 거부조치의 취소를 구함으로써 당해 수익적 처분의 발급을 요구하는 것이다. 이 유형은 급부행정의 발전에 따라 개인이 행정에게 요구하는 사항이 많아지게 되었다는 것에 연유하기도 하지만, 근본적으로 질서행정에 있어서도 — 20세기에 들어서, 특히 2차 세계대전 이후 — 개별적인 금지 · 수인하명이 아니라 '허가유보부 금지'라는 규율방법이 대폭 활용됨으로써 실제적으로 매우 중요한 의미를 갖게 되었다.[4] 기본권의 기능에 있어 수익권 · 청구권적 기능에 상응하지만, 허가유보부 금지에 있어서는 '허가에 의한 자유의 회복'을 요구한다는 점에서 자유권이 결정적인 의미를 갖는다.

제 3 유형은 상대방에게는 수익적 효과를 발생하지만 제 3 자에 대하여 침익적 효과를 갖는 이중효과적 처분에 대하여 침익적 효과를 갖는 제 3 자가 이에 대항하여 그 취소를 구하는 것이다. 이 유형은 현대에 이르러 사회가 복잡화함에 따라 행정법관계도 '국민과 행정의 대립'이라는 전통적인 兩面的 構圖로부터 — 특히 환경문제와 경제활동에 관해 — '이해관계가 상반되는 다수의 국민들과 행정의 대립'이라는 多面的 構圖로 변화됨으로써 행정법의 중요한 쟁점으로 대두되고 있다. 이는 기본권의 방어권적 지위가 행정처분의 상대방이 아닌 제 3 자에게도 확대될 수 있는가 라는 문제로 파악될 수 있다.

제 4 유형은 상대방에게는 침익적 효과를 발생하지만 제 3 자에게는 수익적 효과를 갖는 이중효과적 처분을 제 3 자가 신청하였는데 거부된 경우 제 3 자가 그 거부조치의 취소를 구함으로써 당해 이중효과적 처분의 발급을 구하는 것이다. 이 유형은 위와 같은 '다수의 국민들과 행정의 대립'이라는 多面的 構圖에서 적극적으로 국가의 타인에 대한 개입을 구하는 것으로서, 최근 기본권이론에 있어 국가의 기본권 보호의무(Schutzpflicht), 구체적으로 말해, 국가는 그 자신이 개인의

---

4) 특히 Hufen, Verwaltungsprozeßrecht. 3. Aufl., München 1998, S. 319 참조.

기본권을 침해하지 않는 것만으로는 부족하고 다른 사람에 의한 기본권 침해로부터도 보호할 의무가 있다는 점이 강조되면서 중요성을 갖게 되었다.

행정소송의 역사적 발전단계의 관점에서 보면, 제 1 유형의 취소소송으로부터 출발하여 제 2 유형과 제 3 유형을 거쳐 제 4 유형까지 발전하고 있음을 알 수 있다. 제 1 유형은 이미 그 허용성에 관해 의심의 여지가 없을 정도로 확립되어 있고 단지 그 대상적격으로서의 처분성의 범위만이 문제될 뿐인 데 대해, 현재 제 2 유형에 관해서는 대상적격으로서의 거부처분의 문제를 둘러싸고, 제 3 유형에 관해서는 제 3 자의 원고적격의 문제를 둘러싸고 한창 진통을 겪고 있는 단계이다. 제 4 유형은 제 2 유형에서의 거부처분의 문제와 제 3 유형에서의 원고적격의 문제를 함께 내포하고 있어 이것이 실제로 허용되기에는 아직 많은 난관을 극복하여야 한다.

Ⅲ. 第一類型에서의 對象適格과 原告適格

1. 對象適格의 문제

(1) 이는 행정법의 가장 전통적인 문제로서, 어떠한 행정활동이 행정처분으로 파악될 수 있는가에 관한 것이다. 현재 우리나라에서 — 독일에서도 1960년 이후 非處分的 行政活動에 대한 행정소송형태(금지소송, 일반이행소송 등)가 일반적으로 인정되기 이전에는 — 행정처분(행정행위)의 개념 문제는 취소소송의 가능성을 위한 첫 번째 관문을 이루고 있다. 이하 몇 가지 중요한 점만을 강조하기로 한다.

(2) 판례는 도시계획결정의 처분성을 인정함에 있어 그 결정들이 행정소송법 제2조 1호 소정의 '구체적 사실에 관한 법집행으로서의 공권력 행사', 특히 그 중에서 '구체적 사실에 관한'이라는 실체적 징표를 충족하는 것으로 설시하고 있다.[5] 그러나 '규율의 구체성'이라는 징표는 일도양단적인 것이 아니라 정도의 차이에 불과하다. 예컨대 도시계획구역 내의 특정한 건축허가신청에 대해 거부처분이 내려졌을 때, 또는 공시지가결정에 의거하여 특정의 양도소득세부과처분이 내려졌을 때, 비로소 완벽하게 구체적인 규율이 이루어지고, 도시계획결정과 공시지가결정만으로는, 물론 판례가 말하듯이 어느 정도의 구체적인 권리제한적 효과가 발생하지만, 그 권리제한의 구체적 내용은 아직 확정되지 않았다는 의미에서 여전히 추상싱을 내포하고 있다. 이와 같이 규율의 추상성과 구체성은 완벽한 추상성과 완벽한 구체성을 양극단으로 하여 하나의 스펙트럼을 이루는 것이므로, 어떤 선에서 '규율의 구체성'을 긍정할 것인지는 개념논리적으로 결정되는 것이 아니다. 독일법상으로 도시계획결정은 행정행위가 아니라 규범으로 파악되어 행정법원법 제47조 소정의 ― 추상적 ― 규범통제절차의 대상이 된다. 우리 법제에는 그러한 소송유형이 인정되고 있지 않으므로 취소소송이 아니고서는 도시계획결정을 다툴 수 있는 가능성이 없다는, 요컨대 '취소소송을 통한 권리구제의 필요성'이라는 쟁송법적 관점이 결정적으로 작용하여 도시계획결정의 처분성이 인정되는 것이다.[6] 그럼에

---

5) 대법원 1982. 3. 9. 선고 80누105 판결.

6) 또한 우리 학설상 일반처분과 물적 행정행위가 당연히 행정행위의 실체법적 징표들을 충족하는 것으로 설명되는 것이 일반적인데, 독일 행정절차법상 일반처분과 물적 행정행위도 행정행위에 해당하는 것으로 보는 명문의 규정(제35조 2문)이 있으나, 그러한 명문의 규정이 없는 우리나라에서도 과연 그러한가가 의문이다. 예컨대 도로통행금지의 경우 특정 시간에 특정인의 통행을 금지하는 조치가 완벽한 의미의 구체적 규율이고, 도로통행금지만으로는 ― 도시계획결정, 지가공시결정 등과 같이 ― 어느 정도의 추상성을 내포하고 있다. 따라서 우리나라에서 일반처분과 물적 행정행위가 행정처분으로 파악될 수 있는 것은 본질적으로 쟁송법적 관점에 따른 것이라 할 수 있다.

도 불구하고 이러한 쟁송법적 관점을 전혀 제시하지 않고 단지 '구체적 사실에 관한'이라는 실체적 징표가 충족된다고만 하는 우리 판례의 설시는, 판결의 실질적인 이유를 감추고 형식적인 이유만을 내세우는, 말하자면 '假裝的 理由提示'(Scheinbegründung)라고 할 수 있다.

(3) 이상의 지적은 도시계획결정의 처분성을 인정하는 판례가 잘못되었다는 것이 아니라, 그 실질적 이유를 솔직하게 밝히고 나아가 그러한 관점을 확대하여 법규명령 자체에 대한 취소소송의 가능성을 열어야 한다는 의미이다. 현대행정에 있어 행정입법은 의회입법을 보충하는 입법작용으로서의 성격보다는, 행정행위와 더불어, 주요한 행정작용 형식의 하나로 파악된다. 오히려 행정목적의 대부분은 행정입법에 의해 이루어진다고 해도 과언이 아니다. 법규명령이 제정되면 그것만으로도 대부분의 개인·기업이 이를 준수하고, 이를 위반하여 행정벌 또는 허가취소·정지 등 제재처분이 내려지는 경우는 예외에 해당한다. 따라서 법규명령에 대해 구체적 규범통제만을 인정한다는 것은 행정작용의 대부분에 대한 사법통제를 포기하고 있는 것이라 할 수 있다. 더욱이 법규명령을 다투기 위해서는 그에 위반하여 그 결과 행정벌 또는 제재처분을 기다렸다가 그에 관한 형사소송·행정소송에서 구체적 규범통제의 형식으로만 가능하다는 것은 국민에 대한 기대가능성이 없는 무리한 요구이다. 행정입법에 대하여 원칙적으로 행정소송을 부정하고 구체적 규범통제만을 인정하는 것은 전통적으로 행정소송의 제한에 초점이 맞추어져 있던 독일법의 영향이고, 프랑스·영국·미국·유럽공동체 등 거의 모든 국가에서는 행정입법도 행정소송의 대상에 포함되며 단지 '법적 지위 또는 이익에 대한 개별적·직접적 영향'이라는 원고적격만이 요구된다. 또한 우리 행정소송법 제 2 조 제 1 항 1 호는 — 독일법과 일본법과는 달리 — '행정청이 행하는 구체적 사실에 관한 법집행으로서의 공권력의 행사 또는 그 거부'라는 요

건 이외에 '그 밖에 이에 준하는 행정작용'이라는 포괄개념을 갖고 있다. 따라서 이러한 포괄개념에 의거하여 위와 같은 쟁송법적 관점을 확대함으로써 관계인에게 사실상 구체적이고 직접적인 효과를 미치는 행정입법에 대해 처분성을 인정할 수 있는 여지가 충분히 있다. 예컨대 특정지역에서 일정한 건물의 건축이나 영업을 금지하는 내용의 행정입법에 대해서는 — 그러한 건축이나 영업을 계획하고 있는 사람은 제외하고 — 이미 건축허가를 신청하였거나 당해 영업을 영위하고 있는 사람은 바로 취소소송을 제기할 수 있도록 하여야 할 것이다. 그러한 사람에게는 그 행정입법이 도시계획결정에서와 마찬가지로 상당한 정도의 구체성을 띠는 규율이 되기 때문이다.[7] 판례는 특정 학교를 폐지하는 조례와 같이 내용 자체로 처분적 내용을 갖는 행정입법에 대해서만 취소소송을 인정할 뿐(대법원 1996. 9. 20. 선고 95누8003 판결), 실질적으로 구체적 · 직접적 효과를 발생한다는 이유로 행정입법에 처분성을 인정한 사례는 없는데, 이에 대하여 전향적 태도가 요망된다.[8]

7) 이상과 같이 필자는 처음에는 소위 쟁송법적 처분개념과 '이에 준하는 행정작용'이라는 포괄규정, 그리고 우리 판례가 도시계획결정에 있어 규율의 구체성을 인정하고 있듯이, 규율의 구체성과 추상성은 all or nothing이 아니라 스펙트럼적인 정도의 차이에 불과하고, 따라서 행정입법도 항상 어느 정도의 구체성을 띤다는 점을 근거로 행정입법에 대하여 처분성을 긍정하고자 노력하였다(本書 제 5 장 취소소송의 성질과 처분개념, 174면 이하도 동일함). 이러한 논거는 지금도 여전히 타당하고 설득력이 있다고 생각한다. 그 후 필자는 우리 행정소송법에는 '구체적 사실에 대한 공권력행사'라고 되어 있지, 독일법에서와 같이 규율(즉, 공권력행사) 자체가 구체성을 가져야 한다고 규정되어 있는 것이 아님을 깨달았다. 그리하여 행정입법은 개별 구체적 사건을 규율하는 것이 아니라 그 규율 기준을 설정한다는 의미에서 '추상적' 공권력행사라고 하더라도 그 규율 기준이 '구체적 사실'에 대한 것이라면 '구체적 사실에 대한 공권력행사'라는 우리나라의 처분개념을 충족하는 것이라는 주장을 추가하게 되었다. 예컨대, "3층 이상의 건물의 건축을 금지한다"라는 部令은 현실적으로 존재하는 구체적 건물을 대상으로 하는 것이 아니라는 의미에서 '추상적' 규율이지만, 그 규율(건축금지)의 대상은 "3층 이상의 건물"이라는 아주 '구체적 사실'이다. 이에 관해서는 拙著, 행정법개혁의 임무와 과제 [행정법연구 3](近刊), 제 2 장 행정소송법의 개혁 참조. 또한 "행정소송제도의 개편방향에 대한 토론," 공법연구 제31집 제 3 호, 2003, 102-103면 참조.

8) 헌법재판소는 법규명령이 직접 국민의 기본권을 침해하는 경우에는 취소소송의 대상이 되지 않기 때문에 보충성의 예외 내지 非適用에 해당하여 바로 법규명령에

(4) 판례는 종래 많은 사건에서 당해 행정조치가 국민에게 구체적으로 어떤 권리를 제한하거나 의무를 명하는 등 법률적 효과를 발생시키는 것이 아니라는 이유로 처분성을 부정하였다. 권고, 행정지도 등 소위 비권력적 사실행위와 토지대장, 임야대장, 건축물대장 등의 기재사항의 변경이 그 예이다.[9] 독일 행정절차법 제35조 소정의 행정행위 개념은 '외부에 대한 직접적 법적 효과'(unmittelbare Rechtswir-

---

대해 헌법소원을 제기할 수 있다는 판례를 고수하고 있는데(1990. 10. 15. 선고, 89헌마178 결정; 1996. 8. 29. 선고, 94헌마113 결정; 1997. 6. 26. 선고, 94헌마52 결정 등), 그와 같이 법규명령이 집행행위 없이 직접 국민의 기본권을 침해하는 경우라면 취소소송의 대상으로서의 處分性을 충분히 인정할 수 있다고 본다.

본 논문이 발표된 이후 대법원은 2003. 10. 9.자 2003무23 결정에서 "어떠한 고시가 일반적 · 추상적 성격을 가질 때에는 법규명령 또는 행정규칙에 해당할 것이지만, 다른 집행행위의 매개 없이 그 자체로서 직접 국민의 구체적인 권리의무나 법률관계를 규율하는 성격을 가질 때에는 항고소송의 대상이 되는 행정처분에 해당한다"고 전제한 다음, 특정 제약회사의 특정 의약품을 대상으로 하는 보건복지부 요양급여 고시가 다른 집행행위의 매개 없이 그 자체로서 제약회사, 요양기관, 환자 및 국민건강보험공단 사이의 법률관계를 직접 규율하는 성격을 가진다는 이유로 처분성을 인정하였다. 그러나 이로써 행정입법에 대한 처분성이 일반적으로 인정된 것이라고 할 수 없다. 위 판결의 意義에 관해 本書 제 1 장 행정소송법의 개관, 10면 각주 18 참조.

9) 그 동안 판례는 地籍法상 토지대장 · 임야대장, 건축법상 건축물대장의 기재사항의 변경에 관하여, 원칙적으로 그것이 실체적 권리관계에 변동을 가져오는 것이 아니라는 이유로 처분성을 부정하고 따라서 그 변경의 신청에 대한 거부행위도 처분이 아니라는 입장을 고수하여 왔다. 거부처분이 성립하기 위해서는 — 신청권 문제 이전에 — 신청의 대상 자체가 처분이어야 하기 때문이다. 대표적 판례는 대법원 1995. 12. 5. 선고 94누4295 판결 (토지대장); 1987. 3. 10. 선고 86누672 판결 (임야대장); 1998. 2. 24. 선고 96누5612 판결 (건축물대장) 등이다. 다만, 예외적으로, 토지대장에 등록된 토지의 분할(지적법 제 2 조 15호, 제19조)에 관해서는, 등기는 필지별로 하여야 하기 때문에 분필이 되지 아니하면 토지의 일부에 대한 소유권 양도나 저당권 설정 등 필요한 처분행위를 할 수 없으므로 토지분할신청의 거부는 "국민의 권리관계에 영향을 미치는 것"으로 취소소송의 대상이 된다고 하였고(1992. 12. 28. 선고 92누7542 판결), 건축물대장의 건축주명의에 관해 그 변경신고의 수리를 거부하는 행위는 양수인이 건축공사를 계속하기 위하여 또는 건축공사를 완료한 후 자신의 명의로 소유권보존등기를 하기 위하여 가지는 구체적인 법적 이익을 침해하는 결과가 된다는 이유로 처분성을 인정하였다(1992. 3. 31. 선고 91누4911 판결). 이러한 '권리관계와의 관련성'은 2004년 판례변경에 의해 지적공부의 기재사항의 변경에 관해 처분성을 대폭 확대하는 논거로 사용되고 있다. 이에 관해서는 아래 각주 11 참조.

kung nach außen)를 요소로 하고 있는데, 이는 독일에서 취소소송이 연혁적으로 행정행위의 효력[10)]을 소멸시키는, 엄격한 의미의 형성소송(Gestaltungsklage)으로 발전하여 왔다는 데에 연유한다. 또한 그렇기 때문에, 행정행위가 사후에 효력을 상실한 경우에는 더 이상 취소소송은 그 개념 자체에 의해 불가능하게 되고, 이에 대해 행정행위의 과거의 위법성을 확인하는 소위 '계속확인소송'(Fortsetzungsfeststellungsklage)이 마련되어 있다(행정법원법 제113조 4문). 그러나 우리 행정소송법 제2조 제1항 1호는 단지 '법집행으로서의 공권력의 행사'라고만 규정하고 있을 뿐, 독일에서와 같은 '직접적 법적 효과'라는 요건은 없다. 따라서 판례·학설상 강제격리, 영업소폐쇄, 단수처분 등 소위 권력적 사실행위의 처분성을 인정하는 데에는 異論이 없다. 뿐만 아니라 동법 제12조 後文은 기간경과, 집행 등으로 인해 처분의 효과가 소멸된 경우에도 — 법률상 이익을 요건으로 — 취소소송을 허용하고 있다. 이러한 점들에 비추어 보면 우리나라의 취소소송은 엄격한 의미의 형성소송이 아니라 위법성 확인적 요소도 함께 내포하고 있다고 할 수 있다. 다시 말해, '처분의 취소'는 권리제한 또는 의무부과라는 처분 자체의 고유한 법적 효과를 소멸시키는 것에 한정되는 것이 아니라, 처분의 위법성을 공적으로 확인함으로써 처분에 관련된 부수적인 법적 효과, 특히 수인의무와 기타 불이익한 법적 영향들을 제거한다는 의미라고 할 것이다. 이러한 관점에서 보면, 우리의 처분개념은, 독일의 그것과는 달리, '구체적으로 어떤 권리를 제한하거나 의무를 명하는 등 법률적 효과를 발생시키는 경우'에 한정하여서는 아니 됨은 분명하다. 행정소송법 제2조 제1항 1호의 문언에 충실하게 '법집행으로서의 공권력 행사'에 해당하면 충분하다.

10) 이는 우리나라에서 공정력이라 일컫는 것으로서, 행정행위가 발급되면 그 즉시 위법 여하에 불구하고 발생하는 효력을 의미하는데, 현재 독일 행정절차법 제43조에 행정행위의 구속력 내지 '實效力'(Wirksamkeit)으로 명문화되어 있다.

여기서 '법집행'이라 함은 법률 및 법규명령을 적용 내지 실현하기 위한 행정작용을 의미하는 것으로 새긴다. 관공서 건물의 청소, 개축 등 순수한 사실행위는 제외되지만, 법령이 예정하고 있는 행정목적을 달성하기 위한 행위는 모두 포함된다. '공권력 행사'는 私法上 행위와 공법상 계약·공법상 합동행위의 반대개념으로서, 행정청의 일방적 결정에서 비롯된 행위를 의미하는 것으로 본다. 여기에 '이에 준하는 행정작용'이라는 포괄개념과 쟁송법적 관점이 추가되면, 권고, 행정지도, 토지대장, 임야대장, 건축물대장 등의 기재행위라 하더라도, 그것이 법령상 행정목적을 실현하기 위해 행정청의 일방적 결정에서 비롯된 행위이고 취소소송 이외에는 이를 다툴 수 있는 방법이 없는 경우에는, 충분히 처분성을 인정할 수 있다.[11)]

(5) 우리나라와 일본에서 언급되고 있는 '형식적 행정처분'이라는 용어에 관해 주의를 요한다. 형식적 행정행위(formeller Verwaltungsakt)라는 개념은 원래 독일에서 실질적으로는 행정행위에 해당하지 않는 행정활동이지만 행정청이 행정행위의 형식을 통해 행한 경우 이를 행정행위로 파악한다는 것이다.[12)] 독일에서 행정행위의 경우에는 행정심판 전치주의가 적용되는 데 비해 행정행위가 아닌 행정활동에 대

11) 본 논문이 발표된 이후 대법원은 2004. 4. 22. 선고 2003두9015 전원합의체 판결에서, "지목은 토지에 대한 공법상의 규제, 개발부담금의 부과대상, 지방세의 과세대상, 공시지가의 산정, 손실보상가액의 산정 등 토지행정의 기초로서 공법상의 법률관계에 영향을 미치고, 토지소유자는 지목을 토대로 토지의 사용·수익·처분에 일정한 제한을 받게 되는 점 등을 고려하면, 지목은 토지소유권을 제대로 행사하기 위한 전제요건으로서 토지소유자의 실체적 권리관계에 밀접하게 관련되어 있으므로 지적공부 소관청의 지목변경신청 반려행위는 국민의 권리관계에 영향을 미치는 것으로서 항고소송의 대상이 되는 행정처분에 해당한다"고 판시하여 종래의 판례를 변경하였다. 이 판결은 토지대장의 地目에 관한 것이지만, '실체적 권리관계와의 밀접한 관련성'에 의거하여 처분성을 인정한 것이기 때문에, 앞으로 나머지 대부분의 기재사항에 관해서도 처분성이 인정될 것으로 전망된다.

12) 이에 관한 최근의 문헌으로 Schenke, Formeller oder materieller Verwaltungsaktsbegriff? NVwZ 1990, S. 1009-1018 참조. 本書 제 5 장 취소소송의 성질과 처분개념, 149면 각주 9 참조.

한 행정소송(금지소송, 일반적 이행소송)에 있어서는 행정심판을 거칠 필요가 없고 제소기간의 제한도 없기 때문에, 형식적 행정행위의 개념은 오히려 국민에 대해 권리구제의 축소를 의미한다. 우리나라에서 소위 '형식적 행정행위'가 문제되는 것은 행정처분의 형식도 갖추고 있지 아니한 행정활동을 권리구제의 필요성에 의거해 처분성을 인정하고자 하는 경우이므로, "쟁송법적 행정처분" 또는 "실질적 행정처분"으로 일컫는 것이 보다 정확한 개념이라고 생각한다.

(6) 마지막으로 강조할 것은 대상적격의 문제는 취소소송의 객관적인 허용성(Statthaftigkeit)에 관한 것이기 때문에 철저히 객관적·외관적으로 판단되어야 한다는 점이다. 행정처분의 외관을 갖고 있으나, 처분의 근거법률이 존재하지 않거나 권한 없는 행정청에 의해 이루어진 경우 등 그 하자가 매우 중대하고 명백하여 부존재 내지 당연무효인 경우에도 '대상적격으로서의 처분성'은 긍정되어야 하고, 만일 행정청이 그 하자를 다투지 않는 경우에는 대상적격의 흠결이 아니라 권리보호필요성의 흠결을 이유로 각하되어야 할 것이고, 행정청이 이를 다툴 경우에는 위와 같은 하자는 본안의 문제가 된다.

2. 原告適格의 문제

(1) 원고적격의 문제는 주로 제 3 유형에서 일어나는 것이지만, 논의의 순서상, 그리고 역사적 발전과정을 이해하기 위해, 뿐만 아니라 대상적격과의 관계를 파악하기 위해, 제 1 유형에서부터 원고적격을 살펴보기로 한다. 우선 독일법의 구조와 특징을 간략히 소개한다.[13]

독일 행정법원법 제42조 제 2 항은 "다른 특별한 규정이 없는 한, 소송[취소소송과 의무이행소송]은 원고가 행정행위, 그 거부 또는 부

13) 이에 관한 詳細는 本書 제 6 장 취소소송의 원고적격 (1), 186면 이하 참조.

작위에 의해 자신의 권리가 침해되었다고 주장하는 경우에만 허용된다"고 규정하고 있다.[14] 그냥 주장만 하면 되는 것이 아니라 주장 내용이 그럴 듯한 가능성이 있어야 한다는 것이 판례·통설이다(소위 可能性說, Möglichkeitstheorie). 여기에서 주목해야 할 점은 첫째 '권리'이며, 둘째 '가능성 있는 주장'이다.

먼저 '권리'에 관해 살펴본다. 독일법은 로마법을 가장 충실히 계수한 법으로서, 로마법의 권리 개념—사실 이것이 법의 가장 높은 단계의 추상적 개념인데(制裁→義務→權利)—을 중심으로 먼저 私法이 완성되고, 19세기 후반 공법이 이를 넘겨받은 것이다. 문제는 당시 지배적인 의회주의 및 법률실증주의로 인해 공법상 권리가 '법률상의 권리'에 한정되었다는 점에 있다. 즉, 20세기 초 Bühler는 그 때까지의 판례에 의거하여 공권의 성립요건으로, 첫째 법률상 행정에게 의무를 부과하는 강행법규가 있을 것, 둘째 그 강행법규가 사익 보호를 위한 것일 것, 셋째 그 이익을 재판상 관철할 수 있는 힘이 있을 것이 요구된다고 하였다.[15] 2차 세계대전 이후 헌법상 '포괄적 권리구제보장'에 의해 개괄주의가 확립됨으로써 위 세 번째 요건은 모든 경우에 충족되기 때문에, 공권의 문제는 '원고의 사익을 보호하는 법률상 규범'으로 압축된다(보호규범이론, Schutznormtheorie). 그리하여 공권을 확대하기 위한 노력은, 한편으로 법률의 사익보호성을 확대 해석하는 방향으로 이루어지고, 다른 한편으로 법률만이 아니라 직접 헌법규범에서 공권을 인정하는 방향으로 이루어지고 있다. 여하튼 독일법상 원고적격은 '권리'라는 요소를 벗어나지 못한다. '포괄적 권리구제'를 보장한 독일 기본법 제19조 제4항도 "누구든지 공권력에 의해 권리가 침해

---

14) "Soweit gesetzlich nichts anders bestimmt ist, ist die Klage nur zulässig, wenn der Kläger geltend macht, durch den Verwaltungsakt oder seine Ablehnung oder Unterlassung in seinen Rechten verletzt zu sein."

15) O. Bühler, Die subjektiven öffentlichen Rechte und ihr Schutz in der deutschen Verwaltungsrechtsprechung, Berlin u.a. 1914, S. 9-60.

된 자는 출소가 보장된다"라고 규정하고 있어, '권리'라는 요소는 헌법상 제한이다. 뿐만 아니라, 독일 행정법원법 제113조 제1항 1문은 "행정행위가 위법하고 이에 의해 원고가 자신의 권리가 침해된 때"[16] 법원은 행정행위를 취소한다고 규정함으로써, '권리'는 행정소송의 출발점(원고적격)인 동시에 도착점(본안요건)이 되고 있다. 이와 같이 독일법은 철두철미 권리중심적 구조를 취하고 있다.

다음으로, 독일법상 원고적격은 '권리침해의 사실'이 아니라 권리침해의 '가능성 있는 주장'이라는 점을 간과해서는 아니 된다. 이는 민사소송에서 원고적격은 청구권을 주장하는 것만으로, 다시 말해, 주장 자체로 청구권이 성립하지 않는 경우가 아니면, 충분하다는 점과 일치한다. '권리침해의 사실'은 위 행정법원법 제113조 제1항 본문이 규정하고 있다시피 본안요건이다. 다시 말해, '권리침해'가 원고적격과 본안요건 모두에 걸쳐 있는데, 전자에서는 권리침해의 '가능성'으로, 후자에서는 권리침해의 '實在'로 분리되어 있다.

(2) 제1유형에서의 원고적격은 침익적 처분의 상대방에 관한 문제이다. (법률상) 보호규범이론을 철저히 적용하면, 침익적 처분의 상대방도 원고적격을 충족하기 위해서는 자신의 사익을 보호하는 법률규정에 의해 부여된 권리가 침해되었음을 주장할 수 있어야 한다. 다시 말해, 본안요건에서 행정행위의 위법성 판단의 척도가 되는 법률규정이 바로 원고의 사익을 보호하는 '보호규범'이 되어야 한다.[17] 그러

16) "Soweit der Verwaltungsakt rechtswidrig und der Kläger dadurch in seinen Rechten verletzt ist."

17) 이를 원고적격의 '위법성 견련성'(Rechtswidrigkeitszusammenhang)이라고 한다. 이에 관해 本書 제6장 취소소송의 원고적격(1), 196면 각주 20 및 제7장 취소소송의 원고적격(2), 218면 이하 참조. 예컨대, 의무위반에 대한 제재로서 영업허가의 취소·정지를 규정한 식품위생법 제58조 제1항에 관하여, 의무위반을 이유로 영업허가취소처분을 받은 영업주가 의무위반사실이 없었음을 주장하면서 그 취소처분을 다투는 취소소송을 제기한 경우, 영업주의 원고적격은 위 식품위생법의 규정이 — 정확히 말해, 의무위반이 있을 때에만 영업허가의 취소·정지를 하

나 이미 Bühler도 침익적 행정행위의 상대방은 기본권의 자유권적·방어권적 기능에 의거하여 바로 원고적격이 부여될 수 있음을 언급하였는데,[18] 이러한 소위 '(직접)상대방 이론'(Adressatentheorie)은 현재 독일에서는 판례·통설상 일반적으로 승인되고 있다.[19] 즉, 침익적 행정행위의 상대방은 그 처분에 의해 무엇인가 자신의 기본권적 자유를, 최소한 기본법 제 2 조 제 1 항의 인격의 자유로운 발현권을 제한받는 것이므로 — 처분의 근거·요건이 되는 법률규정을 매개로 하지 않고서도 — 자유권의 방어권적 기능에 의거하여 바로 원고적격이 인정된다는 것이다.

침익적 행정행위가 재량행위인 경우에는 주의를 요한다. 처분의 근거가 되는 법률규정이 행정에게 재량권을 인정하고 있으므로, 이에 대응하여 개인은 어떠한 권리를 갖는지가 문제되기 때문이다. 이러한 문제를 해결하고자 독일에서 이미 20세기 초 동원된 논리가 '無瑕疵裁量行使請求權'(Anspruch auf die fehlerfreie Ermessensausübung) 이론이다.[20] 즉, 재량행위라 하더라도 행정은 裁量瑕疵를 범하지 않을 의무가 있고 이에 대응하여 상대방은 — 당해 법률의 사익보호성을 전제로 — 행정에 대하여 無瑕疵裁量行使請求權이라는 권리를 갖는데, 그 권리의 침해를 주장하는 것이 재량행위에 대한 취소소송에 있어 원고적격 요건이 되는 것이다. 이와 같이 無瑕疵裁量行使請求權은 원래 재량행위에 대한 취소소송의 원고적격을 인정하기 위해 고안된 개념이었다고

여야 할 행정청의 의무가 — 영업주의 사익을 보호하는 것으로 인정될 때에만 긍정되는 것이다.

18) O. Bühler, a.a.O., S. 61-157.

19) BVerwGE, NJW 1988, 2752 (2753); NVwZ 1993, 884 (885); BayVBl. 1994, 90; OVG Koblenz GewArch 1993, 289; Sodan, in: Sodan/Ziekow, a.a.O., §42 Rn. 374; Kopp/Schenke, a.a.O., 1998, §42 Rn. 69; Hufen, a.a.O., §14 Rn. 77; E. Gurlit, Die Klagebefugnis des Adressaten im Verwaltungsprozeß, Die Verwaltung 1995, S. 449-473 참조.

20) Rudolf von Laun, Das freie Ermessen und seine Grenzen, Leipzig/Wien 1910, S. 219-228; Bühler, a.a.O., S. 162 참조.

할 수 있다.[21] 그러나 위에서 본 바와 같이 제 1 유형의 취소소송에서는 '상대방 이론'에 의해 법률규정을 매개로 하지 않고 바로 원고적격이 인정될 수 있게 되었기 때문에, 당해 행정행위가 기속행위인가 재량행위인가 여부가 원고적격 단계에서 문제되지 않게 되었다. 또한 제 3 유형의 취소소송에서도, 無瑕疵裁量行使請求權 자체가 당해 법률(재량)규정의 사익보호성을 전제로 인정되는 것이기 때문에, 보호규범이론의 문제로 포괄된다. 따라서 無瑕疵裁量行使請求權의 主舞臺는 수익적 행정행위의 발급을 구하는 소송, 즉 의무이행소송(우리나라에서는 제 2 유형의 취소소송)으로 옮아가게 되었다.

(3) 상술한 바와 같이 독일에서는 '상대방 이론'에 의해 원고적격의 문제가 제 1 유형의 취소소송에서는 사실상 발생하지 않는데, 이는 대상적격으로서의 행정행위 개념에서 비롯되는 것이다. 즉, 행정행위가 상대방에게 권리제한·의무부과의 직접적 법적 효과를 갖는 행위에 한정되므로, 그 권리제한 또는 의무부과에 대항할 수 있는 자격이 방어권으로서의 기본권에서 직접 도출될 수 있는 것이다. 우리 판례·실무에 있어서도 제 1 유형의 취소소송에서는 원고적격의 문제가 전혀 발생하지 않는 것도 처분개념을 권리제한·의무부과의 법적 효과를 발생하는 행위에 한정하고 있기 때문이다. 그러나 위에서 피력한 私見에서와 같이 처분개념을 널리 '법령상 행정목적을 실현하기 위해 행정청의 일방적 결정에서 비롯된 행위'를 의미하는 것으로 파악하고 또한 여기에 행정입법까지 포함되는 것으로 새긴다면, 독일의 '상대방 이론'이 우리나라에는 전면적으로 적용될 수 없다. 이러한 처분개념에 의거하여 권고·행정지도 등 사실행위와 (구체적 규율성을 갖는) 행정입법

21) 프랑스·영국·미국에서도 裁量瑕疵가 취소사유의 하나로 인정되고 있지만 無瑕疵裁量行使請求權이라는 관념은 존재하지 않는다. 이 점을 보더라도 '無瑕疵裁量行使請求權'은 독일의 권리중심적 행정소송구조 때문에 발생한 것임을 쉽게 알 수 있다.

에 대하여 처분성을 인정한다면 그 다음 단계로 원고적격을 과연 '이를 취소할 법률상 이익'이 원고에게 있는가를 검토하지 않으면 아니 된다. 여기에서 원고적격에 관해서는 — 아래 제 2 유형과 제 3 유형에서 논의하는 바와 같이 — 우리 행정소송법 제12조 소정의 "법률상 이익"은, '권리'와 '법률'이라는 독일식의 제한요소를 탈피하여, '전체 법질서상 취소소송을 통해 보호되어야 할 개별적 · 직접적 · 구체적 이익'으로 해석해야 한다는 점만을 지적하기로 한다.[22]

Ⅳ. 第二類型에서의 對象適格과 原告適格

1. 對象適格의 문제

(1) 행정청에 대해 수익적 처분의 발급을 구하였으나 명시적으로 이를 거부하는 회신을 받은 경우 그 거부조치가 '처분'이 될 때 취소소송을 제기할 수 있다. 즉, 제 2 유형의 대상적격은 '거부처분'이다. 우리나라의 확립된 판례에 따르면, 법규상 또는 조리상 신청권이 존재할 때에만 신청에 대한 거부조치가 거부처분이 된다고 한다. 먼저 독일에서의 상황을 살펴보기로 한다.

독일에서도 1960년 행정법원법에 의해 의무이행소송(Verpflichtungsklage)이 도입되기 이전에는 이러한 거부처분 취소소송이 활용되었다. 일찍이 1886년 오스트리아의 Bernatzik는 '처분'(Verfügung) 기타 행정행위의 발급을 거부하는 행정청의 조치는 "어떤 행정청의 활동 형식이 아니라, 그 반대로, 행정청이 不作爲하겠다는 의도를 표시하는 형식"으로서, 아무런 법적 효과를 발생시키는 것이 아니므로, 행

22) 詳細는 아래 92면 이하 참조.

정소송(취소소송)의 대상이 될 수 없다고 하였다.[23] 그러나 이미 20세기 초부터 이러한 행정청의 행정행위 발급의 '거부'(Ablehnung, Weigerung, Verweigerung)가 바로 취소소송의 대상이 되는 '처분'(Verfügung)이 된다는 이론들이 제시된다.[24] 특히 Kormann은 '소극적 처분'(negative Verfügung)이라는 개념을 제시하면서, 판례 · 실무에서 이러한 소극적 처분에 대한 취소소송이 빈번히 이루어지고 있음에도 학설이 이에 관해 주목하지 않음을 비판까지 하고 있다. 그에 의하면, 행정행위는 법률행위적 행정행위와 준법률행위적 행정행위로 구분되는데, 소극적 처분은 신청된 행정처분을 발급하지 않겠다는 행정청의 의사표시로서, 적극적 처분과 마찬가지로, 행정청의 법률행위, 즉 행정행위에 해당한다고 한다.[25] 그 후 1930년대에 이르러 W. Jellinek도 행정청이 개인에 의해 신청된 수익적 행정행위의 발급을 거부하는 것은 — 아무런 응답을 하지 않는 부작위(Untätigkeit)와는 달리 — 취소소송의 대상이 되는 행정행위가 된다고 하였다. 그는 이러한 거부처분의 취소는 행정청에 대해 신청된 행정행위의 발급을 의무지우는 것이 아니라 단지 법률상태를 소급적으로 복귀시키는 것으로서 행정청이 신청에 대해 재심사할 의무를 부과함에 그친다는 점을 지적하고 있다.[26] (2차 세계대전 이후, 거부처분 취소판결이 내려지면 행정청은 그 판결의 취지에 구속되어 원래의 신청에 대해 다시 심사하여 可否의 결정을 해야 하고, 따라서 취소판결의 이유에서 행정행위 발급의무가 확정된 경우에는 반드시 신청된 행정행위를 발급해야 한다는 것이 '행정법의 일반원칙'으로 인정되었는데, 이러한 이론이 우리나라의 판례 · 학설에 1980년대 이전에 도입되었다가 1984년 행정소송법 개정시 제30조 제2항에 명문화되기에 이르렀다.)

---

23) E. Bernatzik, Rechtsprechung und materielle Rechtskraft, Wien 1886, S. 76.

24) 특히 K. Kormann, System der rechtsgeschäftlichen Staatsakte, Berlin 1910, S. 63-65; F. Kunzer, Das Verwaltungsstreitverfahren. Praktische Handbuch, Berlin 1908, S. 153-155 참조.

25) K. Kormann, a.a.O., S. 65.

26) W. Jellinek, Verwaltungsrecht. 3.Aufl., Berlin 1931, S. 255.

또한 2차 세계대전 직후 O. Bachof에 의하면, 당시 미군정하에 있던 바이에른 등 남부독일 주에 시행되고 있던 행정법원법 (Verwaltungsgerichtsgesetz, VGG) 제35조에는 행정청이 신청에 대해 무응답하는 경우에 대한 부작위소송(Untätigkeitsklage)이 규정되어 있는 반면, 행정청이 명시적으로 거부조치를 한 경우에 대해서는 아무런 규정이 없는데, 이는 행정행위의 발급을 거부하는 조치는 그것만으로 행정행위가 되어 취소소송의 대상이 될 수 있음을 전제로 하는 것이라고 강조하였다.[27] 독일 연방행정법원 1957. 2. 27. 선고 판결도 국적법 제8조에 의거한 귀화신청을 거부한 행정청의 조치를 행정행위로 인정하여 취소소송을 허용하였다. 동 판결은 그 거부조치가 당시 적용되던 영국군정명령상의 행정행위 개념, 즉 '공법영역에서의 구체적 사안에 대한 규율(Regelung)'을 충족한다고 판시하면서, 귀화신청이 재량행위라 하더라도 그 재량하자를 심사하기 위해서는 취소소송의 대상이 되어야 함을 강조하였다.[28] H. J. Wolff는 자신의 행정법 교과서에서 위 판결을 인용하면서 신청의 거부도 행정행위의 개념적 징표인 규율(Regelung)에 해당한다고 서술하였고, 이는 1994년의 제10판에서도 유지되고 있다.[29]

1960년 행정법원법의 제정에 의해 의무이행소송이 도입됨에 따라 독일에서는 더 이상 제2유형의 취소소송의 대상으로서의 거부처분은 실제적 의미가 거의 없어졌다고 할 수 있다. 즉, 거부처분이 있더라도 취소소송을 제기할 수 없고 막바로 행정청에 대해 신청된 행정행위의 발급의무를 부과할 것을 구하는 의무이행소송을 제기할 수 있고 또한 그리하여야만 된다. 특단의 사정이 없는 한 거부처분 취소소송을 제기

27) O. Bachof, Die verwaltungsgerichtliche Klage auf Vornahme einer Amtshandlung, Tübingen 1951, S. 38.

28) BVerwGE 4, 298.

29) Wolff/Bachof, Verwaltungsrecht I. 9. Aufl., München 1974, S. 381; Wolff/Bachof/Stober, Verwaltungsrecht I. 10. Aufl., München, S. 626.

하면 부적법 각하된다. 그러나 신청된 행정행위가 재량행위로서 아직 의무이행소송을 제기할 실익은 없지만 일단 표명된 행정청의 거부처분을 취소할 필요가 있는 예외적인 경우에는 이른바 '독립적 취소소송'(isolierte Anfechtungsklage)을 제기할 수 있는 여지가 인정된다.[30)]

(2) 이상에서 살펴본 바와 같이, 독일에서는 — 의무이행소송이 인정되지 않았던 시대에서도 — 행정행위의 발급을 거부하는 조치는 그것만으로 행정행위, 즉 거부처분이 된다고 할 뿐, 우리 판례에서와 같이 신청권 내지 응답요구권의 존재를 요구하는 학설이나 판례는 찾기 어렵다. 다만, P. Krause의 1974년 '행정활동의 법적 형식'이라는 책에서, 거부치분이 규율성을 띠게 되는 것은 상대방의 "실체법적 청구권" 또는 "절차법적 청구권"을 침해하기 때문인데, 후자의 절차법적 청구권은 신청에 대해 하자 없는 재량을 통해 심사해줄 것을 구하는 권리라고 하는 설명이 발견된다.[31)] 혹시 이러한 Krause의 설명이 — 일본의 판례를 통해 — 우리 판례에 영향을 미친 것이 아닌가 라는 추측이 가능하다. 우리 판례에서 '조리상 신청권'을 無瑕疵裁量行使請求權에 대응하는 것으로 판시하고 있기 때문이다.[32)] 그러나 Krause의 위 설

30) 이에 관해 특히 J. Martens, Effektiver Rechtsschutz durch isolierte Anfechtung, DÖV 1988, S. 949-957 참조. 또한 本書 제8장 취소소송의 소의 이익과 권리보호필요성, 296면 이하 참조.

31) P. Krause, Rechtsformen des Verwaltungshandelns, Berlin 1974, S. 197.

32) 예컨대, 검사임용신청거부사건에 관한 대법원 판결은 "임용신청자로서도 재량권의 한계일탈이나 남용이 없는 적법한 응답을 요구할 권리가 있다고 할 것이며, 이러한 응답신청권에 기하여 재량권남용의 위법한 거부처분에 대하여는 항고소송으로써 그 취소를 구할 수 있다고 보아야 하므로" 라고 판시하고 있다(대법원 1991. 2. 12. 선고 90누5825 판결). 또한 최근의 판례에서 구 행정규제및민원사무기본법(현재의 민원사무처리에관한법률)상의 민원접수 및 통지의무는 민원인에게 "실체적인 신청권"까지 인정하는 것은 아니라고 하면서 재개발사업에 관한 사업계획 변경신청에 대한 불허통지에 대하여 처분성을 부정하였는바(대법원 1999. 8. 24. 선고 97누7004 판결), 여기서 '실체적 신청권'은 실체적 청구권(즉, 계쟁처분 발급청구권)과 절차적 신청권(즉, 단순한 민원처리결과 통지요구권) 사이의 중간단계의 권리로서, 無瑕疵裁量行使請求權을 의미하는 것이라 할 것이다.

명의 전후맥락을 살펴보면, 無瑕疵裁量行使請求權이 있어야 거부처분이 성립한다는 것이 아니라, 거부처분에 의해 침해되는 권리가 無瑕疵裁量行使請求權이라는 점을 강조한 것으로 이해할 수 있다. 다시 말해, 신청에 대한 거부만으로 거부처분이 성립하고 그 다음 원고적격 단계에서 無瑕疵裁量行使請求權의 침해(가능성)가 문제되는 것이다.

현재 독일법상 無瑕疵裁量行使請求權은 의무이행소송의 — 최소한의 — 원고적격 요건으로 기능한다. 즉, 의무이행소송에서 원고적격이 인정되기 위해서는 취소소송에서와 마찬가지로 — 신청된 행정행위의 발급의 거부 또는 부작위에 의한 — '권리침해의 가능성'이 있어야 하는데, 그러기 위해서는 원고의 주장사실 자체로 그 행정행위를 발급할 행정의 의무와 이에 대응하는 원고의 청구권이 인정될 수 있어야 하고, 이를 위해서는 최소한 이러한 행정의 의무와 원고의 청구권을 성립시킬 법령상의 근거가 있어야 하는 것이다. 법령상의 근거가 없다면 아무리 원고의 주장사실이 그대로 인정되더라도 원고의 행정행위 발급청구권이 인정될 가능성이 전혀 없기 때문이다.[33] 문제는 근거법률상 요건이 충족된 경우에도 행정청에게 당해 행정행위의 발급을 거부하거나 다른 행정행위를 발급할 수 있는 재량(결정재량·선택재량)이 부여되어 있을 때이다. 이러한 경우에는, 예외적으로 재량이 0으로 수축된 경우를 제외하고는, '행정행위 발급을 명하는 판결'(Vornahmeurteil, 특정행위 명령판결)이 선고될 가능성은 없고, 단지 — 裁量瑕疵가 인정되면 — '다시 이번에는 裁量瑕疵 없이 신청에 대해 결정할 것을 명하는 판결'(Bescheidungsurteil, 재결정 명령판결)이 선고될 수 있을 뿐이다(행정법원법 제113조

33) 학설에 따라서는 허가유보부 금지의 해제를 구하는 경우에는 자유권적 기본권만으로 원고적격이 인정되고 그 이외 추가적인 급부를 구하는 경우에만 법령상의 청구권이 요구된다는 견해가 있으나(Hufen, a.a.O., S. 327-328), 허가유보부 금지의 경우에는 반드시 그 금지의 해제, 즉 허가에 관한 규정이 있기 마련이기 때문에 — 만일 그렇지 않다면 그 자체로 위헌일 것이다 — 실제적으로는 추가적인 급부를 구하는 경우와 차이가 없다고 할 것이다.

제5항). 이와 같이 재결정 명령판결이 선고되기 위해서는 원고적격 단계에서 침해가능성 있는 권리로서 無瑕疵裁量行使請求權이 인정되어야 한다. 그리고 본안요건으로서 — 재량하자에 의한 — 위법한 처분에 의해 그 無瑕疵裁量行使請求權이 침해되었음이 요구되는 것이다. 이는 원고가 계쟁 행정행위가 기속행위임을 전제로 특정행위 명령판결을 구하는 경우이든지 아니면 재량행위임을 자인하면서 재결정 명령판결을 구하는 경우이든지 간에(위 행정법원법 규정은 전자의 경우만을 예상한 것이지만 후자와 같은 소송제기도 허용된다는 것이 판례·통설임), 객관적으로 계쟁 행정행위가 재량행위로 판명되는 때에는, 마찬가지이다. 요컨대, 의무이행소송에 있어 원고적격으로서의 권리침해주장은 행정행위 발급청구권 또는 無瑕疵裁量行使請求權을 대상으로 한다.

(3) 우리 판례가 거부처분의 요건으로 요구하는 '신청권'은 위와 같은 독일법상 의무이행소송의 원고적격 요건으로서 '계쟁 행정행위의 발급을 구하는 청구권이 인정될 가능성이 있거나 최소한 무하자재량행사청구권이 있을 것'이 거부처분 취소소송의 대상적격의 요건으로 轉移된 것으로 이해할 수 있다. 그렇다면 그 신청권을 대상적격의 요건으로 하든지 원고적격의 요건으로 하든지 간에 본질적 차이가 없다는 반론이 가능하다. 그러나 다음과 같은 이유에서 신청권의 존재를 거부처분의 요건으로 삼아서는 아니 된다고 생각한다.

첫째, 상술한 바와 같이 행정소송의 대상적격은 객관적·외형적으로 판단하여야 한다. 계쟁처분에 대한 신청권이 — 특히 조리상 — 인정되는가를 판단하는 것은 객관적·외형적 판단의 차원을 넘어 사안의 개별·구체적 상황을 고려하여야만 가능하다. 이러한 문제는 원고적격이나 협의의 소익의 단계에서 판단되어야 할 것이다. 대상적격 단계에서 획일적인 잣대를 사용하여 처분성을 부정하여 버리면 중대한 권리구제의 공백이 생길 우려가 있다.[34] 최근 실무상으로도 헌법상 기본권에 의거하여 '조리상' 신청권을 확대하고자 하는 시도가 이루어지고 있는데, 일단 현재의 판례의 틀 안에서는 극히 바람직한 방향이라고 할 것이다.[35] 그러나 근본적인 문제해결은 대상적격 단계에서는 신청에 대한 거부행위 자체만으로 (거부)처분성을 인정하고, 원고적격 단계에서 신청권 또는 무하자재량행사청구권이라는 '권리' 대신에 과연 원고가 그 거부처분의 '취소를 구할 정당한 (개별적 · 직접적 · 구체적) 이익'이 있는가를 판단하는 데 있다. 요컨대, 신청권이라는 '권리'요건을 — 대상적격과 원고적격 단계에서 모두 — 포기하고 그 대신 원고적격 단계에서 실질적인 이익을 문제삼아야 할 것이다.

---

34) 다음과 같은 사안을 가정해 보자. "1998년 시행된 사법시험 1차시험 중 특정한 문제의 출제가 잘못되었음을 이유로 원고들에 대한 불합격처분의 취소를 구하는 행정소송에서 원고승소판결이 확정되자, 관할행정청은 원고들과 같은 입장에 있었던 불합격자들에 대해 이미 불합격처분이 제소기간의 도과로 이미 불가쟁력이 발생하였지만 위 확정판결을 존중하여 동인들에 대한 불합격처분을 직권취소하면서 1999년 시행된 사법시험 1차시험에 합격한 자들은 제외하였다. 그리하여 직권취소에서 제외된 수험생들이 관할행정청에 대해 자신들에 대해서도 불합격처분을 직권취소해달라는 신청을 하였는데, 관할행정청은 이를 거부하는 회신을 보냈다. 이에 위 수험생들은 관할행정청의 불합격처분 직권취소 거부를 다투는 취소소송을 제기하였다." 이 사안에서 대상적격 단계에서 사안의 구체적 사정을 도외시하고 일반적으로 — 또는 국가시험 불합격처분에 대한 — 직권취소를 구할 수 있는 신청권이 인정되겠는가를 판단하면 부정될 가능성이 크다. 그러나 위 사안에서 직권취소에서 제외된 수험생들에 관해서는 행정청의 恣意로 인한 평등원칙위반의 문제가 심각하기 때문에, 권리구제의 필요성이 절실하다.

35) 이와 같이 신청권의 범위를 확대하고 있는 최근의 대표적인 판례로서, 첫째, 폐기물처리법에 의거하여 사업계획의 적정통보를 받은 자와 같이 "장래 일정한 기간 내에 관계 법령이 규정하는 시설 등을 갖추어 일정한 행정처분을 구하는 신청을 할 수 있는 법률상 지위에 있는 자"의 경우에는 그 사업을 위한 국토이용계획변경의 신청을 거부하는 것은 실질적으로 그 사업에 관한 행정처분 자체를 거부하는 결과가 된다고 하면서 그 신청인에게 국토이용계획변경의 신청권을 인정한 대법원 2003. 9. 23. 선고 2001두10936 판결과 둘째, 교수재임용 거부에 관해, 임용기간이 만료된 국·공립대학의 교수는 "교원으로서의 능력과 자질에 관하여 합리적인 기준에 의한 공정한 심사를 받아 위 기준에 부합되면 특별한 사정이 없는 한 재임용되리라는 기대를 가지고 재임용 여부에 관하여 합리적인 기준에 의한 공정한 심사를 요구할 법규상 또는 조리상 신청권을 가진다" 라고 판시한 대법원 2004. 4. 22. 선고 2000두7735 전원합의체 판결이다.

둘째, 우리 행정소송법 제2조 제1항 1호는 "… 공권력의 행사 또는 그 거부"라고 규정하고 있다. 거부의 대상이 "… 공권력의 행사"로서 처분에 해당하면 그 거부도 바로 처분성이 인정된다는 의미이다. 이는 상술한 바와 같이 독일법상 전통적으로 인정되어 오던 '소극적 처분'(negative Verfügung)을 명문화한 것이라고 할 수 있다.

셋째, 거부처분의 문제는 — 기속행위의 경우에는 예외 없이 신청권이 인정되기 때문에 — 실제적으로 재량행위에 대한 통제라는 관점에서 검토되어야 한다. 재량행위에 대한 사법적 통제가 순수한 객관적 법적 통제가 아니라 원고의 권리구제를 매개로 하여 이루어지는 것임을 인정하더라도, 그 권리구제의 필요성 판단의 主舞臺는 원고적격과 협의의 소익의 단계이다. 대상적격 단계에서 처분성을 부정하게 되면 행정에 대한 재량통제의 기회를 원천적으로 봉쇄하는 결과가 초래된다. 아래에서 보는 바와 같이 우리 행정소송법상 '법률상 이익'은 권리와 법률에 한정되지 않는 "전체 법질서상 취소소송을 통해 보호되어야 할 정당한 (개별적 · 직접적 · 구체적) 이익"으로 보아야 하기 때문에 더욱 그러하다. 濫訴의 방지는 이 요건을 통해 충분히 달성할 수 있다.

최근 대법원은 국토의계획및이용에관한법률 제26조에 신설된 도시계획입안 제안제도에 의거하여 "입안제안을 받은 입안권자는 그 처리결과를 제안자에게 통보하도록 규정하고 있는 점 등과 헌법상 개인의 재산권 보장의 취지에 비추어 보면, 도시계획구역 내 토지 등을 소유하고 있는 주민으로서는 입안권자에게 도시계획입안을 요구할 수 있는 법규상 또는 조리상의 신청권이 있다고 할 것이고, 이러한 신청에 대한 거부행위는 항고소송의 대상이 되는 행정처분에 해당한다"고 판시하였다.[36] 이로써 1984년 도시계획시설결정변경신청에 대한 거부통지의 처분성을 부정한 판결[37] 이래 20년 동안 도시계획에 관한 분

36) 대법원 2004. 4. 28. 선고 2003두1806 판결.

37) 대법원 1984. 10. 23. 선고 84누227 판결.

쟁에 대하여 취소소송을 봉쇄하고 있었던 장벽이 사실상 붕괴된 것이라고 할 수 있다. 이제 도시계획입안의 제안을 통해 거의 모든 도시계획의 변경이 요구될 수 있고, 그 요구가 거부되면 거부처분 취소소송이 허용되기 때문이다. 뿐만 아니라, 위 각주 32에서 언급한 바와 같이 1999년 판결[38]은 舊행정규제및민원사무기본법(현행 민원사무처리에관한법률)상의 민원접수 및 통지의무는 민원인에게 "실체적인 신청권"까지 인정하는 것은 아니라고 하면서 그 통지의무에 의거하여 재개발사업에 관한 사업계획 변경신청의 거부에 대하여 처분성을 인정할 수는 없다고 하였으나, 이러한 민원에 대한 통지의무와 위 도시계획입안의 제안에 대한 통지의무가 근본적으로 다르지 않기 때문에, 이제 행정청에 대한 모든 신청에 대하여 신청권을 인정하든지 아니면 거부처분의 요건으로 신청권을 요구하는 판례 자체를 포기하여야 할 단계에 이르렀다고 할 수 있다.

2. 原告適格의 문제

(1) 원고적격의 문제는 주로 제 3 유형의 취소소송에서 제기되는 것이지만, 제 2 유형과 관련하여 중요한 결론을 얻을 수 있다. 우리 행정소송의 구조상 원고적격에 권리관념이 내포되어서는 아니 된다는 점이다. 즉, 행정소송법 제12조는 "처분의 취소를 구할 법률상 이익이 있는 자"라고 규정하고 있고 독일법과 같이 "법률상 이익을 주장하는 자"로 규정하고 있지 않다. 다시 말해, 우리의 원고적격은 법률상 이익의 實在이다. 따라서 만일 "법률상 이익"을 '법률상 인정되는 공권'으로 이해하게 되면, '법률상 공권의 實在'가 원고적격의 요건이 되어, 기속행위의 발급을 구하는 거부처분 취소소송의 경우 원고적격이 인정된다는 것은 바로 당해 처분에 대한 실체법적 청구권이 인정된다는

38) 대법원 1999. 8. 24. 선고 97누7004 판결.

것을 의미하게 된다. 이는 원고적격에서 본안요건이 전면적으로 선취되는 결과를 초래한다. 이 문제를 해결하기 위해 우리 행정소송법 제12조도 독일법과 마찬가지로 법률상 이익을 가능성 있게 주장하는 것만으로 충분하다고 해석하는 방법을 취할 수도 있을 것이다. 그러나 이러한 견해는 "법률상 이익이 있는 자"라는 명문의 규정에 반할 뿐만 아니라, 원고적격의 문제를 가능성이나 주장의 문제로 파악하지 않고 實在의 문제로 다루어온 판례 및 소송실무관행에도 배치된다.

(2) 독일을 제외한 프랑스, 영국, 미국, 유럽공동체 등 거의 모든 국가에서는 원고적격으로서 — 권리라는 관념은 전혀 없이 — 프랑스에서는 '직접적이고 개인적인 이익'(intérêt direct et personnel)의 침해, 영국에서는 '충분한 이익'(sufficient interest), 미국에서는 이익의 '실제적 침해'(injury in fact)를 요구하고 있다. 소송요건으로서의 원고적격 판단 단계에서 사익관련성 또는 실제적 침해의 존재 자체를 판단한 다음 본안요건에서는 더 이상 원고의 개인적 사정을 문제삼지 않고 오로지 객관적으로 법위반 여부만을 판단하게 된다.[39] 우리 행정소송법에서도 본안요건은 제4조 1호("취소소송: 행정청의 위법한 처분 등을 취소 또는 변경하는 소송")의 규정에서 명백하다시피, 독일법에서와 같은 권리침해의 요건이 없이, 단지 위법성만을 그 대상으로 하고 있다. 따라서 원고적격 등 원고의 개인적 사정과 관련된 소송요건은 본안판단 이전에 완전히 판단되어야 한다. 다시 말해, 그 가능성이 아니라 그 實在가 판단되어야 한다. 그런데 여기서 원고적격의 요소로 어떠한 권리가 요구된다면, 계쟁처분이 기속행위인 경우에는 상술한 바와 같이 본안요건이 전면적으로 선취되는 것이다. 따라서 우리 행정소송법

39) 특히 D. Ehlers, Die Klagebefugnis nach deutschem, europäischem Gemeinschafts — und U.S. — amerikanbischem Recht, VerwArch 1993, S. 139-177; R. Chapus, Droit du contentieux administratif. 7. éd., Paris 1997, p. 393-428. 참조.

상 원고적격에는 권리관념이 배제되어야 한다. 이와 같이 권리관념이 배제된 원고적격을 어떻게 구성할 것인지의 문제가 남는데, 상술한 바와 같이 권리관념뿐만 아니라 법률과의 관련성까지 배제하여 "전체 법질서상 취소소송을 통해 보호되어야 할 정당한 (개별적 · 직접적 · 구체적) 이익"으로 이해하여야 한다는 것이 私見이다. 아래 제 3 유형에서 재론하기로 한다.

(3) 제 2 유형의 대상적격 단계에서 신청권의 존재를 요구하는 우리 판례에 따르면, 신청권이 인정되어 대상적격을 충족하는 경우에는, 처분의 신청인이 원고가 되는 한, 원고적격의 문제는 별도로 제기되지 않는다. 신청권의 판단에서 이미 無瑕疵裁量行使請求權과 관련하여 원고의 "법률상 이익"— 제 3 유형에 관한 판례에서와 같이 '법률상 보호되고 있는 이익'으로 보더라도 — 의 존재가 판단되어 버리기 때문이다. 그러나 거부처분을 신청권 여부와는 무관하게 '소극적 처분'으로 이해하여 처분의 신청에 대한 거부만으로 바로 대상적격을 긍정하는 私見에 의하면, 원고적격의 판단이 매우 중요한 요소가 된다. 이를 통해 권리구제의 필요성이 결정되고 濫訴防止의 목적이 달성되기 때문이다.

V. 第三類型에서의 對象適格과 原告適格

1. 對象適格의 문제

직접 상대방에 대한 관계에서 처분이 되면, — 대상적격은 형식적·외관적으로 판단해야 하기 때문에, — 제 3 자에 대한 관계에서도 처분이 된다.

2. 原告適格의 문제

(1) 2차 세계대전 이후 독일에서 공권이론에 대한 비판은 모두 이러한 제3유형과 관련하여 보호규범이론을 비판하여 원고적격에 있어 권리관념, 특히 법률과의 관련성을 절단하는 데 집중된다.[40] Franz W. Jerusalem은 독일법상 보호규범이론에 의한 주관적 공권 개념의 성립은 '법사상에 있어서의 붕괴 내지 해체'(Zersetzung im Rechtsdenken)의 하나라고 신랄하게 비판한다.[41] 뿐만 아니라 최근 유럽공동체를 통한 유럽통합 과정에서 독일의 공권이론은 배척되고 유럽법원의 판례에서는 프랑스식의 '직접적이고 개인적인 이익'이 원고적격의 판단기준으로 정립되어 있다. 유럽법원이 독일 국내법원의 유럽공동체법 관련 사건에 대한 선결문제심판(preliminary ruling, Vorabentscheidung)을 함에 있어 독일의 공권이론을 부정하고 있기 때문에, 독일 국내법원에서도 유럽공동체법이 관련되는 이상 이제 프랑스식의 원고적격을 기준으로 하여야 한다.[42]

(2) 원고적격에 관한 독일의 공권이론은 19세기 시민적 의회주의와 법률실증주의의 역사적 유물이다. 법관은 본안판단에서뿐만 아니라, 그 본안판단으로 들어가기 위한 요건인 원고적격을 판단함에 있어서도 법률에 엄격히 구속되어 입법자가 공권을 부여한 경우에만 사법

40) 특히 H. Bauer, Geschichtliche Grundlagen der Lehre vom subjektiven öffentlichen Recht, Berlin 1986, W. Henke, Das subjektive Recht im System des öffentlichen Rechts, DÖV 1980, S. 621-633.

41) F. W. Jerusalem, Die Zersetzung im Rechtsdenken, Stuttgart u.a. 1968, S. 113-118.

42) 이에 관해서는 특히 S. Kadelbach, Allgemeines Verwaltungsrecht unter europäischem Einfluß, Tübingen 1999, S. 368-443; V. Röben, Die Einwirkung der Rechtsprechung des Europäischen Gerichtshofs auf das Mitgliedstaatliche Verfahren in öffentlich-rechtlilchen Streitigkeiten, Berlin u.a. 1998, S. 235-253 참조.

심사가 가능하도록 하는, 말하자면, 사법부의 입법부에 대한 완전구속을 의미한다. 이는 오늘날 우리나라를 포함한 세계 각국, 독일에서조차도 현실과 거리가 먼 것이다. 만일 법원의 積極的 法形成이 요구된다면, 그것이 가장 필요하고 또한 가장 문제가 없는 영역이 바로 — 말하자면, 자신의 고객을 수용할 수 있는 범위를 정하는 — 대상적격과 원고적격의 문제일 것이다.

이러한 관점에서 보호규범이론의 본고장인 독일에서도 판례와 다수학설에서 제 3 유형의 취소소송과 관련하여 기본권의 방어권적 지위에 기하여 원고적격이 부여될 수 있음을 긍정하고 있다. 특히 환경소송에 관해서는 — 독일 기본법에는 환경권이라는 기본권은 없고 단지 국가의 임무규정으로서 환경보호규정만이 있을 뿐인데 — 생명 · 신체의 자유를 매개로 하여 원고적격이 인정될 수 있다는 것이다. 뿐만 아니라, 경제행정법적 측면에서 경업자소송의 경우에도 자유경쟁관계를 파괴하여 경업자의 기업기반을 위태롭게 하는 행정처분에 대해서는 일반적 자유권, 직업선택의 자유 등 기본권을 원용하여 원고적격을 대폭 확대하고 있다.

(3) 제 3 유형의 취소소송에 있어 원고적격에 관한 私見은 이미 다른 논문에서 상세히 피력한 바 있으므로, 본고에서는 그 요점들을 언급하는 데 그치기로 한다.[43]

첫째, 행정소송법 제12조 소정의 "법률상"이라는 문구를 중시하여, 권리 또는 (본안판단의 대상이 되는) 처분의 근거법률에는 한정하지 않지만, 여하튼 그 법형식이 '법률'이어야 하므로, 넓은 의미의 관계법률 모두를 포함하여 그것이 원고의 사익을 보호할 때에만 원고적격을 충족하는 것으로 보는 견해가 성립할 수 있을 것이다. 그러나 독

43) 本書 제 6 장 취소소송의 원고적격 (1), 208면 이하 참조.

일의 독특한 취소소송 구조에서 연유하는 공권이론과 보호규범이론을 그와 구조가 다른 우리 취소소송에 관한 해석의 도구로 사용한다는 체계적 모순의 문제가 있다. 독일에서 어떤 법률규정의 사익보호성을 따지는 것은 당해 법률규정이 본안판단의 척도인 동시에 원고에게 공권을 부여하는 보호규범이 되기 때문이다. 반면에 우리는 주관적 관련성의 요건으로서 "처분의 취소를 구할 법률상 이익"이라는 문언의 해석 문제에 불과하다.

둘째, 독일에서는 보호규범이론에 의해 사익보호성, 따라서 권리가 인정되더라도 그것만으로 원고적격이 인정되는 것이 아니라 그 권리의 '침해가능성'이라는 사실적 요소에 관한 판단이 요구되는데, 만일 우리의 "취소를 구할 법률상 이익"을 보호규범이론에 의거하여 해석한다면, 관계법률들 중 어디에서든지 사익보호성이 인정되면 바로 원고적격이 긍정되고 '침해가능성'에 관한 사실적 판단은 실종될 우려가 있다. 따라서 "처분의 취소를 구할 법률상 이익"이라는 요건 안에 사익보호성이라는 규범해석의 문제만이 아니라 이익의 개별성 · 직접성 · 구체성과 같은 사실판단의 문제까지 포함되는 것으로 보지 않으면 아니 된다.

셋째, 사익보호성 판단의 대상이 처분근거(요건)법률에 한정되지 않고 관계법률 모두를 포함하는 것이라면, 과연 어떠한 법률들을 그 관계법률의 범위 속에 포함시킬 것인가 라는 것 자체가 이미 당해 개개 법률규정의 해석의 차원을 넘는 법질서 전체적 관점의 문제이다.

넷째, 우리나라의 입법현실을 볼 때 현재로서는 개개의 조항마다 제 3 자의 원고적격 문제까지 검토하여 법률이 제정될 것을 기대하기 어려울 뿐만 아니라, 처분근거(요건)법률에 한정하지 않고 관계법률 모두를 포괄하여 사익보호성을 판단한다고 하면 이미 원고적격에 관한 입법자의 결정이 문제의 초점이 되는 것은 아니다. 더욱이 세계적으로, 프랑스와 영·미 그리고 심지어 독일에서조차도, 원고적격 범위의 결정은 司法的 판단을 통한 판례형성에 의거하여 이루어지고 있다.

다섯째, 독일에서 공권이론과 보호규범이론을 통해 원고적격을 제한하는 것은 — 사실인정과 재량 및 불확정법개념에 대한 — 세계에서 유례를 찾기 어려운 정도로 高度의 (본안)심사강도와 맞물려 있다는 점이다. 사법심사의 관문은 좁히되 일단 그것을 통과한 사건은 철저히 심사한다는 것인데, 이는 주관적 권리구제의 기능을 전면에 내세우는 독일 행정소송제도의 특징이라고 할 것이다.[44] 그러나 우리나라에서 종래의 행정재판실무와 현재 법원이 갖고 있는 인적·물적 설비에 비추어 볼 때 과연 독일에서와 같이 강도 높은 본안심사가 가능할 것인지가 우선 의문일 뿐만 아니라, 국민의 권리구제만이 아니라 행정의 자율성과 책임성도 아울러 고려하는 현대 행정소송의 이념에 따라 오히려 사법심사의 관문은 넓히되 본안에서의 심사강도는 탄력적으로 조절해야 한다는 점에서,[45] 위와 같이 '심사강도는 최대한으로, 그 대신 원고적격은 제한한다'라는 독일의 관념이 우리나라에도 그대로 타당하다고 할 수 없다.

결론적으로, "법률"과 "법"을 엄격하게 구별하지 않는 우리의 언어관용에 비추어 "법률상 이익"을 '법적인 이익'으로 새긴다면, "처분의 취소를 구할 법률상 이익"을 '전체 법질서에 비추어 취소소송을 통해 보호되어야 할 개별적·직접적·구체적 이익'으로 해석할 수 있다. 여기서 그러한 판단의 자료로 동원되는 것은 이익의 개별성·직접성·현저성·구체성 등과 같은 사실적 상황과 더불어 관계되는 모든 법률,

44) Schmidt-Aßmann, a.a.O. (Das allgemeine Verwaltungsrecht als Ordnungsidee), S. 185-189; C.D. Classen, Die Europäisierung der Verwaltungsgerichtsbarkeit, Tübingen 1996, S. 189-192 참조.

45) 이 점에 관해서는 本書 제 2 장 행정법원의 임무와 역할, 53면 이하 참조.

법규명령과 나아가 기본권 그리고 헌법원리들이다.[46)]

(4) 마지막으로 특기할 만한 것은 소위 '병행적 침익'(parallele Belastung)의 효과를 갖는 처분에 대한 취소소송이다. 상대방에게 침익적 효과를 발생하는 행정행위는 거의 모든 경우에 그 상대방과 경제적·사회적·신분적 관계를 갖고 있는 제 3 자에게도 불이익한 효과를 발생하게 되는데, 그 제 3 자에게 독자적인 원고적격이 인정될 수 있는가가 문제된다. 제 3 유형의 취소소송은 상대방에게는 수익적 효과를 갖는 이중효과적 처분에 대한 것인 반면, 위 경우는 제 3 자와 상대방에게 동시에 침익적 효과를 갖는 처분을 대상으로 하는 것이므로, 엄밀히 말해 제 1 유형에 속하는 것이다. 이러한 경우 제 3 자는, 예외적으로 헌법 또는 법령상 독자적인 권리 또는 보호이익을 향유하지 않는 한,[47)] 원칙적으로 — 私見에 의하더라도 '법질서상 보호가치 있는 개별적·직접적·구체적 이익'에 해당하지 않아 — 원고적격이 부정된다.[48)] 제 3 유형의 경우에는 처분의 상대방이 자신에게 수익적인 처분에 대해 취소소송을 제기할 리가 없기 때문에 (그렇다 하더라도 협의의 소익이 부정될 것이다), 제 3 자의 원고적격이 인정될 필요가 크다. 반면에 병행적 침익처분의 경우에는 원칙적인 권리구제는 처분상대방의 제소

46) 대법원 1998. 4. 24. 선고 97누3286 판결은 환경영향평가대상지역 안의 주민들에게 원고적격을 인정하였다. 이 판결의 意義에 관해 本書 제 6 장 취소소송의 원고적격 (1), 214면 이하 참조.

47) 독일의 판례에 의하면, 독일인의 배우자인 외국인에 대해 추방명령이 내려진 경우, 그 독일인은 기본법 제 6 조 제 1 항 소정의 '혼인의 보호를 받을 권리'에 기하여 독자적인 원고적격이 인정된다고 한다(BVerwGE 42, 141).

48) 대법원 판례에 의하면, 운전기사의 합승행위를 이유로 소속 운수회사에 대하여 과징금부과처분이 있은 경우 당해 운전기사는 그 과징금으로 인해 상여금지급이 제한되었다고 하더라도 이는 그 처분의 취소를 구할 직접적이고 구체적인 이익이 없다고 하고(대법원 1994. 4. 12. 선고 93누24247 판결), 법인 또는 비법인사단의 구성원은 특단의 사정이 없는 한 단체 자체에 대한 침익적 처분을 다툴 원고적격이 없다고 한다(대법원 1997. 12. 12. 선고 96누4602 판결; 1996. 6. 28. 선고 96누3630 판결 등 참조).

에 의할 수 있으므로, 제 3 자의 독자적인 원고적격을 인정할 필요가 그다지 크지 않다고 할 수 있다. 처분상대방이 제 3 자에 대한 私法上의 의무에 위반하여 취소소송을 포기함으로써 제 3 자가 손해를 입게 되는 경우에는 민사상 손해배상의 문제로 해결될 수 있을 것이다.[49)]

Ⅵ. 第四類型에 있어서의 對象適格과 原告適格

1. 對象適格의 문제

제 2 유형에서 피력한 거부처분의 개념은 무엇보다도 제 4 유형에 관한 취소소송의 허용을 위해 필요하다. 제 4 유형에 관해 법규상 제 3 자의 신청권을 규정한 예를 찾아보기 힘들기 때문이다. Fritz Kunzer는 1908년에 저술한 문헌에서 경찰이 타인에 대한 경찰권 발동을 거부한 때에는 취소소송을 제기할 수 없다고 적고 있지만,[50)] 당시에 제 4 유형이 인정되기에는 시기상조이었다. 독일에서는 그 후 행정개입청구권, 재량권의 零으로의 수축 이론 등을 통해 — 다시 말해, 주장 가능한 권리관념들을 개발하여 — 제 4 유형에서의 행정소송(의무이행소송)의 가능성을 열고 있다. 현재 우리 판례에 따르면 제 4 유형의 취소소송은 신청권의 부존재로 처분성이 부정됨으로써 사실상 전혀 불가능하다. 그러나 타인에 대해 경찰권 등 행정권이 발동되지 아니함으로써 '법질서상 보호가치 있는 개별적 · 직접적 · 구체적 이익'이 침해될 우려가 인정된다면, 그 재량행사를 통제할 필요가 있고 이를 위해 거부처분 취소소송의 대상적격에 있어서는 아무런 제한 없이, 그 신청 대상이

49) 병행적 침익처분에 대한 원고적격에 관해 本書 제 7 장 취소소송의 원고적격 (2), 253면 이하, 269면 이하 참조.
50) F. Kunzer, a.a.O.(각주 24), S. 154.

행정처분인 이상, '소극적 처분'으로서 처분성을 인정하여 본안에서 재량하자 유무를 심사하는 방향으로 발전하여야 할 것이다.

2. 原告適格의 문제

제 3 자의 원고적격에 관해서는 제 2 유형과 제 3 유형의 원고적격에 관해 설명한 내용이 그대로 타당하기 때문에, 그것으로 갈음한다.

Ⅶ. 結　　語

이상에서 취소소송의 대상적격과 원고적격에 관하여 독일 특유의 법률실증주의적 보호규범이론을 극복하고 歐美各國의 보편적 경향을 따라 전향적으로 확대함으로써 개인의 권리구제에 한정되지 않고 국법질서의 확보에 주도적 역할을 하는 司法이 되어야 함을 강조하였다. 각 유형별로 판례와 학설을 세밀히 검토한다면 방대한 연구가 될 것이기 때문에, 이를 장래의 연구과제로 삼고, 본고에서는 문제의 소재를 밝히고 私見을 피력하는 데 만족하였다. 너무 이론적인 내용에 치중하였다는 결함은 부정할 수 없으나, 대상적격과 원고적격을 확대하기 위해 숙고해야 할 이론적 문제점들을 제시하였다는 점에 의의를 찾고자 한다.

대상적격과 원고적격의 확대는 행정의 자율성과 책임성을 무시하고 무조건 법의 이름으로 행정을 구속하자는 것이 아니다. 행정의 자율성과 책임성은 소송요건을 봉쇄함으로써가 아니라 이를 활짝 열고 본안요건에서 재량과 불확정개념 단계에서 고려해야 하는 것이다. 오히려 이와 같이 본안에서 행정의 자율성과 책임성을 충분히 고려해야 한다는 전제에서 대상적격과 원고적격의 걸림돌은 제거되어야 한다는 당위성이 보다 강력하게 주장될 수 있다.[51)] 이것이 바로 새로운 천년에 요구되는 새로운 법치주의, 즉 투명성과 개방성을 要諦로 하는 법치주의의 理想이기도 하다.

51) 本書 제 2 장 행정법원의 임무와 역할, 47면 이하, 53면 이하 참조.

제 4 장

人類의 普遍的 智慧로서의 行政訴訟

— 裁判管轄과 訴訟類型에 관한 多元的 法比較 —

Ⅰ. 序　　說

1. 法의 支配와 行政法 · 行政訴訟

19세기 말 법의 지배(rule of law) 원칙을 정립한 영국의 A. V. Dicey는 법의 지배가 갖는 첫 번째 의미로서 일반법(regular law)의 절대적 우위와 최고성을 강조하였다. 그리하여 행정에게 특별한 권한과 지위를 부여하는, 그럼으로써 일반 私法과는 구별되는 법영역으로서의 公法(public law)이라는 관념을 거부하고, 이러한 공법에 해당하는 프랑스의 '행정법'(droit administratif)은 법의 지배 원칙과 모순되는 것이라고 갈파하였다.[1] 그로부터 1세기 후 영국은 1976년의 최고법원규칙 제53편(Rules of Supreme Court Order 53)과 1981년의 최고법원법(Supreme Court Act)을 통해 — 공법과 사법의 구별을 전제로 — 공법적 문제에 관한 특별소송절차인 사법심사청구소송(application for judicial review; AJR) 제도를 도입하였다. 그렇다면 이 1세기 동안 무엇이 달라졌는가? 아니면 Dicey가 애당초 무엇을 잘못 보았는가? 문제는 바로 그가 부정하고자 하였던 행정의 특별한 권한 내지 재량권은 그 때나 지금이나 時와 장소를 불문하고 국가공동체의 운영을 위해 불가피한 것이리는 데 있다. 무릇 우리가 일상생활에서도 누구에게 어떤 심부름을 시키면서 그가 심부름을 제대로 할 수 있도록 하기 위해서는 일정한 범위의 재량권을 부여할 수밖에 없다. 하물며 국가공동체의 운영을 맡는 행정의 경우는 너무나 당연한 일이다. 따라서 한편으로 행정에게 그러한 특별한 권한을 부여하면서도 동시에 그렇기 때문에 더욱 행정에게 특별한 制限과 統制를 가해야 한다는 것이 법의 지배의 진정한 의미라고 할 것이다. 모순을 조화하고자 노력하는 것이 인류의 지혜이다. 행정에 대한 특별한 授權과 특별한 制限이라는 이중적 임무를 갖는 法으로서 행정법,[2] 그리고 행정에 대한 특별한 통제와 그 자율적 책임성을 동시에 실현하기 위한 소송으로서 행정소송은 이러한 지혜의 소산이 아닐 수 없다.

근대 서구에서는 이러한 행정법과 행정소송이 나라마다의 정치적·사회적 발전단계에 따라 서로 다른 모습으로 생성·발전되었다. 프랑

1) A.V. Dicey, Introduction to the Study on the Law of the Constitution. 8. ed., London 1915 (reprint 1982), p. 120, 213-273 (안경환·김종철 역, 헌법학입문, 1993, 121면, 221-280면).

2) Rivero/Waline, Droit administratif. 17e éd., Paris 1998, n° 32.

스에서는 대혁명을 계기로 가장 파격적으로, 私法과의 단절을 통해, 생성된 다음 200년에 걸쳐 지속적인 발전을 거듭하였고, 독일에서는 외견적 입헌군주제 하에서 군주와 시민계급의 타협의 산물로, 私法의 모방에 의해, 생성된 후 수차의 변질을 겪고 2차 세계대전 이후 전면적으로 재구성되었으며, 영국에서는 민주주의와 법치주의의 선진적 발전에 힘입어 커먼·로 전통에 입각하여 점진적으로 생성되어 오다가 1980년대 제도개혁을 통해 새로운 전기를 맞고 있고, 미국에서는 영국으로부터 받아들인 커먼·로 체계를 기초로 하면서도 강력한 헌법의 규범력으로 인해 독자적인 발전양상을 보여 왔다. 근대 이후의 행정법과 행정소송의 발전과정을 假說的으로 세 단계로 나눈다면, 국가우월주의를 기반으로 행정에 대한 특별한 授權에 치중한 시기를 제 1 단계로, 시민적 자유주의를 기반으로 행정에 대한 특별한 제한에 치중한 시기를 제 2 단계로, 이러한 양 극단을 극복하고 행정에 대한 授權과 制限, 통제와 자율성보장을 동시에 추구하는 시기를 제 3 단계로 일컬을 수 있을 것이다.[3] 이러한 관점에서 보면, 프랑스와 독일은 모두 제 1 단계로부터 시작하였지만, 프랑스는 민주주의와 법치주의의 지속적 발전을 통해 — 1870년대 제 3 공화정부터, 특히 1873년의 Blanco판결을 계기로 — 바로 제 3 단계로 발전하였는데, 독일은 외견적 입헌군주제와 나찌불법국가에 대한 반성으로 2차 세계대전 이후 제 2 단계를 오랫동안 경험하고 있고, 반면에 영국과 미국은 커먼·로 전통으로 인해 제 1 단계와 이에 대한 反作用으로서의 제 2 단계를 거치지 아니하고 처음부터 제 3 단계의 모습을 띠고 있다고 할 수 있다. 여하튼 나라마다 출발점과 중간과정은 다르지만 그 목표점은 행정에 대한 授權과 制限, 統制와 自律性이라는 모순을 조화함으로써 진정한 법의 지배를

3) 자세한 내용은 拙著, 행정법의 체계와 방법론[행정법연구 1], 제 1 장 행정법에 있어서의 이론과 실제, 26-39면 참조.

이루는 데 있다.[4)]

우리나라는 日帝를 통해 독일의 제 1 단계 행정법 · 행정소송을 받아들인 후 정부수립 후에도 1980년대까지 그대로 유지되다가 1980년대 후반부터 민주화의 일환으로 — 같은 독일의 행정법이지만 이제는 시민적 자유주의에 치중된 행정법 이론을 대거 도입함으로써 — 제 2 단계의 행정법 · 행정소송을 지향하여 왔다. 아직도 식민지적, 개발독재적 행정의 우월성과 恣意性이 완전히 불식된 것은 아니어서 그에 대한 반작용으로 제 2 단계가 필요할지도 모르겠으나, 궁극적 목표는 상술한 바와 같이 제 3 단계의 행정법 · 행정소송임은 분명하다.

2. 人類의 普遍的 智慧로서의 行政訴訟

法은 무릇 '善과 衡平의 技術'(ars boni et aequi)로서 정의로운 공동체생활을 위한 인류의 실천이성의 發露이고, 또한 그렇기 때문에 그 실천이성은 세계적 보편성을 갖고 있다고 할 것이다. 따라서 나라마다 법의 개념과 체계가 다를지라도 법적 문제의 상황과 그 해결을 위한 노력은 본질적으로 공통적이다. 행정법과 행정소송에 있어서도 마찬가

4) 영국에서도 근대 이전, 특히 청교도혁명 · 명예혁명 이전에, 일정한 공적 임무에 관해 국왕의 官吏에게 특별한 권한을 부여하는 개별 법령이 제정되어 官吏들은 막강한 권력을 휘두르고 이에 대한 통제가 잘 이루어지지 않던 시대가 있었는데, 이를 — 비록 '행정법'이라는 별도의 법영역이라는 관념은 없었지만 — 영국의 제 1 단계 행정법 시기로 볼 수 있을 것이다. 이에 대한 반작용으로 大權的 令狀(prerogative writs)을 중심으로 사법심사가 형성되는 단계를 제 2 단계 행정법 시기로 자리매김할 수 있다. 미국은 이와 같이 이미 제 1, 2 단계를 거친 영국의 3 단계 행정법을 계수한 것이므로, 미국 자체에는 제 1, 2 단계 행정법이 없다. 프랑스에서도 제 2 단계 행정법 시기가 비록 독일에서와 같이 장기적이고 명확하지는 않지만 19세기 수차의 혁명기 동안 존재했었다고 본다면, 결국 필자의 假說은 '모든 법질서에서 행정법은 특별한 授權 → 특별한 制限 → 양자의 조화의 세 단계를 거친다'라고 일반화될 수 있는데, 이는 본고에서 고찰하는 나라뿐만 아니라 세계 모든 나라에 적용될 수 있을 것이다. 이 假說에서 발전의 순서 부분을 포기하고 '행정법은 특별한 授權과 특별한 制限이라는 양 극단 사이에 작용 · 반작용의 과정을 거치면서 발전한다'로 한층 더 일반화될 수 있다.

지이다. '심부름꾼에 대한 특별한 授權과 특별한 制限의 조화'라는 행정법의 근본적 지혜는 법의 지배가 구현되고 있지 않은 나라에서조차 인정될 수 있을 것이다.

종래 우리나라에서 독일 행정법에 편향된 상황 하에서 비교법적 연구가 주로 독일, 프랑스, 아니면 미국, 영국 등 한 나라에 한정되었다. 뿐만 아니라 각 나라마다 독특한 역사적·정치적·사상적 배경에서 근본적인 차이점이 있다는 이유로 이들 나라 상호간의 비교가 불가능하거나 무의미한 것으로 치부되는 경우가 많았다. 그러나 한편으로 상술한 행정법·행정소송의 발전과정과 궁극적 목표의 공통성, 법적 실천이성의 세계적 보편성, 특히 최근 유럽법의 발전을 통한 프랑스·독일·영국 행정법의 접근 경향을 간과해서는 아니 된다. 다른 한편으로 우리나라에서도 어느덧 50년간, 1980년대부터 본격적으로, 판례가 상당수 축적되고 재판실무도 정착됨으로써 우리 나름의 독자적인 행정소송 체계를 갖추었다고 할 수 있다. 이러한 상황 하에서 이제 종래의 한 나라에만 편향된 비교법적 연구에서 탈피하여 多元的이고 主體的인 法比較를 통해 그 동안 우리가 발전시켜온 행정소송제도의 現狀과 위치를 확인하고 그 개선방향을 모색해야 할 때이다.[5] 한 좌표를 확인하기 위해서는 최소한 두 개 이상의 비교점이 필요하다는 것은 기하학의 기본원리이다!

행정소송 제도 자체가 행정에 대한 특별한 授權과 특별한 統制의 조화를 실현하기 위한 제도로서 세계 보편적 성격을 갖는 것이라면, 그 제도의 구체적 형성에 관한 개별적 문제 또한 공통적일 수밖에 없다. 문제 해결을 위한 기준과 개념, 그리고 구체적 해결내용은 서로

5) 同旨, 김동희, "새 천년의 행정법학의 발전방향 및 현안문제," 법조 2000.1. (Vol. 520), 224-241면 (225-229면). 이러한 多元的 法比較에 있어, 歐美국가뿐만 아니라 아시아·아프리카 등 행정법·행정소송이 우리보다 발전되지 않은 나라들에 대한 법비교, 이른바 '후진국 법비교'의 필요성도 부정할 수 없으나, 이는 장기적인 과제로 돌리고, 본고에서는 우선 우리 법체계에 직접 영향을 미쳤고 현재도 미치고 있는 독일·프랑스·영국·미국에 한정하고자 한다.

다를지라도, 문제 자체는 어느 법질서에서도 동일한 것이다.[6] 本案前問題로서 재판관할의 독자성, 소송유형, 대상적격, 원고적격, 제소기간 등은 도대체 행정작용에 대한 통제를 어떠한 재판관할 및 절차에 의해, 어떠한 유형의 소송으로, 어떠한 종류의 행정작용에 대해, 어떠한 사람의, 어느 때의 提訴에 의해 이루어지도록 할 것인가의 문제이다. 이는 민사·형사소송에 대한 행정소송의 특수성을 반영하는 것으로, 한편으로 행정에 대한 통제를 확대하고 그 실효성을 제고해야 한다는 요청과 다른 한편으로 행정에 대한 과도한 개입을 방지하여 행정의 자율적 책임의 공간을 확보해 주어야 한다는 요청이 대립한다. 이러한 행정소송의 특수성은 本案問題인 — 미국의 용어에 따르면 — '심사의 범위'(scope of review)에서 극치를 이룬다. 여기에서는 어떠한 척도 내지 기준에 의해 행정작용의 위법성을 판단할 것인가 라는 審査尺度의 문제와 그 위법성 판단을 어느 정도로 철저히 할 것인가 라는 審査強度의 문제가 제기되는데, 후자의 문제는 민사·형사소송에서는 전혀 제기되지 않는, 행정소송에서만 제기되는 고유한 것이다. 민사·형사소송에서는 모든 쟁점이 소송 자체에서 완결적으로 판단되는 데 비해, 행정소송에서는 先在하는 행정의 결정을 사후적으로 심사하는 것이므로, 권력분립 원칙상 그 행정의 결정을 어느 정도로 심사할 수 있는가의 문제가 제기되는 것이다. 사실인정, 불확정개념의 포섭, 법률효과의 결정·선택에 관한 재량 등이 그것이다.

---

6) 따라서 본고에서 말하는 "다원적 법비교"는 말하자면 '도그마틱적 법비교'로서, 행정소송에 관한 세계 공통의 도그마틱적 쟁점으로 재판관할, 소송유형, 대상적격, 원고적격, 제소기간, 소의 이익, 심사척도, 심사강도 등을 추출한 다음 이에 관한 각국의 법제·판례·이론을 대비하는 것이다. 이들의 차이는 결국 각국의 서로 다른 역사적·정치적·문화적 배경에서 비롯되는 것이고, 특히 행정소송은 각국의 '행정문화'와 밀접한 관련을 맺는 것이다. 완벽한 법비교는 이러한 측면을 모두 포괄하여야 할 것이지만, 본고에서는 그 준비작업으로 위와 같은 도그마틱적 법비교를 시도하는 것이다. 먼저 법제·판례·이론의 관점에서 차이점과 공통점을 확인한 후 이를 기초로 그 역사적·정치적·문화적 배경을 규명하는 것이 오히려 바람직한 방법론이 아닌가 한다.

행정소송에 관한 위와 같은 세계 공통적 문제 가운데 본고에서는 그 하드・웨어에 해당하는 재판관할과 소송유형의 관점에서 — 대상적격과 원고적격은 소송유형의 문제와 관련하여 — 프랑스・독일・영국・미국의 행정소송을 고찰한 다음 우리나라 제도의 現狀과 문제점을 지적하고 개선방향을 제시하고자 한다.

Ⅱ. 裁判管轄

1. 프 랑 스[7]

(1) 프랑스에서는 행정재판권이 일반 사법권(민사・형사재판권)과 완전 분리되어 형식적으로는 행정권에 소속되어 있다. 이는 대혁명 당시 구체제 하에서 보수적 태도를 취했던 法院(Parlement)에 대한 불신으로 말미암아 프랑스 특유의 권력분립원칙, 즉 사법권은 행정권에 전혀 간섭해서는 아니 된다는 원칙으로부터 비롯되는 것이다. 1790년 법률에 의해 법원이 행정에 대해 관여를 하는 것이 형벌로 금지되었다.[8] 행정에 관한 다툼은 나폴레옹에 의해 설립된 꽁세유・데따(Conseil d'Etat)가 담당하게 되었는데, 이는 처음에는 국왕・황제에 대한 자문기관으로서 소위 '유보된 재판권'(justice retenue)을 행사하다가 1872년 제 3 공화정부터 독립된 '위임된 재판권'(justice déléguée)을 행사하게 되었고, 이 때 행정에 대한 손해배상까지 자신의 관할로 만든 Blanco판결이 내려졌다. 오랫동안 꽁세유・데따는 전국의 유일한 행정재판소로서, 행정소송이 단심으로 이루어졌는데, 1953년에는

7) 프랑스 행정법의 자세한 내용은 拙著, 행정법의 체계와 방법론[행정법연구 1], 제11장 독일 행정법과 비교하여 본 프랑스 행정법의 특수성, 461면 이하 참조.

8) Loi de 16-24 août 1790, Art. 13.

제 1 심으로 행정재판소(Tribunal administratif)가, 1987년에는 행정항소재판소(Cour administratif d'appel)가 설립되었다.[9)]

꽁세유·데따는 편제상 首相이 院長을 겸함으로써 행정부에 속하고 조직의 상당부분이 정책자문과 법령제정 등 최고행정기관으로서의 성격을 갖고 있으나, 그 중 '訴訟部'(section du contentieux)는 法官과 동일한 — 오히려 실제적으로는 일반법원의 法官보다 우월한 — 권위와 독립성을 갖고 광범위하고 강력한 재판권을 행사하고 있다. 프랑스에서 일반법원과 독립된 행정재판소의 탄생은 Montesquieu의 분할적 내지 할거적 권력분립이론에 의한 것이지만, 이와 같이 행정재판소 자체가 행정의 집행기관으로부터 실질적인 독립을 획득함으로써 이제 기능적 권력분립이론 관점에서 보면 프랑스의 행정재판권도 독립된 또 하나의 사법권이라고 할 수 있다.[10)]

(2) 행정재판권의 분리·독립은 私法과 분리된 독자적 법영역으로서의 행정법을 탄생시켰다. 꽁세유·데따는 자신의 존재근거를 확립하고 확대하기 위해, 공행정의 특수성에 의거하여, 일반 사법의 내용과는 다른 법원칙들을 발전시킨 것이다. 따라서 행정법이 먼저 존재하였고 이를 적용하기 위한 특별한 재판기관이 필요했었던 것이 아니라, 특별한 재판기관을 통해 특별한 법영역이 — 판례법의 모습으로 — 창조된 것이다. 그리하여 행정에 관한 법적 문제 가운데 이러한 특별한 법규율이 적용되어야 할 부분은 공법 영역으로, 그렇지 않은 부분은 사법 영역으로 구분되어, 공법 영역의 문제만이 행정재판소의 재판관할에 속하게 된다. 다만 유의할 것은, 공법과 사법의 구별에 있어

9) Rivero/Waline, op. cit., n° 192-201; Laubadère/Venezia/Gaudemet, Traité de droit administratif. Tome 1. 15ᵉ éd., 1999, n° 428-478; Chapus, Droit du contentieux administratif. 9ᵉ éd., 2001, n° 62-76; Debbasch/Ricci, Contentieux administratif. 7ᵉ éd., 1999, n° 150-207 참조.

10) 本書 제 2 장 행정법의 임무와 역할, 40면 이하 참조.

Blanco 판결 이래 주로 공익 내지 공공성과 같은 실질적인 기준에 의하는 결과, 지배복종관계를 공법의 징표로 보아 형식적으로 대등한 관계인 국고행정(물품구입, 공공건축공사 등)을 전부 사법관계로 보는 독일과는 달리, 그 액수와 중요성에 비추어 공공성이 큰 것은 공법 영역으로 파악한다는 점이다.[11] 여하튼 프랑스의 '행정소송'(contentieux administratif)은 일관하여 일반법원과는 분리된 행정부 소속의 특별재판소에서 이루어지고 있다는 점에서 그 재판관할의 독자성이 독일·영국·미국과 비교하여 가장 크다. 또한 프랑스의 '행정법'(droit administratif) 또한 처음부터 私法과 완전 분리되어 실정법률의 근거 없이도 판례법의 모습으로 하나의 완결된 포괄적 체계로 생성·발전되었을 뿐만 아니라 '공역무(service public)에 관한 법'으로서 모든 개별 행정영역을 포괄하고 있다는 점에서, 가장 강력한 뉘앙스를 갖는 것이라 할 수 있다. 소송에 관한 법규 또한 민사소송법과는 별도로 독립된 행정소송법전인 Code de justice administrative (C.J.A.)로 이루어져 있다.

2. 독 일

(1) 독일에서는 사법권에 속하는 연방행정법원(Bundesverwaltungsgericht)·고등행정법원(Oberverwaltungsgericht/Verwaltungsgerichtshof)·지방행정법원(Verwaltungsgericht)이 갖는다. 19세기 후반 독일제국의 성립과 더불어 프랑스의 예에 따라 행정부에 속하는 고등행정재판소를 州마다 1개씩 설치하였는데, 2차 세계대전 이후 이를 폐지하고 행정재판권도 사법권에 속하는 것으로 변화된 것이다. 다만, 독일의 사법권은 단일한 최고법원을 정점으로 일원적으로 구성된 것이 아니라

11) 拙著, 행정법의 체계와 방법론[행정법연구 1], 제 5 장 행정조달계약의 법적 성격, 200면 이하 참조.

다원적 구조를 갖는다. 연방행정법원과 동격으로, 민사·형사사건을 담당하는 연방통상법원(Bundesgerichtshof), 조세사건을 담당하는 연방재정법원(Bundesfinanzgericht), 사회보장사건을 담당하는 연방사회법원(Bundessozialgericht) 및 연방노동법원(Bundesarbeitsgericht)이 설치되어 있고, 재판에 대한 헌법소원심판을 담당함으로써 실질적으로 최고법원으로서의 기능을 하는 연방헌법재판소(Bundesverfassungsgericht)가 그 위에 있다. 넓은 의미의 행정재판은 조세사건과 사회보장사건을 포괄하는 것인데, 연방행정법원은 이 양자를 제외한 나머지 일반행정사건을 담당하고 있다. 여하튼 독일의 행정재판권은 프랑스와는 달리 사법권에 속하지만, 영국·미국·우리나라와는 달리 사법권 자체가 일반법원과 행정법원으로 분할되어 있는 것이다. 행정소송에 관한 법규로서 — 민사소송법을 거의 준용하지 않는 독립된 체계를 갖는 소위 자족적 법률로서 — 행정법원법(Verwaltungsgerichtsordnung)[12]이 제정되어 있다.[13]

(2) 독일에서는 2차 세계대전 이전까지 프랑스에서와 같이 행정재판권이 행정부에 소속되어 일반법원으로부터 완전 분리되어 있었으나, 2차 세계대전 이후 행정법원이 일반법원과 동일한 사법부에 속하게 된데다가, 프랑스와는 달리, 행정상 손해배상사건이 일반법원의 관할로 되고,[14] 상술한 바와 같은 좁은 공법 개념으로 인해 국고행정관

12) 조세사건에 관해서는 조세기본법(Abgabenordnung)이, 사회보장사건에는 사회법원법(Sozialgerichtsgesetz)이 각각 독립적으로 제정되어 있다.

13) 독일의 행정재판권의 연혁과 구조에 관해 G.-C. von Unruh, Verwaltungsgerichtsbarkeit im Verfassungsstaat, 1984; ders, Einführung der Verwaltungsgerichtsbarkeit in Preußen, Jura 1982, S. 113-126; W. Rüfner, Die Entwicklung der Verwaltungsgerichtsbarkeit, in: Jeserich u.a. (Hg.), Deutsche Verwaltungsgeschichte. Bd. Ⅲ, Stuttgart 1984, S. 909 ff.; Schoch/Schmidt-Aßmann/Pietzner, Verwaltungsgerichtsordnung (Stand 2000), § 1-§ 5; Hufen, Verwaltungsprozeßrecht. 4. Aufl., 2000, § 2 (S. 26-38) 참조.

14) 이는 독일 기본법 제34조 제3문이 명시하고 있다.

계 또한 모두 일반법원의 관할이 되므로, 독일의 행정소송(Verwaltungsprozeß)의 독자성은 프랑스의 그것에 비해 약한 것이다. 또한 프랑스에서 꽁세유・데따가 판례법으로 일반 사법과 전면적으로 독립된 행정법체계를 구축한 것과는 달리, 독일의 행정법은 민법을 모방하여 성립된 후 서서히 이로부터 분리되는 과정을 밟았다.[15] 뿐만 아니라, 공법의 개념 자체가 지배복종관계라는 형식적 징표를 기준으로 매우 좁게 형성되어 있고, 2차 세계대전 이후 특히 1976년 행정절차법(Verwaltungsverfahrensgesetz) 제정에 의해 그 동안 판례에 의해 인정되던 행정법의 특수한 규율들이 성문화되었다.[16] 그리하여 독일의 '행정법'(Verwaltungsrecht)은 개별 행정영역들을 포괄하는 특별행정법(Besonderes Verwaltungsrecht)과 그 공통된 실체법적 규율에 관한 일반행정법(Allgemeines Verwaltungsrecht)으로 독자적 법영역으로서의 체계는 그대로 유지하고 있으나, 그 내용은 실정법률의 근거 하에서만 인정되는 것이기 때문에, 프랑스의 그것과 비교하여 상대적으로 약한 뉘앙스를 갖는다고 할 수 있다.

3. 영 국[17]

(1) 영국에서는 오랫동안 행정작용도 그것이 권한유월(ultra vires)인 경우에는 그 담당 공무원은 私人과 동일한 지위에 서게 된다는 것을 근거로 행정재판권이 민사재판권과 전혀 분리되지 않은 채 일반법원(common law court)의 관할에 속하였다. 따라서 공법과 사법

---

15) W. Meyer-Hesemann, Methodenwandel in der Verwaltungsrechtswissenschaft, 1981, S. 29-31 참조.

16) 이에 관해 특히 Mußgnug, Das allgemeine Verwaltungsrecht zwischen Richterrecht und Gesetzesrecht, in: Festschrift der Jur. Fakultät zur 600-Jahr-Feier der Ruprecht-Karls-Universität Heidelberg, 1986, S. 203-229 (203 f.) 참조.

17) 영국의 행정소송에 관한 자세한 내용은 本書 제15장 참조.

의 구별도 이루어지지 않았고 일반 私法과 독립된 법영역으로서 행정법의 관념도 없었다고 할 수 있다. 그러나 序頭에서 언급한 바와 같이 1976년과 1981년 개혁에 의해 — 정확하게는 England와 Wales에서 — 사법심사청구소송(application for judicial review; AJR) 제도가 도입되었는데, 공법적 사건은 반드시 이를 통해야 하고, 그 관할은 고등법원(High Court)의 국왕재판부(Queen's Bench Division)의 전담재판부에 속하게 되었다. 항소심은 항소법원(Court of Appeal)이, 상고심은 최고법원(House of Lords)이 맡는다. 만일 공법적 사건을 일반법원에 민사소송 형식으로 제기하면 절차남용(abuse of process)으로 각하하는 것이 1983년 *O'Reilly v. Macman* 판결[18] 이후 확립된 판례이므로, 이제 영국에서도 공법과 사법의 구별을 전제로 행정소송에 관한 실질적인 '재판관할의 배타성'이 인정된다고 할 수 있다.[19]

(2) 이와 같이 영국의 — 행정작용의 위법성을 다투는 소송이라는 의미에서 — '행정소송'(administrative litigation)은 '사법심사청구소송'이라는 특별한 소송절차와 전담재판부, 그리고 별도의 소송법규(1981년의 최고법원법)에 의거하여 상당한 정도로 독자성을 갖는다. 그러나 행정재판권이 최고법원을 정점으로 하는 一元的 司法權에 포괄되고 단지 職務管轄의 관점에서만 특화되어 있다는 점에서, 프랑스와 독일에 비해 그 독자성이 약하다고 할 것이다. 후술하는 바와 같이 영국에서 공법의 영역은 機能의 公共性을 징표로 함으로써 독일에서의 국고행정관계까지 포괄하는 상당히 넓은 것이다. 그러나 공법으로서의 행정법의 독자성은 아직 주로 행정소송과 관련하여 형식적으로 인정되는 데

18) 2 A.C. 237.

19) de Smith/Woolf/Jowell, Judicial Review of Administrative Action. 5.ed., 1995, para. 1-006~1-043, 3-001~3-034; C. Lewis, Judicial Remedies in Public Law, 2000, para. 3-001~3-041; C. Emery, Administrative Law: Legal Challenges to Official Action, 1999, p. 123-124, 141-155; Wade/Forsyth, Administrative Law. 8. ed., 2000, p. 636-653 참조.

불과하고, 내용적으로는 개별 행정영역들을 포괄하고 있지 못할 뿐만 아니라, 독일의 '일반행정법'(Allgemeines Verwaltungsrecht)과 같은 개별 행정영역에 공통적인 실체법적인 내용도 체계적으로 완결되지 않은 상태이다. 이러한 점에서 영국의 '행정법'(administrative law)은 그 독자적 의미에 있어 후술하는 미국의 것보다는 강하지만, 프랑스·독일의 그것보다 약한 뉘앙스를 갖고 있다고 할 것이다.

4. 미 국

(1) 미국(연방)에서는 — 개별법률이 특별한 관할과 절차를 규정하고 있지 않는 한, — 미합중국법전 제28편(28 U.S.C.) 제1331조 소정의 일반관할조항에 의거하여 연방지방법원에 커먼·로 소송(common law action)의 형식으로 행정작용의 위법성을 다투는 소송을 제기할 수 있다. 그 절차에 관해 특별한 소송법규가 마련되어 있지 않고 연방민사소송규칙(Federal Rules of Civil Procedure)에 의한 민사소송절차로 진행된다. 다만, 1946년에 제정된 행정절차법(Administrative Procedure Act)의 6개의 조문[20]에서 사법심사(judicial review)의 대상·원고적격·심사범위 등 그 허용요건과 본안요건을 규정하고 있는데, 이는 私人간의 민사소송에서는 문제되지 않는, 행정소송 특유의 문제로서, 행정소송의 중요한 부분은 거의 모두 특별한 규율을 받고 있다고 할 수 있다. 따라서 미국에서도 관할과 절차의 면에서 민사소송과 독립된, 그것과 대등한 범주로서, '행정소송'은 인정하기 어렵다고 할지라도, 내용적으로는 행정작용에 대한 사법심사, 즉 '행정작용의 위법성을 다투는 특별한 소송'이라는 의미에서 '행정소송'은 엄연히 존재하는 것이다.[21]

---

20) 5 U.S.C. § 701조～§ 706.

21) Schwartz, Administrative Law. 3. ed., 1991, § 8.1- § 8.4; Pierce/Shapiro/

(2) 그러나 미국의 행정소송은 관할 · 절차의 면에서 민사소송으로부터 독립되어 있지 않다는 점에서, 비록 제 1 심인 연방지방법원에 전담재판부가 마련되어 있지만 이는 內部的 事務分擔에 불과한 것이고, 프랑스 · 독일은 물론 영국의 그것에 비해서도 독자성이 약하다고 할 수 있다. 또한 '행정법'(administrative law)도 일반적으로 주로 행정절차와 사법심사만을 대상으로 하는 것으로 이해되고 있고, 개별 행정영역 또는 그에 공통된 실체법적 내용을 담고 있지 못하다. 이는 영국에서의 사정과 비슷하지만, 영국의 행정법은 최소한 소송과 관련하여 공법으로서의 독자성을 갖는다는 점에서, 미국의 행정법이 가장 약한 뉘앙스를 갖고 있다고 할 것이다. 다만 유의할 것은 이와 같이 가장 약한 뉘앙스와 독자성을 갖는다는 것은 '행정법'과 '행정소송'이라는 용어가 그렇다는 것이고, 미국에는 내용상 프랑스와 독일에서의 행정실체법과 행정소송법에 상응하는 규율이 없다는 것이 아니라는 점이다. 다만 그것이 프랑스와 독일에서와 같은 개념과 체계로 집대성되어 있지 않고 민법과 민사소송법, 그리고 환경법 · 건축법 · 은행법 등으로 분화된 법영역에 산재되어 있을 뿐이다. 이러한 다양한 법소재와 판례들을 찾아 프랑스와 독일의 행정법 · 행정소송법 체계와 대응하여 비교 · 검토할 것이 절실히 요청된다.

5. 우리나라

우리나라에서는 행정재판권이 최고법원인 대법원과 각급법원으로 구성된 사법부에 속하고(헌법 제101조), 프랑스와 달리 행정부에 속한 특별행정재판소가 없을 뿐만 아니라, 독일과도 다르게 사법부 안에서 민사법

Verkuil, Administrative Law and Process. 2. ed., 1992, § 5.1- § 5.3; Strauss/Rakoff/Schotland/Farina, Gellhorn and Byse's Administrative Law. 9. ed., 1995, p. 1106-1113; Gellhorn/Levin, Administrative Law and Process. 4. ed., 1997, p. 342-346 참조.

원과 행정법원이 분할되어 있지 않다. 그러나 민사소송법과는 별도로 —많은 부분을 민사소송법을 준용함으로써 독일의 행정법원법과 같은 자족적 법은 아니지만, 행정소송에 관한 일반법으로서—행정소송법이 제정되어 있어 행정소송에 관한 '절차적 배타성'이 인정되고 있고, 또한 1998. 3. 1.부터 행정법원(서울행정법원 및 각 지방법원본원 행정재판부)이 설치되어 행정소송법에서 정한 행정사건을 제 1 심으로 심판하게 됨으로써[22] '제 1 심 관할의 배타성'까지 발생하였다. 이러한 행정법원은 대법원을 정점으로 하는 일원적인 사법부의 산하 전문법원의 하나에 불과하므로, 프랑스는 물론 독일에서와 같은 행정재판권의 분립은 아니다. 영국의 제도에 가장 가깝다고 할 수 있다. 그러나 서울행정법원의 경우는, 영국에서는 동일한 법원(High Court) 안에 전문재판부를 두는 방식을 취하는 데 비해, 독립된 법원으로 구성되어 있으므로 우리나라의 '행정소송'은 독자성에 있어 독일보다는 약하지만 영국보다는 조금 강한 뉘앙스를 갖는다고 할 것이다. '행정법'은 1980년대 이후 일반행정법에 관한 판례가 축적되어 있어 이를 근거로 반드시 법률의 근거를 전제하지 않는 독자적 체계가 구축되어 있다는 점에서 독일의 그것에 상응하지만, 개별 행정영역에 관해서는 독일의 특별행정법에 비견할 만한 포괄적 체계가 아직 없다고 할 수 있다. 여하튼 '행정법'도 영국의 경우에 비하여 강한 뉘앙스를 갖는 것만은 분명하다.

6. 小　結

이상에서 살펴본 바와 같이 재판관할의 측면에서 우리나라 행정소송의 독자성의 정도는 프랑스 · 독일 · 영국 · 미국의 순서에서 독일

22) 법원조직법 제 3 조 제 1 항 6 호, 제40조의4, 부칙 제 2 조, 각급법원의설치와관할구역에관한법률 제 2 조, 제 4 조 및 별표 6 참조.

과 영국 사이에 위치한다. 행정소송의 재판관할의 독자성은 역사적 우연성 속에서 권력분립원칙을 주된 근거로 하는 것이었지만, 이는 상술한 바와 같이 견제와 균형을 중심으로 하는 기능적 권력분립에 의해 극복됨으로써, 오늘날에는 행정소송의 전문성이 그 결정적 근거가 되고 있다. 그러나 다른 한편 사법부의 一元性과 법관의 직무포괄성은 법원의 독립성과 위상을 제고함으로써 오히려 행정소송의 강화에 이바지하는 측면이 있다. 따라서 이러한 양 요청을 조화한다는 의미에서 우리나라의 제도가 세계적 관점에서 평형을 이루는 바람직한 제도가 아닌가 생각한다. 다만 행정법원 소속 법관의 단기간의 인사이동은 지양하고 전문성을 갖추고 행정재판에 전념할 수 있는 충분한 근무기간이 확보되어야 할 것이다.

Ⅲ. 訴訟類型

1. 독 일

(1) 독일에서는 2차 세계대전 이전까지 행정소송은 실질적으로 취소소송(Anfechtungsklage)과 당사자소송(Parteistreitigkeiten) 두 가지 형태만으로 구성되어 있었는데, 이는 후술하는 프랑스의 월권소송과 완전심판소송과 대응된다. 그러나 당시 독일의 당사자소송은 봉급청구 등 극히 제한된 경우에만 인정되었고, 취소소송은 행정행위(Verwaltungsakt)를 대상으로 하는 것인데, 그 행정행위가 '국민의 권리의무에 직접 변경을 가하는 개별·구체적 법적 행위'로 매우 좁게 파악되고 그나마도 취소소송의 대상이 되는 행정행위를 한정하는 列記主義로 말미암아, 취소소송으로 포착될 수 없는 행정작용이 많았다.[23)]

23) 이는 프랑스에서 19세기 말 내지 20세기 초에 이미 후술하는 바와 같이 월권소

이에 대한 반성으로 독일 기본법 제19조 제 4 항은 모든 행정작용에 대한 빠짐 없는 내지 포괄적인 권리구제(umfassender Rechtsschutz)를 천명하고, 이에 따라 행정법원법은 취소소송의 대상을 여전히 매우 좁은 행정행위로 한정하면서도 이에 해당하지 않는 행정작용에 대하여 그 금지를 구하는 금지소송(Unterlassungsklage)과 그 발동을 구하는 일반이행소송(allgemeine Leistungsklage)을 규정하고, 과거의 당사자소송은 일반이행소송으로 충족되므로 이를 폐지하였다. 나아가 행정행위의 발급을 구하는 의무이행소송(Verpflichtungsklage)과 법률관계의 존부의 확인을 구하는 확인소송(Feststellungsklage)까지 인정하였다. 이와 같이 독일의 행정소송유형은 본질적으로 행정행위 개념을 기준으로 정해진다.

(2) 먼저 독일의 행정행위 개념을 살펴보면, 이는 행정절차법 제35조 1 문이 규정하고 있는데, 이에 의하면 행정행위는 "공법 영역에서 개별사안의 규율을 위해 행정청에 의해 내려지는, 외부에 대한 직접적 법적 효과의 발생을 목적으로 하는 모든 처분, 결정 또는 기타의 조치"이다.[24] 이 가운데 중요한 징표는 '개별사안의 규율'과 '외부에 대한 직접적 법적 효과의 발생'이다. 첫째, 행정행위가 개별사안의 규율에 한정되므로, 법규명령 · 조례 등 행정입법은 행정행위의 개념에서 제외되고, 따라서 이에 대해서는 취소소송이 허용되지 않는다. 다만, 행정법원법 제47조는 고등행정법원을 제 1 심으로 하는 (직접적 · 추상적) 규범통제절차(Normenkontrollverfahren)를 마련하고 있는데, 그 대

송의 대상이 행정입법까지 포함하여 행정작용의 상당부분을 커버하고 있었던 것과 대조적인데, 독일에서는 20세기 초까지 외견적 입헌군주제로 말미암아 행정소송의 발전이 지체되었기 때문이라고 할 수 있다.

24) [jede Verfügung, Entscheidung oder andere Maßnahme, die eine Behörde zur Regelung eines Einzelfalles auf dem Gebiet des öffentlichen Rechts trifft und die auf unmittelbare Rechtswirkung nach außen gerichtet ist.]

상이 제한되어 있다.[25] 둘째, 행정행위는 '직접적 법적 효과의 발생'을 위한 '규율'(Regelung)로서, 객관적인 의미내용상 시민 기타 법인격주체의 권리와 의무를 발생·변경·소멸시키는 것을 고유 목적으로 하는 조치만을 행정행위로 파악하고, 시민의 법적 지위에 직접적으로 사실상의 영향을 미치거나 법적인 효과를 초래하긴 하지만 간접적인 결과에 불과한 경우, 예컨대 행정 내부의 훈령·지시, 행정기관 상호간의 협의·동의, 준비행위, 사실행위 등은 제외된다.[26] 이와 같이 행정행위에서 제외되는 행정작용에 대해서는 상술한 바와 같이 금지소송, 일반이행소송, 그 이외 공법상 법률관계의 존부의 확인을 구하는 확인소송이 인정되는 것이다.

(3) 다음으로 행정소송의 법적 성질에 관해 살펴보면, 첫째, 독일의 모든 유형의 행정소송은 철저한 주관소송으로 구성되어 있다.[27] 둘째, 독일의 취소소송은 행정절차법 제43조 제2항에 의해 인정되는 ― 우리가 "공정력"이라고 부르는 ― '단순위법의 하자에도 불구하고 발생하는 효력'(fehlerunabhängige Wirksamkeit)을 소멸시키는 순수한 형

---

25) 그 대상이 되는 것은 첫째 건설법전(BauGB)에 의해 제정된 도시계획에 관한 조례 및 법규명령과, 둘째 ― 州法이 이를 인정하는 경우에 ― 州법률의 하위 법규명령이다. 원고적격은 당해 법규명령 규정에 의해 자신의 권리가 침해된 것으로 주장하는 자연인 또는 법인, 그리고 모든 행정청에게 인정되고, 제소기간은 공포 이후 2년 내이다. 그 대상에서 제외되는 행정입법에 대해서도 최근 헌법상의 '포괄적 내지 빠짐 없는 권리구제'(umfassender Rechtsschutz)에 의거하여 위 행정법원법 제47조를 ― 합헌적 해석의 방법을 통해 ― 준용하여 직접적 규범통제소송을 허용하든지 아니면 사실행위의 경우에 준하여 아래에서 언급하는 금지소송을 인정하여야 한다는 견해가 지배적이다(이에 관해 특히 J.-Ch. Pielow, Neuere Entwicklungen beim „Prinzipalen“ Rechtsschutz gegenüber untergesetzlichen Normen, Die Verwaltung 1999, S. 445-479 참조).

26) BVerwGE 60, 145; BVerwG, DÖV 1992, 970; Kopp/Ramsauer, Verwaltungsverfahrensgesetz. 7. Aufl., 2000, § 35 Rn. 48; Maurer, Allgemeines Verwaltungsrecht. 13. Aufl., 2000, § 9 Rn. 6, 26; Erichsen (Hg.), Allgemeines Verwaltungsrecht. 11. Aufl., 1998, § 12 Rn. 39 등 참조.

27) 자세한 내용에 관해 本書 제5장 취소소송의 성질과 처분개념, 152-157면 참조.

성소송으로 파악된다.[28] 그리하여 소송 도중 직권취소 등으로 행정행위의 효력이 소멸하면 '취소'의 대상이 소멸하기 때문에 더 이상 취소소송은 불가능하고—행정법원법 제113조 제1항 4문이 규정하고 있는 바와 같이—원고의 신청에 따라 행정행위의 과거시점의 위법성의 확인을 구하는 확인소송의 형태로 변경된다. 이를 '계속확인소송'(Fortsetzungsfeststellungsklage)이라고 한다.[29]

이와 같이 독일의 취소소송이 주관소송과 형성소송으로서의 성질을 갖고 있다는 점은 여러 가지 구체적 결과를 빚게 되는데, 가장 중요한 것은 그러한 취소소송의 법적 성질이 '국민의 권리의무에 직접 변경을 가하는 개별·구체적 법적 행위'라는 최협의의 행정행위 개념의 근거가 된다는 점이다. 그 정도가 되어야 비로소 권리구제의 필요성이 생기고, 그러한 법적 행위이어야만 공정력이 발생하기 때문이다.[30]

2. 프 랑 스

(1) 프랑스 행정소송의 주된 유형은 越權訴訟(recours pour excès

28) Schoch/Schmidt-Aßmann/Pietzner, a.a.O., §42 Abs.1 Rn.2; Hufen, a.a.O., §13 Rn.14 참조.

29) Schoch/Schmidt-Aßmann/Pietzner, a.a.O., §113 Rn.76-108; Hufen, a.a.O., §18 Rn.53-86; Kopp/Schenke, Verwaltungsgerichtsordnung. 12. Aufl., 2000, §42 Rn.58, §113 Rn.95-148 참조.

30) 또한 위법판단 기준시의 문제에도 결정적인 영향을 미친다. 후술하는 바와 같이 객관소송과 확인소송의 성질을 갖는 프랑스 월권소송의 경우에는 행정의 적법성 통제를 위한 위법 여부의 확인이라고 하면 당연히 處分時를 기준으로 한다는 것이 전제되지만, 독일의 취소소송은 원고의 권리구제를 위해 공정력을 소급적으로 소멸시키는 것이므로 그 위법판단 기준시가 반드시 處分時일 필요가 없다. 따라서 독일의 확립된 판례에 의하면 處分時를 위법판단 기준시로 한다는 소송법상 원칙은 없고 실체법의 내용에 따라, 특히 원고의 권익을 위해, 얼마든지 判決時를 판단 기준시로 할 수 있다고 한다(Eyermann, Verwaltungsgerichtsordnung. 11. Aufl., 2000, §113 Rn.45-48 참조).

de pouvoir)과 完全審判訴訟(contentieux de pleine juridiction)이다. 그 외 넓은 의미의 확인소송(recours déclaratif)으로 해석소송(recours en interprétation)과 효력평가소송(recours en appréciation de validité)이 있는데, 행정법원에 직접 제소되는 경우와 민사·형사법원으로부터 이송되는 경우가 있다.

(2) 월권소송은 행정행위의 위법성을 이유로 그 취소를 구하는 소송으로 우리나라의 취소소송에 상응하는 것인데, 그 대상이 되는 '일방적 행정행위'(acte administratif unilatéral)의 개념이 매우 넓다. 첫째, 일방적 행정행위이므로 행정계약이 제외되지만, 행정계약 체결 여부에 관한 결정은 행정계약에서 '분리되는 행위'(acte détachable)로서 월권소송의 대상이 된다. 둘째, 행정행위는 '법적 행위'(acte juridique)이지만, 프랑스에서 법적 행위라 함은 독일에서와 같이 상대방의 권리의무를 변경하는 행위에 한정하지 않고 전체 법질서에 새로운 요소를 도입하는 것이면 충분하다. 따라서 행정청의 단순한 견해표명은 제외되지만, 경고, 권고, 공적 시설의 설치 등 독일에서는 사실행위로 분류되는 것도 그것이 법적인 의미를 갖고 상대방에게 '침익적인 영향을 초래하는'(faisant grief) 것인 한 월권소송의 대상이 된다. 셋째, 무엇보다도 중요한 것으로, 개별행위(acte individuel)뿐만 아니라 법규제정행위(acte réglementaire)도 포함한다. 따라서 행정입법에 대하여 — 그것에 의거하여 내려진 개별행위에 대한 월권소송에서 행정입법을 다투는 위법성항변(exception d'illégalité)과 더불어 — 직접 월권소송을 제기할 수 있다.[31]

(3) 월권소송의 법적 성질을 살펴보면, 첫째, 원고적격이 '개인적이고 직접적인 이익'(intérêt direct et personnel)으로 넓게 파악되고

31) Chapus, op. cit., n° 705-717; Debbasch/Ricci, op. cit., n° 234, 307, 839, 840, 845 참조.

본안의 취소사유에 권리침해를 요구하지 않는다는 의미에서 객관소송(recours objectif)이다.[32] 특히 원고적격의 요건으로 법규의 사익보호성과는 무관하게 널리 사실상의 이익, 정신적인 이익, 심지어 단체의 집단적 이익까지 포괄하고, 지방자치단체의 경우 — 국가는 제외 — 납세자로서의 이익도 원고적격으로 인정된다.

둘째, 월권소송에서의 '취소'(annulation)는 독일의 취소소송에서와 같이 취소시점까지 지속되어온 효력을 소급적으로 소멸시키는 순수한 의미의 형성판결이 아니라, 처음부터 무효이었음을 선언하는 확인판결적인 성격을 갖는다. 다시 말해, 위법성 때문에 원래부터 효력이 없던 것을 법원이 유권적으로 확인한다는 것이다.[33] 프랑스에서 독일의 단순위법 또는 취소가능성(Aufhebbarkeit)에 대응하는 것은 무효(nullité)인데, 양자는 제소기간의 제한을 받는다는 점에서 동일하다. 독일의

32) Debbasch/Ricci, op. cit., n° 775, 792; Laubadère/Venezia/Gaudemet, Traité de droit administratif. Tome 1. 15ᵉ éd., 1999, n° 669; Chapus, Droit administratif général. Tome 1. 14ᵉ éd., 2000, n° 999 (p. 772) 참조.

33) Laubadère/Venezia/Gaudemet, Droit administratif. 16ᵉ éd., 1999, p. 101; Vedel/Delvolvé, Droit administratif. Tome 2. 12ᵉ éd., Paris 1992, p. 352 참조.

※ 저자는 지금까지 위 본문에서와 같이 프랑스의 월권소송이 '형성소송'이 아니라 '확인소송'으로서의 성격을 갖는다는 점을 강조하여 왔다. 그러나 프랑스에서는 행정소송에 관해 — 독일 민사소송법에서 유래하는 — 형성소송(Gestaltungsklage)·이행소송(Leistungsklage)·확인소송(Feststellungsklage)의 3분류가 존재하지 않기 때문에, 위와 같은 저자의 주장은 정확하지 못한 측면이 있었음을 부정할 수 없다. 이러한 점을 감안하여 저자의 견해를 정확하게 표현하면, "프랑스의 월권소송은 독일에서 말하는 순수한 의미의 — 현재의 실체적 법률효과 내지 법률관계를 변경하는 — 형성소송이 아니라, 행정행위의 위법성을 선언함으로써 적법·유효성의 추정을 깨뜨린다는 점에서 독일에서의 확인소송과 유사한 성격을 갖는다"라고 하여야 할 것이다. 本書에서 프랑스의 월권소송이, 그리고 우리나라의 취소소송이 '확인소송'이라고 서술한 부분은 이러한 의미로 이해해 주기 바란다. 만일 행정행위의 적법·유효성이 추정됨으로써 생성되었던 — 사실상의 — 위법상태를 제거하는 것을 '형성소송'이라고 부를 수 있다면, 또한 월권소송의 취소판결은 그 자체로 행정청에게 결과제거의무(거부결정의 취소의 경우에는 재결정의무를 포함)까지 부과한다는 점에서 이를 '이행소송'이라고 부를 수 있다면, 결국 월권소송은, 독일법의 관점에서 보면, 확인소송·형성소송·이행소송이 모두 혼재된 소송형태라고 할 수 있을 것이다. 월권소송의 취소판결의 효력에 관해서는 本書 제10장 취소소송의 소송물, 442면 이하 참조.

무효(Nichtigkeit)에 해당하는 것은 — 제소기간의 제한이 없다는 점에서 — 부존재(inexistence)이다.[34] 프랑스의 확립된 판례·이론에 의하면, 행정행위(광의; 행정입법 포함)에 어떤 위법성이 있더라도 처음부터 객관적으로 무효인데, 그 위법성 여부가 불명확하므로 국가기관에 의해 유권적으로 위법성의 존재가 확인될 때까지는 그 유효성 또는 적법성이 '추정'되고, 제소기간 내에 취소소송을 제기하여 취소판결을 받으면 위법성이 확정되고 그로써 유효성의 추정이 깨어져 처음부터 객관적으로 무효이었던 것으로 확정된다는 것이다. 이것이 행정의 豫先的 特權(privilège du préalable)이다.[35] 이와 같이 월권소송이 객관소송 및 확인소송으로서의 성질을 갖고 있다는 점은 후술하는 바와 같이 그 대상적격과 관련하여 중요한 의미를 가진다. 즉, 독일의 행정행위와 같이 국민의 권리의무에 직접 변경을 가하는 개별·구체적 법적 행위에 한정하지 않고 널리 행정의 적법성 통제를 위해 그 위법성을 확인할 수 있는 행위이면 족하다는 것이다.

(4) 프랑스에서는 행정행위의 발급을 구하는 소송으로 독일과 같은 의무이행소송은 없고 그 거부결정(décision de rejet)의 취소를 구하는 월권소송으로 이루어지고 있는데, 이와 관련하여 특기할 것은 첫째 2000. 4. 12. 법률에 의해 신청 이후 행정청이 2개월 동안 응답하지 아니하면 거부결정으로 간주되어 막바로 — 우리나라의 부작위위법확인소송과 같은 소송을 제기하지 않고 — 월권소송을 제기할 수 있다는 점이다.[36] 둘째는 1995년 법률에 의해 거부결정을 취소하는 때에 원고의

34) 이는 다시 사실상 부존재(inexistence matérielle)와 법적 부존재(inexistence juridique)로 구분되는데, 후자는 위법성이 중대·명백한 경우를 가리키는 것이므로, 우리나라의 '무효'에 상응하는 것이고, '부존재'에 상응하는 것은 전자이다. Laubadère/Venezia/Gaudemet, ibid. 참조.

35) Rivero/Waline, op. cit., n° 97; Laubadère/Venezia/Gaudemet, Traité de droit administratif. Tome 1. 15e éd., 1999, n° 977 참조. 자세한 내용은 拙著, 행정법의 체계와 방법론 [행정법연구 1] 제 3 장 행정법과 법철학, 105면 이하 참조.

36) 종래에는 1900. 7. 17. 법률에 의해 신청 이후 4개월간 행정청의 부작위(si-

신청에 기하여 판결주문에서 계쟁 행정행위의 발급 또는 재결정을 명하는 '이행명령'(injonction)을 선고할 수 있도록 되었다는 점이다.[37] 이 이행명령은 거부결정의 취소의 경우에 한정되지 않고 모든 종류의 행정행위가 취소되는 경우에 가능하다.[38] 그러나 이행명령의 실제적 의의가 가장 큰 것은 거부결정에 대한 월권소송의 경우인데, 여기서 이행명령은 그 자체로 독자적인 의미를 갖는 것이 아니라 취소판결의 기판력을 확보하기 위한 부수적 수단으로 이해된다. 이것이 독일 의무이행소송과 본질적으로 다른 점이다.[39] 이행명령을 선고할 수 있는 경우는 두 가지로 규정되어 있는데, 특정한 집행조치가 행해지거나 아니면 새로운 절차를 거쳐 다시 결정이 이루어져야 한다는 것을 취소판결이 필연적으로 전제하고 있을 때이다. 이에 따라 거부행위 취소판결에서는 계쟁 행정행위가 기속행위인 경우에는 그 발급을 명하는 이행명령이, 재량행위인 경우에는 재결정을 명하는 이행명령이 선고되는 것이다.[40] 월권소송에서 위법판단 기준시는 處分時이지만, 이행명령의

lence)가 있는 경우 거부행위로 간주되었는데, 위와 같이 2000년의 법률에 의해 그 기간이 2개월로 단축되었다. 이에 관해 Chapus, Droit du contentieux administratif. 9e éd., 2001, n° 661; Debbasch/Ricci, op. cit., n° 345 참조.

37) Chapus, Droit du contentieux administratif. 9e éd., 2001, n° 1092-1106; Chabanol, Code des tribunaux administratif et des cours administrative d'appel. 5e éd., 1998, p. 74-78; Debbasch/Ricci, op. cit., n° 666; Pacteau, op. cit., n° 323 참조.

38) 예컨대 공무원 파면처분을 취소하는 때에 — 독일 행정법원법 제113조 제1항 제2문 소정의 결과제거명령과 유사하게 — 원고의 복직을 위한 구체적인 조치를 명할 수 있다.

39) 프랑스에서는 권력분립원칙상 월권소송에서는 단지 행정행위의 취소만이 가능하고 행정에게 어떤 행위를 명하는 것은 허용되지 않는다는 원칙이 오랜 기간 확립되어 왔는바, 이행명령이 취소판결의 집행을 위한 수단에 불과하다는 점에서 위 원칙이 전면 포기된 것은 아니라는 것이 일반적 견해이지만(Chapus, op. cit., n° 1092 참조), 이행명령의 도입이 프랑스 행정소송 체계 전체에 큰 파장을 미치고 있음은 분명하다.

40) 이는 독일 의무이행소송에서 기속행위에 대해 특정행위명령판결(Vornahme-urteil)이, 재량행위에 대해 재결정명령판결(Bescheidungsurteil)이 선고되는 것과 대응된다(독일 행정법원법 제113조 제5항).

판단기준시는 判決時이다.[41)]

(5) 완전심판소송은 월권소송과는 달리 주관소송(recours subjectif)으로서, — 독일의 행정소송에서와 같이 — 원고의 청구권이 원고적격과 본안요건으로 요구된다. 이는 독일의 일반이행소송과 우리나라의 당사자소송에 상응하는 것으로[42)] 주로 공법상 금전청구권에 관한 소송이지만, 행정상 손해배상과 행정계약의 이행 등 공법상 법률관계에 관해 널리 인정되고 있다.[43)] 꽁세유·데따가 자신의 재판관할을 확대한 Blanco판결이 바로 행정상 손해배상에 관한 완전심판소송에 관한 것이었다.

3. 영　국

(1) 영국에서 소송유형에 해당하는 것은 '구제수단'(remedy)이다.[44)] 전통적으로 국왕의 大臣의 행위에 대해서는 大權的 구제수단

41) 이에 관한 대표적 판례는 C.E. 18 octobre 1995, Ep. Réghis, Rec. Lebon p. 989; C.E. 4 juillet 1997, Ep. Bourezak, Rec. Lebon p. 278 A.J. 1997, p. 584; C.E. 4 juillet 1997, Leveau, Rec. Lebon p. 282 A.J. 1997, p. 584 등이다. 이행명령의 기능은 일차적으로 취소판결의 기판력에 의해 발생하는 행정청의 의무를 明示(explicitation)하는 데 있지만, 이는 기판력의 객관적 범위를 확정하는 동시에 기판력의 시간적 범위를 — 독일의 의무이행소송에서와 같이 — 判決時까지 확대하는 결과를 낳게 하는 것이다. 이에 관해 Chapus, op. cit., n° 1094, 1096; Debbasch/Ricci, op. cit., n° 666 참조.

42) 위에서 언급한 2차 세계대전 이전까지 독일에 있었던 당사자소송(Parteistreitigkeiten)이 프랑스의 완전심판소송에 상응하는 것이었는데, 이것이 일본을 통해 우리나라에 도입된 것으로 보인다.

43) 행정상 손해배상은 독일과 우리나라에서, 행정계약에 관한 소송은 우리나라에서, 각각 민사소송으로 취급된다. 행정계약에 관한 소송이 독일에서도 행정소송(일반이행소송)으로 다루어지지만, 상술한 바와 같이 프랑스에서 행정계약의 범위가 확대되기 때문에, 결과적으로 프랑스의 완전심판소송의 대상이 훨씬 넓다고 할 수 있다.

44) 소송유형을 결정하는 중요한 기준은 소송의 대상과 인용판결의 내용이다. 이 양자가 동시에 문제되는 경우도 있고 그 하나만이 문제되는 경우도 있다. 전자의 경우에는 소송의 대상이 결정적인 기준이고 대부분 이에 따라 인용판결의 내용이 자

(prerogative remedies)으로 취소판결(certiorari), 금지판결(prohibition) 및 직무집행명령판결(mandamus) 세 가지가 있었고, 기타의 행정기관의 행위에 대해서는 커먼·로 소송에서 인정되는 통상적 구제수단(ordinary remedies)으로 명령판결(injunction),[45] 손해배상(damage) 및 선언판결(declaration) 역시 세 가지가 있었다. 그런데 1976년/1981년 사법심사청구소송이 도입되면서 그 구제수단으로 종래의 대권적 구제수단과 통상적 구제수단이 통합되었다. 통상적 구제수단 중 금지명령(prohibitory injunction)과 이행명령(mandatory injunction)은 대권적 구제수단으로서의 금지판결(prohibition)과 직무집행명령판결(mandamus)과 중복되어 더 이상 사용되지 않고, 보전명령(interlocutory injunction)만이 의미를 갖게 되었다. 이러한 이유로 이제 영국에서 'injunction'이라 하면 통상 보전명령을 의미하는 것으로 되었다.[46]

취소판결(certiorari)은 원래 문서송부명령으로서 하급법원이나 행정기관의 사건기록을 고등법원(High Court)으로 송부할 것을 명하는 것을 의미하던 것인데, 그렇게 사건기록이 송부되면 통상 원래의 결정이나 판결이 취소되기 때문에, 의미가 전화되어 취소판결을 의미하게

동적으로 결정된다. 예컨대, 독일의 취소소송과 금지소송은 소송의 대상에 의해 구분되는데 각각에 대한 인용판결의 내용도 상이하다. 반면에 취소소송과 의무이행소송은 — 대상은 행정행위라는 점에서 동일하고 — 판결의 내용에 의해서만 구분된다. 이러한 관점에서 보면, 영국에서의 소송유형은 — 대상은 모두 넓은 의미의 행정행위(administrative action)로서 동일하기 때문에 — 오직 구제수단, 즉 판결의 내용 내지 종류에 의해서만 결정되는 것으로 볼 수 있다.

45) 통상 injunction은 '禁止命令'으로 번역되고 있으나, injunction에는 금지를 명하는 것만이 아니라 이행을 명하는 것도, 보전조치를 명하는 것도 있기 때문에, injunction은 상위개념인 '명령판결'이고 그 구체적 종류로서 '금지명령'(prohibitory injunction), '이행명령'(mandatory injunction) 및 '보전명령'(interlocutory injunction)이 있다고 하는 것이 보다 타당한 번역이라 할 수 있다.

46) C. Lewis, op. cit., para. 6-100~8-058; C. Emery, op. cit., p. 133-139 참조. 2000년 민사소송규칙 개정에 의하여 취소판결(certiorari)은 quashing order, 직무집행명령판결(mandamus)은 mandatory order, 금지판결(prohibition)은 prohibitory order로 용어가 변경되었다.

되었다.[47] 유의할 것은 여기서의 '취소'는 프랑스 월권소송에서와 같이 본질적으로 확인판결이라는 점이다.[48] 즉, 그 '취소'의 사유는 권한유월(ultra vires)로서, 행정청이 입법자가 부여할 권한을 일탈했다는 것이므로, 법원에 의해 권한유월이 인정되면 처음부터 무효인 것으로 된다. 단지 유효하다는 외관 내지 추정이 발생할 뿐이다. 직무집행명령(mandamus)은 독일의 의무이행소송에 상응하는 것으로, 이와 동일하게, 判決時를 기준으로 행정청의 기속적 의무가 인정되면 특정행위를 명하지만, 행정청의 재량이 남아 있으면 일정한 기간 내에 재결정할 것을 명할 뿐이다.[49] 위법선언판결(declaration)은 계쟁행위의 위법성을 선언하면서도 취소판결(certiorari)과는 달리 그 효력을 소급적으로 부정하지 않고 장래에 대해서만 효력, 특히 반복금지의 효과를 갖는 것이다. 우리나라의 사정판결이 이에 상응하는 것으로 볼 수 있다.[50] 손해배상(damages)은 여전히 일반 커먼·로 소송으로 할 수 있는데, 사법심사청구소송에서 다른 구제수단과 함께 선고될 수 있다. 이는 우리나라에서 행정상 손해배상이 원칙적으로 민사소송으로 이루어지지만 항고소송과 병합될 수도 있다는 것에 상응한다. 유의할 것은 어떠한 구제수단을 선고할 것인가는 법원의 재량사항이라는 점이다.[51]

---

47) de Smith/Woolf/Jowell, op. cit., para. 14-004, 14-013~14-014 참조.

48) Emery, Administrative Law: Legal Challenges to Official Action, London 1999, p. 133; Wade/Forsyth, Administrative Law. 8. ed., 2000, p. 306-308 참조.

49) C. Lewis, op. cit., para. 6-044~6-065; Wade/Forsyth, op. cit., p. 604-619 참조.

50) C. Lewis, op. cit., para. 7-001~7-034; C. Emery, op. cit., p. 137-138 참조. 통상 유럽공동체법 위반의 경우 취소판결 대신에 선언판결을 함으로써 행정기관이 사후적으로 이를 시정하도록 강제하거나, 의회의 승인을 받기 위해 의회에 제출된 위임입법에 대하여 선언판결을 함으로써 의회가 이를 승인하지 못하도록 강제하는데 사용된다. 특히 1998년 제정된 인권법(Human Rights Act)은 유럽인권협약을 수용한 것으로, 이에 위반한 법률에 대해서는 취소판결은 불가능하고 선언판결만이 가능하다. 선언판결이 내려지면 내각은 당해 법률을 개정·폐지할 정치적 의무를 부담한다. 여하튼 이는 의회주권(supremacy of Parliament)원칙상 법률에 대한 사법심사를 허용하지 않았던 오랜 전통을 깨뜨리는 것이다.

51) C. Lewis, op. cit., para. 11-001~11-039; C. Emery, op. cit., p. 139-141 참조.

따라서 원고가 반드시 구제수단들을 청구취지로 특정할 필요도 없다. 실무상 이를 특정하는 것이 일반적이지만, 예컨대 원고가 취소판결(certiorari)을 구했지만—우리나라의 사정판결에서와 같이—법원은 법적 안정성 또는 공익상의 이유를 근거로 위법선언판결(declaration)을 선고할 수 있다.

(2) 사법심사청구소송의 대상이 되는 '행정행위'(administrative action)는 독일과 프랑스와 같은 개념적 제한이 없고, 단지 행정청(authority)에 의한 공적 권한의 행사 또는 불행사(excercise or non-excercise of official power)이면 충분하다. 그리하여 행정입법(statutory instrument)뿐만 아니라 결정기준과 방향에 관한 지침(official statements of policy/general intention), 법적 관계에 관한 공적 견해의 표명, 공적 기록, 부작위 등도 대상이 된다. 특기할 것은 1987년의 *Datafin* 판결[52] 이래 사적 단체라 하더라도 사실상 공적 권한을 행사하는 단체는 행정청에 해당하는 것으로 보아 그 행위가 사법심사청구의 대상이 된다는 점이다. 그 적극적 판단기준이 '대체적 성격'(surrogacy)이고 소극적 판단기준이 '합의적 성격'(consensual character)인데, 전자는 당해 단체가 수행하는 기능의 공공성이 현저하여 국가를 대신하는 것으로 볼 수 있는 경우에는 행정청으로 간주한다는 것이고, 후자는 당해 단체가 구성원의 합의에 기해 구성된 경우에는 기능의 공공성에도 불구하고 행정청으로 간주하지 않는다는 것이다. 전자의 대체적 성격이 강조되면 행정청의 범위가 확대되고 후자의 합의적 성격이 강조되면 반대로 축소된다. 또한 어려운 문제는 당해 행위가 공법적인 것인가 라는 데 있다. 영국에서 공법의 개념은 독일의 귀속설 내지 신주체설에 가까운 것으로, 행정청에게 특수한 일방적 결정권한을 부여하는 법이

52) R. v. Panel on Take-overs and Mergers, ex. p. Datafin plc. [1987] 1 All E.R. 564.

공법으로 파악된다. 1980년대에는 예컨대 영업허가취소의 경우 시민의 영업권을 私權으로 파악하여 이를 공법과 사법이 혼재된 사안으로 이해하는 경향이 있었으나 점차 이를 전면적인 공법적 문제로 보고 있다. 특기할 것은 정부계약의 체결 여부에 관한 결정도 행정청의 일방적 결정으로서 사법심사청구의 대상이 된다는 점이다.[53)]

(3) 영국의 사법심사청구소송은 프랑스의 월권소송과 같이, 아마도 그것보다 훨씬 더, 객관소송으로서의 성질을 갖는다. 사법심사청구소송의 구조는 종전의 대권적 구제수단의 경우와 유사한 것인데, 시민이 단독으로(ex parte) — 즉, 피고 행정청이 반대당사자가 되지 않고 — 재판을 신청하여 법원으로부터 허가(leave)를 받으면 그 때부터 형식적으로는 국왕이 원고의 지위에 서서 피고 행정청의 행위를 심사하는 구조를 취하게 된다. 그리하여 사건 표시도 예컨대 "*R. v. Foreign Secretary, ex. p. Baldwin*"로 하게 되는데, 여기서 실질적으로 원고는 Baldwin이지만 그의 신청에 의해 국왕(R.)이 원고로서의 지위에서 외무장관의 행위를 탄핵한다는 의미를 담고 있다. 국왕은 국법질서를 상징하므로 결국 행정청의 행위를 국법질서에 비추어 그 적법성을 통제하는 것이 된다.[54)] 이와 같이 영국의 사법심사청구소송은 사건 표시에서 이미 그 객관소송적 성질이 잘 나타나지만, 가장 중요한 문제는 원고적격으로서, 프랑스의 '개인적이고 직접적인 이익'보다 더 넓은 기준인 '충분한 이익'(sufficient interest)이 요건이다.[55)]

---

53) C. Lewis, op. cit., para. 2-005~2-104, 4-001~4-083; C. Emery, op. cit., p. 54-75 참조.

54) C. Emery, op. cit., p. 124, 51-52 참조.

55) 자세한 내용은 本書 제 7 장 취소소송의 원고적격 (2), 226면 이하; 제15장 영국의 행정소송, 660면 이하 참조.

4. 미 국

(1) 미국에서는 영국과 마찬가지로 소송유형이 구제수단(remedy)에 따라 결정된다. 개별 법률이 특별한 구제수단을 규정하고 있는 경우에는 그것에 따르고 그렇지 않은 경우에는 영국의 커먼·로에서 연유하는 일반적 구제수단(nonstatutory remedies)이 사용된다. 이러한 일반적 구제수단으로 행정절차법 5 U.S.C. 제703조는 확인판결(declaratory judgment), 금지명령판결(prohibitory injunction), 이행명령판결(mandatory injunction), 인신보호영장 내지 석방명령판결(habeas corpus)을 예시하고 있다. 영국의 대권적 구제수단인 certiorari와 mandamus는 국왕이 없는 미국에서 점차 사용되지 않아 결국 행정절차법에 규정되지 않았고, 통상적 구제수단인 injunction이 이를 대체하게 된 것이다. 특히 1913년 *Degge v. Hitchcock* 판결(229 U.S. 162) 이래 certiorari는 하급법원의 판결에 대해서만 적용되는 것으로 한정되었다. 그리하여 통상 계쟁행위의 위법성을 확인하는 declaratory judgment와 계쟁행위의 집행을 금지하는 prohibitory injunction이 동시에 사용된다. mandamus는 기속적 행위에 대해서만 가능했던 반면, mandatory injunction은 재량행위에 대해서도 — 독일의 재결정명령판결(Bescheidungsurteil)과 같이 — 가능한 것으로 인정되고 있다. 이와 같이 injunction이 영국에서는 보전명령만을 의미하는 데 비해 미국에서는 주된 구제수단 내지 판결내용이 되고 있다.[56)]

(2) 사법심사의 대상이 되는 행정청의 행위(agency action)에 관해서는 독일과 프랑스와 같은 일정한 개념적 제한이 없다. 다만, 행정절차법 5 U.S.C. 제701조 (b)항 (2)호는 "agency action"에 관해 동

56) Schwartz, op. cit., § 9.8 (특히 p. 577); Strauss/Rakoff/Schotland/Farina, op. cit., p. 1108-1120 참조.

법 제551조를 준용하고 있는데, 제551조 (13)항은 agency action을 "행정청의 규칙, 명령, 허가, 제재, 급부 또는 그에 상응하는 것 또는 그 거부 및 부작위의 전부 또는 일부"[57]를 포함하는 것으로 정의하고 있다. 출판에 의한 공표, 서한 및 전화통화, 조언 등 非定式的 행위들도 상대방에 대해 실제적인 효과를 초래하는 경우에는 사법심사의 대상이 될 수 있다. 행정입법에 해당하는 규칙(rule)이 agency action에 해당함은 분명하지만, 이것이 사법심사의 대상이 되기 위해서는 '사건의 성숙성'(ripeness)의 요건을 충족해야 한다. 그 판단기준으로 1967년의 *Abbot Laboratories v. Gardner* 판결[58]에서 '사법판단에의 적합성'(fitness for judicial decision)과 '당사자에 대한 침해성'(hardship to the parties)을 제시하였는데, 후자는 당사자로 하여금 그 규칙에 의거한 개별결정이 내려질 때까지 기다려 개별결정을 다툴 때 규칙의 위법성을 항변(defence)으로 주장하도록 하는 것이 수인불가능한 요구인 경우에는 바로 그 규칙에 대한 사법심사를 허용한다는 것이다. 이러한 사건의 성숙성 요건은 개별사안의 구체적 사정을 기초로 판단되는 것이므로 대상적격의 문제가 아니라 권리보호필요성 내지 소의 이익의 문제로 보아야 할 것이다. 특기할 것은 행정절차법 5 U.S.C. 제701조 (a)항 (2)호는 법률에 의해 재량권이 부여된 행위는 사법심사에서 배제된다고 규정하고 있으나 동법 제706조 (2)항 (A)호가 재량권남용(abuse of discretion)을 위법사유로 규정하고 있으므로 모든 재량행위가 사법심사에서 제외되는 것이 아니라 — 우리나라의 통치행위와 유사하게 — 정치적·군사적·외교적 행위에서와 같이 고도의 정책적 재량이 인정됨으로 말미암아 법적인 심사척도가 없는 경우에 한정된다는 점이다.[59]

---

57) "the whole or a part of an agency rule, order, license, sanction, relief, orthe equivalent or denial thereof, or failure to act."

58) 387 U.S. 136 [1967].

59) Schwartz, op. cit., § 8.11, § 9.1-9.5; Strauss/Rakoff/Schotland/Farina, op.

(3) 미국의 행정소송에서도 취소판결이 형성판결이 아니라 확인판결의 성질을 갖는다. 우선 금지명령판결(prohibitory injunction)은 행정행위의 어떤 법적 효력을 소멸시키는 것이 아니라 단지 행위 자체 또는 그 행위의 집행을 금지시키는 것이다. 또한 행정절차법 5 U.S.C. 제706조 (2)항은 사법심사의 범위를 규정하면서 행정청의 행위가 재량권남용, 기본권침해, 권한유월, 절차위반, 실질적 증거의 결여, 명백한 사실오인 등 6개의 사유에 해당하면 법원은 행정청의 행위와 그 사실인정 및 결론을 위법한 것으로 확인하고(hold unlawful) "set aside"한다고 규정하고 있는데, 여기서 "set aside"는 행위의 어떤 법적인 — 독일에서의 공정력과 같은 — 효력을 소급적으로 없앤다는 의미의 '취소'가 아니라 사실상 이를 폐기하여 다시 행정청이 결정하도록 한다는 의미이다. 미국에서는 프랑스·영국과 마찬가지로, 독일에서와 같은 (실체적인) 공정력이 인정되지 않기 때문에 형성판결로서의 '취소'가 있을 수 없다.

또한 미국의 행정소송은 순수한 주관소송이 아니라 객관소송적 요소를 함께 갖는다. 행정절차법 5 U.S.C. 제706조 (2)항은 위법사유로 (b)호의 헌법상 권리·권한·특권·면책특권(constitutional right, power, privilege, or immunity)에의 위반을 규정함으로써 권리구제적 기능을 나타내고 있으나, 그 이외의 (a), (c) 내지 (f)의 위법사유는 원고의 권리침해와 무관한 것이다. 뿐만 아니라, 원고적격의 요건도 행정절차법 5 U.S.C. 제702조에서 '법적인 손해'(legal wrong), '불리한 영향 또는 침해'(adversely affected or aggrieved)만이 규정되어 있을 뿐, 독일에서와 같이 권리의 침해를 요구하지 않는다. 판례는 원고적격의 판단기준으로 '사실상의 손해'(injury in fact)와 '이익의 영역'(zone of interests)을 사용하고 있다. 1970년의 *Data Processing* 판결[60]

cit., p. 1185-1192, 1209-1217 참조.

60) Association of Data Processing Service Organization v. Camp, 397 U.S. 150.

에서와 같이 '사실상의 손해'의 기준에 의거할 때에는 원고적격의 범위가 확대되어 객관소송적 성격이 강해지지만, 1990년의 *Lujan* 판결[61] 에서와 같이 '이익의 영역'의 기준을 사용하여 원고의 이익이 법률이 보호하는 이익의 영역 내에 있지 않다는 이유로 원고적격을 부정할 때에는 주관소송적 성격이 강해진다. 요컨대, 미국의 행정소송은 주관소송적 요소와 객관소송적 요소를 竝有하는데, 연방대법원의 — 사법적극주의적, 또는 사법소극주의적 — 태도에 따라 어느 한 쪽으로 움직이는 탄력적 성격을 갖는다고 할 것이다.[62]

5. 우리나라

(1) 우리나라 행정소송법 제 3 조는 행정소송을 항고소송, 당사자소송, 민중소송 및 기관소송 4 종류로 구분한다. 同條의 定義에 의하면, 항고소송은 행정청의 처분 및 행정심판재결(이하 '처분'만을 지칭함)이나 부작위에 대한 소송이고, 당사자소송은 행정청의 처분을 원인으로 하는 법률관계에 관한 소송 그 밖에 공법상의 법률관계에 관한 소송이며, 민중소송은 국가 또는 공공단체의 기관이 법률에 위반되는 행위를 한 때에 직접 자기의 법률상 이익과 관계없이 그 시정을 구하기 위하여 제기하는 소송이고, 기관소송은 국가 또는 공공단체의 기관 상호간에 있어서의 권한의 존부 또는 그 행사에 관한 다툼이 있을 때에 이에 대하여 제기하는 소송이다. 이 가운데 민중소송과 기관소송은 법률이 정한 경우에 법률에 정한 자에 한하여 제기할 수 있는데(동법 제45조), 실제 이를 규정한 법률이 공직선거및선거부정방지법, 지방자치법 등

61) Lujan v. National Wildlife Federation, 497 U.S. 871.

62) Davis/Pierce, Administrative Law Treatise. Vol.Ⅲ. 3. ed., 1994, § 16.3-§ 16.7, § 16.13-§ 16.16 (2000 Cumulative Supplement, p. 523-547; Schwartz, op. cit., § 8.12-§ 8.24 참조. 자세한 내용은 本書 제 7 장 취소소송의 원고적격 (2), 228면 이하 참조.

극히 한정되어 있으므로, 행정소송의 주류는 항고소송과 당사자소송 두 가지라고 할 수 있다. 항고소송과 당사자소송은 프랑스의 월권소송과 완전심판소송에 대응하는 것이지만, 우리의 당사자소송은 종래 판례·실무상 봉급청구소송을 중심으로 극히 제한된 범위 내에서만 인정되어 왔고, 최근 당사자소송을 인정하는 판례[63]가 증가하고 있으나, 행정상 손해배상청구와 공법상 부당이득반환청구가 당사자소송이 아닌 민사소송으로 이루어지고 있기 때문에, 프랑스의 완전심판소송보다 훨씬 그 적용범위가 좁다.

따라서 우리나라에서 행정소송의 대종은 항고소송이라고 할 수 있는데, 행정소송법 제 4 조는 항고소송을 다시 취소소송, 무효등확인소송, 부작위위법확인소송 등 세 가지로 구분하고 있다. 이들은 모두 그 소송대상이 처분이라는 점에서 동일하고 다만 — 영·미에서의 remedy와 같이 — 그 청구취지와 인용판결의 내용만이 다를 뿐이다. 프랑스에서는 행정행위를 다투는 소송은 월권소송 단 한 가지밖에 없는 데 비해, 우리는 항고소송을 상위개념으로 하여 그 밑에 세 가지 세분된 소송유형을 갖고 있는 것이다.

(2) 무효등확인소송은 행정청의 처분의 효력 유무 또는 존재 여부를 확인하는 소송으로서(동법 제 4 조 제 2 호), 한편으로 원고가 적극적으로 어떤 처분의 유효 또는 존재의 확인을 구하는 경우와 다른 한편으로 어떤 처분의 무효 또는 부존재의 확인을 구하는 경우가 있다. 후자가 전형적인 — 위법성을 이유로 처분을 다툰다는 의미에서 — 항고소송으로서, 처분의 위법성 정도의 관점에서 취소소송과 구분된다. 즉, 통설에 의하면, 취소소송이 처분의 단순위법을 이유로 하는 것인 반면에, 위법성

63) 광주민주화운동관련자보상법에 의거한 보상금지급청구사건(대법원 1992. 12. 24. 선고 92누3335 판결), 서울특별시 시립무용단원해촉무효확인사건(대법원 1995. 12. 22. 선고 95누4636 판결), 석탄가격안정지원금 지급청구사건(대법원 1997. 5. 30. 선고 95다28960 판결) 등.

의 瑕疵가 중대·명백하여 무효라고 주장하는 경우에는 무효확인소송을, 위법성의 瑕疵가 더욱더 심하거나 처분이 사실상 존재하지 아니함을 주장하는 경우에는 부존재확인소송을 제기하게 되는 것이다. 취소소송이 제소기간(90일)의 제한을 받는 데 반해, 무효·부존재확인소송은 그렇지 않다는 것이 중요한 차이점이다.[64] 여하튼 처분의 위법성 정도에 따라 취소소송, 무효확인소송, 부존재확인소송이라는 독립된 소송유형을 규정하고 그에 대한 규율을 따로 정하고 있음이 우리나라 행정소송법의 특징이다.

(3) 부작위위법확인소송은 원고의 신청에 대한 행정청의 부작위의 위법성을 확인하는 소송이다. 그 문제점으로 지적되어야 할 것은 첫째, 부작위위법확인소송의 대상인 '부작위'가 "행정청이 당사자의 신청에 대하여 상당한 기간 내에 일정한 처분을 하여야 할 법률상의 의무가 있음에도 불구하고 이를 하지 아니하는 것"(행정소송법 제 2 조 제 1 항 2 호)으로 규정되어 있어 본안문제인 처분의무의 존재가 소송대상의 요건으로 요구되고 있다는 점이다. 판례도 당사자의 신청권 및 이에 대응하는 행정청의 응답의무가 인정되는 경우에만 부작위위법확인소송의 대상인 '부작위'를 인정하고 있는데, 대상적격을 충족하기만 하면 본안에서 자동적으로 승소판결이 선고된다는 이상한 결과가 된다.[65] 둘째, 부작위위법확인소송의 심사범위가 행정청의 응답의무에 국한된다는 것이 판례[66]·통설이다(형식적 심리설). 다시 말해, 행정청이 원고의 신청에

64) 행정소송법 제38조가 무효등확인소송에 관하여 취소소송의 제소기간에 관한 동법 제20조를 준용하고 있지 않다.

65) 따라서 입법론적으로 조문의 수정이 필요하고, 해석론적으로는 위 행정소송법 제 2 조 제 1 항 제 2 호의 규정이 대상적격과 본안요건을 함께 담고 있는 것으로 보아 대상적격 단계에서는 행정청의 처분의무 또는 당사자의 신청권이 일응 존재하는 것으로 주장되면 충분하고, 그것이 실제로 존재하는 것인가 여부는 본안의 문제로 취급하는 것이 바람직하다.

66) 대법원 1992. 6. 9. 선고 91누11278 판결; 1993. 4. 23. 선고 92누17099 판결; 1995. 9. 15. 선고 95누7345 판결 등.

대한 응답으로서 형식적으로 — 그 실질적 내용이 어떠한 것이든지 간에 — 일정한 처분을 할 의무가 있는지 여부만이 심사되고, 따라서 계쟁처분이 기속행위로서 행정청이 이를 반드시 발급할 의무가 있음이 명백한 경우에도 이를 문제삼지 못하고 단지 행정청이 아무런 응답을 하지 않는다는 것만을 이유로 부작위의 위법성을 확인할 뿐이라는 것이다. 그리하여 그 부작위위법확인판결에 의거하여 행정청이 신청에 대한 응답으로 거부처분을 내리게 되면 이제 비로소 거부처분 취소소송을 통해 계쟁처분의 발급을 구할 수 있게 된다.

(4) 당사자의 신청에 대한 행정청의 거부처분 또는 부작위에 대해 직접 계쟁처분의 발급을 구하는 소송은 행정소송법상 명문으로 인정되지 않고 판례·실무상 그 거부처분에 대한 — 부작위의 경우에는 상술한 바와 같이 일단 부작위위법확인소송을 통해 행정청의 거부처분을 이끌어낸 다음 — 취소소송만이 인정될 뿐이다. 거부처분을 취소하는 판결에 대해 행정소송법 제30조 제 2 항은 행정청이 "판결의 취지에 따라 다시 이전의 신청에 대한 처분을 하여야" 할 의무를 규정하고 동법 제34조에서 그 의무에 대한 간접강제 제도를 규정하고 있음으로써, 거부처분 취소소송이 실질적으로 계쟁처분의 발급을 구하는 소송으로서 기능하도록 하고 있다. 그러나 거부처분 취소소송만으로는 첫째, 심사범위 및 취소판결의 효력이 행정청이 제시한 거부처분의 이유에 대해서만 한정되어 취소판결이 선고되더라도 행정청은 다른 이유로써 다시 거부처분을 할 수 있다는 약점이 있다. 둘째, 거부처분의 위법판단기준시를 處分時로 보는 것이 판례인데, 이에 의하면 법원은 소송 도중에 발생한 사정변경을 전혀 고려하지 아니하고 따라서 거부처분의 취소판결이 선고되더라도 행정청은 그러한 사정변경을 이유로 다시 거부처분을 할 수 있다는 약점이 있다(本書 제 1 장 21면 참조).

(5) 항고소송의 대상이 되는 처분에 관해 살펴보면, 행정소송법은 제 2 조 제 1 항 제 1 호에서 처분을 "행정청이 행하는 구체적 사실에 관한 법집행으로서의 공권력의 행사 및 그 거부와 그 밖에 이에 준하는 행정작용"으로 정의하고 있다.[67]

(6) 항고소송의 법적 성질에 관해서는 첫째, 우리나라의 지배적 견해는 취소소송 등 항고소송을 독일의 행정소송과 동일하게 주관소송으로 파악하고 있다.[68] 즉, 소송의 목적이 개인의 권리 · 이익의 보호에 있고 따라서 소송의 대상에 관해 개인적인 권리 · 이익이 있는 자에게만 당사자적격이 부여되는 쟁송이라는 것이다.[69] 본안요건에 관해서는, 대부분의 학설은 위법성만을 본안요건으로 보고 있으나, 독일의 취소소송과 마찬가지로 본안요건에 위법성과 더불어 권리침해도 포함시키는 견해도 있다.[70] 그리하여 원고적격의 요건으로서 행정소송법 제12조 소정의 "취소를 구할 법률상 이익"을 독일의 — 보호규범이론에 의거한 — 권리개념과 동일하게 해석하는 견해가 있는가 하면, 판례는 독일의 권리개념과 동일한 것으로 보지는 않지만 '근거법률에서 보호하는 사익'으로 파악하여 법률과의 연결고리를 고집하고 있다. 둘째, 취소소송을 독일의 그것과 동일하게 형성소송으로 파악하는 데 학설이 일치하고 있다.[71] 취소소송을 명시적으로 형성소송으로 판시

67) '처분'개념(거부처분 포함)에 관한 판례의 태도는 本書 제 1 장 행정소송법의 개관, 9면 이하 참조.

68) 김도창, 일반 행정법론(상), 1993, 675면; 김남진, 행정법 I, 2001, 734면; 김동희, 행정법 I, 2001, 543면; 김철용, 행정법 I, 2001, 389면; 박윤흔, 행정법강의(상), 2001, 812면; 이상규, 행정쟁송법, 2000, 29면; 홍정선, 행정법원론(상), 2001, 옆번호 2193, 2233; 홍준형, 행정구제법, 2001, 360면, 523면 참조.

69) 주관적 쟁송에 있어서도 부수적으로 객관적 적법성 통제의 기능이 있음을 지적하는 견해로는 김도창, 전게서 부분; 박윤흔 전게서 부분 참조.

70) 김남진, 전게서, 747면; 홍정선, 전게서, 옆번호 2318c; 홍준형, 전게서, 635면.

71) 김도창, 전게서, 744-745면; 김남진, 전게서, 746면; 김동희, 전게서, 614-615면; 김철용, 전게서, 455-456면; 박윤흔, 전게서, 908면; 이상규, 전게서, 294면; 홍정선, 전게서, 옆번호 2233; 홍준형, 전게서, 523면 참조.

하고 있는 오래된 판례도 있으나,[72] 최근의 판례는 취소소송을 "위법한 처분에 의하여 발생한 위법상태를 배제하여 원상으로 회복시키고 그 처분으로 침해되거나 방해받은 권리와 이익을 보호 구제하고자 하는 소송"이라고 설시하고 있을 뿐인데,[73] 지배적 학설은 이를 두고 판례가 취소소송의 성질을 형성소송으로 파악하고 있다고 한다.

6. 評　價

(1) 訴訟類型

이상에서 고찰한 바에 의하면, 소송유형의 다양성은 독일 → 영국·미국 → 프랑스의 순으로 평가될 수 있는데, 독일의 다양한 소송유형은 최협의의 행정행위 개념으로 말미암은 것이고 영국과 미국의 행정소송도 취소(certiorari, prohibitory injunction, set aside), 의무이행명령(mandamus, mandatory injunction) 및 위법확인(declaration, declaratory judgment)으로 행정작용에 대한 통제에 필요한 소송유형을 완비하고 있다는 점을 감안하면, 소송유형의 관점에서는 독일, 영국, 미국이 모두 동일한 최상급으로 평가될 수 있을 것이다. 프랑스의 행정소송은 의무이행명령이 전면적으로 인정되지 않고 확인소송이 독자적인 — 포괄적·보충적 기능을 할 수 있는 — 소송유형으로 인정되지 않고 있다는 점에서 독일·영국·미국에 비해 상대적으로 완비되지 못한 소송유형을 갖고 있다고 할 것이다. 그러나 월권소송의 대상이 되는 행정행위 개념이 광범위하고, 월권소송에서 거부결정을 취소하는 판결에 부수하여 이행명령(injonction)을 부과할 수 있으며, 신청에 대한 2개월 이상

72) 대법원 1960. 8. 31. 선고 4291행상118 판결: "행정처분의 취소를 구하는 소는 형성의 소에 속하고 원고승소의 형성판결은 형성권의 존재를 확인하고 법률상태의 변경, 즉 형성의 효과를 생게 하는 것"이라고 판시하였다. 이상규, 전게서, 294면에서 인용.

73) 대법원 1987. 5. 12. 선고 87누98 판결; 1992. 4. 24. 선고 91누11131 판결.

의 부작위를 거부결정으로 간주하여 바로 월권소송을 제기할 수 있다는 점에서, 우리나라의 행정소송에 비해서는 훨씬 앞서 있음이 분명하다. 다시 말해, 소송유형의 관점에서는 우리나라의 행정소송은 독일·프랑스·영국·미국의 수준에 훨씬 미치지 못하고 있다. 이에 대한 개선이 절실히 요청된다.

그 동안 우리나라에서 독일식의 의무이행소송의 도입만이 주장되었는데, 독일의 의무이행소송은 철저한 주관소송이며 판단기준시가 전면적으로 판결시로 되어 원고에게 유리한 사정변경의 경우 행정청의 선결권이 침해된다는 점에 비추어, 반드시 현실적이고 타당한 방안이라고 할 수 없다. 오히려 프랑스의 거부결정에 대한 월권소송 및 이행명령(injonction)을 모범으로 거부처분 취소소송의 약점을 개선하는 방향이 바람직하다. 立法論으로 행정소송법 제30조 제 2 항에 추가하여 거부처분 취소판결의 기속력의 기준이 되는 '판결의 취지'를 主文에 명시하도록 하는 규정을 도입할 것이 요청된다(本書 제12장 583면 이하 참조).

부작위위법확인소송이 단지 행정청의 응답의무만을 확정하기 위한 소송이라는 판례·통설은 분쟁의 일회적 해결의 요청에 반하는 것이다. 따라서 기속행위의 경우에는 행정청이 계쟁처분의 발급 의무가 있음에도 불구하고 아무런 응답을 하지 않는 것은 위법하다는 판결을 함으로써 새로 거부처분 취소소송을 제기함이 없이 바로 — 행정소송법 제38조 제 2 항에 의해 준용되는 — 동법 제34조에 의한 간접강제로 들어갈 수 있도록 하여야 할 것이다. 또는 행정절차법에 수익처분의 처리기간의 설정·공표(제20조)와 관련하여 — 프랑스와 같이 — 신청 이후 일정기간 부작위가 계속되면 거부처분으로 간주하는 규정을 도입하는 방안도 강구할 만하다. 현재 판례·통설에 의하면 명시적인 규정이 있는 경우에만 거부처분으로 간주되고 행정절차법상의 처리기간만으로는 그렇지 않다고 보기 때문이다.

무효확인소송과 부존재확인소송에 관해서는, 우리 행정소송법이 이를 소송유형으로 명시하여 제소기간의 제한이 적용되지 않음을 명시하고 있는 점은 바람직한 제도라고 할 것이다. 그러나 부존재확인소송을 항고소송으로 파악함으로써 두 가지 문제가 발생한다. 한편으로, 말하자면 '평가상의 부존재', 즉 처분이 성립하여 외관상으로 존재하지만 그 위법성의 하자가 극심한 경우에는 이를 무효확인소송과 — 행정소송법 제38조 제 1 항에서 양자를 동일하게 취급하고 있으므로 — 구별할 필요가 전혀 없다. 다른 한편으로, 말하자면 '사실상의 부존재', 즉 처분이 성립조차 하지 않은 경우에는 항고소송의 대상인 처분 자체가 존재하지 않는다. 독일에서는 행정행위 무효확인소송을 취소소송과 구별되는 소송유형으로 규정하고 그에 관해서는 일반적 확인소송에 관한 보충성 요건이 적용되지 않음을 명시하고 있는데(행정법원법 제43조 제 2 항 2문), 여기서 '무효'는 우리의 '평가상의 부존재'까지 포함하는 개념이고, 행정행위 부존재확인소송은 '사실상의 부존재'만을 대상으로 하는 것으로 일반적인 확인소송의 한 예에 불과한 것으로 간주된다.[74] 프랑스에서는 상술한 바와 같이 '평가상의 부존재'는 우리나라와 독일의 무효에 해당하는 것이므로 그 확인을 구하는 부존재확인소송은 월권소송의 하나로 파악되며 단지 제소기간의 요건만이 배제되는 것이고, '사실상의 부존재'는 일반적인 확인소송으로 이해된다. 이러한 비교법적 고찰에 비추어 보면, 우리나라에서도 항고소송으로서의 부존재확인소송은 폐지하고, 그 '평가상의 부존재'는 무효확인소송으로, '사실상의 부존재'는 확인소송 형태의 당사자소송으로 각각 자리매김되는 것이 바람직하다고 할 것이다.

74) BVerwG, NVwZ 1987, 330; Hufen, a.a.O., §18 Rn. 52 참조.

(2) 訴訟의 對象

소송의 대상에 관해서는 독일은 최협의의 행정행위 개념을 전제로 행정행위에 대해서는 취소소송/의무이행소송을, 사실행위에 대해서는 금지소송/일반이행소송을, 행정입법에 대해서는 규범통제절차를 각기 인정하고 있어, 취소소송/의무이행소송의 대상은 프랑스 · 영국 · 미국에 비해 매우 좁지만, 행정소송 전체로 보았을 때에는 반드시 그러한 것은 아니다. 행정입법에 관해서는 규범통제절차의 대상이 제한되어 있다는 점에서 위 국가들에 비해 좁지만, 사실행위에 관해서는 그에 대한 별도의 소송유형을 마련하고 있다는 점에서 오히려 위 국가들에 비해 넓게 인정되는 것으로 볼 수 있다. 소송대상의 포괄성은 행정입법에 관해서는, 미국이 ripeness의 요건을 요구하고 있다는 점에서, '영국 · 프랑스 → 미국 → 독일'의 순으로 평가할 수 있고, 그 이외의 비정식적 · 사실적 행정작용에 관해서는, 미국이 주관소송적 요소를 竝有하여 개인의 권리 · 이익 · 법적 지위에 대한 영향을 중요한 판단기준으로 삼고 있고 프랑스는 '법적 행위'(acte juridique)에 한정하고 있다는 점에서, '독일 → 영국 → 미국 → 프랑스' 순으로 평가할 수 있지 않을까 한다. 우리나라는 어떤 관점에서도 모두 최하위를 면하지 못하는데, 취소소송으로 포착되지 않는 행정작용은 헌법소원심판의 대상이 될 수 있다는 점이 유일한 위안이 될 뿐이다. 문제는 이러한 위안으로 만족할 수 있는가에 있다. 취소소송의 대상의 문제는 결국 취소소송의 법적 성질의 문제로 귀착된다.

(3) 取消訴訟의 性質

1) 主觀訴訟과 客觀訴訟

이상의 다원적 법비교에 의하면, 독일의 주관소송적 구조는 오히려 예외에 속하고 프랑스와 영국은 본격적인 객관소송이며 미국은 주관소송과 객관소송의 혼합형태라고 할 수 있다. 우리나라의 취소소송 등 항고소송도 — 종래의 판례 · 통설과는 달리 — 객관소송, 또는 최소한 주관소송과 객관소송의 혼합형태로 파악하는 것이 타당하다고 본다. 먼저 강조해 둘 것은 여기서 '객관소송'이라 함은 萬人訴訟을 의미하는 것이 아니라, 소송의 주된 목적이 행정처분을 위법성을 이유로 취소하는 데 있고 원고적격은 — 이를 어떻게 한정하든지 간에 — 그 취소를 구할 수 있는 자격에 불과하다는 것을 의미한다는 점이다. 말하자면, 주관소송에서는 소송의 과녁이 원고 자신의 권리에 향해져 있는데 반해, 객관소송에서는 소송의 과녁이 원고 이외의 대상, 즉 행정처분에 향해져 있는 것이다.[75)]

2) 形成訴訟과 確認訴訟

또한 이상의 다원적 법비교에 의하면, 형성소송의 성질을 갖는 독일의 취소소송은 예외에 속하고 프랑스 · 영국 · 미국의 취소소송은 모두 확인소송의 성질을 갖는 것임이 밝혀졌다. 우리의 취소소송도 형성소송이 아닌 확인소송으로 파악하는 것이 타당하다고 본다.[76)]

(4) '處分'槪念의 擴大

이상과 같이 우리의 취소소송을 객관소송과 확인소송의 성질을 갖는 것으로 파악할 수 있다면, 소송의 대상인 처분 개념을 확대할 수 있는 근본적인 이론적 토대가 마련된다. 즉, 취소소송의 대상을 독일에서와 같이 시민의 구체적인 권리의무를 발생 · 변경 · 소멸시키는 직접적 법적 효력을 갖는 규율에 한정할 필요가 없고, 널리 행정의 적법성 통제의 대상이 되는, 그 위법성을 확인할 수 있는 행위이면 족한 것이다.

---

75) 우리 취소소송의 객관소송적 성격에 관한 자세한 논거는 本書 제 5 장 취소소송의 성질과 처분개념, 160면 참조.

76) 이에 관한 자세한 논거는 本書 제 5 장 취소소송의 성질과 처분개념, 168면 이하 참조.

행정소송법 제2조 제1항 제1호 소정의 처분 개념 가운데, 첫째, "구체적 사실"은 법적 규율의 추상성/구체성의 상대성에 비추어 보면 어느 정도 이상의 구체성을 띠면 — 여전히 일정한 정도로 추상성이 남아 있더라도 — 충분한 것으로 해석할 수 있다.[77] 둘째, "법집행"은 독일의 행정행위 개념에서 '직접적 법적 효과의 발생'이라고 하는 것과는 달리 널리 헌법과 법률에 규정된 법목적을 실현하기 위해 법적 판단을 거쳐 행하는 행정작용을 의미하는 것이라 할 것이다. 프랑스·영국·미국에서 대상적격의 핵심이 "결정"(décision, decision)이라고 할 수 있는데 이에 상응하는 것이 바로 위 "법집행"에 상응하는 것이라 할 수 있다. 셋째, "공권력 행사"는 — 영국법의 판례·학설에 따라 — '특별법에 의해 부여된 공적 권한'으로 해석하고 현재 국고관계로서 무비판적으로 민사소송으로 넘기던 것을 행정소송의 대상으로 확대되어야 하는 것이다. 마지막으로 "행정청"의 관념에 관해서, 영국의 판례에서 발전된 대체성(surrogacy)과 같은 기준에 의거하여 현저한 공익성의 사업을 운영하는 공기업 또는 공적 단체를 행정소송법상 — 처분 개념의 구성요소로 — 행정청으로 볼 수 있을 것이다.

이러한 처분성의 확대에 대해 제기되는 '濫訴의 위험'은 원고적격과 권리보호필요성 단계에서 원고의 이익상황의 구체성·직접성·현저성을 고려하여 방지할 수 있다. 무릇 행정소송의 대상적격은 객관적·외형적으로 판단하여야 한다. 대상적격 단계에서 획일적인 잣대를 사용하여 처분성을 부정하여 버리면 중대한 사법심사의 공백이 생길 우려가 있다.

헌법소원심판은 단심으로 끝나고 구두변론이 제한되어 있는 '非常

77) 헌법재판소 판례가 말하는 "집행행위의 매개 없이도 국민의 기본권을 직접 침해하는" 행정입법은 충분히 처분성을 충족할 수 있다고 할 것이다. 뿐만 아니라, 本書 제3장 취소소송의 4유형, 72면 각주 7에서 설명한 바와 같이, 우리 행정소송법상 처분은 '구체적 사실에 대한' 규율로서, 구체적 사실을 규율내용으로 하는 행정입법도 처분에 해당한다고 보아야 할 것이다.

的 권리구제절차'인 반면에, 행정소송은 三審制로서 여러 가지 절차적 신중성을 갖고 있다. 여기에 법원의 인적 장비가 헌법재판소에 비해 충분하다는 점이 추가된다면, 헌법소원심판에 대한 행정소송의 相對的 秀越性이 쉽게 인정될 수 있을 것이다. 따라서 처분에서 제외되는 처분에 대해 헌법소원심판만으로 만족하여서는 아니 된다.

처분성은 제한하되 처분에 해당하지 않는 행정작용은 모두 당사자소송의 형태로 다투도록 하는 것이 올바른 방법이라는 견해가 있다. 처분성 확대에는 제소기간의 제한 및 불가쟁력이라는 부작용이 생기기 때문에 타당하지 않다는 것이다. 당사자소송은 프랑스의 완전심판소송과 영국의 커먼·로소송과 같이 철저한 주관소송의 구조를 갖는 것이다. 독일에서는 취소소송과 금지소송, 의무이행소송과 일반이행소송은 모두 완전한 주관소송으로서, 서로 대상의 측면에서만 상이할 뿐 본질은 동일하기 때문에 상호 대체적 관계에 있다. 그러나 우리나라의 취소소송 등 항고소송을 프랑스의 월권소송과 영국의 사법심사청구소송과 같이 객관소송으로, 최소한 미국의 사법심사와 같이 객관소송과 주관소송의 혼합형태로 파악한다면, 취소소송의 대상을 제한하면서 이에 해당하지 않는 부분을 주관소송인 당사자소송으로 넘기는 것이 바람직한 방법이라고 할 수 없다. 행정소송은 상당 부분 원고 개인에 국한된 문제가 아니라 한 국가의 법질서 전체에 영향을 미치는 객관소송적 성격이 강하기 때문에 당사자소송을 활용할 것이 아니라 — 객관소송적 성격으로 파악된 — 항고소송의 형식을 취하여야 할 것이다. 제소기간의 제한 및 불가쟁력의 문제점은 다른 관점에서, 예컨대 소송행위의 추완, 하자의 승계, 계속적 처분 이론 등 제소기간의 탄력적 운용을 통해 완화할 수 있다.[78]

78) 본 논문과 다음 제 5 장의 논문이 발표된 이후, 本書 제 3 장 취소소송의 4유형, 72/73면 각주 8 및 75면 각주 11에서 본 바와 같이, 대법원은 요양급여고시(2003. 10. 9.자 2003무23 결정), 토지대장의 지목변경(2004. 4. 22. 선고 2003두9015 전원합의체 판결) 등에 관해 처분성을 인정하는 등 처분 개념을 확대하고 있다.

제 5 장

取消訴訟의 性質과 處分概念

Ⅰ. 序　說

취소소송의 대상은 처분과 행정심판재결이다(행. 가상의 제4조 1호, 제2조 제1항 1호). 일단 재결을 논외로 한다면, 국가의 행정작용 중 '처분'에 해당하는 것만이 취소소송 기타 항고소송(무효확인소송 · 부작위위법확인소송)의 대상이 될 수 있는데, 취소소송이 행정소송의 대종을 이루는 것이기 때문에, 처분 개념은 행정에 대한 사법심사 및 권리구제의 범위, 궁극적으로는 행정부와 사법부의 관계를 결정하는 기준이 된다. 더욱이 행정작용에 대한 권리구제의 방법으로 행정소송과 헌법소원심판이 택일적

관계에 있으므로,[1] 처분 개념을 통해 대법원과 헌법재판소 사이에 중요한 권한배분이 이루어진다. 이와 같이 처분 개념은 우리나라 법질서의 근간을 이루는 요소 중의 하나이다. 그렇기 때문에 처분 개념은 철저히 우리의 실정법을 기초로, 특히 우리 행정소송법상 취소소송의 성질과 기능에 의거하여 해석되어야 할 것이다. 그러나 이를 위해서는 우리 판례와 학설에 큰 영향을 미치고 있는 독일법의 내용과 문제점도 정확히 이해하지 않으면 아니 된다.

이러한 문제의식하에서 본고에서는 취소소송의 대상과 성질을 차례로 독일법과 우리법을 대비하면서 고찰한 다음(Ⅱ.)(Ⅲ.), 행정소송법상 처분 개념의 새로운 해석을 시도하고자 한다(Ⅳ.).

Ⅱ. 取消訴訟의 對象

1. 독 일 법

독일의 취소소송(Anfechtungsklage)의 대상은 행정행위(Verwaltungsakt)이다.[2] 행정행위의 개념은 행정절차법 제35조 1문이 규정하

1) 헌법소원심판의 보충성(헌법재판소법 제68조 제1항 단서) 때문에 행정소송의 대상이 되는 행정작용에 대해서는 행정소송을 거쳐 헌법소원심판을 청구해야 되는데 재판은 헌법소원심판의 대상에서 제외되므로(동법 동항 본문) 헌법소원심판이 불가능하고, 반면에 행정소송의 대상이 되지 않는 행정작용은 '보충성 원칙의 非適用'에 해당되어 오직 헌법소원심판의 대상이 된다. 이에 관해 拙稿, "헌법과 행정법 — 행정소송과 헌법소송과의 관계," 서울대학교 법학 제39권 4호(통권 109호), 1999. 2, 81-105면 (95면 이하) 참조.

2) 독일 행정법원법 제42조 제1항: 소송을 통해 <u>행정행위</u>의 취소를 청구하거나(취소소송) 및 거부되거나 응답되지 아니한 <u>행정행위</u>의 발급의 명령을 청구할(의무이행소송) 수 있다. [Durch Klage kann die Aufhebung eines <u>Verwaltungsaktes</u> (Anfechtungsklage) sowie die Verurteilung zum Erlaß eines abgelehnten oder unterlassenen <u>Verwaltungsakts</u> (Verpflichtungskalge) begehrt werden.]

고 있는데, 이에 의하면 행정행위는 "공법 영역에서 개별사안의 규율을 위해 행정청에 의해 내려지는, 외부에 대한 직접적 법적 효과의 발생을 목적으로 하는 모든 처분, 결정 또는 기타의 조치"이다.[3] 이 가운데 중요한 징표는 '개별사안의 규율'과 '외부에 대한 직접적 법적 효과의 발생'이다.

첫째, 행정행위가 개별사안의 규율에 한정되므로, 소위 일반처분(Allgemeinverfügung)도 논리적으로는 불특정 다수의 사안을 규율하는 것이어서 위 행정행위의 개념에 포섭되는가에 관해 의문의 여지가 있고, 그렇기 때문에 제35조 2문은 일반처분이 행정행위에 해당함을 명시하고 있는 것이다.[4] 법규명령 · 조례 등 행정입법은 일반적 규율로서 '개별사안의 규율'이라는 징표를 충족하지 않기 때문에, 처음부터 행정행위의 개념에서 제외되고, 따라서 이에 대해서는 취소소송이 허용되지 않는다. 다만, 행정법원법 제47조는 고등행정법원을 제 1 심으로 하는 (직접적 · 추상적) 규범통제절차(Normenkontrollverfahren)를 마련하고 있는데, 그 대상이 제한되어 있다.[5] 그 대상에서 제외되는 행정입법에 대해서도 최근 헌법상의 '포괄적 내지 빠짐 없는 권리구제'(umfassender Rechtsschutz)[6]에 의거하여 위 행정법원법 제47조를

3) [jede Verfügung, Entscheidung oder andere Maßnahme, die eine Behörde zur Regelung eines Einzelfalles auf dem Gebiet des öffentlichen Rechts trifft und die auf unmittelbare Rechtswirkung nach außen gerichtet ist.]

4) "일반처분은 행정행위의 하나로서, 일반적 징표에 의해 특정되어 있거나 특정될 수 있는 사람들을 대상으로 하거나, 또는 물건의 공법적 성격이나 公衆에 의한 사용에 관한 것이다." [Allgemeinverfügung ist ein Verwaltungsakt, der sich an einen nach allgemeinen Merkmalen bestimmten oder bestimmbaren Personkreis richtet oder die öffentlich-rechtliche Eigenschaft einer Sache oder ihre Benutzung durch die Allgemeinheit betrifft.]

5) 그 대상이 되는 것은 첫째 건설법전(BauGB)에 의해 제정된 도시계획에 관한 조례 및 법규명령과, 둘째 — 州法이 이를 인정하는 경우에 — 州법률의 하위 법규명령이다. 원고적격은 당해 법규명령 규정에 의해 자신의 권리가 침해된 것으로 주장하는 자연인 또는 법인, 그리고 모든 행정청에게 인정되고, 제소기간은 공포 이후 2 년 내이다.

6) 기본법 제19조 제 4 항 1 문: 누구든지 공권력에 의하여 자신의 권리가 침해된

— 합헌적 해석의 방법을 통해 — 준용하여 직접적 규범통제절차를 허용하든지 아니면 사실행위의 경우에 준하여 아래에서 언급하는 금지소송을 인정하여야 한다는 견해가 지배적이다.[7)]

둘째, 행정행위는 외부에 대한 직접적 법적 효과의 발생을 목적으로 하는 것에 한정되므로, 행정 내부의 훈령 · 지시, 행정기관 상호간의 협의 · 동의, 준비행위, 사실행위 등이 제외된다. 이러한 '직접적 법적 효과의 발생'과 '규율'(Regelung)이라는 징표를 합하여 그 객관적인 의미내용상 시민 기타 법인격주체의 권리와 의무를 발생 · 변경 · 소멸시키는 것을 고유 목적으로 하는 조치만을 행정행위로 파악하고, 시민의 법적 지위에 직접적으로 사실상의 영향을 미치거나 법적인 효과를 초래하긴 하지만 간접적인 결과에 불과한 경우는 제외된다는 것이 판례 · 통설이다.[8)] 이러한 행정행위에 해당하지 않는 행정작용에 대해서는 취소소송이 허용되지 않지만, 행정법원법의 규정 및 판례를 통해, 사실행위의 중지를 구하는 금지소송(Unterlassungsklage), 사실행위의 이행을 구하는 일반이행소송(allgemeine Leistungsklage), 그 이외 공법상 법률관계의 존부의 확인을 구하는 확인소송이 인정된다.

요컨대, 독일에서 취소소송의 대상이 되는 행정행위는 개별사안에서 상대방의 권리 · 의무를 발생 · 변경 · 소멸시킬 것을 직접적 목적으로 하는 것에 한정된다. 이러한 최협의의 행정행위 개념은 행정소송으로 사실상 취소소송만이 인정되던 1945년 이전에는 행정소송의 가능

자에게는 소송수단이 부여된다. [Wird jemand durch die öffentliche Gewalt in seinen Rechten verletzt, so steht ihm der Rechtsweg offen.]

7) 이에 관해 특히 J.-Ch. Pielow, Neuere Entwicklungen beim „Prinzipalen" Rechtsschutz gegenüber untergesetzlichen Normen, Die Verwaltung 1999, S. 445-479 참조.

8) BVerwGE 60, 145; BVerwG, DÖV 1992, 970; Kopp/Ramsauer, Verwaltungsverfahrensgesetz. 7. Aufl., 2000, § 35 Rn. 48; Maurer, Allgemeines Verwaltungsrecht. 13. Aufl., 2000, § 9 Rn. 6, 26; Erichsen (Hg.), Allgemeines Verwaltungsrecht. 11. Aufl., 1998, § 12 Rn. 39 등 참조.

성을 제한하는 역할을 하였으나, 그 후 헌법상 포괄적 권리구제 요청에 의해 행정행위 아닌 행정작용에 대해서도 다양한 행정소송의 유형들이 마련됨으로써, 행정행위 개념은 이제는 행정소송의 종류를 결정하는 역할을 맡게 되었다. 오히려 취소소송은 제소기간과 행정심판전치의 제한이 있는 반면 금지소송 · 일반이행소송 · 확인소송은 그러한 제한이 없기 때문에, 행정행위에 해당하는 것이 일반적으로 행정청에게 유리하고 시민에게는 불리한 결과가 된다고 할 수 있다. 다시 말해, 독일에서는 행정에 대한 사법심사 및 권리구제의 가능성을 위해 행정행위 개념을 확대할 필요성이 거의 없으며, 단지 제소기간과 행정심판전치의 적용을 위해 행정측에서 행정행위 개념을 확대하고자 하는 시도가 일부 있을 뿐이다.[9)]

2. 우 리 법

(1) 행정소송법은 제 2 조 제 1 항 1 호에서 처분을 "행정청이 행하는 구체적 사실에 관한 법집행으로서의 공권력의 행사 및 그 거부와 그 밖에 이에 준하는 행정작용"으로 정의하고 있다. 이 조항은 1984년 행정소송법 전면개정시 새로 규정된 것인데, 문언으로 보아도

9) 가장 대표적인 것이 — 이미 本書 75면에서 언급한 — '형식적 행정행위' (formeller Verwaltungsakt)라는 개념인데, 이는 내용적으로 행정행위에 해당하지 않는 행정작용이지만 행정청이 행정행위의 형식과 외관을 통해 행한 경우 이를 행정행위로 파악한다는 것이다. 이에 관한 최근의 문헌으로 Schenke, Formeller oder materieller Verwaltungsaktsbegriff? NVwZ 1990, S. 1009-1018 참조. 이러한 형식적 행정행위 개념이 취소소송의 대상을 확대한다는 점에서 우리나라와 일본의 '형식적 행정처분' 개념과 동일하지만, 후자는 첫째 행정에 대한 사법심사 및 권리구제의 가능성을 위한 것이고, 둘째 행정처분으로서의 형식과 외관을 갖추고 있지 않지만 실질적으로 취소소송의 대상으로 삼을 필요가 있는 경우를 일컫는 것이라는 점에서 양자가 구별된다. 다시 말해, 후자의 "형식적"이라는 수식어는 독일에서와 같이 '행정처분으로서의 형식'을 가리키는 것이 아니라, 진정한 의미에서의 행정행위가 아니라는 뜻으로 사용되는 것이므로, 혼동을 피하기 위해 오히려 '실질적 행정처분' 또는 '쟁송법적 행정처분'으로 부르는 것이 바람직하다고 생각한다.

우리의 처분 개념이 독일법상 행정행위 개념과 다르다는 점을 확연히 알 수 있다. '개별사안'이 아니라 "구체적 사실"이고, '외부에 대한 직접적 법적 효과의 발생을 목적함'이 아니라 단순히 "법집행"이며, '규율'이 아니라 널리 "공권력의 행사"이고 게다가 "그 밖에 이에 준하는 행정작용"이라는 포괄조항까지 갖고 있다. 여기서 우리는 당시 입법자가 처분을 독일의 행정행위 개념보다 훨씬 넓게 정의하고자 하는 의도를 가졌음을 명백히 인식할 수 있다.

(2) 그러나 불행히도 대법원 판례는 행정소송법에 처분의 정의규정이 없던 1984년 이전에 처분을 독일의 행정행위 개념과 동일하게 "상대방의 법률상 지위에 직접적인 법률적 변동을 일으키는 행위"[10]로 정의하였던 것을 그 후 그것과 전혀 다른 처분 개념이 규정되었음에도 불구하고 변함 없이 그대로 유지하고 있다. 오히려 처분을 "권리의 설정 또는 의무의 부담을 명하거나 기타 법률상의 효과를 발생케 하는 등 국민의 구체적인 권리의무에 직접적인 변동을 일으키는 행위"라고 하여 직접적 법적 효과성을 강조한 판례가 있는가 하면,[11] 최근에는 "권리의 설정 또는 의무의 부담을 명하거나 기타 법률상의 효과를 발생케 하는 등 국민의 구체적인 권리의무와 직접 관계가 있는 행위"로 정의함으로써 조금 뉘앙스를 약화시키고 있지만,[12] 여전히 독일식의 최협의 행정행위 개념을 우리 행정소송법상 처분으로 이해하고 있다.[13]

이와 같이 매우 좁게 파악되는 처분 개념으로 말미암아 처분성이 부정되어 취소소송이 불가능한 행정작용은 — 다른 종류의 행정소송이

10) 예컨대, 대법원 1980. 10. 27. 선고 80누395 판결.

11) 대법원 1993. 10. 26. 선고 93누6331 판결.

12) 대법원 2000. 10. 27. 선고 98두8964 판결.

13) 사실행위와 행정입법에 관한 판례의 자세한 내용은 本書 제 1 장 행정소송법의 개관, 9-11면; 제 3 장 취소소송의 4유형, 70-76면 참조.

인정되는 독일과는 달리 — 헌법소원심판의 대상이 되고 있다. 즉, 헌법재판소는 처분성이 결여되어 취소소송 등 항고소송의 대상이 될 수 없는 행정작용에 관해서는 헌법소원심판의 보충성이 적용되지 않기 때문에 바로 헌법소원심판을 청구할 수 있다는 판례를 확립하고 있다.[14] 법규명령에 관해서도 마찬가지인데, 법규명령이 직접 국민의 기본권을 침해하는 경우에는 취소소송의 대상이 되지 않기 때문에 바로 법규명령에 대해 헌법소원심판을 청구할 수 있다는 것이다.[15]

(3) 학설은 대체로 두 가지 경향을 띠고 있다. 첫째는 소위 '쟁송법적 처분개념' 또는 '형식적 행정행위'에 의거하여 처분성을 확대하고자 하는 것인데, 그 구체적인 범위에 관해서는 조금씩 차이가 있으나 최소한 '권력적 사실행위'가 처분에 해당한다는 데는 異論이 없다. 둘째는 처분성의 확대에는 한계가 있을 뿐만 아니라 제소기간의 제한이라는 부작용이 뒤따르게 되므로, 취소소송 등 항고소송에 연연하지 말고 처분 개념을 엄격히 해석하되, 처분에 해당하지 않는 행정작용에 대하여 널리 당사자소송의 형태로 독일의 금지소송, 일반이행소송 및 확인소송과 동일한 행정소송을 인정하여야 한다는 입장이다. 이는 독일법에 충실한 견해로서, — 독일에서 행정행위 여부에 따라 소송유형이 달라지듯이 — 처분인가 처분이 아닌가에 따라 항고소송과 당사자소송을 구별하고자 하는 것이다.

14) 최초의 판례는 사법서사법시행규칙에 대한 헌법재판소 1989. 3. 17. 선고, 88헌마1 결정이다.

15) 헌법재판소 1990. 10. 15. 선고, 89헌마178 결정; 1996. 8. 29. 선고, 94헌마113 결정; 1997. 6. 26. 선고, 94헌마52 결정 등.

Ⅲ. 取消訴訟의 性質

1. 問題의 所在

우리 행정소송법상 처분 개념을 독일의 행정행위 개념과 마찬가지로 매우 좁게 해석하고 그것에 해당하지 않는 행정작용은 헌법소원심판에 맡기고 있는 판례의 태도가 과연 타당한 것인가, 아니면 처분개념을 확대하여 행정작용에 대해서는 가능한 한 취소소송을 허용하여야 할 것인가, 아니면 당사자소송을 활용하여 취소소송 이외에 다양한 행정소송유형을 마련해야 할 것인가? 이 문제는 일차적으로 처분개념의 해석 문제이지만, 궁극적으로 취소소송의 성질 내지 기능을 어떻게 파악할 것인가로 귀결된다. 독일법이 행정행위 개념을 최협의로 파악하고 있는 것은 취소소송을 철저한 주관소송과 순수한 형성소송으로 이해하고 있기 때문인데, 문제의 초점은 과연 우리의 취소소송도 그러한가에 있다.

2. 主觀訴訟과 客觀訴訟

(1) 상술한 바와 같이 독일 기본법 제19조 제 4 항은 "누구든지 공권력에 의해 자신의 권리가 침해된 때에는 소송을 제기할 수 있다"고 규정함으로써 포괄적 내지 빠짐 없는 권리구제를 보장하고 있는데, 그것이 '권리가 침해된 때'라는 조건에 걸려 있다는 점에서 독일의 행정소송은 이미 헌법의 차원에서 권리를 구제하기 위한 주관소송으로 구성되어 있다. 이에 따라 행정법원법 제42조 제 2 항은 취소소송과 의무이행소송의 원고적격에 관해 "법률에 달리 정함이 없는 한, 원고가 행정행위 또는 그 거부나 부작위에 의해 자신의 권리가 침해되었

음을 주장하는 때에만 소송이 허용된다"[16]고 규정하여 '권리침해의 주장'을 원고적격으로 요구하고 있다.[17] 이 규정은 금지소송 · 일반이행소송 · 확인소송 등 다른 유형의 행정소송에도 준용된다는 것이 판례 · 통설이다.[18] 또한 취소소송의 본안요건에 관하여 동법 제113조 제 1 항 1 문은 "행정행위가 위법하고 이로 인해 원고 자신의 권리가 침해된 때에는 법원은 당해 행정행위와 존재하는 재결을 취소한다"[19] 고 규정함으로써 객관적 위법성 이외에 권리침해까지 요구하고 있다. 이와 같이 원고적격 부분에서 '권리침해의 주장'이, 본안요건 부분에서 '권리침해의 사실'이 각각 자리잡고 있어 '권리·침해'가 취소소송의 全部分을 관통하는 중심축을 이루고 있는데, 이 때의 "권리"는 판례·통설상 保護規範(Schutznorm)理論에 의해 '개개의 법규에서 보호되고 있는 사익'이라는 의미로 이해되고 있다. 그리하여 권리침해라 함은 원고 자신의 사익을 보호하는 법규가 위반되었음을 의미하는 것으로, 원고적격 단계에서는 그러한 가능성이 필요하고,[20] 본안에서 위법성과 권리침해가 인정되기 위해서는 실제로 그러한 사실이 필요한 것이다.

---

16) [Soweit gesetzlich nichts anderes bestimmt ist, ist die Klage nur zulässig, wenn der Kläger geltend macht, durch den Verwaltungsakt oder seine Ablehnung oder Unterlassung in seinen Rechten verletzt zu sein.]

17) 여기서 '권리침해의 주장'은 단지 권리침해를 주장하는 것만으로는 부족하고 그 주장 내용이 논리적으로 설득력이 있어야 한다는 '논리정연함'(Schlüssigkeit)을 요구하는 판례 · 학설이 있었으나, 현재의 판례 · 통설에 의하면 그것까지는 필요없고 '개연성 내지 가능성'(Möglichkeit)만으로 충분하다고 한다. Schoch/Schmidt-Aßmann/Pietzner, Verwaltungsgerichtsordnung, § 42 Abs. 2 Rn. 64-67; Kopp/Schenke, Verwaltungsgerichtsordnung. 12. Aufl., 2000, § 42 Rn. 66-68; Hufen, Verwaltungsprozeßrecht. 4. Aufl., 2000, § 14 Rn. 143 참조.

18) Schoch/Schmidt-Aßmann/Pietzner, a.a.O., § 42 Abs. 2 Ⅱ. Rn. 21-35; Eyermann, Verwaltungsgerichtsordnung. 11. Aufl., 2000, § 42 Rn. 80 참조.

19) [Soweit der Verwaltungsakt rechtswidrig und der Kläger dadurch in seinen Rechten verletzt ist, hebt das Gericht den Verwaltungsakt und den etwaigen Widerspruchsbescheid auf.]

20) 원고적격 단계에서는 대부분의 경우 위반의 가능성 여부보다는 위반되었다고 주장되는 법규가 과연 원고의 사익을 보호하는 것인가가 논란이 되고, 따라서 원고적격은 일반적으로 법규의 사익보호성 문제로 취급된다.

이와 같이 위법성(법규위반)이 — 원고적격 단계와 본안 단계에서 모두 — 권리침해와 결부되어 있음을 권리침해의 '위법성 견련성'(Rechtswidrigkeitszusammenhang)이라고 하며, 이러한 견련성은 개개의 위법사유마다 필요하다는 것이 판례·통설이다.[21] 또한 그렇기 때문에 동법 제114조에서는 재량권의 일탈 및 남용을 단지 '위법사유'로만 규정하고 있고, 이것이 권리침해와 연결되었을 때 비로소 동법 제113조 제 1 항에 의해 취소판결이 선고될 수 있다.

이와 같이 독일 취소소송이 오직 원고의 권리침해를 구제하기 위한 주관소송으로 구성되어 있는 논리적 결과로서 다음과 같은 점을 들 수 있다.

첫째, 취소판결의 효력에 관해 우리 행정소송법 제29조 제 1 항에서 같이 대세적 효력을 인정하는 규정이 없다. 오히려 독일 행정법원법 제121조는 행정소송의 확정판결이 당사자·참가인 및 그 승계인, 필요적 참가에 해당함에도 참가신청을 하지 않았거나 정해진 기간 내에 하지 않은 자만을 구속한다고 규정하고 있을 뿐이다. 취소판결의 경우 행정행위의 효력이 소멸하는 형성력(Gestaltungswirkung)은 그 본질상 당연히 對世的인 것으로 보지만, 위법성 및 권리침해에 관한 기판력(Rechtskraft)은 상대적 효력밖에 없다.[22]

둘째, 모든 유형의 행정소송에 있어 실체법적인 공법상계약으로서의 효력을 갖는 재판상화해(gerichtlicher Vergleich)가 명문으로 인정되고 있다(독일 행정법원법 제106조). 행정소송이 권리구제를 위한 것이기 때문에 원고는 — 독일 행정절차법 제55조 소정의 화해계약 체결의 요건 하에서 — 자

21) Schmidt-Aßmann, in: Maunz/Dürig, Grundgesetz, §19 Rn. 8; Schoch/Schmidt-Aßmann/Pietzner, a.a.O., §42 Abs. 2 Rn. 48, Vorb §113 Rn. 4, §113 Rn. 11-19; Krebs, Subjektiver Rechtsschutz und objektiver Rechtskontrolle, in: System des verwaltungsgerichtlichen Rechtsschutzes (Festschrift für C.-F. Menger), 1985, p. 191-210 (204) 참조.

22) Schoch/Schmidt-Aßmann/Pietzner, a.a.O., §121 Rn. 37, 93-102 참조.

신의 권리를 일부 양보하여 재판상화해를 성립시킴으로써 소송을 종결시킬 수 있다는 것이다.[23] 또한 행정소송에 관해 不提訴合意 내지 事前的인 소송포기(Rechtsschutzverzicht)를 허용하고 그에 반해 소송을 제기하면 권리보호필요성의 결여를 이유로 각하하는 것이 판례이다.[24]

셋째, 피고의 표시는 소장의 필요적 기재사항인데(동법 제82조 제1항), 행정행위에 관한 취소소송·무효확인소송·의무이행소송에 있어서도 피고가 원칙적으로 계쟁 행정행위를 내린 행정청이 속하는 연방, 주 또는 단체이다(동법 제78조 제1항). 이와 같이 행정청이 아니라 행정주체가 피고가 되는 것은 행정소송이 행정청의 결정의 위법성을 다투는 데 중점이 있는 것이 아니라 행정주체에 대한 원고의 권리를 실현시킨다는 점에 있다는 단적인 징표라고 할 수 있다.[25]

넷째, 위법판단 기준시에 관해 독일의 판례는 處分時 原則을 부정하고(BVerwGE 64, 218, 221) 근거법규에 따라 위법판단 기준시가 정해진다고 하는데, 의무이행소송과 일반이행소송에서는 判決時가 확립된 원칙이고 취소소송·무효확인소송·의무이행소송·규범통제절차에서도 많은 경우에 判決時가 판단기준이 되고 있다.[26] 또한 처분사유의 추가·변경(Nachschieben von Gründen)이 기속행위뿐만 아니라 재량행위에 대해

---

23) 이에 관한 상세한 내용은 本書 제14장 행정소송의 재판상화해, 621면 이하 참조.

24) BVerwGE 44, 298 (300); BVerwG, NVwZ 1988, 532.

25) 또한 피고가 제대로 지정되었는가 여부는 — 피고적격(passive Prozeßführungsbefugnis)의 문제로서 소송요건 단계에서 심사되어야 하는가에 관해서는 견해가 대립되지만 — '정당한 피고'(Passivlegitimation, richtige Beklagte)의 문제로서 최소한 본안요건 단계에서는 반드시 심사되어야 한다는 것이 일치된 견해이다(Hufen, Verwaltungsprozeßrecht. 4. Aufl., 2000, § 12 Rn. 39-42, § 25 Rn. 2, § 26 Rn. 2 참조). 정당한 피고일 때에만 그에 대해 원고가 권리를 행사할 수 있기 때문이다. 이는 계쟁 권리가 원고에게 속한다는 점이 원고적격 단계에서뿐만 아니라 본안단계에서도 권리침해가 인정되기 위해 요구되는 것과 대응되는데, 이 점만 보더라도 철두철미 주관소송이라는 것을 알 수 있다.

26) Eyermann, Verwaltungsgerichtsordnung. 11. Aufl., München 2000, § 113 Rn. 45ff.: 本書 제12장 행정소송과 행정절차 (1), 575면 참조.

서도 — 판례상 원고의 방어권이 침해되거나 소송의 동일성이 변경되지 않을 것이라는 한계는 설정되어 있지만 — 원칙적으로 허용되는 것으로 규정되어 있다(동법 제114조 2문).[27] 행정소송이 주관소송으로 되면 될수록 행정청의 당초의 결정은 관심사에서 멀어지고 소송과정에서 원고의 권리와 피고 행정청의 의무를 확정하는 데 중점이 두어지게 되므로, 판단기준시도 判決時로 후퇴하고 처분사유의 추가·변경도 자유롭게 된다. 말하자면, 행정소송이 전형적 주관소송인 민사소송에 접근하게 되는 것이다.

다섯째, 행정소송의 재판수수료(Gerichtsgebühr)는 訴價에 따라 또는 일정금액으로 징수하는데, 1996년 제정된 「訴價目錄」(Streitwertkatalog)에 의하여 폐기물처리, 공과금법, 원자력법, 공무원법, 공해방지법, 주택관계법 등 총 53개의 개별 행정법영역에 관해, 그것도 다시 청구내용에 따라 세분하여, 총 226개의 항목에 걸쳐 訴價가 정해져 있다.[28] 訴價 중 상당부분이 예컨대 영업허가에 관한 소송의 경우에는 1년 예상수익을 기준으로 한다든지(Sachgebiet 14.1), 공해시설 설치허가에 관한 소송의 경우에는 설치투자액을 기준으로 한다든지(Sachgebiet 16.1.1), 권리구제로 인한 이익을 기준으로 하고 있다는 점은 독일의 행정소송이 철저한 주관소송이라는 결정적 징표라고 할 것이다.[29]

27) 이에 관한 상세한 내용은 本書 제11장 처분사유의 추가·변경과 행정행위의 전환, 491면 이하 참조.

28) Eyermann, a.a.O., Anhang 1 참조.

29) 다만, 행정입법에 대한 규범통제절차(Normenkontrollverfahren)는 본안판단의 대상이 단지 법규정의 적법성(Gültigkeit)에 한정되고 권리침해는 제외된다는 점에서 객관소송으로서의 성격을 갖는 것으로 파악된다. 다시 말해, 私人은 취소소송에서와 같이 권리침해주장에 기하여 신청인적격을 인정받긴 하지만, 권리침해와 본안요건인 위법성 사이에 견련성이 요구되지 않는다. 이와 같이 규범통제절차는 객관소송이기 때문에 인용판결, 즉 위법성을 이유로 법규정의 무효를 선언하는 판결은 일반적 구속력, 즉 대세효를 갖는다. 규범통제절차의 이러한 객관소송적 성격 때문에 철저한 주관소송인 일반적인 행정소송 유형과 본질을 달리하여 취소소송이나 금지소송에 포함시킬 수 없기 때문에, 이와 별도로, '소송'(Klage)이 아니라

이와 같이 독일의 행정소송이 철저한 주관소송이라는 점은, 행정법과 행정법학, 나아가 법치주의 등 巨視的인 관점에서도 중요한 의미를 갖지만,[30] 취소소송의 대상에 대해서 결정적인 의미를 갖는다. 즉, 취소소송은 원고의 권리침해를 구제하기 위한 것이므로, 그 대상으로 원고의 권리의무에 직접 변동을 초래하는 구체적인 행정작용만을 포착한다는 것이다. 그것이 바로 최협의의 행정행위 개념이다. 이미 상술한 바와 같이 취소소송이 사실상 유일한 행정소송이었던 시대에는 이러한 행정행위 개념이 행정소송 자체에 대한 중대한 제한이었다. 그러나 1945년 이후 취소소송 이외에 다양한 행정소송유형이 마련되고 이들 또한 주관소송으로 구성됨으로써, 이제 취소소송이 주관소송이기 때문에 유독 그 대상이 행정행위에 한정되어야 한다는 논리가 성립하지 않게 되었다. 그리하여 아래에서 고찰하는 바와 같이 취소소송의 고유한 성질로서 형성소송이라는 점이 강조되는 것이다. 여하튼 연혁적으로 독일의 행정행위 개념이 취소소송의 주관소송적 성질에서 비롯되었다는 점은 간과할 수 없다.

(2) 유럽에서 독일과 같이 취소소송을 주관소송으로 구성하고 있는 것은 오히려 소수이고, 프랑스의 월권소송(recours pour excès du pouvoir)과 영국의 사법심사청구소송(application for judicial review)[31] 그리고 유럽공동체의 취소소송(action for annulment; Nichtigkeitsklage)[32] 모두 행정에 대한 적법성 통제를 주된 목적으로 하는 객관소송

'절차'(Verfahren)로서 마련된 것이다.

30) 행정법의 모든 문제에 있어 거의 예외 없이 일정한 '청구권'관념, 예컨대 무하자재량행사청구권, 행정개입청구권, 계획보장청구권, 결과제거청구권 등등이 만들어졌는데, 이들은 행정소송에서 원고적격과 본안요건의 충족을 위해 필요한 것이다. 그리하여 행정법의 주관화(Subjektivierung des Verwaltungsrechts) 또는 주관적 법치주의(subjektiver Rechtsstaat)라고 부를 수 있을 정도로 행정법학 전체가 권리중심적 체계로 되었다.

31) 本書 제 4 장 인류의 보편적 지혜로서의 행정소송, 119면 이하 참조.

32) 회원국과 유럽공동체 기관들이 제기하는 경우뿐만 아니라 유럽시민이 제기하는

이다. 여기서 '객관소송'(contentieux objectif)[33]이라 함은 원고적격에 제한이 전혀 없는 萬人訴訟을 의미하는 것이 아니라, 원고적격 단계에서 주관적 사정과 관련하여 일정한 제한이 있다 하더라도 그것을 충족하면 본안요건에서는 원칙적으로 — 객관적 — 위법성만이 요구되고 권리침해는 필요 없는 것을 의미한다.[34] 다시 말해, 프랑스 월권소송과 유럽공동체 취소소송은 '직접적이고 개인적인 이익'을, 영국의 사법심사청구소송은 '충분한 이익'을 원고적격으로 요구하고 있지만, 계쟁 행정행위의 '존재' 자체에 의해 원고의 사적인 이익이 침해되고 있으면 충분하고, 독일에서와 같이 계쟁 행정행위가 원고의 사익을 보호하는 법규를 위반함으로써 그 법규에 의해 부여되어 있는 원고의 권리가 침해되어야 한다는 '위법성 견련성'은 문제삼지 않는다.

이를 '객관소송적 구조'라고 부른다면, 원고적격 단계에서 원고의 권리·이익이 요구되고 따라서 계쟁 행정행위의 취소가 결과적으로 원고의 권리·이익의 구제에 기여하게 되는 것을 '주관소송적 기능'이라고 할 수 있을 것이다. 이러한 관점에서 보면, 프랑스의 월권소송, 영국의 사법심사청구소송 및 유럽공동체의 취소소송은 분명한 객관소송적 '구조'를 갖고 있을 뿐만 아니라 객관소송적 '기능'이 주된 기능

경우에도 취소소송의 주된 목적이 주관적인 권리구제가 아니라 객관적 법적 통제에 있는 것으로 이해된다. 이는 프랑스의 월권소송 제도를 모범 삼은 것으로서, 유럽공동체가 소위 "법공동체"(Rechtsgemeinschaft)로서, 객관적 법질서의 유지 자체가 유럽공동체의 존속 기반이 되기 때문이다. 이에 관해 Koenig/Haratsch, Europarecht. 3. Aufl., 2000, Rn. 341-343; Horspool, European Union Law. 2. ed., London 2000, p. 224; Lenaerts/Arts, Procedural Law of the European Union, London 1999, p. 57-78 참조.

33) 객관소송(contentieux objectif)과 주관소송(contentieux subjectif)의 구별을 본격적으로 사용한 것은 프랑스의 Leon Duguit가 처음이며, 그는 월권소송을 객관소송의 전형으로 보았다. Duguit, Les transformations du droit public, 1913 (réimpression 1999), 187-197 참조.

34) 이러한 의미에서 미국의 행정소송, 즉 사법심사도 미국 행정절차법 제704조 제2항에서 객관적 법위반을 취소사유로 규정하고 원고의 권리침해를 요구하고 있지 않다는 점에서 객관소송의 범주에 넣을 수 있다.

이고 부수적으로 주관소송적 기능을 겸하고 있다고 할 것이다. 요컨대, 객관소송으로서의 본질은 (구조와 기능의 양 측면에서) 계쟁 행정행위가 원고의 권리·이익을 침해하고 있어서가 아니라 법질서에 위반되기 때문에 이를 취소한다는 데 있다. 반면에 상술한 바와 같이 독일의 취소소송은 철저한 주관소송적 구조와 기능을 가진 것으로서, 계쟁 행정행위가 위법하고 또한 그로 인해 — 그 위법성의 근거가 된 법규에 의해 부여된 — 원고의 권리가 침해될 때 그 원고의 권리를 회복시켜 주기 위해 이를 취소하는 것이다.

(3) 지금까지 우리나라의 지배적 견해는 취소소송 등 항고소송을 주관적 쟁송으로 파악하여 왔는데,[35] "주관적 쟁송"을 일반적으로 쟁송의 목적과 당사자적격 관점에서 정의하고 있다. 즉, 쟁송의 목적이 개인의 권리·이익의 보호에 있고 따라서 소송의 대상에 관해 개인적인 권리·이익이 있는 자에게만 당사자적격이 부여되는 쟁송이라는 것이다.[36] 본안의 관점에서는 대부분 위법성만을 본안요건으로 보고 있으나, 독일의 취소소송과 마찬가지로 본안요건에 위법성과 더불어 권리침해도 포함시키는 견해도 있다.[37] 반면에, 문헌상 항고소송을 객관소송으로 파악하는 유일한 견해가 있는데, 그에 의하면, 행정의 적법성 보장이 항고소송의 주된 목적이며 계쟁행위의 적법성 여부가 항고소송의 소송물이라고 한다.[38]

생각건대, 우리의 취소소송이 독일의 취소소송과 마찬가지로 주관

35) 김도창, 일반 행정법론(상), 1993, 675면; 김남진, 행정법 I, 2001, 734면; 김동희, 행정법 I, 2001, 543면; 김철용, 행정법 I, 2001, 389면; 박윤흔, 행정법강의(상), 2001, 812면; 이상규, 행정쟁송법, 2000, 29면; 홍정선, 행정법원론(상), 2001, 옆번호 2193, 2233; 홍준형, 행정구제법, 2001, 360면, 523면 참조.

36) 주관적 쟁송에 있어서도 부수적으로 객관적 적법성 통제의 기능이 있음을 지적하는 견해로는 김도창, 전게서 부분; 박윤흔 전게서 부분 참조.

37) 김남진, 전게서, 747면; 홍정선, 전게서, 옆번호 2318c; 홍준형, 전게서, 635면.

38) 한견우, 현대행정법 I, 2000, 778면.

소송이라는 데 찬동하기에는 양자의 실정법상 구조가 너무 다르다. 다음의 점들을 고려하면 오히려 위 (2)에서 서술한 의미의 객관소송적 '구조'를 갖는 것으로서, 그 '기능'에 있어서도 주관소송적 요소와 더불어 객관소송적 요소가 강한 것으로 파악하여야 할 것이다.

첫째, 우리 헌법상 독일 기본법 제19조 제 4 항에서와 같이 '권리침해'를 행정소송의 전제로 명시한 규정은 전혀 없다. 오히려 헌법 제107조 제 2 항은 "처분이 헌법이나 법률에 위반되는 여부"를 대법원이 최종적으로 심사한다고 규정함으로써, 행정소송의 본안판단이 위법성만을 대상으로 한다는 것을 함축하고 있다고 할 수 있다.[39]

둘째, 행정소송법에서도 제 4 조 1 호가 취소소송을 "행정청의 위법한 처분등을 취소 또는 변경하는 소송"이라고 정의하고 있는데, 이

39) 이에 대하여 학설상 — 우리의 항고소송을 주관소송으로 파악하고자 하는 입장에서 — 헌법 제107조 제 2 항의 "재판의 전제가 된 경우"에서 "재판" 및 법원조직법 제 2 조 제 1 항의 "법률상의 쟁송"을 모두 권리의무에 관한 쟁송으로 제한 해석하는 것이 통설적 경향이다(김동희, 행정법 I, 2005, 627면; 박윤흔, 최신행정법강의(上), 2004, 886면 등). 그러나 私見에 의하면, 헌법상 "재판"이라는 표현은 개방적 개념으로서, 그 재판의 구조와 기능을 어떻게 형성하느냐는 입법자의 재량에 맡겨져 있고, 또한 법원조직법 제 2 조 제 1 항 전단의 "법원은 헌법에 특별한 규정이 있는 경우를 제외한 일체의 법률상의 쟁송을 심판하고"라는 규정에서 "일체의 법률상 쟁송"이라 함은 오히려 '법률에 규정된 모든 종류의 소송'을 의미하는 것으로서, 법원은 법률이 정하는 바에 따라 주관소송만이 아니라 객관소송과 민중소송·기관소송 등 모든 종류의 소송을 담당할 수 있다는 취지로 보아야 할 것이다. 통설은 원칙적인 소송형태로서 법원조직법 제 2 조 제 1 항 전단의 "법률상의 쟁송"은 주관소송에 한정되고 그 이외의 객관소송, 기관소송 등의 소송형태는 후단의 "이 법과 다른 법률에 의하여 법원에 속하는 권한"에 속하는 것으로서 예외적으로 인정될 수 있다고 한다. 그러나 私見에 의하면, 위 후단의 규정은 전단의 쟁송심판권을 제외한 非訟事件·司法行政 등에 관한 것으로 이해된다. 전단이 "쟁송을 심판하고"라고 되어 있는 반면, 후단은 "권한을 가진다"라고 되어 있기 때문에, 전단은 모든 종류의 쟁송에 대한 심판권으로, 후단은 非訟事件·司法行政에 대한 사무처리권한으로 이해하는 것이 자연스러운 해석이다. 이 후단에 따라 '동법'(즉, 법원조직법)에 의해 법원에 속하는 권한으로 규정된 것이 바로 제 2 조 제 3 항 소정의 "등기·호적·공탁·집행관·법무사에 관한 사무"이고, 다른 법률에 의한 것은 예컨대 비송사건절차법, 파산법·화의법·회사정리법상의 법원의 권한이다. 요컨대, 항고소송은 객관소송으로 파악되더라도 헌법과 법원조직법이 예정하고 있는 "재판" 및 "법률상의 쟁송"에 엄연히 해당한다고 할 것이다.

와 같이 '위법한 처분'이면 취소되는 것이고, 독일에서와 같이 위법성 이외에 권리침해를 취소요건으로 요구하는 규정은 전혀 없다. 또한 동법 제27조는 재량권의 일탈 또는 남용이 있는 때에는 법원은 이를 "취소할 수 있다"라고 하여 권리침해 여부와 관계 없이 바로 취소사유가 되는 것으로 규정하고 있다. 일본 行政事件訴訟法은 취소요건으로 권리침해를 요구하지 않는 대신에 제10조 제 1 항에서 "취소소송에 있어서는 자기의 법률상 이익과 관련이 없는 위법을 이유로 하여 취소를 구할 수 없다"고 규정함으로써 취소사유를 법률상 이익과 관련 있는 사항에 한정하고 있으나, 우리 행정소송법에는 이러한 규정도 두지 않았다. 실무상으로도 취소소송 판결문에서 원고의 권리 또는 법률상 이익의 침해를 본안문제로서 설시한 예는 찾아보기 어렵고 인용판결의 결론부분에서 예외 없이 "이 사건 처분은 위법하므로 취소되어야 할 것이다"라고만 판시하고 있다. 또한 취소소송의 소송물을 '위법성 일반'으로 파악하고 소송물 개념에 권리적 요소를 포함시키지 않는 것이 판례·통설이다.[40)]

셋째, 동법 제12조는 "처분등의 취소를 구할 법률상 이익"을 원고적격의 요건으로 규정하고 있는바, 우리 판례는 비록 "법률상 이익"을 해석함에 있어 법률과의 연결고리를 고수하면서 처분의 근거법률이 원고의 사익을 보호하는 경우에 한정하고 있지만, 독일에서와 같이 개개의 위법사유마다 그 근거규정의 사익보호성을 따지는 것이 아니라, 위법사유를 전제하지 않은 채로 근거법률 전체의 내용에 비추어 계쟁처분과 관련하여 원고의 사익이 보호되고 있는가를 문제삼고 있다. 다시 말해, 독일에서와 같은 위법성 견련성이 요구되지 않는다. 위 행정소송법 조문상으로도 "처분의 취소를 구할" 법률상 이익이 요구되는 것이므로, 그 법률상 이익은 계쟁처분의 '존재' 자체에 의해 침해

40) 本書 제10장 취소소송의 소송물, 380면 이하 참조.

되고 있는 것이면 충분하고, 계쟁처분의 구체적인 '위반사항'까지 문제 삼지 않는다. 이러한 점에서 우리 취소소송의 원고적격은 '근거법률과 헌법을 포함한 전체 법질서에 비추어 계쟁처분을 배제함으로써 보호받을 수 있는 것으로 판단되는 정당한 이익'으로 보아야 한다는 것이 私見이지만, 그 판단기준을 판례에서와 같이 근거법률에 한정한다 하더라도, 독일에서 보호규범이론에 의해 이해되고 있는 '권리침해'보다는 훨씬 넓은 개념인 것은 분명하다.[41)]

넷째, 행정소송법 제29조 제 1 항은 취소판결의 對世的 효력을 명시하고 있다. 상술한 바와 같이 독일에서 형성적 효과는 명문의 규정이 없이도 그 성질상 당연히 인정되는 것인데, 우리 법에서 위와 같이 명문의 규정을 둔 것은 형성적 효과에 관한 단순한 주의적 규정이 아니라, 프랑스에서와 같이 위법성을 확정하는 旣判力이 對世的 효력이라는 점을 명백히 하기 위한 것이라고 보아야 한다.[42)]

다섯째, 독일과는 달리 행정소송에 관한 재판상화해를 명문으로 인정하는 규정이 없는데, 항고소송에서는 당사자가 소송물인 처분의 위법성 여부에 대해 처분권이 없다는 이유로 민사소송법의 준용에 의한 재판상화해를 부정하는 것이 통설이다. 또한 역시 독일과는 달리 우리 판례는 행정소송에 관한 不提訴合意를 무효로 보고 있다.[43)]

여섯째, 항고소송의 피고는 독일과 같이 행정주체가 아니라 프랑스와 같은 처분청이다(행정소송법 제13조 제 1 항 본문). 피고의 표시가 소장의 필요적 기재사항인데(동법 제 8 조 제 2 항, 민사소송법 제227조 제 1 항), 피고의 更正이 허용될 뿐만 아니라(행정소송법 제14조) 더욱이 피고의 문제가 오직 소송요건 단계에서만 심사된다는 점에서 독일과 확연히 다르다.

41) 상세한 내용은 本書 제 6 장 취소소송의 원고적격 (1), 208면 이하 참조.

42) 이에 관해 本書 제10장 취소소송의 소송물, 444면 이하 참조.

43) 최근의 판례로는 대법원 1998. 8. 21. 선고 98두8919 판결. 소송상화해에 관해서는 本書 제14장 참조.

일곱째, 우리 판례는 프랑스와 같이 취소소송의 위법판단 기준시를 處分時로 고수하고 있다. 또한 판례상 역시 프랑스와 같이 처분사유의 추가·변경이 엄격하게 제한되고 있다. 즉, 기본적 사실관계의 동일성 범위 내에서 처분사유의 추가·변경이 허용된다고 하면서도 사실관계는 그대로 두고 단순히 근거법령만을 추가하거나 추상적, 또는 불명확한 당초의 처분이유를 구체화하는 정도 내에서만 기본적 사실관계의 동일성을 인정함으로써 결과적으로 처분사유의 추가·변경을 엄격하게 제한하고 있다.[44] 이는 우리의 취소소송이 — 처분시의 법적 상황과 사실관계 및 처분시에 제시된 처분이유에 의거하여 — 행정처분에 대한 통제에 초점이 맞추어져 있음을 강력히 시사하고 있는 점이다.

여덟째, 민사소송등인지규칙 제17조에 의하면, 조세 기타 공법상의 금전·유가증권 또는 물건의 납부를 명하는 처분에 대한 취소소송·무효확인소송, 체납처분에 대한 취소소송의 경우에는 목적물건의 가액 등 경제적 이익을 기준으로 訴價가 산정되지만, 그 이외 모든 항고소송은 비재산권을 목적으로 하는 소송으로 간주되어 그 訴價가 — 동규칙 제18조의2 및 민사소송등인지법 제 2 조 제 1 항 2 호에 의하여 — 일률적으로 2천만 100원(소장첩부인지: 95,000원)으로 되어 있다. 행정영역과 분쟁유형에 따라 세분된 수많은 항목에 대해 거의 대부분 경제적 이익을 기준으로 訴價를 정하고 있는 독일과 확연히 대비된다.

취소소송 등 항고소송을 주관적 소송으로 파악하는 견해는 그 근거로, 행정소송제도가 개인의 권리보호와 관련하여 발전되었고, 항고소송이 법률상 이익 개념을 중심으로 구성되어 있으며, 행정의 적법성 보장 자체가 기본권을 위한 것이라는 점을 제시하고 있다. 그러나 이들 논거는 독일의 행정소송제도와 행정법학을 전제로 하는 것인데, 개

44) 위법판단 기준시에 관해서는 本書 제 1 장 행정소송법의 개관, 21면; 처분사유의 추가·변경에 관해서는 本書 제11장 처분사유의 추가·변경과 행정행위의 전환, 489면 이하 참조.

인의 권리보호와 주관적 법치주의를 중심으로 하는 독일 행정법학의 근저에는 19세기 외견적 입헌군주제와 20세기 나치불법국가의 경험이 깔려 있음을 부정할 수 없다. 민주주의와 법치주의가 먼저 발전한 프랑스와 영국·미국에서는 상술한 바와 같이 행정소송과 행정법 체계에 권리관념이 전면에 나서지 않는다. 프랑스 월권소송의 발전과정을 보면, 그 취소사유가 19세기 초부터 20세기 초까지에 걸쳐 — 프랑스의 민주주의와 법치주의가 발전한 기간이다! — 無權限(incompétence), 형식적 瑕疵(vice de forme), 권한남용(détournement de pouvoir), 법률위반(violation de la loi)의 순서로 확대되어 왔다. 마지막 단계의 법률위반은 행정행위의 내용 내지 처분사유가 법률에 위반되었다는 것으로서 우리가 통상 일컫는 "위법성"의 대부분을 차지하는 것인데, 그것이 객관소송인 월권소송의 취소사유가 되기 이전에는 기득권침해와 결합하여 주관소송인 완전심판소송(contentieux de pleine juridiction)으로 다루어졌다.[45] 이러한 월권소송의 전단계가 바로 현재 독일의 취소소송과 유사한 것이므로, 역사적으로 볼 때 주관소송인 취소소송은 객관소송인 취소소송보다 미성숙 단계라고 할 수 있다.[46] 그렇다면 미성숙

45) Laubadère/Venezia/Gaudemet, Droit administratif. 16e éd., 1999, p. 123 참조.

46) 가장 대표적인 예가 행정입법에 대한 취소소송인데, 프랑스와 영국에서는 일찍부터 행정입법이 개별적 행정결정과 함께 행정행위의 범주에 속함으로써 — 개인적이고 직접적인 이익이 관련되어 원고적격이 인정되는 한 — 행정입법을 직접 다투는 월권소송 등 사법심사가 허용되었지만, 독일에서는 행정입법은 국민의 구체적인 권리의무에 직접 변동을 일으키는 것이 아니라는 이유로 행정행위에서 제외되고 따라서 그 행정입법에 의거하여 권리의무에 직접 변동을 일으키는 개별·구체적 조치, 즉 (최협의의) 행정행위가 내려지면 비로소 구체적 규범통제가 가능하였을 뿐이다. 현재에는 독일 행정법원법상 일정한 행정입법에 대해 직접 다툴 수 있는 규범통제절차가 마련되어 있음은 앞에서 언급한 바와 같다. 이와 같이 독일에서 행정입법이 특별 취급을 받게 된 이유는 다음과 같다. 절대군주제 하에서는 왕의 (행정)입법이 원칙적 입법작용이었는데, 외견적 입헌군주제로 바뀌면서 왕의 (행정)입법 중에서 '법규'(Rechtssatz)에 해당하는 것은 법률의 근거를 필요로 하는 것으로 형식상 변화되었지만 실질적으로는 여전히 행정입법이 통상의 행정작용과는 다른 입법작용의 일환이라는 관념이 지배하였고, 이를 근거로 행정입법에 대해서는 사법심사를 제한할 수 있었던 것이다.

인 독일의 주관소송적 취소소송을, 그것도 우리 실정법·판례·실무와 여러 가지 점에서 상이함에도 불구하고, 그대로 우리 취소소송의 전형으로 받아들일 수는 없다고 할 것이다.

(4) 이상과 같이 우리의 취소소송을 객관소송으로 파악할 수 있다면, 이로부터 처분개념에 관한 귀중한 결론을 얻을 수 있다. 즉, 취소소송의 목적이 원고의 권리를 구제하는 데 한정되는 것이 아니라, 행정의 적법성 통제가 그 본질적인 목적과 구조 및 기능에 속하는 것이므로, 그러한 적법성 통제의 대상이 될 만한, 다시 말해, 위법성 판단의 대상이 될 만한 행정작용은 모두 취소소송의 대상이 되어야 하는 것이다. 객관소송의 성질을 갖고 있는 프랑스, 영국 및 유럽공동체에서 취소소송 내지 사법심사의 대상으로, 행정입법은 물론, 법적 판단에 의거한 공적 결정에 의해 이루어지는 행정작용이면 — 개인의 권리의무와 직접 변동을 일으키는 법적 효력을 갖지 않더라도 — 거의 모두 포함되는 것은 바로 그것들에 대한 위법성 판단이 가능하여 적법성 통제의 대상이 될 수 있기 때문이다.[47]

3. 形成訴訟과 確認訴訟

(1) 독일에서 취소소송의 대상인 행정행위의 개념을 시민의 권리

47) 미국에서도 프랑스·영국에서와 같이 행정소송의 대상이 개별결정에 한정되지 않고 행정입법과 사실행위까지 포괄하는데, 이는 미국의 행정소송도 객관소송적 요소를 — 프랑스·영국보다는 약하지만 — 독일에 비해서는 현저하게 많이 내포하고 있다는 점(本書 제 4 장 인류의 보편적 지혜로서의 행정소송, 129면 이하 참조)과 일맥상통하는 것이라고 할 수 있다. 뿐만 아니라, 독일에서도 행정소송의 철저한 주관성을 비판하고 객관적 법치주의에 의거하여 행정행위 개념을 한편으로 개인의 권리의무라는 주관적 요소와 절연하고 다른 한편으로 개별사안의 규율이라는 한계를 극복하여 행정입법까지도 행정행위에 포함시키고자 하는 견해가 있다. Albert Bleckmann, Zur Dogmatik des Allgemeinen Verwaltungsrechts I. Die Handlungsmittel der Verwaltung in rechtsvergleichender Sicht, Baden-Baden 1999, S. 179-193 참조.

의무에 대해 직접적 법적 효과를 발생하는 개별·구체적인 규율에 한정하는 이론적 근거는 취소소송이 형성소송이라는 데 있다.[48] 즉, 취소소송은 행정행위가 단순위법에도 불구하고 발생하는 법적 효력을 소급적으로 소멸시키는 형성소송인데, 위와 같은 최협의의 행정행위만이 그러한 법적 효력을 가질 수 있기 때문에 그것에 대해서만 취소소송이 허용된다는 것이다. 독일 행정절차법 제43조 제2항은 행정행위가 무효가 아닌 한 "직권취소·철회 또는 다른 방법으로 폐지되거나 시간의 경과 또는 다른 방법으로 종료될 때까지는 유효하다(wirksam)"[49]고 규정함으로써 행정행위에 대하여 — 우리가 "공정력"이라고 부르는 — '단순위법의 하자에도 불구하고 발생하는 효력'(fehlerunabhängige Wirksamkeit)을 부여하고 있다. 그렇기 때문에 이러한 효력을 가질 수 있는 행정작용만을 동법 제35조가 행정행위로 정의하고 있다. 애당초 아무런 법적 효력을 갖지 못하는 사실행위와 그리고 단순위법이더라도 처음부터 무효가 되는 법규명령은 공정력을 가질 가능성이 전혀 없어 형성소송인 취소소송의 대상이 될 수 없으므로 처음부터 행정행위의 개념에서 배제되는 것이다. 상술한 바와 같이 원래 행정소송의 가능성 자체를 제한하던 행정행위 개념이 이제 소송유형의 분류기준으로 역할하고 있는 상황에서 취소소송이 형성소송이라는 점은 최협의의 행정행위 개념을 유지하는 결정적인 근거가 되고 있다. 침익적 행정작용을 다투는 행정소송은 취소소송/금지소송인데, 그 행정작용이 행정행위이면 형성소송인 취소소송으로, 그렇지 아니하면 (소극적) 이행소송인 금지소송으로 이루어진다.

---

48) 독일 문헌에서 취소소송이 형성소송이라는 점에 관해서는 완전히 의견이 일치하고 異論이 없는 것으로 보인다. Schoch/Schmidt-Aßmann/Pietzner, a.a.O., § 42 Abs. 1 Rn. 2; Hufen, a.a.O., § 13 Rn. 14; Schmitt Glaeser, Verwaltungsprozeßrecht. 14. Aufl., 1997, Rn. 136 등 참조.

49) [Ein Verwaltungsakt bleibt wirksam, solange und soweit er nicht zurückgenommen, widerrufen, anderweitig aufgehoben oder durch Zeitablauf oder auf andere Weise erledigt ist.]

(2) 우리나라에서도 지금까지 취소소송의 성질을 형성소송으로 파악하는 데 학설이 일치하고 異論을 찾기 어렵다.[50] 그 논거로 행정소송법 제29조 제 1 항이 취소소송의 인용판결에 대하여 대세적 효력을 명시하고 있다는 점이 제시된다. 학설은 판례도 취소소송을 형성소송으로 보고 있다고 하는데, 이를 명시하고 있는 오래된 판례도 있으나,[51] 최근의 판례는 취소소송을 "위법한 처분에 의하여 발생한 위법상태를 배제하여 원상으로 회복시키고 그 처분으로 침해되거나 방해받은 권리와 이익을 보호 구제하고자 하는 소송"이라고 판시하고 있을 뿐이다.[52]

생각건대, 독일법과 우리나라 통설의 논리를 분석해 보면, '형성소송→공정력→행정행위' 또는 거꾸로 '행정행위→공정력→형성소송'이라는 구조를 취하고 있는데, 그 맥점은 공정력에 있다. 우리의 통설에 의하면, 당연무효인 행정행위는 처음부터 아무런 효력을 발생하지 못하지만, 단순위법인 행정행위는 직권취소 또는 쟁송취소되기 전까지는 효력(공정력)을 발생 · 유지하다가 직권취소 또는 쟁송취소되면 비로소 그 효력이 — 원칙적으로 처분시로 소급하여 — 소멸된다고 하여 독일법상의 공정력을 그대로 인정하고 있다. 그러나 우리나라에는 상기한 독일 행정절차법 제43조 제 2 항과 같은 명문의 규정이 없다. 통설은 행정소송법상 취소소송이 마련되어 있음을 유일한 실정법적 근거로 제시하고 있는데, 취소소송 제도는 위법한 처분이라 하더라도 처음에는 효력을 발생하였다가 취소판결에 의해 비로소 효력이 소멸한다는 것

50) 김도창, 전게서, 744-745면; 김남진, 전게서, 746면; 김동희, 전게서, 614-615면; 김철용, 전게서, 455-456면; 박윤흔, 전게서, 908면; 이상규, 전게서, 294면; 홍정선, 전게서, 옆번호 2233; 홍준형, 전게서, 523면 참조.

51) 대법원 1960. 8. 31. 선고 4291행상118 판결: "행정처분의 취소를 구하는 소는 형성의 소에 속하고 원고승소의 형성판결은 형성권의 존재를 확인하고 법률상태의 변경, 즉 형성의 효과를 生게 하는 것"이라고 판시하고 있다.

52) 대법원 1987. 5. 12. 선고 87누98 판결; 1992. 4. 24. 선고 91누11131 판결.

을 전제로 하고 있다는 논리이다. 그러나 이러한 논리는 취소소송을 형성소송으로 전제하였을 때에만 성립하는 것이다. 통설에 의하면 위에서 언급한 바와 같이 취소판결의 대세적 효력이 취소소송의 형성소송적 성질의 근거가 된다고 하지만, 그 대세적 효력은 반드시 형성력에 대해서만 한정되는 것이 아니라 위법성 확인에 관한 기판력에 대해서도 가능하기 때문에 결정적인 논거가 되지 못한다. 따라서 문제는 결국 우리 실정법상 독일법에서와 같은 공정력이 인정될 수 있는가로 귀결된다.

(3) 위법한 처분이라도 처음부터 실체적으로 효력을 발생·유지하다가 취소판결에 의해 비로소 소급적으로 소멸한다고 하는 독일식의 공정력은 우리 실정법상 명문의 규정이 없기 때문에 인정할 수 없다고 할 것이다. 그 대신 행정의 효율성 확보를 위한 최소한의 (不文法的) 장치로서, 프랑스의 '예선적 특권'(privilège du préalable)과 유사한 관념으로서, 처분은 적법·유효한 것으로 사실상 추정되는 것으로 이해하여야 할 것이다. 그렇다면 우리의 취소소송은 실체적 공정력을 제거함으로써 현재의 법률관계를 변경시키는 형성소송이 아니라, 위법성을 확인함으로써 사실상의 적법·유효의 추정을 깨뜨려 처음부터 무효이었던 것으로 확정하는 확인소송으로 파악하는 것이 옳다고 본다. 그 논거를 요약하면 다음과 같다.[53)]

첫째, 우리 판례는 영업허가 취소처분이 청문절차 흠결을 이유로 행정심판에서 취소된 사안[54)]과 운전면허 취소처분이 과도한 조치라는 이유로 행정소송에서 취소된 사안[55)]에서, 행정처분은 처분시에 소급하여 효력을 잃게 되고 따라서 "처분에 복종할 의무가 원래부터 없었

53) 이에 관해 또한 拙著, 행정법의 체계와 방법론 [행정법연구 1], 제 3 장 행정법과 법철학, 105면 이하 참조.

54) 대법원 1993. 5. 25. 선고 93도277 판결.

55) 대법원 1999. 2. 5. 선고 98도4239 판결.

음이 확정되었다"는 이유로, 그 행정처분(영업허가 · 운전면허의 취소, 정확하게 말해, 철회) 이후의 영업행위와 운전행위에 대하여 식품위생법위반죄(무허가영업)와 도로교통법위반죄(무면허운전)의 무죄를 선고하였다. 이러한 경우 독일의 판례는 유죄를 선고한 반면(BGHSt 23, 86), 프랑스 판례는 무죄를 선고하고 있다.[56] 따라서 위 우리나라의 판례는 우리나라에서는 독일에서와 같은 실체적 공정력이 인정되지 않는다는 단적인 근거가 된다.

둘째, 행정소송법 제12조 후문은 기간경과 등으로 처분의 효과가 소멸된 뒤에도 법률상 이익이 있으면 취소소송을 제기할 수 있다고 규정하고 있다. 처분의 효과가 소멸된 이후에 그 처분의 '취소'를 구하는 취소소송을 제기할 수 있다는 것이 무슨 의미인가? 이러한 경우 독일에서는 취소소송은 더 이상 불가능하고 繼續確認訴訟(Fortsetzungsfeststellungsklage)으로 바꾸어 계쟁 행정행위의 — 과거의 — 위법성의 확인을 구해야 한다(행정법원법 제113조 제1항 4문). 반면에 프랑스에서는 우리나라와 동일하게 행정행위가 소멸한 이후에도 소의 이익이 있으면 취소판결이 내려진다.[57] 이 점도 역시 우리의 취소소송의 본질이, 프랑스에서와 같은 사실상의 적법 · 유효의 추정력을 전제로, 처분의 위법성을 확인함으로써 그 추정력을 깨드리는 데 있음을 분명히 나타내는 것이다.

셋째, 통설은 소위 권력적 사실행위에 대해 처분성을 인정하고 있다. 권력적 사실행위가 受忍下命이라는 법적 효과를 발생하는 것으로 설명되기도 하지만, 受忍下命이 권력적 사실행위가 지향하는 주된 규율내용이 아님은 분명하다. 더욱이 '형식적 행정행위'라는 이름 하에,

56) Cass. crim. 4 décembre 1978; 29 décembre 1971; 15 juillet 1959 등. 이에 관해 Editions Dalloz, Répertoire de contentieux administratif. Tome 1., 1996, chose jugée n° 244 참조.

57) Chapus, Droit du contentieux administratif. 9ᵉ éd., 2001, n° 1066 참조.

행정지도와 같은 비권력적 사실행위, 심지어 행정주체에 의한 환경유해시설의 설치와 같이 행정작용의 상대방을 상정할 수 없는 사실행위까지 처분성을 인정하고자 하는 것이 학설의 일반적 경향인데, 이러한 사실행위에 대한 '취소'는 그 위법성의 확인을 의미하는 것이다.[58]

넷째, 행정소송법은 취소소송을 무효확인소송과 함께 항고소송의 하부유형으로 규정하고 있다(제4조). 이는 취소소송은 형성소송으로, 무효확인소송은 확인소송으로, 양자를 각기 전혀 별개의 소송유형으로 인정하고 있는 독일법과 단적으로 대비된다. 프랑스에서는 제소기간의 제한이 있는 nullité에 대한 것이든 제소기간의 제한이 없는 inexistence에 대한 것이든 간에 모두 월권소송이라는 동일한 소송유형으로 파악된다.[59] 이와 비슷하게 우리의 취소소송과 무효확인소송도 모두 항고소송이라는 동일한 상위개념에 포섭된다는 것은 양자가 동일하게 확인소송적 성격을 갖는다는 점을 시사하는 간접적인 근거가 된다.[60]

다섯째, 상술한 바와 같이 위법판단 기준시가 處分時이고 처분사유의 추가·변경이 엄격하게 제한된다고 하는 것은 취소소송의 객관소송적 성격과 더불어 확인소송적 성격에 관한 징표가 된다. 취소판결

58) 사실행위에 대한 '취소'를 '위법상태의 제거'로 이해하는 견해에 대해서는, 그 위법상태의 제거는 어디까지나 위법성의 확인에서 비롯되는 것이라는 반박이 가능하다. 다시 말해, 법원이 취소판결로써 당해 사실행위의 위법성을 확인하면, 그 확인판결의 효력에 의해 모순금지·반복금지·결과제거의무가 행정청에게 부과되고 그 결과 당해 사실행위로 인해 발생한 상태가 제거되는 것이다.

59) 직역하면, nullité는 무효이고 inexistence는 부존재이지만, 전자는 행정행위가 위법한 경우에 일방적으로 인정되는 것이고 후자는 예외적으로 하자가 중대·명백하여 제소기간의 제한이 없는 경우이므로, 전자는 우리나라의 단순위법에, 후자는 무효에 상응하는 것이다. 여기서 말하는 inexistence는 정확하게 말해 '법적 부존재'(inexistence juridique) 내지 평가상의 부존재로서, '사실상의 부존재'(inexistence matérielle)와 구별된다. 이에 관해 Laubadère/Venezia/Gaudemet, Droit administratif. 16e éd., p. 101 et s. 참조.

60) 항고소송의 하부유형은 취소소송 이외에는 유효확인소송, 무효확인소송, 존재확인소송, 부존재확인소송, 그리고 부작위위법확인소송 등 모두 글자 그대로 확인소송이다.

로써 현재 존속하고 있는 처분의 효력을 소급적으로 제거하는 것이라면 그 제거의 시점인 判決時를 기준으로 위법성을 판단하여야 하고 또한 소송에서 처분사유의 추가·변경을 폭넓게 인정할 수 있겠지만, 취소판결은 처분의 위법성을 확인함으로써 처음부터, 즉, 處分時부터 무효이었던 것으로 확정하는 것이라면 處分時를 기준으로 위법성을 판단하여야 하고 소송단계에서 처분사유의 추가·변경을 엄격하게 제한하여야 하기 때문이다.[61]

(4) 이상과 같은 논거에서 우리나라에서는 독일법에서와 같은 실체적 공정력의 관념을 거부하고 단지 적법·유효성의 사실상 추정력만을 인정하여야 할 것이다. 이는 헌법적·비교법적 관점에서도 타당성을 찾을 수 있다. 즉, 첫째, 비례원칙에 부합된다. 공정력은 원래 행정의 실효성을 확보하기 위한 제도로서, 그 목적에 필요한 최소한도에서만 인정되어야 하는데, 행정행위의 효력이 임의로 부정되지 않도록 하기 위해서는 그 적법성 또는 유효성을 '추정'하면 충분하고,[62] 독일

61) 本書 제11장 처분사유의 추가·변경과 행정행위의 전환, 527면 이하 참조.

62) '적법성'이 추정됨으로써 취소소송에서의 입증책임의 분배와 국가배상소송·형사소송에서의 독자적 심사권이 문제될 수 있다. 먼저 국가배상소송은 프랑스에서 역시 행정법원이 — 완전심판소송으로 — 담당하는데, 불가쟁력이 발생한 이후에도 그 추정을 깨고 위법성을 인정할 수 있다는 것이 판례이다(C.E. 31 mars 1911, *Blanc, Argaing et Bezie*; Laubadère/Venezia/Gaudemet, op. cit., p. 120 참조). 형사소송에 관해서는 1951. 7. 5.자 관할재판소의 판결에 의해 개별적 처분의 위법성에 대한 형사법원의 독자적 심사권이 부정되었지만, 그 후에도 형사법원은 여러 사건에서 독자적 심사권을 행사하였으며, 결국 1994년부터 시행된 신형법전 제111-5조에 의해 명문으로 형사법원의 독자적 심사권이 인정되었고, 뿐만 아니라 1994. 2. 9. 제정된 소위 Bosson법률에 의해 도시계획결정에 관해서는 형사법원이 그 위법성을 판단하여 취소까지 할 수 있는 권한이 인정되었다(Laubadère/Venezia/Gaudemet, Traité de droit administratif. Tome 1. 15e éd, 1999, n° 579; D. Sistach, Le juge pénal et les actes administratifs d'urbanisme. Nouveau Code pénal et loi Bosson, A.J.D.A. 1995, S. 674-683 참조). 월권소송에서의 입증책임은 행정행위의 적법성이 추정되는 결과 원고에게 있다는 것이 원칙이지만, 원고가 위법성을 의심할 정도의 주장과 자료를 — 경우에 따라서는 주장만을 — 제출하면 법원이 행정청에 대해 기록제출 등 입증을 촉구하게 되므로, 원칙적으로 피고 행정청에게 입증책임을 부과하는 우리나라와 독일과 실질적으로는 동일하다

행정절차법 제43조 제 2 항과 같은 실체적인 효력까지 부여할 필요는 없는 것이다.[63] 둘째, 권력분립원칙에도 부합된다. 판결을 통해 적극적으로 행정작용의 효력을 없앤다는 관념은 행정권에 대한 과도한 개입이기 때문이다. 법질서상 객관적으로 처음부터 효력이 없던 것을 법원이 사후적으로 확정하는 것에 불과하다고 보아야 한다. 法院의 힘에 의해서가 아니라 법 자체의 힘에 의해 효력이 부정되는 것이다. 셋째, 세계의 보편적 법질서에 부합한다. 프랑스법계뿐만 아니라 영미법계와 유럽공동체에서도 독일식의 실체적 공정력 관념은 없고 단지 효력의 추정 내지 外觀을 인정할 뿐이며, 따라서 "취소판결"을 의미하는 quash, annul, certiorari 등은 모두 엄격한 의미에서는 '위법성 확인을 통한 무효의 확정'에 해당하는 것이다.[64]

우리의 취소소송을 이와 같이 파악하는 경우 무효확인소송과의 구별이 의문시될 수 있다. 그러나 취소소송과 무효확인소송은 그 본질에서 다른 것이 아니라 제소기간의 제한 여부와 위법성의 정도의 차이에 따라 구분되는 것으로 이해하면 충분하다. 단순위법의 경우에는 제소기간의 제한이 있는 취소소송으로, 위법성이 중대하고 명백한 경우에는 제소기간의 제한이 없는 무효확인소송이 되는 것이다. 또한 행정소송법 제23조 제 2 항 소정의 효력정지는 독일식의 실체적인 공정

고 할 수 있다(Laubadère/Venezia/Gaudemet, op. cit., n° 635 참조).

63) 독일법의 이러한 태도는 법본질적인 관점에서 행정행위에 대해 판결에 준하는 실체적 효력을 부여하고자 하였던 O. Mayer의 자기확인력(Selbstbezeugungskraft) 이론의 영향으로 설명할 수 있고, 반면에 프랑스에서는 실제적인 관점에서 공정력을 행정의 실효성 확보를 위해 부득이 인정하는 절차적인 제도로서 적법성 또는 유효성의 추정으로 이해하고 있는데, 이는 M. Hauriou의 예선적 특권(privilège du préalable) 이론의 영향으로 설명할 수 있다.

64) 영국의 사법심사청구소송에서 취소판결(certiorari, quash)의 사유는 권한유월(ultra vires)로서, 행정청이 입법자가 부여할 권한을 일탈했다는 것이므로, 법원에 의해 권한유월이 인정되면 처음부터 무효인 것으로 된다. 따라서 영국에서도 취소판결은 본질적으로 확인판결이다. Emery, Administrative Law; Legal Challenges to official Action, London 1999, p. 133; Wade/Forsyth, Administrative Law. 8. ed., 2000, p. 306-308 참조.

력을 정지하는 것이 아니라 단지 유효성의 추정을 잠정적으로 중지하는 것으로 설명할 수 있다. 그리고 동법 제28조 소정의 사정판결에 관해서는 다소 어려운 문제가 제기되지만, 主文에서 처분의 위법성을 확인하면서도 효력을 부정하지 않는 특수한 판결로 이해할 수 있을 것이다.[65)]

(5) 이와 같이 취소소송의 본질을 '위법성의 확인'에서 찾게 되면 취소소송의 대상인 처분을 엄격한 의미에서 권리제한 · 의무부과라는 법적 효과를 발생하는 독일식의 행정행위에 한정하지 않고 법규명령, 행정규칙, 사실행위 등으로 확대할 수 있는 이론적 기반이 마련된다. 취소소송은 법적 효력을 소급적으로 상실시키는 것이 아니라 그 위법성을 확인하는 것이기 때문이다. 만일 그 대상행위가 법적 효력을 지향하는 것이라면 위법성이 확인됨으로써 처음부터 무효임이 확정되고, 대상행위가 법적 효력과는 무관한 사실행위라면 위법성이 확인됨으로써 이를 중지하고 그 위법성을 제거할 행정청의 의무가 행정소송법 제30조 제 1 항 소정의 기속력에 의해 발생하는 것이다. 상술한 바와 같이 최근의 판례는 취소소송을 "위법한 처분에 의하여 발생한 위법상태를 배제하여 원상으로 회복시키고 그 처분으로 침해되거나 방해받은 권리와 이익을 보호 구제하고자 하는 소송"이라고 판시하고 있는데, 여기서 '위법상태의 배제'라 함은 바로 위와 같은 위법성 확인의 효과를 의미하는 것으로 볼 수 있을 것이다.

65) 영국의 사법심사청구소송에서 취소판결(certiorari, quash)이 가능함에도 불구하고 법원의 재량에 의해 단지 위법선언판결(declaration)만을 내릴 수 있는데, 상술한 바와 같이 취소판결이나 위법선언판결이나 모두 확인판결이지만, 전자는 소급적으로 효력을 부정하는 것인 반면, 후자는 효력을 부정하지 않고 장래에 대해서만 반복금지의 효과를 갖는 것이다. 우리나라의 사정판결이 이에 상응하는 것으로 볼 수 있다. Emery, op. cit., p. 137-139 참조.

Ⅳ. 處分槪念의 새로운 解釋

1. 問題의 所在

이상에서 규명한 바와 같이 우리 취소소송을 객관소송과 확인소송의 성질을 갖는 것으로 파악할 수 있다면, 취소소송의 대상을 독일에서와 같이 시민의 구체적인 권리의무를 발생·변경·소멸시키는 직접적 법적 효력을 갖는 규율에 한정할 필요가 없다. 널리 행정의 적법성 통제의 대상이 되는, 그 위법성을 확인할 수 있는 행위이면 족한 것이다. 이 때 행정소송법 제2조 제1항 1호 소정의 "구체적 사실에 관한 법집행"이라는 징표가 걸림돌이 될 수 있다. 따라서 객관소송·확인소송으로서의 취소소송의 본질을 제대로 살리기 위해서는 이러한 장해요소를 제거하는 법률개정이 가장 근본적인 문제해결이다. 그러나 앞에서 강조한 바와 같이 위 징표는 독일법상 행정행위 개념보다 훨씬 넓은 것이기 때문에, 해석론을 통해서도 충분히 그에 상응하는 결과를 얻을 수 있다. 문제는 "구체적 사실"과 "법집행"이다.

2. "具體的 事實"

우리 판례가 도시계획결정과 개별지가결정을 처분으로 인정함에 있어 그것이 구체적인 권리의무의 변동을 초래한다고 설시하고 있는데, 가장 완벽한 구체적 규율은 그 도시계획결정에 의거하여 특정한 건축허가신청에 대한 거부처분이 내려졌을 때 또는 개별지가결정에 의거하여 특정의 양도소득세 부과처분이 내려졌을 때 비로소 이루어진다. 아직 도시계획결정과 개별지가결정만으로는, 판례가 말하듯이 어느 정도의 구체적인 권리제한적 효과는 발생하지만, 그 권리제한의 구체적 내용이 완벽하게 확정되지 않았다는 의미에서 여전히 추상성을 내포하고 있다. 이와 같이 규율의 추상성과 구체성은 상대적인 것으로서, 모든 법적 규율은 극단적인 추상성과 극단적인 구체성 사이의 스펙트럼상에 존재하고, 따라서 어느 정도의 추상성과 어느 정도의 구체성은 항상 병존한다.[66] 더욱이 행정입법의 경우에는 헌법상 위임입법의 구체성 요청으로 인해 그 규율대상이 구체적이지 않으면 아니 된다. 우리의 처분 개념은 '구체적인 규율 내지 공권력행사'가 아니라, "구체적 사실에 관한" 공권력행사이기 때문에, 그 규율대상이 구체적이면 충분하다.[67] 요컨대, 행정입법은 그 규율의 구체성/추상성의 상대적 성격과 규율대상의 구체성에 의거하여 처분성을 충족한다고 할 것이다.

현대의 행정은 대부분 행정입법에 의해 이루어진다고 해도 과언이 아니다. 개별적 처분은 거의 대부분의 경우 법령상 부과된 의무의 이행확보를 위한 제재수단에 불과하다. 이러한 상황에서 행정입법이 처분에 해당하지 않는다 하여 항고소송의 대상에서 제외한다면 "행정"소송이 행정에 대한 통제를 포기하는 것이나 다름없다. 구체적 규범통제만으로는 부족하다. 행정입법을 다투기 위해 먼저 그 행정입법에 의거하여 불리한 개별처분을 받든지 아니면 행정입법을 위반하여 제재처분 또는 형사소추를 받을 것을 요구한다는 것은 기대가능성 없는 무리한 요구이다. 이러한 관점에서 어느 정도의 구체성을 띠는 행정입법에 대해서는 단계적으로라도 이를 직접 다툴 수 있는 취소소송

66) 가장 극단적으로 추상적인 규율의 예로는 "공공복리에 반하는 행동은 금지된다"라는 규범을, 가장 극단적으로 구체적인 규율의 예로는 특정인이 특정 일시·장소에서 특정의 자동차를 특정의 방향으로 특정의 방법으로 운전하는 것을 금지하는 조치를 들 수 있다. 전자는 불명확성으로 인한 법적 불안정을 이유로 헌법위반이 될 것이고, 후자는 법적으로 허용되겠지만 그 정도로 구체적인 조치를 할 필요가 없는 경우가 대부분일 것이다.

67) 규율의 구체성과 규율대상의 구체성의 차이점에 관하여 本書 제 3 장 취소소송의 4 유형, 72면 각주 7 참조.

과 부작위위법확인소송의 가능성을 확대해 나가야 할 것이다.[68]

3. "法 執 行"

이는 독일법상 '직접적 법적 효과의 발생'과는 달리 널리 헌법과 법률에 규정된 법목적을 실현하기 위해 법적 판단을 거쳐 행하는 행정작용을 의미하는 것이라 할 것이다. 거꾸로 말해 법적인 척도에 따라 그 적법성과 위법성이 판단될 수 있는 행위이면 모두 법집행에 해당한다. 따라서 권력적 사실행위는 물론 행정지도 등 비권력적 사실행위도 그것이 법목적의 실현을 위해 법적 판단에 의거한 공적 결정에 의거한 것이라면 법집행이라고 할 수 있다. 더욱이 행정입법의 경우에는 법률의 시행을 위한 것이기 때문에 그것이 '법집행'에 해당함은 의문의 여지가 없다고 할 것이다. "법집행"이라는 문구는 독일에서와 같이 '국민의 권리의무에 직접 변동을 일으키는 행위'와는 너무나 다른 것이다. 따라서 후자를 처분성의 요건으로 삼고 있는 판례는—입법자의 의사, 취소소송의 성질과 기능에 배치된다는 점 이전에—이미 문언적 해석에도 위반되는 것이라고 하지 않을 수 없다. 프랑스, 영국, 미국, 유럽공동체에서 행정소송의 대상이 되기 위한 핵심적 징표가 "결정"

68) 헌법 제107조 제 2 항은 "명령·규칙 또는 처분이 헌법이나 법률에 위반되는 여부가 재판의 전제가 된 경우에는 대법원은 이를 최종적으로 심사할 권한을 가진다"라고 규정하고 있는바, 여기서 '처분'의 위헌·위법성이 재판의 전제가 되는 것은 민사소송과 형사소송 등에서 선결문제가 되는 경우밖에 없으므로 위 헌법조항은 행정소송의 근거가 될 수 없다는 견해(정종섭, "현행명령·규칙위헌심사제도에 대한 비판적 검토," 고시계, 1992/12 71면 이하)가 있다. 이에 대하여 처분의 위헌·위법성이 재판의 전제가 된다는 것은 구체적 사건성을 의미하고 따라서 "재판의 전제"는 항고소송에서의 본안사유에 해당하므로 위 헌법조항은 처분에 대한 행정소송의 근거가 된다는 견해(홍준형, 전게서, 452면)가 있다. 私見으로는 처분만이 아니라 앞부분의 "명령·규칙"도 동일하게 구체적 사건성을 구비하여—다시 말해 원고적격이 충족되면—직접 항고소송의 대상이 되면 그 위헌·위법성은 본안사유로서 "재판의 전제"가 될 수 있으므로, 위 헌법조항이 명령·규칙에 대한 구체적 규범통제만이 아니라 이를 포함하는 행정소송 일반을 가리키는 것으로 해석할 수 있는 여지가 충분히 있다고 본다.

(dēcision, decision)인데, 바로 우리의 "법집행"에 상응하는 것이라 할 수 있다.

이러한 관점에서 현재 문제가 되고 있는 거부처분, 부관, 관계행정기관의 동의·협의도 그것이 법적 판단에 기한 일방적인 결정으로서 위법성 판단의 대상이 되는 이상, 주관소송·형성소송인 독일 취소소송에서 비롯되는 신청권(무하자재량행사청구권), 부관의 독립성, 행정의 내부·외부의 구별 등의 독일 특유의 개념법학적 副產物에 구애받지 않고, 처분성을 인정하여 취소소송을 허용하여야 할 것이다.[69]

4. 濫訴의 危險과 司法審査의 空白

이상과 같은 "구체적 사실"과 "법집행"에 대한 해석에 "이에 준하는 행정작용"이라는 포괄조항을 보태면, 현행법상으로도 충분히 사실행위와 행정입법 등 상당히 많은 부분의 행정작용을 처분으로 파악할 수 있을 것이다. 여기서 제기되는 '濫訴의 위험'은 원고적격과 권리보호필요성 단계에서 원고의 이익상황의 구체성·직접성·현재성을 고려하여 방지하여야 할 것이다. 무릇 행정소송의 대상적격은 객관적·외형적으로 판단하여야 한다. 대상적격 단계에서 획일적인 잣대를 사용하여 처분성을 부정하여 버리면 중대한 사법심사의 공백이 생길 우려가 있다.

69) 독일 행정절차법 제35조에서 행정행위(Verwaltungsakt)의 개념을 정의한 다음 이어 제36조에서 "행정행위에 대한 부관"(Nebenbestimmungen zum Verwaltungsakt)을 규정하고 있기 때문에, 과연 부관이 독립된 행정행위인가에 관해 논란이 심한 것이다. 반면에, 우리의 경우에는 부관이 독립하여 행정소송법상의 처분개념에 포섭될 수 있는지가 문제될 뿐이다.

5. 憲法訴願審判과의 관계

이상의 논의에 대하여 행정작용에 대한 헌법소원심판의 여지를 없앤다는 비판이 가능하다. 그러나 행정소송법이 전면 개정되어 현재와 같은 처분개념을 정의하게 된 것은 1984년으로 헌법재판소법이 제정되기 훨씬 이전이다. 뿐만 아니라 처분성을 확대하고자 한 것이 명백한 행정소송법의 입법자의 의사이다. 따라서 나중에 제정된 헌법재판소법과의 관계에서 행정소송법의 규정을 제한 해석하는 것은 반드시 타당한 것이라 할 수 없다. 헌법소원심판은 법률유보사항이다(헌법 제111조 제1항 5호). 1980년대까지 민주주의와 법치주의의 미성숙으로 말미암아 판례·학설이 행성소송에 대해 소극적인 태도를 보였는데, 헌법재판소법의 제정에 따라 그 동안 처분성을 충족하지 못하는 것으로 간주되었던 행정작용에 대해 헌법소원심판이 인정됨으로써 이제 문제가 현실적으로 露呈되었다고 할 것이다.

대법원과 헌법재판소의 권한배분의 문제는 우리나라 법질서에 있어 重且大한 문제로서 본고에서 깊이 논할 여유가 없으나, 헌법소원심판은 단심으로 끝나고 구두변론이 제한되어 있는 '非常的 권리구제절차'인 반면에, 행정소송은 三審制로서 두 번의 사실심을 거침으로써 구두변론과 증거조사에 의해 사실과 쟁점이 철저히 정리되고, 법적 판단이 두 번에 걸쳐 신중하게 검토된다. 당사자의 입장에서도 하급심의 판결에 따라 새로운 주장과 증거방법을 제출할 수 있는 審級의 이익이 부여된다. 여기에 법원에 대한 접근가능성이 훨씬 높다는 점이 추가된다면, 헌법소원심판에 대한 행정소송의 相對的 秀越性을 인정할 수밖에 없을 것이다. 헌법재판은 원칙적으로 헌법규범의 해석과 적용이 직접 쟁점이 되는 사안(위헌법률심사·정당해산·탄핵심판)에 한정함으로써 그 기능이 집약화되어야 하지 않을까 한다.

6. 當事者訴訟과의 관계

마지막으로 남는 문제는 처분성을 확대하여 취소소송 내지 항고소송의 범위를 확대할 것이 아니라 처분에 해당하지 않는 행정작용은 모두 당사자소송의 형태로 독일에서와 같은 금지소송 · 일반이행소송 · 확인소송을 인정하는 것이 타당한 방법이 아닌가 라는 데 있다. 처분성을 확대하면 그 부작용으로 제소기간의 제한과 불가쟁력이 부여되기 때문에 권리구제에 오히려 장해가 된다는 것이 중요한 논거의 하나이다.

그러나 당사자소송은 프랑스의 완전심판소송(contentieux de la pleine juridiction)과 영국의 커먼·로소송과 같이 철저한 주관소송의 구조를 갖는 것으로, 말하자면 민사소송과 동일한 구조의 소송(예컨대, 행정주체에 대한 손해배상청구 또는 부당이득반환청구)을 행정법원이 관할하는 것이라 할 수 있다. 독일에서는 취소소송과 의무이행소송도 완전한 주관소송으로서, 당사자소송과 그 대상의 측면에서만 상이할 뿐 본질은 동일하기 때문에, 당사자소송과 대체적 관계에 있다고 할 수 있다. 반면에, 상술한 바와 같이 우리나라의 취소소송 등 항고소송을 프랑스의 월권소송과 영국의 사법심사청구소송과 같이 객관소송으로 파악하게 된다면, 취소소송의 대상을 제한하면서 이에 해당하지 않는 부분을 주관소송인 당사자소송으로 넘기는 것이 바람직한 방법이라고 할 수 없다. 특히 행정입법의 경우에는 원고 개인에 국한된 문제가 아니라 한 국가의 법질서 전체에 영향을 미치는 객관소송적 성격이 강하기 때문에 당사자소송을 활용할 것이 아니라 — 객관소송적 성격으로 파악되는 — 항고소송의 형식을 취하여야 할 것이다. 이념적으로 당사자소송은 원고의 권리의무 또는 법적 지위를 확인하는 데 중점이 있는 반면, 항고소송은 행정작용의 위법성을 탄핵한다는 의미를 갖고, 실제적으로는 항고소송의 원고적격이 '권리의 침해'에 한정되지 않고

'법률상 이익'으로 확대되어 있으며, 적법성의 입증책임이 원칙적으로 행정청에게 있고, 승소판결의 효력이 대세적 효력(행정소송법 제29조 제 1 항, 제38조)을 가질 뿐만 아니라, 취소소송의 경우에 사정판결(동법 제28조)이 가능하다는 점에서 당사자소송과 중요한 차이가 있다.[70)]

제소기간의 제한 및 불가쟁력은 다른 관점에서, 예컨대 소송행위의 추완, 하자의 승계, 계속적 처분 이론[71)] 등 제소기간의 탄력적 운용을 통해 완화할 수 있다. 프랑스와 영국에서는 행정입법 자체에 대해 제소기간이 도과하면 더 이상 월권소송과 사법심사청구소송을 제기하지 못하지만 그 행정입법에 의거한 개별조치가 내려지면 그에 대한 월권소송과 사법심사에서 행정입법을 다툴 수 있도록 한다. 이를 프랑스에서는 '위법성의 항변'(exception d'illégalité)이라고 하는데, 우리 판례에서 개별지가결정에 관해 하자의 승계를 인정하는 것에 상응한다. 또한 근본적으로 볼 때 국민의 권리구제만이 아니라 행정의 효율성과 책임성을 함께 고려하는 관점에서 보면, 제소기간의 제한 및 불가쟁력이 무조건 나쁜 것이라고 치부할 수만은 없다. 권리를 위한 투쟁이라는 관점에서도 제소기간의 제한으로 말미암아 자신에게 불리한 행정입법과 행정활동에 대해서는 초기부터 철저한 법적 검토를 거쳐 제소 여부를 결정하게 하는, 그럼으로써 권리의식을 제고하는 효과

70) 취소판결의 대세적 효력에 관해서는 本書 제444면 이하 참조. 또한 언급할 만한 것은 금전지급(예컨대, 국민기초생활보장법에 의한 급여)의 거부처분에 대한 취소소송은 비재산권을 목적으로 하는 소송으로서 청구금액을 불문하고 訴價가 2천만 100원(소장첩부인지 95,000원)이지만, 당사자소송으로 금전지급을 구하는 경우에는 청구금액이 訴價가 된다는 점이다. 또한 당사자소송에서는 민사집행법의 준용에 의한 가처분으로 행정입법의 집행 또는 효력을 정지시킬 수 있는데, 가처분을 위해서는 사실상 예외 없이 담보제공(공탁금)이 요구되는 반면(민사집행법 제301조, 제280조 제 2 항), 취소소송과 무효확인소송에서의 집행·효력정지는 담보제공이 필요 없다.

71) 공공시설의 설치와 같이 지속적으로 영향을 주는 행정작용은 '계속적 처분'으로서 그것이 종료되지 않는 한—형사법상 계속범에 대해서는 공소시효가 진행하지 않는 것과 같이—제소기간이 진행하지 않는다는 것이다.

도 부정할 수 없다.[72)]

72) 대법원 판례는 광주민주화운동관련자보상등에관한법률에 의한 보상금청구(1992. 12. 24. 92누3335)와 석탄산업법에 의한 석탄가격안정지원금청구(1997. 5. 30. 95다28960)를 당사자소송으로 인정하였다. 그리고 군인연금법령의 개정에 따라 국방부장관이 퇴역연금액을 감액한 조치에 대하여 이의가 있는 퇴역연금수급권자(2003. 9. 5. 2002두3522)와 공무원연금관리공단으로부터 공무원연금법령의 개정에 의해 퇴직연금 중 일부 금액의 지급정지대상자가 되었다는 사실을 통보받은 퇴직연금 수급자(2004. 7. 8. 2004두244)는 각각 바로 미지급연금의 지급을 구하는 공법상 당사자소송을 제기할 수 있다고 하였다.

반면에, 대법원 1994. 5. 24. 선고 92다35783 전원합의체 판결은, 공공용지의취득및손실보상에관한특례법상의 이주대책을 위한 택지분양권이나 아파트입주권은 소정의 신청절차를 거쳐 이주대책대상자 확인·결정이 있을 때 비로소 발생하게 되므로 동 확인·결정은 "이주대책상의 수분양권을 취득하기 위한 요건이 되는 행정작용으로서의 처분"이고, 따라서 사업시행자가 이주대책대상자의 확인·결정을 거부한 경우에는 항고소송에 의하여 그 거부처분의 취소를 구하여야 하고, 곧바로 민사소송이나 공법상 당사자소송으로 수분양권의 확인 등을 구하는 것은 허용될 수 없다고 판시하였다.

최근 대법원 2006. 5. 18. 선고 2004다6207 전원합의체 판결은, 종전의 하천법 규정 자체에 의하여 하천구역으로 편입되어 국유로 되었으나 그에 대한 보상규정이 없었거나 보상청구권이 시효로 소멸되어 보상을 받지 못한 토지들에 대한 손실보상청구권은 하천법 부칙(1989. 12. 30.) 제 2 조 등에 의거한 공법상의 권리로서, 행정소송절차에 의하여야 하는데, 위 손실보상청구권은 1984. 12. 31. 전에 토지가 하천구역으로 된 경우에 당연히 발생되는 것이고, 관리청의 보상금지급결정에 의하여 비로소 발생하는 것은 아니므로, 그 손실보상금의 지급을 구하거나 손실보상청구권의 확인을 구하는 소송은 당사자소송에 의하여야 한다고 판시하였다.

그러나 私見에 의하면, 당사자소송은—민법상 4 대 채권발생원인에 상응하는—공법상의 계약·불법행위·부당이득·사무관리에 의거한 채무의 이행을 구하는 소송이고, 따라서 현재 민사소송으로 취급되고 있는 국가배상청구소송이나 공법상 부당이득반환청구소송은 마땅히 당사자소송으로 전환되어야 하지만, 그 밖에 의회가 특별히 제정한 법률에 의해 금전지급이 이루어지는 경우 그 법률의 집행을 위해 행정청의 판단이 개입될 수밖에 없는 때에는 그 판단의 위법성을 탄핵하는 항고소송에 의해 다투도록 하는 것이 타당하다고 본다. 상술한 바와 같이, 당사자소송은 개인의 권리구제를 위한 전형적인 주관소송인 반면, 항고소송은 행정의 적법성 통제를 중요한 목적으로 하는 객관소송 또는 최소한 주관소송과 객관소송의 결합이기 때문에, 행정청의 판단이 개입되는 법률집행의 경우에는 항고소송에 의하는 것이 소송의 목적과 기능에 부합되기 때문이다. 이러한 관점에서 위와 같이 당사자소송을 넓게 인정하는 판례의 태도는 재고되어야 할 것이다.

위 판례의 사안들에서 취소소송에 의하게 되면, 금전지급은 거부처분 취소판결의 기속력 및 간접강제에 의하여 강제되므로 위 각주 70)에서 언급한 바와 같이 비용이 적게 든다. 이상과 같은 私見은 본고에서 논의한 바와 같은 넓은 '처분'개념을 전제로 한다. 위 판결들에서 광주민주화운동보상금 및 석탄가격안정지원금의 지급거부결정, 퇴역연금액 감액조치, 퇴직연금 일부지급정지대상자 통보, 하천구역

V. 結　　語

본고에서는 우리 취소소송의 성질 내지 기능을 주로 독일법과의 비교를 통해, 부분적으로는 프랑스법과의 비교를 통해, 검토하고 이를 기초로 처분개념에 관한 인식의 전환을 시도하였다. 이를 계기로 한편으로 독일법에의 편중성을 극복하고 다원적인 법비교를 수행함으로써 우리 실정법제도의 문제점을 정확히 파악하고 그 개선방향을 모색하는 학문적 노력과, 다른 한편으로 헌법소원심판을 둘러싼 대법원과 헌법재판소의 권한배분의 문제를 더 이상 덮어두지 말고 진지한 자세로 다방면으로 검토하는 토론이 이루어졌으면 한다. 가치와 이익이 충돌하는 법적 문제에 있어 객관적인 진리는 궁극적으로 확정할 수 없다 하더라도 이를 위해 끝까지 포기하지 않고 노력하는 만큼 人間의 理性과 智慧는 성장한다!

편입 손실보상금 지급거부결정 등은 원고의 지급청구권을 실체법적으로 제한하는 법적 효력이 없다는 이유로 처분성이 부정되었다. 그러나 아무리 법령상 금전지급 요건이 명확히 규정되어 있고 그 요건이 충족되면 반드시 금전이 지급되도록 되어 있어 — 즉, 기속행위이어서 — 상대방에게 '청구권'이 인정되는 경우에도, 그 요건 판단을 위하여 행정청의 법률집행적 판단이 개입될 수밖에 없다. 법령의 개정에 따라 퇴역연금액이 감액되었다거나, 퇴직연금일부가 지급정지되었다거나, 일정한 시점 이전에 토지가 하천구역으로 편입되었다는 판단도 마찬가지이다. 대부분 숫자에 의한 단순한 판단이겠으나, 경우에 따라서는 그 판단의 적법성에 관해 분쟁이 생길 수 있고, 그렇다면 이에 관해 항고소송을 통한 행정의 적법성 통제가 이루어져야 하는 것이다. 이러한 판단들은 판례에서 처분성이 인정되어 항고소송의 대상으로 파악된 '이주대책대상자 확인·결정'과 비교하여 양적인 차이는 있을지언정 질적인 차이는 없다.

최근 대법원 2008. 4. 17. 선고 2005두16185 전원합의체 판결은 '민주화운동관련자 명예회복 및 보상 등에 관한 법률'에 의한 보상금 지급은 당사자소송이 아니라 지급거부결정에 대한 취소소송으로 구해야 한다고 판시하였다. 그 주된 논거가 근거법률 중 소송방법에 관한 규정의 해석이었고, 1992년 판결에서 당사자소송으로 인정하였던 광주민주화운동 보상금의 경우와 근거법률의 규정이 동일하지 않지만, 근본적으로는 상술한 항고소송과 당사자소송의 관계에 관한 私見과 동일한 취지의 문제의식에 의거한 것으로 보인다. 특히 다수의견에 대한 보충의견은 상술한 바와 같은 항고소송의 기능, 입증책임 및 소송비용상의 장점을 지적하고 있다.

제 6 장

取消訴訟의 原告適格 (1)

— 독일법의 批判的 檢討 —

Ⅰ. 序　　說

우리 헌법은 제27조 제 1 항에서 "모든 국민은 헌법과 법률이 정한 법관에 의하여 법률에 의한 재판을 받을 권리를 가진다"고 규정하는 한편, 제101조 제 1 항에서 "사법권은 법관으로 구성된 법원에 속한다"라고 천명하고, 이어 제107조 제 2 항에서 "명령·규칙 또는 처분이 헌법이나 법률에 위반되는 여부가 재판의 전제가 된 경우에는 대법원은 이를 최종적으로 심사할 권한을 가진다"고 규정하고 있다. 이러한 헌법규정들에 따르면, 어떠한 경우에 국민은 행정활동의 위헌·위법 여부에 관한 재판을 받을 권리를 가지며, 어떠한 경우에 법원이 행정활동의 위헌·위법 여부를 심사할 권한을 갖는가, 단적으로 말해, 행정에 대한 사법권의 범위는 어디까지인가 라는 문제는 — 헌법적인 차원에서는 — '재판' 내지 '법률에 의한 재판'이 무엇인가 라는 문제로 귀결된다.

법률의 차원으로 내려와 살펴보면, 법원조직법 제2조 제1항은 "법원은 헌법에 특별한 규정이 있는 경우를 제외한 일체의 법률상의 쟁송을 심판하고…"라고 규정하고 있으나, 이는 "법률에 의한 재판"이라는 헌법규정을 "법률상의 쟁송"이라는 거의 동일한 표현으로 바꾸었을 뿐이다. 이에 대한 실질적 대답을 주고 있는 것이 행정소송법인데, 행정소송의 종류와 대상, 그리고 원고적격에 관한 규정들이 바로 그것이다. 따라서 이러한 행정소송법 규정들은 행정활동에 대한 국민의 재판청구권과 더불어 사법권의 범위를 결정하는, 우리나라 전체 법질서의 根幹에 속하는 법규범이라고 할 것이다. 우선 — 행정소송의 종류와 대상과 관련하여 — 행정활동에 대한 사법권이 실제적으로 '처분등'에 대한 '취소소송'에 한정되어 있다는 점이 보다 근본적인 문제점이지만, 그 취소소송에 국한하여 보면 누가 어떠한 경우에 취소소송을 제기할 수 있는가 라는 원고적격의 문제가 결정적인 요소가 된다. 이에 관해 행정소송법 제12조 1문은 "취소소송은 처분등의 취소를 구할 법률상 이익이 있는 자가 제기할 수 있다"라고 규정하고 있어, 결국 문제는 "처분의 취소를 구할" "법률상 이익"이 "있는" "者"의 의미가 무엇인가로 귀결된다. 이 네 마디의 말에 우리나라 司法府의 위상과 책임이 달려 있다고 해도 과언이 아니다.

이러한 문제의식 하에서 취소소송의 원고적격과 관련하여 실무상 가장 중요한 쟁점이 되고 있는 '환경관련시설의 설치 · 가동 허가처분을 다투는 취소소송에서 인근주민의 원고적격'의 문제를 살피기로 한다. (위 네 번째의 "者"의 의미는 지방자치단체, 또는 국가 및 지방자치단체의 행정기관, 또는 심지어 국가 자체가 — 다른 국가기관 또는 지방자치단체 기관이 행한 처분에 대해 — 취소소송을 제기할 수 있는가의 문제와 관련된다. 이에 관해 本書 제 7 장, 286면 이하, 제 9 장, 352면 이하 참조.)

취소소송의 원고적격에 관한 판례와 이론의 종합적인 고찰은 다음 기회로 미루고 本稿에서는 독일법의 소개와 평가에 집중하고 그와 관련하여 우리 행정소송법의 해석에 관한 私見을 제시하고자 한다. 행정소송에 관해서는 프랑스와 독일, 그리고 영·미의 제도가 세계적으로 세 가지 典型을 이루고 있다. 각각 독특한 역사적 · 정치적 · 문화적 · 사상적 배경을 갖고 또한 행정소송의 기능에 대한 근본적 관념도 부분적으로 다르다. 그러나 최근 世界化의 추세에 따라, 특히 유럽에서는 유럽법의 발전과 유럽법원 판례의 축적을 통해, 실질적으로 상호 접근하는 경향도 간과할 수 없다. 우리로서도 이제 어느 한 쪽만이 아니라 세 가지 모두를 대등하게 수평적으로 고찰하면서, 이에 그 동안 우리가 발전시켜온 행정소송제도를 비교함으로써 과연 우리가 나아갈 방향이 어느 쪽인가를 모색해야 할 때이다. 이러한, 말하자면 全方位的이고 주체적인 비교법 고찰에서 특히 독일법이 중요한 의미를 갖는다. 그 동안 우리나라 행정법이 독일법의 강한 영향하에 있었기에 독일법의 역사와 특수성, 그리고 그 장점과 단점을 정확히 이해할 때에만 위와 같은 올바른 비교법적 고찰이 가능하기 때문이다.

이러한 관점에서 本稿에서는 우선 취소소송의 원고적격에 관한 독일법의 기본구조를 개관하고(Ⅱ.), 이어 독일법상 원고적격의 핵심개념인 '권리'의 의미를 독일의 전통적인 보호규범이론과 관련하여 분석한 다음(Ⅲ.), 구체적으로 독일의 建築·環境隣人訴訟에서 원고적격 판단기준에 관한 판례를 소개하며(Ⅳ.), 마지막으로 독일법에 관한 평가와 우리 행정소송법 제12조의 해석에 관한 私見을 제시하기로 한다(Ⅴ.).

Ⅱ. 取消訴訟의 原告適格에 관한 獨逸法의 基本構造

1. 憲法(基本法)의 規定

독일 연방헌법(Grundgesetz, 기본법) 제19조 제4항 1문은 "누구든지 공권력에 의해 자신의 권리가 침해된 때에는 소송을 제기할 수 있다"(Wird jemand durch die öffentliche Gewalt in seinen Rechten verletzt, so steht der Rechtsweg offen)고 규정함으로써, — "법률에 의한 재판"이라고 규정한 우리 헌법과는 달리, — 헌법 자체에서 실질적인 기준에 의거하여 행정활동에 대한 국민의 재판청구권을 전면적으로 보장하고 있다. '권리가 침해된 때'라는 문구가 바로 그 실질적 기준이다. 다시 말해, 개인의 권리가 침해된 경우에는 그 공권력 행사가 어떠한 유형이든지 간에, 그것이 행정행위이든 아니든 간에, 모든 종류의 행정활동에 대해 재판청구권이 보장되고, 이에 대해 행정재판권이 미치는 것이다. 이는 한편으로 2차 세계대전 이전 행정소송(취소소송)의 대상을 일정한 유형의 행정행위에 한정하던 列記主義(Enumerationsprinzip)를 폐기하고 '포괄적인 내지 공백 없는 권리구제'(umfassender Rechtsschutz)를 보장한 것이다. 그러나 이는 다른 한편으로, 바이마르 시대까지 행정에 대한 객관적인 법적 통제를 기조로 하던 북독일 행정소송제도를 포기하고 주관적 권리보호를 중심으로 하는 남독일 행정소송제도를 전면적으로 채택하였다는 의의를 갖는다. 즉, 행정소송은 개인의 권리침해를 구제하기 위한 것으로서, 그 권리침해를 계기로 하여서만 행정소송이 개시될 수 있다는 것이다. 요컨대, 독일 헌법상 행정소송의 종류와 대상에 관한 제한은 철폐되었지만 행정소송의 원고적격은 단지 '권리침해'를 요건으로 인정된다. 다시 말해, 독일에서는 행정소송 원고적격의 요건으로서의 권리침해는 헌법상의 요건이다.[1)]

2. 行政法院法의 規定

위와 같은 헌법규정에 따라 행정법원법(Verwaltungsgerichtsrordnung: VwGO)은 한편으로 포괄적 권리구제를 실현하기 위해, 행정행위에 대하여는 그 취소를 구하는 취소소송(Anfechtungsklage)과 더불어 행정행위의 발급을 구하는 의무이행소송(Verpflichtungsklage)을 마련하였을 뿐만 아니라, 행정행위가 아닌 행정활동에 대해서도 그 중단·배제를 구하는 금지소송(Unterlassungsklage) 및 예방적 금지소송(vorbeugende Unterlassungsklage)과 적극적 행정활동을 구하는 일반적 이행소송(allgemeine Leistungsklage) 등 다양한 소송유형을 — 부분적으로는 판례에 의한 법형성에 의한 것이지만 — 인정하고 있다. 그러나 다른

1) Schmidt-Aßmann, in: Maunz/Dürig, Grundgesetz. Bd. 2. Lfg. 36, München 1999, Art. 19 Ⅳ. (Lfg. 24) Rn. 1-9; Jarass/Pieroth, Grundgesetz. 5. Aufl., München 2000, Art. 19. Rn. 22-28 참조. 그러나 권리침해를 요건으로 하지 않는 행정소송이 헌법상 금지되는 것은 아니라고 보는 것이 지배적 견해이다. 그리하여 다수의 州에서는 환경단체에 대해 환경문제에 관한 원고적격을 인정하는 단체소송(Verbandsklage)제도를 도입하였는데, 그 내용이 州마다 상이하지만, 연방환경보호법(Bundesnaturschutzgesetz: BNatSchG)에 따라 사전에 승인된 환경단체에 대해서만 원고적격을 인정하는 것이 일반적인 경향이다. 2002년부터 연방환경보호법이 개정되어 승인된 환경단체는 그 소속 州만이 아니라 독일 연방 전체에서 자연보호를 위한 금지 · 하명의 해제, 환경침해를 내용으로 하는 계획확정결정과 계획허가를 다툴 수 있게 되었다. 환경단체에 대하여 受訴法院이 전적으로 당해 단체의 설립목적, 연혁, 구성원 및 활동상황 등을 참작하여 원고적격의 인정 여부를 결정하는 영국 · 프랑스 · 미국과 비교하여, 독일에서는 연방의 관할행정청에 의한 승인이 원고적격 인정의 결정적인 요건이 된다는 점이 특징이다. 이상에 관해 Schoch/Schmidt-Aßmann/Pietzner, Verwaltungsgerichtsordnung, §42 Abs. 2 Rn. 228-249; Hufen, Verwaltungsprozeßrecht. 5. Aufl., 2003, §14 Rn. 122-125 참조.

한편, 제42조 제 2 항에서 취소소송과 의무이행소송의 원고적격(Klagebefugnis)에 관해 “법률에 달리 정함이 없는 한, 원고가 행정행위 또는 그 거부나 부작위에 의해 자신의 권리가 침해되었음을 주장하는 때에만 소송이 허용된다”(Soweit gesetzlich nichts anderes bestimmt ist, ist die Klage nur zulässig, wenn der Kläger geltend macht, durch den Verwaltungsakt oder seine Ablehnung oder Unterlassung in seinen Rechten verletzt zu sein)고 규정하고 있는데, 이 규정은 다른 유형의 행정소송에도 준용된다는 것이 판례·통설의 입장이다.[2] 이와 같이 원고적격의 요건을 ‘권리침해의 주장’으로 규정한 것은 바로 상술한 헌법상의 주관적 권리구제 중심의 행정소송제도를 구현한 것이다.

이러한 권리구제 중심적 구조는 또한 취소소송의 본안요건에서도 뚜렷이 나타난다. 즉, 행정법원법 제113조 제 1 항 1 문은 “행정행위가 위법하고 이로 인해 원고가 자신의 권리가 침해된 때에는 법원은 당해 행정행위와 존재하는 재결을 취소한다”(Soweit der Verwaltungsakt rechtswidrig und der Kläger dadurch in seinen Rechten verletzt ist, hebt das Gericht den Verwaltungsakt und den etwaigen Widerspruchsbescheid auf)고 규정한다. 이와 같이 독일의 취소소송에서는 원고적격 부분에서 ‘권리침해의 주장’이, 본안요건 부분에서 — 위법성과 더불어 — ‘권리침해의 사실’이 각각 자리잡고 있어, ‘권리침해’가 취소소송의 全部分을 관통하는 중심축을 이루고 있는 것이다. 이것이 독일 취소소송의 핵심적 특징이다.

원고적격 요건으로서의 ‘권리침해의 주장’에 관해서는, 명문의 규정은 없으나 판례·학설상, 단지 권리침해를 주장하는 것만으로는 부족하다고 한다. 종전에는 그 주장 내용이 논리적으로 설득력이 있어야 한다는 ‘논리정연함’(Schlüssigkeit)을 요구하는 판례·학설이 있었으

2) Schoch/Schmidt-Aßmann/Pietzner, a.a.O., § 42 Abs. 2. Rn. 1-35; Sodan/Ziekow, Verwaltungsgerichtsordnung, § 42 Rn. 355-367.

나, 지금은 그것까지는 필요없고 '개연성 내지 가능성'(Möglichkeit)만으로 충분하다는 것이 판례 · 통설이다.[3] 그러나 그 개연성에 관해 최저한도로서 소극적으로 '전혀 불가능한 것이 아님'(nicht von vornherein ausgeschlossen)에서부터 적극적 가능성까지 스펙트럼을 이루는 것이므로, 이를 어느 정도로 요구하는가에 따라 권리침해에 관한 심리의 중점이 원고적격 부분에 있는가 아니면 본안요건 부분에 있는가가 좌우된다. 실무상으로는 상당한 정도로 적극적 가능성까지 요구되고 있는데, 본안판단을 강조하는 입장에서 원고적격 판단을 최소화해야 한다는 견해가 있다.[4]

이러한 원고적격의 요건으로서의 권리침해의 '가능성'은 두 가지 요소로 분해될 수 있다. 즉, 첫째로 원고가 주장하는 권리가 실제로 원고에게 인정될 가능성과 둘째로 그 권리가 실제로 침해되었을 가능성이 그것이다. 이를 本稿의 고찰대상인 環境隣人訴訟(Umweltnachbarklage)과 관련하여 설명하면, 인근주민이 원고적격을 인정받기 위해서는, 먼저 그의 주장 사실대로라면 그가 주장하는 권리가 실제로 동인에게 귀속될 수 있을 가능성이 긍정되어야 비로소 그 권리가 침해받았을 가능성이 검토되는 것이다. 이 때 첫 번째 요소인 '권리귀속 가능성'은 — 원고의 주장사실을 전제로 한 — 객관적인 법적 판단이기 때문에, 형식적으로는 '가능성'에 관한 판단이지만, 실질적으로는 그 권리의 귀속 여부가 종국적으로 판단된다. 따라서 취소소송의 경우 원고적격의 문제는 객관적인 권리귀속 여부의 판단문제로 집약되는 것이다.[5]

---

3) Schoch/Schmidt-Aßmann/Pietzner, a.a.O., §42 Abs. 2. Rn. 64-67; Sodan/Ziekow, a.a.O., §42 Rn. 369-372 참조.

4) Himmelmann/Pohl/Tünnesen-Harmes, Handbuch des Umweltrechts. Lfg.3., München 1998, A. 6 Rn. 54 참조.

5) 다만 사실에 관한 문제로서, 만일 허위로 문제의 환경위해시설로부터 근접한 거리에 있는 지역의 주민임을 주장한 경우에, 그 주장 자체로 권리귀속이 인정된다면, 원고적격은 긍정되지만 본안판단에서 권리침해의 사실이 부정되어 기각된다. 이러한 경우 우리나라에서는 후술(각주 51)하는 바와 같이 원고적격 자체가 부정

Ⅲ. 獨逸法上 原告適格의 要件으로서 '權利'와 保護規範理論

1. 公權理論과 保護規範理論

이상에서 본 바와 같이 독일법상 취소소송의 원고적격은 '권리'(subjektives Recht)의 문제로 집약된다. 일찍이 뷜러(Ottmar Bühler)는 과연 개인이 국가에 대해서도 개인 상호간에서와 같은 권리를 가질 수 있는가 라는 문제를 — 당시 잔존하던 국가우월사상에 입각하여 이를 부정하는 견해가 많은 상황 하에서 — 스스로 제기하고, 첫째, 강행법규인 법률에 의해 국가(행정)의 의무가 부과되고, 둘째, 그 의무가 개인의 私益을 보호하기 위한 것이며, 셋째, 개인에게 그 사익을 관철하기 위한 법적인 힘(Rechtsmacht)이 인정될 때에는, 개인이 국가에 대해서도 권리를 가질 수 있다고 주장하면서, 이를 당시 各州의 행정재판소의 판례들에서 검증한 것이 바로 그의 '주관적 공권'(subjektives öffentliches Recht) 이론이다.[6)]

이와 같이 개인이 국가에 대해서도 일정한 조건 하에서 '권리'를 가질 수 있다는 점을 강조한 것이 프랑스와 영·미와 비교하여 독일 공법학이 독특하게 갖는 특징이다. 시민혁명을 통해 개인의 국가에 대한 권리가 보편적으로 인정되는 전제 위에 행정법을 발전시킨 프랑스와 점진적 · 안정적인 민주주의와 법의 지배(rule of law)의 발전에 힘입어 실정법에 의해 금지되는 것이 아니면 모두 개인의 자유와 권리(right)에 속하는 것으로 간주되어 온 영국과 뚜렷하게 대비되는 점이

되어 각하된다.

6) O. Bühler, Die subjektiven öffentlichen Rechte und ihr Schutz in der deutschen Verwaltungsrechtsprechung, Berlin u.a. 1914.

다. 이와 같이 독일의 공권이론은 한편으로, 외견적 입헌군주제 하에서 우월적 국가권력에 대립하면서 동시에 그와 타협하는 시민계급의 자유주의적 요구를 반영하는 것으로서, 시민계급의 대표인 의회에서 시민의 사익을 보호해주는, 글자 그대로 '보호규범'[7](Schutznorm)인 법률이 제정되면 개인도 권리를 가질 수 있다는 것이다. 이것이 바로 보호규범이론의 정치적 · 사상적 배경이다. 다른 한편으로 공권이론은 권리중심의 로마법을 가장 충실히 계수한 독일에서 판덱텐 법학을 거쳐 19세기 절정을 이룬 私法學의 영향을 받은 것이라고 할 수 있다. 다시 말해, 公法學도 이와 같이 발전된 私法學에 못지않은 법학적 체계와 방법을 갖기 위해서는 '권리'개념이 필요하였던 것이다.

2. 保護規範理論의 發展과 學說 · 判例

이와 같이 보호규범이론에 의거한 공권 개념은 독일 행정소송에서 처음부터 실정법상 원고적격 요건으로 기능하였다.[8] 문제는 법률이 '오직' 사익만을 보호하기 위해 행정에게 어떤 의무를 부과하는 경우에 한하여 개인적 공권을 인정하게 된다면 원고적격이 극히 제한된다는 데 있었다. 따라서 독일에서 원고적격의 확대는 주로 — 소위 공권 성립 제 2 요소인 — '사익보호성'의 확대를 통해 이루어진다.[9] 즉, 법

7) '보호규범'으로 번역되는 것이 일반적이나, 守護天使(Schutzengel)와 대비하여 Schutznorm을 — 마치 시민의 대표인 의회가 만든 법률이 시민을 국왕의 공권력으로부터 '수호'한다는 의미에서 — '수호규범'으로 번역하면 훨씬 그 역사적 의미를 이해하기 쉬울 것이다.

8) 1883년 제정된 프로이센 일반행정법(Preußisches Gesetz über die allgemeine Landesverwaltung: ALVG) 제127조 제 2 항은 다음과 같이 규정하고 있었다. "경찰처분은 그것이 실정법을 적용하지 않거나 실정법을 위반함으로써 원고의 권리가 침해되었다는 이유로써 취소를 청구할 수 있다"(Eine Polizeiverfügung kann vor dem Verwaltungsgericht mit der Begründung angefochtet werden, daß sie durch Nichtanwendung oder unrichteig Anwendung des bestehenden Rechts··· den Kläger in seinen Rechten verletze).

9) 공권성립 제 3 요소인 '소송을 통해 사익을 관철할 수 있는 법적인 힘'은 상술한

률이 '명확하게' '오직' 사익만을 보호하기 위한 것이 아니라, 오히려 공익 또는 공공의 이익을 보호하는 것이 주된 목적이라 하더라도 이와 더불어 私益도 '동시에' 보호하는 것으로 '해석'되는 경우에는 그 사익보호성의 요건이 충족되어 공권이 성립하고 따라서 원고적격이 인정된다는 것이다. 이러한 '해석'을 위해서는 법학방법론상의 모든 해석방법 — 확대해석, 체계적 해석, 목적론적 해석 등 — 이 동원될 수 있고, 특히 2차 세계대전 이후 헌법·기본권의 실질적 규범력과 放射效(Ausstrahlungseffekt)가 강조되면서 '헌법합치적 해석'(verfassungskonforme Auslegung)도 동원된다. 이러한 방법으로 독일의 판례는 연방건설법전(Baugesetzbuch: BauGB), 연방임밋씨온방지법(Bundes-Immissionsschutzgesetz: BImSchG), 원자력법(Atomgesetz: AtomG), 방사능방지법(Strahlenschutzvorsorgegesetz: StrVG) 등 건축·도시계획·공해관련 법률들의 많은 규정들에 대하여 인근주민에 대한 사익보호성을 긍정함으로써 인근주민의 원고적격을 인정하였다(구체적인 내용은 아래 Ⅳ.에서 후술).[10)]

독일에서 그 동안 보호규범이론을 비판하는 견해들이 끊임없이 제기되어 왔는데, 이를 크게 네 가지 입장으로 분류할 수 있다. 첫째는 취소소송의 원고적격 요건으로서 공권은 이제 방어권으로서의 기본권 내지 헌법원리로부터 직접 도출될 수 있기 때문에 법률규정에만

바와 같이 기본법 하에서 포괄적 권리구제가 인정됨으로써 당연히 긍정되는 것으로 보아 이를 특별히 논의하지 않는 것이 최근의 학설경향이다(Maurer, Allgemeines Verwaltungsrecht. 12. Aufl., München 1999, §8 Rn. 8; H. Dreier, Grundgestz. Bd. 1, 1996, Art. 19 Ⅳ. Rn. 44 참조). 그러나 기본법 하에서도 사익에 대해 예외 없이 소송상 관철력이 인정된다고는 할 수 없고 단지 그 추정만이 가능하다고 하면서 이에 반대하는 견해도 유력하다. 대표적으로 H.-U. Erichsen, Das Verwaltungshandeln, in: ders (Hg.), Allgemeines Verwaltungsrecht. 11. Aufl., Berlin 1998, §11 Rn. 33 참조.

10) Schoch/Schmidt-Aßmann/Pietzner, a.a.O., Vorb §42 Abs. 2 Rn. 55-117; M. Kloepfer, Umweltrecht. 2. Aufl., München 1998, S. 512-517 참조.

한정된 보호규범이론은 극복되어야 한다는 입장이다.[11] 둘째는 법률 규정의 규범적 해석에 의해 도출되는 공권 대신에 '보호가치 있는 이익'(schutzwürdige Belange),[12] 또는 '국가법규범과의 구체적인 관련성'(konkretes Betroffensein von einer staatsrechtlichen Norm),[13] 또는 '사적인 고유한 이해관계"(private eigene Angelegenheiten)[14] 등 사실적 이익상황을 취소소송의 원고적격 요건으로 보아야 한다는 입장이다. 셋째는 특히 환경행정소송에 있어 주관적 권리구제적 기능을 부정함으로써 보호규범이론을 근본적으로 거부하는 입장이다.[15] 마지막으로 특히 주목할 만한 견해는 취소소송의 원고적격 요건으로서 공권 개념 자체는 인정하되, 상술한 바와 같은 보호규범이론의 시대적 · 사상적 배경을 비판하면서 공권에 대한 새로운 관념을 제시하는 입장이다.[16] 즉, 시민적 자유주의를 전제로 국가의 권력관계에 대항하는 개인의 권리를 상정하는 보호규범이론은 기본법 하에서는 더 이상 타당하지 않으므로, 공권의 초점을 권력관계에서부터 국가와 개인 사이의 '법관계'(Rechtsverhältnis)로 옮겨 그 법관계에서 개인이 갖는 권리를 공권으로 파악한다는 것이다. 이러한 견해의 환경행정소송에서의 실제

11) 방어권으로서의 기본권을 강조하는 견해로서 M. Zuleeg, Hat das subjektive öffentliche Recht noch eine Daseinsberechtigung? DVBl. 1976, S. 509-521; 객관적 가치결단으로서의 헌법원리를 강조하는 견해로서 B. Wiegand, Drittschutz im Spannungsverhältnis zwischen Verfassung, Gesetz und Verwaltungshandeln, BayVBl. 1994, S. 609-615, 647-655.

12) R. Bernhardt, Zur Anfechtung von Verwaltungsakten durch Dritte, JZ 1963, S. 302-308 (307).

13) R. Bartlsperger, Das Dilemma des baulichen Nachbarrechts, VerwArch 1969, S. 35-63 (49).

14) W. Henke, Das subjektive öffentliche Recht, Tübingen 1968, S. 57-61 (60).

15) Ch. Sening, Abschied von der Schutznormtheorie im Naturschutzrecht, NuR 1980, S. 102-110; ders, Rettung der Umwelt durch Aufgabe der Schutznormtheorie? BayVBl. 1982, S. 428-431.

16) H. Bauer, Geschichtliche Grundlagen der Lehre vom subjektiven öffentlichen Recht, Berlin 1986; ders, Altes und Neues zur Schutznormtheorie, AöR 1988, S. 582-631.

적 귀결로서, 공권문제는 '국가-개인'의 二極的 관계가 아니라 대립하는 다양한 사적 이해관계들도 포괄하는 多極的 관계에서 포착되어야 하며 또한 개개 법률규정의 보호목적의 해석에 집착할 것이 아니라 헌법과 법률, 법원리 등 전체 법질서의 관점에서 해결되어야 한다는 것이다.

그러나 통설은 헌법과 행정법원법의 규정상 행정소송 원고적격의 요건으로서 공권 개념을 부정할 수 없고 나아가 이익형량결정을 통해 기본권 및 헌법원리를 구체화하는 — 민주적 정당성을 가진 — 의회입법권을 존중해야 한다는 논거로써 여전히 공권개념과 (법률상) 보호규범이론을 고수하고 있다.[17] 다만, 목적론적 해석과 헌법합치적 해석을 통해 법률의 사익보호성 범위를 확대하고자 노력하고 있음은 상술한 바와 같은데, 바로 그렇기 때문에 헌법과 기본권에서 바로 공권을 도출할 필요가 없다는 것이 통설의 논리이다.

판례도 현재까지 원칙적으로 보호규범이론을 충실히 따르고 있다.[18] 그리하여 판례는, 아래 Ⅳ.에서 보는 바와 같이, 여러 가지 구별기준에 의거하여 문제된 개개의 법률규정마다 사익보호성 여부를 판단하고 있다. 그러나 예외적으로 생명·건강·재산이 "현저하게" (qualifiziert) 또는 "중대하고 참을 수 없을 정도로"(in schwerer und

17) Erichsen, a.a.O., Rn. 35; Schoch/Schmidt-Aßmann/Pietzner, a.a.O., Vorb §42 Abs. 2 Rn. 49-54: Wolff/Bachof/Stober, Verwaltungsrecht. Bd. 1. 11. Aufl., München 1999, §43 Rn. 23-26; E. Schmidt-Aßmann, Das allgemeine Verwaltungsrecht als Ordnungsidee, Berlin u.a. 1998, S. 69-71; P. Marburger, Ausbau des Individualschutzes gegen Umweltbelastungen als Aufgabe des bürgerlichen und des öffentlichen Rechts. Verhandlungen des 56. Deutschen Juristentags, Bd. 1. Teil C., München 1986 (S. 97); W. Krebs, Subjektiver Rechtsschutz und objektiver Rechtskontrolle, in: Festschrift für C.-F. Menger, Köln u.a. 1985, S. 191-210; 법정책적 관점에서 공권개념을 비판하면서도 실정법적 관점에서 공권개념의 필수불가결성을 강조하는 견해로는 G. Roellecke, Subjektive Rechte und politische Planung, AöR 1989, S. 589-607 (604 ff.).

18) 대표적으로 BVerwGE 1, 83; 68, 58; 80, 259.

unerträglicher Weise) 침해될 경우에는 직접 기본권(생명 · 신체의 자유 및 재산권)에 의거하여 원고적격을 인정할 수 있는 여지를 열어놓고 있다.[19)]

3. 保護規範理論의 適用範圍

(1) 19세기 말 성립 초기의, 말하자면 始原的인 보호규범이론의 논리에 의하면, 침익적 행정행위에 대해 그 상대방이 제기한 취소소송의 경우에도, 원고적격이 긍정되기 위해서는 당해 행정행위의 근거 내지 발동요건을 이루는 법률규정이 — 정확히 말해, 동 법률규정을 준수할 행정의 의무가 — 원고의 사익 보호를 목적으로 하는 것이어야 되었다. 다시 말해, 본안요건에서 행정행위의 위법성 판단의 척도가 되는 법률규정이 바로 원고의 사익을 보호하는 '보호규범'이 되어야 한다는 것이다. 그리하여 원고적격 단계에서는 당해 행정행위가 그 법률규정을 위반함으로써 동 규정을 통해 부여된 원고의 권리가 침해되었음이 주장되고, 그 위반 및 권리침해가 실제로 존재하느냐 여부가 본안에서 판단된다. 요컨대, 위법성 판단의 기준과 공권 판단의 기준이 일치하는 것이다.[20)] 그러나 이미 벨러도 침익적 행정행위의 상대방은 기본

19) 재산권에 관해서는 BVerwGE 32, 173; 50, 282; 89, 78. 생명 · 신체의 자유에 관해서는 BVerwGE 54, 211 (221 ff.); 66, 307 (309); BVerwG, NVwZ 1997, 161; BVerfGE 56, 54 (78). 유의할 것은 이 판결들이 피해가 중대한 경우 예외적으로 직접 기본권에 의거하여 원고적격이 인정될 수 있음을 승인하였으나 — 재산권에 관한 위 두 번째 판례(BVerwGE 50, 282)를 제외하고 — 결론적으로 당해 사안은 그러한 예외적인 경우에 해당하지 않는다는 이유로 원고적격을 부정하였다는 점이다.

20) 이를 원고적격(권리침해)의 '위법성 견련성'(Rechtswidrigkeitszusammenhang)이라 한다. 예컨대, 의무위반에 대한 제재로서 영업허가의 취소 · 정지를 규정한 식품위생법 第58조 제 1 항에 관하여, 의무위반을 이유로 영업허가취소처분을 받은 영업주가 의무위반사실이 없었음을 주장하면서 그 취소처분을 다투는 취소소송을 제기한 경우, 영업주의 원고적격은 위 식품위생법의 규정이 — 정확히 말해, 의무위반이 있을 때에만 영업허가의 취소 · 정지를 하여야 할 행정청의 의무가 — 영업주의 사익을 보호하는 것으로 인정되어 '의무위반이 없으면 영업허가의 취소 · 정

권의 자유권적 · 방어권적 기능에 의거하여 바로 원고적격이 부여될 수 있음을 지적하였는데,[21] 이러한 소위 '(직접)상대방 이론'(Adressatentheorie)은 현재 기본권의 직접적 · 실질적 효력이 인정되는 있는 기본법(제1조 제3항) 하에서 판례 · 통설상 일반적으로 승인되고 있다.[22] 즉, 침익적 행정행위의 상대방은 그 처분에 의해 무엇인가 자신의 기본권적 자유를, 최소한 기본법 제2조 제1항의 인격의 자유로운 발현권을 제한받는 것이므로 — 처분의 근거 · 요건이 되는 법률규정을 매개로 하지 않고서도 — 자유권의 방어권적 기능에 의거하여 바로 원고적격이 인정된다는 것이다.[23] 따라서 보호규범이론은 침익적 행정행위의 상대방이 제기하는 취소소송에 대해서는 실제적 의미를 상실하고 그 적용범

지를 당하지 않을 권리'가 영업주에게 인정됨으로써 비로소 긍정되는 것이다. 아래 각주 23 참조.

21) O. Bühler, a.a.O., S. 61-157.

22) BVerwGE, NJW 1988, 2752 (2753); NVwZ 1993, 884 (885); BayVBl. 1994, 90; OVG Koblenz GewArch 1993, 289; Sodan/Ziekow, a.a.O., § 42 Rn. 374; Kopp/Schenke, Verwaltungsgerichtsordnuug. 11. Aufl., 1998, § 42 Rn. 69; Hufen, a.a.O., § 14 Rn. 77; W. Schmitt Glaeser, Verwaltungsprozeßrecht. 14. Aufl., 1997, Rn. 146; C. H. Ule, Verwaltungsprozeßrecht. 9. Aufl., § 33 Ⅳ. (S. 206); 상세한 내용은 E. Gurlit, Die Klagebefugnis des Adressaten im Verwaltungsprozeß, Die Verwaltung 1995, S. 449-473 참조.

23) 엄밀하게 보면, 이 때 원고적격 요건으로서의 '권리침해 가능성'은 행정행위의 개념으로 흡수되어 취소소송의 대상적격으로 轉移된다고 할 수 있다. 일견 행정행위의 외관은 가지고 있더라도 — 행정청이 그 무효를 자인하는 등의 사정으로 — 권리침해 가능성이 전혀 없는 경우에는 행정행위로 인정될 수 없기 때문에 취소소송은 물론 무효 · 부존재확인소송의 대상도 될 수 없다. 거꾸로 말하면, 어떤 행정작용이 행정행위 개념에 포섭되면 그 상대방은 당연히 모종의 기본권적 자유를 침해받을 가능성이 있게 되고 따라서 바로 원고적격이 인정되는 것이다. 그렇기 때문에 '상대방이론'을 결과적으로 승인하면서도 이 경우 원고적격이 필요 없게 되는 것이 아니라 원고적격 — 정확하게 말해 '법률규정에 의해 부여된 권리의 침해 가능성' — 이 추정되는 것에 불과하다는 점을 강조하는 견해도 있다(Sodan/Ziekow, a.a.O; Kopp/Schenke, a.a.O.). 또한 여기에서 한 걸음 더 나아가 위법한 행정행위에 의해 기본권이 손상(Beeinträchtigung)된다고 하더라도 그러한 모든 경우에 예외 없이 기본권이 — 원고적격의 요건으로서 — 침해(Verletzung)되는 것은 아니라고 하면서 '상대방이론'을 배척하고, 상술한 전통적인 '위법성 판단 규범과 원고적격 판단 규범의 일치' 내지 '위법성 견련성'을 고수하는 것이 전통적 견해이다(Schoch/Schmidt-Aßmann/Pietzner, a.a.O., § 42 Abs. 2 Rn. 48).

위는 단지 행정행위의 상대방이 아닌 제 3 자가 제기하는 취소소송 — 특히 건축 · 환경관련 隣人訴訟(Nachbarklage) 및 경업자소송(Konkurrentenklage)과 — 에 국한되게 되었다. 이는 기본권에 의해 보호규범이론이 제한 · 수정되게 된 중요한 例라고 할 것이다.

(2) 재량행위인 침익적 행정행위의 경우에는 보다 어려운 문제가 있다. 상술한 바와 같이 始原的인 보호규범이론에 따르면, 처분의 근거법률규정에 의하여 강행법규적 의무가 행정에게 부과되어 있어야 하는데, 그 규정이 행정에게 재량권을 인정하고 있으므로, 도대체 행정에게 어떠한 의무가 부과되어 있으며 이에 대응하여 개인은 어떠한 권리를 갖는지가 의문시되기 때문이다. 주지하는 바와 같이, 초기 이론에 의하면 재량행위는 본안에서 위법으로 판단될 가능성이 전혀 없기 때문에 아예 취소소송의 대상에서 제외되었던 것인데, 그 후 재량하자론에 힙입어 재량행위도 재량권의 남용이 있으면 본안에서 위법판단을 받을 가능성이 있으므로 일단 사법심사의 대상이 되어야 한다는 논리로써 대상적격의 관문을 통과할 수 있었다. 그러나 독일 특유의 보호규범이론으로 인해 재량행위에 대한 취소소송은 다시 원고적격 문제에서 걸리게 되는 것이다. 이러한 난점을 해결하고자 이미 20세기 초 동원된 논리가 '無瑕疵裁量行使請求權'(Anspruch auf die fehlerfreie Ermessensausübung) 이론이다.[24)]

24) Rudolf von Laun, Das freie Ermessen und seine Grenzen, Leipzig/Wien 1910, S. 219-228; Bühler, a.a.O., S. 162 참조. 무하자재량행사청구권과 취소소송 · 의무이행소송과의 관계에 관하여 本書 제 3 장 취소소송의 4유형, 79면 이하, 84면 이하 참조.

Ⅳ. 獨逸判例上 建築·環境隣人訴訟에서의 原告適格 判斷基準

本章에서는 보호규범이론을 전제로 建築·環境隣人訴訟에서의 원고적격 판단기준에 관한 독일의 판례를 구체적으로 살피기로 한다. 隣人訴訟의 원고적격 문제는 그 동안 건축관련분쟁에서 가장 빈번하게 일어났고 이에 관해 수많은 판례가 축적되어 있는 반면, 환경관련분쟁은 비교적 새로운 현상이므로, 먼저 建築隣人訴訟에 관한 판례의 입장을 개관한 다음 環境隣人訴訟에 관하여 일반적 공해시설과 원자력 관련시설로 나누어 고찰한다.

1. 建築隣人訴訟

독일의 건축법은 크게 개개의 건물 자체를 규율하는 건축질서법(Bauordnungsrecht)과 도시계획을 규율하는 건축계획법(Bauplanungsrecht)으로 나뉜다. 먼저 건축질서법은 州法律로 규율되는데, 판례상 경계이격거리, 화재방지, 소음 기타 임밋씨온방지 등에 관한 법령규정은 인근주민의 사익을 보호하는 것으로 해석되고, 반면에 당해 건축물의 거주자의 안전, 용적률·건폐율에 관한 규정은 그렇지 않은 것으로 해석되고 있다.[25] 다음으로 건축계획법은 연방법률인 건설법전(Baugesetzbuch)에 의해 규율되는데, 동법상의 도시계획 관련규정들에 관해서는 원고적격을 확대하기 위한 독특한 판례이론이 개발되었다. 도시지역은 크게 거주지역인 내부영역(Innenbereich)과 주변지역인 외부영역(Außenbereich)으로 구분되고, 전자는 다시 都市詳細計劃(Bebauungs-

25) Schoch/Schmidt-Aßmann/Pietzner, a.a.O., §42 Abs. 2 Rn. 121; Eyermann Verwaltungsgerichtsordnung. 10. Aufl., 1998, §42 Rn. 113 참조.

plan)이 수립되어 있는 지역(beplanter Innenbereich)과 그렇지 않은 지역(unbeplanter Innenbereich)으로 나뉜다. 가장 중요한 문제는 都市詳細計劃이 수립되어 있는 지역에서 그 계획의 내용에 반하는 건축을 허가하는 경우 그 지역주민이 취소소송의 원고적격을 갖는가 라는 것이다. 종전의 판례는 이를 규율하는 연방건설법전 제30조에 대해 직접 사익보호성을 인정하지 않고, 대신에 — 우리나라 시행령에 해당하는 — 건축이용령(Baunutzungsverordnung) 제15조 제 1 항에 행정청은 건축을 허가함에 있어 당해 지역의 상황, 목적 등을 고려하여야 한다는 규정이 있는데 이러한 고려의 대상 범위에 속하는 지역주민들에 한하여 행정청의 고려의무에 대응하는 주관적 권리를 갖는다고 하였다.[26] 이를 '考慮命令'(Gebot der Rücksichtnahme)理論이라고 한다. 이 이론은 계획이 수립되어 있지 아니한 내부지역에 관해서도 중요한 역할을 하였다. 그러나 최근 판례는 이러한 이론을 버리고 계획이 수립되어 있지 않은 내부지역에 관하여 — "주변 환경에 적합한"(sich in die Eigenart der näheren Umgebung einfügen) 건축만이 허용된다고 규정한 — 연방건설법전 제34조에 대하여 사익보호성을 인정하고 직접 이로부터 인근주민들은 당해 지역의 건축용도가 준수될 것을 요구할 수 있는 권리가 있음을 인정하였다.[27] 또한 판례는, 이미 위 Ⅲ. 2.에서 언급한 바와 같이, 법률의 사익보호성을 인정할 수 없는 경우에도 인근주민의 "소유토지의 상황이 현저하게 변화하고 그로써 인근주민에게 중대하고 수인가능성 없는 피해를 야기하는 때에는" 보충적으로 기본권인 재산권으로부터 직접 원고적격이 도출될 수 있는 가능성을 인정하고 있다.[28] 주의할 것은 建築隣人訴訟에서 인접주민이 토지소유자인 경우에 한하여 원고적격이 인정되고 제한물권이나 임차권을 가진 경우에

---

26) 대표적으로 BVerwGE 67, 334 (338).

27) BVerwGE 94, 151 = NJW 1994, 1546 ‚Garagenurteil'.

28) 각주 19 참조.

는 원고적격이 부정되고 있다는 점이다.

2. 環境隣人訴訟

(1) 일반적 공해시설을 규율하는 것이 연방임밋씨온방지법(Bundes-Immissionsschutzgesetz: BImSchG)인데, 동법의 규정들에 관해 사익보호성 여부를 판단하는 기준으로 판례상 정립된 것이 위험방지(Gefahrenabwehr)와 사전대비(Vorsorge)의 구별이다. 즉, 위험방지를 목적으로 하는 규정의 경우에는 인근주민에 대한 사익보호성이 긍정되는 반면, 사전대비를 목적으로 하는 규정의 경우에는 부정된다. 따라서 인근주민이 전자의 규정이 위반되었음을 이유로 공해시설 설치·가동 허가처분을 다투는 취소소송을 제기한 때에는 원고적격이 인정되는 데 반해, 후자의 규정이 위반되었음을 이유로 하는 때에는 원고적격이 부정되는 것이다.[29)]

대표적인 例가 연방임밋씨온방지법 제5조 1호와 2호이다. 1호는 허가대상인 시설이 "公衆과 隣人에 대하여 유해한 환경적 영향 기타의 위험, 현저한 피해 또는 현저한 장애를 야기하지 않을 때"[30)]에만 허가될 수 있다고 규정하고 있는데, 이 규정은 문언에서 명백하다시피 隣人에 대한 위험을 방지하기 위한 것이므로, 隣人에 대한 사익보호성이 인정된다. 반면에 2호는 허가대상인 시설이 "특히 현재의 기술 수준에 따른 환경유해방출 방지조치를 통해 유해한 환경적 영향에 대한 사전대비를 마련했을 때"[31)]에만 허가될 수 있다고 규정하고

29) 대표적 판례로서 BVerwGE 65, 313 (320).

30) "schädliche Umwelteinwirkungen und sonstige Gefahren, erhebliche Nachteile und erhebliche Belästigungen für die Allgemeinheit und die Nachbarschaft nicht hervorgerufen wird."

31) "Vorsorge gegen schädliche Umwelteinwirkungen getroffen wird, insbesondere durch die dem Stand der Wissenschaft und Technik entsprechenden Maßnahmen der Emmissionsbegrenzung."

있는데, 이는 사전대비를 위한 것이므로 隣人에 대한 사익보호성이 부정된다.

여기서 '위험'(Gefahr)이라고 함은 독일법상 전통적인 경찰(질서)행정법의 기본개념으로서, '공공의 안전 · 질서에 대한 장해가 발생할 것이 충분한 개연성을 가짐'을 의미하고, 이러한 경우에만 — 개별수권규정 또는 경찰개괄조항에 의거하여 — 질서행정권이 발동될 수 있는데, 이러한 위험에 해당하는 정도의 환경적 피해를 방지하기 위한 법률규정의 경우에는 인근주민에 대한 사익보호성이 인정되는 것이다. 이는 뒤집어 보면, 그 정도로 중요한 법률규정을 위반했을 때에는 반드시 인근주민의 出訴가 보장되어야 한다는 취지이다. 반면에, '사전대비'는 환경행정법에서 새로이 정립된 개념인데, 여기서 '事前'이라 함은 위와 같은 위험이 아직 없는 상태에서 장래의 리스크(Risiko)에 대비한다는 의미이다. 바로 이 점에서 행정권 발동의 時點과 程度에서 경찰행정법과 환경행정법이 구별되고, 이를 설명하는 기본개념이 사전대비인데, 어떤 법률규정이 이러한 — 비교적 절박하지 않은 문제인 — 사전대비를 목적으로 하는 경우에는 인근주민에 대한 사익보호성이 없고 따라서 그러한 규정의 위반을 이유로 한 취소소송에 원고적격이 인정되지 않는다는 것이다. 이를 실질적 관점에서 보면, 그러한 종류의 규정은 행정소송 이외의 행정감독적 · 정치적 · 사회적 통제에 의해 그 준수가 확보되어도 충분하다는 취지이다. 최근 위험방지와 사전대비의 구별에 대해 양자 구별의 상대성을 근거로 이러한 판례의 태도를 비판하는 견해가 있으나,[32] 학설상 이러한 구별을 대체로 승인하고 있는 것으로 보인다.

위와 같은 위험방지와 사전대비의 구별은 '환경오염 한계치'(Immissionsgrenzwert)와 '환경유해배출 한계치'(Emissionsgrenzwert)의 구

32) 특히 Schoch/Schmidt-Aßmann/Pietzner, a.a.O., § 42 Abs. 2 Rn. 153-154.

별로 연결된다. 즉, 전자는 직접 인근주민에 대한 위험을 유발하는 것이므로 이를 규율하는 법규는 위험방지를 위한 것으로서 사익보호성이 인정되고, 반면에 후자는 인근주민의 위험과는 직접 관련 없이 단지 환경에 관한 사전대비에 속하기 때문에 이를 규율하는 법규는 사익보호성이 부정된다는 것이다.[33] 그러나 예외적으로 '대기환경 기술기준'(TA-Luft)에 규정된 발암물질 배출한계치는 비록 형식적으로 사전대비에 속하지만, 현재의 자연과학 수준으로 확실성이 없다는 이유로 이에 대한 위험의 정도를 상향 평가하여 사익보호성을 인정한 하급법원 판례[34]가 주목할 만하다. 잔류물질 방지(Reststoffvermeidung), 폐온수활용(Abwärmenutzung), 쓰레기 처리의무 등을 규율하는 법규는 사선대비에 해당하므로 사익보호성이 부정된다.[35]

(2) 원자력시설을 규율하는 것은 원자력법(Atomgesetz: AtomG)과 방사능방지법(Strahlenschutzvorsorgegesetz: StrVG)인데, 여기서는 판례·학설상 상술한 위험방지와 사전대비의 구별에 상응하는 기준으로 개인적 리스크(Individualrisiko)와 일반적 公衆리스크(allgemeine Bevölkerungsrisiko)의 구별이 사용되고 있다.[36] 즉, 개인적 리스크를 방지하기 위한 법규는 사익보호성이 긍정되고 일반적 公衆리스크를 방지하기 위한 법규는 사익보호성이 부정된다. 그러나 이 양자의 구별

33) BVerwGE 65, 313 (320); 상세한 내용은 R. Breuer, Ausbau des Individualschutzes gegen Umweltbelastungen als Aufgabe des öffentlichen Rechts, DVB. 1986, S. 849-859 (855); F. Ossenbühl, Vorsorge als Rechtsprinzip im Gesundheits-, Arbeits- und Umweltschutz, NVwZ 1986, S. 161-171 (169) 참조.

34) OVG Münster, NVwZ 1991, 1200 ff.

35) Schoch/Schmidt-Aßmann/Pietzner, a.a.O. §42 Abs. 2 Rn. 171 참조.

36) VGH Kassel, NVwZ 1989, 1183; OVG Lüneburg, NVwZ 1987, 75; OVG Münster, NVwZ-RR 1994, 143; 상세한 내용은 H.-W. Rengeling, Anlagenbegriff, Schadensvorsorge und Verfahrensstufung im Atomrecht, DVBl. 1986, S. 265-271 (267 f.); D. Sellner, Gestuftes Genehmigungsverfahren, Schadensvorsorge, verwaltungsgerichtliche Kontrolldichte, NVwZ 1986, S. 616-620 (618); R. Breuer, Anlagensicherheit und Störfälle — Vergleichende Risikobewertung im Atom- und Immissionsschutzrecht, NVwZ 1990, S. 211-222 (214) 참조.

기준은 원자력 피해의 중대성을 감안하여 임밋씨온방지법상 위험방지와 사전대비의 구별 기준보다 완화된다. 다시 말해, 피해의 개연성이 '위험'의 수준에 미치지 못하는 경우라도 피해의 범위가 보다 구체적이면 '개인적 리스크'에 해당하는 것으로 본다는 것이다. 가장 대표적인 例로서, 원자력 시설의 설치허가조건에 관해 시설의 설치와 가동에 따른 피해발생을 방지할 수 있는 현재의 과학·기술의 수준에 합치되는 사전대비를 하여야 한다는 규정(원자력법 제7조 제2항 3호)과 안전방해행위 기타 제3자의 행위를 방지할 수 있는 사전대비를 하여야 한다는 규정(동항 5호)에 대하여 사익보호성이 인정되었다.[37] 또한 원자력 시설의 운영에 관하여 정상가동 및 고장발생시의 투사량 한계치 — 이는 임밋씨온방지법상 유해물질방출 한계치(Emissionsgrenze)에 상응하는 것이지만 — 를 규율하는 규정도 사익보호성이 인정되었다.[38] 그러나 인근주민의 안전과 직결되지 않는 연료절약에 관한 규정은 사익보호성이 부정된다.[39] 유의할 것은 環境隣人訴訟에서는 건축관련분쟁과는 달리 인근주민이 반드시 토지소유자일 필요가 없고 제한물권이나 임차권을 가진 경우에도 원고적격이 인정될 수 있다는 점이다.

학설상 환경영향평가법(Umweltverträglichkeitsprüfungsrecht)상의 절차규정, 특히 주민참가규정에 의거하여 인근주민의 원고적격을 인정하고자 하는 견해가 있으나,[40] 이러한 절차적 규정만으로는 사익보호성이 없고 환경영향평가의 절차를 위반함으로써 실체법적인 규정을 준수하지 못하게 되는 결과를 초래할 때에만 그 실체법적 규정을 근거로 원고적격이 인정된다는 것이 통설·판례이다.[41]

---

37) BVerwG, DÖV 1982, 820 (821).

38) BVerwGE 61, 256 (264 ff.).

39) BVerwGE 72, 300 (318).

40) M. Beckmann, Rechtsschutz Drittbetroffener bei der Umweltverträglichkeitsprüfung, DVBl. 1991, S. 358-365.

41) Schoch/Schmidt-Aßmann/Pietzner, a.a.O., § 42 Abs. 2 Rn. 214 참조. 이러한

마지막으로 부언할 것은, 연방행정절차법 제73조 제 4 항 3 문에 규정된 절차배제(Präklusion)제도이다. 이는 개별법에 의해 계획확정절차(Planfeststellungsverfahren)가 적용되는 시설물설치 허가절차에서 소정의 기간 내에 이의를 제기하지 않은 인접주민은 후속 행정절차에 참여하지 못함은 물론 행정소송에서도 원고적격이 부정되도록 하는 것인데, 원자력법 제9b조 제 5 항에 의해 원자력시설의 설치 · 가동에 관한 계획확정절차에도 적용된다.

3. 憲法 · 基本權의 문제

독일에는 연방헌법, 즉 기본법에 환경권이라는 기본권이 없다. 장기간의 토론을 거쳐, 만일 기본권으로서 환경권을 도입하게 되면 이것을 통해 바로 공권 및 원고적격이 인정될 것이라는 우려 때문에 환경권을 규정하지 않고 있다가, 그대신 1994년 환경보호를 위한 국가목적규정(Staatszielbestimmung)이 규정되었다(기본법 제20a조).[42] 이 국가목적규정은 단지 객관적 법규범에 불과하여 이것만으로 바로 공권이 부여되지 않는다는 것이 판례 · 통설이다.[43] 그러나 동시에 동 규정은 입법과 司法의 지도원리로서, 특히 환경관련법률의 사익보호성 여부 판단에 있어 헌법합치적 해석을 뒷받침하는 중요한 기능을 수행한다는 점

입장은 절차규정을 위반한 행정행위라도 그것이 실체에 영향을 미치지 않았음이 명백한 경우에는 절차위반만으로 취소할 수 없다고 하는 연방행정절차법 제46조의 규정과 일맥상통하는 것이다.

42) "국가는, 또한 후세대에 대한 책임에 의거하여, 자연적 생활환경을 헌법질서 안에서 입법을 통해 그리고 법률과 법의 기준에 따라 행정권과 司法을 통해 보호한다"(Der Staat schützt auch in Verantwortung für die künftigen Generationen die natürlichen Lebensgrundlagen im Rahmen der verfassungsmäßigen Ordnung durch die Gesetzgebung und nach Maßgabe von Gesetz und Recht durch die vollziehende Gewalt und die Rechtsprechung).

43) BVerwG, NJW 1995, 2648 (2649); NVwZ 1998, 1081; Maunz/Dürig, a.a.O., Art. 20a (Lfg. 32) Rn. 32-34.

에도 異論이 없다.[44] 따라서 향후 독일의 판례·학설이 보호규범이론 틀을 유지하면서도 위 환경보호규정을 근거로 環境隣人訴訟의 원고적격을 확대하여 나갈 것으로 예상된다.

環境隣人訴訟에서 적어도 환경피해의 위험이 절박한 경우에는 직접 기본법 제2조 제2항 소정의 생명·신체의 완전성에 의거하여 인근주민의 원고적격이 인정될 수 있다는 것이 학설의 지배적 경향이고 또한 판례상으로도 오래 전부터 확인되고 있으나,[45] 막상 이러한 기본권에 의거하여 원고적격이 인정된 사례는 찾기 어렵다. 이는 그 동안 방대한 양의 환경관계법령이 정비됨과 아울러 사익보호성의 해석이 확대됨으로써 직접 기본권에 의거할 필요성이 줄었을 뿐만 아니라, 원고가 — 관계법령의 사익보호성이 인정되지 않으므로 — 부득이 기본권을 주장한 경우에는 거의 대부분 환경피해의 위험정도가 높지 않은 것으로 판단되었기 때문이다.

4. 空間的·時間的 關聯性의 문제

일단 어떤 법령규정에 관해 인근주민에 대한 사익보호성이 인정되더라도 원고가 — '인근주민'의 범주에 해당되어 원고적격을 인정받기 위해서는 — 환경관련시설로부터 일정한 공간적 범위 안에 거주하여야 하며 그 거주가 상당한 정도로 시간적으로 지속적이어야 한다.[46] 유의할 것은, 이미 앞에서 언급한 바와 같이, 독일에서의 원고적격은 원고의 주장 자체로 판단하는 것이므로 이러한 공간적·시간적 관련성도 원고의 주장사실을 전제로 판단된다는 점이다. 따라서 원고의 주장 자

44) M. Kloepfer, a.a.O. (각주 10), § 3 Rn. 24; H.-J. Peters, Umweltverwaltungsrecht. 2. Aufl., Heidelberg 1996, S. 1-5 참조.

45) 각주 19 참조.

46) 이에 관해서는 Schoch/Schmidt-Aßmann/Pietzner, a.a.O., § 42 Abs. 2 Rn. 162-166 참조.

체로 공간적·시간적 관련성이 결여되면 원고적격 결여로 부적법 각하되고, 본안에서 사실판단 결과 원고의 주장과는 달리 공간적·시간적 관련성이 결여되면 이유 없음으로 기각된다. 초기 판례는 환경관련 시설로부터 너무 떨어진 거리에 있는 주민은 원고적격이 부정된다고 하였으나,[47] 최근에는 형식적인 거리에는 구애받지 않고 단지 피해가능성 만을 기준으로 원고적격 여부를 판단하고 있다.[48]

V. 獨逸法의 評價와 우리 行政訴訟法의 解釋

1. 獨逸法의 評價

독일법상 행정소송의 근본적 특징은 원고적격과 본안요건에 걸쳐 권리 개념이 관통하고 있는, 철두철미한 주관적 권리구제를 위한 제도라는 점이다. 게다가 그 권리는 보호규범이론에 의해 원칙적으로 법률에 한정하여 인정되고 있다. 앞에서 본 바와 같이 — 특히 최근 강화되고 있는 유럽통합의 영향 하에서 — 이러한 독일 행정소송의 주관적 권리구제기능에의 편향과 법률에 집착하는 보호규범이론을 의문시하고 그 대신 프랑스법 그리고 이를 모범삼은 유럽법원의 '개인적이고 직접적인 이익'(intérêt direct et personnel)을 원고적격의 판단기준으로 삼아야 한다는 견해가 독일 내에서도 주장되고 있다. 최소한 독일 국내에 직접효를 갖는 유럽공동체법을 근거로 독일 법원에 독일 행정청의 처분을 다투는 행정소송을 제기할 때에는 — 유럽공동체법의 유럽 내에서의 통일적·효율적인 적용을 위해 — 독일의 보호규범이론이 폐기되어야 한다는 주장도 유력하다.

47) BVerwGE 52, 122 (129).
48) BVerwG, DVBl. 1987, 476.

그러나 이에 대한 통설의 반론도 만만치 않다. 독일의 행정소송이 주관적 권리보호에 중점을 두고 있는 것이 발전된 법치주의의 모습이라고 하면서 독일에서만 인정되는 '행정심판 또는 취소소송 제기에 의한 집행정지효'를 강조하고 있다. 나치시대의 不法을 경험한 독일로서는 개인의 권리보호라는 중점적 기능을 포기할 수 없고, 보호규범이론으로 인해 원고적격 인정에 있어 탄력성이 부족한 점은 기본권에 의거한 헌법합치적 해석을 통해 충분히 보완할 수 있다고 한다.[49] 또한 유럽공동체법에 관해서는 여전히 국내 행정소송의 절차에 관해서는 국내법에 위임되어 있어, 국내법적 소송절차로 인해 유럽공동체법의 시행이 불가능하게 되지 않는 한 국내법이 적용되기 때문에 유럽공동체법 관련사건에 관해서도 보호규범이론이 그대로 타당하다고 한다.

私見에 의하면, 법에 있어 가장 현실적이고 기초적인 것은 制裁(Sanktion)이고 다음으로 그 制裁의 정당성 근거로, 다시 말해, 의무위반에 대한 제재라는 의미에서 義務(Pflicht)가 상정되며 여기에 고도의 관념화・추상화를 통해 의무에 대응하는 權利(Rechte) 내지 請求權(Anspruch) 개념이 성립하게 되는 것이라고 생각한다. 이러한 '제재→의무→권리'의 순서에 비추어 보면, 로마법의 전면적 계수과정에서 로마법상의 악찌오(actio, 독일어 번역어가 바로 Anspruch이다)를 중심개념으로 구축된 독일 私法의 체계가 가장 발전된 단계라고 할 수 있을지도 모르겠다. 그러나 公法이 지향하는 바가 '조화로운 공동체'라고 한다면, 물론 공동체 안에서의 개인의 고유한 가치를 확보하는 데까지는 권리 관념이 매우 중요한 기능을 수행하겠으나, 그 단계를 넘어서면 개인의 주관적 권리는 객관적인 전체 공동체질서 안에서 파악되는 것이라 할 것이다. 이는 민주주의와 법치주의가 보다 먼저 발전한 프랑스와 영·미에서는 주관적 권리, 특히 청구권 관념이 전면에 나서지

49) 이러한 반론의 대표적인 예로서, Schoch/Schmidt-Aßmann/Pietzner, a.a.O., Vorb §42 Abs. 2 Rn. 30-37 참조.

않는다는 점에서 뒷받침될 수 있다. 개인의 주관적 권리보호를 강조하는 독일의 공법체계의 근저에는 19세기 외견적 입헌주의와 20세기 나치 불법시대의 경험이 깔려 있음을 부정할 수 없을 것이다. 특히 독일에서는 행정에 대한 객관적 법적 통제를 강조하면서 이를 이유로 개인의 권리보호를 소홀히 하던 역사를 가지고 있는데, 이제는 이 양자가 서로 모순되는 것이 아니라, 행정에 대한 객관적 법적 통제를 확대함으로써 개인의 권리보호를 확대하고, 동시에 후자를 확대함으로써 전자도 함께 확대케 되는 상승작용관계로 파악해야 한다는 점에서,[50] 주관적 권리구제에 편향되어 있는 독일의 행정소송제도가 결코 완숙의 경지에 있는, 따라서 우리가 철저히 모범삼아야 하는, 최선의 제도라고 할 수 없는 것이다.

2. 우리 行政訴訟法 第12條의 解釋

(1) 이와 같이 독일의 제도 자체에 문제가 없지 않거니와 우리의 취소소송의 구조가 독일의 그것과 동일하지 않기 때문에, 원고적격에 관한 독일의 이론을 그대로 따를 수 없다. 즉, 우리의 취소소송은 원고적격 단계에서 행정소송법 제12조 소정의 "법률상 이익"을 기준으로 원고의 주관적 권리구제의 문제를 완전히 포섭하고 본안판단에서는 오로지 처분의 — 객관적 — 違法性만을 문제삼고 있다.[51] 이는 원고적격 단계에서 '권리침해의 (가능성 있는) 주장'을, 본안에서 '권리침해

50) 이에 관하여 本書 제 2 장 행정법원의 임무와 역할, 47면 이하 참조.

51) 바로 그렇기 때문에, 위 각주 5에서 언급한 바와 같이, 원고적격을 인정하는 데 필요한 사실관계를 원고가 허위로 주장한 경우, 우리나라에서는 원고적격 여부를 증거조사를 통해 완결적으로 판단하여 원고적격 결여를 이유로 각하판결이 선고된다. 반면에, 독일에서는 원고의 주장 자체로 그 가능성을 판단하여 일단 원고적격을 인정한 다음 본안에서 — 위법성이 인정되는 때에도 — 권리침해가 없다는 이유로 기각판결이 선고된다. 원고적격에 관한 우리나라의 판례·실무는 本書 제 7 장 취소소송의 원고적격(2), 241면 이하 참조.

의 사실'을 요구하는 독일의 취소소송과 확연히 다르다. 이와 같이 우리의 취소소송이 본안에서 위법성 여부만을 판단한다는 의미에서 객관소송적인 구조를 갖고 있다.[52]

상술한 바와 같이 독일에서 원고적격의 근거를 원칙적으로 법률에 한정하는 보호규범이론이 지금까지 유지되고 있는 것은 바로 원고적격의 '위법성 견련성' 때문이다. 즉, 원고적격 단계에서는 '권리침해'가(가능성 있게) 주장되어야 하고, 본안요건(취소사유) 단계에서는 위법성과 더불어 그 위법성 때문에 그—원고적격 단계에서 주장된—'권리침해'가 실제로 발생하였음이 인정되어야 한다. 그런데 행정소송에서는 위법성 판단척도가 원칙적으로 법률규정이므로, 법률규정의 위반이 곧 위법성이 되고 동시에 (그 규정의 사익보호성을 조건으로) '권리침해'를 야기하게 된다. 다시 말해, 위법성의 근거가 되는 그 법률규정이 원고에게 권리 및 원고적격을 부여하는 보호규범이 되는 것이다.[53]

52) 객관소송적 '구조' 및 객관소송적 '기능'의 의미와 우리나라 취소소송이 객관소송적 구조를 갖고 있을 뿐만 아니라 객관소송적 기능도 竝有한다는 점에 관하여 本書 제 5 장 취소소송의 성질과 처분개념, 158면 이하 참조.

53) 평등원칙(행정의 자기구속), 비례원칙, 신뢰보호원칙, 부당결부금지원칙 등 不文法源으로서의 '행정법의 일반원칙'이 위법성 판단척도가 되는 경우에도, 계쟁 행정행위의 발령근거가 된 법률과 결합하여 그 법률이 부여한 재량권의 남용으로서 위법성을 이루는 것이므로, 그 법률이 보호규범이 된다. 그리고 그 보호규범에 의해 부여된 공권이 바로 無瑕疵裁量行使請求權이다. 계쟁 행정행위의 발령근거인 법률 자체가 없거나 있더라도 위헌인 경우에는 법률이 위법성 판단척도(따라서 보호규범)가 될 수 없기 때문에, 기본권 기타 헌법규정이 직접 원용될 수밖에 없겠지만, 이는 예외적인 사안에 불과하고, 뿐만 아니라 이러한 사안에 있어서도 '법률 차원의 판례법적 법규'가 보호규범이 된다는 유력한 견해가 있다(Schoch/Schmidt-Aßmann/Pietzner, a.a.O., § 42 Abs. 2 Rn. 59; Vorb § 42 Abs. 2 Rn. 82, 89-93). 즉, 행정소송에서의 위법성은, 헌법소원심판에서의 본안요건인 기본권침해와는 달리, 모두 법률 차원의 구체적인 법규의 위반을 의미하는 것이라는 전제 하에, 위와 같은 경우에는 '법률상 근거가 없거나 있더라도 위헌인 행정행위는 위법하다'는 판례법적 성격을 갖는, 법률 차원의 법규가 적용됨으로써 위법성이 인정되는데, 이러한 판례법적 법규가 곧 사익보호성을 조건으로 보호규범이 된다는 것이다. 요컨대, 독일 행정소송에서는 예외적으로 기본권 기타 헌법규정이 직접 원용되어야 할 경우를 제외하고는 원칙적으로, 또는 심지어 이러한 경우까지 포함하여, 위법성 판단척도와 보호규범이 법률적 차원에 국한된다.

반면에, 프랑스 · 영국 · 미국에서와 같이 원고적격의 '위법성 견련성'이 요구되지 않기 때문에 원고적격과 본안요건이 서로 독립되어 있는 경우[54]에는 원고적격을 반드시 본안판단 척도인 법률규정과 결부시킬 필요가 없고, 따라서 원고적격이 '법률'이 아니라 '이익'을 기준으로 인정되는 것이다.

(2) 우리나라 취소소송도 '객관소송적 구조'로서, 위법성 견련성이 요구되지 않고 원고적격과 본안요건이 서로 독립되어 있으며, 행정소송법 제12조 前文은 '권리'가 아니라 "이익"을 원고적격의 요건으로 규정하고 있는데, 다만 그 앞에 "법률상"이라는 수식어를 부가하고 있는 것이 문제이다.

우선, "법률상 이익"이라는 문구를 독일에서 말하는 공권성립요건인 강행법규성과 사익보호성이 결합된 것으로서 바로 '권리'와 같은 의미로 새기는 견해는 우리나라 취소소송의 구조가 독일의 그것과 다르다는 점을 간과한 것이다.[55] 특히 독일에서와 같은 위법성 견련성을 전제로 계쟁처분의 실체적 위법성의 준거가 된 법률규정에 한정하여 원고적격을 인정하게 된다면 "처분의 취소를 구할 법률상 이익"이라는 문구를 무시한 과도한 축소해석이라고 할 것이다.

그리하여 계쟁처분의 실체적 위법성의 준거가 된 법률규정에 한정하지는 않더라도, "법률상" 이익이라고 규정되어 있으니, — 그것이 실체법에 한정하는가 아니면 절차법까지 포함시키는가, 계쟁 처분의 발령근거를 이루는 것에 한정하는가 아니면 그와 무관한 넓은 의미의 '관계법률' 모두를 포함시키는가에 관해서는 견해 차이가 있지만 — 어디까지나 '법률'

54) 이와 같이 원고적격과 본안요건이 서로 독립되어 있다는 것은 바로 본안요건이 (객관적) 위법성에 한정되어 있다는 것이기 때문에, 이는 결국 상술한 객관소송적 '구조'를 의미한다.

55) 원고적격에 관한 우리나라 학설의 개관은 本書 제7장 취소소송의 원고적격 (2), 235면 이하 참조.

규정이 원고의 사적 이익을 보호하는 경우에만 원고적격이 인정될 수 있다는 것이 종래 판례·학설상 일반적인 견해라고 할 수 있다. 그러나 이러한 견해도 다음과 같은 난점을 갖고 있다. 첫째, 오직 "법률상 이익"이라는 문구에만 치중한 나머지, 어떠한 관계법률의 규정이 사익보호성을 가지면 바로 원고적격이 인정된다는 — 실제로 드물지 않은 — 오해를 불러일으킬 우려가 있다. 원고적격은 "처분의 취소를 구할" 법률상 이익이 있어야만 인정되는 것인데, 이는 원고적격에 있어 핵심적 요소는 취소의 필요성과 정당성, 그리고 그것이 인정되기 위한 이익침해의 직접성·현재성·구체성에 있다는 점이 강조되어야 한다. 둘째, 원고적격의 인정근거를 계쟁처분의 실체적·절차적 발령근거, 나아가 관계법률에까지 확대한다고 한다면, 과연 어떠한 법률규정을 근거로 원고적격을 인정할 것인가 라는 것 자체가 이미 개개의 법률규정의 해석 차원을 뛰어넘는 법질서 전체적 관점에서의 판단이다. 그럼에도 불구하고 그 판단에 있어 '법률과의 연결고리'를 고집하면서 마치 법률의 해석에 의해 자동적으로 원고적격이 도출된다는 식으로 설명하는 것은 말하자면 '方法論的 僞裝'이다.

(3) 이러한 난점들을 해결하는 출발점은 "법률상"이라는 문구를 유연하게 해석하는 데에 있다. '법률'과 '법'을 엄격하게 구별하지 않는 우리의 언어관용에 비추어 "법률상 이익"을 '법적인 이익'으로 새긴다면, "처분의 취소를 구할 법률상 이익"을 '전체 법질서에 비추어 처분의 취소를 구할 수 있는 것으로 판단되는 이익'으로 해석할 수 있을 것이다. 여기서 그러한 판단의 자료로 동원되는 것은, 이익의 직접성, 현재성, 구체성 등과 같은 사실적 상황과 더불어, 관계되는 모든 법률, 법규명령과 나아가 기본권 그리고 헌법원리들이다. 다시 말해, 이익의 직접성·현재성·구체성 여부에 관한 사실적 판단을 근거로 하여 다시 법질서 전체의 관점에서 提訴의 '법적' 정당성 여부를 결정

하는 규범적 판단이 바로 원고적격의 문제이다.[56)57)]

앞에서 살펴본 바와 같이, 독일의 판례와 학설에서도 형식적으로는 공권이론과 보호규범이론에 기초하면서도 법률규정의 문언적 해석에만 한정하지 않고, 한편으로 기본권과 환경보호규정에 의거한 헌법합치적 해석을 통해, 다른 한편으로 위험방지와 사전대비, 개인적 리스크와 일반적 公衆리스크와 같은 다양한 구별기준과 인근주민의 공간적·시간적 관련성에 관한 탄력적인 판단을 통해, 실질적으로는 이미 전통적인 보호규범이론에서 탈피하여 차츰 프랑스의 越權訴訟 및 유럽공동체법상의 판단기준으로 접근하고 있다고 할 수 있다.[58)] 독일

---

56) 요컨대, 이러한 관점에서 현행법상 "취소를 구할 법률상 이익"은 단적으로 '취소를 구할 법적으로 정당한 이익'으로 재해석될 수 있는데, 이는 종래의 '법적으로 보호가치 있는 이익구제설'과 같은 취지이지만, 독일의 공권이론과 보호규범이론의 비판적 검토와 우리나라 취소소송의 구조분석을 통해 얻은 해석론이라는 점에서 그 意義를 찾을 수 있을 것이다. 또한 2004년 대법원이 마련한 행정소송법 개정안은 바로 위와 같은 의미에서 '취소를 구할 법적으로 정당한 이익'을 새로운 원고적격의 요건으로 규정하고 있다. 이에 관해 拙著, 행정법 개혁의 임무와 과제 [행정법연구 3] (近刊), 제 2 장 행정소송법 개혁의 과제 참조.

57) 필자는 원래 본 논문에서, 프랑스 월권소송에서는 원고적격의 판단이 오직 이익의 개별성과 구체성이라는 사실적 판단에 한정되는 반면, 우리나라에서는 위와 같은 '법질서 전체의 관점에서의 규범적 판단'이 추가되기 때문에, 우리나라 취소소송의 원고적격이 프랑스 월권소송에 비하여 보다 엄격한 기준이 요구되고, 그러한 의미에서 우리나라의 원고적격이 독일과 프랑스의 중간을 지향하는 것이라는 견해를 피력하였었다(행정법연구 제 6 호, 2000, 115면 및 같은 면 각주 52). 그러나 그 후 프랑스 월권소송에서의 '개별적·직접적 이익'이나 영국의 사법심사청구소송에서의 '충분한 이익'도 모두 법적인 관점에서의 규범적 판단의 대상이라는 점을 깨닫게 되었다. 따라서 本書에서는, 프랑스·영국이나 우리나라에서 모두 원고적격에 있어 이익상황에 관한 사실적 판단과 보호필요성에 관한 규범적 판단이 요구된다는 점에서 근본적으로 동일한데, 행정소송이 실제로 수행하는 주관소송적 '기능'의 정도에 따라 그 규범적 판단이 내용적으로 달라질 뿐이라고 견해를 일부 수정하고자 한다. 위 각주 56에서 언급한 바와 같이 행정소송법 개정안에 명시된 '처분의 취소를 구할 법적으로 정당한 이익'도 앞으로 위와 같은 관점에서 이해되고 해석되어야 할 것이다.

58) 이러한 발전의 배경에는 상술한 바와 같이 이제 유럽법규정에 의거한 행정소송이 독일 국내법원에 제기되는 경우가 빈번하게 됨으로써 독일로서도 — 유럽법의 통일적·효율적 집행이라는 명제 앞에서 — 유럽 전체의 평균적 수준을 외면하기 어렵게 되었다는 점도 중요한 계기로 작용하고 있다.

은 기본법 제19조 제 4 항과 행정법원법 제42조 제 2 항 및 제113조 제 1 항의 명확한 규정들로 말미암아 형식적으로 공권이론과 보호규범이론을 포기할 수 없다고 하더라도, 우리나라는 헌법과 행정소송법 어디에도 그러한 규정이 없다. 따라서 우리 행정소송법 제12조를 독일의 이론에 의거하여 해석하고자 하는 견해는 과연 우리나라 취소소송의 구조가 독일의 그것과 동일한 것으로 볼 수 있는가 라는 근본적인 물음에서부터 재검토되어야 한다.

다만, 위에서 피력한 필자의 해석론에 대해 입법자의 결정권한을 경시하고 원고적격의 문제를 법원의 임의적 판단에 맡기게 된다는 비판이 제기될 수 있다. 그러나 우리나라의 입법현실을 볼 때 현재로서는 개개의 조항마다 제 3 자의 원고적격 문제까지 검토하여 법률이 제정될 것을 기대하기 어려울 뿐만 아니라, 처분근거(요건)법률에 한정하지 않고 관계법률 모두를 포괄하여 사익보호성을 판단한다고 하면 이미 원고적격에 관한 입법자의 결정이 문제의 초점이 되는 것은 아니다. 더욱이 세계적으로, 프랑스와 영·미 그리고 심지어 독일에서조차도, 원고적격 범위의 결정은 司法的 판단을 통한 판례형성에 의거하여 이루어지고 있다. 중요한 것은 그 司法的 판단의 합리적 기준들을 문제유형별로 정립해 나가는 일이다.

또한 부언할 것은 독일에서 공권이론과 보호규범이론을 통해 원고적격을 제한하는 것은 — 사실인정과 재량 및 불확정법개념에 대한 — 세계에서 유례를 찾기 어려운 정도로 高度의 (본안)심사강도와 맞물려 있다는 점이다. 사법심사의 관문은 좁히되 일단 그것을 통과한 사건은 철저히 심사한다는 것인데, 이는 주관적 권리구제의 기능을 전면에 내세우는 독일 행정소송제도의 특징이라고 할 것이다.[59] 그러나 우리나

59) Schmidt-Aßmann, a.a.O. (Das allgemeine Verwaltungsrecht als Ordnungsidee), S. 185-189; C. D. Classen, Die Europäisierung der Verwaltungsgerichtsbarkeit, Tübingen 1996, S. 189-192 참조.

라에서 종래의 행정재판실무와 현재 법원이 갖고 있는 인적·물적 설비에 비추어 볼 때 과연 독일에서와 같이 강도 높은 본안심사가 가능할 것인지가 우선 의문일 뿐만 아니라, 국민의 권리구제만이 아니라 행정의 자율성과 책임성도 아울러 고려하는 현대 행정소송의 이념에 따라 오히려 사법심사의 관문은 넓히되 본안에서의 심사강도는 탄력적으로 조절해야 한다는 점에서,[60] 위와 같이 '심사강도는 최대한으로, 그 대신 원고적격은 제한한다'라는 독일의 관념이 우리나라에는 적합하지 않다고 할 것이다.

(4) 대법원 1998. 4. 24. 선고 97누3286 판결에서 환경영향평가대상지역 안의 주민들에게 원고적격이 인정된 바 있다. 동 판결에 의하면, 이 사건 공원사업시행 변경승인 및 허가처분을 함에 있어 자연공원법령과 환경영향평가법령에 따라 반드시 환경영향평가의 협의내용을 사업계획에 반영시켜야 하는 것이기 때문에 이 사건 처분의 발급근거가 되는 자연공원법뿐만 아니라 환경영향평가법도 이 사건 처분에 직접적인 영향을 미치는 근거법률이 된다고 전제한 다음, 이러한 환경영향평가에 관한 자연공원법령 및 환경영향평가법령의 규정들의 취지가 환경적 공익과 더불어 환경영향평가대상지역 안의 주민들의 사익도 보호하는 것이라고 설시하고 있다. 처분의 근거와 요건을 이루는 법률규정의 사익보호성 여부를 판단하고 있다는 점에서 외형상으로는 여전히 독일식의 보호규범이론에 따르고 있는 것으로 볼 수 있다.

그러나 판결이유를 엄밀하게 분석해 보면, 동 판결은 원고들이 과연 본안의 위법사유로 '환경영향평가의 협의내용을 사업계획에 반영시키지 아니함으로써 그러한 법령규정들에 의해 부여된 법률상 이익 내지 공권이 침해되었음'을 주장하는가 여부는 문제삼지 않고, 다시 말

60) 이 점에 관해서는 本書 제 2 장 행정소송의 임무와 역할, 53면 이하 참조.

해, 본안의 위법성 부분과는 독립하여, 단지 계쟁처분에 관련된 법령들을 열거하면서 그 규정들의 사익보호성을 검토하고 있다. 이와 같이 원고적격의 '위법성 견련성'을 요구하지 않는다는 점에서 위 판결은 상술한 바와 같은 우리나라 취소소송의 구조를 정확하게 반영하고 있고 또한 그렇기 때문에 독일식의 보호규범이론과는 상당한 거리가 있음을 알 수 있다.

위 판결의 의의는 일차적으로 원고적격 요건으로서의 "법률상 이익"에 관해 법률이라는 법형식을 고수하면서도 그 "법률"의 범위를 ― 처분의 직접적 근거가 되는 법률뿐만 아니라 처분절차와 관련되는 법률까지 ― 확대하였다는 데에서 찾을 수 있다. 그러나 여기서 한 걸음 더 나아가, 위 판결이 "주민들이 이 사건 변경승인 및 허가처분과 관련하여 갖고 있는 위와 같은 환경상의 이익은 … 주민 개개인에 대하여 개별적으로 보호되는 직접적·구체적 이익이라고 보아야 할 것이다"라고 설시하고 있는 점에 비추어 보아, 원고적격의 판단기준은 어디까지나 ― 필자의 해석론에서와 같이 ― '전체 법질서상 취소소송을 제기할 수 있는 것으로 판단되는 개별적·직접적·구체적 이익'이고, 그 판단기준의 하나로 환경영향평가법이 원용된 것으로 이해할 수 있는 여지도 충분히 있다. 환경영향평가 대상지역은 대상사업의 시행으로 환경영향을 받게 되는 지역으로서 환경영향을 과학적으로 예측·분석한 자료에 의해 범위가 설정되어야 한다(환경영향평가법 제7조). 따라서 위 판결에서 환경영향평가 대상지역 내의 주민들에게 원고적격을 인정한 것은 ― 비록 대상지역의 범위는 사업자 또는 환경영향평가대행자에 의해 결정되지만, 법원이 그 타당성을 전제로 한 것이기 때문에 ― 실질적으로는 인근주민에게 미치는 환경피해의 위험정도와 관련이익의 개별성·직접성·구체성을 판단기준으로 삼은 것이고, 환경영향평가법 및 환경영향평가 대상지역은 그 형식적인 기준에 불과한 것으로 볼 수 있지 않을까

한다.[61]

이상과 같은 취지에서 위 판결의 표면적 이유설시와 관계 없이 위 판결에 적극적으로 찬동한다. 다만, 행정소송법 제12조의 "법률상" 이익이라는 문언을 쉽게 무시할 수 없다는 법원의 實務的 苦惱를 충분히 이해하면서도, 행정소송에 관한 司法府의 책임과 국민의 재판청구권 보장이라는 관점에서, 우리 취소소송의 구조가 독일의 그것과 다르다는 점을 직시하여 '법률의 사익보호성'이라는 보호규범이론의 틀을 과감히 탈피함으로써 제 3 자의 원고적격에 관해 보다 적극적이고 전진적인 자세를 가질 것을 기대해 본다. 특히 환경행정소송에서 환경위해시설의 인근주민에게 원고적격이 인정되지 않는다면, 행정소송은 환경보호를 위해서는 이용할 수 없고 단지 환경위해시설을 운영하고자 하는 사업자만이 — 허가거부처분이나 허가취소·조업정지처분을 다투기 위해 — 이용할 수 있는 反環境的 制度라는 비판을 받을 수 있다는 점에서 더욱 그러하다.

---

61) 위 판결에 관한 보다 정리된 분석은 本書 제 7 장 취소소송의 원고적격 (2), 251면 이하 참조.

제 7 장

取消訴訟의 原告適格 (2)

— 比較法 · 學說 · 判例 —

Ⅰ. 意　　義

행정소송법 제12조 前文("취소소송은 처분등의 취소를 구할 법률상 이익이 있는 자가 제기할 수 있다")은 취소소송을 제기할 수 있는 자격,

즉 原告適格을 정하고 있다. 舊法에서는 취소소송의 원고적격에 관한 규정이 없었다가 1984년 전면개정을 통해 도입되었다. 취소소송이 행정소송의 중심을 이루고 있는 이상, 취소소송의 원고적격 문제는 한편으로 행정소송에 관한 국민의 재판청구권의 범위와 다른 한편으로 행정소송을 통한 행정의 사법적 통제의 범위를 동시에 결정하는 脈點으로서, 취소소송의 구조와 기능 나아가 근본적으로는 법치행정원칙의 본질에 대한 이해와 직결되는, 따라서 우리나라 행정법질서의 根幹에 해당하는 근본적 문제라고 할 수 있다.

Ⅱ. 比 較 法

1. 독 일

(1) 독일 기본법 제19조 제 4 항은 "누구든지 공권력에 의해 자신의 권리가 침해된 때에는 소송을 제기할 수 있다"라고 규정함으로써 이미 헌법적 차원에서 '권리침해'를 공권력에 대한 ― 포괄적 ― 권리구제의 요건으로 삼고 있다. 이에 행정법원법 제42조 제 2 항은 취소소송과 의무이행소송에 관해, "법률에 달리 정함이 없는 한, 원고가 행정행위 또는 그 거부나 부작위에 의해 자신의 권리가 침해되었음을 주장하는 때에만 訴가 허용된다"고 규정하여 원칙적으로 '행정행위로 인한 권리침해의 주장'을 원고적격의 요건으로 정하고 있다. 이에 관한 판례 · 통설을 分說하면, 첫째, '권리'는 소위 보호규범(Schutznorm) 이론에 의거한 개인적 '공권'(subjektives öffentliches Recht)을 의미한다. 즉, 행정에게 일정한 법적 구속을 부과하는 개개의 법률규정이 원고의 사익을 보호하는 규범(즉, 보호규범)인 경우에 그 행정의 의무에 상응하는 권리(공권)가 원고에게 인정된다. 둘째, 권리가 '행정행위로

인해’ ‘침해’된다는 것은 계쟁 행정행위가 그 권리의 근거가 되는 보호규범을 위반한다는 의미이다. 따라서 권리침해는 항상 위법성과 견련성을 갖는다(위법성 견련성 Rechtswidrigkeitszusammenhang). 그리하여 결국 원고적격을 부여하는 보호규범은 그 위반으로 인해 계쟁 행정행위가 위법하게 되는 개개의 근거법규에 한정되는데, 절차적 하자는 실체에 영향을 미치지 않는 한 독립된 취소사유가 될 수 없으므로(행정절차법 제46조) 결국 원칙적으로 행정행위의 실체법적 근거법규만이 보호규범이 되는 것이다. 셋째, 이러한 권리침해를 원고가 ‘주장’하면 되고 입증은 필요 없지만, 단순한 추상적 주장만으로는 부족하며, 권리침해의 개연성을 인정할 수 있는 구체적 사실이 주장되어야 한다(개연성이론 Möglichkeitstheorie). 다시 말해, 원고의 주장사실 자체로 판단하여 권리침해의 개연성이 인정되면 원고적격이 부여된다. 즉, 한편으로 원고가 주장하는 위법성과 다른 한편으로 역시 원고가 주장하는 원고 자신의 — 예컨대 환경유해시설의 인근주민이라는 — 구체적 관련성을 기초로, 그 위법성의 준거가 되는 법규가 과연 그러한 상황에 있는 원고의 사익을 보호하는 것인지를 판단하게 되는데, 이 사익보호성이 긍정되면 바로 권리침해의 개연성이 인정되는 것이다. 상술한 바와 같이 계쟁 행정행위가 그 법규(보호규범)를 위반한다는 것이 바로 그에 위해 부여된 원고의 권리가 침해됨을 의미하는 것이기 때문이다. 요컨대, 원고적격 여부의 판단은 원고의 주장을 전제로 법규의 의미를 해석하는 假定的 · 규범적 판단이다.

(2) 원고가 침익적 행정행위의 상대방인 경우에는 異論의 여지없이 원고적격이 인정된다는 것이 최근의 판례 · 학설의 일반적 경향이다(상대방이론 Adressatentheorie). 이는 독일의 ‘행정행위’ 개념과 밀접한 관련이 있다. 즉, 취소소송의 대상이 되는 ‘행정행위’(Verwaltungsakt)는 상대방에 대하여 직접적으로 침익적인 법률효과를 발생시키는

행정작용에 한정되므로, 그 상대방은 헌법상 기본권의 방어권적 기능에 의거하여 행정행위의 취소를 구할 원고적격을 부여받게 된다는 것이다. 그러나 전통적인 보호규범이론을 고수하는 견해에 의하면, 행정행위의 상대방에 대해서도 위법성의 준거가 되는 개개의 법률규정에 의거하여 원고적격이 인정되어야 하고, 따라서 원고가 행정행위의 상대방이라는 점은 원고의 구체적 관련성에 관한 주장책임이 면제되어 위법성의 준거 법규에 대해 사익보호성이 강하게 추정되는 것에 불과하며, 예외적으로 그 법규가 예컨대 상대방 이외의 일반인의 이해관계를 반영하기 위한 경우에는 원고적격이 부정될 수도 있다고 반박하고 있다. 여하튼 실제적으로 행정행위의 상대방에 대해서는 원고적격이 문제되지 않고 논의의 초점은 상대방이 아닌 제 3 자의 경우에 한정된다.

(3) 상술한 바와 같이 원고적격은 권리침해의 개연성이 있으면 인정되는데, 본안요건에서 다시 그 권리침해의 實在가 요구된다. 즉, 행정법원법 제113조 1 문은 취소판결의 요건으로 "행정행위가 위법하고 그럼으로써 원고의 권리가 침해된 때"라고 규정하고 있다. 따라서 행정행위가 위법하지 않은 경우에는 물론, 위법한 경우에도 그로 인해 원고의 권리가 침해되지 않았음이 확정된 때에는 기각판결이 선고된다. 예컨대, 원고가 환경유해시설의 인근주민임을 (허위로) 주장함으로써 그 설치허가처분의 근거법규가 원고의 사익을 보호하는 것으로 판단되어 권리침해의 개연성을 근거로 원고적격이 인정되었는데 심리결과 원고가 인근주민이 아님이 판명된 때에는, 처분의 근거법규 위반으로 위법성이 인정되더라도 그 법규의 원고에 대한 사익보호성이 부정되기 때문에 결국 원고의 권리침해의 不在를 이유로 기각판결이 선고되는 것이다.

(4) 이와 같이 독일의 취소소송은 원고적격 단계에서뿐만 아니라

본안요건으로서도 ―(객관적) 위법성 이외에 ―'권리침해'를 요구함으로서 철저한 주관소송으로서의 구조를 취하고 있다. 또한 그 실제적 기능에 있어서도 취소소송은 개인의 권리구제에 초점을 맞추고 있고 행정의 적법성 통제는 부수적인 기능으로 평가되고 있다.[1] 더욱이 상술한 바와 같이 원고에게 '권리'를 부여하는 보호규범이 행정행위의 실체법적 근거를 이루는 법률상 개개의 법규에 한정되기 때문에 원고적격이 매우 좁게 인정될 뿐만 아니라, 원고가 주장하는 위법사유에 따라 원고적격 인정 여부가 달라지게 된다. 예컨대, 환경유해시설 설치허가의 법령상 기준 중 '환경오염 한계치'(Immissionsgrenzwert)는 인근주민에 대한 위험방지를 위한 것으로서 사익보호성이 있으므로 그 위반을 이유로 허가결정을 다툴 원고적격이 인근주민에게 인정되지만, '환경유해배출 한계치'(Emmissionsgrenzwert)는 단지 환경보호를 위한 사전대비의 차원에서 규정된 것이기 때문에 사익보호성이 없고 따라서 그 위반을 이유로 해서는 인근주민의 원고적격이 인정될 수 없는 것이다(BVerwGE 65, 313, 320). 학설상 기본권(특히 환경행정소송과 관련하여 생명·신체의 안전성)도 보호규범으로 인정해야 한다는 주장이 유력하지만, 판례와 통설은 법률(또는 하위법령)에 한정하되, 그 법규의 해석에 있어 체계적 해석, 목적론적 해석, 헌법합치적 해석 또는 최근 유럽공동체법이 적용되는 영역에서는 유럽법합치적 해석을 통해 원고적격을 확대하는 방법을 취하고 있다.[2]

---

1) 독일 취소소송의 구조와 기능에 관해 本書 제 5 장 취소소송의 성질과 처분개념, 152면 이하 참조.

2) 이상에 관해 Schoch/Schmidt-Aßmann/Pietzner, Verwaltungsgerichtsordnung, § 42 Abs. 2 Ⅱ. Rn. 43-71, § 113 Rn. 5-19; Eyermann, Verwaltungsgerichtsordnung. 11. Aufl., 2000, § 42 Rn. 82-105, § 113 Rn. 18-20; Kopp/Schenke, Verwaltungsgerichtsordnung. 13. Aufl., 2003, § 42 Rn. 59-72, § 113 Rn. 5-7; Hufen, Verwaltungsprozeßrecht. 5. Aufl., 2003, § 13 Rn. 66-119; Krebs, Subjektiver Rechtsschutz und objektiver Rechtskontrolle, in: System des verwaltungsgerichtlichen Rechtsschutzes (Festschrift für C.-F. Menger), 1985, p. 191-210 (204); 本書 제 6 장 취소소송의 원고적격 (1), 186면 이하 참조.

2. 프 랑 스

(1) 우리나라 취소소송에 상응하는 월권소송[3](recours pour excès de pouvoir)의 원고적격은 우리법 제12조 후단의 협의의 소익 내지 권리보호필요성의 문제까지 포함한 넓은 개념인 '訴의 이익'(intérêt à agir)의 관점에서 논의되는데, 이에 관한 법률상 규정은 없고 꽁세이유·데따의 판례에 의해 정립되어 왔다. 판례상 대표적인 요건은 '개인적이고 직접적인 이익'(intérêt personnel et direct)으로서, 독일에 비하여 매우 광범위하게 인정된다. 먼저 '이익'은 물질적 내지 경제적인 것에 한정되지 않고 정신적 또는 명예적 이익도 포함한다. 그리하여 재향군인은 군사활동에 참가하지 않은 자에게 재향군인증을 수여하는 법규명령을 다툴 원고적격이 인정되고(C.E. 13 mai 1949, *Bourgoin*), 또한 국립공과대학원 동창회는 동 대학원에 무자격자를 입학시키는 결정을 다툴 원고적격이 인정된다(C.E. 13 juillet 1948, *Société des amis de l'Ecole polytechnique*). 그리고 '개인적' 이익이라 함은 원고가 계쟁 행정행위와 일정한 이익관련성을 가져야 한다는 의미인데, 원고를 상대방으로 하는 개별결정에 대해서는 물론, 제 3 자에 대한 개별결정과 나아가—'일방적 행정행위'(acte administratif unilatéral)로서 월권소송의 대상이 되는—행정입법에 대해서도 원고가 사실상의 이익관련성을 갖는 한 인정된다. 지방자치단체의 납세자인 주민이 당해 지방자치단체의 재정적 부담을 초래하는 개별결정 또는 행정입법을 다투는 경우에도 원고의 납세부담이 증가할 우려가 있다는 점이 바로 '개인적' 이익으로서 원고적격이 인정된다(C.E. 29 mars 1906, *Casanova*). 반면에 국가의 납세자라는 이유로 중앙정부의 행정행위를 다툴 원고적격은 부정된다(C.E. 23. novembre 1988, *Dumont et autres*). 뿐만 아

3) 월권소송의 관할·대상·성질에 관하여 本書 제 4 장 인류의 보편적 지혜로서의 행정소송, 107면 이하, 119면 이하 참조.

니라, '개인적' 이익은 自然人뿐만 아니라 私法人과 公法人에게도 인정되는데, 私法人 중 협회 · 조합 등 비영리단체의 경우에는 '집단적 이익'(intérêt collectif), 즉 정관상 그 단체의 존립목적을 수호하기 위한 이익도 포함된다. 그리하여 특정한 자연환경을 보호할 목적으로 설립된 환경단체는 그 자연환경을 해칠 수 있는 행정행위를 다툴 원고적격이 인정된다(C.E. 28 février 1975, *Herr et autres*). 반면에 포괄적인 자연보호를 목적으로 하는 환경단체에게는 어떤 자치단체의 도시계획을 다툴 원고적격이 부정된다(T.A. Rouen, 6 juin 1994, *Sté pour la protection des paysages et de l'esthétique de la France*). 또한 公法人의 경우에는 '공적 이익'(intérêt public)도 소의 이익으로 인정될 수 있다. 따라서 지방자치단체 또는 그 기관인 단체장, 지방의회 및 의원은 당해 지방자치단체의 이익을 침해하는 국가기관 또는 상급 · 인근지방자치단체의 행정행위를 다툴 원고적격이 부여된다(C.E. 27 septembre 1989, *Commune de Hanvec./Gourvennec*; C.E. 1 février 1989, *Durand et commune de Génissac*).

(2) '직접적' 이익은 일반적 요건이라기보다는 예외적 · 제한적 요건으로 기능한다. 즉, 사립학교 학생인 미성년자녀의 학부모 또는 학부모협회는 교육의 자유를 침해하는 조치를 다툴 원고적격이 인정되지만(C.E. 22 mars 1941, *Union des parents d'éléves de l'enseignement libre*), 성년의 子에 대한 병역관련결정에 대하여 그 부모는 가족의 일원이라는 자격으로 다툴 수 없는데, 후자의 경우에는 그 子가 직접적 이익을 가지며 부모의 이익은 직접적인 것이 아니라는 이유에서이다. 또한 '정당한'(légitime), '적절한'(pertinent ou adéquat) 또는 '확실한'(certain) 이익이어야 한다는 제한적 요건이 추가되기도 한다. 즉, 호텔의 무단점유자는 그 호텔의 아파트 개조 건축허가에 대하여 '정당한' 이익을 갖지 않기 때문에 원고적격이 부정된다(C.E. 27 février

1985, *SA Grands travaux et constructions immobilières*). '적절한' 이익은 계쟁 행정행위와 일정한 객관적 관련성을 가져야 한다는 의미로서, 이는 상업시설에 대한 건축허가의 경우 일조권 등 인근주민으로서의 이익에 대하여 인정되지만, 상인으로서 갖는 상업상의 이익에 대해서는 부정된다. 다시 말해, 건축허가 단계에서 이로 인해 장래 상업상의 이익이 영향을 받을 가능성이 있다 하더라도 이는 '적절한' 이익이 아니다. 상업시설에 대하여 영업허가가 내려지면 이에 대해서는 상업상의 이익에 기하여 원고적격이 부여된다(C.E. 22 octobre 1986, *Union départementale des consommateurs des Bouches-du-Rôhne*). 또한 '확실한' 이익은 침해의 개연성을 문제삼는 것인데, 개연성을 완전히 배제할 수 있는 경우가 아닌 한 인정된다. 그리하여 제3자의 공무원 임명 또는 승진에 대하여 공무원인 원고는 그의 직급으로의 임명·승진은 물론 상위직급 또는 하위직급으로의 임명·승진의 경우에도 향후 승진을 위한 원고의 경쟁 상황이 가중될 가능성이 있으므로 소의 이익이 인정된다(C.E. 26 décembre 1925, *Rodière*). 또한 캠핑애호가는 모든 지방자치단체의 캠핑규제조치를 다툴 수 있는데, 어떤 지방자치단체의 캠핑장에서도 캠핑을 할 개연성이 있기 때문이다(C.E. 14 février 1958, *Abisset*). 그리고 방학기간을 변경하는 교육부장관의 결정은 온천관광지의 호텔영업에 악영향을 미칠 수 있으므로 호텔운영자에게 그 결정을 다툴 원고적격이 부여된다(C.E. 28 mai 1971, *Damasio*).

(3) 특기할 것은 소의 이익의 존재 여부에 관한 판단의 기준시는 提訴時라는 점이다. 따라서 제소 이후에 원고가 계쟁 행정행위와의 이익관련성을 상실한 경우에도 원고적격이 인정된다(C.E. 22 novembre 1963, *Dalmas de Polignac*). 또한 원고가 사망한 경우에도 그 이익이 一身專屬인 것인가를 불문하고 상속인에게 소송절차의 受繼가 허용된다. 다만, 提訴時에 소의 이익이 존재하지 않았더라도 判決時까지 이익이

존재하게 되면 원고적격이 인정된다.

(4) 이상과 같이 프랑스 월권소송의 원고적격은 계쟁 행정행위 '자체'에 대한 원고의 '이익'상황에 관한 것으로서, 독일에서와 같이 계쟁 행정행위의 '근거법규'에 의거한 원고의 '권리'(즉, 보호규범) 및 그 근거법규 위반으로 인한 그 권리의 침해(즉, 위법성 견련성)는 전혀 문제삼지 않으므로, 독일에 비해 현저히 넓게 인정된다. 또한 프랑스에서는 원고적격이 인정되어 본안판단으로 넘어가면 객관적인 취소사유, 즉 無權限(incompétence), 形式의 瑕疵(vice de forme), 權限濫用(détournement de pouvoir), 法律違反(violation de la loi)이 있는지 여부만이 심사되고 그 취소사유로 인해 원고의 권리 또는 이익이 침해되었는지 여부는 묻지 않는다. 이와 같이 본안의 취소사유에서 원고의 개인적 권리·이익의 침해를 요구하지 않고 객관적 위법성만을 문제삼는 의미에서 월권소송은 객관소송(recours objectif)으로서의 '구조'를 갖고 있으며, 또한 개인의 권리구제가 아니라 행정의 적법성 통제를 주된 목적으로 한다는 점에서 객관소송적 '기능'을 수행하고 있다. 객관소송은 누구에게나 원고적격을 인정하는 萬人訴訟(recours populaire)과는 다르다. 객관소송에 있어서도 濫訴로 인한 법원의 부담가중을 방지하기 위해 원고의 개인적 상황을 기준으로 원고적격을 일정한 범위로 제한하고 있다. 그러나 위와 같은 월권소송의 객관소송적 구조와 기능에 의거하여 그 원고적격은 주관소송적 구조와 기능을 갖는 독일의 취소소송에 비해 현저히 넓게 인정되고 있는 것이다.[4)]

---

4) 이상에 관해 Chapus, Droit du contentieux administratif. 10e éd., 2002, n° 563-603; Debbasch/Ricci, Contentieux administratif. 8e éd., 2001, n° 310-332; Pacteau, Contentieux administratif. 6e éd., 2002, n° 128-135; 박균성, "프랑스법상 시설설치허가에 대한 취소소송에서의 인근주민 및 환경단체의 원고적격," 판례실무연구 Ⅳ, 2000, 500-510면; 拙著, 행정법의 체계와 방법론[행정법연구 1], 제11장 독일 행정법과 비교하여 본 프랑스 행정법의 특수성, 486면 이하 참조.

3. 영　　국

(1) 우리나라 취소소송에 상응하는 '사법심사청구소송'[5](claim for judicial review: CJR)의 원고적격(locus standi; standing)에 관하여, 최고법원법(Supreme Court Act) 제31조 제 3 항은 원고가 청구의 대상인 사항에 대해 '충분한 이익'(sufficient interest)을 가질 것을 요구하고 있다. 이는 독일의 '권리침해(주장)'에 비해서는 물론, 프랑스의 '개인적이고 직접적인 이익'보다도 넓은 개념으로서, 판례상 원고적격이 널리 부여되고 있다. 특정한 영화를 방영하기로 한 공영방송국의 결정에 대하여 사설 텔레비전 방송업자의 원고적격이 인정되었을 뿐만 아니라(*R v. Independent Broadcasting Authority, ex parte Whitehouse*, 1984), 영국의 납세자라는 이유만으로 유럽경제공동체에 대한 금전지급을 수권하는 樞密院令(Order in Council)案을 다툴 수 있는 원고적격도 인정되었으며(*R v. HM Treasury, ex parte Smedley*, 1985), 또한 신문기자는 특정 법관이 익명을 사용하는 것을 다툴 수 있는 원고적격을 부여받았다(*R v. Felixtowe Justices, ex parte Leigh*, 1987). 그리고 단체에 대한 원고적격에 관해서도, '아동빈곤퇴치단체'가 아동복지에 관한 사회복지장관의 결정을 다투는 경우(*R v. Secretary of State for Social Services, ex parte Child Poverty Action Group*, 1985), 그린·피스가 방사능폐기물 처리를 허가하는 환경오염감독청 및 농수산부 장관의 결정을 다투는 경우(*R v. Inspectorate of Pollution and Another, ex parte Greenpeace Ltd* (No. 2), 1994), '세계발전운동본부'가 말레이시아 정부에게 댐건설자금을 지원하기로 하는 외무장관의 결정을 다투는 경우(*R v. Secretary of State for Foreign and Commonwealth Affaires, ex parte World Development Movement Ltd*, 1995)에 모두 원고적격이 인정되었다.

5) 이에 관한 자세한 내용은 本書 제14장 영국의 행정소송, 650면 이하 참조.

(2) 위와 같이 영국에서 원고적격이 넓게 인정되고 있는 것은 사법심사청구소송의 객관소송적 성격에 의거한 것이다. 즉, 종래 행정에 대한 사법심사가 중앙정부기관에 대해서는 특별한 소송절차인 대권적 구제수단(prerogative remedies)을 통해 이루어지고 지방자치단체·독립행정기관 등 분권기관에 대해서는 민사소송에 의한 일반적 구제수단(ordinary remedies)으로 이루어지는 이원적 구조로 되어 있다가 1976/1981년 개혁을 통해 양자가 '사법심사청구소송'으로 통합되었다. 이 사법심사청구소송에는 대권적 구제수단에 붙어 있던 제한 가운데 증인심문·문서제출명령·가구제의 금지는 없어졌으나, 전속관할(High Court의 행정재판부인 'Administrative Court'), 제소기간(3개월), 법원의 소송허가 등의 제한이 유지됨으로써, 결국 현재의 사법심사청구소송은 종전의 일반적 구제수단을 폐지하고 대권적 구제수단으로 일원화되면서 그 절차적 제한이 일부 폐지·완화된 것이라고 할 수 있다. 원래 대권적 구제수단은 국왕의 이름으로 관리를 탄핵하는 제도로서 이미 객관소송적 성격을 갖고 있었던 것인데, '피해를 입은 사람'(person aggrieved)이라는 종전의 원고적격이 사법심사청구소송에서는 '충분한 이익'으로 확대됨으로써 객관소송적 성격이 더욱 강화된 것이다. 그리하여 사법심사청구소송의 事件名도 종래 대권적 구제수단에서와 같이 "R v. 행정기관, ex parte 청구인"으로 표시된다. 형식상 원고인 국왕(R)은 국법질서를 상징하는 것이므로, 이는 청구인의 신청에 기하여(ex parte) 행정기관의 행위를 국법질서에 비추어 그 적법성을 통제한다는 의미를 담고 있다.[6)]

6) 이상에 관하여 de Smith/Woolf/Jowell, Judicial Review of Administrative Action. 5. ed., 1995, para 2-019~050; Wade/Forsyth, Administrative Law. 8. ed., 2000, p. 667-688; Lewis, Judicial Remedies in Public Law, 2000, para 10-001~038; Craig, Administrative Law. 5. ed., 2003, p. 726-739; Emery, Administrative Law: Legal Challenges to Official Action, 1999, p. 124, 125-133.

4. 미국(연방)

(1) 미국 행정절차법(Administrative Procedure Act: APA) 제702조는 행정소송의 원고적격을 "행정청의 행위에 의해 법적인 피해를 당하거나(suffering legal wrong) 또는 관계법령의 취지의 범위 내에서(within the meaning of any relevant statue) 부정적 영향을 받거나 고통받은(adversely affected or aggrieved) 자"로 규정하고 있다.[7) 전반부의 '법적인 피해'는 1930년대까지 판례상으로 요구되던 '법적 권리'(legal right), 즉 보통법상의 *私法的* 권리의 침해를 의미하는 것이다. 반면에 후반부는 제정법상의 이익의 침해도 포함시키는 것으로 확대된 1940년대의 판례가 반영된 것으로서, 이에 기하여 1970년 *Data Processing* 판결(연방대법원, 이하 생략)에서 처음으로 '사실상 손해'(injury in fact)와 '이익의 범위'(zone of interest)라는 두 가지 요건이 판례상 정립되었다. 즉, 데이터처리 서비스를 제공하는 전문회사인 원고가 일반 시중은행들도 동일한 데이터처리 서비스를 제공할 수 있도록 허용한 행정청의 조치로 인해 사실상의 손해를 입었고 또한 그러한 원고의 이익은 관계법령이 보호하는 이익의 범위 내에 있는 것으로 인정되어 원고적격이 부여되었던 것이다.

(2) 먼저 '이익의 범위' 요건에 관해 살펴보면, 동전의 아연 함유량을 높이는 행정조치에 대하여 원고인 구리제련회사가 그로 인해 구리의 판매량이 감소할 것이라고 주장한 사건에서 그러한 이익은 관계법령이 보호하는 이익이 아니라는 이유로 원고적격을 부인한 연방항소법원 판례가 있으나(1982년 *Copper & Brass Fabricators Council, Inc.*), 1987년 *Clarke* 판결은 시중은행의 할인중개소 개설을 허가하는 결정

7) 미국 행정소송의 관할·대상·성질에 관해 本書 제 4 장 인류의 보편적 지혜로서의 행정소송, 113면 이하, 129면 이하 참조.

에 대해 증권중개인협회가 경쟁적 이익을 이유로 다투는 사안에서 그 이익이 법률의 묵시적 목적과 전혀 무관하거나 모순되어 의회가 그러한 소송을 허용했다고 도저히 생각할 수 없는 경우가 아닌 한 보호이익의 범위에 속하는 것으로 보아야 한다고 판시하는 등, 경업자소송에서 이익범위의 요건은 대폭 완화되어 원고적격을 제한하는 기능을 사실상 상실하였다고 할 수 있다. 그리하여 최근 1998년의 *NCUA(National Credit Union Administration)* 판결에서는 신용협동조합의 조합원범위를 확대하는 정관변경의 승인결정에 대해 은행이 경쟁적 이익을 이유로 다툴 원고적격이 인정되었다. 반면에 환경보호법에 의거한 소송에서는 환경적 이익이 아닌 경제적 이익을 주장하는 것은 보호이익의 범위에 속하지 않는다는 것이 판례의 경향인데, 대표적인 것은 유해폐기물 소각을 허용하는 규칙에 대하여 그로 인해 영업수익이 감소할 것을 우려하는 폐기물 처리업체와 처리장비 제조업체의 원고적격을 부인한 연방항소법원의 판례이다(1988년 *Hazardous Waste Treatment Council*). 최근 1997년 *Benett* 판결에서는 저수지의 수위를 높이는 행정조치에 대해 灌漑用水의 감소로 인한 경제적 이익의 침해를 주장하는 지방관개사업소와 목장경영자들에게 원고적격이 인정되었으나, 이는 근거법령에서 저수지 수위를 결정함에 있어 환경적 영향뿐만 아니라 경제적 영향도 고려하도록 되어 있었기 때문이다. 다만 특기할 것은 동 판결에서 傍論으로 이익범위의 요건은 헌법적 요소가 아니므로 입법자가 이를 삭제할 수 있다고 설시한 점이다.

(3) 다음으로 '사실상 손해'의 요건에 관해 살펴보면, 이는 원고가 계쟁 행정조치로 인해 일정한 손해를 입었거나 입을 우려가 있음을 구체적으로 주장하면 충족되는 것으로 인정되어 공익소송, 특히 환경소송에서의 원고적격 확대에 결정적인 역할을 하였다. 1970년대 미국에서 公衆의 행정과정 참여를 통한 행정감시 기능이 강조되었던 경

향과 軌를 같이하는 것이다. 1972년 *Sierra Club* 판결에서 국립공원의 계곡에 스키리조트 건립을 허가하는 행정조치에 대해 원고가 환경보호를 목적으로 설립된 단체라는 주장만으로는 — 이에 기하여 향후 미국내의 모든 환경사건에 대한 원고적격을 포괄적으로 승인받겠다는 의도가 원고에게 있었다고 할 수 있는데 — 원고적격이 인정될 수 없다고 하면서, 만일 원고 단체 또는 구성원들이 그 계곡에서 휴양을 즐겨 왔으나 이제 생태계가 파괴됨으로 말미암아 더 이상 그러한 미관상 또는 환경상의 이익을 향유하지 못할 것이라는 구체적인 주장이 있었다면 원고적격이 인정될 수 있었을 것임을 강력하게 시사하였다. 그리하여 실제로 1973년 *SCRAP* 판결에서는 철도화물운임의 인상을 승인하는 행정조치에 대해 워싱턴 D.C. 소재 환경보호 학생단체가 동 조치로 인해 재활용자재의 유통이 억제됨으로써 대기오염 · 산림훼손 등이 초래되고 그 결과 워싱턴 D.C. 인근의 산야에서 하이킹과 낚시를 하는 즐거움을 상실한다는 주장을 함으로써 원고적격을 인정받았다. 이는 환경소송에서 원고적격이 최대한 확대된 사건으로 평가되고 있다.

그러나 1990년대에 이르러 사실상 손해의 요건이 엄격하게 요구됨으로써 원고적격 확대에 제동이 걸렸다. 우선 1990년 *Lujan v. National Wildlife Federation* 판결에서 180에이커의 연방토지에 대한 자연보호적 규제를 완화하는 조치에 대하여 전국야생생물연맹이 그 회원 1명이 위 연방토지 인근의 200만 에이커에 달하는 자연환경을 즐기고 있다는 주장을 하였으나 그것만으로는 사실상 손해에 관한 구체적인 주장이 되지 못한다고 하여 원고적격이 부인되었다. 특히 1992년 *Lujan v. Defenders of Wildlife* 판결에서는 滅種危機生物保護法(Endangered Species Act)상 멸종위기생물의 생존에 위험을 초래하는 허가 · 자금지원 등의 조치에 관해 내무부장관과 협의하여야 한다는 규정이 외국에서 이루어지는 행위에 대해서는 적용되지 않는 것으로 하는 내무부장관의 규칙에 대하여, 야생생물보호단체가 동 규칙으로 인해 예컨대 미국이 일부 자금을 지원한 이집트의 하천개발계획에 의해 나일강의 악어 서식지가 파괴됨으로써 동 단체의 회원이 이집트 여행에서 악어를 볼 수 없게 되는 손해를 입게 되었다고 주장하였으나 원고적격이 부인되었다. 이 판결은 세 가지 점에서 획기적인 의미를 갖는다. 첫째, 종전에는 사실상 손해의 충족 여부를 원고 주장의 구체성 여부를 기준으로 판단하였는데 이 사건에서는 특정한 구체적인 손해를 법원이 인정할 수 있어야 한다고 함으로써 그 입증을 요구하고 있다. 둘째, 사실상 손해의 요건에 더하여 '인과관계'(causation) 및 '구제가능성'(redressability)이라는 요건을 추가하고 있는 점이다. 그리하여 위 내무부장관의 규칙이 자금지원 행정청에 대하여 구속력을 갖는지 여부가 불분명할 뿐만 아니라 미국의 자금지원이 중단된다고 하여 반드시 외국의 자연개발계획이 중단될 것이라는 증거도 없기 때문에 계쟁 행정조치와 손해발생과의 인과관계 및 승소판결에 의한 손해의 구제가능성이 결여되었다는 이유로 원고적격이 부정되었다. 셋째, 위 두 가지 요건 및 '사실상 손해'의 요건은 입법자도 삭제하지 못하는 헌법상 요건으로 승격되었다는 점이다. 즉, 이 사건의 근거법인 멸종위기생물보호법 기타 거의 모든 환경보호법률에는 동법을 위반하는 미국 정부, 행정청, 개인 등에 대하여 '누구든지'(any person) 제소할 수 있다는 규정이 있으나, 연방헌법 제 3 조의 '사건 또는 분쟁'(case or controversy)이라는 '헌법상의 원고적격'(constitutional standing)에 의거하여, 법률의 문언에도 불구하고 사실상 손해, 인과관계 및 구제가능성의 요건을 구비한 때에만 원고적격이 인정될 수 있다는 것이다. 이는 권력분립의 존중과 司法의 정치화 방지를 실제적 근거로 한다.

최근 판례에서 다시 원고적격이 확대되는 경향을 보이고 있는데,

위에서 이익범위의 요건과 관련하여 언급한 1997년 *Benett* 판결은, 원고들이 저수지 수위 결정기관인 연방개간국(Bureau of Reclamation)이 아니라 동 기관에게 저수지 수위를 높이는 것을 승인하는 의견서를 제출한 연방 어류야생동물청의 조치를 다투는 사안에서, 그 의견서는 사실상 연방개간국의 결정에 '강제적 효과'(coercive effect)를 갖기 때문에 인과관계 및 구제가능성의 요건이 충족된다고 하면서 원고적격을 인정하였다. 또한 2000년의 *Laidlaw* 판결은 江에 배출을 하는 유해폐기물소각시설을 구입하여 가동하는 피고 회사에 대하여 원고 환경단체가 위 소각시설이 오염허용한계를 초과한다는 이유로 수질정화법(Clean Water Act)에 의거하여 민사벌금(civil penalty)의 부과를 구하는 집행소송을 제기한 사건에서, 인근 강변에 거주하는 원고단체 회원이 더 이상 위 江의 風致를 즐기거나 휴양을 즐기지 못하게 된 것은 위 江의 미적 가치와 휴양적 가치가 감소했다는 것을 의미하고 그 것만으로 사실상 손해의 요건이 충족되었을 뿐만 아니라, 민사벌금은 과거의 위반행위에 대한 것이지만 장래의 반복가능성을 억제하는 효과가 있기 때문에 구제가능성도 있다고 판시하면서 원고적격을 인정하였다.

(4) 행정소송의 취소사유로서 행정절차법 제706조 제 2 항은 재량권남용 기타 법위반, 헌법상 권리 등의 위반, 법령상 권한 등의 유월, 절차적 요건의 위반, 실질적 증거의 부족, 사실오인 등을 규정하고 있을 뿐, 독일에서와 같은 위법성과 원고의 (법률상) 권리침해의 견련성을 요구하지 않는다. 이러한 의미에서 미국의 행정소송도 객관소송적 구조를 취하고 있다고 할 수 있다. 원고적격에 관한 '이익범위'의 요건도 계쟁 행정조치 '자체'에 의해 영향을 받는 원고의 이익이 근거법령의 보호 범위 내에 속하는가를 문제삼는 것으로서, 계쟁 행정조치의 '위법사유'가 무엇인가 — 그리하여 그 위반된 개별법규가 원고의 사익

을 보호하는 것인가—는 전혀 문제되지 않는다. 그나마 이익범위의 요건은 경업자소송에서 그 충족이 사실상 추정될 정도로 완화되었을 뿐만 아니라 헌법상 원고적격 요건에서도 제외되었다. 다만, 원고적격에 관하여 사실상 손해, 인과관계 및 구제가능성이 요구됨으로써 주관소송적 기능이 강조되고 있으나, 이는 최근 환경소송의 萬人訴訟化 경향에 대한 반작용으로서, 여전히 행정을 감시하는 단체와 公衆의 역할이 중시된다는 점에서 객관소송적 기능도 무시되지 않는다고 할 것이다.[8)]

5. 日 本

일본의 行政事件訴訟法 제 9 조는 "처분 또는 재결의 취소를 구함에 관해 법률상 이익을 가진 자"가 취소소송의 원고적격을 갖는다고 규정하고 있다. 판례는 '법률상 이익'을 처분의 근거법규에 의해 보호되는 이익으로 파악하여 제 3 자에 대한 원고적격을 매우 좁게 인정하여 왔는데, 최근 처분의 근거법규를 유연하게 해석함으로써 특히 건축분쟁, 환경분쟁 등에서 주민의 원고적격의 범위를 점차 확대하고 있으나, 아직 제한적이다.[9)] 특기할 것은 동법 제10조 제 1 항에서 "자기의 법률상 이익에 관계되지 않는 위법을 이유로 취소를 구할 수 없다"고 규정하고 있는 점이다. 독일에서와 같이 원고적격 단계에서 보호규범이론에 의거한—따라서 위법성과 견련된—'권리'의 침해를 요구하지

8) 이상에 관해 Pierce, Administrative Law Treatise. 4. ed. Vol. Ⅲ., 2002, §16; Breyer/Stewart/Sunstein/Spitzer, Administrative Law and Regulatory Policy. 5. ed., 2002, p. 1023-1116; Cass/Diver/Beermann, Administrative Law. 4. ed., 2002, p. 285-327; Strauss, Administrative Justice in the United States. 2. ed., 2002, p. 314-322; 조홍식, "분산이익소송에서의 당사자적격," 판례실무연구 Ⅳ, 2000, 439면 이하; 이한성, 미국 "환경법상의 원고적격에 관한 판례의 동향," 현대공법학의 과제(청담최송화교수화갑기념), 2002, 553면 이하 참조.

9) 南博方/高橋滋 編, 条解行政事件訴訟法 第 2 版, 2004, 224-236頁 참조.

않고 있으나, 이와 같이 위법사유 내지 취소사유를 법률상 이익에 관계되는 것에 한정함으로써 결과적으로 원고적격의 위법성 견련성을 요구하고 있는 것이다. 바로 이 점 때문에 일본의 취소소송은 독일과 같은 주관소송적 구조를 취하는 것으로 파악되고 있고, 또한 '법률상 이익'도 위법성의 준거가 되는 처분의 근거법규에 한정되는 것이다.

2004년 5월 개정된 行政事件訴訟法은 위 제 9 조 및 제10조 제 1 항을 존치하면서 제 9 조 제 2 항으로 제 3 자의 원고적격에 관한 '법률상 이익'의 해석 규정을 추가하였다. 즉, "법원은 처분 또는 재결의 상대방 이외의 자에 관하여 前項에서 규정하고 있는 법률상 이익의 有無를 판단함에 있어, 당해 처분 또는 재결의 근거가 되는 법령의 규정의 문구만에 의하지 않고, 당해 법령의 취지 및 목적, 그리고 당해 처분에서 고려되어야 할 이익의 내용 및 성질을 고려하도록 한다. 이 경우에 당해 법령의 취지 및 목적을 고려함에 있어 당해 법령과 목적을 공통으로 하는 관계법령이 있는 때에는 그 취지 및 목적도 참작하고, 또한 당해 이익의 내용 및 성질을 고려함에 있어서는 당해 처분 또는 재결이 그 근거 법령에 위반하여 내려진 경우 침해되는 이익의 내용 및 성질 그리고 이익이 침해되는 態樣 및 정도도 감안하도록 한다"는 규정이다. 이는 처분의 근거법규에 한정하던 판례의 경향을 수정하여 관계법령으로까지 확대하고자 하는 취지이지만, 상술한 제10조 제 1 항이 존치되는 이상, 취소소송의 주관소송적 구조에는 변함이 없을 뿐만 아니라, 위법성(취소사유)과의 견련성으로 인해 향후 원고적격을 확대하는 데에는 상당한 제한이 따를 것으로 예상된다.

Ⅲ. 學　　說

1. 槪　　說

우리나라 취소소송의 원고적격은 제12조 前文에서 규정하고 있다시피 "처분등의 취소를 구할 법률상 이익이 있는 者"에게 인정된다. 여기서 '법률상 이익'의 의미를 둘러싸고 학설이 나누어지는데, 이는 취소소송의 구조와 기능을 어떻게 파악할 것인가 라는 기본입장의 차이로 귀결된다. 또한 취소소송의 구조에 관한 이해는 '처분등의 취소를 구할' (법률상 이익이) '있음'이라는 문구의 해석에도 영향을 미친다.

2. '法律上 利益'의 意味

(1) 제 1 설은 '법률상 이익'을 근본적으로 실체법상의 '권리'와 같은 의미로 파악한다.[10] 즉, 공권 성립의 요건인 강행법규성과 사익보호성이 합해져 '법률상 이익'이란 문구로 표현된 것이기 때문에, 이는 결국 '권리'와 같은 것이라는 취지이다. 다시 말해, 법률상 이익은 '법률에 의해 보호되고 있는 사익'이란 의미로서, 권리(공권)를 가리키는 것이고, 따라서 여기서의 권리는 전통적인 좁은 의미의 권리뿐만 아니라 근거법규의 사익보호성을 확장 해석함으로써 획득되는 넓은 의미의 권리까지 포함하는 것이라고 한다. 요컨대, 근거법규의 사익보호성을 매개로 법률상 이익과 권리는 일치한다는 것이다. 그리하여 원

10) 김남진/김연태, 행정법 Ⅰ, 2004, 659면 이하; 홍정선, 행정법원론(上), 2004, 옆번호 2265a; 정하중, 행정법총론, 2004, 688면; 홍준형, 행정구제법, 2001, 567면; 류지태, 행정법신론, 2003, 502면 등.

고적격에 관한 학설 중 소위 권리구제설과 법률상이익구제설은 동일한 내용이라고 한다. 이러한 제 1 설은 독일의 공권이론 및 보호규범이론을 우리나라에 적용한 것이라고 할 수 있는데, 그 중 독일의 판례·통설과는 달리 처분의 실체법적 근거법규에 한정하지 않고 (절차법을 포함한) 관련법규, 나아가 헌법상 기본권 및 기본원리로부터 직접 '법률상 이익'이 도출될 수 있음을 인정하는 견해(김남진/김연태)도 있다.

(2) 이에 반해 제 2 설(다수설)은 '법률상 이익'을 '권리'와 다른 것으로 이해하면서도, 그 의미를 원칙적으로 '법률상 보호되는 이익'으로 새기고 있다.[11] 이 점에 관한 한 — 이를 동시에 '권리'라고 부를 것인가 라는 호칭의 차이가 있을 뿐 — 제 1 설과 동일하다. 그러나 실체법적 성격을 갖는 권리와 구별함으로써 소송법적 관점에서 보나 탄력적으로 '법률상 이익'을 해석할 수 있고 그리하여 '법적으로 보호할 가치 있는 이익' 나아가 객관소송적 요소로까지 접근할 수 있는 계기가 마련된다는 점에서 중요한 차이가 있다. 이러한 탄력성의 관점에서 제 2 설을 다음과 같이 단계적으로 분류할 수 있다. 법률상 보호되는 이익을 고수하면서 근거법규 및 관계법규의 탄력적 또는 목적론적 해석에 의한 원고적격의 점진적 확대에 찬성하는 견해(김동희)를 1 단계라고 한다면, 2 단계는 법률상 보호되는 이익을 기본으로 하면서도 관련법률의 포함, 목적론적 해석, 헌법상 기본권의 직접 적용 등의 방법으로 법률상 이익의 개념을 완화·확대함으로써 점차 보호가치 있는 이익의 방향으로 나아가야 한다는 견해(박윤흔)이고, 3 단계는 법률상 이익에서 '법률'을 처분의 근거법규에 한정하지 아니하고 관련법규와 헌법 등 법질서 전체로 이해하면서 그렇게 되면 법률상 보호되는 이익과 보호가치 있는 이익의 구별은 상대적인 것이 된다는 점을 강조하는

11) 김도창, 일반행정법론(上), 1993, 774면; 김동희, 행정법 I, 2004, 651면; 김철용, 행정법 I, 2004, 572면 이하; 박윤흔, 최신행정법강의(上), 2004, 925면; 박균성, 행정법론(上), 2004, 791면 이하 등.

견해(김철용)이며, 마지막 4단계는 "법률상 이익의 개념에는 법률상 보호이익뿐만 아니라 보호가치이익과 또한 점차로 객관소송적인 요소를 도입할 수 있는 문호가 열려 있다"는 것을 강조하는 견해(김도창)라고 할 수 있다. 이상과 같은 차이점은 후술하는 취소소송의 기능에 대한 이해의 차이에서 비롯된다.

3. 取消訴訟의 構造

(1) '법률상 이익'을 '권리'와 같은 의미로 이해하는 위 제1설은 우리나라 취소소송의 구조를 독일의 취소소송과 동일한 주관소송적 구조로 파악한다. 즉, 본안요건(취소사유)으로서 객관적 위법성과 아울러 권리(=법률상 이익)의 침해가 요구된다고 하는데, 본안요건은 '실제적' 권리침해인 반면, 원고적격의 요건은 권리침해의 주장 내지 권리침해의 가능성이라고 한다.[12] 이 견해에 의하면, 결국 우리법의 '처분등의 취소를 구할 법률상 이익이 있는 자'는 독일법과 동일하게 '처분등으로 인한 권리 내지 법률상 이익의 (가능성 있는) 침해를 주장하는 자'라는 의미로 해석된다. 나아가 처분의 위법성과 권리침해의 인과관계를 요구하고 제3자의 경우에는 보호규범론에 따라 그 인과관계 여부가 판단된다고 함으로써 독일에서와 같은 위법성 견련성을 명시적으로 긍정하기까지 하는데(홍정선), 이에 따르면, 원고적격의 요건은 '처분등의 「위법성」으로 인한 권리 내지 법률상 이익의 침해의 주장'으로 변화된다.

(2) 반면에, '법률상 이익'을 '권리'와 다른 것으로 이해하는 위 제2설은 취소소송의 본안요건을 '객관적' 위법성으로 파악한다.[13] 이

12) 홍정선, 전게서, 옆번호 2318c; 홍준형, 전게서, 635면, 527면 등.
13) 김도창, 전게서, 783면; 김동희, 전게서, 670면; 김철용, 전게서, 635면.

에 따르면, 우리의 취소소송이 프랑스·영국·미국에서와 같이 본안요건에서 권리, 법률상 이익 등 원고의 주관적 관련성은 제외하고 오직 객관적인 위법성만을 문제삼는다는 의미에서 객관소송적 구조를 갖는 것으로 전제되어 있다고 할 수 있다. 이와 같이 원고의 주관적 관련성이 본안요건에서 제외되어 있는 반면, 또한 바로 그렇기 때문에, 원고적격 단계에서 종국적으로 판단되어야 한다. 따라서 원고적격의 요건을 법률의 문언 그대로 — 위 제1설과 같이 법률상 이익의 '침해의 가능성을 주장함'으로 재해석할 필요 없이 — 법률상 이익이 '있음'으로 새기게 된다. 또한 이와 같이 원고적격으로서의 법률상 이익과 본안요건으로서의 (객관적) 위법성이 차단되므로, 독일에서와 같은 위법성 견련성은 부정된다. 그리하여 '처분등의 취소를 구할' 법률상 이익이라는 부분도 역시 법률의 문언 그대로, 처분등의 위법성과 결부시킬 필요 없이, '처분등의 (존재에 의해 침해되거나 침해될 우려가 있기 때문에 그 회복 또는 방지를 위해) 취소를 구할' 법률상 이익으로 해석할 수 있게 된다. 다만, 위 제2설 중 일본법에서와 같이 취소사유를 원고의 법률상 이익과 관계 있는 위법에 한정함으로써 결과적으로 위법성 견련성을 긍정하는 견해(박윤흔, 962면)도 있다.

4. 取消訴訟의 機能

(1) 상술한 취소소송의 '구조'는 원고적격과 본안요건(위법성)의 구조적 관계에 관한 것인 반면, 취소소송의 '기능'은 원고적격과 관련하여 취소소송의 실제적 기능 내지 목적을 어떻게 파악할 것인가의 문제이다. 이에 관해 종래 권리향수회복설, 법률상이익구제설, 보호가치이익구제설, 적법성보장설 등 4개의 견해로 나누어 설명하였는데, 일단 취소소송의 기능을 원고의 권리·이익의 구제를 위한 주관소송적 기능과 행정의 적법성 통제를 위한 객관소송적 기능으로 양분하여

살펴보기로 한다. 유의할 것은 주관소송적 구조와 주관소송적 기능은 논리필연적으로 연결되지만, 객관소송적 구조와 주관소송적 기능은 양립 가능하다는 점이다. 본안요건에서는 원고의 권리침해를 문제삼지 않는다는 의미에서 객관소송적 구조를 취하지만 원고적격 단계에서 권리 또는 법률상 이익 등 원고의 주관적 관련성을 엄격하게 요구함으로써 취소소송의 기능이 원고의 권리구제에 한정될 수 있기 때문이다.

(2) 위에서 본 바와 같이 '법률상 이익'의 의미와 취소소송의 구조에 관해서는 학설이 나누어져 있지만, 취소소송의 기능에 관하여 그것이 주로 주관소송적 기능을 수행한다는 데에 거의 견해가 일치되어 있다. 다만, 객관소송적 기능과의 관계에서 여러 단계의 뉘앙스 차이를 보이고 있는데, 주관소송적 구조를 취하는 위 제 1 설 중에는 오직 주관소송적 기능만을 언급하는 견해(홍정선, 옆번호 2233; 홍준형, 523면) 이외에, 이와 아울러 행정의 적법성 통제를 위한 객관소송적 기능도 인정하면서도 그러나 이는 부수적 기능이므로 이를 법원에 과다하게 부담시킴으로써 법원의 본래적 기능인 권리구제기능에 지장을 주어서는 아니 됨을 강조하는 견해(김남진/김연태, 635면)도 있다. 양자의 차이점은 상술한 바와 같이 후자의 견해가 헌법상 기본권 및 기본원리로부터 직접 '법률상 이익'이 도출될 수 있음을 인정하는 것으로 나타난다. 또한 객관소송적 구조를 취하는 위 제 2 설에서는 주관소송적 기능만을 강조하는 견해(김동희, 650면), 주관소송적 기능에 입각하면서도 오늘날 확대된 시민의 권리구제 내지 분쟁해결의 요청에 부응해야 할 필요성을 지적하는 견해(박윤흔, 933면), 주관소송적 기능과 객관소송적 기능을 모두 인정하면서 그 조화를 지향하는 견해(김철용, 574면), 그리고 주관소송적 기능을 1 차적 기능, 객관소송적 기능을 2 차적 기능이라 하여 양 기능을 병렬적으로 강조하는 견해(김도창, 744

면) 등이 있다. 이러한 취소소송의 기능에 관한 견해의 차이는 상술한 '법률상 이익'의 의미에 관한 4단계의 견해 차이로 연결된다.

(3) 반면에, 최근 객관소송적 기능을 취소소송의 주된 기능으로 강조하는 견해가 주장되고 있으나 아직 소수설에 불과하다. ① 현행법상 항고소송 내지 취소소송의 주된 목적이 행정의 적법성 보장이며 그리하여 계쟁 행정행위의 적법성 여부가 항고소송의 소송물이라고 하는 견해[14]와 ② 상술한 취소소송의 객관소송적 '구조'와 더불어 그 '기능'의 관점에서도, 헌법 제107조 제2항의 규정, 취소판결의 대세효 및 제3자의 재심청구, 위법판단 기준시를 處分時로 고수하고 처분사유의 추가·변경을 엄격하게 제한하며 취소소송에 관한 소송상 화해와 不提訴合意를 부정하는 판례 및 訴價 등을 근거로, 실정법 규정과 판례·실무상 이미 취소소송의 객관소송적 기능이 부지불식간에 전제되어 있으므로 이를 주된 기능으로 활성화해야 한다는 견해(私見)[15]가 그것이다. 또한 ③ 입법론적으로 객관소송적 기능이 타당하지만 현행법 해석으로는 주관소송적 기능에 한정해야 한다는 견해도 있다.[16]

5. 小　結

이상에서 살펴본 취소소송의 구조와 기능에 관한 학설을 종래의 권리회복설, 법률상이익구제설, 보호가치이익구제설, 적법성보장설의 관점에서 정리하면 다음과 같다. 취소소송의 구조와 기능을 모두 주관소송적인 것으로 파악하는 제1설은 권리회복설을 취하면서 보호규범이론 및 위법성 견련성에 의거하여 법률상이익구제설도 권리회복설과 동일한 것으로 이해한다. 반면에 객관소송적인 구조와 주관소송적인

14) 한견우, 현대행정법 I, 2000, 778면.
15) 本書 제5장 취소소송의 성질과 처분개념, 159면 이하.
16) 박균성, 전게서, 791면 이하.

기능을 결합하는 제 2 설은 권리개념을 버리고 법률상이익구제설을 기본으로 하면서도 보호가치이익구제설을 수용하고자 하는데, 주관소송적 기능에 엄격히 한정하는가 아니면 객관소송적 기능도 아울러 강조하는가에 따라 보호가치이익구제설을 수용하는 정도가 달라진다. 만일 객관소송적 구조와 객관소송적 기능이 결합하게 된다면 적법성보장설의 입장에 서게 되지만, 현행법의 해석으로는 무리가 따르므로 현재 이러한 견해는 찾기 어렵다. 적법성보장설의 관점에서는 '처분등의 취소를 구할 법률상 이익'이라 함은 처분등을 다투는 데 적합한—따라서 행정의 적법성 보장기능을 제대로 수행할 수 있는—이익상태를 의미하는 것으로 이해하고자 할 것인데, 이는 법률문언의 가능한 해석 범위를 벗어난다는 비판을 극복하기 어렵기 때문이다.

Ⅳ. 判　　例

1. 判例의 發展過程

(1) 初期 判例

舊法 시대의 초기 판례는 권리침해를 원고적격의 요건으로 요구하였는데, 대표적인 사례는 약 65퍼센트 주식을 대상으로 한 귀속재산 매각처분에 대하여 나머지 35퍼센트 주식의 종전 주주가 주주로서의 이해관계에 기하여 취소를 구하였으나 동 매각처분에 의해 주주로서의 권리가 침해된 바 없다는 이유로 원고적격을 부정한 사건(대법원 1958. 12. 12. 선고 4291행상43 판결)과 부동산의 귀속재산 매각처분에 대하여 점유자라 하더라도 연고권이 없는 이상 그 취소를 구할 원고적격이 없다고 판시한 사건(대법원 1961. 8. 7. 선고 4292행상19 판결)이다. 그 후 일반론으로 권리침해와 더불어 법률상 이익의 침해도 추가되었는데(대법원 1961. 9. 28. 선고 4292행상50 판결), 이에 기하여 원고적격

이 인정된 사례로서, 제 3 자에 대한 광업권설정허가처분에 대하여 이미 같은 지역의 다른 종류의 광물에 관해 광업권을 설정한 사람은 위 처분으로 인해 광업의 경영에 지장을 받을 것이므로 그 "처분의 취소를 구할 법률상 이익"이 있다고 판시함으로써(대법원 1962. 1. 18. 선고 4294행상39 판결) 현행 법상의 문구가 등장하기에 이른다. 또한 불하된 귀속재산의 전득자가 귀속재산매각 취소처분을 다투는 사안에서, 위 처분이 취소되지 아니하면 원고로서는 그 소유권을 상실하는 결과가 될 것이므로 "처분의 취소에 관하여 법률상의 구체적 이익"이 있다고 판시하여 '구체적'이라는 수식어가 추가된 것도 있다(대법원 1965. 9. 23. 선고 65누88 판결).

(2) 1969년 선박운항사업면허사건 판결

이와 같이 법률상 이익이 추가되긴 하였으나 광업권, 소유권 등 실체법상의 권리에 의거하여 법률상 이익이 인정됨으로써 권리와의 차이점이 부각되지 못하였는데, 이 점에 관해 1969년 선박운항사업면허처분 사건 판결은 획기적인 의미를 갖는다. 즉, 기존업자가 신규 선박운항사업면허처분을 다투는 사안에서, "직접 권리의 침해를 받은 자가 아닐지라도 소송을 제기할 법률상의 이익을 가진 자는 그 행정처분의 효력을 다툴 수 있다"고 전제한 다음, 해상운송사업법 제 4 조 제 1 호에서 당해 사업의 개시로 인하여 당해 항로에서 현저하게 공급 과잉이 되지 아니할 것을 면허의 요건으로 규정하고 있는 것은 주로 해상운송의 질서유지와 해상운송사업의 건전한 발전이라는 공공복리를 증진함을 목적으로 하지만 동시에 업자간의 경쟁으로 인한 경영의 불합리를 방지하는 것이 공공복리를 위해 필요하므로 면허조건을 제한하여 기존업자의 경영의 합리화를 보호하자는 목적도 있는데, 이러한 기존업자의 이익은 단순한 사실상의 이익이 아니고 법에 의하여 보호되는 이익이라고 해석된다고 판시하여 원고적격을 인정하였다(대법원 1969. 12. 30. 선고 69누106 판결).

이는 권리침해와 구별되는 법률상 이익에 의해 원고적격을 인정함으로써 실질적으로 권리회복설에서 법률상이익구제설로 전환한 판례로 평가될 수 있다. 그러나 위법성의 준거를 이루는 처분의 요건법규의 해석을 통해 법률상 이익을 도출한 것으로서, 독일식의 보호규범이론 및 위법성 견련성이 유지되고 있기 때문에, 위 학설 중 제 1 설에 의하면 여전히 — 다만 확대된 — 권리개념에 의거하고 있다는 분석이 가능하다. 이러한 의미에서 가장 낮은 단계의 법률상이익구제설의 입장이라고 할 수 있다. 여하튼 위 판례는 법규의 목적론적 해석을 통해 주된 공익목적과 더불어 부수적인 사익보호성을 도출함으로써 원고적격 확대의 기반을 마련하였다는 점에서 역사적 의의를 찾을 수 있다. 또한 특기할 것은 위와 같은 방법론을 통해 다수의 사건에서 특허사업적 성격을 갖는 영역의 기존업자 또는 경업자에게 원고적격이 인정되어 왔다는 점이다(후술).[17]

(3) 1975년 연탄공장사건 판결

隣人訴訟에서 인근주민의 원고적격을 인정하는 효시가 된 1975년 연탄공장사건 판결은 방법론적으로 위 1969년 선박운항사업면허사건 판결과 거의 동일하면서도 위법성 견련성을 부분적으로 해체하였다는 점이 특징이다. 이 판결은 도시계획법상 주거지역 내에서 원동기를 사용하여 연탄 제조를 목적으로 하는 공장 1 동 건평 100평의 건축을 허가한 처분에 대하여 이로부터 70센티미터 인접한 인근주민인 원고가 그 취소를 구하는 사안에서, 위 공장의 원동기 가동으로 인한 소음과 진동 때문에 원고가 일상 대화에 지장이 있고 통상적인 주거의 안녕을 영위하기가 곤란하며 또한 이로 인해 소유가옥의 가치가 하락되는 등 재산권의 침해를 받고 있다는 원심의 인정사실을 전제로 하여, 도시계획구역 안에서의 주거지역은 도시계획법 제17조에 의해 "거주

17) 아래 2. (2)의 1), 254면 이하.

의 안녕과 건전한 생활환경의 보호를 위하여 필요하다"고 인정되어 지정된 지역으로서, 그 지역 안에서는 도시계획법 제19조 제 1 항 및 개정 전 건축법 제32조 제 1 항에 의해 공익상 부득이한 경우를 제외하고 "원동기를 사용하는 공장으로서 작업장의 바닥 면적의 합계가 50평방미터를 초과하는 것"은 건축이 금지되는데, 이러한 도시계획법과 건축법의 규정 취지에 비추어 볼 때 위와 같은 건축제한은 도시계획법과 건축법이 추구하는 공공복리의 증진을 목적으로 함과 동시에 주거지역 내에 거주하는 사람의 "주거의 안녕과 생활 환경을 보호"하는 목적도 있는 것으로 해석되고, 따라서 이에 의한 원고의 이익은 법률에 의하여 보호되는 이익이라고 판시함으로써 원고적격을 인정하였다(대법원 1975. 5. 13. 선고 73누96, 97 판결).

계쟁 건축허가처분의 위법성의 준거가 되는 법규의 목적론적 해석을 통해 법률상 이익을 도출한다는 점에서 위법성 견련성이 기본적으로 유지되고 있으나, 원고가 입고 있는 피해의 원인은 원동기의 소음 및 진동으로서, 처분의 위법사유를 이루는 작업장의 면적 초과와는 직접적인 인과관계가 없다. 작업장의 면적이 크다고 하여 반드시 원동기의 소음 및 진동이 확대되는 것은 아니고 또한 이는 다른 방법으로, 예컨대 방음장치를 통해 방지될 수도 있기 때문이다. 실제로 원심은 이러한 관점에서 원고가 주거의 안녕 등의 이익을 침해받고 있는 것은 공장건축허가에 의한 것이 아니라 공장에 부설된 원동기의 가동으로 인한 것이므로 건축허가처분 자체의 취소를 구할 수는 없다고 하였다. 이에 대하여 위 판결은 원동기를 사용하는 공장으로서의 건축이 허가된 것이기 때문에 공장건축허가와 원동기의 사용을 별도로 분리하여 원고의 이익침해를 따질 수 없다고 판시하였다. 만일 원동기의 소음 및 진동을 제한하는 법규가 있어 이에 의거하여 법률상 이익이 인정되었다면 위법성 견련성은 완벽하였을 것이다. 물론 공장건축과 원동기 사용이 상호 관련되어 있으므로 위법성 견련성이 완전히 포기된 것은 아니지만, 위법성과 이익침해 사이에 직접적인 인과관계가 없다는 점에서 부분적으로 해체된 것은 분명하다. 다시 말해, 연탄공장의 인접주민은 반드시 작업장의 면적 초과로 인한 직접적인 피해를 제시하지 않고서도 주거의 안녕 및 생활환경의 보호라는 포괄적인, 따라서 소음·진동의 피해 방지를 포함하는 법률상 이익에 기하여 이를 침해하는 건축허가처분 자체를 다툴 수 있게 된 것이다. 작업장의 면적 초과 여부는 본안에서 판단될 뿐이다. 이러한 의미에서 위 판결은 우리 판례가 독일식의 보호규범이론 및 위법성 견련성을 극복하여 한 단계 높은 법률상이익구제설로 나아가 앞으로 객관소송적 구조를 확립하는 데 기초를 마련한 것으로 평가될 수 있다. 또한 특기할 것은 이 사건에서 원동기의 소음 및 그로 인한 원고의 생활상·재산상 피해 사실을 단순히 원고의 주장에 의거하지 않고 증거에 의해 인정하고 있다는 점이다. 이 역시 법률상 이익의 침해 여부를 원고적격 단계에서 종국적으로 판단한다는 점에서 취소소송의 객관소송적 구조를 단적으로 나타내는 것이라고 할 수 있다.

(4) 1975년 시외버스공동정류장사건 판결

판례는 여기서 한 걸음 더 나아가 보호가치이익구제설로까지 발전하는데, 1975년 시외버스공동정류장사건 판결이 그것이다. 즉, 원고회사가 정류장 설치인가를 받아 사용하고 있는 기존의 시외버스 공동정류장으로부터 70미터 인접한 장소에 새로운 직행버스 정류장의 설치를 인가한 처분이 내려지자 원고회사가 이를 다툰 사안에서, 위 처분으로 인해 원고회사를 비롯한 기존업자들이 영업상 막대한 손실을 입게 되었다는 원심의 사실인정을 전제로, 그렇다면 “원고는 적법한 자동차정류장을 설치하고 있고 기존업자로서 피고의 이건 행정처분으로 인하여 사실상의 이익을 침해당하는 것만이 아니고 법에 의하여 마땅히 보호되어야 할 이익도 침해받는 것이라 할 것이어서 원고회사는 이건 행정처분의 위법임을 이유로 그 취소를 구할 법률상의 이익이 있다"고 판시하였다(대법원 1975. 7. 22. 선고 75누12 판결).

위 판시내용 중 '마땅히 보호되어야 할 이익'이란 부분은 '법이 보호하고 있는 이익이므로' 마땅히 보호되어야 할 이익으로 새겨야 한다고 하면서 위 판결이 과연 보호가치이익구제설을 취한 것인지 의문이라고 하는 견해가 있다.[18] 이에 대하여 우선, '마땅히 보호되어야 할 이익'의 앞 부분에 있는 '법에 의하여'라는 문구에 주의를 기울이면 이는 「법적으로 보호할 가치 있는 이익」을 의미하는 것임이 분명하다는 반박이 가능하다. 그러나 중요한 것은 이러한 판결문구의 의미 분석이 아니라, 법률상 이익을 도출하는 방법론이다. 즉, 이 사건에서 결국 피고 행정청이 계쟁처분에 대한 권한이 없음을 이유로 인용판결이 선고되었는데, 그 위법성의 준거가 되는 권한규정을 포함하여 처분의 근거법률인 자동차정류법 기타 어떠한 법률의 규정도 그것이 기존업자의 이익을 보호하는 것인지에 관해 검토된 바가 전혀 없다는 점이다. 다시 말해, 법률의 해석을 통해 법률상 이익을 도출한 것이 아니라, 원고가 적법한 지위에 있는 기존업자로서, 계쟁처분에 의해 영업상 막대한 손실을 입고 있다는 사실에 의거하여 바로 '처분의 취소를 구할 법률상 이익'이 있음을 인정하고 있다. 따라서 위 판결은 현재까지의 판례의 경향에 비추어 볼 때 비록 예외적인 것이긴 하나 보호가치이익구제설의 입장을 취하고 있는 것으로 평가하기에 충분하다고 할 것이다. 또한 이 사건에서도 원고적격을 인정하기 위한 근거사실이 원고의 주장에만 의거하지 않고 증거에 의해 인정되었다.

18) 김남진/김연태, 전게서, 659면 (각주 7); 홍준형, 전게서, 565면.

(5) 1981년 고압가스제조허가사건 판결

증거에 의한 인정사실에 기하여 원고적격을 부정한 대표적인 판결은 1981년 고압가스제조허가사건 판결인데, 여기서는 판례의 주류적 경향인 법률상이익구제설에 따라 '법률에 의하여 보호되는 이익'에 의거하면서 그 이익이 '직접적이고 구체적으로' 침해받았을 것을 요구한 점에 특징이 있다. 이 판결은 냉동공장을 운영하는 원고들이 그 인접 장소에서의 고압가스제조를 허가하는 처분을 다투는 사안에서, 원고들은 그 고압가스제조시설이 언제 폭발하여 원고들의 공장에 위해를 가할지 모르므로 안전한 조업을 할 법률상 이익을 침해당하였다고 주장하였으나, 위 제조시설에는 법령상 소정의 안전도가 확보된 충전 및 판매시설을 갖추어 그 안전도 검사를 마쳤고 원고들의 공장건물과는 각기 상당한 거리가 있으며 그 사이에 높이 2미터 정도의 세멘부록조 담장이 설치되어 있다는 원심의 인정사실에 의거하여, 원고들의 주장과 같이 위 제조시설에서 가스가 누출되어 원고들의 공장 지하실에 스며들어 그 보일러실의 화기로 인하여 폭발하는 등 가까운 장래에 위 제조시설이 폭발할 위험이 있다고 인정할 수 없으므로 이 사건 허가처분으로 인해 원고들의 법률상의 이익이 침해되었다고 할 수 없고 따라서 원고적격을 인정할 수 없다고 판시하였다(대법원 1981. 9. 22. 선고 80누449 판결).

위 판결은 이익침해의 가능성을 너무 엄격히 판단함으로써 원고적격을 제한하였다는 점에 비판의 여지가 있고 따라서 선례적 가치가 높다고 할 수 없으나, 우리의 취소소송에서의 원고적격은 독일에서와 같은 ― 원고의 주장에 의거한 ― 가정적 판단이 아니라 원고의 실제적 이익상황에 대한 현실적 판단이고, 따라서 우리 취소소송의 구조가 독일의 그것과 다르다는 것을 단적으로 보여주었다는 데 의의를 찾을 수 있다. 만일 위 사건이 독일에서 일어났더라면 원고적격은 인정되고 본안에서 권리침해가 없다는 이유로 청구기각되었을 것인데, 우리나라에서는 원고적격 흠결로 訴却下된 것이다.[19] 특기할 것은 위 사건에서와 같이 원고적격에 관해 '직접적이고 구체적인' 법률상 이익의 침해를 요구하는 판례는 주로 침익처분에 대하여 그 상대방과 이해관계를 같이하는 제 3 자의 원고적격을 부정하는 데 적용되어 왔다는 점이다(후술).[20]

(6) 1992년 엘피지충전소 競願者사건 판결

1984년 행정소송법 개정 이후, 일반적으로 동 개정에 의해 도입된 '법률상 이익'이 종전의 주류적 판례이었던 법률상이익구제설을 명문화한 것으로 인식됨으로써 판례상 법률상이익구제설이 더욱 굳어졌다고 할 수 있다. 그러나 1990년대 들어 다시 보호가치이익구제설의 경향을 보이는 판례가 등장하였는데, 1992년 엘피지충전소 競願者사건 판결이 그것이다. 즉, 액화석유가스충전사업의 허가기준을 정한 전라남도 고시에 의해 고흥군 내에서 1 개소에 한하여 엘피지충전소의 신규허가가 가능한 상황 하에서 원고와 제 3 자가 동시에 허가신청을 하였는데 원고의 신청은 반려되고 제 3 자에 대하여 허가가 내려져 원고가 그 허가처분을 다투는 사안에서, 원고와 제 3 자는 경원관계에 있고 또한 원고는 계쟁처분이 취소되면 허가를 받을 수 있는 지위에 있으므로 원고에게 그 처분의 취소를 구할 "정당한 이익"이 있고 따라서 원고적격이 인정된다고 판시하였다(대법원 1992. 5. 8. 선고 91누13274 판결).

이 판결은 위 1975년 시외버스공동정류장사건 판결과 같이, 처분의 근거법률 내지 관계법률의 해석을 통하지 않고, 또한 당해 처분이 강학상 허가에 해당하는지 특허적 성격을 갖는지 불문하고, 원고가 競願者로서 계쟁처분이 취소되면 허가를 받을 수 있는 지위에 있다는

19) 本書 제 6 장 취소소송의 원고적격 (1), 189면 각주 5, 208면 각주 51 참조.
20) 아래 2. (3), 269면 이하.

사실로부터 직접 원고적격을 인정하였다. 뿐만 아니라, 처분의 취소를 구할 '정당한' 이익이라는 표현을 통해 원고적격이 가치판단 내지 평가의 문제임을 나타내고 있다. 이러한 의미에서 위 판결은 보호가치이익구제설에 접근한 것으로 평가될 수 있는 것이다.

(7) 1995년 公設火葬場사건 판결

위 연탄공장사건 판결(1975년) 이후 생활환경의 피해를 주장하는 인근주민에게 원고적격이 인정된 사례를 찾기 어려운데, 이에 물꼬를 튼 판례가 1995년 공설화장장사건 판결이다. 이 판결은 시유지로서 상수원보호구역으로 지정되어 있던 이 사건 토지에 공설화장장을 설치하기 위해 위 토지를 상수원보호구역에서 제외하는 상수원보호구역변경처분과 그 토지에 화장장을 설치하기로 하는 도시계획결정이 내려지자 그 토지 주변에 살고 있는 지역주민들이 위 각 처분의 취소를 구한 사안에서, 원고적격의 요건인 법률상의 이익은 "당해 처분의 근거법률에 의하여 보호되는 직접적이고 구체적인 이익이 있는 경우"를 말한다고 전제한 다음, 상수원보호구역변경처분의 취소청구 부분에 관하여, 상수원보호구역 설정의 근거인 수도법은 상수원의 확보와 수질보전만을 그 목적으로 하고 그 지역주민이 상수원의 오염을 막아 양질의 급수를 받을 이익은 직접적이고 구체적으로 보호하고 있지 않으므로 원고들은 위 처분의 취소를 구할 법률상의 이익이 없다고 판시하였다. 반면에 도시계획결정의 취소청구 부분에 관해서는, 도시계획법의 위임에 따라 제정된 도시계획시설기준에관한규칙(건설부령)에 의하면 화장장의 구조 및 설치는 매장및묘지등에관한법률(이하 '매장법')이 정하는 바에 의하도록 되어 있으므로 도시계획법과 더불어 매장법도 이 사건 도시계획결정의 근거법률이 되는바, 매장법시행령은 20호 이상의 인가가 밀집한 지역 등으로부터 1,000미터 이내의 지역, 국민보건상 위해를 끼칠 우려가 있는 지역, 도시계획법상 주거지역·상업지역·공업지역 및 녹지지역 내의 풍치지구 안에서 공설화장장을 설치하는 것을 금지하고 있는데 이에 의해 보호되는 부근 주민들의 이익은 위 도시계획결정처분의 근거법률에 의하여 보호되는 법률상 이익이고, 따라서 위와 같은 지역에 거주하는 원고들은 원고적격이 있다고 판시하였다(대법원 1995. 9. 26. 선고 94누14544 판결).

위 판결은 상당히 엄격한 법률상이익구제설의 입장을 취하고 있다고 할 것이다. 법률상 이익의 도출 근거를 처분의 '근거법률'에 한정하고 또한 '직접적이고 구체적인 이익'이라는 제한까지 추가하고 있기 때문이다. 이는 당시 법원의 환경소송에 대한 신중한 태도에서 비롯된 것이라고 할 수 있다. 상수원보호구역변경처분에 관한 수도법의 제한적인 해석도 마찬가지이다. 또한 원고적격을 인정한 도시계획결정 부분에 있어서도 위법사유의 준거가 되는 매장법시행령 규정에 의거하여 법률상 이익을 인정하고 있기 때문에 위법성 견련성이 완벽하게 존재한다. 그러나 처분(도시계획결정)의 근거법률을 매장법으로 확장하여 이에 의거하여 법률상 이익을 도출한 점은 높이 평가할 만하다. 원심은 처분의 근거법률을 도시계획법에 한정하여, 동법에는 도시계획시설 인근주민의 이익을 배려하는 규정은 찾아볼 수 없으므로 사익보호성이 없으며, 매장법은 처분의 근거법률이 아니어서 동법시행령상의 이격거리는 "도시계획결정시 고려할 사항"에 불과하고, 따라서 그에 의해 보호되는 인근주민의 이익은 법률상 이익이 아니라고 판단하였다. 이러한 원심의 판단은 원고적격의 위법성 견련성을 전제로, 위법성의 준거가 되지 못하는 위 이격거리에 의거하여서는 원고적격이 인정될 수 없다는 취지이다. 이에 대하여, 위 판결은 도시계획시설기준에관한규칙(건설부령)을 매개로 하여 매장법을 처분의 근거법률에 포함시킴으로써 위법성의 준거로 삼고 그에 의거하여 원고적격을 인정한 것이다. 여하튼 환경소송에서 다수의, 상당히 넓은 지역의 '부근'

주민에게 원고적격이 인정됨으로써 향후 발전의 출발점을 이루었다는 점이 위 판결의 가장 큰 의의라고 할 것이다.

(8) 1998년 속리산국립공원사건 판결

환경소송에서 인근주민의 원고적격을 본격적으로 확대하는 계기가 된 판례가 1998년 속리산국립공원사건 판결이다. 즉, 속리산국립공원 내에 집단시설지구(관광휴양단지)의 개발을 허가하는 처분에 대하여 위 지구를 발원지로 하는 하천의 하류지역 거주 주민들이 위 처분으로 인해 식수원 등 환경적 이익이 침해된다고 주장하면서 그 취소를 구한 사안에서, 자연공원법령과 환경영향평가법령에 의하면 이 사건과 같이 면적 10만 평방미터 이상인 집단시설지구의 개발을 허가하기 위해서는 반드시 위 양 법령 소정의 환경영향평가절차를 거쳐 그 결과를 사업계획에 반영시키도록 되어 있으므로 자연공원법령뿐 아니라 환경영향평가법령도 이 사건 처분에 직접적인 영향을 미치는 근거법률이 된다고 할 것인데, 환경영향평가에 관한 위 양 법령 규정들의 취지는 집단시설지구개발사업과 관련된 환경공익을 보호함과 동시에 그 사업으로 인해 직접적이고 중대한 환경피해를 입을 것이 예상되는 환경영향평가대상지역 안의 주민들이 수인한도를 넘는 환경침해를 받지 않고 쾌적한 환경에서 생활할 수 있는 개별적 이익까지도 보호하려는 데에 있고, 따라서 위 주민들이 이 사건 처분과 관련하여 갖고 있는 위와 같은 환경상의 이익은 주민 개개인에 대하여 개별적으로 보호되는 직접적·구체적인 이익이므로 환경영향평가대상지역 내의 주민들은 원고적격을 갖는다고 판시하였다(대법원 1998. 4. 24. 선고 97누3286 판결).

이 판결은 세 가지 관점에서 중요한 의의가 있다. 첫째, 쉽게 발견되는 것으로서, 위 1995년 공설화장장사건 판결에서와 같이 법률상 이익의 판단근거를 처분의 근거법률에 한정하면서도, 처분의 실체적 요건에 관한 법규뿐만 아니라 그 절차적 요건인 환경영향평가에 관한 법규도 처분의 근거법률에 해당하는 것으로 보고 이에 의거하여 법률상 이익을 도출하고 있다는 점이다. 둘째, 보다 중요한 의의는 원고적격의 위법성 견련성이 완전히 단절되었다는 데 있다. 즉, 이 사건에서 원고에 의해 주장된, 그리고 실제로 본안에 관한 인용판결(대법원 2001. 7. 27. 선고 99두5092 판결)의 근거가 된 위법사유는 환경영향평가에 관한 절차적 하자가 아니라 하천의 수질악화 등 환경오염의 우려라는 실체적 하자이었으나, 원고적격은 환경영향평가법규에 기하여 인정된 것이다. 위에서 본 바와 같이 종래의 판례에서도 위법성 견련성이 일부 해체되거나(연탄공장사건) 아니면 — 처분의 근거법규를 해석한 것이 아니었기 때문에 — 묵시적으로 포기된 적이 있었다(시외버스공동정류장사건 · 엘피지충전소경원자사건 등). 그런데 이 사건에서는 위법성의 준거 법규와 원고적격의 근거법규가 일치하지 아니함으로써 위법성 견련성이 명시적으로 부정되었고 그리하여 판례상 우리의 취소소송이 객관소송적 구조를 갖는 것으로 이해되고 있음이 분명해진 것이다. 셋째, 위 판결은 법률의 해석을 통해 법률상 이익을 인정하고 있다는 점에서 형식적으로 법률상 이익구제설을 취하고 있으나, 실질적으로는 보호가치이익구제설의 관점에 의거한 것이라고 볼 수 있는 여지가 있다. 왜냐하면 원고적격 범위의 기준으로 삼은 환경영향평가대상지역 자체가 법원에 의한 규범적 판단의 대상이 되기 때문이다. 즉, 환경영향평가대상지역은 사업시행자 또는 환경영향평가대행자에 의해 설정되는 것으로서, 대상사업의 시행으로 환경영향을 받게 되는 지역으로서 환경영향을 과학적으로 예측 · 분석한 자료에 의해 범위가 설정되어야 한다(舊환경영향평가법 제7조). 만일 이에 위반하여 환경영향평가대상지역이 좁게 설정되었다면 절차적 하자가 된다. 법원이 이를 문제삼지 않고 당해 사건에서 — 사업시행자에 의해 — 설정된 환경영향평가대상지역을 기준으로 원고적격의 범위를 정한다는 것은 그 대상지역이 타당하게 설정되어 있음을 인정한다는 의미이다. 따라서 원고적격의 구체적인 기준은 법률의 해석에 의해 기계적으로 도출되는 것이 아니라, 보호가치 여부에 관한 법원의 평가를 거쳐 정립되는 것이라고 말할 수 있는 것이다. 다시 말해, 실질적인 판단기준은 환경적 피해의 직접성과 구체성인데, 형식적으로는 이를 환경영향평가대상지역이라는 법령상의 카테고리를 사용하여 표현한 것이라고 할 수 있다.

(9) 小　結

이상에서 살펴본 바에 의하면, 우리 판례의 주류적 경향은 법률상 이익구제설의 입장이라고 할 수 있으나, 보호가치이익구제설에 접근하거나 이를 정면으로 채택하고 있는 판례도 상당수 있다. 강조할 것은, 취소소송의 주관소송적 '기능'에 치중되어 있음은 부인할 수 없지만, 대부분의 경우에 처분의 위법사유와 관련 없이 원고적격을 판단하고 있어 위법성 견련성이 없고 또한 증거에 의한 사실인정으로 원고적격 여부를 종국적으로 판단하고 있다는 의미에서 우리의 취소소송이 객관소송적 '구조'를 가진 것으로 운용되어 왔다는 점이다.

2. 類型別 考察

(1) 序　說

판례상 원고적격의 문제는 거의 대부분 계쟁처분의 상대방이 아닌 제 3 자가 제기한 취소소송에서 일어나는데, 수익처분에 대하여 그 상대방과 이해관계가 상반되는 제 3 자가 제소하는 경우와 침익처분에 대하여 그 상대방과 이해관계를 같이하는 제 3 자가 제소하는 경우로 나누어 고찰할 수 있다. 이 구별은 사례의 유형화에 도움이 될 뿐만 아니라 다음과 같은 점에서 방법론적 의의를 갖는다. 즉, 제 3 자에 의한 제소는 통상 처분의 상대방이 제소하지 않기 때문에 부득이 이루어지는 것인데, 수익처분에 대해서는 그 상대방이 제소할 가능성이 전혀 없으므로 그와 이해관계가 상반되는 제 3 자에 의한 제소가 허용될 필요성이 크다. 이는 행정의 적법성 통제를 위해서뿐만 아니라 제 3 자의 권리 · 이익의 보호를 위해서도 그러하다. 반면에, 침익처분의 경우에는 원칙적으로 그 상대방이 제소하여야 하지만 모종의 이유 내지 사정으로 제소를 포기한 것이다. 이 경우에도 행정의 적법성 통제를 위해서는 처분의 상대방과 이해관계를 같이하는 제 3 자의 제소가 유용하겠지만, 제 3 자의 권리 · 이익 문제는 처분의 상대방과의 법률관계(예컨대, 제소청구, 손해배상책임 등)를 통해 해결될 수 있기 때문에, 처분의 상대방 이외에 제 3 자의 원고적격을 인정하여야 할 필요성이 상대적으로 작다. 물론 수익처분과 침익처분의 구별기준이 문제되지만, 상술한 방법론적 의의를 감안하면, 당사자의 주관적 의사를 객관적으로 평가하는 방법을 사용하여, 처분 자체의 내용에 비추어 객관적으로 상대방의 제소를 기대할 수 없는 경우에는 수익처분으로, 그 반대의 경우에는 침익처분으로 파악할 수 있을 것이다.[21)]

(2) 授益處分에 대하여 相反된 利害關係를 가진 第三者의 原告適格

1) 競業者訴訟

(가) 수익처분에 대하여 상반된 이해관계를 가진 제 3 자의 전형적인 경우가 競業者이다. 이에 관하여, 상술한 바와 같이 ① 1969년 선

21) 독일에서는 이와 같이 침익처분의 상대방과 이해관계를 같이하는 제 3 자에 대한 침익적 효과를 '병행적 침익'(pararelle Belastung)이라고 하여 수익처분에 대한 제 3 자의 원고적격 문제와 구별하는데, 병행적 침익의 경우 판례상 대부분 제 3 자의 원고적격이 부인되었지만, 외국인남편에게 내려진 추방명령을 독일인 처가 다투는 사안에서 헌법상 '결혼제도의 국가적 보호' 규정에 근거하여 부인에게도 외국인법에 의거한 주관적 권리를 인정한 판례(BVerwGE 42, 141; 55, 8, 11)가 있다. Schoch/Schmidt-Aßmann/Pietzner, Verwaltungsgerichtsordnung, § 42 Abs. 2 Rn. 335, 336 참조.

박운항사업면허사건 판결에서 선박운항사업면허처분에 대하여 기존업자(대법원 1969. 12. 30. 선고 69누106 판결), ② 1975년 시외버스공동정류장사건 판결에서 직행버스정류장설치인가처분에 대하여 인근의 시외버스공동정류장을 사용하던 기존업자(대법원 1975. 7. 22. 선고 75누12 판결)의 원고적격이 인정된 것을 비롯하여, ③ 버스노선연장인가처분에 대하여 당해 노선의 기존업자(대법원 1974. 4. 9. 선고 73누173 판결), ④ 시외버스를 시내버스로 전용하는 사업계획변경을 인가하는 처분에 대하여 기존 시내버스업자(대법원 1987. 9. 22. 선고 85누985 판결), ⑤ 동일한 사업구역에서 동종의 사업용화물자동차 면허대수를 늘리는 보충인가처분에 대하여 기존 개별화물자동차운송사업자(대법원 1992. 7. 10. 선고 91누9107 판결), ⑥ 시외버스운송사업계획변경인가처분에 대하여 그 노선 및 운행계통이 일부 중복되는 기존의 시내버스운송사업자(대법원 2002. 10. 25. 선고 2001두4450 판결) 등 자동차운송사업 영역에서 경업자의 원고적격이 인정되었고, 그 이외에도 ⑦ 광업법 소정의 광업권자 상호간의 거리제한을 위반한 증구허가처분에 대하여 인접 광업권자(대법원 1982. 7. 27. 선고 81누271 판결), ⑧ 약종상의 영업소이전허가처분에 대하여 당해 허가지역 내의 기존업자(대법원 1988. 6. 14. 선고 87누873 판결)에게 원고적격이 인정되었다.

위 판례상의 선박운항사업, 자동차운송사업, 광업, 약종상은 모두 특허사업적 성격을 가진 것인데, 상술한 바와 같이 위 ②판결은 경업자로서의 지위에 의거하여 바로 원고적격을 인정하였지만, 나머지 판례에서는 공히 계쟁처분의 근거법규가 공공복리의 증진과 아울러 업자간의 경쟁으로 인한 경영불합리의 방지를 목적으로 한다고 해석하고 이를 통해 원고적격을 도출하였다. 특허사업에 있어서는 그 공공성에 비추어 사업자에게 특별한 의무가 부과되는 한편 이와 같이 경영의 안정성이 보장되어야 한다는 점에서 실질적 근거를 찾을 수 있다.

(나) 반면에 허가사업의 영역에서는 기존업자 내지 경업자의 원고적격이 부정되었다. 즉, ① 공중목욕장영업허가처분에 대하여 기존업자(대법원 1963. 8. 22. 선고 63누97 판결; 1963. 8. 31. 선고 63누101 판결), ② 석탄가공업허가처분에 대하여 기존

업자(대법원 1980. 7. 22. 선고 80누33 판결), ③ 양곡가공시설의 이설승인처분을 취소한 처분을 다시 취소한 처분 또는 신규 양곡가공업허가처분에 대하여 기존 양곡가공업자(대법원 1981. 1. 27. 선고 79누433 판결; 1990. 11. 13. 선고 89누756 판결), ④ 숙박업구조변경허가처분에 대하여 인근의 여관업자(대법원 1990. 8. 14. 선고 89누7900 판결), ⑤ 약사에게 한약조제권을 인정해 주는 한약조제시험합격처분에 대하여 한의사(대법원 1998. 3. 10. 선고 97누4289 판결)에게 원고적격이 인정되지 않았다.

위 판례들(④ 제외)은 계쟁처분의 근거법률의 보호목적을 문제삼은 것이 아니라, 기존업자(원고)의 법적 지위에 초점을 맞추어 그에 대한 기존의 허가·면허가 법률상의 금지를 해제하는 강학상 허가에 불과하고 어떠한 독점적 지위를 설정해 주는 것이 아니라는 이유로 원고적격을 부정하였다. 이는 결국 계쟁 허가처분의 요건을 정한 법규가 그 허가유보부 금지의 근거가 된 질서유지·공공복리를 목적으로 하는 것일 뿐 기존업자 내지 경업자의 사적 이익을 보호하는 것이 아니라는 해석으로 연결될 수 있으나, 여하튼 위 판례들이 정면으로 보호규범이론의 방법론을 취한 것이 아님은 분명하다. 또한 위 ④판결은 원고의 법적 지위도 계쟁처분의 근거법규도 모두 문제삼지 않고 바로 계쟁처분으로 인한 원고의 불이익이 사실적·경제적 이익에 불과하다고 판시하고 있다. 위 판례들은 모두 전통적인 허가와 특허의 구별에 의거하고 있으나, 현행법상 그 구별이 상대화되고 있는 점에 비추어 재검토되어야 할 것이다.

(다) 계쟁처분의 근거법률에 초점을 맞추어 원고적격을 부정한 판례도 상당수 있는데, ① 무역거래법상 수입승인처분에 대하여 같은 품종의 국내 제조판매업자(대법원 1971. 6. 29. 선고 69누91 판결), ② 건물의 용도를 점포에서 치과병원으로 변경하는 것을 허가한 처분에 대하여 인근의 치과의원 경영자(대법원 1990. 5. 22. 선고 90누813 판결), ③ 장의자동차운송사업구역 위반을 이유로 한 과징금부과처분을 취소한 재결에 대하여 다른 사업구역의 동종업자

(대법원 1992. 12. 8. 선고 91누13700 판결), ④ 시외버스운송사업 양수도인가처분에 대하여 기존 자동차운송사업자(대법원 1997. 4. 25. 선고 96누14906 판결)의 원고적격을 부정한 사건들이다. 판결이유를 살펴보면, 위 ①판결은 무역거래법이 국내산업의 육성을 목적으로 한다는 것만으로 개별 국내생산업체의 영업상 이익을 보호하고자 하는 것은 아니라고 하였다. ②판결은 원고의 법적 지위와 처분의 근거법률을 동시에 문제삼아, 의료법상 의료인은 신고만으로 치과의원을 개설할 수 있고 또한 건축법 기타 건축관계법령상 의원 상호간의 거리나 개소에 아무런 제한이 없다는 점을 논거로 들고 있다. 말하자면, 법률상 이익을 인정할 만한 대상도 없고 근거법규도 없다는 것이다. ③판결은 자동차운수사업법상 사업구역제도 자체의 사익보호성을 부정하고 이를 근거로 계쟁재결에 대한 원고적격을 부정하고 있는데, 상술한 자동차운송사업의 특허사업적 성격에 의거하여 사업구역제도의 사익보호성은 인정하되 그 위반에 대한 제재의 사익보호성 내지 ― 미국판례에서 말하는 인과관계 및 구제가능성과 같은 ― 사익보호 가능성을 부정하는 것이 보다 타당한 논리이었겠지만, 이 점도 앞에서 본 미국의 2000년 *Laidlaw* 사건 판결에 비추어 재검토되어야 할 것이다. ④판결은 시외버스운송사업의 讓受渡를 인가함에 있어 기존업자와의 관계를 고려하여 인가내용을 결정하도록 하는 규정이 법적 구속력 없는 행정규칙(훈령)에 불과하다는 것을 논거로 하고 있다. 자동차운송사업의 경업자에게 원고적격이 인정된 판례들과 비교해 보면, 위 판결에서의 차이점은 처분의 근거법규로서 위법성의 준거가 되는 강행법규가 없다는 데에 있기 때문에, 독일의 보호규범이론 및 위법성 견련성이 강하게 반영된 판례라고 할 수 있다.

2) 競願者訴訟

㈎ 상술한 ① 1992년 엘피지충전소 競願者사건 판결(대법원 1992. 5. 8. 선고 91누13274 판결) 이후, 계쟁처분이 강학상 허가에 해당하는지 특허적 성격을 갖는

지를 불문하고 바로 경원관계에 의거하여, 신청이 거부된 경원자에게 다른 경원자에 대한 수익처분을 다툴 원고적격을 인정하는 것으로 판례가 확립되었다. 그리하여 ② 1개 업체만 허가하기로 한 비관리청 항만공사 시행허가에 있어 신청이 거부된 업체(대법원 1998. 9. 8. 선고 98두6272 판결), ③ 노선 및 운행계통 중 일부가 중복되는 농어촌버스 운송사업계획변경신청과 마을버스운송사업면허신청이 같은 시기에 이루어져 전자가 인용되고 후자가 거부된 사안에서 후자의 신청자(대법원 1999. 10. 12. 선고 99두6026 판결)에게 원고적격이 인정되었다.

위 판례에서 말하는 '경원관계'라 함은 인·허가 등의 수익처분을 신청한 사람들이 서로 경쟁관계에 있어 일방에 대한 수익처분이 타방에 대한 반려처분으로 귀결될 수밖에 없는 경우를 가리키는데, 특기할 것은 이러한 경원관계가 처분청(고흥군수)을 구속하는 상위규정(전라남도 고시)에 의거한 경우(위 ①판결)뿐만 아니라, 처분청 자신의 결정에 의해 이루어진 경우(②판결)도 포함된다는 점이다. 뿐만 아니라 위 ③판결에서는 동일한 종류·내용의 신청이 아니어서 전형적인 경원관계는 아니지만, 법령상 원고의 신청사업(마을버스운송)은 노선버스인 농어촌버스운송사업을 대체하지 아니하는 한도 안에서만 면허할 것이 예정되어 있다는 점에서 실질적 내지 내용적인 경원관계를 인정하고 있다. 원고가 이미 면허를 받은 경우에는 상술한 바와 같이 특허사업의 경업자로서 원고적격이 부여되겠지만, 이 사건에서는 신청자에 불과하기 때문에 위와 같은 실질적 경원관계에 의거하여 원고적격을 인정받은 것이다.

유의할 것은 위 판례들의 사안에서 알 수 있듯이, 경원자에게 원고적격이 인정되기 위해서 타방에 대한 수익처분이 취소되면 행정청이 반드시 자신의 신청을 인용하도록 기속되어 있을 필요는 없다는 점이다. 다만, 명백한 법적 장애로 인해 자신의 신청이 인용될 가능성이 처음부터 배제되어서는 아니 된다. 다시 말해, 자신의 신청의 인용가능성이 존재하였는데 타방에게 처분이 발급됨으로써 그 가능성이 소멸하였다가 그 처분의 취소에 의해 다시 그 가능성이 회복되는 경우이어야 한다. 이러한 의미에서 위 ㈎의 ①, ②판결은 방론으로 "다만 구체적인 경우에 있어서 그 처분이 취소된다 하더라도 허가 등의 처분을 받지 못한 불이익이 회복된다고 볼 수 없을 때에는 당해 처분의 취소를 구할 정당한 이익이 없다"고 설시하였다.

㈏ 이와 같이 계쟁처분이 취소되더라도 구제가능성이 없다는 이유로 경원자의 원고적격이 부정된 사례는 ① 지방자치단체에 대한 토지구획정리사업 시행인가처분에 대하여 당해 사업지구 안의 토지에 관해 소유권이나 지상권을 갖고 있지 않은 자가 다툰 경우(대법원 2003. 11. 13. 선고 2001두4962 판결)이다. 원심판결에 의하면, 이 사안은 원고(선정자) 등 사업지구 내의 토지소유자들이 토지구획정리사업조합의 설립 및 사업시행인가를 신청하였으나 거부되고 당해 지방자치단체에게 동 사업시행이 인가되자 자신의 토지를 타에 매도하고 소유권이전등기를 넘겨 준 경우이다. 이에 대하여 위 판결은 토지구획정리사업법상 사업지구 안의 토지소유자 또는 지상권자만이 개인 · 공동 · 조합으로서 토지구획정리사업의 주체가 되어 동 사업의 시행인가를 받을 법률상의 자격 및 권리를 가지므로, 그러한 법률상의 자격 및 권리를 갖지 못하는 원고로서는 이 사건 토지구획정리사업 시행인가처분의 취소를 구할 법률상의 이익이 없다고 판시하였다. 다시 말해, 이 사건 처분이 취소되더라도 원고에 대한 사업시행인가가 불가능하다는 것이다.

또한 ② 옥상간판설치를 위한 옥외광고물표시허가처분에 대하여, 그 이전에 수평거리제한 범위 내의 옥상간판 축조에 관해 건축계획심의를 신청하여 동 심의를 받았을 뿐 옥외광고물표시허가를 신청하지 않고 있다가 위 허가처분이 발급되어 그에 따라 옥상간판이 완공될

무렵에 비로소 허가를 신청한 자의 원고적격이 부정되었다(대법원 2000. 5. 26. 선고 97누15135 판결). 이 판결에 의하면, 건축계획심의는 그 심의를 받은 것과 동일한 형태·색채 등의 옥상간판의 축조를 가능하게 하는 것일 뿐, 우선적으로 그 광고탑을 설치할 수 있게 하거나 동일 지역에서 다른 사람의 설치를 금지하는 것은 아니므로 이 사건 허가처분의 취소를 구할 법률상의 이익이 없다고 판시하였다. 이 사건에서는 계쟁처분이 취소되면 원고가 허가를 받을 수 있는 가능성이 있기 때문에, 위 ①판결에서와 같이 구제가능성이 없다는 것이 아니라, 이 사건 처분 이전에 원고의 허가신청이 없었던 이상 '경원관계'가 성립하지 않았고, 또한 법률상 옥상간판에 수평거리제한이 있어 '특허사업'에 준하는 성격이 있지만 건축계획심의를 받은 것만으로는 기존업자 내지 경업자로서의 지위도 인정할 수 없다는 취지이다. 그러나 옥상간판의 설치를 단순히 구상 내지 계획하고 있는 단계가 아니라 그 구체적 실현을 위해 건축계획심의를 신청하여 동 심의까지 받았다면 그와 모순되는 이 사건 처분을 다툴 이익이 충분히 구체화되었다는 점에서 위 ②판결은 재고의 여지가 있다.

3) 建築隣人訴訟·環境訴訟

㈎ 상술한 바와 같이 ① 1975년 연탄공장사건 판결(대법원 1975. 5. 13. 선고 73누96, 97 판결)에서 '인접'주민의 원고적격이 긍정된 이후, 1990년대에 들어와 ② 1995년 공설화장장사건 판결(대법원 1995. 9. 26. 선고 94누14544 판결)에서 거리제한 지역 내의 주민에게, ③ 1998년 속리산국립공원사건 판결(대법원 1998. 4. 24. 선고 97누3286 판결)에서는 환경영향평가대상지역 내의 주민에게 원고적격이 인정됨으로써 그 범위가 확대되었다. 그 이외에 ④ 수력발전댐에 관한 電源개발사업실시계획승인처분에 대해서도 환경영향평가대상지역 내의 주민에게 원고적격이 인정되었다(대법원 1998. 9. 22. 선고 97누19571 판결).

특기할 것은 ⑤ 원자로시설부지 사전승인처분에 대하여 원전냉각 수 순환시 발생되는 온배수로 인한 환경침해와 방사성물질에 의한 생명 · 신체의 안전침해로 나누어, 전자를 이유로 취소를 구하는 부분에 관해서는 환경영향평가대상지역 내의 주민이, 후자를 이유로 취소를 구하는 부분에 관해서는 "방사성물질에 의하여 보다 직접적이고 중대한 피해를 입으리라고 예상되는 지역" 내의 주민이 원고적격을 갖는 것으로 판시한 판결이다(대법원 1998. 9. 4. 선고 97누19588 판결). 처분의 요건으로서 방사능침해의 방지를 정한 원자력법 제12조 2호와 일반적 환경침해의 방지를 정한 동조 제 3 호를 구분하여 그 각 보호목적의 해석을 통해 위와 같은 원고적격의 범위가 도출된 것이다. 이 사건의 원고들은 모두 환경영향평가대상지역 내의 주민이었으므로 일괄하여 이를 기준으로 원고적격의 범위를 정하여도 충분하였을 것이다. 그럼에도 방사성물질에 의한 침해를 분리하여 이에 관해서는 피해예상지역이라는 실질적 기준에 의거한 것은, 계쟁처분 이후에 원자력법의 개정에 의해 원자로 및 관계시설의 건설사업이 환경영향평가대상지역에서 제외되었기 때문에, 비록 당해 사건에서는 처분시의 환경영향평가법에 의거하여 원고적격을 인정할 수 있겠으나, 향후의 동종사건에서 최소한 방사성물질에 의한 침해에 관해서는 인근주민의 원고적격을 폭넓게 인정할 수 있도록 선례를 정립하자는 취지로 평가할 수 있다. 여하튼 위 판결에서는, 특히 방사능 피해에 관한 부분에서, 독일식의 보호규범이론 및 위법성 견련성이 전형적으로 나타나고 있다는 점을 지적할 수 있다.

(나) 반면에 원고적격이 부정된 사례도 많다. ① 위 1981년 고압가스제조허가사건 판결에서 고압가스제조 허가처분에 대하여 그 인근에서 냉동공장을 운영하는 회사의 원고적격이 부인된 것(대법원 1981. 9. 22. 선고 80누449 판결)을 비롯하여, ② 산림훼손허가처분에 대하여 농경지의 풍수해를 우려하는 인근주민(대법원 1991. 12. 13. 선고 90누10360 판결), ③ 도로의 용도폐지처분 및 민영주택건설사업계획승인처분에 대하여 위 도로를 산책로로 이용하는 이익과 공

원경관에 대한 조망의 이익이나 문화재의 매장 가능성, 문화재 발견에 의한 표창 가능성에 따른 일반 국민으로서의 문화재 보호의 이해관계를 주장하는 인근주민(대법원 1992. 9. 22. 선고 91누13212 판결), ④ 건물의 준공처분에 대하여 인접 대지·주택의 소유자(대법원 1993. 4. 23. 선고 92누17099 판결; 1993. 11. 9. 선고 93누13988 판결) ⑤ 공장배치및공장설립에관한법률 및 산업입지및개발에관한법률에 의거한 공장입지지정승인처분에 대하여 그 공장(콘크리트제조)으로부터 발생할 공해로 피해를 입을 것을 우려하는 인근주민(대법원 1995. 2. 28. 선고 94누3964 판결), ⑥ 집합건물(아파트단지 내의 상가) 중 지층 1호의 구분소유자가 그 용도를 대피실에서 종교시설로 변경하는 용도변경신고를 한 것을 수리하는 처분에 대하여 같은 건물의 2층 205호(병원)의 구분소유자(대법원 1998. 2. 27. 선고 97누5602 판결), ⑦ 건축법상 도로로 지정되어 있던 사소유지의 도로폐지 허가처분에 대하여 그 도로를 公路에 이르는 유일한 통로로 사용하다가 위 처분으로 인해 다른 불편한 방법으로 새로운 公路로 나가게 된 인접 주택의 소유자(대법원 1999. 12. 7. 선고 97누12556 판결)의 원고적격이 모두 부정되었다.

위 ①판결은 상술한 바와 같이 가까운 장래에 액화가스시설의 폭발 등의 위험이 없다는 점을 근거로 하고 있어 법률상 이익의 '침해가능성'을 부정한 것이고, ④판결들도 건축관련법규상 준공처분에 관해 인접대지 소유자의 권리에 대한 특별한 규정을 두지 아니하고 있는 점을 들고 있으나, 결정적인 논거는 역시 준공처분은 건축허가의 내용대로 건축이 되었는지를 확인하는 것에 불과하여 그로 인해 법률상 이익의 '새로운 침해'가 없다는 것이다. 이를 분석해 보면, 한편으로 이익의 직접성이 결여되어 있다는 것임과 동시에 다른 한편으로 준공처분의 근거법률은 — 인근주민에 대한, 건축허가처분의 근거법률과는 다른 새로운 — 사익보호성이 없다는 것이다. 종래 위법성 승계에 관한 판례이론을 극복하여 건축허가처분과 준공처분 사이의 위법성 승계를 인정함으로써 준공처분에 대해서도 당초의 건축허가처분의 위법성을 다툴 수 있도록 한다면, 위와 같은 이익의 직접성 문제와 근거법률의 사익보호성 문제가 동시에 해결될 수 있을 것이다.[22] 또한 ⑦판결도 이 사건의 특별한 사실관계, 즉 불편하나마 公路로 나갈 수 있는 가능성이 있다는 점에서 법률상 이익의 '직접적 침해'를 부정한 것으로 평가될 수 있기 때문에, 만일 위 처분으로 인해 公路출입의 가능성이 완전히 봉쇄된다면 원고적격이 인정될 여지는 남아 있다. 나머지 판결들은 처분의 근거법률 또는 관계법률에 비추어 법률상 이익의 존재 자체를 부정하고 있는데, 특히 ⑤판결은 전형적인 보호규범이론의 방법론에 입각하여, 처분의 근거법률들이 산업입지의 원활한 공급과 공업의 합리적 배치, 공장의 원활한 설립 지원, 공업입지 및 공업단지의 체계적 관리에 의한 지속적인 공업발전 및 균형 있는 지역발전을 통해 국민경제의 건전한 발전에 이바지함을 목적으로 하고 인접지역의 공해방지 목적은 제외되어 있다고 판시하였다.

4) 勞動事件

노동사건에 관하여 판례는 ① 지방노동위원회의 휴업지불예외승인처분은 사용자를 상대방으로 하는 것이지만 해당 근로자들의 수당지급채권의 발생 여부에 직접 영향을 미친다는 이유로 근로자들에게 이에 대한 재심신청 자격과 재심판정 취소소송의 원고적격을 인정한다(대법원 1995. 6. 30 선고 94누9955 판결). 반면에, ② 노동조합은 근로자들과 별개의 인격체로서, 위 휴업지불예외승인결정이나 재심판정에 사실상 이해관계가 있다 하더라도 법률상 이익이 아니라고 하여 재심신청 자격과 재심판정 취소소송의 원고적격이 부정된다(대법원 1993. 11. 9. 선고 93누1671 판결). 또한 ③ 노동조합설립신고증 교부처분에 대하여, 노동조합 설립에 관한 법규정은 노동정

22) 이와 관련하여 '다단계 행정과정'(opération complexe)에서는 명문의 규정이나 특별한 공익상 필요가 없는 경우에는 위법성이 승계되는 것으로 보는 프랑스의 판례가 시사하는 바가 크다. Chapus, op. cit., n° 781-786; Debbasch/Ricci, op. cit., n° 392 참조.

책적 목적을 위해 노동조합을 보호·육성·지도·감독하기 위한 것이고, 그로 인해 사용자가 무자격조합이 생기지 않는 이익을 받고 있더라도 이는 법률에 의해 직접적이고 구체적으로 보호되는 이익이 아니라는 이유로 사용자의 원고적격이 부정되었다(대법원 1997. 10. 14. 선고 96누9829 판결). 그리고 ④ 역시 노동조합설립신고증 교부처분에 대하여 동일한 사업장 내의 기존 노동조합은 현행법의 경과규정에 의해 설립이 금지되는 복수 노동조합에 해당하지 않는 한, 설립신고주의를 취하는 현행법 하에서는 신설 노동조합의 설립 여부에 의해 침해될 법률상 이익이 없다고 하면서 원고적격이 부정되었다(대법원 2003. 12. 12. 선고 2002두7975 판결).

5) 行政審判 取消裁決

침익처분을 취소하는 행징심편 재결은 그 상대방에 대해 수익처분으로서의 성격을 갖는데, 이해관계가 상반되는 제 3 자가 그 재결의 취소를 구하는 경우에도 원고적격이 요구된다. 이에 관해서는 일반적인 처분과 동일한 판단기준이 적용되겠으나, 특별한 이유로 원고적격이 부인된 판례가 발견된다. 즉, ① 당초의 어업면허에 대하여 인근 어민들이 아무런 불복조치를 취하지 않고 있다가 그 어업면허가 처분청에 의해 취소되어 그 후 행정심판에서 그 취소처분을 취소하는 재결이 내려지자 비로소 그 재결의 취소를 구한 경우(대법원 1995. 6. 13. 선고 94누15592 판결), ② 온천발견자 명의를 甲으로부터 乙로 변경하는 신청이 거부된 후 그 거부처분을 취소하는 재결에 대하여 甲으로부터 온천공 및 그와 관련된 권리 일체를 출자받은 회사가 위 재결로 인해 온천발견자 명의를 자신의 명의로 용이하게 변경신고할 수 있는 이익이 침해된다고 주장하면서 그 재결의 취소를 구한 경우(대법원 2000. 9. 8. 선고 98두13072 판결) 모두 원고적격이 부정되었다.

위 ①판결은 위 취소재결로 인해 원고들의 권리·이익이 새로이 침해받는 것이 아니고, 비록 그로 인해 당초의 어업면허가 회복됨으로써 원고들에게 불이익이 초래되더라도 이는 간접적이거나 사실적, 경제적인 이해관계에 불과하다고 판시하였다. 이는 원고들이 당초의 처분에 대해 전혀 불복하지 않았다는 점에 초점을 맞추어, 그럼에도 사후에 당초의 처분을 회복시키는 위 취소재결을 다투는 것은 협의의 소익 관점에서 보호할 가치가 없다는 취지로 평가할 수 있다. ②판결은 법령상 온천발견자의 지위승계 제도가 없는데, 온천법상 온천발견신고자(甲)에게 부여되는 혜택이 온천공 등에 대한 권리의 양도로써 원고에게 당연히 이전되는 것은 아니고, 이 사건 재결의 대상이 된 온천발견자 명의변경은 법령상 근거 없이 행정사무집행상의 편의를 위한 것으로서, 온천발견신고자를 변경하는 법률효과를 발생하지 않기 때문에, 결국 乙로의 명의변경신청을 받아주도록 하는 위 취소재결로 인하여 원고는 법률상 보호되는 직접적이고 구체적인 이익이 침해되었다고 할 수 없다고 판시하였다. 요컨대, 원고의 지위와 계쟁처분(재결)의 효과를 동시에 문제삼은 것이다. 후자와 관련하여 온천발견자 명의변경의 처분성까지 부정하였으나, 행정심판에서 그 처분성을 — 또한 이에 기하여 그 거부조치의 처분성을 — 전제로 취소재결까지 내렸다는 점에서 비판의 여지가 있다. 원고의 지위에만 초점을 맞추어 원고적격을 부정하는 것이 보다 타당하다고 본다. 즉, 허가·신고에 의거한 법적 지위를 양도받은 양수인은 원칙적으로 그 지위승계 제도가 법령상 마련되어 있는 경우에 한하여 그 법적 지위에 영향을 미치는 처분에 대하여 원고적격이 있다는 것이다.[23)]

6) 法人·團體의 構成員

법인·단체에 대한 수익처분을 이해관계가 상반되는 그 구성원 일부가 다투는 경우에는 모두 원고적격이 부정되었다. 즉, ① 해금강어촌계에 대하여 유람선 선착장으로 사용할 부잔교의 설치를 허가하

23) 아래 (3)의 1), 269면 이하 참조.

는 처분을 다투는 위 어촌계의 일부 계원(대법원 1995. 8. 22. 선고 94누8129 판결), ② 주택조합(설립인가를 받지 못해 비법인사단)에 대한 주택건설사업계획승인처분을 다투는 위 조합의 일부 조합원(대법원 1998. 6. 26. 선고 97누2801 판결; 1998. 8. 21. 선고 96누10379 판결), ③ 대한민국상이군경회의 대의원자격에 관한 정관변경을 인가하는 처분을 다투는 위 상이군경회의 회원(대법원 1993. 7. 27. 선고 93누1381 판결)이 그것이다.

위 ①, ②판결은 그 논거로서, 첫째 구성원 전체에 이익이 되는 처분을 일부 구성원이 다투는 것이고, 둘째 원고들은 계쟁처분의 상대방인 단체와 독립한 지위에 있는 것이 아니며, 셋째 계쟁처분으로 인해 원고들에게 경제적 손실 또는 그 위험이 생기더라도 이는 그 단체의 구성원으로서의 지위를 매개로 하여 발생하는 것으로서, 계쟁처분과 직접적 인과관계가 없다는 점을 들고 있다. 이러한 판례의 배경에는 구성원 상호간의 의견충돌 및 분쟁은 단체 내부의 민사관계(예컨대, 총회결의무효확인, 대표자의 직무집행정지, 손해배상 등)를 통해 해결하면 충분하고 이를 계기로 취소소송을 허용할 필요는 없다는 실질적인 고려가 깔려 있다고 할 수 있다. 그러나 앞의 (1) 序說(253면)에서 지적한 바와 같이, 수익처분의 경우에는 그 상대방인 단체가 취소소송을 제기할 것을 객관적으로 기대할 수 없으므로, 구성원 중 소수자의 권익을 실효적으로 보호하고 행정의 적법성 통제의 기회를 넓힌다는 취지에서, 중대한 또는 구성원으로서 본질적인 이익이 침해될 때에는 구성원의 원고적격을 인정하는 방향으로 재검토되어야 할 것이다. ③판결은 위 정관이 일반적·추상적 법규임을 전제로, 계쟁처분은 그 정관의 효력에 관한 것으로 회원의 구체적 권리 또는 법률관계를 대상으로 하는 것이 아니기 때문에 그 처분의 취소를 구할 법률상 이익이 없다고 판시하였는데, 역시 위와 같은 실질적 고려가 배경에 있다고 할 수 있다. 같은 취지에서 정관변경이 원고의 (대의원 또는 회원로서의) 자격상실을 초래하거나 회비납부의무 등과 같이 구체적인 권리의무에 관한 것일 때에는 원고적격을 인정할 여지가 있다.

7) 기타의 경우

그 이외에 원고적격이 부정된 경우로는, ① 공립대학의 전임강사 임용처분에 대하여 해당 학과의 재학생들이 위 전임강사의 전공이 적합하지 아니하여 학습권이 침해되었음을 주장하면서 제소한 사안(대법원 1993. 7. 27. 선고 93누8139 판결), ② 국립대학의 부교수임용처분에 대하여 해당 학과의 교수가 동 학과의 교수회의를 거치지 아니한 절차적 하자를 이유로 제소한 사안(대법원 1995. 12. 12. 선고 95누11856 판결), ③ 건축주명의변경신고 수리처분에 대하여 원래의 건축주를 상대로 건축주 지위의 처분금지가처분결정을 받은 자가 동 가처분결정에의 위배 및 신뢰이익 침해를 이유로 제소한 사안(대법원 2000. 4. 25. 선고 98두7923 판결), ④ 분묘를 문화재로 지정한 처분에 대하여 그 분묘의 소유자·점유자 또는 관리자가 아닌 종중이 그 처분으로 인해 명예 내지 명예감정이 손상되었음을 이유로 제소한 경우(대법원 2001. 9. 28. 선고 99두8565 판결), ⑤ 선박침몰의 원인을 불명으로 결정한 중앙해양안전심판원의 재결에 대하여 침몰선박의 부보 보험회사가—보험금 지급을 면하고자—위 침몰이 선박소유회사의 고의에 의한 것이라고 주장하면서 제소한 경우(대법원 2002. 8. 23. 선고 2002추61 판결)이다.

위 ④판결은 문화재지정의 입법목적은 지역주민이나 국민 일반의 문화재 향유에 대한 이익을 공익으로서 보호함에 있는 것이지 특정 개인의 문화재 향유에 대한 이익을 직접적·구체적으로 보호함에 있는 것은 아니며, 그 밖에 법령상 특정 개인의 명예 내지 명예감정을 보호하는 것을 목적으로 하여 문화재지정처분에 제약을 가하는 규정이 없으므로, 원고가 주장하는 명예 내지 명예감정은 계쟁처분의 근거법규에 의하여 직접적·구체적으로 보호되는 이익이라고 할 수 없다고 판시함으로써 보호규범이론에 충실히 따르고 있다. 나머지 판결들은 자세한 설시 없이 계쟁처분에 관한 원고들의 이익은 간접적이거나 사실적인, 또는 경제적인 이익에 불과하다고 단정하고 있다. 특히 ② 판결은 단지 이 사건 임용에 있어 해당 학과의 교수회의를 거치지 않았다고 하더라도 그로 인해 원고가 어떠한 법률상의 불이익을 받았다고 볼 자료도 없다고 판시하고 있을 뿐, 교수회의 구성원으로서 원고의 의결권 침해 문제를 구체적으로 다루지 아니한 점은 비판의 여지가 있다.

8) 效力停止申請과 法律上 利益

마지막으로 특기할 것은 효력정지신청에 있어서도 취소소송의 원고적격과 동일하게 법률상 이익이 필요하다는 판례(대법원 2000. 10. 10.자 2000무17 결정)이다. 즉, 경쟁 항공사에게 발급된 국제항공노선면허처분에 대하여 경원자인 항공사가 취소소송을 제기함과 동시에 효력정지신청을 한 사안에서, 신청인은 위 처분의 효력정지를 구할 법률상 이익이 없다는 이유로 신청을 각하한 것이다. 신청인의 주장은 첫째, 위 처분으로 인해 自社의 해당 국가(중국) 내의 노선점유율이 감소됨으로써 경쟁력과 대내외적 신뢰도가 상대적으로 감소되고 연계노선망 개발이나 타항공사와의 전략적 제휴의 기회를 얻지 못하게 되는 손해를 입었고, 둘째, 위 처분이 효력정지되면 위 노선에 노선면허를 받은 항공사가 없게 되므로, 본안소송에서 승소하여 정식의 노선면허를 받기 이전에도, 전세운항계획 인가를 받아 취항할 수 있게 되는 이익이 있다는 점이다. 첫째의 점에 대하여는, 신청인이 아직 이 사건 노선에 대한 노선면허를 받지 못하고 있는 한 그러한 손해는 법률상 보호되는 권리나 이익 침해로 인한 손해로 볼 수 없고, 둘째의 점에 대해서는, 행정청이 신청인에게 그와 같은 전세운항계획 인가를 하여 줄 법률상 의무가 없고 단지 신청인이 경쟁 항공사와 함께 그 인가를 신청할 수 있음에 그치는 것이므로 그러한 이익도 역시 처분의 효력정지를 구할 수 있는 법률상 이익이 아니라고 판시하였다.

그러나 집행 · 효력정지신청의 소송요건으로 법률상 이익을 요구하는 명문의 규정은 없고, 단지 본안소송이 적법하게 係屬되어 있어야 한다는 요건 때문에 본안소송에서의 원고적격이 요구될 뿐이다. 따라서 신청인의 자격은 본안소송의 적법한 원고이면 그것만으로 충족되는 것으로 보고, 위 사건에서 문제된 (계쟁처분으로 인한) 손해와 (효력정지를 통해 얻을 수 있는) 이익 문제는 '처분으로 인하여 회복하기 어려운 손해' 및 '이를 예방하기 위하여 긴급한 필요가 있는 때'라는 실체적 요건의 관점에서 검토하여, 그것이 인정되지 않으면 신청을 기각하는 방향으로 재검토되어야 할 것이다. 본안소송의 원고적격은 정부간 각서에 의해 해당 노선에 1개의 항공사만이 지정될 수 있는 전형적인 경원관계이므로 의문의 여지없이 인정된다.[24]

(3) 侵益處分에 대하여 동일한 利害關係를 갖는 第三者

1) 讓受人 내지 承繼人

(가) 침익처분에 대하여 동일한 이해관계를 갖는 제 3 자의 전형적인 경우가 처분의 상대방으로부터 처분의 대상인 물건 또는 법적 지위를 양수 내지 승계한 자이다. 이에 대하여 원고적격을 인정한 판례가 일부 있는데, 즉, ① 귀속재산매각처분의 취소처분에 대하여 그 이전에 당해 토지를 전전매수하여 소유권이전등기를 경료한 자(대법원 1965. 9. 23. 선고 65누88 판결), ② 주택건설사업계획승인처분의 취소처분에 대하여 그 이전에 당해 토지 및 그 주택건설사업에 관한 일체의 권리를 양도받아 사업주체변경승인신청을 한 자(대법원 2000. 9. 26. 선고 99두646 판결), ③ 채석허가취소처분에 대하여 그 이전에 당해 채석허가 受許可者의 지위 및 채석장 운영권을 양수하였으나 아직 명의변경신고를 하지 아니한 자(대법원 2003. 7. 11. 선고 2001두6289 판결)에게 원고적격이 인정되었다.

24) 경원관계에 관해서는 위 (2)의 2), 257면 이하 참조.

앞의 (1) 序說(253면)에서 지적한 바와 같이, 침익처분의 경우에는 상대방에 의한 취소소송 제기가 객관적으로 기대되기 때문에, 그 이외에 제 3 자의 원고적격을 인정할 필요성이 상대적으로 작다. 처분의 상대방이 처분의 대상인 물건 또는 법적 지위를 양도한 후에는 제소의 기대가능성이 사실상 — 말하자면, 주관적으로 — 감소 또는 소멸하지만, 그것만으로는 바로 양수인의 원고적격을 인정하기에는 부족하다. 위 판례들의 사안에서도 그러하듯이, 처분의 상대방은 양도 이후에도 여전히 취소소송 제기가 가능하고 또한 양수인에 대해 채무불이행, 하자담보책임 등 민사책임을 지지 않기 위하여 그것이 요구되기 때문이다. 따라서 상대방이 모종의 이유 내지 사정으로 제소하지 않은 상태에서 양수인·승계인의 원고적격이 인정되기 위해서는 특별한 근거가 추가되어야 한다.

이러한 관점에서 위 판례들을 살펴보면, 모두 계쟁처분 이전에 讓受가 이루어진 경우로서, ①판결은 원고가 소유권이전등기까지 경료한 사실을 적시하면서, 이 사건 처분(귀속재산매각처분의 취소)이 취소되지 아니하면 원고가 그 소유권을 상실하는 결과가 될 것이므로 그 "처분의 취소에 관하여 법률상의 구체적 이익"이 있다고 판시하였다. ②판결은 원고가 이 사건 처분(주택건설사업계획승인처분의 취소) 이전에 주택건설촉진법령에 의한 사업주체변경승인신청을 한 점을 강조하면서, 그 변경승인은 실질적으로 양수인에 대하여 종전에 승인된 사업계획과 동일한 사업계획을 새로이 승인해 주는 행위이므로 원고는 이러한 변경승인의 전제인 종전의 사업계획승인을 취소하는 이 사건 처분에 대하여 취소를 구할 법률상의 이익을 가진다고 판시하였다. ③판결은 원고가 아직 명의변경신고를 하지 아니한 경우인데, 산림법상 채석허가의 受許可者 명의변경신고제도가 마련되어 있고 또한 채석허가가 대물적 허가의 성질을 아울러 갖고 있는 점을 근거로 하여, 위 명의변경제도의 목적이 수허가자의 지위를 양도받은 양수인의 이익을 보호하는 데 있으므로 수허가자의 지위를 양도받아 명의변경신고를 할 수 있는 원고의 지위는 "산림법령에 의하여 보호되는 직접적이고 구체적인 이익"이라고 판단한 다음, 위 ②판결의 논리와 마찬가지로, 원고는 이러한 명의변경신고의 전제가 되는 채석허가를 취소하는 이 사건 처분에 대하여 취소를 구할 법률상 이익을 가진다고 판시하였다. 위 판결들은 모두 처분의 위법사유와 무관하게 원고의 법적 지위에만 의거하여 원고적격을 인정하였다는 점에서 위법성 견련성을 전제로 하는 독일의 보호규범이론과는 거리가 멀다고 할 수 있다. ③판결도 비록 법규의 보호목적을 문제삼고 있으나, 그 법규가 위법성의 준거가 되는 법규가 아니라 원고의 법적 지위에 관한 것이기 때문에 마찬가지이다.

(나) 반면에 원고적격이 부정된 사례는, ① 사설묘지(가족묘지)설치허가취소처분에 대하여 그 이전에 당해 임야와 사설묘지설치허가권을 양수하여 위 임야에 관해 소유권이전등기를 경료한 자(대법원 1979. 10. 16. 선고 79누175 판결), ② 택시회사에 대한 자동차운송사업면허취소처분에 대하여 그 이전에 그 택시회사 소유의 택시 및 차량운행권을 양도받아 직접 운행하여 온 지입차주들(대법원 1992. 9. 1. 선고 92누5805 판결), ③ 귀속재산불하처분의 취소처분에 대하여 그 이후 당해 토지에 관한 권리일체를 양수(미등기)한 자(대법원 1996. 2. 27. 선고 95누6212 판결), ④ 고도제한을 내용으로 하는 도시계획용도지구변경결정에 대하여 그 이전에 해당 토지를 매수하였으나 아직 소유권이전등기를 경료하지 않은 자(대법원 2000. 2. 8. 선고 97누13337 판결)이다.

위 사안들에서는 모두 위 (가)의 판례에서와 같은 특별한 근거들이 결여되어 있다. 즉, ①판결은 원고가 소유권이전등기를 경료한 경우임에도 불구하고, 위 사설묘지설치허가는 순수한 대물적 허가가 아니라는 점에 의거하여, 그렇기 때문에 그 허가의 효과가 위 임야의 소유권이전에 따라 원고에게 당연히 이전될 수는 없고 따라서 원고는 이 사건 취소처분으로 인하여 법률상 직접적이고 구체적인 이익을 침해당하였다고 할 수 없다고 판시하였다. 그러나 그 이외에도 — 위 (가)의 판결들과 비교하여 보면 — 위 처분으로 인해 원고의 소유권 자체가 상실되는 것은 아니고, 또한 사설묘지설치허가의 수허가자 지위의 승계제도가 법령상 마련되어 있지 않다는 점이 그 근거로 제시될 수 있을 것이다. ②판결은 원심에서 원고들이 스스로 주장한 바와 같이 택시지입제가 자동차운수사업법(제26조) 소정의 명의이용금지에 위반되지 않는 것으로 인정되기 위해서는 택시회사에 대한 대내적인 관계에서만 차량운행권이 원고들에게 이전되어 있고 대외적인 관계에서는 택시회사가 차량운행권자로 보아야 하기 때문에, 그 차량운행권을 상실시키는 이 사건 처분에 대하여 취소를 구할 만한 직접적이고 구체적인 법률상 이익이 없다고 판시하였다. ③판결은 원고가 계쟁처분 이후에 권리를 양도받았다는 사실을 적시하고, 그것만을 이유로 원고는 그 처분의 취소에 관하여 "사실상이며 간접적·경제적인 이해관계"를 가질 뿐이라고 판시하였고, 원고가 위 처분의 존재를 알고 권리를 양수한 것인지 여부는 문제삼지 않았다. 그 이외에도 — 위 (가)의 ①판결과 비교하여 — 원고가 아직 소유권이전등기를 경료하지 못하였다는 것도 특징임에도 불구하고 판결이유에 적시되지 않았는데, 이는 아래 (다)의 ①판결과 같이 채권적인 소유권이전등기청구권만으로도 원고적격을 인정한 선례가 있기 때문으로 보인다. 따라서 판례의 입장은 양도계약이 이루어진 시점에 착안하여 그것이 계쟁처분 이전인 경우에는 양수인의 소유권 확보 이익을 양도인(처분의 상대방)과는 별개로 보호하여야 하지만 계쟁처분 이후인 경우에는 그렇지 않다는 것으로 이해하여, 보호가치이익구제설의 입장이 반영된 것으로 평가할 수 있을 것이다. ④판결은 구체적인 논거 없이, 원고가 이 사건 토지를 매수한 후 계쟁처분(용도지구변경결정)에 의한 도시계획상 제한이 가해졌다고 하더라도 그러한 사정만으로는 원고적격이 없다고 단정하였다. 그러나 이 판결의 결정적인 근거는 이 사건에서 원고의 이해관계가 소유권 자체의 확보가 아니라 그 사용·수익의 범위(건축물의 고도)에 있고 또한 매도인도 처분의 상대방으로서 함께 이 사건 취소소송을 제기하여 어차피 본안판단으로 들어가게 된다는 점에서 찾아야 할 것이고, 이러한 의미에서 역시 이 판결도 보호가치이익구제설의 입장이 반영된 것이라고 할 수 있다.

(다) 이와 관련하여 특기할 만한 판례는 ① 원래 농지분배에 의해 甲에게 분배되었던 농지를 귀속재산으로 인정하여 乙에게 불하한 처분을 취소하였다가 다시 이를 취소함으로써 위 귀속재산불하처분을 환원시킨 처분에 대하여 그 이전에 甲으로부터 분배농지를 매수하여 아직 소유권이전등기를 경료하지 아니한 자(대법원 1970. 3. 24. 선고 70누15 판결), ② 死者에 대한 변상금부과처분에 대하여 그 상속인(대법원 1998. 11. 27. 선고 97누2337 판결)에게 원고적격을 인정한 사건이다.

위 ①판결은 원고가 채권적인 소유권이전등기청구권만을 갖고 있지만 계쟁처분이 취소되면 원래대로 농지가 분배되어 그 수분배자(甲)에게 소유권이전등기를 청구할 수 있다는 점을 근거로 원고적격을 인정하였다. 이 사안에서 계쟁처분은 귀속재산 수불하자(乙)를 상대방으로 하는 수익처분이지만, 그 처분으로 인해 자동적으로 권리를 상실하는 분배농지 수분배자(甲)로부터 원고가 그 농지를 매수하였다는 점에서, 침익처분에 대한 제 3 자의 원고적격 문제에 준하여 고찰할 수 있다. 농지의 매수가 계쟁처분 이전에 이루어졌고 그 소유권 자체의 확보가 문제된다는 점 이외에, 계쟁처분이 수익처분으로서 그 상대방(乙)에 의한 제소가능성이 전혀 없다는 점에서도 위 판결의 타당성은 인정된다. ②판결의 사안은 처분의 상대방이 死者로서 그에 의한 제소가 원천적으로 불가능하다는 것이 특징이다. 따라서 당연히 그 포괄승계인인 상속인에게, 위 처분이 당연무효이지만 그 외형적 존재로 인해 발생할 수 있는 손해를 피하기 위해 무효선언을 구하는 의미에서의 취소를 구할 법률상의 이익이 부여되었던 것이다.

2) 租稅關係處分의 利害關係人

과세처분, 압류처분 등 조세관계처분의 이해관계인에 대해서는 거의 예외없이 원고적격이 부정되었다. 먼저 과세처분을 다툰 사안에서는, ① 특관세 부과처분에 대하여 당해 수입품의 수입을 위탁한 자(대법원 1971. 10. 11. 선고 71누83 판결), ② 부가가치세 부과처분에 대하여 그 대상자와 동업자관계에 있어 연대납세의무를 지고 있는 자(대법원 1983. 8. 23. 선고 82누506 판결), ③ 수증자를 대상으로 한 증여세부과처분에 대하여 그 대상자와 연대납세의무를 지고 있는 증여자(대법원 1990. 4. 24. 선고 89누4277 판결 등), ④ 원천징수의무자에 대한 납세고지에 대하여 그 원천납세의무자(대법원 1994. 9. 9. 선고 93누22234 판결)의 원고적격이 모두 부정되었다. 다음으로 과세처분과 압류처분을 동시에 다툰 사안으로서, ⑤ 과점주주를 대상으로 한 제 2 차 납세의무자 지정처분과 과세처분 및 압류처분에 대하여 위 지정 및 과세처분 이전부터 압류목적 부동산의 저당권을 갖고 있는 자의 원고적격도 부정되었다(대법원 1981. 3. 10. 선고 80누48 판결). 마지막으로 압류처분만을 다툰 사안에서는 위 ⑤판결이 선례가 되어, ⑥ 압류처분 이전부터 압류목적 부동산에 근저당권을 갖고 있는 자(대법원 1985. 5. 14. 선고 83누700 판결), ⑦ 압류처분 이후에 압류목적 부동산을 매수하여 소유권이전등기를 경료한 자(대법원 1985. 2. 8. 선고 82누524 판결), ⑧ 압류처분 이전부터 압류목적 부동산에 담보가등기권을 갖고 있는 자(대법원 1989. 10. 10. 선고 89누200 판결), ⑨ 압류처분 이전에 압류목적 부동산을 매수하여 가압류한 후 소유권이전등기청구소송 중인 자(대법원 1997. 2. 14. 선고 96누3241 판결)의 원고적격이 모두 부정되었다.

위 판결들은 모두 원고의 법적 지위에 초점을 맞추어, 계쟁처분에 관한 원고의 이익이 사실상·간접적인 또는 경제적인 이해관계에 불과하므로 그 취소를 구할 법률상 이익을 인정할 수 없다는 취지로 판시하였다. 위와 같은 판례의 입장에 의하면, 과세처분에 대해서는 심지어 연대납세의무를 지는 제 3 자의 원고적격까지 부정된 만큼, 과세의 상대방을 제외한 모든 이해관계자의 원고적격이 인정되기가 사실상 불가능하다고 할 수 있다. 조세법률관계의 조기 확정의 필요성에 비추어 이러한 판례의 경향을 원칙적으로 수긍할 수 있겠으나, 최소한 연대납세의무자의 경우에는 그 의무가 처분의 근거법률인 세법에 의해 인정되는 것으로서, 과세의 상대방과는 독립된 법적 지위를 갖는다는 점에서 원고적격을 인정하는 방향으로 재검토되어야 할 것이다. 다음으로 압류처분에 관해서는, 매수(미등기)자 · 저당권자 · 담보가등기권자 · 가압류자는 그 지위의 취득시점을 불문하고 원고적격이 인정되지 않고, 심지어 압류처분 이전에 매수자가 가압류를 하고 소유권이전등기청구소송을 하고 있었던 경우에도 마찬가지이다. 따라서 원고적격이 인정될 수 있는 유일한 것은 압류처분 이전에 이미 목적 부동산을 매수하여 소유권이전등기까지 경료한 경우인데, 이 때에는 목적 부동산의 소유권자로서 처분의 실질적인 상대방에 해당한다.

유의할 것은 ⑩ 압류처분 이후에 목적 부동산을 매수한 경우에도 소유권이전등기를 경료하게 되면 압류해제의 신청을 하고 그것이 거부되면 그 거부처분의 취소를 구할 법률상 이익이 있다는 판례이다(대법원 2001. 7. 13. 선고 2000두5333 판결). 그러나 이는 — 위 ⑦판결에서와는 달리 — 제 3 자로서 압류처분 자체를 다투는 것이 아니라, 압류해제의 신청인 및 거부처분의 상대방으로서 그 거부처분을 다투는 경우로서, 소유권자로서의 지위에 의거하여 그 취득시점을 불문하고 (조리상) 신청권이 인정된다는 취지로 이해할 수 있다.

3) 法人 · 團體와 그 構成員

(가) 법인 · 단체에 대한 침익처분을 그 구성원이 다투거나, 반대로

구성원에 대한 침익처분을 법인·단체가 다투는 경우에 관하여, 판례는 원고적격을 매우 한정적으로 인정하고 있다. 즉, 원고적격이 인정된 것은 ① 주식회사의 해산처분에 대하여 그 회사의 대표이사(대법원 1962. 7. 19. 선고 62누49 판결), ② 상호신용금고회사의 계약 전부를 다른 신용금고로 이전하는 재정경제원장관의 계약이전결정처분에 대하여 그 회사의 주주 및 임원(대법원 1997. 12. 12. 선고 96누4602 판결)뿐이고, 나머지 사안에서는 원고적격이 모두 부정되었다.

위 ①판결은 단순히 주식회사의 대표이사는 그 회사의 해산처분에 대하여 "이해관계"를 가지므로 "소를 제기할 이익"이 있다고 판시한 반면, ②판결은 — ①판결을 선례로 제시하면서 — 법인에 대한 행정처분이 '당해 법인의 존속 자체를 직접 좌우하는 처분'인 경우에는 그 주주나 임원이라 할지라도 당해 처분에 관하여 "직접적이고 구체적인 법률상 이해관계"를 가진다고 판시하였다. 이는 이해관계의 중대성에 의거하고 있다는 점에서 보호가치이익구제설의 입장이 반영된 것으로 평가할 수 있다.

(나) 그 이외의 사안에서는 모두 원고적격이 부정되었다. 즉, 한편으로 법인·단체에 대한 처분을 그 구성원이 다툰 사안으로서, ① 주류제조회사에 대한 주류제조면허취소처분을 동 회사의 대주주 내지 주주가 다툰 경우(대법원 1971. 3. 23. 선고 70누164 판결; 1971. 12. 28. 선고 71누109 판결), ② 철거민건축조합(비법인사단)의 주택조합설립인가신청을 거부한 처분에 대하여 동 건축조합의 대표자와 구성원들이 제소한 경우(대법원 1996. 3. 8. 선고 94누12487 판결), ③ 대한혼인상담소연합회(비법인사단)의 법인설립허가신청을 거부한 처분에 대하여 동 연합회의 대표자와 구성원이 제소한 경우(대법원 1996. 8. 20. 선고 96누1405 판결), ④ 상호신용금고회사에 대한 재정경제원장관의 업무·재산관리명령을 동 회사가 다툰 행정심판에서 기각재결이 내려지자 동 회사의 과점주주와 이사 겸 주주가 그 재결의 취소를 구한 경우(대법원 1997. 12. 12. 선고 97누317 판결), 다른

한편으로 구성원에 대한 처분을 단체가 다툰 사안으로서, ⑤ 두부제조업체 조합의 한 조합원업체에 대한 식품제조영업허가취소처분을 동 조합이 다툰 경우(대법원 1987. 5. 26. 선고 87누119 판결), ⑥ 개별주택조합에 대한 개발부담금 부과처분을 개별주택조합의 연합체인 연합주택조합이 다툰 경우(대법원 1999. 12. 24. 선고 97누3569 판결)에 모두 원고적격이 부정되었다.

위 판례에서는 모두 원고들이 계쟁처분에 대하여 간접적인 사실상의 이해관계만을 가질 뿐이라는 점이 논거로 제시되었다. 다만 ⑤판결에서는 식품위생법이 식품으로 인한 위생상의 위해의 방지 등을 통한 국민보건의 향상과 증진에 기여함에 목적이 있는 것이지 개개업체의 영업상의 이익을 보호하는 것을 목적으로 하는 것은 아니므로 자연인과는 달리 아무런 위생상의 문제나 보건상의 문제가 없는 단체인 원고조합은 위와 같은 식품위생법상의 이익을 향수할 수 있는 주체도 아니라는 이유가 추가되었다. 위 ①, ④판결을 ㈎의 ①, ②판결과 비교하여 보면, 주식회사의 해산처분과 신용금고의 계약 전부에 대한 계약이전결정처분은 법인의 존속 자체를 직접 좌우하는 것인 반면, 주류제조회사에 대한 주류제조면허취소처분과 신용금고에 대한 업무·재산관리명령은 그렇지 않다는 것인데, 위 ①판결에 관해서는 주류제조·판매가 그 회사의 사업목적으로서 존립기반이 된다는 점에서 의문의 여지가 있다. 이러한 관점에서 위 ②, ③판결도 그 비법인사단의 존립목적이 주택조합설립 또는 법인설립에 있기 때문에 재고의 필요가 있다고 할 것이다.

㈐ 또한, 수익처분을 그 침익적 제 3 자효를 받는 단체의 구성원이 다투는 사안으로서, ① 종합유선방송국 허가처분에 대하여 경원자인 설립중의 회사 내지 비법인사단의 구성원 겸 출자자가 제소한 경우 원고적격이 부정되었고(대법원 1996. 6. 28. 선고 96누3630 판결), 또한 ② 국립대학교의 연구·수업에 지장을 주는 인근의 건축허가처분에 대하여 동 대학교 총장이

개인 명의로 집행정지를 신청한 경우 신청인적격이 부정되었다(대법원 1994. 12. 30.자 94두34 결정). 이 판례는 수익처분에 대한 것이지만, 위 1)의 (다) ①판결(273면)(대법원 1970. 3. 24. 선고 70누15 판결)과 마찬가지로, 그 침익적 제 3 자효의 직접적 대상자인 단체가 아니라 그와 이해관계를 같이하는 구성원이 제소하는 경우라는 점에서 침익처분에 대한 제 3 자의 원고적격 문제에 준하여 고찰할 수 있다.

위 ①판결에 대해서는, 설립하고자 하는 주식회사가 종합유선방송국의 운영을 목적으로 하는 것으로서, 계쟁처분으로 인해 그 존립기반 자체가 상실되었으므로, 그 설립중의 회사가 경원자로서 원고적격이 있는 이상, 그 구성원에게도 원고적격이 인정되어야 한다는 점에서 비판의 여지가 있다. ②결정은 국립대학교 총장의 지위에 있는 신청인이 개인 명의로 이 사건 건축허가처분의 취소 내지 그 집행정지신청을 구할 법률상 직접적이고 구체적인 이익을 갖지 않는다고 판시하고 있는데, 원심결정의 판시내용과 종합하여 보면, 건축허가처분의 직접적 피해자는 당해 대학교이므로 그 구성원으로서 총장 개인은 간접적인 사실상의 이해관계만을 갖는다는 취지이다. 그렇다면 누가 신청인적격 내지 원고적격을 갖는가 라는 문제가 제기된다. 원심결정은 국립대학교는 독립된 법인이 아니어서 당사자능력이 없고 또한 그 운영주체인 국가는 항고소송의 원고가 될 수 없다고 판시하고 있다. 이에 대하여, 한편으로 국립대학교는 인적·물적 결합체인 소위 '영조물'로서, 그 인적 결합 부분인 교수·학생·직원이 비법인사단을 구성하기 때문에 총장이 이를 대표하여 그 비법인사단의 명의로 출소할 수 있다는 점과, 다른 한편으로 과연 국가는 항고소송의 원고가 될 수 없는가 라는 문제가 검토되어야 할 것이다. 국가의 원고적격 문제는 후술한다.[25] 또한 집행·효력정지신청에 있어 신청인의 자격은 별개의 요건으로서

25) 아래 V.의 4. 286면 이하.

가 아니라, 본안소송의 적법한 係屬이라는 요건을 위한 '원고적격'의 문제로서 파악되어야 한다는 점은 위 (2)의 8)(268면 이하)에서 상술한 바와 같다.

4) 기타의 利害關係人

(가) 그 밖에 침익처분의 이해관계인으로서 원고적격이 인정된 사례는 ① 妻 명의의 水道栓에 의한 급수를 이용하여 자기 명의의 영업허가로 목욕탕을 경영하는 夫가 妻에 대한 급수사용료 부과처분을 다툰 경우(대법원 1971. 6. 22. 선고 71누45 판결), ② 교도소장의 접견허가거부처분을 그 접견신청의 대상자이었던 미결수가 다툰 경우(대법원 1992. 5. 8. 선고 91누7552 판결)이다.

위 ①판결은 위와 같이 급수를 이용하여 목욕탕을 경영하는 자는 서울특별시급수조례 소정의 '급수사용자'에 해당하기 때문에 이 사건 처분에 대하여 법률적인 이해관계를 갖는다고 판시하였다. ②판결은 형사소송법·행형법상의 接見權은 헌법상 기본권의 범주에 속하는 권리라고 하면서, 이 사건 거부처분으로 인해 원고의 이러한 접견권이 침해된다는 점을 근거로 하였다. 이와 같이 침익처분에 대한 제 3 자의 원고적격이 인정될 수 있는 결정적인 근거는 그 제 3 자가 처분의 상대방과는 별개의 독립된 법적 지위(급수사용자) 또는 권리(접견권)를 갖는다는 데에 있다.

(나) 반면에, 이러한 독립된 법적 지위나 권리가 인정되기 어려운 경우에는 대부분 제 3 자의 원고적격이 부정된다. 즉, ① 채권자대위권에 기하여 채무자에 대한 침익처분을 다툴 원고적격은 인정되지 않고(대법원 1956. 7. 6. 선고 4289행상33 판결; 1971. 12. 28. 선고 71누109 판결), 뿐만 아니라, ② 운전기사의 합승행위를 이유로 운수회사에게 내려진 과징금 부과처분에 대하여 노사간 임금협정에 의해 그 과징금 상당액을 상여금에서 공제되는 불이익을 받게 되는 운전기사(대법원 1994. 4. 12. 선고 93누24247 판결), ③ 학교법인의 이사취임승인을 거부하는 처분에 대하여 전임 이사들(대법원 1999. 6. 11. 선고 96누10614 판결), ④ 환지처분에 대하여

동 처분에 의한 청산금의 산정기준에 따라 공사대금 액수를 정하기로 약정한 토지구획정리공사 수급인(대법원 1999. 7. 23. 선고 97누1006 판결), ⑤ 아파트관리사무소가 신고한 종합소득세의 경정청구를 거부한 처분에 대하여 위 관리사무소를 위해 종합소득세의 신고·납부, 경정청구 등의 업무를 처리하여 온 관리사무소 소장(대법원 2003. 9. 23. 선고 2002두1267 판결)에 대해 원고적격이 부정되었다.

위 판결들은 대부분 자세한 설시 없이, 계쟁처분으로 인해 원고가 입게 되는 불이익은 간접적, 사실상의 불이익 또는 경제적인 이해관계에 불과하다고 판시하고 있다. 특히 ①판결은 아무런 논거 없이 행정소송은 대위하여 제기할 수 없다고 단정하고 있는데, 그 실질적 근거로서, 채권자대위권은 채무자의 재산보전을 위한 민사상 수단으로 취소소송에 있어 독자적인 원고적격을 인정할 만한 독자적인 법적 지위가 되지 못한다는 취지로 이해할 수 있다. ②판결은 원고는 이 사건 처분으로 인해 상여금지급이 제한되더라도 그 취소를 구할 "직접적이고 구체적인 이익"이 없다고 판시하였는데, 결국 처분과 손해의 직접적 인과관계를 부정하는 취지이다. 운수회사를 상대로 임금협정의 효력을 — 위반사실 유무를 불문하고 과징금 상당액을 급여에서 공제한다는 점에서 — 다투거나 아니면 사용자의 보호의무에 기하여 취소소송의 제기를 요구하고 또한 그 의무위반을 이유로 손해배상을 청구하는 등의 방법으로 원고의 손해가 방지될 수 있다는 점에서 판지에 수긍이 간다.

(4) 侵益處分의 相對方

마지막으로, 침익처분의 상대방의 원고적격이 문제된 판례는 거의 찾기 어렵다. 이는 판례가 취소소송의 대상이 되는 처분을 종래 원칙적으로 — 독일의 행정행위 개념과 마찬가지로 — '직접 상대방의 권리·의무 등 법률관계의 변동을 일으키는 행위'에 한정하는 결과, 침익적 행위의 처분성이 인정되는 경우에는 그것은 바로 상대방의 권리 내지 최소한 법률상 이익이 침해된다는 것을 의미하기 때문이다. 이는 독일의 상대방이론과 동일한 맥락이다. 또한 거부처분의 상대방의 경우에도, 거부처분의 성립요건으로 (법규상 또는 조리상의) 신청권이 필요하다는 것이 확립된 판례로서, 거부처분의 성립은 바로 신청권의 침해로 연결되기 때문에, 원고적격이 별도로 문제되는 사례는 사실상 발생하지 않는다. 다만, 정보공개청구를 거부하는 처분에 대하여, 공공기관의 정보공개에관한법률 제 6 조 제 1 항에 의해 모든 국민의 권리로 인정하는 정보공개청구권만으로 원고적격이 인정되는가 아니면 이와 별도로 '법률상 이익'이 필요한가라는 문제에 관하여, 최근 위 정보공개청구권은 법률상 보호되는 구체적인 권리이므로 공공기관에 대해 정보의 공개를 청구하였다가 거부처분을 받으면, 원고의 이해관계와 무관하게, 바로 원고적격이 인정된다는 판례가 확립되었다(대법원 2003. 7. 11. 선고 2001두6289 판결; 2003. 12. 11. 선고 2003두8395 판결; 2003. 12. 12. 선고 2003두8050 판결).

V. 問題點의 檢討

1. '法律上 利益'의 意味: 原告適格의 判斷基準

판례 · 학설의 일반적 경향은 제12조 전문의 "법률상 이익"을 '법률상 보호되는 이익'으로 파악하고 있는데, 문제는 그 '법률'이 어떠한 법률인가에 있다. ① 이를 가장 좁게 보는 입장은 독일의 보호규범이론에서와 같이 원고적격의 위법성 견련성을 전제로, 처분의 실체적 위법성의 준거가 되는 개별법규에 한정하는 것이다. 그 법규의 사익보호성으로부터 그 위반으로 인한 위법성을 주장하여 처분의 취소를 구할 수 있는 원고적격이 도출된다는 것으로서, 이에 의하면, 법률상 이익과 실체법적 권리는 동의어가 된다. ② 다음으로 위법성 견련성을 요구하지 않고, 다시 말해, 처분의 위법사유와는 무관하게, 처분의 실체법적 근거법령 전체로 확대하는 입장이다. 그 법령 전체의 취지에 비추어 그 법령의 목적이 공익만이 아니라 원고의 사적 이익도 보호하는 데에 있는 것으로 해석될 때 그것이 바로 '법률상' 보호되는 이익이라는 것이다. ③ 다음으로 절차법적 근거법령까지 포함시키는 입장, ④ 나아가 처분의 '근거'가 되는 법령에 한정하지 않고 처분과 관련되는 관계법령 전부를 포괄하는 입장, ⑤ 마지막으로 기본권, 헌법원리, 법의 일반원리 등 법질서 전체로 확대하는 입장이다.

판례의 주류적 경향은 위 ②의 입장이지만, 1998년 속리산국립공원사건 판결에서와 같이 ③의 입장을 취한 것도 있다. 그러나 '법률과의 연결고리'를 고수하여, 아직 ⑤의 입장으로까지 나아간 판결은 없다. 이러한 판례의 태도는 "법률상"이라는 현행법의 문언에 충실하고자 하는 취지에서 일응 타당하다고 할 수 있지만, ②의 단계만 되어도 위법성 견련성을 요구하지 않는다는 점에서 이미 취소소송의 객관소송적 구조를 전제로 하는 것으로서, 독일의 보호규범론의 차원을 넘는 것이다. 또한 법령 전체의 취지를 해석함에 있어 기본권, 헌법원리, 법의 일반원리 등을 참조할 수밖에 없기 때문에, ⑤의 입장과는 상대적 차이밖에 없다. 특히 ④의 입장은 형식적으로 법률을 상한선으로 하여 법률과의 '연결고리'를 고수하고자 하는 것이지만, 어떠한 관계법령에 의거할 것인지의 판단은 그 판단 대상인 법률보다 높은 차원에서만 가능한 것이므로, 실질적으로는 ⑤의 입장과 동일하다.

이러한 관점에서, 특히 '법률'과 '법'을 엄격하게 구별하지 않는 우리의 언어관용에 비추어 보면, '법률상'이라는 문구를 '법' 내지 '법질서 전체'로 이해하여 법률상 이익을 '헌법과 법률 및 하위법령 등 법질서 전체에 의해 보호되는 이익'으로 해석할 수 있는 가능성이 열리고, 나아가 보호가치이익설의 차원으로 연결될 수 있다. 보호가치 유무의 판단은 어디까지나 법적인 판단으로서, 법질서 전체가 그 판단 기준이 되기 때문이다. 다시 말해, 법질서 전체에 의해 '보호되는' 이익이라 함은 법질서 전체에 의해 '보호되고 있으므로 마땅히 (취소소송을 통해) 보호할 가치 있는' 이익이란 의미로 재해석될 수 있는 것이다. 다만, 이에 의하면 원고적격 판단에 예측가능성 내지 법적 안정성이 결여될 위험이 있다는 지적이 있는데, 이는 모든 법률상의 불확정개념에 공통된 위험으로서, 합리적인 판례형성과 부단한 이론적 검토를 통해 극복되어야 한다. 특히 원고적격은 사법심사의 문호를 얼마나 개방할 것인가 라는 문제로서, 프랑스 · 영국 · 미국, 심지어 독일에서조차도 판례형성에 의하고 있다.

2. '處分等의 取消를 구할'의 意味: 取消訴訟의 客觀訴訟的 構造

위와 같은 판례의 주류적 경향 및 학설상 다수설에 비추어, 우리 취소소송의 원고적격에는 독일에서와 같은 위법성 견련성이 요구되지 않는 것으로 보아야 하기 때문에, "처분등(이하 '처분')의 취소를 구할"이라는 문구는 글자 그대로 '취소소송을 통해 처분의 존재 자체를 제거할'이라고 새겨야 하고, '처분의 특정한 위법성을 제거할'이라는 의미로 제한하여서는 아니 된다. 예컨대, 건축허가처분을 인근주민이 다투는 경우에, 인근주민의 법률상 이익은 소음, 분진, 일조권침해, 교통방해, 붕괴, 폭발, 지가하락 등 당해 처분으로 인한 일체의 손해에 관하여 인정되는 것이다. 소음기준의 위반, 일조권기준의 위반 등과 같은 개개의 위법사유에 대응하여 소음, 일조권침해 등 각각의 손해유형에 관한 법률상 이익이 인정되어야 하는 것은 아니다. 원고는 처분으로 인한 일체의 손해를 주장하면서 그 손해를 배제하기 위해 처분 자체를 제거할 것을 구하면 충분하고, 그 처분 자체를 제거할 수 있는 근거, 즉 구체적인 위법사유는 문제되지 않는다. 이는 본안에서 판단될 뿐이다. 그리하여 사실은 일조권기준을 위반한 처분인 경우에도, 원고적격은 소음의 피해에 의거하여 인정될 수 있는 것이다. 소음의 피해도 — 본안에서 일조권침해로 판명되어 — 처분이 취소됨으로써 처분의 존재 자체가 제거되면 회복되기 때문이다. 이는 반대로 본안판단의 관점에서 보면, 본안심리 결과 인정된 위법사유가 원고적격의 근거가 되는 손해와 반드시 일치될 필요가 없다는 것이 된다. 다시 말해, 처분이 객관적으로 위법하면 그것만으로 취소되고, 그것이 원고의 어떠한 권리나 법률상 이익을 침해한 것인지 라는 주관적 관련성은 요구되지 않는다. 이것이 취소소송의 '객관소송'적 구조의 일차적 의미이지만, 위와 같이 원고적격에 관해서는 원고적격이 구체적인 위법사유와는 무관하게 처분의 존재로 인한 일체의 손해에 의거하여 인정된다는 의미로 연결 된다.

3. 法律上 利益이 '있는'의 意味: 原告適格의 審査範圍 및 判斷基準時

위와 같은 취소소송의 객관소송적 구조는 법률상 이익이 '있는'이라는 문구에 의해 뒷받침된다. 즉, 독일에서와는 달리, 법률상 이익을 (가능성 있게) 주장하는 것만으로 충분하지 않고 법률상 이익의 존재가 인정되어야 하는 것이다. 위에서 본 바와 같이 판례는 법률상 이익의 존재를 증거에 의해 인정하고 있다. 또한 법률상 이익의 存否 자체는 직권조사사항이지만, 법률상 이익의 기초사실은 원고의 주장책임과 (객관적) 입증책임에 속하는 것으로 보고 있다. 이러한 판례의 입장은 객관소송적 구조 하에서는 원고의 법률상 이익이 소송요건 단계에서 종국적으로 판단되고 본안판단에서는 객관적 위법성만이 문제된다는 점에서 원칙적으로 타당하지만, 다만 종래 판례상 요구되는 주장 · 입증의 정도가 너무 엄격하기 때문에 일정한 정도 이를 완화할 필요가 있다.

또한 법률상 이익은 어느 때에 있어야 하는가 라는 판단기준시의 문제에 관해, 이를 명시한 판례는 없으나, 판례의 사안들과 판시내용에 비추어 보면, 일관되게 判決時(즉, 변론종결시)를 전제로 하고 있음을 알 수 있다. 침익처분의 목적물 등의 양수인에 관한 위 판례[26]에서 알 수 있는 바와 같이, 계쟁처분 이후는 물론, 소제기 이후에 비로소 讓受渡가 이루어진 경우에도, 변론종결시를 기준으로, 따라서 그 양수도를 전제로 원고적격 여부를 판단하고 있다. 위에서 본 바와 같이 프랑스에서는 원고적격의 판단기준시가 提訴時로서, 소제기 이후에 원고가 이익관련성을 상실한 경우에도 원고적격이 유지된다. 이는 프랑스 월권소송의 객관소송적 '기능'에 의거하는 것인데, 우리 취소소송의 주된 기능이 아직 주관소송에 있다는 점에서 이러한 프랑스 판례를 그대로 따를 수 없다 하더라도, 목적물의 양수도 또는 법적 지위의 승계가 소제기 이후에 일어난 경우에는, 提訴時에 양도인 · 피승계인의 원고적격이 인정되는 한, 判決時의 양수인 · 승계인의 원고적격을 완화하는 방안을 강구할 필요가 있다. 원고가 소제기 이후에 사망한 경우에는 민사소송법상 소송절차의 受繼에 관한 규정이 준용되는데, 일본 판례에 의하면, 공무원의 봉급청구권을 상속한 상속인은 공무원의 면직처분에 대한 취소소송을 수계할 수 있으나(最判 1974. 12. 10. 民集 28 · 10 · 1868), 생활보호와 같은 一身專屬的인 이익에 관한 처분의 경우에는 수계가 인정되지 않는다(最判 1967. 5. 24. 民集 21 · 5 · 1043). 일신전속적인 이익은 상속될 수 없으므로 상속인의 이익이 될 수 없고 따라서 상속인에게 원고적격이 부여될 수 없다는 취지이다. 프랑스 판례는 이익의 一身專屬性을 묻지 않고 모든

26) 위 Ⅳ. 2. (3)의 1), 269면 이하.

경우에 상속인에게 소송절차의 수계를 인정하고 있는데, 역시 위와 같은 이유로 이를 그대로 따를 수 없고 일본의 위 판례의 취지가 우리나라에도 원칙적으로 타당하다고 하더라도, 그 일신전속성 여부는 상속법에 의해서가 아니라 행정소송법의 독자적 관점에서 판단되어야 할 것이다. 실체법상의 권리가 아니라 행정소송법상 원고적격 요건으로서의 법률상 이익의 승계 여부가 문제이기 때문이다.

4. 法律上 利益이 있는 '者'의 意味: 行政機關·行政主體의 原告適格 문제

법률상 이익이 있는 '자'는 법인격 주체를 의미하므로, 독립된 법인격이 없는 행정기관은 취소소송의 원고적격을 인정받을 수 없다. 동일한 행정주체 내부의 행정기관 상호간에는 국가기관의 경우에는 헌법재판소법상 권한쟁의심판이 인정되고, 기타의 경우에는 개별법이 정하는 바에 따라 행정소송법상 기관소송이 인정될 수 있을 뿐이다. 문제는 행정주체는 독립된 법인격 주체인데, 그렇다면 행정주체는 다른 행정주체에 속한 행정기관의 처분에 대하여 취소소송을 제기할 원고적격이 있는가 라는 점이다. 국가기관 또는 상급지방자치단체장의 처분에 대하여 지방자치단체가 다투거나, 아니면 지방자치단체장의 처분에 대하여 국가 자체가 다투는 경우에 문제된다. 상술한 바와 같이 인근의 건축허가처분을 국립대학교 총장이 개인 명의로 다툰 사건(대법원 1994. 12. 30.자 94두34 결정)[27]의 원심판결은 국가는 항고소송의 원고가 될 수 없다고 단정하였고, 학설상 위와 같이 국가와 지방자치단체 상호간의 분쟁은 모두 권한쟁의심판의 대상이 될 뿐 항고소송이 허용될 여지가 없다는 견해도 있다. 그러나 취소소송의 원고적격에서 행정주체를 배제하는 명문의 규정이 없고, 프랑스·영국·미국에서는 물론, 취소소송을 철

27) 위 Ⅳ. 2. (3)의 3)(다)의 ②결정 (277/278면).

저한 주관소송으로 파악하는 독일에서도 행정주체의 '권한'(Kompetenz)을 시민의 '권리'(Recht)에 준하는 것으로 파악하여 행정주체의 원고적격을 인정하고 있으며, 권한쟁의심판은 추상적 권한의 존부 및 범위에 관한 분쟁을 대상으로 하는 반면 취소소송 등 항고소송은 처분의 구체적인 위법성에 관한 것으로서 그 영역이 구별되며, 설사 권한쟁의심판에서도 처분의 구체적인 위법성을 다툴 수 있다고 하더라도 권한쟁의심판이 항고소송을 배제하는 것은 아니기 때문에, 국가 · 지방자치단체 기타 공공단체에게 항고소송의 원고적격을 인정하는 데 아무런 이론적 장애가 없다고 할 것이다.[28)]

28) 이에 관한 자세한 내용은 本書 제 9 장 지방자치단체의 자치권을 보장하기 위한 행정소송, 352면 이하 참조.

제 8 장

取消訴訟의 訴의 利益과 權利保護必要性

— 독일법상의 권리보호필요성과 우리 행정소송법 제12조 後文의 "法律上 利益" —

Ⅰ. 序說 — 訴의 利益과 權利保護必要性

1970년대까지 일본 행정법학의 영향 아래 취소소송의 '소의 이익'을 최광의로 이해하여 취소소송의 대상, 원고 및 소의 필요성에 관한 소송요건을 포괄하는 개념으로 파악한 적이 있었다. 그 후 1980년대부터 독일 행정법학의 활발한 소개와 더불어 '소의 이익'은 분화되어 대상적격(Statthaftigkeit), 원고적격(Klagebefugnis) 그리고 권리보호필요성(Rechtsschutzbedürfnis)이라는 세 단계의 개념으로 구분되고, 그 중 권리보호필요성이 '협의의 소의 이익'으로 일컬어지는 반면, '광의의 소의 이익'이라 함은 통상 원고적격까지 포괄하는 개념으로 이해되고 있다.

이러한 변화는 단순히 용어의 문제가 아니라 행정소송의 구조에 대한 근본적 이해와 직결되는 문제이다. '소의 이익'은 프랑스 월권소송의 실체적 제기요건인 'intérêt à agir'의 字句的 飜譯語인데, 프랑스에서는 행정의 일방적인 공권력 행사인 집행적 결정(decision exécutoire) — 행정활동(acte administratif) 중 행정계약(contrat administratif)을 제외한 소위 '일방적 행정활동'(acte administratif unilatéral) — 에 해당하는 이상, 그것이 행정입법이든 개별・구체적 처분이든 간에, 원고의 '개인적이고 직접적인 이익'(intérêt personnel et direct)에 관한 것이면 모두 소의 이익(intérêt à agir)이 인정되므로, '소의 이익'을 통해 월권소송의 대상, 원고, 소의 필요성에 관한 요건이 한꺼번에 판단되는 것이다. 이러한 '소의 이익'의 관념이 1970년대까지 일본에서 '최광의의 소의 이익'으로 통용된 것이 아닌가 한다. 최근 프랑스에서 월권소송의 대상문제를 '소의 이익'에서 제외하여 설명하는 것이 일반적이긴 하나, 분명한 것은 '소의 이익'과 '원고적격'(qualité à agir)은 동의어로 사용되고 그 이외에 독일에서의 권리보호필요성과 같은 개념의 분화는 뚜렷이 없다는 점이다. 이러한 프랑스에서의 소의 이익 관념이 바로 우리가 말하는 '광의의 소의 이익'에 대응되는 것이다.

반면에, 독일 행정소송법상 대상적격은 그 原語인 'Statthaftigkeit'에서 알 수 있듯이 소의 허용성을 의미하는 것이다. 주지하다시피 독일은 2차 세계대전 이전까지 취소소송의 대상에 관해 列記主義(Enumerationsprinzip)를 채택하였기 때문에 그 대상에 포함되는 특정의 행정처분에 해당하느냐가 소의 허용성 여부에 결정적인 문제이었다. 2차 세계대전 이후 기본법 제19조 제4항의 포괄적 권리구제(umfassender Rechtsschutz)에 의거하여 행정법원법(Verwaltungsgerichtsordnung)에서는 행정행위를 포함한 모든 유형의 행정작용에 대한 다양한 소송유형이 인정됨으로써 행정활동 전부에 대해 행정소송이 가능하게 되었으나, 행정절차법 제35조 소정의 행정행위 개념이 직접 상대방에게 구체적인 권리제한·의무부과의 법적 효과를 갖는 행위에만 한정되기 때문에, 취소소송의 대상의 문제는 — 이제 소송유형의 구별문제로서 — 여전히 중요성을 갖고 있다. 뿐만 아니라 취소소송의 원고적격은 '권리침해(Rechtsverletzung)의 가능성 있는 주장'으로서, 전통적인 보호규범이론에 의거하여 법률상 원고에게 권리 내지 청구권이 부여되어 있는 경우에만 인정된다. 이와 같이 독일법상의 원고적격은, 원고적격에서 막바로 '이익'을 문제삼는 프랑스·영국·미국과는 달리, '사익보호성을 갖는 법률규범에 의해 부여된 주관적 공권'에 한정되므로, 여기에서 배제된 '이익'의 문제가 별도의 카테고리인 권리보호필요성에서 독립적으로 다루어지는 것이다. 원고적격 단계에서 '권리'가 인정되면, 다음 단계로 과연 그 권리를 보호할 '이익'이 있는가를 검토하는 것이 권리보호필요성의 문제이다. 뿐만 아니라, 취소소송에 있어 권리보호필요성이 특별히 문제되는 사안유형인 행정행위가 사후에 직권취소 등에 의해 종료(Erledigung)된 경우, 취소소송으로서는 권리보호필요성이 상실되는 것으로 보지만 그 행정행위의 (과거의) 위법성을 확인할 '정당한 이익'이 있는 때에는 확인소송의 형태로 권리구제를 인정하는 소위 '繼續確認訴訟'(Fortsetzungsfeststellungsklage)을 명문으로 규정하고 있다. 이는 취소소송에 있어 원고적격을 엄격히 제한하는 대신에 일단 그 요건을 충족하는 원고에게는 권리구제의 기회를 충분히 부여하겠다는 취지이다. 요컨대, 행정소송에서 권리보호필요성(협의의 소익)이 독립적인 실체적 소송요건으로 강조되는 것은 독일 행정소송법의 특수성에서 비롯된 것이라 할 수 있다.

이상과 같은 기본적 인식 하에서 본고에서는 먼저 독일법상 취소소송의 일반적 권리보호필요성을 개관하고(Ⅱ.), 권리보호필요성의 특수한 문제로서 계속적 확인소송을 고찰한 다음(Ⅲ.), 우리 행정소송법 제12조 後文의 해석에 관한 판례·학설을 검토하기로 한다(Ⅳ.).

Ⅱ. 獨逸法上 取消訴訟의 一般的 權利保護必要性

1. 權利保護必要性의 意義와 法的 根據

권리보호필요성(Rechtsschutzbedürfnis)이라 함은 일반적으로 '원고가 법원에 대하여 권리구제를 요구할 수 있는 이익'으로 정의된다. 독일 행정법원법상 '권리보호필요성' 또는 '권리보호의 이익'이라는 용어는 명시되어 있지 않고 단지 확인소송에 관한 제43조 제 1 항에서 "즉시확정의 정당한 이익"(berechtigtes Interesse an der baldigen Feststellung), 그리고 계속확인소송에 관한 제113조 제 1 항 4 문에서 "확인의 정당한 이익"(berechtigtes Interesse an der Feststellung)이라는 표현을 쓰고 있을 뿐이지만, 모든 종류의 행정소송 — 취소소송, 의무이행소송, 금지소송, 일반적 이행소송, 규범통제절차 등 — 에 권리보호필요성이 요구된다는 점은 판례·학설상 일치된 견해이다.[1] 여기서 정당한 이익

1) 이하의 서술은 Schoch/Schmidt-Aßmann/Pietzner, Verwaltungsgerichtsordnung. Kommentar, 1999, Vorb §40 Rn. 74; Eyermann, Verwaltungsgerichtsordnung. Kommentar. 10. Aufl., 1998, vor §40 Rn. 11; Redeker/von Oertzen, Verwaltungsgerichtsordnung. 12. Aufl., 1997, §42 Rn. 28; Kopp/Schenke, Verwaltungsgerichtsordnung. 11. Aufl., 1998, Vorb §40 Rn. 30; W.-R. Schenke,

이라 함은 '보호가치 있는 이익'(schutzwürdiges Interesse)을 의미한다는 것이 판례 · 통설이다. 권리보호필요성 요건의 법적 근거에 관해서는 소송경제의 관점으로 설명하는 견해가 있었으나,[2] 모든 종류의 소송법을 지배하는 일반적 법원리로서 법원의 재판은 권리보호필요성을 전제로 한다는 원칙이 타당한데 이것이 위에서 언급한 행정법원법 제43조 제 1 항 및 제113조 제 1 항 4 문에 나타난 것으로 보는 것이 연방헌법재판소의 판례이다.[3] 현재의 학설로는 소송상 권리의 남용을 금지하는 신의성실원칙을 강조하거나, 아니면 기본법 제19조 제 4 항에 규정된 포괄적 재판청구권의 헌법내재적 한계로서 설명하는 것이 일반적 경향이다.

2. 權利保護必要性과 原告適格

상술한 바와 같이 '권리침해의 주장'으로서의 원고적격과 '정당한 이익'으로서의 권리보호필요성을 구분하는 것이 판례 · 학설상 일치된 견해이다. 또한 원고적격은 원고의 소송수행자격(Prozeßführungsbefugnis)을 의미하는 한정된 요건인 데 반해, 권리보호필요성은 소송의 필요성에 관한 포괄적 요건이라는 점에서 구별된다고 하거나, 원고적격은 일차적으로 상대방(피고)의 보호를 위한 것인 반면, 권리보호필요성의 주된 취지는 오히려 법원을 보호하자는 데에 있다고 한다.

Verwaltungsprozeßrecht. 7. Aufl., 2000, § 16 Rn. 560; F. Hufen, Verwaltungsprozeßrecht. 3. Aufl., 1998, § 23 Rn. 10; Schmitt Glaeser, Verwaltungsprozeßrecht. 14. Aufl., Rn. 117; Ule, Verwaltungsprozeßrecht. 9. Aufl., 1987, S. 209-215 등 참조.

2) Heinrich Hoffmann, Die Rechtsschutzbehauptung im Verwaltungsprozeß, VerwArch 53 (1962), S. 297-332 (304); Karl Gierth, Vom Sachbescheidungsinteresse, DVBl. 1967, S. 848-852 (849).

3) BVerfGE 61, 126 (135).

3. 特殊的 權利保護必要性과 一般的 權利保護必要性

위에서 언급한 바와 같이 행정법원법 제43조 제 1 항 소정의 확인소송 및 제113조 제 1 항 4 문 소정의 계속확인소송은 '정당한 확인의 이익'이 요구되는데, 이는 특별히 요구되는 권리보호필요성으로서, 그에 관한 적극적인 입증이 필요하고, 입증책임은 원고에게 귀속된다. 이러한 특수적 권리보호필요성에 관해서는 아래 Ⅲ.과 Ⅳ.에서 고찰한다.

반면에 이와 같이 명문의 규정 없이도 요구되는 일반적인 권리보호필요성은, 대상적격과 원고적격이 인정되는 한, 충족된 것으로 추정되고 특단의 사정이 있는 경우에만 부정되므로 입증책임은 피고 행정청에게 귀속된다. 연방행정법원은 행정행위 아닌 행정활동을 요구하는 소송인 일반적 이행소송에 관하여 권리보호필요성의 주관적 요소와 객관적 요소를 언급하면서, 주관적 요소는 원고가 법원에 제소했다는 사실만으로 충족되고, 객관적 요소는 법질서상 어떤 실체적 권리가 부여되면 원칙적으로 그 권리의 보유자가 권리구제를 구할 이익이 인정된다는 데 있다고 한다.[4] 이러한 법리는 취소소송에도 그대로 적용되기 때문에, 독일의 문헌에서 취소소송의 일반적 권리보호필요성에 관해서는 그것이 부정되거나 특히 문제되는 경우만을 논의하는 것이 일반적이다.

권리보호필요성의 판단기준시는 일반적 권리보호필요성이든, 특수적 권리보호필요성이든 간에 — 다른 소송요건과 마찬가지로 — 원칙적으로 判決時, 정확것이 말해, 사실심 구두변론 종결시이지만, 다툼의 여지없이 명백한 법령 또는 사실관계의 변경은 상고심에서도 고려될 수 있다는 것이 판례 · 학설이다.[5]

4) BVerwGE 81, 164 (165 f.).
5) Schoch/Schmidt-Aßmann/Pietzner, a.a.O., Vorb §40 Rn. 19; Eyermann, a.a.O., §137 Rn. 27 참조.

4. 取消訴訟(또는 義務履行訴訟)에서 一般的 權利保護必要性이 문제되는 경우

(1) 권리구제의 비효율성

1) 법원에 의한 권리구제의 불필요성

재판 이외의 다른 방법에 의해 손쉽게 권리를 구제받을 수 있는 방법이 있으면 권리보호필요성이 부정된다는 것이 일반론이지만, 취소소송의 경우에는 이러한 경우는 매우 드물다. 원고가 사전에 청문이나 의견제출에 응하였더라면 당해 행정행위를 하지 않았을 경우 또는 사후에 행정청에 이의를 제기하였더라면 행정청이 바로 직권취소하였을 경우에도 그 자체만으로 권리보호필요성이 부정되지 않고, 제소 후 행정청이 즉시 認諾(Anerkennung)하면 행정법원법 제156조에 따라 원고가 소송비용을 부담할 뿐이다. 제소 후 행정청이 당해 행정행위를 직권취소한 때에도 원칙적으로 행정행위의 종료(Erledigung)로 인한, 행정법원법 제161조 소정의 '본안의 종료'(Erlediung der Hauptsache)가 선언되고 소송비용에 관한 재판이 이루어져 원고가 소송비용을 부담하게 되는데, 아래에서 보는 바와 같이 동법 제113조 제 1 항 4 문의 계속확인소송의 이익이 있을 때에는 그렇지 않다.

2) 잘못된 재판권에의 제소

소송계속중 비로소 행정행위가 종료된 경우 아래에서 보는 바와 같이 국가배상청구를 위한 준비로서 계속확인소송의 이익이 인정되지만, 소제기 이전에 이미 행정행위(징집처분)가 철회로 인해 종료된 경우에는 오로지 국가배상청구의 준비를 위해 — 막바로 민사법원에 국가배상청구소송을 제기할 수 있으므로 — 행정법원에 계속확인소송을 제기할 권리보호필요성이 없다는 것이 판례이다.[6] 또한 판례에 의하면, 사

6) BVerwGE 81, 226 (228).

적 거래행위를 승인하는 행정행위(우리나라의 강학상 認可에 해당)의 경우, 그 행정행위의 발급요건이 사적 거래행위의 유효성의 요건과 동일하여 취소소송에서의 심리범위가 민사법원의 심리범위와 동일하거나 후자가 전자를 포함하는 때에는 그 행정행위를 다투는 취소소송의 권리보호필요성이 없다고 한다.[7] 이에 대하여 그 승인결정이 특별한 공법상 보호목적에 이바지하기 때문에 그 취소를 구할 권리보호필요성이 있다는 이유로 반대하는 유력한 견해가 있다.[8] 이러한 승인결정의 발급을 구하는 의무이행소송의 권리보호필요성이 인정됨은 물론이다. 연방조세법원의 판례에 의하면, 세무서의 조세체납통보에 기해 市행정당국이 영업자의 영업을 금지하는 명령을 내린 경우 영업자는―영업금지처분에 대한 취소소송을 통해 더 많은 권리구제를 받을 수 있기 때문에―세무서의 조세체납통지를 다투는 조세소송을 제기할 권리보호필요성이 없다고 한다.[9]

3) 잘못된 소송유형의 선택

동일한 목적을 달성할 수 있는 보다 더 단순한 소송유형이 있거나 다른 소송유형을 통해 보다 더 많은 권리구제를 얻을 수 있는 때에는 권리보호필요성이 부정된다. 예컨대, 침익적 행정행위에 대해 취소소송을 제기하지 않고 직권취소를 구하는 의무이행소송을 제기할 수 없다.[10] 그러나 제소기간이 도과하여 불가쟁력이 발생한 경우 행정절차법 제51조 소정의 절차의 재개를 구하는 의무이행소송은 허용된다.

특기할 문제는 수익적 행정행위의 신청에 대해 거부처분이 내려진 경우 의무이행소송을 제기하지 않고 거부결정의 취소만을 구하는 소위 '독립적 취소소송'(isolierte Anfechtungsklage)의 권리보호필요성

7) BVerwGE 1, 134; 2, 142.
8) Kopp/Schenke, a.a.O., Vorb §40 Rn. 37; Schmitt Glaeser, a.a.O., Rn. 123.
9) BFH DVBl. 1994, 803.
10) Schmitt Glaeser, a.a.O., Rn. 125.

이다. 일관된 판례의 입장은 그 효과가 완벽한 의무이행소송을 제기하는가 아니면 거부처분 취소소송으로만 만족하는가는 원고의 처분권범위 내에 속하는 것이므로, 독립적 취소소송은 별도의 권리보호필요성 없이도 허용되는 것으로 본다.[11] 이에 따르면, 의무이행소송과 독립적 취소소송의 상호관계는 선택적 관계라는 것이다.

반면에, 다수의 학설은 형성소송 또는 이행소송이 가능한 경우에는 확인소송을 제기할 수 없다는 행정법원법 제43조 제 2 항 1 문으로부터 원고가 보다 더 큰 권리구제를 받을 수 있는 소송유형이 있는 경우에는 원칙적으로 그 보다 작은 권리구제 형식을 택하는 것은 허용되지 않는다는 일반원리를 도출할 수 있을 뿐만 아니라, 독립적 취소소송의 경우에는 또다시 의무이행소송을 제기하여 법원에게 이중의 부담을 안겨줄 위험이 있으므로, 독립적 취소소송은 예외적으로 특별한 권리보호필요성이 있는 경우에만 허용되어야 한다고 한다.[12] 그러한 예외적인 경우로서, 첫째, 법령 및 사실상태의 변경으로 인해 의무이행소송은 — 의무이행소송의 판단기준시는 判決時이므로 — 승소가능성이 없는데 거부처분 자체는 지속적으로 원고의 법적 지위에 영향을 미치는 경우, 둘째, 원고가 현재로서는 (계절의 변경 등으로 인해) 더 이상 수수료를 지불해야 하는 수익적 행정행위의 발급을 원하지 않지만 거부처분을 취소함으로써 차후에 다시 수익적 행정행위를 발급받

11) BVerwGE 13, 54 (62); 25, 357 (358); 38, 99 (103); 78, 93; 88, 111 (114). 마지막 판례는 대학불합격결정을 받은 원고가 소송 도중에 재시험에 합격한 경우 불합격의 汚名(Makel)을 없애기 위한 독립적 취소소송이 허용되는 것으로 판시하였다. 이 독일의 판례는 대법원 1996. 2. 23. 선고 95누2685 판결(사법시험 불합격처분 취소소송의 상고심 계속중 사법시험에 합격한 경우에 소의 이익을 부정한 사건)과 대조적이다. 우리 판례에 의하더라도, 고등학교에서 퇴학처분을 당한 후 그 졸업학력검정고시에 합격하여도 그로 인해 고등학교 학생으로서의 신분과 명예가 회복될 수 없으니 그 처분의 취소를 구할 소의 이익이 있다고 한다(대법원 1992. 7. 14. 선고 91누4737 판결). 우리 판례의 전체적 취지를 이해하고자 한다면, 시험불합격으로 인한 명예손상은 다시 그 시험에 합격함으로써 회복되고, 퇴학처분으로 인한 명예손상은 대학진학으로써도 회복될 수 없다는 것이다.

12) 대표적으로 Schoch/Schmidt-Aßmann/Pietzner, a.a.O., Rn. 91.

을 수 있는 가능성을 확보하고자 하는 경우 등이다. 의무이행소송을 제기하지 않고 거부처분의 무효의 확인을 구하는 무효확인소송도 마찬가지로 원칙적으로 권리보호필요성이 부정된다고 한다.[13)]

당해 영업이 허가를 받을 필요가 없음에도 불구하고 원고가 허가를 신청하였는데 허가가 거부된 경우, 이에 대하여도 독립적 취소소송을 제기할 수 있다는 것이 판례이나,[14)] 확인소송(허가의무의 부존재에 대한)이 올바른 소송유형이고 독립적 취소소송은 권리보호필요성이 없다는 견해가 유력하다.[15)]

또한 특기할 만한 문제는 허가할당수가 제한된 경원자소송에서 허가가 거부된 신청인의 의무이행소송과 타인에 대한 허가결정을 다투는 취소소송 사이의 관계이다. 독일의 판례・통설에 의하면,[16)] 반드시 양 소송을 동시에 제기해야 하고, 후자의 취소소송만을 제기하면 타인에 대한 허가결정의 취소만으로 원고의 목적이 달성될 수 없기 때문에 권리보호필요성이 부정되고,[17)] 전자의 의무이행소송만을 제기

13) 同旨 BVerwG, DVBl. 1985, 244 (245).

14) BVerwGE 13, 54 (62); 39, 135 (138 f.); 54, 55.

15) Schoch/Schmidt-Aßmann/Pietzner, a.a.O., Rn. 92; Schenke, a.a.O., Rn. 285.

16) Schoch/Schmidt-Aßmann/Pietzner, a.a.O., Rn. 92; P.-M. Huber, Konkurrenzschutz im Verwaltungsrecht. Schutzanspruch und Rechtsschutz bei Lenkungs- und Verteilungsentscheidungen der öffentlichen Verwaltung, Tübingen 1991, S. 473; NdsOVG, NJW 1992, 1979 (1980); BayVGH, NJW 1984, 680 (681).

17) 반면에 우리나라 판례에서는 — 특히 재량행위인 경우 — 타인에 대한 허가처분의 취소만을 구하는 취소소송이 허용된다. 本書 제 7 장 취소소송의 원고적격(2), 248면에 소개된 1992년 엘피지충전소 競願者사건 판결(대법원 1992. 5. 8. 선고 91누13274 판결; 원심 광주고등법원 1991. 11. 14. 선고 90구1563 판결 참조)이 그것이다. 우리나라에서는 타인에 대한 허가처분을 취소하는 판결이 확정되면 행정소송법 제30조 제 1 항 소정의 羈束力에 의거하여 행정청은 競願者 전체에 대하여 다시 재량권남용이 없는 적법한 결정을 내릴 의무를 부담하기 때문이다. (문제는 이러한 의무를 강제하는 간접강제제도가 명시되어 있지 않은 것인데, 동법 제34조의 준용이 고려될 만하다.) 이 점에서 독일에서는 취소판결이 순수한 형성력만을 갖기 때문에 — 재량행위인 경우 — 행정청에게 재결정의무를 부담시키기 위해서는 원고 자신에게 계쟁처분을 발급해달라는 의무이행소송을 제기하여 재결정명

하면 타인에 대한 허가결정이 취소되지 않고서는 원고에 대한 허가결정이 불가능하기 때문에 행정청의 이행의무 및 원고의 이행청구권도 발생하지 않고, 따라서 원고의 권리침해의 가능성이 전혀 없다는 이유로 원고적격 자체가 부정되거나 아니면 본안에서 실제로 원고의 권리가 침해된 바 없다는 이유로 기각된다고 한다.18) 특히 타인에 대한 허가결정에 대한 제소기간이 도과하여 불가쟁력이 발생하면 더 이상 권리구제가 불가능하기 때문에 그에 대한 취소소송은 결코 생략할 수 없다. 이와 같이 타인에 대한 허가결정의 취소를 구하지 않으면서 자신에 대한 허가발급을 구하는 의무이행소송은 제기할 수 없지만, 타인

령판결(Bescheidungsurteil)을 받아야만 하는 것과 대조적이다. 이와 관련하여 本書 제10장 취소소송의 소송물과 취소판결의 효력, 441면 이하 참조.

18) 반면에 우리나라에서 타인에 대한 허가처분의 취소는 구하지 않고 원고 자신에 대한 거부처분의 취소만을 구하는 취소소송이 허용될 것인가에 관해서는, 명시적인 판례가 없고, 本書 제 7 장 258면의 ②판결(대법원 1998. 9. 8. 선고 98두6272 판결)과 ③판결(대법원 1999. 10. 12. 선고 99두6026 판결)에서와 같이 실무상 거의 예외 없이 — 제소기간 도과를 막기 위해 — 타인에 대한 허가처분과 원고 자신에 대한 거부처분의 취소를 동시에 구하고 있기 때문에 논의의 實益은 크지 않으나, 이론적으로는 간과할 수 없는 중요한 차이점이 있다. 즉, 독일에서는 의무이행소송의 소송물에 거부결정의 위법성뿐만 아니라 행정청의 이행의무 및 원고의 이행청구권도 포함되기 때문에 타인에 대한 허가결정의 취소 여부가 원고적격과 본안요건(권리침해)에 영향을 미치는 반면, 우리나라에서는 거부처분 취소소송의 소송물은 '거부처분의 위법성'에 한정되고 행정청의 이행의무는 제외되므로 타인에 대한 허가처분이 취소되지 아니하고서도 원고 자신에 대한 거부처분이 취소될 수 있다고 할 것이다. 그 거부처분을 취소하는 판결의 기속력(행정소송법 제30조 제 2 항)에 의거하여 행정청은 원고의 신청에 대하여 다시 심사할 의무를 부담하게 된다. 그리고 만일 반드시 원고의 신청을 인용하여야 하는 경우에는 행정청은 타인에 대한 허가처분을 직권취소할 의무도 동시에 부담한다고 볼 수 있으나, 그 허가처분이 — 통상적으로 — 이미 제소기간의 도과로써 불가쟁력을 발생하고 있다는 것이 문제이다. 원칙적으로 직권취소는 불가쟁력이 발생한 처분에 대해서도 가능하지만, 위와 같은 경우의 직권취소는 소송법상의 기속력에 의한 것이므로 불가쟁력을 배제할 수 없다고 할 것이다. 따라서 결국 타인에 대한 허가처분은 직권취소될 수 없고, 따라서 원고는 자신에 대한 허가처분을 받을 수 없으며 오직 거부처분의 취소만으로 만족해야 하는 결과가 되는데, 이것이 바로 독일에서 말하는 '독립적 취소소송'(위 296면)이다. 우리나라에서도 이러한 독립적 취소소송으로서의 역할만을 하는 거부처분 취소소송이 원칙적으로 허용되어야 한다는 것이 私見이다. 이에 관해서는 아래 325면 각주 94 참조.

에 대한 허가결정을 직권취소하고 허가배분을 재결정(Bescheidung)해 줄 것을 구하는 의무이행소송은 취소소송을 전제로 하지 않고 막바로 이를 제기할 수 있다는 판례가 있다.[19]

(2) 소송의 무익성

승소하더라도 원고의 법적 지위가 전혀 개선되지 않는 경우에는 권리보호필요성이 부정된다. 예컨대, 오로지 학문적 문제의 해명을 위한 경우,[20] 건축부지가 私法的 이유에서 건축이 불가능하게 되었고 이러한 사정이 장래에도 제거되지 않을 것이 명백한 경우,[21] 행정행위가 직권취소 등을 통해 종료된 이후 그 행정행위의 취소를 구하거나 회복불가능한 집행으로 말미암아 그 행정행위의 취소가 아무런 의미를 갖지 않는 경우 등이다. 마지막 경우는 정당한 이익이 있는 경우 계속확인소송은 가능하다. 영업을 위한 건축물 용도변경허가가 거부되고 불가쟁력이 발생한 이후에도 영업허가의 발급을 구하는 의무이행소송의 권리보호필요성을 인정한 판례가 있는데,[22] 동 판례에서 명시하고 있는 바와 같이 독일법상 영업에 필요한 건축허가가 발급되기 이전에도 영업허가가 가능하기 때문이다. 하급심 판례에 의하면, 원고가 시설물의 입지선정에 관한 사전결정(Vorbescheid)을 다투는 취소소송을 제기한 후 — 사전결정이 집행정지되지 않은 상태에서 — 그 사전결정에 의거하여 내려진 부분허가들을 다투지 아니하여 불가쟁력이 발생하도록 방치하였다면 사전결정에 대한 취소소송은 권리보호필요성이 없다고 한다.[23] 이는 독일법상 다단계 행정절차에서 위법성의 승계뿐만 아니라 선행결정의 취소로 인한 실효의 승계도 원칙적으로 인

19) BVerwGE 80, 270 (273).
20) Kopp/Schenke, a.a.O., Vorb § 40 Rn. 40.
21) Schenke, a.a.O., Rn. 591.
22) BVerwGE 84, 11 (12 f.).
23) NdsOVG, DVBl. 1982, 960 (966).

정되지 않기 때문이다. 다시 말해, 사전결정이 취소되더라도 그에 의거하여 내려진 부분허가들의 효력에 전혀 영향이 없으므로 사전결정의 취소청구는 無益한 것이라는 취지이다.

직업관련시험에 불합격한 후 재시험에 합격하더라도 불합격처분에 대한 취소소송의 권리보호필요성이 상실되지 않는다.[24] 그러나 판례는 시험결과에 전혀 영향을 미치지 않는 개별적 항목에 관해 보다 좋은 점수를 구하는 의무이행소송에 관하여 당해 점수의 상향조정이 앞으로의 경력에 유리한 영향을 미친다거나 아니면 "고도의 개인적 중요성"을 갖는다는 점을 입증할 것을 요구하는데,[25] 이는 엄격히 보면 권리보호필요성의 문제가 아니라 원고가 과연 그러한 점수상향조정을 구할 권리를 갖고 있는지에 관한 것으로서 원고적격의 문제라고 한다.[26]

(3) 부당한 목적의 추구

이사비용부담에 관한 확약을 다투는 소송이 오로지 가족별거수당을 지급받기 위한 것이라는 이유로 권리보호필요성을 부정한 판례가 있고,[27] 원고의 권리의 실현이 아니라 오직 독일 내에서의 체류를 연장할 목적으로 재판을 지연시키는 망명자소송(Asylverfahren)을 권리보호필요성이 없다는 이유로 각하한 것이 이에 관한 대표적 판례이다.[28]

(4) 때이른 소송

침익적 행정행위의 발령에 대비하여 이를 저지하는 소송(예방적

24) BVerwG, DÖV 1991, 935. 그리고 위 각주 11 참조.
25) BVerwG, DÖV 1983, 819; VGH BW, DVBl. 1990, 533.
26) Schoch/Schmidt-Aßmann/Pietzner, a.a.O., Rn. 97.
27) BVerwG, NVwZ 1989, 1172 (1173).
28) BVerfG, DVBl. 1981, 623 (625).

금지소송)은 사후적 권리구제 또는 가구제를 기대할 수 없는 특단의 사정이 있는 경우에만 권리보호필요성이 인정된다.[29)] 이러한 예외적인 경우로서, 회복불가능한 손해가 발생하거나, 행정행위의 위반에 대한 제재로서 형벌 또는 과태료가 부과되거나, 행정행위가 발령되면 사태가 완전히 종료되어 버리거나, 타인에 대한 공무원임명과 같이 일단 행정행위가 내려지면 더 이상 다툴 수 없다는 것이 법률에 규정되어 있는 경우 등이다.[30)] 이러한 경우에는 예방적 금지소송과 더불어 예방적 가구제(행정행위 발령을 저지하는 행정법원법 제123조 소정의 假命令 einstweilige Anordnung)가 가능하다.

(5) 소송상 실권

가장 대표적인 판례는 이중효과적 행정행위에 관한 것이다. 이중효과적 행정행위는 침익적 효과를 받는 제 3 자에게 공식적으로 고지되지 않는 한 제소기간이 진행하지 않지만, 일정한 사정에 의하여 제 3 자가 당해 행정행위의 발급사실을 알게 되었거나 알았음이 명백한 경우에는 불복방법을 고지하지 않았을 때의 제소기간(1 년)(행정법원법 제70조 및 제58조 제 2 항) 이내에 취소소송을 제기하지 않으면 '소송상 실권'(prozessuale Verwirkung)되고, 그 이후 제기된 취소소송은 권리보호필요성이 부정된다.[31)]

(6) 소송의 포기

판례에 의하면, 관계인은 사전에 소송을 포기할 수 있고, 소송포기 이후 행정소송을 제기하면 권리보호필요성의 결여로 각하된다.[32)]

29) BVerwGE 26, 23; 40, 323 (326); 51, 69 (74 f.); 54, 211 (215 f.); 77, 207 (212).

30) OVG NW, NJW 1984, 1642; DVBl. 1972, 506 (507); NJW 1980, 1069.

31) BVerwGE 44, 298 (300); BVerwG, NVwZ 1988, 532.

32) BVerwGE 26, 50; 54, 276 (278); BVerwG, NJW 1957, 1374; DVBl. 1964, 874. 이는 우리나라에서 행정소송에 관한 不提訴特約을 무효라고 한 대법원

Ⅲ. 獨逸法上 繼續確認訴訟

1. 概念 · 機能 및 本質

독일 행정법원법 제113조 제 1 항 1 문은 "행정행위가 위법하고 그로 인해 원고의 권리가 침해된 때에는 법원은 행정행위 및 재결을 취소한다"고 규정한 다음, 제 4 문에서 "행정행위가 판결선고 이전에 직권취소에 의해 또는 다른 방법으로 종료된 경우에는(Hat sich der Verwaltungsakt vorher durch Zurücknahme oder anders erledigt), 원고가 그 확인에 관해 정당한 이익을 갖는 한, 법원은 신청에 의해 판결로써 당해 행정행위가 위법하였음을 선고한다"고 규정하고 있다. 연방행정절차법 제43조 제 2 항에 따라 행정행위는 '종료'(Erledigung)에 의해 그 효과가 소멸한다. 따라서 취소소송의 계속중 행정행위가 종료되면, 행정법원법 제161조 소정의 '본안의 종료'(Erledigung der Hauptsache)가 발생하고 당사자 쌍방 또는 피고의 종료선언에 의해 소송은 자동적으로 종결되거나 그렇지 않으면 권리보호필요성 결여를 이유로 부적법 각하될 운명에 처하게 되지만, 그와 같이 "그 동안 소송수행을 통해 획득한 열매를 상실하게 된다면"[33] 부당한 결과가 된다. 따라서 행정법원법 제113조 제 1 항 4 문은, 원고가 이미 소멸한 행정행위의 (과거의) 위법성을 확인받는 데 정당한 이익을 갖고 또한 원고가 그 확인을 신청하는 조건으로, 법원은 당해 취소소송을 종결시키거나 부적법 각하하지 않고 확인소송으로 변경하여 계속 진행하도록 규정한 것이며, 이러한 의미에서 '계속확인소송'(Fortsetzungsfeststellungsklage)

1998. 8. 21. 선고 98두8919 판결과 대조적인데, 우리나라 취소소송이 독일의 그것과는 달리 객관소송적 성격을 갖는다는 점에 대한 중요한 논거를 이룬다. 이에 관하여 本書 제 5 장 취소소송의 성질과 처분개념, 155면, 162면 참조.

33) BVerwGE 89, 354 (355).

이라고 일컬어진다.

독일법상 취소소송은 연혁적으로 행정행위의 — 행정절차법 제43조에서 행정행위 발급 즉시 발생하는 '구속력'(Wirksamkeit)이라고 규정되어 있는 — 공정력을 소멸시킨다는 엄격한 의미의 형성소송(Gestaltungsklage)으로 발전하여 왔기 때문에, 행정행위가 효력을 상실한 경우에는 더 이상 취소소송은 그 개념 자체에 의해 불가능하게 되는 것이다. 이러한 개념적 엄밀성을 기초로 계속확인소송이라는 제도가 생긴 것이다.[34)]

행정법원법 제43조 소정의 확인소송은 널리 법률관계의 존재 및 부존재를 대상으로 하는 것으로서, 그 자체로는 행성행위가 소멸한 이후 과거의 법률관계의 상태(즉, 행정행위가 발급될 수 없었던 법률관계)의 확인을 구하는 것도 포함하므로, 이러한 일반적 확인소송과 계속확인소송과의 관계가 문제된다. 판례·통설에 의하면, 계속확인소송은 "절단된 취소소송"(amputierte Anfechtungsklage)으로서, 본질상 취소소송에 속하고, 따라서 형성소송이 가능한 경우에는 확인소송을 제기할 수 없다는 행정법원법 제43조 제2항 1문에 따라 계속확인소송만이 가능하고 일반적 확인소송은 불가능하다고 한다. 또한 일반적 확인소송은 '즉시확정의 정당한 이익'을 요건으로 하기 때문에 현재적 분쟁상태가 필요하지만, 계속확인소송은 행정행위의 과거의 위법성을 확인하는 데 정당한 이익만 있으면 충분하기 때문에 일반적 확인소송에 비해 그 요건이 완화된 것이라고 한다. 다시 말해, 일단 취소소송이

34) 이에 반해 프랑스와 영국·미국의 행정소송은 행정결정이 위법사유로 인해 처음부터 효력이 없었음(nullité, nullity)을 확인하는 것을 본질로 하고, 단지 그 확인을 받기 위해서는 일정한 제소기간 내에 소송을 제기하여야 한다는 점에서 독일의 취소소송과 기능적으로 동일할 뿐 개념적으로는 상이한 제도이다. 이와 같이 프랑스와 영국·미국에는 행정행위가 현재 갖고 있는 효력을 소급적으로 상실시킨다는 관념이 없기 때문에 독일의 '계속확인소송'과 같은 독자적인 소송형태가 없고 일반적인 소송형태(프랑스에서는 월권소송, 영·미에서는 사법심사 judicial review)를 통해 이미 효력이 소멸한 행정행위를 다툴 수 있는 것이다.

제기된 것을 전제로 행정행위가 종료·소멸하더라도 완화된 요건 하에 특수한 형태의 확인소송으로 계속될 수 있는 '속행 보너스'(Fortsetzungsbonus)가 부여된 것이다.

2. 行政行爲의 終了

(1) 행정행위의 '종료'(sich erledigen)는 판례상 '침해의 소멸'(Wegfall der Beschwer)과 동어의로 사용되고 있으나,[35] 보다 구체적으로 보면, 침익적 행정행위의 경우 상대방 또는 이중효과적 행정행위의 경우 침익적 효과를 받는 제 3 자에 대하여 행정행위의 '규율내용의 소멸'(Fortfall des Regelungsgehalts)을 의미한다. 규율내용의 탈락 여부를 판단함에 있어서는 처분의 주된 내용, 즉 행정행위의 主文(Spruch)만이 기준이 되고,[36] 행정행위에 부수된 행정비용, 형벌·과태료 기타 부수적 효과가 잔존하더라도 행정행위는 종료된 것으로 본다.[37] 만일 그렇지 않으면 계속적 확인의 정당한 이익이 인정되는 경우가 없게 될 것이기 때문이다. 예컨대, 행정행위에 위반하여 범죄가 성립한 후 당해 행정행위의 주된 규율내용이 소멸된 경우, 행정행위는 종료되고 형사재판의 선결문제의 해결을 위해 계속확인소송이 인정되는 것이다.[38]

35) 예컨대 BVerwGE 66, 75 (77).
36) BVerwGE 47, 169 (170).
37) BVerwGE 56, 155 (156 f.); VGH BW, NVwZ 1994, 1130 (1131).
38) BVerwGE 59, 23 (25); 81, 74 (75). 즉, 독일에서는 — 행정행위의 소위 '구성요건적 효력'(Tatbestandswirkung)으로 인하여 — 형사재판에서 범죄구성요건인 행정행위의 위법성에 관하여 독자적 판단을 할 수 없기 때문에, 행정소송으로 계속확인소송을 제기하여 그 행정행위의 위법성을 확인받음으로써 형사재판에서 무죄를 선고받을 수 있다는 것이다. 우리나라에서는 독일과 달리 행정행위의 위법성에 관한 형사법원의 독자적 판단권이 인정된다. 이에 관해 拙著, 행정법의 체계와 방법론 [행정법연구 1], 제 8 장 협의의 행정벌과 광의의 행정벌, 351면 이하 참조.

(2) 행정행위의 종료는 법적인 사유에 의한 것과 사실적 사유에 의한 것으로 구분할 수 있다. 먼저 법적인 사유에 관해 보면, 행정행위가 사후에 직권취소, 철회, 해제조건의 완성, 법률상 소멸사유의 발생 등으로 인해 소멸한 경우이다. 내용이 동일한 새로운 행정행위에 의해 대체되는 경우에도 기존의 행정행위는 종료되는데,[39] 재량처분의 경우 재량고려사유를 변경하는 경우에도 이에 해당한다.[40] 다단계 행정절차에서 선행 행정행위에 의거하여 후행 행정행위가 내려지면 선행 행정행위는 종료되는데, 예컨대 징집절차에서 징집처분이 발령되어 불가쟁력이 발생하면 징집처분을 위한 선행 행정행위들은 모두 종료되지만, 징병검사에 포함된 군사동원가능성 판단과 같이 징집처분을 위한 수단적 의미를 넘는 처분은 그렇지 않다.[41]

(3) 다음으로 사실적 사유에 의한 종료에 속하는 것으로는 당사자의 일신전속적 사유(예컨대 非信賴性 Unzuverlässigkeit)에 의한 영업금지처분 이후 영업자가 사망한 경우[42] 및 일신전속적 사유(임신, 질병, 직업능력상실 등)에 의거한 처분이 내려진 후 이러한 사유가 소멸된 경우이다.[43] 소집명령, 징집처분, 일정기간 동안 운행기록작성을 명하는 부담 등과 같이 행정행위의 효력이 시간적으로 정해진 경우 시간의 경과에 의해 행정행위는 종료된다.[44] 그러나 조기 퇴직명령은 정상적 근무기간이 끝나도 종료되지 않는다고 한다.[45] 교통신호와 같은 '계속적 행정행위'(Dauerverwaltungsakt)는 발령 즉시 처분의 목적을 달성하여 종료된다.[46] 시간의 경과와 같이 사실상태의 진전에 의

39) BVerwGE 12, 303.
40) BVerwGE 85, 163 (166 ff.).
41) BVerwGE 37, 151; 39, 122 (123 ff.); 39, 128 (130); 51, 97.
42) OVG NW, NVwZ 1994, 696.
43) BVerwGE 25, 362.
44) BVerwGE 47, 169 (170); 89, 183; BayVGH, BayVBl. 1985, 23.
45) BVerwGE 66, 75 (77).
46) BVerwG, NJW 1995, 1371 (1372 f.).

해서도 행정행위가 종료되는데, 예컨대, 학생에 대한 유급처분은 당해 학년의 경과에 의해,[47] 교재의 사용은 상급학년으로의 진학에 의해 각각 종료된다. 시험불합격처분이 재시험합격으로 인해 종료되는가에 관해서는 상술한 바와 같이 판례는 이를 부정하고 시험불합격처분에 대한—계속확인소송이 아닌—독립적 취소소송을 인정하고 있는데,[48] 유력한 학설에 의하면 이는 동일성이 없는 (次回의) 재시험의 경우에 한정되고 동일한 시험에 합격한 경우에는 선행 불합격처분이 종료되는 것으로 보아야 한다고 한다.[49] 영업허가의 취소(철회) 이후 영업자가 당해 영업을 종국적으로 양도한 경우,[50] 또는 지방자치단체의 공무원채용공고에 대한 감독관청의 시정명령 이후 공무원이 채용되어 당해 채용처분을 변경할 수 없는 불가변력 내지 실질적 존속력이 발생한 경우에는[51] 행정행위의 규율목적이 소멸됨으로써 행정행위가 종료된다. 판례는 없지만, 철거처분, 천재지변 등에 의해 규율목적물이 멸실된 경우에도 당해 목적물에 대한 행정행위는 종료된다고 함이 일치된 견해이다.[52]

문제가 되는 것은 행정행위가 집행된 경우인데, 원상회복 내지 결과제거가 가능한 경우에는 행정행위가 종료되지 않는다고 한다.[53] 이는 행정법원법 제113조 제1항 3문 소정의 '결과제거'(Folgenbeseitigung)는 동항 1문의 '행정행위의 취소'와 함께 청구되어야 하고 동

47) BVerwGE 88, 111 (116).
48) BVerwGE 88, 111 (116).
49) Schoch/Schmidt-Aßmann/Pietzner, a.a.O., §113 Rn. 86.
50) BVerwGE 81, 74 (75).
51) BVerwGE 89, 260 (261 f.).
52) Hufen, a.a.O., §18 Rn. 60; Kopp/Schenke, a.a.O., §113 Rn. 103; Spannowsky, in: Sodan/Ziekow, Nomos-Kommentar zur Verwaltungsgerichtsordnung, (Stand 11.1999), §113 Rn. 153; Jochen Rozek, Grundfälle zur verwaltungsgerichtlichen Fortsetzungsfestellungsklage(I), JuS 1995, S. 414-418 (417) 등 참조.
53) BVerwGE 91, 276 (278).

항 4문 소정의 계속확인소송과 동시에 청구될 수는 없기 때문이다. 반면에 원상회복이 전혀 불가능하게 집행된 경우에는 행정행위는 종료된다.

(4) 이상에서 본 바와 같이, 독일에서는 행정행위가 종료되었는지 여부가 매우 중요한 문제로 다루어진다. 행정행위가 종료되지 않은 경우에는 일반적 권리보호필요성이 부정되지 않는 한 취소소송이 허용되는 반면, 행정행위가 종료된 경우에는 아래에서 고찰하는 정당한 확인의 이익이 있는 때에 한하여 계속확인소송이 인정되기 때문이다. 요컨대, 권리보호필요성의 입증책임이 달라진다.

3. 正當한 利益

(1) 계속확인소송의 권리보호필요성 요건으로서의 '정당한 이익'은 일반적 확인소송에서의 그것과 마찬가지로 원고적격에서 요구되는 권리에 한정되지 않음은 물론, 법적 이익과 더불어 널리 경제적 이익 그리고 정신적 이익까지 포함한다. 판례에 의하면, 원고가 행정행위의 위법성을 확인하는 판결을 통해 "무엇인가 할 수 있고"(etwas anfangen kann) 원고의 지위를 개선할 수 있어야 한다고 한다.[54] 일반적으로 계속확인소송의 정당한 이익은 명예회복의 이익, 반복방지의 이익 및 손해전보의 이익으로 세 가지로 분류하여 설명된다. 명예회복의 이익은 기본권의 완전한 보장을 담보하는 기본법 제19조 제 4 항의 포괄적 권리구제조항으로부터, 반복방지의 이익은 법적 안정성 원리로부터, 손해전보의 이익은 권리구제의 실효성 보장으로부터 각각 인정되는 것인데, 後二者는 모두 법상태의 해명에 대한 이익이라는 점에서 공통적이다. 따라서 아래 (3)항에서는 '정신적 이익'과 '법상태 해명의

54) BVerwGE 53, 134 (137).

이익'으로 대별하여 고찰하기로 한다.[55)]

(2) 정당한 이익이 인정되기 위해서는 우선 일반적 권리보호필요성의 관점에서 행정행위의 위법성에 관해 다툼이 있어야 함은 물론이다. 따라서 행정청이 그 위법성에 관해 확정적으로 認諾한 경우에는 정당한 이익이 부정된다. 정당한 이익의 존재에 관해서는 원고에게 주장·입증책임이 부여된다. 원고는 정당한 이익이 존재하는 사실상황을 구체적으로 주장·입증하여야 하고, 법상태의 해명에 대한 추상적인 이익의 주장만으로 부족하며, 소송상의 비용에 관한 이익, 상급심에서의 유리한 지위의 확보 등만으로는 정당한 이익이 인정되지 않는다.[56)] 이익으로 주장되는 장래의 지위개선가능성과 현재의 소송대상 사이에 인과관계가 있어야 한다. 다시 말해, 바로 소송물에 대한 확인판결을 통해 직접적으로 지위개선이 이루어져야 한다.[57)]

(3) 정당한 이익의 내용

1) 정신적 이익

여기서 '정신적 이익'이라 함은 위법한 행정행위로 인해 야기된 지속적인 인격침해를 회복할 필요가 있다는 의미이다. 이러한 정신적 이익으로서 가장 높은 단계로 강력하게 인정되는 것은 기본권의 침해인데, 이 경우에는 지속적인 손해를 구체적으로 주장·입증할 필요가 없다. 이는 기본권 침해를 야기한 공권력 행사가 종료된 이후에도 헌법소원심판이 인정될 수 있으므로, 행정소송에서도 구체적인 손해사실의 입증 없이도 계속확인소송이 인정되어야 하고(헌법소송의 행정소송에 대한 보충성), 또한 기본권에 대한 침해로부터 야기되는 구체적 손

55) 이하 특히 Schoch/Schmidt-Aßmann/Pietzner, a.a.O., § 113 Rn. 90-95 참조.
56) OVG NW, NJW 1976, 439; BVerwG, NVwZ 1989, 859.
57) BVerwG, NJW 1986, 1826 (1828).

해는 통상 이를 입증하기 곤란하기 때문이라고 한다.[58] 구체적 예로서는, 경찰에 의한 가혹행위,[59] 감금행위,[60] 전화감청,[61] 신체 · 가택에 대한 수색,[62] 학생이 졸업한 이후 교재선정에 관한 국가의 권한과 학부모의 기본권 사이의 분쟁[63] 등이다. 반면에 관공서 출입금지가 인간의 존엄성을 침해하였다는 추상적인 주장이나, 동물실험에의 참가가 기본권을 침해한다는 의과대학생의 주장은 정당한 이익으로 인정되지 않았다.[64]

다음 단계의 정신적 이익은 차별적 내지 명예훼손적 효과를 갖는 행정행위에 관한 것인데, 이 경우에는 인격권과 인간존엄성의 객관적 침해사실을 주장 · 입증해야 한다. 행정행위의 이유나 그 발령의 구체적 상황으로부터 원고에 대한 개인적인 비난이나 烙印을 통해 명예훼손이 야기되었음이 명백해야 하는 것이다.[65] 정당의 전당대회나 집회를 금지한 처분,[66] 공중에게 공개된 신분증조사[67] 등이 판례에서 나타난 예이다. 반면에 단순히 원고의 부정적 성격이나 질서위반적 행태에 의거한 행정행위의 경우에는 그것만으로 명예훼손적 효과가 인정되지 않는데, 예컨대 영업금지, 관공서출입금지, 군인에 대한 직업안정보장결정의 취소[68] 등이 그것이다.

마지막으로 가장 낮은 단계의 정신적 이익으로서, 직업생활 및 사회생활에 지속적으로 부정적 효과를 미칠 위험이 있는 경우에 한하여

58) BVerwGE 61, 164 (166).
59) BVerwGE 26, 161 (168).
60) BVerwGE 45, 51 (54).
61) BVerwGE 87, 23 (25).
62) BVerwGE 28, 285.
63) BVerwGE 61, 164 (167).
64) BVerwG, Buchholz 310 § 113 Nr. 92; VGH BW, NJW 1984, 1832 (1833).
65) BVerwGE 53, 134 (138 f.).
66) OVG Saarland, DÖV 1973, 863; NdsOVG, NVwZ 1988, 638.
67) BayVGH, BayVBl. 1993, 429.
68) BVerwGE 53, 134 (138 f.).

이를 배제하기 위한 계속확인소송은 정당한 이익으로 인정된다. 이러한 위험은 구체적·확정적일 필요는 없고, 명확히 배제되는 것이 아닌 한 긍정된다. 이에 해당하는 예로서는, 학생에 대한 유급처분,[69] 공무원의 경력·승진에 영향을 미칠 수 있는 부정적 평가 기타 조치, 특별한 경우의 교수지원자의 불임용처분,[70] 영업자등록원부에 비신뢰성 또는 비적합성의 기재[71] 등이다.

2) 법상태 해명의 이익

법상태 해명의 이익은 다시 크게 '반복방지의 이익'과 '선결문제확정의 이익'으로 구분된다. 먼저 전자에 관해 살펴보면, 위법한 행정행위의 반복의 위험은 그 반복이 법적인 의미에서 구속력을 갖는다는 의미가 아니라, 본질적으로 동일한 사실적·법적 상황 하에서 동일한 행정행위가 내려질 것이라는 충분히 특정된 위험이 있으면 충분하다. 반복의 위험이 있다는 막연한 가능성만으로는 부족하고 "근거 있는 우려"(wohlfundierte Besorgnis)가 있어야 한다.[72] 장래 동일한 사실적·법적 상황이 발생할 것인지가 불분명한 경우, 우려되는 반복처분이 원래의 처분과는 다른 요건에 의거하는 것인 경우, 원고 자신에 대한 반복이 아니라 제 3 자에 대한 반복을 방지하기 위한 것인 경우에는 정당한 이익이 부정된다. 정당한 이익이 긍정된 판례는, 삐라를 이용한 선전·선동에 대한 무위험성 증명,[73] 원자력발전소 반대데모 군중에 대한 경찰조치, 자녀의 학교졸업 이후에도 또 다른 자녀가 학교에 입학할 가능성이 있는 경우 부모가 당해 학교의 수업계획변경조치에 대한 행정소송, 매년 반복되는 우유감산조치, 채소에 대한 출하금

69) BVerwGE 56, 155 (156 f.).
70) NdsOVG, NJW 1984, 1639 (1641).
71) BVerwG, NVwZ 1991, 270.
72) BVerwGE 42, 318 (320).
73) 즉, 행정청이 위험성이 없다는 증명을 함으로써 삐라를 이용한 선전·선동이 금지되지 않고 행해진 후 인근주민 등이 그 증명의 위법성을 확인받음으로써 향후의 동일한 선전·선동행위를 저지하고자 하는 경우이다.

지, 수입허가의 철회 등과 같이 계속적인 영업활동에 대한 제한처분 등이다.

선결문제확정의 이익은 행정행위에 관련된 국가배상소송 및 형벌·과태료부과절차와의 관계에서 문제된다. 판례·통설에 따르면, 국가배상에 관한 선결문제 확정을 위한 계속확인소송은 취소소송이 적법히 계속된 이후 비로소 행정행위가 종료된 경우에 — 그 동안 소송을 통해 획득된 결과를 헛되게 하지 않기 위하여 — 인정되는 반면, 소송계속 이전에 이미 행정행위가 종료된 경우에는 막바로 민사법원에 국가배상소송을 제기할 수 있으므로 정당한 이익이 부정된다.[74] 형벌·과태료부과절차에 관한 선결문제의 확정을 위해서는 — 행정행위의 소위 구성요건적 효력 때문에 — 언제 행정행위가 종료되었는가를 불문하고 차별 없이 계속확인소송이 인정된다(위 각주 38 참조).

4. 繼續確認訴訟의 擴大·類推適用

(1) 訴訟係屬 이전에 행정행위가 종료된 경우

원래 행정법원법 제113조 제1항 4문은 계속확인소송을 소제기시에는 행정행위가 존재하였으나 소송계속 중에 종료된 경우만을 상정하고 있으나, 판례는 일찍부터 소제기 이전에 이미 행정행위가 종료된 경우에도 계속확인소송을 허용하고 있다.[75] 다시 말해, 소송계속 중 취소소송을 확인소송으로 변경하는 것이 아니라, 처음부터 과거에 종료된 행정행위의 위법성의 확인을 구하는 소송을 제기할 수 있다는 것이다. 다만, 제소기간, 행정심판전치 등 취소소송의 소송요건이 충족될 것이 요구된다. 왜냐하면 계속확인소송은 소위 "절단된 취소소송"

74) BVerwG, NJW 1989, 2486f.

75) BVerwGE 12, 87 (90); 26, 161 (165); 49, 36 (39). Maurer, a.a.O., §18 Rn. 63-64 참조.

으로서 본질상 취소소송에 속하고, 또한 그렇게 하지 않으면 취소소송의 제소기간, 행정심판전치의 요건이 면탈되기 때문이다.

(2) 행정행위가 종료되지 않은 경우

한 걸음 더 나아가 계속확인소송을 행정행위가 종료되지 않은 경우에까지 확대하고자 하는 시도가 있는데, 법령의 변경으로 인해 행정행위가 사후적으로 적법하게 된 때에는 행정행위가 종료된 것은 아니지만 계속확인소송에 관한 규정이 준용되어 행정행위가 처분시에 위법하였음의 확인을 구할 수 있다는 판례가 있다.[76] 이는 건축·도시계획 사건에서 원칙적으로 判決時를 위법판단 기준시로 보고 있는 독일의 주류적 판례를 전제로 한 것이다. 또한 행정절차법 제46조에 의해 실체에 영향을 미치지 않았음이 명백한 경우 절차하자만으로 행정행위의 취소를 구할 수 없는 경우, 계속확인소송의 규정을 준용하여, 행정행위의 위법성의 확인을 구할 수 있다는 유력한 견해가 있으나,[77] 아직 이에 관한 판례는 없다.[78]

---

76) BVerwG, NVwZ-RR 1989, 288; NVwZ 1993, 979; BayVGH, NVwZ 1986, 1032.

77) W.-R. Schenke, Die Fortsetzungsfeststellungsklage, in: Festschrift für C. F. Menger (System des verwaltungsgerichtlichen Rechtsschutzes), 1985, S. 461-485 (476-484). 이에 관해 本書 제11장 처분사유의 추가·변경, 496면 각주 24 참조.

78) 독일법상 무효확인소송의 권리보호필요성 내지 보충성에 관해 언급하면, 독일 행정절차법 제44조 제5항 2문은 행정청이 관계인의 신청에 따라 행정행위의 무효를 확인하는 결정을 할 수 있는 것으로 규정하고 있으나, 이러한 행정청의 무효확인의 신청이 무효확인소송의 권리보호필요성 요건은 아니다. 다시 말해, 행정청에 의한 무효확인은 관계인의 편의를 위한 제도일 뿐, 관계인은 막바로 — 취소소송이 아니므로 행정심판도 거칠 필요 없이 — 무효확인소송을 제기할 수 있다. 독일 행정법원법과 조세법원법은 무효확인소송의 보충성을 명시적으로 부정하고 있다. 즉, 행정법원법 제43조 제2항 1문 및 조세법원법 제41조 제2항 1문은 확인소송은 형성소송이나 이행소송이 가능한 경우에는 제기할 수 없다고 하면서 일반적 확인소송의 보충성을 천명한 다음, 바로 동항 2문에서 행정행위의 무효의 확인을 구하는 확인소송은 그렇지 않다고 규정하고 있다.

Ⅳ. 우리 行政訴訟法 第12條 後文의 解釋

1. 問題의 所在

우리 행정소송법 제12조는 "취소소송은 처분등의 취소를 구할 법률상 이익이 있는 자가 제기할 수 있다. 처분등의 효과가 기간의 경과, 처분등의 집행 그 밖의 사유로 인하여 소멸된 뒤에도 그 처분등의 취소로 인하여 회복되는 법률상 이익이 있는 자의 경우에는 또한 같다"라고 규정하고 있다. 이에 관해, 첫째 제12조 後文을 독일의 계속확인소송과 동일한 것으로 볼 수 있는가, 둘째 前文의 "법률상 이익"과 後文의 "법률상 이익"의 관계를 어떻게 이해할 것인가가 문제된다. 이는 단순한 조문해석의 차원을 훨씬 넘어, 이미 序說에서 강조한 바와 같이, 우리 취소소송의 구조를 어떻게 파악할 것인가 라는 행정소송법 내지 행정법의 본질적 문제와 맞닿아 있다.

2. 判 例

대법원 판례에 의하면, 행정소송법 제12조 소정의 "법률상 이익"을, 전문의 그것이든 후문의 그것이든 구별하지 않고 모두, '처분의 근거 법률에 의하여 보호되고 있는 직접적이고 구체적인 사적 이익'으로 해석하면서 간접적 · 사실적 · 경제적 이해관계는 제외된다고 한다. 주지하다시피 前文의 "법률상 이익"에 관한 판례는 주로 제 3 자의 원고적격과 관련하여 형성되어 왔는데, 이에 관해서는 別稿에서 상론한 바 있다.[79] 後文의 "법률상 이익"에 관한 판례는 대법원 1995. 10. 17. 선

79) 本書 제 6 장 취소소송의 원고적격 (1), 214면 이하; 제 7 장 취소소송의 원고적격 (2), 241면 이하 참조.

고 94누14148 전원합의체 판결에 의해 확립된 것으로, 그 후 대법원 1997. 7. 11. 선고 96누7397 판결이 다시 이를 확인하고 있다.

판례에 관해 첫 번째로 지적되어야 할 것은 앞의 전원합의체 판결이 "항고소송에 있어서 소의 이익이 인정되기 위하여는 위 규정[행정소송법 제12조]상의 법률상 이익이 있어야 하는 것"이라고 설시하고, 뒤의 1997년 판결도 "항고소송에 있어서 소의 이익이 되는 법률상의 이익은 당해 처분의 근거 법률에 의하여 보호되는 직접적이고 구체적인 이익이 있는 경우"를 의미하는 것이라고 설시하고 있다는 점이다. 즉, "법률상 이익"이 행정소송법 제12조 前文의 것이냐 後文의 것이냐를 구별하지 아니한 채 "항고소송에 있어 소의 이익"이라는 상위개념으로 포괄하고 있는 것이다. 이 점이 후술하는 바와 같이 문제해결의 열쇠이다.

다음으로 위 1997년 판결에서 그러한 "법률상 이익"이 "당해 처분의 근거 법률에 의하여 보호되는 직접적이고 구체적인 이익이 있는 경우"를 말하는 것이라고 전제하고 있으므로, "간접적이거나 사실적·경제적 이해관계를 가지는 데 불과한 경우는 여기에 해당되지 아니" 한다는 설시는 새로운 것이 아니지만, 여기서 한 걸음 더 나아가 "행정처분이 법령이나 처분 자체에 의하여 효력기간이 정하여져 있는 경우에는 그 기간의 경과로 효력이 상실되므로 그 기간 경과 후에는 처분이 외형상 잔존함으로 인하여 어떠한 법률상의 이익이 침해되고 있다고 볼 만한 별다른 사정이 없는 한 그 처분의 취소를 구할 법률상의 이익은 없는 것"이라고 단정하고 있는 부분은 새로운 도그마틱을 추가한 것으로 보아야 한다. 처분의 효력이 사후적으로 상실되면 원칙적으로—처분의 외형상 잔존에 의해 어떠한 법률상 이익이 침해되는 특별한 사정이 없는 한—법률상의 이익도 없어진다는 것이기 때문이다.

하지만 판례의 가장 핵심적인 문제는 이러한 "법률상의 이익"을

"당해 처분의 근거 법률에 의하여 보호되는 직접적이고 구체적인 이익이 있는 경우"에 한정하고 있다는 점이다. 위 1997년 판결은 주택건설사업자에 대한 영업정지처분에 관해 정지기간이 경과하면 법률상 이익도 없어진다고 하면서, 주택공급에관한규칙(건설교통부령) 제 7 조 제 2 항에 의해 영업정지처분을 받은 주택건설사업자는 영업정지기간 후 2 년 동안 일정한 건축공정에 이르지 않으면 입주자 사전모집이 제한되는 것에 관해서는 "이는 단지 입주자의 모집시기가 지연되어 분양대금을 선급으로 받지 못하게 되는 것에 불과할 뿐 당해 주택건설사업자가 시행하는 주택공급사업의 내용 및 그 범위에 직접적으로 법률상의 제한을 가하는 것은 아니므로 사실상·경제상 이익에 불과한 것"이라는 이유로 영업정지처분의 취소를 구할 법률상 이익을 부정하고 있다. 입주자 사전모집 및 이를 통한 분양대금 선급이 건설교통부령인 주택공급에관한규칙에 의해 제한되는 것은 분명히 '법령에 의한 이익의 제한'에 해당한다고 할 것이지만, 판례는 이것만으로 충분하지 않다는 것이다. 주택건설촉진법 및 법규명령에 의해 보호되는 직접적이고 구체적인 이익은 당해 주택건설사업자가 시행하는 '주택공급사업'의 내용 및 범위에 한정된다는 전제 하에, 여기에 직접적으로 직접적인 제한을 가하지 않는 한 '법률상 이익'은 인정될 수 없다는 것이다. 여기에 이르면 판례가 처분의 사후 소멸의 경우 법률상 이익을 얼마나 좁게 인정하는가를 극명하게 알 수 있다.

또한 건축공사가 완료된 경우 손해배상청구소송을 제기하기 위해 건축허가처분의 취소를 구할 법률상 이익이 없다는 판례가 있다.[80] 특기할 것은 판례에서 소의 이익의 판단기준시를 上告審 判決時로 본다는 점이다. 그리하여 주택건설사업계획 사전승인의 거부처분에 대한 취소소송에서 상고심 계속 중에 그 사전승인의 근거법령이 폐지된 경

80) 대법원 1992. 4. 28. 선고 91누13441 판결.

우 원고가 승소하여 거부처분이 취소되더라도 이제는 사전승인이 더 이상 불가능하기 때문에 소의 이익이 없다는 이유로 대법원이 破棄自判으로 각하판결을 하였다.[81] 역시 사법시험 불합격처분 취소소송에서 상고심 계속 중에 원고가 사법시험에 합격한 경우에도 소의 이익이 부정되어 破棄自判으로 각하되었지만,[82] 고등학교에서 퇴학처분을 당한 후 그 졸업학력검정고시에 합격하여도 그로 인해 고등학교 학생으로서의 신분과 명예가 회복될 수 없으니 그 처분의 취소를 구할 소의 이익이 있다고 하였다.[83]

3. 學　說

(1) 학설상으로는 행정소송법 제12조 前文의 "법률상 이익"과 동조 後文의 "법률상 이익"을 구별하여, 전자는 취소소송의 보호대상으로서 원고적격에 관한 것인 반면, 후자는 취소소송의 권리보호 필요성에 관한 것이라는 견해가 유력하다.[84] 이는 우리나라 행정소송의 구조를 독일의 그것에 준하여 파악하고자 하는 견해로서, 행정소송법 제12조 後文이 규정하고 있는 취소소송을 독일의 계속확인소송으로 이해하고, 그 "법률상 이익"을 독일의 계속확인소송에서의 권리보호필요성인 '확인의 정당한 이익'과 동일한 것으로 해석하자는 것이다. 그리하여 명예·신용 등의 인격적 이익, 보수청구와 같은 재산적 이익 및 불이익제거와 같은 사회적 이익, 기타 정신적·문화적 이익까지 널리 포함된다고 한다. 이 견해에 의하면, 행정소송법 제12조가 성질이 다른 두 가지 소송형태를 한꺼번에 규정하고 있는 것은 체계상의 문

---

81) 대법원 1999. 6. 11. 선고 97누379 판결.
82) 대법원 1996. 2. 23. 선고 95누2685 판결.
83) 대법원 1992. 7. 14. 선고 91누4737 판결.
84) 대표적으로 김남진, 행정법 I, 2000, 759면 이하; 홍준형, 행정구제법 제 4 판, 2001, 581면 이하.

제점이 있다고 한다.

(2) 반면에, 최근 행정소송법 제12조 전문과 후문은 모두 원고적격에 관한 규정으로서, 前文은 일반적인 취소소송의 원고적격에 관한 것인 반면, 後文은 처분등이 소멸된 후에 제기되는 취소소송의 원고적격에 관한 것이라는 견해가 주장되고 있다.[85] 이 견해에 의하면, 취소소송은 처분등의 존재를 전제로 하는 것이므로 처분등이 소멸한 이후에는 취소소송이 허용될 수 없기 때문에 제12조 후문에서 특별히 취소소송의 제기가능성을 인정한 것인데, 그 취소소송을 제기할 수 있는 원고로서 "처분등의 취소로 인하여 회복되는 법률상 이익이 있는 자"로 규정하고 있다고 한다. 그리고 권리보호필요성에 관해서는 제12조 前文의 일반적인 취소소송에 관한 것이든 後文의 취소소송에 관한 것이든 모두 행정소송법에 규정이 없고 판례와 학설에 맡겨져 있다고 한다.

4. 檢　討

(1) 우리 판례가 행정소송법 제12조 後文의 법률상 이익을 동조 前文의 그것과 동일하게 파악함으로써 그 인정 범위를 매우 축소하고 있는 것이 '실제적' 문제점이다. 따라서 이를 확대하기 위해 독일의 계속확인소송을 원용하는 견해도 충분히 수긍이 가지만, 이 견해의 일차적 난점은 한 조문에 반복하여 사용된 "법률상 이익"이라는 동일한 문구를 달리 해석한다는 것이 기본적 법해석방법론에 반한다는 데에 있다. 이러한 점에서 제12조 前文의 그것이든 後文의 그것이든 모두 원고적격에 관한 것이라는 견해가 설득력이 있으나, 이에 의하면 우리 판례의 입장을 그대로 승인하는 결과가 될 우려가 있다.

85) 홍정선, 행정법원론(상), 2001, 옆번호 2314a. 예전에는 위 (1)과 같은 견해를 취하였으나 2001년판부터 위와 같이 견해를 변경하였다.

(2) 이러한 進退維谷의 문제를 풀기 위해서는 우리 행정소송법상 취소소송의 성질에 관한 발상의 전환이 필요하다. 전술한 바와 같이 독일의 계속확인소송은 독일의 취소소송이 순수한 형성소송이기 때문에 이와는 별개의 소송유형으로 인정되는 것이다. 독일과 달리 우리의 취소소송을 확인소송의 성질을 갖는 것으로 파악한다면 행정소송법 제12조 후문의 해석 문제가 쉽게 해결되고, 그럼으로써 거꾸로 동조 後文이 우리 취소소송의 확인소송적 성질을 뒷받침하는 주요한 실정법적 근거가 된다.[86)]

(3) 우리 행정소송법상 취소소송의 성질을 확인소송으로 파악한다면, 동법 제12조 전문과 후문은 아래와 같이 모순 없이 자연스럽게 해석될 수 있다.

첫째, 前文의 "취소"와 後文의 "취소" 모두 본질적으로 '위법성의 확인'을 의미하는 것이다. 따라서 처분의 효과가 소멸된 後文의 경우에도, 독일에서와 같이 계속확인소송이라는 별도의 소송유형으로 변경되는 것이 아니라, 여전히 취소소송의 형태로 유지되는 것이다. 프랑스에서도 행정행위의 효력이 소멸한 이후에도 취소판결이 내려진다.[87)] 다시 말해, 우리나라와 프랑스에서 취소소송의 본질이 처분의 — 처분당시 갖고 있었던 — 위법성을 확인하는 데 있기 때문에, 그 후 처분의 효과 내지 효력이 소멸하였는가는 소송형태에 영향을 미치지 않는다. 따라서 독일법의 관점에서 우리 행정소송법 제12조가 성질이 다른 두 가지 소송형태를 한꺼번에 규정함으로써 체계상의 문제점이 있다는 견해는 재고되어야 할 것이다.

둘째, 행정소송법 제12조 前文과 後文이 공히 확인소송으로서의

86) 취소소송의 확인소송적 성격에 관한 상세한 논거는 本書 제 5 장 취소소송의 성질과 처분개념, 168면 이하 참조.

87) Chapus, Droit du contentieux administratif. 9e éd., 2001, n° 1066 참조.

취소소송을 규정한 것이라면, 後文은 前文의 注意的 規定으로 보아야 한다. 前文에서 "처분등의 취소를 구할 법률상 이익이 있는 자"를 원고적격으로 규정한 다음 後文에서 "처분등의 취소로 인하여 회복되는 법률상 이익이 있는 자"의 경우에는 "또한 같다"고 규정하고 있는바, 양쪽의 '취소'가 모두 '위법성의 확인'을 의미하는 것인 이상, "취소를 구할 법률상 이익"과 "취소로 인하여 회복되는 법률상 이익"이 모두 본질상 확인소송에 있어 확인의 이익에 해당하는 것으로 실질적으로 동일한 의미이기 때문이다. 이러한 관점에서 제12조 後文을 권리보호 필요성이 아닌 원고적격으로 보아야 한다는 최근 견해가 일부 타당성을 내포하고 있다. 그러나 이 견해에 의하면 제12조 後文의 취소소송이 특별규정 내지 창설적 규정에 의한 소송형태로 이해되는데, 이는 우리나라의 취소소송을 독일의 그것과 같이 순수한 형성소송으로 파악하는 것의 결과이기 때문에 받아들이기 어렵다. 뿐만 아니라, 이 견해에 따르면 제12조 後文의 법률상 이익이 ― 그것을 원고적격으로 관념하든 권리보호필요성으로 관념하든 간에 ― 동조 前文의 법률상 이익과 같이 협소하게 인정될 우려가 있다는 것이 최대의 난점이다. 독일법의 영향으로 제12조 前文의 법률상 이익을 '법률상 보호규범에 의해 부여되는 권리' 또는 '법률상 보호되고 있는 사익'으로 이해하는 것이 판례·통설이기 때문이다.

(4) 이러한 난점은 바로 제12조 前文의 법률상 이익을 올바르게 해석함으로써 해결할 수 있다. 독일법과는 달리 우리나라 취소소송의 성질을 객관소송적인 것으로 파악하고 그 원고적격인 "법률상 이익"을 '법질서상 취소소송을 통해 보호되어야 할 것으로 평가되는 개별적·직접적·구체적 이익' 또는 간략하게 '보호할 가치 있는 이익'으로 해석해야 한다는 점은 別稿에서 상술하였으므로,[88] 본고에서는 이

88) 本書 제5장 취소소송의 성질과 처분개념, 160면 이하; 제6장 취소소송의 원

를 생략한다.

앞의 序說에서 이미 강조한 바와 같이 독일법에서는 취소소송의 원고적격을 보호규범이론에 따른 권리에 한정하는 반면, 그렇게 어렵게 인정된 '권리'를 행정행위가 사후에 종료된 경우에도 보다 폭넓게 보호하자는 취지에서 계속확인소송의 정당한 이익을 확대하는 것이다. 다시 말해, 원고적격의 '권리'에 대한 보호의 필요성은 '이익'을 기준으로 한다. 따라서 원고적격에 관해 권리관념을 극복하고 널리 '보호할 가치 있는 이익'으로 확대한다면, 취소소송의 원고적격과 처분의 효과가 소멸한 경우의 권리보호필요성은 구별의 필요성이 없어진다. 이러한 점에서 양자를 동일한 조문에서 공히 "법률상 이익"으로 규정하고 있는 행정소송법 제12조가 우리 취소소송의 원고적격은 독일의 그것과 달리 권리관념에 한정되지 않는다는 것을 단적으로 보여주는 실정법적 근거가 되는 것이다. 그럼에도 제12조 前文의 법률상 이익을 독일과 같이 '권리'에 한정하면서 동조 後文의 법률상 이익을 이와 동일하게 해석하게 된다면, 처분의 효과가 사후에 소멸하는 경우 — 권리보호필요성의 문제이든 원고적격의 문제이든 간에 — 취소소송이 허용되는 경우는 매우 드물게 되는데, 이는 프랑스 · 영국 · 미국법에서 그 예를 찾아 볼 수 없을 뿐만 아니라 독일법에서조차도 예상하지 못한 결과가 된다. 제12조 前文과 後文의 법률상 이익을 공히 '당해 처분의 근거 법률에 의해 보호되는 직접적 · 구체적 이익'으로 해석하는 우리 대법원 판례가 불행히도 이러한 결과를 빚고 있다. 西歐의 어떤 나라에서도 찾을 수 없는 독특한 판례를 형성하고 있다면 설득력 있는 근거가 있어야 할 터인데, 어떻게 해서든지 법원이 본안판단의 부담으로부터 벗어나자는 것 이외에 그 근거를 찾기 어렵다.

이와 같이 우리 판례가 처분의 사후소멸의 경우 취소소송을 인정

고적격 (1), 210면 이하; 제 7 장 취소소송의 원고적격 (2), 281면 이하 참조.

하는 데 매우 인색하다는 데 문제의 심각성이 있기 때문에, 취소소송의 원고적격의 문제는 도외시하고 이 문제만을 해결하기 위해 독일의 계속확인소송을 원용하는 견해도 전혀 이해하지 못할 바는 아니지만, 이는 상술한 바와 같이 우리 취소소송의 구조를 무시한 미봉책이라고 하지 않을 수 없다.

(5) 근본적 문제해결의 열쇠는 우리 판례 속에 이미 있다. 상술한 바와 같이 판례는 행정소송법 제12조 前文과 後文 소정의 법률상 이익을 모두 "소의 이익"이라는 상위개념으로 포괄하고 있다. 앞의 序說에서 강조하였듯이 이 '소의 이익'이라는 관념은 프랑스법의 'intérêt à agir'에서 유래된 것으로서, 원고적격과 권리보호필요성이 분리되어 있지 않고 경우에 따라서는 심지어 대상적격까지 포괄하는 것이다. 우리 행정소송법상 '처분' 개념을 널리 사실행위와 행정입법까지 포함하는 것으로 해석해야 한다는 점은 이미 別稿에서 강조한 바 있다.[89] 최소한 독일식의, 직접 상대방에게 구체적인 권리제한·의무부과의 법적 효과를 발생하는, 최협의의 행정행위 개념이 우리 취소소송의 대상이 될 수 없음은 분명하다. 또한 바로 위에서 논의한 바와 같이 우리 취소소송의 원고적격은 널리 '보호가치 있는 이익'으로 확대해야 하며, 최소한 독일식의, 법률상 보호규범이론에 따른 권리 관념에 한정될 수 없음은 분명하다.

그렇다면 우리 취소소송의 구조에서는 독일에서와 같이 대상적격·원고적격·권리보호필요성이 그렇게 명확히 구분될 수 없고 또한 그렇게 구분되어서도 아니 된다. 오히려 이들 세 개의 관점은 '취소소송을 통해 보호할 가치 있는 이익'이라는 단일 기준으로 통합될 수 있는데, 이것이 바로 프랑스법에서 유래한 소의 이익이다. 이러한 점에

89) 本書 제 3 장 취소소송의 4유형, 70면 이하; 제 5 장 취소소송의 성질과 처분개념, 174면 이하 참조.

서 우리 판례가 "소의 이익"을 상술한 바와 같이 여전히 원고적격과 권리보호필요성을 포괄하는 개념으로, 또는 심지어 처분성과 원고적격 또는 권리보호필요성을 포괄하는 개념으로,[90] 사용하고 있다는 점은 우리 취소소송의 구조가 독일의 그것과는 현격한 차이가 있고 오히려 프랑스의 그것에 유사한 것이라는 의식이 부지불식간에 재판실무에 반영되어 있기 때문이 아닌가 한다. 따라서 '권리보호필요성'이라는 독일 취소소송의 독특한 성질이 반영된 용어보다는, 넓은 의미의 소의 이익 중 일부분을 이룬다는 의미에서, '협의의 소의 이익'이라는 용어가 타당하며, 이 또한 우리 판례상 일반적 용어례이다. 이러한 협의의 소의 이익은 상술한 독일법상 일반적 권리보호필요성과 계속확인소송에서의 특수적 권리보호필요성을 포괄한다.

결국 이와 같이 통합되는 취소소송의 대상적격 · 원고적격 · 권리보호필요성은 본질적으로 확인소송인 취소소송에 있어 '확인의 이익'이 되는데, 이에 관해 독일의 계속확인소송에 있어 '확인의 정당한 이익'에 관한 판례 · 학설이 중요하고 풍부한 참고자료가 될 수 있는 것이다. 말하자면, 독일에서 최협의의 행정행위 및 보호규범이론에 의거한 권리로 말미암아 대상적격과 원고적격 단계에서는 숨어 있던 '이익'의 문제가 계속확인소송의 권리보호필요성 단계에서 전면으로 터져 나오게 된 것이라고 할 수 있다.

이에 관한 상술한 독일의 판례 가운데 특히 정신적 이익은 자유권, 명예권 등 재산적 손해로 계산될 수 없는 기본권을 의미하는 것으로서, 이를 침해하는 행정상 즉시강제 등 권력적 사실행위는 행위와 동시에 종료되는 것이다. 이러한 권력적 사실행위를 취소소송으로 포착하기 위해서는 처분성을 확대하여야 할 뿐만 아니라 협의의 소의 이익도 긍정할 수 있어야 하는바, 이를 위해 계속적 확인소송에 관한

90) 異論의 여지는 있지만, 이러한 최근의 대표적인 판례로 대법원 1995. 6. 13. 선고 94누15592 판결을 들 수 있다.

독일의 판례가 소중한 시사점을 제공하고 있는 것이다.

또한 소위 법상태해명의 이익 중 '반복방지의 이익'도 매우 중요하다. 정신적 피해의 회복 및 반복방지의 이익을 통해, 예컨대 헌법소원으로 제기된 '유치장 내 개방적 구조를 가진 화장실 사용강제사건'[91]에 관해 — 권력적 사실행위로서 처분성을 인정함과 더불어 — 협의의 소익을 인정함으로써 이를 취소소송의 대상으로 포착할 수 있다.

법상태해명의 이익으로서 '선결문제확정의 이익'도 주의를 요한다. 먼저 형벌 · 과태료 부과에 대한 대비 이익을 살펴보면, 처분의 효과가 소멸했다 하더라도 그 효과의 존속 중의 위반사실에 대해 형벌 · 과태료가 부과될 수 있다. 우리 판례에 따르면 반드시 취소소송을 거칠 필요 없이 형벌 · 과태료 부과절차에 이르러서도 처분의 위법성을 항변할 수 있으나,[92] 형사소추 · 과태료부과절차를 기다리지 않고 먼저 이니셔티브를 갖고 취소소송을 제기할 수 있어야 한다는 점은 多言을 요하지 않는다. 나아가 국가배상청구의 대비 이익 또한 중요한 의미를 갖는다. 민사재판권과 행정재판권이 엄격히 분리되어 있는 독일에서도 취소소송 제기 후에 행정행위가 종료된 경우에는 소송경제를 위해 국가배상청구의 대비 이익을 긍정하고 있다면, 一元的인 법원체계를 갖는 우리나라에서는 행정소송과 민사소송의 협력관계라는 관점에서 더욱 이를 긍정할 수 있을 것이다. 뿐만 아니라, 1998년 이후 제 1 심 전문법원으로서 행정법원이 설치된 이상, 최소한 '처분'으로 인한 국가배상소송은 방법론적 전문성 관점에서 행정법원에서 관할하여야 한다는 것이 필자의 소견이다.[93] 이러한 소견을 전제로 한다면, 독일의 판례보다 한 걸음 더 나아가, 취소소송 제기 이전에 이미 처분의 효과가 소멸되었더라도 제소기간을 준수하여 취소소송이 제기된 경우에는 향

91) 헌법재판소 2001. 7. 19. 선고, 2000헌마546 결정.

92) 위 각주 38 참조.

93) 本書 제 2 장 행정법원의 임무와 역할, 56면 이하 참조.

후 같은 행정법원에 제기될 것이 예상되는 국가배상청구소송의 선결문제 확정을 위해 취소소송의 협의의 소익이 긍정될 수 있을 것이다. 국가배상청구소송을 민사소송으로 하는 현재의 실무에 의하더라도 최소한 독일 판례에서와 같이 취소소송 제기 이후에, 또는 제 1 회 변론기일을 거쳐 주장 및 증거에 관한 재판기록이 작성된 연후에, 가장 시점을 뒤로 늦추어도 제 1 심 판결이 선고된 이후에, 비로소 처분의 효과가 소멸된 경우에는 — 그 취소소송에서의 소송상 결과를 死藏시키지 않기 위해 — 협의의 소익을 부정하여서는 아니 될 것이다.[94]

(6) 공장등록을 취소하는 처분이 내려진 이후 철거집행에 의해 그 공장건물이 멸실된 경우를 살펴보면, 우선 그 공장등록 취소처분의

94) 이상과 같이 독일 계속확인소송의 '확인의 정당한 이익'(즉, 특수적 권리보호필요성)에 관한 판례·학설이 우리에게 도움을 주는 것은 행정소송법 제12조 後文이 명시하고 있는 「처분효과의 소멸」의 경우이고, 그와 달리 「처분 이후의 사정변경」의 경우에는 독일의 일반적 권리보호필요성에 관한 판례·학설이 참조되어야 한다. 상술한 바와 같이, 일반적 권리보호필요성은 피고 행정청이 그 흠결을 주장·입증하지 못하는 한 인정되고(위 294면), 이러한 관점에서 의무이행소송을 제기하지 않고 거부결정의 취소만을 구하는 소위 '독립적 취소소송'도 별도의 조건 없이 허용된다는 것이 독일 판례의 태도이다(위 각주 11 및 해당본문). 이러한 관점에서 우리 판례가 ① 사법시험 불합격처분(즉, 합격의 거부처분) 이후에 원고가 합격한 경우(대법원 1996. 2. 23. 선고 95누2685 판결, 위 각주 82)와 ② 사전승인의 거부처분 이후에 사전승인의 법령상 근거가 폐지된 경우(대법원 1999. 6. 11. 선고 97누379 판결, 위 각주 81)에 모두 소의 이익을 부정한 것은 재고되지 않으면 아니 된다. 즉, 우리의 거부처분 취소소송은 근본적으로 거부처분을 취소하는 데 초점이 있고 행정소송법 제30조 제 2 항의 기속력을 통해 계쟁 수익처분을 발급받는 것은 부가적인 효력이다. 말하자면, 우리의 거부처분 취소소송은 본질적으로 독일의 '독립적 취소소송'에 해당한다. 그럼에도 우리 판례가 — 시험합격, 법령상 근거의 폐지 등 사정변경으로 인해 — 그 기속력이 의미 없다거나 아니면 제대로 실현되지 못한다는 것을 이유로 거부처분 취소소송 자체의 소의 이익을 부정하였다는 데에 문제가 있다. 그러한 사정변경으로 인해 원고의 '위법성 확인'의 이익이 완전히 소멸했다는 것이 피고 행정청의 주장·입증에 의해 인정되지 않는 한 소의 이익이 인정되어야 할 것이다. 한 걸음 양보하여 독일 계속확인소송에서와 같은 특수적 권리보호필요성의 관점에서 보더라도, 정신적 이익(가장 낮은 단계: 합격이 1 년 연기됨으로써 직업·사회생활에 대한 지속적인 부정적 효과) 또는 반복방지·국가배상청구대비의 이익 등이 충분히 인정될 수 있다.

효과가 소멸된 것인가 라는 문제가 제기된다. 독일의 통설에 따르면 주된 규율내용이 상실되었기 때문에 행정행위가 종료(Erledigung)된 것으로 본다. 우리 행정소송법 제12조 후문상의 "효과의 소멸"도 그 제도적 취지가 독일의 '종료'에 상응하는 것이므로, 목적물의 멸실에 의해 처분의 효과가 소멸되는 것으로 볼 수 있을 것이다. 다음으로 취소소송의 협의의 소익이 있는가? 먼저 원고의 기본권침해 또는 명예훼손은 없었다고 보여지지만, 이로 인해 공장이전시 세제상의 혜택과 우선입주의 혜택을 받지 못하게 된다면 이는 직업 및 사회생활에 대한 지속적인 불리한 영향을 미치는 경우에 해당하므로 협의의 소익이 충분히 인정될 수 있을 것이다. 공업배치및공장설립에관한법률 제17조 1호는 공장이 멸실되었을 때에도 등록을 취소하도록 규정하고 있는바, 이에 따라 공장의 멸실을 근거로 공장등록이 어차피 취소될 운명에 있기 때문에 위법한 사유에 의한—예컨대, 무단점유를 이유로 한 철도청장의 요청에 의한—등록취소를 취소하여 등록을 회복할 필요가 있겠는가 라는 의문이 제기된다. 그러나 공장멸실에 의한 등록취소는 순수한 철회로서 소급효가 없으나, 무단점유로 인한 등록취소는 원래 공장등록의 요건이 불비된 것을 이유로 하는 것이어서 소급효가 인정되어 처음부터 공장등록이 되지 않은 상태로 간주될 수 있고, 그렇지 않다 하더라도 무단점유로 인해 등록취소되었다는 사정 때문에 세제상의 혜택과 공장우선입주의 혜택이 거절될 수 있는 우려가 충분히 있기 때문에, 협의의 소익이 긍정될 수 있을 것이다.

반면에, 공장에 설치되어 있던 소음·진동 배출시설에 대한 설치허가의 취소처분에 관해서는 주의를 요한다. 공장의 철거집행으로 인해 당해 배출시설이 멸실됨으로써 그 설치허가처분과 함께 그 설치허가 취소처분의 효과도 소멸되었다. 설치허가 취소처분에 의해 특별히 기본권침해 또는 명예훼손의 불이익이 없었다고 한다면, 법상태해명의 이익이 있는가의 문제로 귀착된다. 반복방지의 이익은 당해 취소사유가 일반적으로 행정과 공장업주 간의 전형적인 분쟁을 야기하고 있다는 등 특단의 사정이 없는 한 인정되기 어려울 것인 반면, 선결문제확정의 이익은 보다 쉽게 인정될 수 있으리라 본다. 형벌·과태료 부과에 대한 대비 이익은 물론이고, 국가배상청구의 대비 이익도 — 현재의 실무에 따르더라도 — 취소소송이 제기된 이후, 늦어도 제 1 심 판결이 선고된 이후, 비로소 공장이 철거집행됨으로써 배출시설 설치허가 취소처분의 효과가 소멸된 경우에는 인정되어야 할 것이다.[95)96)]

95) 본 논문은 2000년 12월 대법원 비교법연구회에서 발표한 것인데, 위 사안은 당시 상고심 계류중이던 사건으로서 동 연구회로부터 연구대상으로 지정받은 것이다. 본 논문 발표 후 대법원은 2002. 1. 11. 선고 2000두3306 판결에서 위 공장등록 취소처분에 관하여, 상술한 필자의 소견과 같이, 등록된 공장을 지방으로 이전하는 경우 부여되는 조세특례제한법상의 세액공제 및 소득세 등의 감면혜택과 공업배치및공장설립에관한법률상의 간이한 이전절차 및 우선입주의 혜택을 근거로 위 처분의 취소를 구할 법률상 이익을 긍정하였다. 이는 여전히 행정소송법 제12조 後文의 법률상 이익을 前文의 그것과 마찬가지로 '법률'에 한정하고 있으나, 공장등록의 근거법률이 아닌 관계법률 차원으로 확대하고 있기 때문에, 제 3 자의 원고적격에 관하여 계쟁처분의 위법성 준거 내지 실체법적 근거법률이 아닌 환경영향평가법에 의거하여 법률상 이익을 인정함으로써 원고적격을 확대하고 있는 판례의 경향(本書 제 7 장 취소소송의 원고적격(2), 251면 이하 참조)과 일맥상통하는 것이다. 반면에 같은 날 선고된 대법원 2002. 1. 11. 선고 2000두2457 판결은, 위 사안 중 배출시설 설치허가 취소처분에 관하여, 동 처분이 취소되더라도 배출시설의 재가동 등 원상회복이 불가능하다는 이유로 법률상 이익을 부정하면서 국가배상청구소송에서의 원용, 또는 배출시설의 이전에 대한 행정상 편의의 제공 등과 같은 이익은 사실적·경제적 이익에 불과한 것으로 배척한 원심의 판단을 유지하였다. 이는 상술한 바와 같이 '법률'에 한정하여 법률상 이익을 인정하는 판례의 경향에 따른 것으로서, 본고에서 피력한 — '위법성 확인의 이익'으로서의 — 법상태 해명의 이익, 특히 국가배상청구의 대비 이익을 받아들이지 아니한 점은 아쉽다.

96) 제재기간이 경과한 제재처분에 대한 취소소송의 소익에 관하여, 대법원 1995. 10. 17. 선고 94누14148 전원합의체 판결은, 部令上 선행 제재처분의 존재가 장래의 제재처분의 가중사유로 규정되어 있는 경우에도, 그 가중규정은 部令이라는 형식에도 불구하고 실질적으로는 법적 구속력 없는 행정규칙이라는 전제하에, 장래에 가중된 제재처분을 받을 위험은 사실상의 위험에 불과하고, 따라서 그 위험을 제거하기 위해 현재의 제재처분의 취소를 구할 '법률상 이익'은 없다고 하여 취소소송의 소익을 부정하였다. 동 판결에서는 대법관 7인의 다수의견과 6인의 반대의견이 대립하였는데, 다수의견은 제재처분의 처분기준 및 가중요건을 규정한 시행규칙은 형식상 법규명령이지만 실질적으로는 행정청 내부의 사무처리준칙에 불과하다는 확립된 판례이론과의 정합성을 강조하였다. 그러나 위 판례이론은 법원

이 비례원칙에 의거하여 제재처분의 재량권 남용 여부를 판단함에 있어 시행규칙 상의 처분기준에 구속되지 않기 위해 개발된 것으로서, 협의의 소익에 대한 판단과는 문제상황이 근본적으로 다르다. 뿐만 아니라, 제재처분을 광의의 '행정벌'로 파악하여 이에 관해 헌법 제12조 후단의 '적법한 절차'가 요구된다고 하는 私見에 의하면(拙著, 행정법의 체계와 방법론, 323면 이하 참조), 제재기간이 경과하였다고 하여 제재처분에 대하여 취소소송을 허용하지 않는 것은 적법절차 위반이라는 비판을 면하기 어렵다.

다행히도 최근 대법원 2006. 6. 22. 선고 2003두1684 전원합의체 판결은 위 1995년 전원합의체 판결 및 기타 同旨의 판결들을 폐기하고, 제재처분이 제재기간의 경과로 인해 그 효과가 소멸되긴 하지만, 부령인 시행규칙 또는 지방자치단체의 규칙의 형식으로 정한 처분기준에서 선행 제재처분의 존재를 후행 제재처분의 가중사유나 전제요건으로 규정한 경우에는, 그 "법적 성질이 대외적 · 일반적 구속력을 갖는 법규명령인지 여부와는 상관없이, 관할 행정청이나 담당공무원은 이를 준수할 의무가 있으므로 이들이 그 규칙에 정해진 바에 따라 행정작용을 할 것이 당연히 예견되고, … 그러한 규칙이 정한 바에 따라 선행처분을 받은 상대방이 그 처분의 존재로 인하여 장래에 받을 불이익, 즉 후행처분의 위험은 구체적이고 현실적인 것이므로, 상대방에게는 선행처분의 취소소송을 통하여 그 불이익을 제거할 필요가 있다"고 판시하면서 소의 이익을 인정하였다. 부령으로 정한 제재처분의 기준에 대해 법규성을 인정하여야 한다는 별개의견이 있었으나, 법규성 여부를 불문하고 취소소송의 소익을 인정하는 점에서는 전원일치 의견이었다. 판시내용의 전체적인 취지가 위 1995년 전원합의체 판결의 소수의견과 동일하기 때문에, 그 소수의견이 11년 만에 부활한 것이라고 할 수 있다. 바로 여기에 대법원 판결의 소수의견이 갖는 역사적 의의가 있다. 비록 위 판결의 사안은 '부령(시행규칙)과 지방자치단체의 규칙'에 '선행처분이 가중사유 또는 전제요건으로 규정되어 있는 경우'에 한정되어 있으나, 위와 같은 판시의 논거로서, "국민의 재판청구권을 보장한 헌법 제27조 제 1 항의 취지와 행정처분으로 인한 권익침해를 효과적으로 구제하려는 행정소송법의 목적 등에 비추어 행정처분의 존재로 인하여 국민의 권익이 실제로 침해되고 있는 경우는 물론이고 권익침해의 구체적 · 현실적 위험이 있는 경우에도 이를 구제하는 소송이 허용되어야 한다는 요청을 고려"하여야 한다고 설시하고 있는 점에서, 위 판결은 취소소송의 소익을 확대하고자 하는 대법원의 의지가 표명된 획기적인 판결로 평가할 수 있다.

이어 대법원 2007. 7. 19. 선고 2006두19297 전원합의체 판결은 한 걸음 더 나아가 '동일한 처분의 반복 위험성'으로 인한 '처분의 위법성 확인 내지 법률문제의 해명의 필요성'에 의거하여, 학교법인 임원취임승인 취소처분 및 임시이사 선임처분에 대하여, 소송 도중 원래의 임원 임기가 만료되거나 임시이사가 교체된 경우에도, 취소소송의 소익을 인정하고, 이에 반하는 종전의 판례들을 폐기 · 변경하였다.

제 9 장

地方自治團體의 自治權을 보장하기 위한 行政訴訟

Ⅰ. 序　　說

우리 헌법은 제117조 제 1 항에서 "지방자치단체는 주민의 복리에 관한 사무를 처리하고 재산을 관리하며, 법령의 범위 안에서 자치에 관한 규정을 제정할 수 있다"고 규정함으로써 지방자치단체의 자치권을 보장하고 있다. 종래 지방자치단체의 자치권에 관하여 固有權說과 傳來說이 대립되어 왔으나, 오늘날 헌법의 규범력이 실질적으로 확보되어 있는 실질적 법치주의 하에서는 兩說 모두 더 이상 유지될 수 없다. 즉, 憲法이 한반도 및 그 부속도서 위에 존재하는 정치적 공동체로서 대한민국이라는 국가를 천명하면서 그 헌법적 정당성을 부여하는 동시에 이와는 독립적인 실체로서 지방자치단체의 자치권을 보장하고 있다. 이와 같이 지방자치단체가 대한민국의 헌법에 의해 인정된다는 점에서, 다시 말해, 지방자치단체의 존립은 국가의 존립과 결부되어 있다는 점에서 固有權說이 지지될 수 없지만, 또한 마찬가지로 지방자치단체가 국가의 통치작용(특히 입법작용)에 의해 비로소 창설된 것이 아니라 국가의 존립근거인 헌법 자체에 의해 인정되고 있다는 점에서 傳來權說도 타당할 수 없다. 요컨대, 지방자치단체는 국가의 헌법에 의해, 그러나 국가와는 독립적인 실체로서, 인정되는 것이다. 이러한 의미에서 본고에서는 지방자치단체의 본질을 헌법에 의한 制度的 保障으로 이해하고자 한다.[1)]

헌법에 의해 지방자치제도가 보장된다고 함은 — 헌법 제117조 제 2 항과 제118조 제 2 항이 규정하고 있다시피 — 지방자치단체의 조직과 운영 등 자치권의 구체적 내용은 법률에 의해 결정되지만 자치권의 본질적 내용 또는 핵심영역은 헌법 자체에 의해 보장된다는 의미이다. 지방자치단체의 자치권을 침해할 수 있는 국가권력작용을 입법작용, 행정작용 및 司法작용으로 나누어 볼 때, 우선 국가입법작용에 대해서는 자치권의 본질적 내용을 침해하는 법률의 위헌심사를 통해 자치권이 보장된다. 이와 같이 법률은 한편으로 지방자치단체의 자치권을 위

1) 同旨, 홍정선, 지방자치법학 2000, 29면 이하; 조성규, "지방자치단체의 공법상 지위에 관한 연구," 서울대학교 법학박사논문, 2001. 2, 21면 이하.

협하는 것으로서, 자치권 보장의 '공격목표'가 되지만, 동시에 다른 한편으로 자치권의 구체적 내용이 법률을 통해 형성된다는 점에서 국가의 행정작용과 司法작용에 대한 자치권 보장의 '수단'이기도 하다. 다시 말해, 지방자치단체에 대한 국가의 행정작용과 司法작용은 반드시 법률을 통해서, 그리고 반드시 법률에 적합하게 이루어져야 하는 것이다. 이를 지방자치단체에 관한 법률유보와 법률우위라고 한다면, 행정법 일반에 관한 법률유보와 법률우위를 묶어 '법치행정원칙'이라고 일컫는 것에 상응하게, '법치지방자치원칙' 내지 '지방자치에 관한 법치주의'라고 부를 수 있을 것이다.

법치주의를 실현하기 위한 가장 중요한 제도는 裁判이다. 지방자치에 관한 법치주의를 실현하는 데 가장 중요한 제도 또한 裁判이다. 흔히 지방자치를 '풀뿌리 민주주의'라고 부르듯이 종래 지방자치제도는 주로 民主主義의 관점에서 고찰되어 왔다. 물론 지방자치제도의 생명은 지역주민이 정치적 의사결정에 참여한다는 參與民主主義에 있지만, 지방자치단체를 둘러싸고 있는 전체 법질서의 관점에서는, 특히 국가 또는 상급지방자치단체와의 관계에서는 지방자치단체의 자치권을 법적으로 보장하는 法治主義와 이를 실현하기 위한 司法審査가 필수불가결하다. 지금까지 국가와 지방자치단체, 그리고 지방자치단체 상호간의 관계는 주로 정치적·정책적인 관점에서 파악되어 협상과 타협을 통한 해결만이 시도되어 왔다. 그러나 특히 최근 政黨政治와 관련하여 정치적 해결이 많은 경우에 실패하고 분쟁만 가중되고 있다. 이제 우리나라에 명실상부한 지방자치제도를 확립하기 위해서는 — 민주주의 이념에 입각한 정치적 타협 및 정책적 고려와 더불어 — 지방자치에 관한 법치주의를 실현하기 위한 노력을 경주하지 않으면 아니 된다.

법치주의는 종래 국가권력에 대하여 개인의 권리와 자유를 보호하는, 소위 주관적 법치주의의 관점에서만 이해되었다. 그러나 법치주의의 참된 의미는 소위 객관적 법치주의, 즉, 국가 전체의 합리적인 구성과 운영, 그리고 이를 위한 법질서 및 법절차의 확립에 있으며, 개인의 권리보호도 이것의 한 요소로서 기능한다. 이러한 객관적 법질서에 있어 지방자치제도가 중요한 한 軸을 이루고 있음은 多言을 요하지 않는다. '지방자치에 관한 법치주의'에 바로 우리나라 법치주의의 成敗가 달려 있는 것이다.

이러한 문제의식 하에서 본고에서는 먼저 미국·영국·프랑스·독일의 지방자치단체 소송제도를 고찰하고(Ⅱ.), 이어 지방자치단체를 둘러싼 법적 분쟁을 유형적으로 분석한 다음(Ⅲ.), 행정소송[2]의 필요성을 기관소송, 지방자치법상 감독불복소송, 권한쟁의심판, 헌법소원심판과의 관계와 관련하여 논의하고(Ⅳ.), 마지막으로 행정소송의 가능성을 대상적격, 원고적격, 심사척도 및 심사강도 등 여러 가지 관점에서 검토하고자 한다(Ⅴ.).

Ⅱ. 比 較 法

1. 미 국

미국의 특징은 지방자치단체가 주민의 이익을 대표하여 연방정부와 州의 행정기관 또는 다른 지방자치단체를 상대로 행정소송을 제기할 수 있다는 점이다. 미국에서는 행정소송이 별도로 독립되어 있지 않지만 행정절차법(U.S.C. § 701-§ 706)에 의거하여 행정청의 행위에 대한 사법심사를 청구하는 것이 행정소송에 해당한다. 예컨대, 지방자치단체는 가스工事, 요금인상 등에 관한 감독청의 인·허가결정에 대하여, 또는

2) 본고에서 "행정소송"이라 함은 항고소송, 특히 취소소송을 의미한다.

철도의 운행정지를 허가하는 감독청의 결정에 대하여 지역주민인 소비자 및 이용자를 대표하여 행정소송을 제기할 수 있다. 또한 도로공사나 댐공사의 대상지역에 속한 지방자치단체는 지역주민을 대표하여 행정소송을 제기할 수 있는데, 이들 소송은 모두 지역주민의 대표소송의 성격을 갖는 것이다. 다시 말해, 미국에서 지방자치단체에게 행정소송의 원고적격이 인정되는 것은 지방자치단체의 고유한 자치권을 보장하기 위한 것이라기보다는 지역주민의 이익을 대표한다는 성격이 강하다. 이는 미국의 지방자치제도가 住民自治의 성격을 갖는 데에서 비롯되는 것이라고 할 수 있다.[3)]

2. 영　　국

영국에서는 1976/1981년의 개혁에 의해 민사소송과 독립된 행정소송으로 사법심사청구소송(application for judicial review, AJR) 제도가 도입되었는데, 그 이전부터 지방자치단체에게 私人과 동일한 자격에서 소송(즉, 민사소송, 정확하게 말해, 커먼·로 소송)을 제기할 수 있는 원고적격이 인정되어 왔다. 특히 1972년의 지방자치법(Local Government Act) 제222조 제 1 항은 지방자치단체가 지역주민의 이익의 증진 또는 보호를 위해 적절하다고 생각하는 경우에는 어떠한 소송도 제기할 수 있다는 규정을 둠으로써 지방자치단체의 원고적격을 광범위하게 인정하고 있다. 이는 미국에서와 마찬가지로 지방자치단체가 주민의 이익을 대표하는 지위에서 원고적격을 갖는 것이지만, 특히 행정소송으로서의 사법심사청구소송제도가 도입된 이후에는 그 객관소송적 성격에 힘입어 지방자치단체 자체의 고유한 이익에 의거해서도

3) 이상에 관해 L. L. Jaffe, Judicial Control of Administrative Action, 1965, p. 537-543; Davis/Pierce, Administrative Law Treatise. Vol. Ⅲ. 3. ed., 1994, § 16. 15 참조.

행정소송의 원고적격이 인정된다. 원고적격은 "충분한 이익"(sufficient interest)이 있으면 인정되고 본안사유로서 어떠한 객관적인 위법사유도 주장할 수 있기 때문에, 지방자치단체에게 행정소송의 기회가 매우 넓게 부여되어 있다.[4)]

3. 프 랑 스

프랑스 행정소송 중 항고소송에 해당하는 것이 越權訴訟(recours pour excès de pouvoir)인데, 영국의 사법심사청구소송과 마찬가지로, 원고적격 부분에서 사적관련성, 즉 '개인적이고 직접적인 이익'(intérêt personnel et direct)만을 요구하고 본안사유로 모든 객관적인 위법사유를 주장할 수 있다는 의미에서 역시 객관소송이다. 이와 같이 월권소송은 개인의 권리보호를 위해서가 아니라 국가법질서의 확립을 위한 것이므로, 국가법질서의 중요한 요소인 지방자치단체에게 원고적격이 인정되는 것은 당연한 논리이다. 미국과 영국과 다른 것은 프랑스에서는 지방자치단체가 그 자신의 고유한 이익을 방어한다는 관념에 의거하여 지방자치단체의 존립·권한·재산·구획정리 등에 관여하는 국가의 행위 또는 감독청의 감독처분에 대하여 원고적격이 인정된다는 점이다. 요컨대, 프랑스에서 월권소송의 원고적격이 인정되는 데에는 私人이나 지방자치단체나 차이가 없다.[5)]

---

4) de Smith/Woolf/Jowell, Judicial Review of Administrative Action. 5.ed., 1995, para. 2-057; C. Lewis, Judicial Remedies in Public Law, 2000, para. 10-033~10-035 참조. 영국의 사법심사청구소송에 관한 자세한 내용은 本書 제15장, 650면 이하 참조.

5) Editions Dalloz, Répertoire de contentieux administratif. Tome 3, 1996, n° 158, 159 참조. 프랑스의 행정소송에 관해 本書 제4장 인류의 보편적 지혜로서의 행정소송, 107면 이하, 119면 이하 참조.

4. 독 일

문제는 독일인데, 독일의 행정소송은 철저히 개인의 권리보호를 위한 주관소송의 성격을 띠는 것이기 때문이다. 기본법 제19조 제4항은 공권력에 의해 "권리가 침해된 때" 소송을 제기할 수 있다고 규정하고, 행정법원법 제42조 제2항도 "권리침해"를 원고적격의 요건으로 규정하고 있다. 그러나 이러한 독일에서조차 2차 세계대전 이후 판례를 통해 원고적격의 요건인 '권리'(Recht)가 전통적인 의미에서의 개인적 권리(Individualrecht)만이 아니라 독립적인 공법상 단체의 고유한 '권한'(Kompetenz)도 포함하는 것으로 확대됨으로써, 지방자치단체는 자신의 자치권 내지 計劃高權(Planungshoheit)에 의거하여 이를 침해하는 상급감독관청 또는 다른 지방자치단체의 공행정작용에 대해 행정소송을 제기할 수 있게 되었다. 가장 대표적인 사례가 상급감독관청의 감독처분과 연방·주 또는 다른 지방자치단체의 대규모시설 허가처분(당해 지방자치단체와의 필요적 협의절차가 흠결된 경우)에 대한 취소소송이다. 취소소송 이외에도 의무이행소송·일반적 이행소송·확인소송·금지소송 등 모든 유형의 행정소송형태가 가능함은 개인이 제기하는 행정소송에서와 같다. 다만, 독일의 특징은 지방자치단체의 원고적격은 항상 그 자체의 고유한 권한, 즉 자치권에 의거해서 인정될 뿐, 지역주민의 이익을 대표하는 지위에서는 인정되지 않는다는 점이다. 이는 독일의 지방자치가 住民自治가 아닌 團體自治의 성격을 띠고 있다는 데에서 비롯된다.[6)]

---

6) 이상에 관해 Hufen, Verwaltungsprozeßrecht. 3. Aufl., 1998, §14 Rn. 126-142; Schoch/Schmidt-Aßmann/Pietzner, Verwaltungsgerichtsordnung, Vorb §42 Abs. 2 Rn. 118-120; Redeker/von Oertzen, Verwaltungsgerichtsordnung, §42 Rn. 103-105; Bosch/Schmidt, Praktische Einführung in das verwaltungsgerichtliche Verfahren. 6. Aufl., 1996, §25 Ⅲ 4 (S. 130-134); Waechter, Kommunalrecht. 3. Aufl., 1997, S. 24-25; Weißhaar, Kommunalrecht Niedersachsen. 4. Aufl., 1993, S. 276-277 등 참조.

5. 小 結

이상의 비교법적 고찰에서 우리는 다음 몇 가지 중간결론을 얻을 수 있다. 첫째, 미국 · 영국 · 프랑스 · 독일 등 지방자치제도가 실질적으로 구현되고 있는 나라에서는 모두 예외 없이 지방자치단체에게 일반적으로 행정소송의 원고적격이 인정되고 있다. 둘째, 미국 · 영국· 프랑스는 행정소송의 객관적 성격으로 인해 지방자치단체의 원고적격을 인정하는 데 이론적 어려움이 없으나, 독일에서는 행정소송이 철저한 주관소송이기 때문에 지방자치단체의 '自治權'이라는 주관적 요소를 매개로 하고 있다. 셋째, 미국과 영국에서는 지방자치단체가 주민의 이익을 대표한다는 점이 강조되는 반면, 단체자치인 프랑스와 독일에서는 지방자치단체의 고유한 권한과 이익이 부각된다. 넷째, 영국은 住民自治이긴 하지만 행정소송의 객관소송적 성격이 강하므로 객관적인 법질서 확립을 위한 지방자치단체의 고유한 出訴權이 아울러 인정되고, 거꾸로 프랑스는 團體自治이긴 하지만 이익 개념을 중심으로 한 원고적격 요건에 의거하여 주민의 이익과 지방자치단체의 이익을 연결할 수 있는 가능성이 있다. 이상의 네 가지 점이 우리나라의 제도를 검토하는 중요한 기준이 될 수 있다.

Ⅲ. 紛爭類型

1. 紛爭主體

지방자치단체가 행정소송을 통해 다툴 수 있는 대상은 국가, 상급지방자치단체 또는 다른 지방자치단체이다. 국가와 상급지방자치단체의 경우는 주로 감독처분이 문제될 것이고, 다른 지방자치단체의 경우는 당해 지방자치단체의 제 3 자로서의 — 구체적 — 원고적격의 인정 여부가 문제된다.

2. 立法作用과 行政作用

국가의 입법작용 중 법률에 대해서는 위헌법률심사를 통해 다투게 되는데, 구체적으로, 문제의 법률에 의거한 국가, 상급지방자치단체 및 다른 지방자치단체의 처분에 대해 행정소송을 제기한 다음에 비로소 그 소송에서 위헌여부심판의 제청을 신청하거나 그 신청이 기각된 후 헌법재판소에 위헌법률 헌법소원심판을 청구할 수 있으므로(헌법재판소법 제68조 제 2 항), 행정소송의 원고적격 문제가 출발점이다.

국가의 법규명령과 상급지방자치단체 및 다른 지방자치단체의 조례·규칙은 실질적으로 보면 모두 행정작용이라고 보아야 할 것인데, — 행정작용이든 입법작용이든 그 성질론과 관계없이 — 일차적으로 행정소송에 부수한 구체적 규범통제를 통해 다툴 수 있으므로 법률의 경우와 동일한 문제가 된다. 그러나 법규명령·조례 등이 내용상 구체성·직접성을 띠고 있어 막바로 행정소송을 제기할 수 있는 경우에는 그 원고적격의 문제가 바로 발생한다.

3. 直接相對方으로서의 지위와 第三者로서의 지위

지방자치단체가 국가, 상급지방자치단체 및 다른 지방자치단체의 행정조치의 직접상대방(Adressat)이 되는 것은 주로 감독처분과 승인·인가·협의의 거부처분의 경우이다. 이는 다시 한편으로 지방자치법상의 조치와 개별법(예컨대, 도로법, 하천법, 지방재정법, 도시계획법, 건축법 등)상의 조치로 구별될 수 있으며, 다른 한편으로 자치사무, 단체위임사무 및 기관위임사무에 관한 조치로 구별될 수 있다.

국가, 상급지방자치단체 및 다른 지방자치단체의 행정조치가 당해 지방자치단체 자체를 직접 상대방으로 하는 것은 아니지만 당해 지방자치단체가 제 3 자로서 그 권한과 이익에 영향을 받는 경우(예컨대, 국토이용계획, 도시계획 등 각종 구속적 계획의 수립과 건축허가, 어업면허, 공유수립면허 등 각종 인·허가)는 다시 당해 지방자치단체의 구역 내에 관한 것과 구역 외에 관한 것으로 나누어 볼 수 있다. 구역 내에 관한 것은 원고적격이 인정되기에 비교적 용이한 반면, 구역 외에 관한 것은 그렇지 않을 것이다.

4. 行政主體로서의 지위와 私人으로서의 지위

대부분의 경우 지방자치단체가 행정주체로서의 지위에 서게 되지만, 국가, 상급지방자치단체 및 다른 지방자치단체의 행정조치의 직접 상대방이 되는 때에도, 예컨대 지방자치단체의 잡종재산 기타 私法上 거래에 대한 행정조치와 같이, 지방자치단체가 私人으로서의 지위에 서게 되는 수도 있는데, 이러한 경우에는 私人과 동일하게 당해 지방자치단체가 행정소송을 제기하게 되므로 역시 행정소송의 원고적격이 문제된다.

행정조치의 제 3 자가 되는 경우에는 당해 지방자치단체가 행정주체로서의 지위에 있는지 아니면 私人으로서의 지위에 있는지가 일응 문제될 수 있다. 지방자치단체가 행정주체로서 갖는 공권력의 행사가 문제의 행정조치에 의해 직접 영향을 받는 것은 아니기 때문이다. 그러나 그 '제 3 자'로서의 이해관계는 — 상술한 바와 같이 잡종재산 기타 사법상의 권리의 경우는 제외하고 — 거의 대부분 관할구역 내의 자연환경, 경제 · 사회 · 산업시설, 주민의 복리와 관련하여 이루어지는 것인

바, 이는 이러한 사항들을 관리하는 것을 임무로 하는 '행정주체'로서의 지위에서 비롯되는 것으로 파악하여야 할 것이다.

5. 고유한 自治權의 保有者로서의 지위와 住民의 利益代表로서의 지위

우리나라의 지방자치는 주로 團體自治의 성격을 갖는다고 할 것이므로, 행정주체로서의 지방자치단체의 지위는 그 고유한 자치권에 의거하는 것으로 보아야 할 것이다. 국가, 상급지방자치단체 및 다른 지방자치단체의 행정조치의 직접 상대방이 되는 경우는 거의 대부분 고유한 자치권이 문제되겠으나, 행정조치의 제 3 자가 되는 경우는 예컨대 자연환경 보호와 관련하여 당해 지방자치단체의 자치권의 문제는 후퇴하고 오히려 지역주민의 이익이 부각된다.

Ⅳ. 行政訴訟의 必要性

1. 機關訴訟과의 관계

행정소송법 제 3 조 3 호는 '기관소송'을 "국가 또는 공공단체의 기관 상호간에 있어서의 권한의 존부 또는 그 행사에 관한 다툼이 있을 때에 이에 대하여 제기하는 소송"이라고 정의하고 그 단서에서 헌법재판소법 제 2 조에 의해 헌법재판소의 관장사항으로 되는 소송을 제외하고 있다. 여기에서 "국가 또는 공공단체의 '기관' 상호간"이라고 규정하고 있기 때문에, 기관소송이라 함은 동일한 지방자치단체에 소속한 기관 사이에, 예컨대 지방자치단체의 장과 지방의회 사이에 제기되는 소송에 국한되고, '지방자치단체 자체'가 국가 또는 다른 지방자치단체에 대해 제기하는 경우는 제외된다. 게다가 행정소송법 제45조는 이러한 기관소송은 법률이 정한 경우에 법률에 정한 자에 한하여 제기할 수 있는 것으로 한정하고 있기 때문에,[7] 기관소송을 확대하여 지방자치단체 자체가 제기하는 행정소송을 기관소송의 형태로 인정할 수 있는 가능성도 원천적으로 봉쇄되어 있다.

2. 地方自治法上 監督不服訴訟과의 관계

지방자치법 제157조 및 제158조는 지방자치단체의 장에 대한 주무부장관 또는 시·도지사의 감독권을 인정함과 아울러 이러한 감독권 행사에 대해 불복할 수 있는 소송을 인정하고 있다.

(1) 먼저 감독권의 내용을 정리하면 다음과 같다.

① 시정명령 및 취소 · 정지권(제157조 제 1 항)
- ◇ 주체: 주무부장관 또는 시·도지사
- ◇ 대상: 지방자치단체의 사무에 관한 단체장의 명령이나 처분
- ◇ 사유: 자치사무의 경우 법령위반
  위임사무의 경우 법령위반 및 현저한 부당
- ◇ 시정명령의 형식: 서면 및 기간부
- ◇ 기간 내에 시정하지 않는 경우: 취소 · 정지

7) 여기서 기관소송이 국가 또는 특정 지방자치단체 각각의 기관 상호간에만 인정되는 것이라면, 지방자치단체의 장이 그 의회에 대해 대법원에 제기하는 조례안무효확인소송(지방자치법 제98조 제 3 항)이 그 유일한 예이고, 만일 국가의 기관과 지방자치단체의 기관, 또는 다른 지방자치단체의 기관 상호간에도 기관소송이 가능하다고 한다면, 지방자치단체의 장이 주무부장관 또는 시·도지사의 명령 또는 처분의 취소 · 정지를 다투어 대법원에 제소하는 것(동법 제157조 제 2 항)과 거꾸로 행정자치부장관 또는 시·도지사가 지방의회의 재의결 사항을 다투어 대법원에 제소하는 것(동법 제159조 제 6 항)도 기관소송이라고 할 수 있다. 여하튼 이상이 법률에 명시적으로 인정된 기관소송의 전부이다.

② 직무이행명령 및 대집행 · 직접조치권(제158조 제 1 항 · 제 2 항)
- ◇ 주체: 주무부장관 또는 시·도지사
- ◇ 대상: 위임사무에 속하는 단체장의 업무
- ◇ 사유: 위임사무의 관리 및 집행의 해태(위법 · 부당)
- ◇ 직무이행명령의 형식: 서면 및 기간부
- ◇ 기간 내에 이행하지 않는 경우 → 대집행(행정대집행법 준용)
행정 · 재정상 (직접) 조치

유의할 것은 시정명령 및 취소 · 정지권은 자치사무 · 단체위임사무 · 기관위임사무 모두에 관해 인정되는데 다만 자치사무의 경우에는 법령위반을 이유로 한 것에 한정된다는 점, 반면에 직무이행명령 및 대집행 · 직접조치권은 단체위임사무 · 기관위임사무만을 대상으로 한다는 점이다.

(2) 다음으로 이러한 감독권 행사에 대한 지방자치단체장의 불복소송을 정리하면 다음과 같다.

① 취소 · 정지에 대한 불복소송(제157조 제 2 항)
- ◇ 대상: 제157조 제 1 항 소정의 취소 · 정지 중 자치사무에 관한 명령 · 처분에 대한 것
- ◇ 기간 및 관할: 취소 · 정지처분을 통보받은 날부터 15일 이내 대법원에 제소
- ◇ 본안이유: 위법(헌법·법령위반)

② 직무이행명령에 대한 불복소송(제157조의2 제 3 항)
- ◇ 대상: 제157조의2 제 1 항 소정의 직무이행명령
- ◇ 기간 및 관할: 이행명령서를 접수한 날부터 15일 이내 대법원에 제소
- ◇ 본안이유: 위법(헌법 · 법령위반)

유의할 것은 취소 · 정지에 대한 불복소송은 자치사무에 관한 것

에 한정된다는 점, 그러나 직무이행명령은 상술한 바와 같이 위임사무에 관한 것임에도 불구하고 불복소송이 인정되고 있다는 점이다. 취소·정지는 소극적 감독권 행사이므로 위임사무에 관한 것은 제외하지만 직무이행명령은 적극적인 감독권 행사이기 때문에 위임사무에 관한 것이라도 불복소송을 인정한 것이다.

(3) 위와 같은 지방자치법상 두 가지 불복소송(이하 '감독불복소송'이라 함)은 첫째 지방자치단체 자체가 아니라 그 長이 제기하는 것이고, 둘째 바로 대법원에 제소하는 것이며, 셋째 제소기간이 15일로서 극히 짧고, 넷째 그 대상이 취소·정지와 직무이행명령에 제한되어 있는 점이 특징이다. 그 법적 성격에 관해서는, 우선 동일한 지방자치단체 내의 기관 사이의 소송이 아니므로 기관소송이 아닌 것은 분명하므로, 국가·상급지방자치단체의 행정기관의 감독처분에 대해 제기하는 특별한 형태의 항고소송으로 보아야 할 것이다. 다만, 이 소송의 원고에 관하여, 원래 원고는 지방자치단체 자체인데 그 長이 대표자로서 소송을 제기하는 것인지 아니면 지방자치단체의 장이 원고인지에 관해 논란의 여지가 있을 수 있다. 생각건대, 위 ①의 취소·정지에 대한 불복소송은 자치사무에 관한 것이기 때문에 단체장은 지방자치단체의 대표로서의 지위에 있음이 분명하고, 뿐만 아니라 위 ②의 직무이행명령에 대한 불복소송의 경우도, 만일 단체장이 국가 또는 상급지방자치단체의 순수한 하부기관이라면 이러한 불복소송이 인정되지 않았을 것이라는 점에 비추어 보면, 직무이행명령의 대상인 위임사무 — 기관위임사무도 포함하여 — 에 관한 지방자치단체 자체의 이해관계에 의거하여 불복소송이 인정되는 것이라 할 것이다. 따라서 지방자치법상 두 가지 감독불복소송 모두 지방자치단체 자체가 그 대표자인 단체장의 명의로 제기하는 항고소송의 특별한 형태라고 볼 수 있다.

(4) 문제는 이러한 감독불복소송의 대상이 제한되어 있다는 점이다. 우선 지방자치법상으로도 주무부장관과 시·도지사의 시정명령에 대해 직접 소송을 제기할 수 없고 시정명령에 불응하여 취소·정지가 내려졌을 때 비로소 소송을 제기할 수 있다. 뿐만 아니라 건축법(제68조), 도로법(제76조) 등은 주무부장관 또는 시·도지사가 지방자치단체장의 명령 또는 처분의 취소·변경 기타 필요한 조치를 명할 수 있도록 규정하고 있는데, 여기에서는 단체장의 처분을 직접 취소하는 것이 아니라 단체장으로 하여금 그 처분을 취소하도록 명하는 것이기 때문에 지방자치법 제157조 제 2 항이 적용될 수 없고, 또한 위 건축법 등의 규정에서 말하는 "처분의 변경 기타 필요한 조치"도 지방자치법 제157조 제 2 항에 규정되어 있지 않다. 또한 직무집행명령은 기관위임사무에 관해 단체장이 사무의 관리 및 집행 자체를 해태하고 있는 경우에 한정되므로, 구체적인 사무집행에 있어 거부처분 또는 부작위가 위법·부당한 경우에 대한 감독처분[8]과 자치사무 및 단체위임사무에 관한 감독처분은 제외된다. 이와 같이 — 건축관계법상 승인·인가·협의 또는 그 밖에 지방자치단체에 영향을 주는 행정조치는 물론이고 — 감독처분에 관해서도 개별법에 규정되어 있는 것 중 상당부분이 지방자치법상의 감독불복소송에 의해 포착되지 않으므로, 이에 대해 일반적인 행정소송(항고소송, 특히 취소소송)을 제기할 수 있는가가 문제되는 것이다. 뿐만 아니라 지방자치법상 감독불복소송은 제소기간이 극히 짧은데다가 대법원에 직접 제소하는 것이므로, 충실한 사법심사를 위해서는 최소한 사실심과 법률심의 2 심급이 필요하다는 점에서, 현행법의 해석상 가능한 한 지방자치법상 감독불복소송의 적용범위를 좁게 해석하여 이에 해당하지 않는 감독처분을 일반 행정소송으로 포착하여야 할

8) 예컨대 구청장이 건축법 제25조 소정의 공용건축물의 건축에 대한 협의 업무 자체를 전혀 수행하지 않는 경우에는 지방자치법상의 직무집행명령의 대상이 되지만, 개별사안에서 특정 공용건축물에 대한 협의를 거부하거나 부작위하는 경우에는 건축법 제68조 소정의 감독처분의 대상이 된다.

것이고, 입법론적으로는 이를 폐지하여 지방자치단체가 제기하는 일반적인 행정소송으로 통합되어야 할 것이다.

3. 權限爭議審判과의 관계

헌법 제111조 및 헌법재판소법 제2조 4호는 헌법재판소의 관장사항으로 "국가기관과 지방자치단체간 및 지방자치단체 상호간의 권한쟁의심판"을 규정하고 있다. 이에 따라 헌법재판소법 제61조 제1항은 "국가기관 상호간, 국가기관과 지방자치단체간 및 지방자치단체 상호간에 권한의 존부 또는 범위에 관하여 다툼이 있을 때 당해 국가기관 또는 지방자치단체는 권한쟁의심판을 청구할 수 있다"고 규정함으로써 권한쟁의심판의 대상을 '권한의 존부 또는 범위'로 정하고 있는데, 권한쟁의심판의 청구요건은 동조 제2항에 의하여 "피청구인의 처분 또는 부작위가 헌법 또는 법률에 의하여 부여받은 청구인의 권한을 침해하였거나 침해할 현저한 위험이 있는 때"로 한정되어 있다. 권한쟁의심판의 결정으로서, 심판의 대상이 된 국가기관 또는 지방자치단체의 권한의 존부 또는 범위에 관한 판단(동법 제66조 제1항)과 더불어 피청구기관의 처분 또는 부작위가 이미 청구인의 권한을 침해한 때에는 그 취소 또는 무효확인을 할 수 있다.

지방자치단체의 국가 또는 다른 지방자치단체와의 법적 분쟁은 모두 이러한 권한쟁의심판의 대상이 된다는 견해가 유력한데, 그렇기 때문에 현행법상 행정소송의 가능성이 배제되어 있다는 견해가 있는가 하면,[9] 또 다른 견해는 행정소송과 권한쟁의심판이 경합관계에 있다고 한다.[10] 즉, 지방자치단체는 국가 또는 다른 지방자치단체의 처

9) 김원주, "국가기관과 지방자치단체의 권한쟁의에 관한 연구," 헌법재판연구 제3권, 1991, 9-137면 (131-132면).
10) 헌법재판소, 헌법재판실무제요, 1998, 211-214면.

분을 다투는 행정소송을 제기함과 동시에 그 처분에 의해 자신의 헌법상 또는 법률상의 권한이 침해된다는 이유로 권한쟁의심판을 제기할 수 있다고 한다. 위 양 견해의 논리를 분석해 보면, 권한쟁의심판의 대상이 되는 '권한'이 바로 헌법상 부여된 지방자치단체의 자치권이라는 전제 하에, 지방자치단체에게 침익적 효과를 갖는 국가 또는 다른 지방자치단체의 일체의 처분에 대해 그것이 자신의 권한, 즉 자치권을 침해한다는 이유로 권한쟁의심판을 청구할 수 있다는 것이다.

이러한 견해는 1980년대까지 유명무실한 지방자치제도 하에서 지방자치단체의 자치권을 보장하기 위해 행정소송이 전혀 활용되지 못했던 까닭에 1987년 헌법재판소의 설치와 더불어 권한쟁의심판을 통해서라도 행정소송의 기능을 대신해 보고자 한다는 점에서 실제적 의의를 찾을 수 있다. 또한 권한쟁의심판은 연혁적으로 국가권력의 구성요소들 사이의 권한배분 문제에 대한 재판으로 발전된 것이기 때문에, 지방자치단체의 국가 또는 상급지방자치단체에 대한 불복이 이러한 권한쟁의심판의 형식을 통해 이루어진다는 것은 지방자치제도의 강화에 도움이 되는 측면도 있음을 부정할 수 없다.[11] 그러나 위 견해의 결정적인 문제점은 권한쟁의심판의 대상을 부당히 확대한다는 데에 있다. 권한쟁의심판의 대상은 상술한 헌법재판소법의 명문의 규정상 '권한의 존부 또는 범위'이다. 청구요건으로 "피청구인의 처분 또는 부작위가 헌법 또는 법률에 의하여 부여받은 청구인의 권한을 침해하였거나 침해할 현저한 위험이 있는 때"일 것이 필요하지만, 이는 청구인

11) 독일에서는 지방자치단체가 헌법재판소에 권한쟁의심판을 제기할 수 있는 경우는 전혀 없고, 자치권을 침해하는 연방법률(또는 예외적으로 주법률)에 대해 헌법소원심판을 청구할 수 있을 뿐이다(기본법 제93조 제 1 항 4b호 및 연방헌법재판소법 제13조 8a호 참조). 독일을 포함한 연방제 국가에서는 일반적으로 연방과 주, 또는 주 상호간의 권한분쟁이 중요한 권한쟁의심판의 대상이 된다는 점을 감안하면, 우리나라의 지방자치제도는 — 국가와 지방자치단체 사이의 권한쟁의심판이 마련되어 있다는 점에서 — 연방제에 준하는 요소를 갖고 있는 것으로 파악할 수도 있지 않을까 한다.

과 피청구인 사이에 권한의 존재 또는 범위에 관한 다툼이 생겨 그로 인해 청구인의 권한과 모순되는 피청구인의 처분 또는 부작위가 이루어짐으로써 청구인의 권한이 침해되는 경우에 한정된다. 이러한 권한의 존재 또는 범위에 관한 다툼이 없이, 피청구인의 처분 또는 부작위가 그 자체의 법적 요건에 위반하여 위법하게 된 경우는 이로 인해 결과적으로 청구인의 권한이 영향을 받는다고 하더라도 이는 권한쟁의심판의 대상이 아니다. 요컨대, 권한쟁의심판은 — 추상적 — 권한의 소재 또는 범위에 관한 분쟁을 대상으로 할 뿐, 그 권한이 개별사안에서 적법 또는 위법하게 행사되었는가를 문제삼지 않는다.

예컨대, A국가기관이 B국가기관에게 속한 권한을 행사함으로써 B국가기관의 권한을 침해(보다 정확하게 말하자면, 침범)한 경우가 권한쟁의심판의 대상이 되는 것이고, A국가기관이 자신에게 속한 권한을 법적 요건에 위반하여 위법하게 행사함으로써 결과적으로 B국가기관의 권한에 영향을 미치는 경우는 제외된다. 후자의 경우는 동일한 법인격인 국가 내부의 기관 상호간의 분쟁으로서 행정소송법상 기관소송에 해당되지만, 행정소송법 제45조에 의해 기관소송은 법률이 정한 경우에 한하여 허용되는데, 현행법상 국가기관 상호간의 기관소송이 전혀 인정되지 않기 때문에, 권한쟁의심판의 대상을 이러한 경우까지 확대하는 것이 필요하고 또한 타당할 수도 있을 것이다.

그러나 지방자치단체가 국가 또는 다른 지방자치단체의 처분을 다투는 경우는 사정이 전혀 다르다. 이는 다른 법인격주체 사이의 문제로서 기관소송이 아니므로 개별법률에 정한 경우에 한정되지 않고 일반적인 행정소송(항고소송)의 가능성이 열려 있기 때문이다. 따라서 권한쟁의심판을 무리하게 확대할 필요도 없고 확대하는 것이 바람직하지도 않다. 헌법재판소와 대법원 사이에 관할과 판단의 충돌을 야기할 뿐이다. 요컨대, 국가 또는 다른 지방자치단체가 어떤 지방자치단체의 권한과 모순되는 권한을 행사한 때에는 권한쟁의심판의 대상이 되고, 반면에 국가 또는 다른 지방자치단체의 권한 행사가 법적 요건에 위반하여 위법이 되는 때에는 오직 행정소송만이 허용된다.

이러한 결론은 審級의 관점에서 보더라도 타당하다. 헌법재판소의 권한쟁의심판은 單審으로 끝난다. 권한쟁의심판의 대상이 되는 지방자치단체의 추상적 권한의 존부 또는 범위의 문제는 거의 대부분 헌법과 법령의 해석을 통해서 바로 판단되는 것으로 사실심리가 필요하지 않기 때문에, 單審이라도 무방하며 오히려 신속한 절차를 위해 바람직하다고 할 수 있을지도 모른다. 그러나 국가 또는 다른 지방자치단체의 권한 행사가 법적 요건에 위반하여 위법이 되는가의 문제는 대부분의 경우 헌법과 법령의 해석만으로는 부족하고 당해 사안의 개별·구체적 사실관계까지 파악되어야만 판단될 수 있는 것이다. 따라서 사실심과 법률심이 구별되어 있는 행정소송 절차가 보다 바람직한 제도라고 할 것이고, 다만 현재 행정소송이 三審制로 되어 있어 절차지연이 우려된다면, 입법론적으로 지방자치단체가 제기하는 행정소송은 비약상고를 원칙으로 하거나 고등법원을 1심으로 함으로써 二審制로 바꾸는 방안도 고려할 만하다.

4. 憲法訴願審判과의 관계

헌법재판소법 제68조 제 1 항이 규정하고 있는 헌법소원심판은 기본권 침해를 이유로 하는 것인데, 지방자치단체의 자치권 기타 법률상 권한을 기본권으로 파악할 수 없으므로, 위 헌법소원심판은 허용되지 않는다고 할 것이다. 물론 여기서의 "기본권"을 헌법상 보장되는 지방자치단체의 자치권도 포함하는 것으로 확대 해석하는 것이 법학방법론상 전혀 불가능한 것은 아니지만, 헌법소원심판의 보충성(헌법재판소법 제68조

제1항 단서)과 審級과 節次에서의 행정소송의 相對的 秀越性에 비추어, 굳이 헌법소원심판을 인정할 필요도 없고 인정하는 것이 바람직한 것도 아니다. 이에 대하여 헌법소원심판에서는 행정소송(항고소송)의 대상이 되지 않는 사실행위와 행정입법을 다툴 수 있다는 점에 의의가 있다는 반론이 가능하고, 종래의 대법원 판례는 대부분의 사실행위와 행정입법을 항고소송의 대상에서 제외하여 왔기 때문에 위 반론이 일응 타당한 면도 있다. 그러나 항고소송은 사실행위와 행정입법을 포함한 행정작용 전체를 모두 포함한다는 私見[12)]에 의하면 헌법소원심판은 불가능하고, 뿐만 아니라 종래의 판례에 의하더라도 사실행위와 행정입법에 대하여, 헌법소원심판 대신에, 보충성의 제한도 없고 또한 반드시 구두변론이 요구되는 권한쟁의심판을 청구하는 것이 — 상술한 바와 같이 私見에 의하면 권한의 존부 및 범위에 관한 다툼이 선행하는 경우에 한정되지만 — 지방자치단체의 자치권을 확보하는 보다 강력한 수단이라고 할 것이다. 다만 헌법재판소법 제68조 제 2 항의 헌법소원심판은 지방자치단체에게도 아무런 문제없이 인정된다. 즉, 지방자치단체의 자치권을 침해하는 법률에 대해서는 그 법률에 기한 국가 또는 다른 지방자치단체의 처분을 다투는 행정소송을 제기하여 헌법재판소법 제41조 제 1 항에 따라 위헌심판제청신청을 하고 그 신청이 기각되면 동법 제68조 제 2 항 소정의 헌법소원심판을 통해 법률의 위헌성을 다툴 수 있다.

12) 이에 관하여 本書 제 3 장 취소소송의 4유형, 70면 이하; 제 5 장 취소소송의 성질과 처분개념, 174면 이하 참조.

V. 行政訴訟의 可能性

1. 取消訴訟의 性質

우리 행정소송법상 취소소송은, 철저한 주관소송 및 엄밀한 의미의 형성소송의 성격을 갖는 독일의 취소소송과는 달리, 객관소송적 구조와 (주관소송적 기능과 함께) 객관소송적 기능을 갖고 있고 또한 행정작용의 위법성을 유권적으로 확인하는 확인소송적 성격을 갖고 있다.[13] 이러한 객관소송·확인소송으로서의 성격은 지방자치단체가 제기하는 취소소송의 경우에 더욱 분명하게 나타난다. 즉, 序說에서 강조하였듯이 지방자치제도는 국가의 전체 법질서의 중요한 구성요소로서, 지방자치단체의 자치권은 단순한 주관적 권리에 그치는 것이 아니라 객관적 법질서의 내용이 되고 있기 때문이다. 따라서 지방자치단체가 제기하는 행정소송은 권리구제의 수단이 아니라, 지방자치제도를 둘러싼 모든 법적 문제가 논의되는 하나의 Forum으로 이해되어야 한다. 여기에서 행해지는 법적 담론들은 독립된 법원에 의해, 신중한 절차를 거쳐, 기판력 있는 판결을 통해, 판단됨으로써 단계적으로 '지방자치'라는 법제도의 기초를 구축해 나가는 것이다. 바로 그렇기 때문에, 지방자치단체가 제기하는 행정소송의 본질 또한 국가 또는 다른 지방자치단체의 처분을 취소하여 그 효력을 소급적으로 소멸시키는 것이 아니라, 그 적법·위법을 유권적으로 판단, 확정하는 데 있다.

이러한 기본적 시각에 입각하여 이하에서는 지방자치단체가 제기하는 취소소송의 대상적격, 원고적격, 심사척도 및 심사강도 등을 차례로 검토하기로 한다.

---

13) 취소소송의 객관소송·확인소송적 성격에 관한 자세한 내용은 本書 제 5 장 취소소송의 성질과 처분개념, 160면 이하, 168면 이하 참조.

2. 對象適格의 문제

취소소송을 주관소송과 형성소송으로 파악하여 처분 개념을 제한적으로 인정하는 판례와 전통적 학설의 입장에서도, 독일에서와 마찬가지로, 지방자치단체가 제기하는 취소소송에 관해 대상적격 내지 처분성의 문제는 그다지 심각하지 않다. 즉, 지방자치단체가 제3자의 지위에 서게 되는 경우에는 국가 또는 다른 지방자치단체가 취하는 행정조치는 — 당해 지방자치단체와는 무관하게 — 그 직접상대방과의 관계에서 처분에 해당하고, 지방자치단체가 私人의 지위에 서게 되는 경우에는 국가 또는 다른 지방자치단체의 행정조치가 그 규율의 직접상대방인 당해 지방자치난제와의 관계에서 처분에 해당한다. 지방자치단체가 행정주체의 지위에 서게 되는 경우가 문제인데, 행정주체인 국가 또는 다른 지방자치단체가 역시 동일하게 행정주체인 당해 지방자치단체에 대해 내리는 감독조치 등 행정조치가 처분성을 충족하느냐에 관해 의문이 있을 수 있기 때문이다. 자치사무와 단체위임사무의 경우에는 감독조치가 별개의 행정주체간의 행위이므로 행정내부의 행위가 아니라 대외적 관계에서 법집행의 일환으로 이루어지는 공권력 행사라고 할 수 있기 때문에 처분에 해당한다는 점은 쉽게 인정될 수 있다. 반면에 기관위임사무의 경우에는 지방자치단체의 장이 국가기관 또는 상급지방자치단체의 하부기관의 지위에 서게 되므로 별개의 행정주체 사이가 아니라 동일한 행정주체 내부의 행위가 아닌가 라는 의문이 생긴다. 그러나 기관위임사무의 경우에도 지방자치단체의 장이 국가 또는 상급지방자치단체의 법인격 속에 완전히 함몰되어 있는 것은 아니라 할 것이다. 따라서 — 지방자치단체 자체의 원고적격의 문제는 별론으로 하고 — 대상적격의 단계에서는 기관위임사무에 관한 국가 등의 감독조치도 대외적인 행위로서 최소한 그 직접상대방인 단체장에 대한 관계에서는 처분성을 충족하는 것으로 보아야 할 것이다. 일단 직접상대방에 대한 관계에서 처분성을 충족하면 제 3 자에 대한 관계에서도 대상적격을 갖춘 것으로 보는 것이 행정소송의 일반원리이다. 따라서 기관위임사무에 관한 감독조치가 직접상대방인 단체장에 대한 관계에서 처분성이 충족된다면 결국 제 3 자인 당해 지방자치단체에 대한 관계에서도 '처분'이 되어 취소소송의 대상이 되고, 당해 지방자치단체의 (제 3 자로서의) 원고적격만이 문제된다.

또한 국가 등의 감독조치가 私人에 대한 처분의 경우와 동일한 공정력을 갖는 것인가 라는 점이 문제될 수 있다. 실체법적 처분개념설에 의하더라도 개별·구체적 감독조치에 대해서는 私人에 대한 경우와 같은 '실체적' 공정력을 인정함으로써 실체법적인 '처분'성을 부여할 수 있는 여지가 충분히 있다. 쟁송법적 처분개념설에 의하면 개별·구체적 감독조치에 대하여 그 분쟁해결의 필요성에 의거하여 쟁송법적 관점에서 '처분'성을 긍정할 수 있으므로 공정력 여부를 문제삼을 필요가 없다.

더욱이 私見에 의하면, 취소소송의 확인소송적 성격과 관련하여, 私人에 대한 처분에 있어서도 실체적 공정력을 부정하고 단지 사실상 적법·유효성을 추정하는 말하자면 '추정적' 공정력만을 인정하기 때문에, 지방자치단체에 대한 감독조치도 이러한 추정적 공정력을 갖는 이상, 그에 대해 처분성을 부여하는 데 아무런 지장이 없다. 뿐만 아니라, 취소소송의 객관소송적 성격과 확인소송적 성격에 의거하여 행정소송법 제 2 조 제 1 항 1 호의 "구체적 사실에 관한 법집행"이라는 징표를 재해석함으로써 처분개념을 사실행위와 행정입법을 포함하는 행정작용 전체로 확대할 수 있다면,[14] 지방자치단체의 자치권을 침해하는 각종 행정입법과 권고·경고·정책하달 등 사실행위에 대하여 취소소송을 통한 견제가 가능하게 되어 자치권의 실질적 보장과 지방

14) 本書 제 3 장 취소소송의 4유형, 70면 이하; 제 5 장 취소소송의 성질과 처분개념, 174면 이하 참조.

자치제도의 확립에 이바지할 수 있을 것이다.

3. 原告適格의 문제

지방자치단체의 원고적격은 일반적 원고적격의 문제와 개별적 원고적격의 문제로 나누어 고찰할 수 있다. 전자는 私人이 아닌 공권력 주체로서의 지방자치단체가 과연 행정소송의 원고가 될 수 있는가 라는 것이고, 후자는 전자의 문제가 긍정된다면 개별사안의 구체적 사정과 관련하여 당해 사안에서 지방자치단체의 원고적격이 인정될 수 있는가에 관한 것이다.

먼저 일반적 원고적격에 관해 살펴보면, 전술한 바와 같이 행정소송을 철저한 주관소송으로 파악하고 있는 독일에서도 원고적격의 핵심요건인 '권리'(Recht) 개념이 지방자치단체의 '권한'(Kompetenz)까지 포함하는 것으로 해석함으로써 지방자치단체에게 일반적 원고적격을 부여하고 있다. 우리 행정소송법상 원고적격은 '법률상 이익을 가진 자'이기 때문에, 독일에서와 같은 문제는 없고, 지방자치단체 등 공법인의 경우에도 자신의 권한에 관한 법적인 이해관계를 갖는 한 원고적격이 부여될 수 있는 것으로 해석되어야 한다. "법률상 이익"이 私人의 이익에 한정될 이유가 전혀 없고 또한 私人만이 항고소송을 제기할 수 있다는 규정도 없기 때문이다. 지방자치단체가 갖는 전형적인 법률상 이익은 자치권이고 기타 법률상 부여되어 있는 권한들이다.

다만 행정소송법 제 1 조가 "국민의 권리 또는 이익의 침해를 구제하고"라고 규정하고 있는 것이 문제될 수 있다. 그러나 우선 여기서 "국민"을 국가 내의 모든 법인격 주체로 확대 해석할 수 있는 여지가 충분히 있다. 뿐만 아니라, 同條는 이어 "공법상의 권리관계 또는 법적용에 관한 다툼을 적정하게 해결"이라는 표현을 사용하고 있는데,

이를 굳이 당사자소송과 기관소송 또는 민중소송에 국한된 것으로 볼 필요는 없고, 지방자치단체가 제기하는 항고소송의 경우에도 '공법상 권리관계 또는 법적용에 관한 다툼'이 문제되는 것이므로 이를 행정소송법의 목적에서 배제되는 것으로 해석할 필요는 전혀 없다고 할 것이다. 항고소송의 객관소송적 기능을 강조하는 私見에 의하면 지방자치단체가 제기하는 항고소송은 오히려 이러한 '법적용에 관한 다툼'에 바로 해당하는 것으로 볼 수 있다.

또한 논란이 될 수 있는 것은 기관위임사무에 관한 감독조치에 관한 경우이다. 기관위임사무는 지방자치단체 자체의 사무가 아니기 때문에,— 상술한 바와 같이 감독의 직접상대방이 되는 단체장에 대한 관계에서도 처분성을 인정할 수 있으므로 대상적격의 문제는 해결되지만,— 다시 원고적격 단계에서 문제되는 것이다. 헌법재판소는 1999. 7. 22. 선고, 98헌라4 결정에서 도시계획사업실시계획인가처분은 기관위임사무로서 국가사무이고 지방자치단체의 권한에 속하지 아니하기 때문에 그에 관한 권한쟁의심판청구는 부적법하다고 판시하고 있다. 권한쟁의심판은 청구인에게 속한 권한의 존부 또는 범위를 심판대상으로 하는 것이어서 위 판례는 극히 타당하겠지만, 행정소송의 심판대상은 '처분의 위법성'이며, 원고의 권리 또는 권한은 단지 원고적격의 문제에 불과하다. 따라서 기관위임사무의 경우에도 지방자치단체가 감독처분에 관해 법률상 이익을 갖는 한 — 제 3 자로서 — 원고적격을 인정받는 데 하등의 이론적 장애가 없다. 따라서 문제의 초점은 개별적 원고적격으로 넘어간다. 기관위임사무라 하더라도 법률상 — 도로법에서와 같이 — 지방자치단체에게 비용부담 기타 일정한 의무가 부과되어 있는 경우에는 단체장에 대한 감독처분에 관해 지방자치단체가 법률상 이익을 가짐을 쉽게 인정할 수 있다. 그렇지 아니한 경우에도, 법률상 이익을 넓게 '법적으로 보호할 가치 있는 이익'으로 해석하는 私見에 의하면,[15] 개별사안의 구체적 사정에 따라 원고적격이 인정될 수 있는 여지가 충분히 있다. 지방자치단체가 제기하는 행정소송은 私人이 제기하는 경우보다 훨씬 그 객관소송적 성격이 강하기 때문에, 원고적격을 과감히 확대해야 할 것이다.

자치사무와 단체위임사무에 관한 감독처분의 경우에는 항상 개별적 원고적격이 인정된다. 감독처분의 형식적 상대방은 단체장이지만, 이 때에는 단체장은 지방자치단체의 대표의 지위에 있으므로 감독처분의 법적 효과가 지방자치단체 자체에게 귀속되기 때문이다. 이 경우 단체장이 지방자치단체의 대표자로서 지방자치단체의 이름으로 국가 또는 상급지방자치단체의 기관을 상대로 항고소송을 제기하는 것이다. 가장 문제가 되는 것은 원자력발전소 설치허가, 댐설치허가, 국토이용계획, 도시기본계획 등 각종의 행정조치가 지방자치단체 또는 단체장을 직접상대방으로 하는 것은 아니지만 지방자치단체 내지 그 지역주민에게 영향을 미치는 경우이다. 법률상 이익을 '법률에 의해 보호되고 있는 이익'으로 좁게 파악하고 있는 판례·통설에 의하더라도 지방자치단체 또는 지역주민에게 법률상 참여권이 부여되어 있을 때에는 이를 근거로 원고적격이 인정될 수 있다. 그렇지 않은 경우에도 지방자치단체의 자치권과 주민의 복지를 증진시킬 의무와 책임에 기하여 원고적격을 인정할 수 있을 것이다. 독일에서는 '團體自治'와 원고적격으로서의 '權利(權限)'이 결부됨으로써 오로지 지방자치단체에 고유한 자치권에 의거하여 원고적격이 인정될 뿐이다. 住民自治를 취하고 있는 미국과 영국은 물론, 단체자치인 프랑스의 경우에도 원고적격이 權利가 아닌 利益의 문제이기 때문에, 주민의 환경적·경제적 이익은 그 지방자치단체의 이익과 연결될 수 있고, 따라서 지방자치단체의 원고적격이 인정될 수 있다. 세계적인 경향에 따라 우리나라에서도 단체자

15) 이에 관해 本書 제 7 장 취소소송의 원고적격 (2), 281면 이하 참조.

치와 주민자치의 성격이 혼합되고 있는데, 아직 단체자치로서의 성격이 주된 것이라 하더라도, 원고적격의 문제에서 주민의 이익까지 포괄함으로써 지방자치단체가 주민의 이익을 대표하여 행정소송을 제기할 수 있는 가능성을 열어야 할 것이다.

4. 審査尺度 및 審査強度

지방자치단체가 제기하는 행정소송에서의 本案은 다른 일반적인 행정소송과 마찬가지로 '위법성'이다. 그 심사척도로는 법령뿐만 아니라 헌법 및 헌법원리 기타 법의 일반원리도 포함되며, 심사강도 즉 재량에 대한 통제와 불확정개념에 대한 판단 문제도 동일하게 제기된다. 지방자치단체를 직접상대방으로 하지 않는 원자력발전소 설치허가, 댐 설치허가, 국토이용계획, 도시기본계획 등 각종의 행정조치에 관해서는 심사척도 및 심사강도가 私人이 제기하는 행정소송에서와 비교하여 특별히 다른 것이 없다. 그러나 감독처분과 도시계획·재개발계획의 경우에는 주의를 요한다. 감독처분은 자치사무에 관해서는 적법성 감독에 한정되므로, 이에 대한 행정소송에서도 그 감독처분의 적법·위법이 전면적으로 심사되고 재량이나 판단여지의 문제를 남기지 않는다. 감독처분의 적법·위법에 대한 전면적 사법심사를 통해 결과적으로 자치사무에 관한 지방자치단체의 자치권이 확보되는 것이다. 단체위임사무나 기관위임사무의 경우에는 타당성 감독까지 포함되는데, 감독처분이 지방자치단체 또는 단체장의 조치의 법령위반을 이유로 하는 때에는 그 적법·위법이 심사대상으로 되지만, 不當 또는 공익상 필요성을 이유로 하는 때에는 — 합목적성이나 타당성 여부는 행정소송에서의 판단대상이 아니므로 — 전면적인 사법심사는 배제되고 심사의 범위는 현저한 재량권 남용, 부정한 동기, 절차위반 등에 한정된다. 특히 기관위임사무에 관해서는 감독권의 자율성이 존중되어야 하므로 심사강도가 다른 경우에 비하여 약할 수밖에 없다.

건축법, 도시계획법, 도시재개발법, 도로법 등에서와 같이 지방자치단체의 장이 관리청 내지 처분청으로 되어 있고 주무부장관인 건설교통부장관의 적법성 · 타당성 감독을 받게 되어 있으나, 이는 전통적인 기관위임사무와는 달리 법률에서 직접 단체장을 소관청으로 정하고 있기 때문에 실질적으로 자치사무 또는 단체위임사무에 접근한 것으로서, 지방자치단체의 계획고권을 최소한 간접적으로라도 인정하는 입법형식으로 볼 수 있다.[16)] 이러한 점을 감안하면 不當 또는 공익상 필요성을 이유로 하는 감독처분은 예외적으로 그 不當이 현저하여 재량하자로서 위법하게 되는 경우에 한하여 내려질 수 있는 것으로 해석되어야 한다. 또한 단순히 감독청의 지시에 대한 위반을 이유로 하는 감독처분의 경우에도 감독청의 지시의 적법성이 행정소송의 대상이 된다고 하여야 할 것이다.

특히 도시계획법과 도시재개발법 등에서 지방자치단체의 장이 수립한 도시계획, 재개발계획 등을 건설교통부장관 또는 시·도지사로부터 승인받도록 규정하고 있는데, 그 승인이 거부된 경우에는 당해 지방자치단체는 — 설사 기관위임사무라 하더라도 법률상 이익을 가진 제 3

16) 대법원 1993. 1. 26. 선고 92다2684 판결은 특별시장 · 직할시장 · 시장에 의한 일반국도 관리업무를 기관위임사무에 속하는 것으로 판시한 적이 있으나, 이는 대법원 1998. 7. 10. 선고 96다42819 판결에서 — 명시적으로 판례변경의 형식을 취하지는 않았지만 — 실질적으로 변경된 것으로 볼 수 있다. 즉, 광주광역시 안의 일반국도에서 건설교통부 국토관리청이 시행한 대행공사가 완공된 이후 아직 광주광역시장에게 이관되기 이전 상황에서 발생한 교통사고에 관해 국가배상법 제 6 조 제 2 항 소정의 내부관계 구상이 문제된 사안에서, 국가와 더불어 광주광역시도 "도로의 점유자 및 관리자"로서 책임이 있다고 판시한 것이다. 만일 국도관리업무가 순수한 기관위임사무라고 한다면 소속 지방자치단체인 광주광역시는 — 도로법 제56조에 의해 비용을 부담할 뿐 — 도로 관리와는 전혀 관련이 없다고 할 것인데, 위 판결은 광주광역시에게 "도로의 관리자"로서의 책임을 인정하였다는 점에서 국도관리업무를 순수한 기관위임사무만이 아니라 소속 지방자치단체의 자치사무 내지 단체위임사무의 성격도 동시에 갖는, 독일에서 말하는 소위 공동사무(Gemeinschaftsaufgabe, Kondominium)로 파악한 판례라고 할 수 있을 것이다.

자로서 — 승인거부처분 취소소송을 제기할 수 있다. 그 본안판단에 관해서는 도시계획 등이 지방자치단체의 계획고권에 속하는 것으로 적법성 감독에 한정된다고 한다면, 그 계획이 위법한 사항을 담고 있지 않음에도 그 승인을 거부하는 조치는 위법한 것으로 취소되어야 할 것이다. 타당성 감독까지 포함된다고 보더라도 재량권 남용은 사법심사의 대상이 된다.

5. 行政審判裁決의 문제

행정심판법은 위임사무만이 아니라 자치사무에 대해서도 주무부장관 또는 상급지방자치단체의 장에 의한 행정심판을 규정하고 있다. 행정심판은 위법만이 아니라 부당까지 심사대상으로 하는 것이지만, 자치사무에 관해서는 — 헌법합치적 해석에 의해 — 위법성만이 심사대상이 되는 것으로 보아야 할 것이다.

문제는 자치사무와 위임사무에 관한 단체장의 처분에 대한 행정심판에서 인용재결(취소재결·의무이행재결) 또는 이와 더불어 직접처분(행정심판법 제37조 제2항 2문)이 내려진 경우 지방자치단체가 행정소송을 제기할 수 있는가에 있다. 재결도 그 자체 고유한 위법이 있으면 항고소송의 대상이 되는데(행정소송법 제19조 단서), 피청구인인 행정청이나 그 소속 행정주체가 인용재결이나 직접처분에 대해 행정소송을 제기하는 것을 금지하는 규정은 없다. 행정심판의 본질은 상급행정청의 하급행정청에 대한 감독기능에 있으므로 재결 또한 감독처분으로서의 성질을 갖는다. 국가 행정청에 대한 재결의 경우는 동일한 행정주체 내의 상급기관과 하급기관간의 문제이므로, 그 재결에 불복하는 소송은 기관소송에 해당하고, 따라서 행정소송법 제45조에 따라 법률에 규정이 있는 경우에만 허용되는데 이를 규정한 법률이 없기 때문에 결국 인용재결에 대한 행정청의 불복은 불가능하다는 결론에 이른다. 그러나 지방자치단체장에 대한 재결의 경우에는 상술한 바와 같이 별개의 행정주체 사이의 문제이므로 그에 대한 불복 소송은 기관소송이 아니라 일반적인 항고소송에 해당하고, 따라서 인용재결과 직접처분은 일종의 감독처분으로서 항고소송의 대상이 되는 것이다.

단 하나 문제로 남는 것은 행정심판법 제37조에서 규정하고 있는 '재결의 기속력'이다. 생각건대, 일반적인 행정행위도 — 실체적 공정력을 인정하는 통설에 따르면 — 발령 즉시 구속력을 갖지만 그렇다고 하여 항고소송이 불가능한 것은 아니고, 뿐만 아니라 그 구속력을 법원의 집행 · 효력정지결정에 의해 정지시킬 수 있다. 재결도 일종의 행정행위이기 때문에 재결의 기속력은 행정행위에 대해 부여되는 특수한 구속력에 불과하다. 따라서 재결이 기속력을 갖는다고 하여 이에 대한 항고소송이 불가능한 것은 아닐 뿐만 아니라, 법원의 집행 · 효력정지결정을 통해 그 기속력을 — 재결청의 직접처분이 있는 경우에는 그 효력까지 — 정지시킬 수도 있다. 행정심판의 피청구인은 행정청으로서의 단체장인 반면 재결에 대해 불복하여 항고소송을 제기하는 것은 지방자치단체이므로, 재결의 기속력은 지방자치단체에게는 미치지 않는다고 할 것이다. 행정심판법 제37조 제 1 항은 피청구인인 행정청 이외에 관계행정청까지 기속력이 미치는 것으로 규정하고 있으나, 여기서 "관계행정청"이라 함은 동일한 행정주체 내의 행정기관을 의미하는 것으로 해석되어야 하고, 따라서 별개의 행정주체인 지방자치단체는 제외된다고 할 것이다. 결론적으로, 인용재결과 직접처분에 대해 법원의 집행 · 효력정지결정을 받지 못하는 한, 단체장은 그 기속력에 의해 행정심판법 제37조 제 2 항 · 제 4 항 내지 제 6 항에 따라 재처분, 통보, 관리 · 감독, 공고, 통지 등의 조치를 하여야 하지만, 지방자치단체는 이와 무관하게 항고소송을 제기할 수 있다.[17]

17) 헌법재판소는 1999. 7. 22. 선고, 98헌라4 결정에서 재결청의 직접처분에 대한

마지막으로 원고적격에 관해 언급하면, 인용재결은 형식적으로 직접상대방이 행정청으로서의 단체장이지만, 자치사무와 단체위임사무의 경우에는 — 단체장이 지방자치단체의 기관으로 처분을 내린 것이므로 — 실질적으로 지방자치단체가 그 직접상대방이 되고 따라서 항상 원고적격이 인정된다. 기관위임사무의 경우에는 지방자치단체가 제 3 자의 지위에 서게 되지만, 상술한 바와 같이 비용부담, 절차참여 등을 매개로 하여 원고적격이 인정될 수 있다. 재결청의 직접처분은 예컨대 私人에 대한 영업허가의 발급에서와 같이 직접상대방이 단체장도 아니고 지방자치단체도 아니지만, 자치사무와 단체위임사무에 관해서는 지방자치단체의 처분을 대체하는 것이므로 지방자치단체가 직접적인 법률상 이익을 갖기 때문에 항상 원고적격이 인정되고, 기관위임사무에 관해서는 제 3 자로서의 법률상 이익에 의거하여 원고적격이 부여될 수 있을 것이다.

6. 地方議會의 議決 문제

마지막으로 입법론적으로 지방자치단체가 제기하는 행정소송에 있어 일본의 제도에서와 같이 지방의회의 의결을 거치도록 하는 것이 바람직할 것인가의 문제가 있다. 단체로서의 의사의 확정, 소송과 관련된 비용 부담, 집행기관과 의결기관과의 견제 등을 위해서는 바람직한 측면이 있고, 특히 기관위임사무의 경우에는 지방자치단체가 단체장과는 별개의 지위에서 행정소송을 제기하는 것이므로 지방의회의 의결이 필요하다는 견해가 타당성이 충분히 있다. 그러나 행정소송의

지방자치단체의 권한쟁의심판청구를 허용하고 직접처분이 인용재결의 범위를 넘어 지방자치단체의 권한을 침해하였다는 이유로 무효임을 확인하였다. 이는 재결 자체에 대한 것은 아니지만, 직접처분이 인용재결의 부수적 조치라는 점에서 재결의 기속력에도 불구하고 지방자치단체가 이에 불복하여 소송을 제기할 수 있음을 시사해주는 것이라고 할 수 있다.

제기 여부가 지방의회의 정치적 고려에 의해 좌우된다면 법치주의를 통한 지방자치제도의 확립이라는 목표가 흔들릴 위험이 있다. 이러한 점에서 일본에서도 지방의회의 의결을 요하게 하는 제도에 관해 회의적 태도가 있다고 한다.[18] 따라서 우리나라에서 실질적으로 지방자치에 관한 민주주의와 법치주의가 확립될 때까지는 지방의회의 의결 없이 단체장이 대표자의 자격으로 행정소송을 제기할 수 있도록 현행 제도를 유지할 필요가 있다. 만일 지방의회가 행정소송을 제기할 것을 의결하였음에도 단체장이 이에 응하지 않는 경우에는 지방자치단체 내부적인 통제 수단에 의해 이를 강제할 수 있을 것이다.

18) 徐元宇, "지방자치단체의 사법적 보장," 전환기의 행정법이론, 1997, 331면 이하 참조.

제10장

取消訴訟의 訴訟物

— 處分事由의 追加·變更, 訴變更 및 取消判決의 效力과 관련하여 —

[事案의 槪要]

대법원 2002. 5. 31. 선고 2000두4408 판결(이하 '대상판결-1')의 사안은, 원고에게 부과된 1994년도 귀속분 증여세부과처분에 대하여 동처분의 대상이 된 토지양도가 특수관계자 사이의 저가양도임은 별론으로 하고 무상양도는 아니라는 이유로 동처분을 전부 취소하는 판

* 이 글은 2005.1.27. 韓國法學院으로부터 제9회 法學論文賞을 받은 논문임을 밝힌다.

결이 확정된 이후, 피고 행정청(서초세무서장)이 그 판결의 취지에 따라 위 토지양도가 특수관계자 사이의 저가양도에 해당한다는 이유로 다시 원고에게 증여세부과처분을 하자, 원고가 이에 대해 취소소송을 제기한 것이다.

대법원 2002. 7. 23. 선고 2000두6237 판결(이하 '대상판결-2')의 사안은, 원고들에게 부과된 1988년도 내지 1992년도 귀속분 종합소득세 및 방위세 부과처분에 대하여 동처분의 대상이 된 금전취득이 부동산임대소득이 아니라 이자소득이라는 이유로 동처분을 전부 취소하는 판결이 확정된 이후, 피고 행정청(동래세무서장 등)이 그 판결의 취지에 따라 위 금전취득을 이자소득으로 보고 종전처분의 부과세액을 한도로 하여 다시 원고들에게 종합소득세 등 부과처분을 하자, 원고들이 이에 대해 취소소송을 제기한 것이다.

[判決의 要旨]

대상판결-1은 "과세처분을 취소하는 판결이 확정된 경우, 그 확정판결의 기판력은 확정판결에 적시된 위법사유에 한하여만 미친다 할 것이므로 과세처분권자가 그 확정판결에 적시된 위법사유를 보완하여 행한 새로운 과세처분은 확정판결에 의하여 취소된 종전의 과세처분과는 별개의 처분으로서 확정판결의 기판력에 저촉된다 할 수 없다"고 전제한 다음, 이 사건 처분은 "확정판결에 적시된 종전처분의 위법사유를 보완하여 행한 새로운 과세처분으로서 상호 처분의 동일성이 인정되지 아니하므로 확정판결의 기속력 내지 기판력에 반하지 아니한다"고 판단한 원심판결을 정당한 것으로 판시하면서 원고의 상고를 기각하였다.

대상판결-2도 위와 동일한 일반론을 전제한 다음, 이 사건 처분은 "종전처분에 대한 확정판결에서 나온 위법사유를 보완하여 한 새로운 과세처분으로서 종전처분과 그 과세원인을 달리하여 위 확정판결의 기속력 내지 기판력에 어긋나지 아니한다"고 판단한 원심판결을 정당한 것으로 판시하면서 원고들의 상고를 기각하였다.

Ⅰ. 序 說

1. 판례는 1984년 행정소송법 전면개정으로 제30조의 '기속력' 규정이 도입되기 이전부터 최근까지 다수의 판결에서 거의 일관되게 — 일반 취소소송에서나 과세처분 취소소송에서나 — 재처분의 허용 여부를 '기판력'의 문제로 보아 왔다. 즉, 취소판결이 확정된 이후 처분청이 "사실심 변론종결 이전의 사유를 내세워" 동일한 재처분을 하는 것은 "확정판결의 기판력에 저촉되어 허용될 수 없다"고 하였다.[1] 또한 재처분이 허용된다고 판단하는 경우에는 "기판력은 확정판결에 적시된 위법사유에 한하여만 미치므로" "그 위법사유를 보완하여 행한 새로운 처분은 종전의 처분과는 별개의 처분으로서 확정판결의 기판력에 저촉되지 않는다"라고 판시하였다.[2] 이처럼 확정판결 이후에 위법사

1) 대법원 1960. 9. 26. 선고 4291행상146 판결; 1962. 3. 15. 선고 4294행상131 판결; 1962. 5. 31. 선고 4292행상137 (=59누137) 판결; 1980. 6. 10. 선고 79누152 판결; 1982. 5. 11. 선고 80누104 판결; 1989. 2. 28. 선고 88누6177 판결; 1989. 9. 12. 선고 89누985 판결; 1990. 12. 11. 선고 90누3560 판결 등. 최초의 판례인 위 1960년 판결은 반복금지효를 "기속력"이라고 지칭하였지만 그것이 "기판력"에 의거한 것임을 명시하고 있다. 또한 위 1989. 2. 28. 판결과 1990년 판결은 단지 "확정판결에 저촉된다"고 하였으나 "사실심 변론종결 이전의 사유를 내세워"라는 부분이 동일하다는 점에 비추어 역시 기판력을 가리키는 것임이 분명하다.

2) 이는 거의 일관된 태도이다. 대법원 1980. 8. 26. 선고 79다1866 판결; 1985. 4. 9. 선고 84누747 판결; 1986. 11. 11. 선고 85누231 판결; 1987. 2. 10. 선고 86누91 판결; 1987. 2. 24. 선고 85누229 판결; 1991. 8. 9. 선고 90누7326 판결; 1992. 5. 26. 선고 91누5242 판결; 1992. 9. 25. 선고 92누794 판결; 1992. 11. 24. 선고 91누10275 판결; 1997. 2. 11. 선고 96누13057 판결; 1997. 11. 28. 선고 97누5961 판결; 1998. 1. 7. 선고 97두22 판결; 1998. 6. 12. 선고 97누16084 판결 등. 위 1998. 1. 7. 판결은 '기판력'이라는 말은 사용하고 있지 않으나 "확정판결에

유를 보완하여 재처분을 할 수 있는 것은 절차적 위법사유의 경우만이 아니라 실체적 위법사유의 경우도 포함된다.[3] 이와 같이 판례가 재처분의 문제를 '기판력'의 관점에서 설시하면서도 그 객관적 범위를 '판결에서 적시된 위법사유'에 한정하고 있는 점을 근거로, 판례가 말하는 '기판력'은 올바른 표현이 아니고 사실은 '기속력'에 해당하는 것이라고 하는 견해가 상당수 있었다.[4] 기판력은 소송물인 '처분의 위법성 일반'에 관해 발생하는 것이므로 효력의 범위가 '판결에서 적시된 위법사유'에 한정되는 것은 기판력이 될 수 없다는 이유이다.

이러한 맥락에서 보면, 대상판결들은 재처분의 반복을 금지하는 효력이 확정판결에 적시된 위법사유에 한정된다고 하는 점에서는 종래의 판례와 동일하나, 그 위법사유를 보완한 재처분은 "확정판결의 기속력 내지 기판력에 반하지 않는다"고 판시함으로써 기속력과 기판력을 함께 제시하고 있다는 점이 공통된 특징이다. 다만, 그 근거에 관하여 대상판결-1은 위법사유를 보완한 재처분이 "새로운 과세처분으로서 상호 처분의 동일성이 인정되지 아니하므로"라고 판시한 반면,

---

서 적시된 위법사유를 보완하여 새로운 처분"을 할 수 있다고 판시하고 있어 동일한 취지로 이해할 수 있다.

3) 절차적 위법사유에 관한 판례는 대법원 1992. 5. 26. 선고 91누5242 판결(과징금부과처분, 청문절차위반); 1987. 2. 24. 선고 85누229 판결(법인세부과처분, 이유제시불비); 1987. 2. 10. 선고 86누91 판결(취득세부과처분, 이유제시불비) 등이고, 실체적 위법사유에 관한 판례는 대법원 1992. 9. 25. 선고 92누794 판결(증여세부과처분, 과세가액 평가방법의 오류); 1992. 11. 24. 선고 91누10275 판결(소득세부과처분, 위법한 수입금액 推計調査); 1997. 2. 11. 선고 96누13057 판결(개별토지가격결정, 가격배율의 오류); 1997. 11. 28. 선고 97누5961 판결(상속세, 상속재산의 범위 및 과세가액 평가방법의 오류) 등으로서, 거의 대부분 과세처분 취소소송에 관한 판례이다.

4) 김태우, "취소소송에 있어서 처분사유의 추가·변경," 특별법연구 제 5 권, 1997, 60-86면 (83면, 각주 69); 임시규, "행정소송에 있어서의 기판력과 기속력," 행정소송실무연구(Ⅱ), 1998, 247-268면 (256면); 구욱서, "과세처분 취소소송의 판결확정과 재처분의 가부," 인권과 정의 2000년 3월, 69-96면 (82면); 석호철, "기속력의 범위로서의 처분사유의 동일," 행정판례연구 제 5 집, 2000, 258-289면 (281면, 각주 33) 등.

대상판결-2는 그러한 재처분이 "새로운 과세처분으로서 종전처분과 그 과세원인을 달리하여"라고 판시하고 있는 점이 다를 뿐이다. 이러한 대상판결들을 계기로 취소판결의 기판력과 기속력의 관계를 해명하고자 하는 것이 본고의 목적이다.

2. 학설상 현재 통설은 기판력과 기속력을 준별하고 있다.[5)] 주된 논거는 기판력이 민사소송법의 준용에 의거한 것으로서 소송법상의 효력인 반면, 행정소송법 제30조에 규정된 기속력은 실체법적 효력이라는 것이다. 이에 더하여 재처분은 당초처분과 내용이 동일하더라도 처분일자가 다른 별개의 처분으로서 소송물이 달라지기 때문에, 동일한 소송물에만 작용하는 기판력은 재처분에 미칠 수 없다는 논거가 추가된다.[6)] 또한 기판력과 기속력의 중요한 차이점으로, 위에서 본 판례들에 의거하여, 전자의 객관적 범위는 소송물인 '위법성 일반'인 데 비해, 후자는 취소판결에서 판단된 구체적인 개개의 '위법사유' 또는 '처분사유'에 한정된다고 한다.[7)] 그리하여 취소판결에 적시된 실체적·절차적 위법사유를 보완하거나 위법으로 판단된 처분사유와 다른 처분사유로써 동일 내용의 재처분을 하더라도 기속력에 반하는 것은 아니라고 한다. 이와 같이 기속력에 의한 반복금지효를 기판력과 異質的인 것으로 파악함으로써 그 효력의 범위를 기판력보다 축소할 수 있다는 생각은 과세처분 취소소송에 있어 더욱 강하게 나타난다.[8)] 세무

5) 김도창, 일반행정법론(上), 1993, 818면; 김남진, 행정법 I, 2002, 715면; 김동희, 행정법 I, 2003, 711면; 이상규, 행정쟁송법, 2000, 486면; 홍정선, 행정법원론(上), 2002, 옆번호 2390c; 이강국, "행정판결의 기속력," 사법논집 제14집, 1983, 513-533면 (519면); 김태우, 전게논문, 82면 이하; 임시규, 전게논문, 255면 이하; 석호철, 전게논문 270, 279면 이하 등.

6) 이강국, 전게논문, 517면 이하; 김태우, 전게논문, 81면; 임시규, 전게논문, 258면; 석호철, 전게논문, 281면.

7) 김동희, 전게서, 711면; 이상규, 전게서, 487면; 홍정선, 전게서, 옆번호 2391b; 이강국, 전게논문, 525면 이하; 김태우, 전게논문, 83면 이하; 임시규, 전게논문, 258면; 석호철, 전게논문, 271면.

8) 고종주, "조세소송의 소송물과 심판의 범위 — 違法性 二元論에 의한 新訴訟物理論의 구성과 적용," 특별법연구 제 5 권, 1997, 184-294면 (246면 이하); 김태우,

행정의 대량성과 복잡성과 납세자의 평등요청으로 인해 확정판결 이후 재처분의 필요성이 다른 행정영역보다 크기 때문이다.

3. 반면에 필자는 취소소송에 있어 기각판결의 기판력은 민사소송법의 준용에 의거한 것이지만, 취소판결의 기판력은 행정소송법 제29조 제 1 항에 의거한 것으로서, 형성력과 기속력(반복금지효·원상회복의무·재처분의무)을 포괄하는 취소판결의 기본적 효력으로 파악하고자 한다. 또한 그 기판력의 객관적 범위를 결정하는 개념인 소송물은 소송계속의 범위, 처분사유의 추가·변경의 허용범위 및 기속력(반복금지효)의 범위 등 취소소송의 처음과 끝을 관통하는 중심개념으로서의 역할을 할 수 있어야 한다고 생각한다. 이에 관해서는 이미 필자의 試論的인 선행연구가 있으나,[9] 본고에서 이를 수정·보완함과 아울러 취소판결의 기판력과 기속력의 상호관계를 해명하고자 한다.

이를 위해 먼저 예비적 고찰로서, 취소소송의 소송물 개념을 정립하고(Ⅱ.), 그 소송물 개념의 요소로서 '처분'의 동일성에 관해 고찰한 다음(Ⅲ.), 본론으로서, 취소판결의 기속력(반복금지효)은 기판력의 한 작용이며, 그 객관적 범위도 근본적으로는 기판력과 마찬가지로 소송물에 의해 결정된다는 점을 논증한다(Ⅳ.).

4. 대상판결 모두가 그러한 것처럼, 재처분에 관한 기판력 내지 기속력에 관한 종래의 판례가 거의 대부분 과세처분 취소소송에 관한 것이므로, 여기에서 미리 과세처분 취소소송과 일반 취소소송의 관계에 관해 언급하고자 한다. 세법 분야에서는 과세처분 취소소송이 일반 취소소송과 본질을 달리한다는 견해가 유력하다.[10] 즉, 조세채무는 과세요건이 충족되는 때 법률의 규정에 의해 당연히 성립하므로 과세처

전게논문, 82면 이하; 구욱서, 전게논문, 78면 이하 참조.

9) 拙稿, "취소소송의 소송물에 관한 연구 — 취소소송의 관통개념으로서 소송물 개념의 모색," 法曹 통권 526호 (2000/7), 93-126면.

10) 예컨대, 소순무, 조세소송, 2001, 21면 이하; 이창희, 세법강의, 2003, 108면 이하.

분은 이를 확정하는 확인적 행정행위에 불과하고, 따라서 과세처분 취소소송은 형식상은 취소소송의 형태로 되어 있지만 실질적으로는 債務不存在確認訴訟으로서의 성질을 갖고 있다는 것이다.

생각건대, 납세의무는 법률 자체에 의해 부과되는 것이고(예컨대 소득세법 제1조) 법률의 근거에 의거하여 행정청이 과세처분을 내림으로써 비로소 발생하는 것이 아니므로, 과세처분이 형성적 행정행위가 아니라 확인적 행정행위에 해당한다는 점은 부인할 수 없다. 그러나 과세처분도 분명히 국가의 공권력 작용으로서, 다만 조세법률주의에 의거하여 법률에 엄격히 기속되어 있을 뿐이다. 또한 과세처분에 의하여 비로소 '구체적' 납세의무가 발생하여 그 때부터 가산금이 부과되고 체납절차가 진행될 수 있다는 점에서 하명처분으로서의 성격도 동시에 갖는다. 설사 과세처분이 순수한 확인적 행정행위라 하더라도, 확인적 행정행위도 공정력을 발생하기 때문에 취소소송을 통해 이를 배제하지 않으면 아니 된다. 요컨대, 과세처분 취소소송이 일반 취소소송과 다른 특징을 갖고 있다 하더라도 그것은 상대적 차이에 불과하다.[11] 일반 취소소송과 본질을 달리한다는 전제 하에 그 소송상 취급을 완전히 분리할 것이 아니라, 취소소송이라는 큰 틀 아래서 통일적으로 이해하여 공통된 원리를 발견하고 그러한 원리가 취소소송의 대상이 갖는 특징에 따라 구체화되는 것으로 이해하는 것이 타당하다고 할 것이다.[12]

11) 통설·판례의 소송물 개념에 의하면 일반 취소소송도 통상 권리·의무의 존부를 확인하는 실질을 갖고 있다고 할 수 있다. 처분의 '위법성'은 주관적으로 '권리·의무에의 불합치'를 의미하는 것이기 때문이다. 조세채무도 이러한 권리·의무의 하나에 불과하다. 특히 행정재산 사용료 부과처분과 같이 금액이 법령상 확정되어 있는 경우에는 과세처분과 아주 유사해진다. 물론 이 경우에 법령상 금액의 산출방법만 규정되어 있을 뿐 사용료 납부의무는 처분에 의해 부과되는 데 반해, 조세납부의무는 이미 법률 자체에 의해 부과되어 있다는 차이점은 있으나, 그로 인해 구체적인 금전급부가 발생한다는 점은 양자가 동일하다. 또한 권리·의무가 법률에 직접 규정되어 있고 행정처분에 의해 이를 유권적으로 확인하는 예는 현행법상 얼마든지 찾을 수 있는데(토지수용을 위한 공익사업의 인정, 국가유공자 결정 등), 그에 대한 취소소송이 일반 취소소송과 본질이 다르다는 주장은 찾을 수 없다.

12) 대법원 1992. 3. 31. 선고 91다32053 전원합의체 판결은 과세처분 취소소송은

Ⅱ. 取消訴訟의 訴訟物 槪念

1. 意　義

'訴訟物'이라 함은 심판의 대상과 판결의 효력 범위를 결정하기 위한 개념으로서, 소송의 동일성 여부를 판정하는 데 사용되는, 말하자면 소송의 '單位'라고 할 수 있다. 소송물에 관한 논의는 연혁적으로 볼 때 민사소송에서 시작된 것이지만, 행정소송(취소소송)에서도 심판의 대상과 판결의 효력 범위가 문제되는 이상, 소송물 개념이 중요한 역할을 하게 된다. 주지하다시피 민사소송에서 소송의 정확성과 경제성이라는 이념을 둘러싸고 舊소송물이론과 新소송물이론이 대립하고 있는바, 취소소송에서는 이를 넘어 취소소송의 성질, 취소소송과 국가배상청구소송과의 관계, 처분사유의 추가·변경, 확정판결의 재처분에 대한 기속력 등의 문제로 인해 더욱더 복잡한 양상을 띠고 있다.

행정소송법, 민사소송법 기타 현행법상 '소송물'에 대한 定義는 물론 그러한 용어를 사용하고 있는 규정조차 없다. 이 용어는 원래 독일 민사소송법학의 이론적 개념인 'Streitgegenstand'에서 비롯된 것으로서, 독일에서는 행정법원법 제121조가 "확정된 판결은 소송물(Streitgegenstand)에 대하여 판단한 부분에 관해 당사자(참가인을 포함)와 승계인 등을 구속한다"고 규정함으로써 실정법적 개념이 되었지만, 우리

그 소송물이 "객관적인 조세채무의 존부확인"으로서 실질적으로는 민사소송인 채무부존재확인소송과 유사하다고 판시하고 있다. 그러나 이는 과세처분 취소소송의 제기를 민법상 시효중단사유인 '재판상 청구'에 해당하는 것으로 판단하기 위한 전제 논리에 불과하기 때문에 판결의 '결정적 이유'(ratio decidendi)로 보기 어렵다. 위 판결 이후 최근까지 과세처분 취소소송의 소송물을 위 판결에서와는 달리 "과세처분에 의한 (과세표준 및) 세액의 정당성 여부"로 판시하는 것이 판례의 주류적 경향이다(아래 각주 49 내지 51 참조).

나라에서는 — 일본도 마찬가지인데 — 순수한 법도그마틱적 개념이다. 무릇 법도그마틱적 개념은 이론적·실제적 유용성이 생명이다. 따라서 취소소송의 소송물 개념도 한편으로 취소소송의 본질과 기능, 궁극적으로는 행정과 司法의 관계에 관한 이론적 성찰을 담아야 하는 동시에, 다른 한편으로 가능한 한 많은 실무적 문제들에 대해 통일적이고 간명한 판단기준을 제공할 수 있는 것이어야 한다. 그것도 우리나라의 제도와 실무를 기초로 하여야 함은 물론이다.

2. 比較法的 考察

(1) 독일 取消訴訟의 訴訟物

1) 세 가지 주요 견해

바이마르 시대까지 行政國家 체제하의 행정재판이 민사소송과 본질적으로 다른 것으로 이해되었고 '소송'(Klage)이라는 관념도 희박하였기 때문에 소송물에 관한 본격적인 논의는 없었다. 1949년 기본법의 시행으로 司法國家로 전환됨으로써 취소소송에 관해서도 소송물이라는 용어가 널리 사용되기 시작하였다. 초기에는 판례·학설상 '계쟁행정행위' 자체를 소송물로 파악하는 경향이 지배적이었는데, 취소소송의 주안점이 계쟁 행정행위를 취소하는 데 있는 것으로 이해되었기 때문이다. 1950년대에 들어, 행정행위의 취소 여부는 취소판결의 형성적 효력에 관한 문제이고 반면에 소송물은 취소판결이든 기각판결이든 — 민사소송에서와 같이 — 판결의 확인적 효력인 실질적 확정력 내지 기판력(materielle Rechtskraft, 이하 '기판력')의 대상을 이루는 것이므로 '취소의 대상'과 '소송물'은 구별되어야 한다는 인식이 보편화되었다. 그럼으로써 위와 같은 초기의 경향이 완전히 극복되었으나, 그 과정에서 그렇다면 취소소송의 소송물은 어떻게 정의되어야 하는가에 관해 다음과 같은 세 가지 주요 견해가 제시되었다.

① 첫째가 취소소송의 소송물을 '계쟁 행정행위의 위법성' 내지 '그 위법성의 확인을 구하는 원고의 신청'으로 파악하는 견해이다(제1설).[13] 이에 의하면, 취소소송의 주된 관심사는 민사소송과는 달리 "일반이익"(Allgemeininteresse)을 위해 행정의 법률적합성을 보장하는 데 있고, 따라서 계쟁 행정행위의 적법·위법에 대한 확인이 소송물이 되어야 한다는 것이다. 또한 그 확인을 구하는 원고는 개인적 이익만을 위해서가 아니라 "전체의 대변인"(Sachwalter der Allgemeinheit)으로서의 지위에 서게 되는데, 원고적격에 관한 모든 규정들은 바로 이러한 원고의 지위를 부여하기 위한 것이라고 한다.

② 이에 대하여 취소소송은 어디까지나 원고의 개인적 권리구제를 위한 수단이라고 비판하면서, 따라서 '계쟁 행정행위의 취소를 구하는 원고의 권리'를 그 소송물로 보아야 한다는 견해가 주장되었다(제2설).[14] 이는 취소소송의 본질을 사법상의 형성소송과 동일하게 파악하는 견해로서, 민법 및 회사법 등 실체법상 부여된 형성권과 마찬가지로, 행정행위가 위법한 경우에는 그 상대방에게 그 취소를 구할 수 있는 실체법적 형성권이 발생하고 바로 그 형성권을 재판상 행사하는 것이 취소소송이라고 한다. 그리하여 사법상의 형성소송에서 형성권이 소송물이 되는 것과 같이, 취소소송에서도 원고의 계쟁 행정행위 취소청구권의 존부만이 소송물이 되고, 행정행위의 위법성 여부는 그 선결문제에 불과하다는 것이다.

③ 이에 반하여 민사소송이든 행정소송이든 법원의 판단 대상이 되는 소송물은 실체법상의 권리가 아니라 '소송상 청구권'(prozessualer Anspruch), 즉, 소송을 통해 권리구제를 받기 위해 내세우는 '법적 주

---

13) Niese, Über den Streitgegenstand der Anfechtungs- und Vornahmeklagen im Verwaltungsprozeß, JZ 1952, S. 353-358.

14) Bettermann, Wesen und Streitgegenstand der verwaltungsgerichtlichen Anfechtungsklage, DVBl. 1953, S. 163-168, 202-203.

장'(Rechtsbehauptung)이라고 하면서, 취소소송의 소송물을 '계쟁 행정행위가 위법하고 그로 인해 자신의 권리가 침해되었다는 원고의 주장'으로 정의하는 견해가 제시되었다(제 3 설).[15] 이 견해는 한편으로 취소소송을 사법상의 형성소송과 동일하게 파악하는 제 2 설을 비판한다. 즉, 국가행위를 취소하기 위한 실체법적 형성권은 존재하지 않고, 취소소송의 목적은 — 상소심에서 원심판결을 다투는 것과 같이 — 행정행위에 불복하여 그 심사를 구하는 데 있고 그 심사 결과 행정행위의 취소 여부가 결정된다는 것이다. 다른 한편으로 취소소송의 본질을 행정의 객관적 적법성 통제에 있는 것으로 이해하는 제 1 설에 대해서도, 원고는 법질서에 의해 부여된 자신의 법적 지위를 근거로 행정행위의 위법성을 다투는 주관소송으로서, 민사소송에 비해 객관적 적법성 통제의 요소가 강하게 나타나긴 하지만 그것은 어디까지나 부수적 목적에 불과하다고 비판하였다.

2) 현재의 학설상황

① 1960년 행정법원법이 제정되어 취소소송의 원고적격으로 권리침해의 주장을 규정할 뿐만 아니라 본안요건으로서도 위법성과 더불어 권리침해를 명시함으로써 취소소송이 철저한 주관소송으로 정착되었다. 그럼으로써 위 제 1 설은 실정법적 타당근거를 상실하게 되어 독일에서는 더 이상 동조자가 없었다. 그러나 이 제 1 설과 같은 소송물 개념은 — 그 객관소송적 기초는 희석 내지 망각된 채 — 일본 학계의 통설이 되었고 우리나라에서도 현재까지 학설·판례상 통설적 지위를 차지하고 있다(후술, 380면, 394면 이하).

② 제 2 설도 이론적으로 취소소송과 사법상 형성소송의 차이점을 완전히 무시할 수 없고 특히 행정행위 취소청구권을 실체법적인 형성

15) Menger, System des verwaltungsgerichtlichen Rechtsschutzes. Eine verwaltungsrechtliche und prozeßvergleichende Studie, 1954, S. 158-165.

권으로 이해하기 어렵다는 점이 많이 비판되었다. 또한 실제적으로도 행정행위의 위법성 여부가 소송물에서 제외됨으로 말미암아 취소소송 판결의 기판력이 — 일반법원에서 민사소송으로 다루어지는 — 국가배상청구소송에 미칠 수 없기 때문에, 분쟁의 일회적 해결 내지 행정소송의 위상 확보가 어렵고 특히 취소소송에서 승소한 원고의 권리구제에 미흡하다는 점이 지적되었다.

그리하여 한편으로 제 2 설에 기본적으로 동조하면서도, 제 3 설에서와 같이 '소송상 청구권'을 모든 종류의 행정소송과 민사소송을 포괄하는 소송물의 공통적인 요소로 파악한 다음, 취소소송의 소송물을 '계쟁 행정행위의 취소를 구하는 원고의 소송상 청구권'으로 정의하는 견해가 유력하게 주장되었다(제 2-1 설).[16] 그리고 최근 상술한 실제적 문제점을 보완하기 위해, 취소소송 판결의 기판력은 後訴인 국가배상청구소송에 미치지 못하지만, 前訴의 소송물(행정행위 취소청구권의 존부)이 後訴의 선결문제인 행정행위의 위법성과 실질적 관련성을 갖기 때문에 前訴의 판결은 소위 '간접적 先決力'(mittelbare Präjudizialität)을 발휘하여 後訴를 심리하는 민사법원을 구속한다고 하는 견해가 등장하였다. 또한 이 견해는 취소판결 이후 행정청이 동일한 내용의 행정행위를 반복한 경우에 이를 동일한 소송물로 파악하여 바로 기판력이 적용될 수 있도록 하기 위해, 위 제 2-1 설의 소송물 개념을 일부 수정하여 '동일한 (종류의) 행정행위(Verwaltungsakt dieser Art)의 취소를 구하는 원고의 소송상 청구권'으로 정의하는 것이 특징이다(제 2-2 설).[17] 이는 민사소송에 관한 新소송물이론 중 소송상 청구와 더불

16) 대표적으로 Kopp, Verwaltungsgerichtsordnung, 1. Aufl., 1973-10. Aufl., 1994, § 90, Rn. 8. Kopp의 死後 위 주석서는 제11판(1998)부터 Schenke와의 공저가 되었는데, 후술하는 제3-3설로 변경되었다.

17) Detterbeck, Streitgegenstand und Entscheidungswirkungen im Öffentlichen Recht, 1995, S. 153-170 (158); ders, Das Verwaltungsakt-Wiederholungsverbot, NVwZ 1994, S. 35-38.

어 생활관계를 소송물로 파악하는 소위 二分肢說(zweitgliedriger Streitgegenstandsbegriff)과 일맥상통하는 것으로서, '동일한 생활관계에 대한 동일한 방식의 규율'은 발급일자가 다르더라도 동일한 행정행위로서 소송물이 같다고 한다.

③ 제 3 설은 말하자면 제 1 설과 제 2 설의 절충설로서, 이론적으로 兩說의 장점을 취하고 단점은 피하고 있을 뿐만 아니라 실제적으로도 행정행위의 위법성을 소송물에 포함시킴으로써 취소소송 판결의 기판력이 국가배상청구소송에 미치게 한다는 점에서 강점이 있다.18) 뿐만 아니라 상술한 바와 같이 행정법원법상 취소소송의 본안요건으로 행정행위의 위법성과 더불어 권리침해도 요구하고 있기 때문에, 권리침해를 소송물의 요소로 포함시키는 것이 실정법에도 부합된다. 이러한 이유에서 제 3 설이 현재까지 통설적 지위를 차지하고 있다.19)

이러한 통설의 소송물 개념을 수용하면서도 이와 다른 요소를 결합하거나 일부 수정하는 견해들이 있다. 첫째, 취소소송의 소송물을 두 개의 단계로 나누어, 1 단계를 제 2-1 설과 같이 '계쟁 행정행위의

---

18) 독일에서는 前訴와 後訴의 소송물이 일치하는 경우에만 '기판력'(materielle Rechtskraft)이 미친다고 하고, 前訴의 소송물이 後訴의 선결문제에 해당하는 경우에는 '선결력'(Präjudizialität)이라고 한다. 제 3 설에 의한 취소소송의 소송물이 행정행위의 위법성과 권리침해성인데, 이것이 바로 국가배상청구소송의 소송물(국가배상청구권)과 일치하는 것은 아니고 그 선결문제에 해당하는 것이기 때문에, 정확하게 말하면, 국가배상청구소송에 미치는 취소소송 판결의 효력은 '기판력'이 아니라 '선결력'이다. 그러나 이는 後訴의 선결문제에 前訴의 기판력이 미친다는 의미로서, 결국 기판력의 한 내용이다. 상술한 바와 같이 제2-2설에서는 취소소송의 소송물이 행정행위 취소청구권으로서, 국가배상청구소송의 선결문제에 해당되는 것은 아니므로 그 실질적 관련성을 이유로 소위 '간접적' 선결력이라는 용어를 사용하고 있는 것이다. 우리나라의 판례에서는 독일의 선결력에 상응하는 경우를 역시 기판력이라고 한다(각주 57 참조).

19) 대표적으로 Ule, Verwaltungsprozeßrecht. 9. Aufl., 1987, S. 216-218; Schmitt Glaeser, Verwaltungsprozeßrecht. 14. Aufl., 1997, Rn. 113; Würtenberger, Verwaltungsprozeßrecht, 1998, Rn. 246; Clausing, in: Schoch/Schmidt-Aßmann/Pietzner, Verwaltungsgerichtsordnung, § 121 Rn. 61; Hufen, Verwaltungsprozeßrecht. 5. Aufl., 2003, § 10 Rn. 6-10 등.

취소를 구하는 원고의 소송상 청구권'으로, 2단계를 제3설과 같이 '계쟁 행정행위가 위법하고 그로 인해 자신의 권리가 침해되었다는 원고의 주장'으로 각각 정의하는 견해이다(제3-1설).[20] 이에 의하면, 취소소송 상호간에는 제3설의 소송물 개념만으로 소송의 동일성 여부를 판정할 수 있지만, 행정행위의 위법성과 권리침해성을 주장하는 소송은 취소소송만이 아니라 행정법원법 제113조 제1항 4문에 의한 ―행정행위가 직권취소 등으로 이미 소멸한 경우에 행정행위의 위법성 확인을 구하는― 소위 계속확인소송(Fortsetzungsfeststellungsklage)도 있으므로, 이것과 형성소송으로서의 취소소송을 구별하기 위해서는 '행정행위의 취소청구권'이라는 소송물 요소도 필요하다는 것이다.

둘째, 계속확인소송과의 구별을 위해 취소소송의 소송물을 원고의 법적 주장과 행정행위 취소청구권의 결합으로 파악하는 점에서는 위 제3-1설과 같지만, 원고의 법적 주장의 대상으로 행정행위의 위법성은 제외하고 권리침해성만을 포함시키는 견해가 있다(제3-2설).[21] 그 논거로서, 취소소송의 원고적격으로 권리침해의 주장이 요구되고 또한 본안요건에 있어서도 행정행위의 위법성은 독자적인 의미를 갖지 못하고 단지 그로 인한 권리침해만이 중요하다고 한다. 결국 이 견해에 의하면, 취소소송의 소송물은 '원고의 권리침해의 확인 및 이에 의거한 원고의 행정행위 취소청구권의 존재'로 정의된다.[22]

셋째, 제3설의 소송물 개념, 즉 '계쟁 행정행위가 위법하고 그로 인해 자신의 권리가 침해되었다고 하는 원고의 주장'에 '행정청이 동

20) Rennert, in: Eyermann/Happ, Verwaltungsgerichtsordnung. 11. Aufl., 2000, § 121 Rn. 25.

21) Schenke, Verwaltungsprozeßrecht. 8. Aufl., 2002, Rn. 610; Kopp/Schenke, Verwaltungsgerichtsordnung. Kommentar. 13. Aufl., 2003, § 90 Rn. 8.

22) 독일법상 국가배상의 요건은 직무행위의 위법성이 아니라 '피해자에 대해 부담하는 직무상 의무의 위반'(기본법 제34조), 뒤집어 말하면, 피해자의 공무원에 대한 권리의 침해이기 때문에, 취소소송의 소송물에 권리침해성만을 넣더라도 취소소송의 판결이 국가배상청구소송에 효력을 미치는 데에는 지장이 없다.

일한 사실관계 하에서 동일한 내용의 행정행위를 할 권한이 있는지 여부'라는 요소를 추가하는 견해가 있다(제 3-3 설).[23] 이는 위 제 2-2 설과 같이 행정청이 동일한 내용의 행정행위를 반복하는 경우 동일한 소송물로 파악하기 위한 것이다.

④ 위와 같은 수정적 견해들은 모두 통설(제 3 설)에 의하여 반박되고 있다. 먼저 위 제 2-2 설에 대하여, 취소소송의 소송물과 국가배상청구소송의 선결문제 사이에 '실질적 관련성'이 있다는 것만으로 취소소송의 판결에 국가배상청구소송을 심리하는 법원이 구속된다고 볼 수 없다는 비판이 가해지고 있다. 다시 말해, 선결력(Präjudizialität)은 前訴의 소송물 자체가 後訴의 선결문제를 이루는 경우에만 발생하고, 소위 '간접적' 선결력이라는 것은 인정될 수 없다는 것이다.[24]

그리고 통설은 제 2-2 설 및 제 3-3 설과 같이 동일 행정행위의 반복 금지를 위해 소송물 개념을 확장하는 것에 대하여 그러할 필요성이 없다고 반박한다. 즉, 후행 행정행위에 대한 취소소송의 소송물이 — 후행 행정행위가 동일한 사실관계에 대한 동일한 내용이지만 그 발급일자가 다르기 때문에 — 前訴의 소송물과 동일하지 않더라도, 前訴의 소송물이 後訴의 선결문제를 이루는 것이므로 前訴의 취소판결이 기판력의 일환으로서 선결력을 발휘한다는 것이다.[25] 이와 같이 기판력이 적용되는 모습에 관해서는 견해가 대립하지만, 여하튼 동일한 행정행위의 반복금지가 기판력의 작용에 의한 것이라는 점에는 異見이 없다.

---

23) Redeker/von Oertzen, Verwaltungsgerichtsordnung. 12. Aufl., 1997, § 121 Rn. 7.

24) Jacobi, Spruchreife und Streitgegenstand im Verwaltungsprozess, 2001, S. 217 ff. 참조. 다만 Jacobi는 제 3-1 설과 같은 입장을 취하고 있다.

25) Clausing, a.a.O., § 121 Rn. 26, 81 참조. 이에 대하여 Detterbeck(제 2-2 설)은 통설에 의할 때 前訴의 '소송물'이 後訴의 선결문제를 이루는 것이 아니라 前訴의 '선결문제'와 後訴의 선결문제가 일치할 뿐이므로 前訴의 판결이 선결력을 발생할 수 없고, 따라서 前訴의 소송물을 — 동일한 (종류의) 행정행위로 — 확대하지 않으면 아니 된다고 한다. Detterbeck, a.a.O. (Streitgegenstand), S. 108 f. 참조.

또한 제 3-1 설과 제 3-2 설과 같이 취소소송과 계속확인소송을 구별하기 위해 '행정행위 취소청구권'이라는 요소를 추가하는 것에 대해서도 그 필요성이 부정된다. 왜냐하면 계속확인소송의 소송물 자체가 행정행위의 소멸(Erledigung)에 관한 원고의 주장을 포함하는 것으로서, 행정행위 취소청구권을 포함시키지 않더라도 취소소송의 소송물과 구별되기 때문이다.[26]

마지막으로 행정행위의 위법성 부분을 소송물 개념에서 제외하는 제 3-2 설에 관하여, 실제적 관점에서 보면, 독일법상 국가배상의 요건은 직무행위의 위법성이 아니라 '피해자에 대해 부담하는 직무상 의무의 위반'(기본법 제34조), 뒤집어 말하면, 피해자의 공무원에 대한 권리의 침해이기 때문에, 취소소송의 소송물에 권리침해성만을 넣더라도 취소소송의 판결이 국가배상청구소송에 효력을 미치는 데에는 지장이 없다. 그러나 이론적으로 볼 때 행정행위의 위법성은 권리침해성과 더불어 독자적인 소송물 요소로 파악되어야 한다는 비판이 제기되고 있다. 즉, 독일 행정법원법 제43조 제 2 항 1 문은 확인소송의 보충성, 즉 확인소송은 형성소송 또는 이행소송을 통해 원고의 권리를 실현시킬 수 있을 때에는 제기하지 못한다고 규정하고 있고 이에 의하여 행정행위의 위법성에 대한 확인소송은 위와 같은 보충성 때문에 원칙적으로 허용되지 않는데, 이는 곧 행정행위의 위법성이 취소소송의 소송물에 있어 독자적 요소를 이룬다는 단적인 근거가 된다고 한다.[27]

3) 판례의 경향

독일 연방행정법원 판례의 주류적 경향은 통설(제 3 설)을 따르고 있다. 즉, 취소소송의 소송물을 '계쟁 행정행위가 위법하고 그로 인해 자신의 권리가 침해되었다는 원고의 주장'으로 파악하고 있다.[28] 따라

26) Würtenberger, a.a.O., Rn. 636 참조.
27) Jacobi, a.a.O., S. 225 참조.
28) BVerwGE 29, 210 (211 f.); 39, 247 (249); 40, 101 (104); 91, 256 (257) 등.

서 취소판결이 확정되면, 계쟁 행정행위의 위법성과 권리침해성에 관해 기판력(materielle Rechtskraft)이 발생한다. 상술한 바와 같이 이러한 취소판결의 기판력에 의거하여 국가배상청구소송에 대하여 선결력을 발휘한다는 것이 연방통상법원의 판례이다.[29] 또한 취소판결 이후 동일한 행정행위가 반복된 경우에 취소판결의 기판력이 이에 미친다는 것이 연방행정법원의 확립된 판례이다.[30] 다만, 그 근거로서 "법적 평화에 기여하고 법의 지속성에 관한 신뢰를 보호하고자 하는 기판력의 의의"[31]를 언급하고 있을 뿐, 소송물의 동일성 여부와 선결력 등과 관련된 이론적 문제에 관해 명시적인 설시를 한 판례는 아직 없다.

유의할 것은 독일의 판례·학설은 — 후술하는 우리나라의 판례(각주 152)와 달리 — 동일한 내용으로 반복된 행정행위를 원칙적으로 당연무효가 아닌 단순위법으로 파악한다는 점이다.[32] 따라서 제소기간 내에 다시 취소소송을 제기하지 않으면 후행 행정행위에 대하여 불가쟁력이 발생하고, 그렇기 때문에 後訴인 취소소송에 대하여 당연히 권리보호필요성이 인정된다.[33]

29) BGHZ 9, 328; 90, 4 (12); 95, 28 (35) 등.

30) BVerwGE 14, 359 (362 f.); 16, 224 (226); 29, 210 (213); 35, 234 (236); 91, 256 (258) 등.

31) BVerwGE 91, 256 (258).

32) VGH Mannheim NVwZ-RR 1990, 520; Hufen, a.a.O., § 38 Rn. 32; Detterbeck, a.a.O. (Streitgegenstand), S. 109 참조. 이는 후행 행정행위에 관해 소송물을 동일하게 보든 다르게 보든 간에 마찬가지이다.

33) 이와 같이 기판력에 반하는 반복 행정행위를 단순위법으로 보는 것은 기판력의 본질에 관한 소송법설 중 모순금지설에 의거한 것이라고 할 수 있다. 즉, 취소판결의 기판력에 의거하여 반복 행정행위가 금지되는 것은 이에 대해 제기된 취소소송에서 법원이 前訴法院의 판단에 구속되는 데에서 비롯되는데, 後訴에 기판력이 미치는가 여부, 구체적으로 말해, 행정행위의 동일성 여부, 판결확정 후 사정변경의 유무 등에 관한 판단이 용이하지 않은 경우가 많다. 그리하여 심리결과 기판력이 미치는 것으로 판단되어 후행 행정행위의 위법성이 확정되는 경우에도 그 위법성이 명백한 것은 아니므로 단순위법에 그친다는 것이다. 참고로 독일 행정절차법 제44조 제 1 항은 원칙적으로 행정행위의 하자가 중대하고 — 고려할 수 있는 모든 상황들을 합리적으로 판단하더라도 — 명백한 경우에 무효(Nichtigkeit)가 된다는 명문의 규정을 두고 있다.

(2) 프랑스 越權訴訟의 訴訟物

프랑스에서는 민사소송이든 행정소송이든 '소송물'이라는 용어는 없으나, 민법전 제1351조에서 기판력(autorité de la chose jugée)의 범위의 기준으로 규정하고 있는 '대상(objet)·원인(cause)·당사자(parties)의 동일성' 중 당사자를 제외한 '소송의 대상과 원인'이 독일과 우리나라의 소송물에 상응하는 것이라고 할 수 있다.[34] 소송물의 가장 주된 기능이 기판력의 객관적 범위를 정하는 것이기 때문이다. 참고로, 프랑스의 월권소송은 객관소송으로서, 그 취소판결의 기판력은 대세효를 갖기 때문에 당사자의 동일성이 문제되지 않지만, 기각판결은 민사소송과 동일하게 상대적 효력밖에 갖지 아니하므로 기판력의 주관적 범위로서 당사자의 동일성이 문제된다.

월권소송에서 소송의 '대상'(objet)이라 함은 판례·통설상 소송의 대상이 된 특정 행정행위만이 아니라 이와 동일성 있는 행정행위를 포괄하는 것으로 이해되고 있다. 프랑스에서도 독일과 마찬가지로 기속력이라는 관념이 별도로 없고 동일 행정행위의 반복금지도 기판력의 내용으로 파악되고 있는바, 후행 행정행위가 형식상 — 발급일자와 심지어 행정청이 달라 — 별개의 행정행위이라 하더라도 그 규율내용이 동일하면 동일한 '대상'이 되어 기판력이 미치게 된다. 이와 같이 기판력에 위반된 후행 행정행위는 후술하는 '법률위반'으로서 월권소송에서 실체적 심사 없이 바로 취소되지만, 그 위법성은 특단의 사정이 없는 한 제소기간(2월)의 제한을 받지 않는 '부존재'(inexistence)(우리나라와 독일의 당연무효에 상응하는 것)로 평가되지는 않는다.[35]

---

34) Chapus, Droit du contentieux administratif. 10e éd., 2002, n° 1201-1206; Debbasch/Ricci, Contentieux administratif. 8e éd., 2001, n° 701-1 참조.

35) 이상에 관하여 Chapus, op. cit., n° 1204; Auby/Drago, Traité des recours en matière administrative, Paris 1992, n° 381; Pacteau, Contentieux administratif. 6e éd., 2002, n° 312 참조. 또한 부언할 것은, 취소된 행정행위를 집행하

월권소송에서 소송의 '원인'(cause) 내지 '법적 원인'(cause juridique)은 행정행위의 '취소사유'(cas d'ouverture)를 의미한다. 판례는 취소사유를 19세기 처음부터 인정된 無權限(incompétence)과 그 이후 추가된 형식상 하자(vice de forme), 1840년경부터 인정된 권한남용(détournement de pouvoir) 그리고 마지막으로 1864년 판결에서부터 인정된 법률위반(violation de la loi) 등 네 가지 유형으로 분류하였는데, 이를 다시 1953년 *Société Intercopie* 판결 이래로 두 개의 범주로 묶고 있다. 즉, 無權限과 형식상 하자를 합하여 '외적 위법성'(illégalité externe), 권한남용과 법률위반을 합하여 '내적 위법성'(illégalité interne)이라고 한다. 반면에, 개개의 구체적인 위법사유들은 원인의 동일성에 영향을 미치지 않는다. 따라서 월권소송의 소송물은 '행정행위의 외적 위법성 일반'과 '행정행위의 내적 위법성 일반'으로 정의될 수 있다. 양자는 소송물을 달리하므로 제소기간(2월)도 따로 진행한다. 그리하여 제소기간 내에 외적 위법성만을 주장하여 월권소송을 제기한 경우, 제소기간이 경과하고 나면 더 이상 내적 위법성을 주장할 수 없다. 또한 월권소송의 판결은 취소판결이든 기각판결이든 — 행정소송(완전심판소송)으로서 행정법원의 관할인 — 국가배상청구소송에 기판력을 미치지만, 역시 외적 위법성과 내적 위법성은 상호 분리된다. 따라서 월권소송에서 내적 위법성만을 주장하였다가 기각판결을 받은 경우, 국가배상청구소송에서 다시 내적 위법성을 인정받지는 못하지만 외적 위법성을 이유로 승소판결을 받을 수 있다.[36)]

는 것은 '부존재'의 하자를 갖는 것으로서 제소기간의 제한 없이 월권소송으로 다툴 수 있을 뿐만 아니라, 소위 '폭력행위'(voie de fait)에 해당하여 민사소송으로 그 금지를 구할 수 있으나(대표적 판례: T.C., 12 mai 1949, *Societé anonyme «Actual Champs-Elysées»*), 집행까지 이르지 않고 단지 동일한 행정행위를 반복한 것에 그친 경우에는 그렇지 않고 상술한 바와 같이 제소기간 내에 월권소송을 제기해야 한다는 점이다.

36) 이상에 관해 Rivero/Waline, Droit administratif. 19e éd., 2002, n° 252-253; Debbasch/Ricci, op. cit., n° 892; Chapus, op. cit., n° 763, 911-914; Chapus, Droit administratif général. Tome 1. 14e éd., 2000, n° 1211; Auby/Drago, op.

3. 우리나라의 學說 · 判例

(1) 學 說

우리나라의 통설은 취소소송의 소송물을 '처분의 위법성 일반'으로 이해한다.[37] 그 근거로서, 취소소송에서 원고는 특정한 처분이 위법함을 주장하는 것이며, 그 처분의 위법성이 심리의 대상이 되어 원고의 위법성 주장의 當否가 판결에 의해 확정되는 것이라고 설명한다.[38] 과세처분 취소소송에 관해서도 이와 같은 통설에 따라 그 소송물을 '과세처분의 위법성 일반' 또는 '과세처분에 의한 세액의 정당성 여부'로 정의하는 것이 일반적 견해이다.[39] 통설을 기본으로 하면서도 행정절차법상 행정청의 이유제시의무에 의기하여 소송물을 "계쟁처분과 그 처분이유에 관한 위법성 일반"으로 정의하는 견해가 있다.[40]

이에 반하여, 취소소송의 형성소송적 성격을 강조하여 그 소송물을 "행정처분으로 인하여 생긴 위법상태의 배제"로 보는 견해가 있다.[41] 최근 독일의 제3설과 동일하게 "처분 등이 위법하고 또한 처분 등이 자기의 권리를 침해한다는 원고의 법적 주장"으로 파악하는 견해가 있으며,[42] 이와 같은 취지이지만 '권리' 대신에 '법률상 이익'이라는 용어를 사용하여 "위법한 처분 등에 의하여 자기의 법률상 이익이 침해되었거나 필연적으로 침해될 것이라는 원고의 법적 주장"으

---

cit., n° 202 참조.

37) 김동희, 전게서, 633면; 박윤흔, 행정법강의(上), 2001, 909면; 이상규, 전게서, 2000, 286면; 정하중, 행정법총론, 2004, 682면; 법원실무제요(행정), 6면.

38) 박윤흔, 전게서, 909면.

39) 류인의, "조세소송의 소송물," 재판자료 제17집, 1983, 7-40면 (16면); 장석조, "취득세 부과처분의 과세단위와 조세소송의 소송물," 판례월보 제357호, 16-33면 (30면); 구욱서, 전게논문, 73면 이하; 이창희, 전게서, 191면.

40) 김철용, 행정법 I, 2003, 532면.

41) 김도창, 전게서, 745면.

42) 홍정선, 전게서, 옆번호 2233b 이하.

로 보는 견해도 있다.[43] 그리고 소송물의 요소에서 위법성을 제외하여 "대상이 되는 처분을 통하여 자신의 권리가 침해되었다는 원고의 법적 권리주장"으로 정의하는 견해도 있다.[44] 또한 취소청구권과 원고의 법적 주장을 결합하여 취소소송의 소송물을 "처분 등의 위법성과 이를 근거로 한 처분 등의 취소를 구하는 원고의 법적 권리주장"으로 보되, 여기서 처분 등의 위법성은 "객관적 위법성뿐이 아니라, 원고의 법률상 이익을 침해하였다는 주관적 관련성 하에서 파악된 위법성"을 의미한다고 하는 견해가 있는데,[45] 위법성 안에 권리침해의 요소도 포함되어 있다는 취지이므로, 결국 독일의 제 3-1설과 동일한 맥락이라고 할 수 있다. 마지막으로 과세처분 취소소송에 관해서는, 과세처분의 위법성을 실체적 위법성과 절차적 위법성으로 나누어 각각 별개의 소송물로 파악하는 소위 違法性 二元論이 주장되고 있다.[46]

(2) 判 例

일반 행정처분(주택건설사업계획변경승인)에 관하여 "취소판결의 기판력은 소송물로 된 행정처분의 위법성 존부에 관한 판단 그 자체에만 미치는 것이므로"라고 판시한 판례가 있다.[47] 명확하지는 않지만, 개개의 구체적인 위법사유가 아니라 '위법성 존부'라고 하고 있으므로 통설과 같은 취지라고 할 수 있다.

그 이외의 판례는 거의 모두 조세소송에 관한 것으로서, 1990년대 초까지 과세처분 취소소송의 소송물을 "취소원인이 되는 위법성

43) 김남진, 전게서, 646면.

44) 류지태, 행정법신론, 2002, 469면.

45) 홍준형, 행정구제법, 2001, 527면. 이는 행정소송 일반의 소송물은 제 2-1 설과 같이 "소송상의 청구"로 파악하면서도, 취소소송의 경우에는 국가배상청구소송에 대하여 취소판결의 기판력을 원용할 수 있도록 하기 위하여 그 소송물의 요소로 위법성을 포함시키는 것이라고 한다. 이러한 점에서도 독일의 제 3-1 설과 동일하다고 할 수 있다.

46) 고종주, 전게논문, 204면 이하; 소순무, 전게서, 261면 이하.

47) 대법원 1996. 4. 26. 선고 95누5820 판결.

일반"[48]이라고 판시하여 통설을 그대로 따랐으나, 1990년대 후반부터 "정당한 세액의 (객관적) 존부,"[49] "과세관청이 결정한 세액의 객관적 존부"[50] 또는 "과세처분에 의하여 인정된 과세표준 및 세액의 객관적 존부"[51]라고 판시하고 있다. 이러한 변화는 심판범위에 관한 총액주의를 표현하기 위한 것으로서, '처분의 위법성 일반'이라는 통설의 소송물 개념을 전제로 하는 것이다(후술, 418면 이하). 따라서 위와 같은 변화에서도 불구하고 판례는 과세처분 취소소송에 관해서도 여전히 통설에 따르고 있다고 할 수 있다.

4. 檢　　討

(1) 取消訴訟의 性質

1) 取消訴訟과 民事訴訟

취소소송의 소송물 개념을 검토하는 출발점은 취소소송과 민사소송의 관계이다. 취소소송의 본질을 민사소송과 동일한 것으로 본다면 그 소송물을 민사소송의 소송물에 준하여 파악하여야 하기 때문이다. 과거 행정의 우월성을 전제로, 취소소송은 열등한 지위에 있는 私人이 행정작용의 재심사를 요청하는 것이라는 점에서 대등한 사인간의 민사소송과 본질적으로 다르다는 관념이 있었다. 그러나 현재 이러한 관념은 이미 극복되어 취소소송 내지 항고소송도 私人이 행정과 대등한 지위에서 위법한 행정작용을 다투는 소송으로 이해되고 있는바, 이러한 점에서는 민사소송과 다르지 않다. 하지만 그렇다고 하여 취소소송을 민사소송과 동일한 것으로 이해할 수는 없다. 취소소송은 민사소송

48) 대법원 1989. 4. 11. 선고 87누647 판결; 1990. 3. 23. 선고 89누5386 판결.

49) 대법원 1997. 3. 28. 선고 96누15022 판결; 1997. 10. 24. 선고 97누2429 판결; 1997. 11. 28. 선고 96누14333 판결; 2001. 8. 24. 선고 2000두4873 판결.

50) 대법원 1997. 5. 16. 선고 96누8796 판결; 2001. 6. 15. 선고 99두1731 판결.

51) 대법원 1999. 9. 17. 선고 97누9666 판결; 1999. 12. 24. 선고 98두7350 판결; 2000. 3. 28. 선고 98두16682 판결.

과 달리 피고 행정청이 먼저 처분권한을 행사하고 이에 대해 원고가 불복하는 구조를 취하고 있고, 또한 피고 행정청은 사적인 동기가 아니라 공익적 견지에서 이를 방어하는 것이기 때문이다.[52] 이는 근본적으로 후술하는 취소소송의 확인소송적 성격과 객관소송적 구조와 연결된다.

또한 취소소송에서는 소송이 제기된 이후에도 행정청은 여전히 처분권한을 보유하고 있으므로, 소송상 처분사유 추가·변경의 문제가 발생할 뿐만 아니라, 소송 외에서 심지어 확정판결 이후에도 동일 또는 유사한 처분을 다시 내릴 수 있고 그러한 중복처분이나 재처분이 적법·유효하게 되는 경우도 있다. 민사소송에서는 피고가 소송상 주장을 추가·변경하더라도 이는 원고의 일정한 공격대상(즉, 청구권)에 대한 방어방법의 변경에 불과하지만, 취소소송에서는 처분사유의 추가·변경에 의해 원고의 공격대상(즉, 처분) 자체가 변경될 수 있다. 또한 민사소송에서도 피고가 소송외 또는 확정판결 이후에 원고의 청구와 모순되는 형성권을 행사하는 경우가 있으나 반드시 당해 소송에서, 소송종료 이후에는 청구에 관한 이의의 소(민사집행법 제44조) 등 별도의 소송절차에서, 유효한 것으로 인정받아야 하는 반면, 행정청의 중복처분이나 재처분은 공정력에 의거하여 스스로 효력을 발휘할 수 있다. 이러한 문제는 후술(402면 이하)하는 소송물 개념요소로서 '처분'의 동일성에 관한 논의로 연결된다. 이러한 취소소송에 고유한 문제들을 포착하기 위해서라도 취소소송의 소송물은 민사소송의 그것을 그대로 전용할 수는 없다고 할 것이다.

2) 取消訴訟과 私法上 形成訴訟

취소소송의 소송물을 민사소송과 동일하게 파악하는 입장에서는

52) 同旨, 宮岐良夫, 行政事件訴訟の訴訟物, 南博方 編, 条解行政事件訴訟法, 1993, 242면 이하.

취소소송을 사법상 형성소송 내지 형성의 소의 일종으로 이해한다. 그러나 독일 부분(370면 이하)에서 언급한 바와 같이 사법상의 형성소송은, 예컨대 상법 제185조 소정의 회사설립취소의 소, 동법 제376조 소정의 주주총회결의취소의 소와 같이 다양한 형성요건이 실체법에 개별적으로 규정되어 있기 때문에, 실체법적인 권리로서 — 상대방에 대한 — 형성권(취소청구권)이 부여되어 있고 그 권리를 재판상 행사하는 것으로 관념될 수 있다. 반면에 행정처분에 관해서는 개별 근거법규에 통상 그 적법요건이 규정되어 있을 뿐 그것에 위반된 처분에 대한 처리에 관해서는 아무런 규정을 두고 있지 않으므로, 취소청구권이 실체법적으로 부여되어 있다고 보기 어렵다. 물론 행정법관계를 철저히 私人과 행정 사이의 권리의무관계로 파악하고자 하는 입장에서는 법치국가원리에 의거한 불문법적 근거로써 — 행정청에 대한 — 위법한 처분의 취소청구권이라는 실체법적 권리를 상정할 수도 있을 것이다. 하지만 취소소송의 소송물을 정립하는 데까지 이러한 논리를 관철시킬 필요는 없다. 오히려 상술(371/372면)한 바와 같이 독일에서도 제 2 설과 같이 민사소송의 舊소송물이론에 따라 취소소송의 소송물을 실체법상의 취소청구권으로 이해하는 견해는 완전히 극복되었다.

그렇다면 독일의 제 2-1 설 및 제 2-2 설과 같이, 취소소송을 사법상 형성소송의 일종으로 보면서도 新소송물이론에 따라 그 소송물을 '처분의 취소를 구하는 소송상 청구'로 파악하는 것은 타당한가? 다음과 같은 점에서 취소소송은 결코 사법상의 형성소송과 동일한 것으로 볼 수 없다.

첫째, 사법상 형성소송은 회사설립이나 주주총회결의를 '취소'하는 데 주안점이 있고 詐害性 또는 定款違反 등은 그 취소를 위한 — 각 소송마다 다르게 규정된 — 요건에 불과하여 독자적인 의미를 갖지 못한다. 다시 말해, 회사설립이나 주주총회결의가 어떠한 이유로서든지 취소되기만 하면 그 소송의 목적은 달성된다. 따라서 그 취소 여부만을 소송물로 파악하여 그에 관해 기판력이 발생하도록 하면 충분하다. 반면에 취소소송에서는 거꾸로 처분의 취소는 모든 취소소송의 공통적 요건인 '위법성'의 필연적 결과에 불과하고, 이러한 의미에서 취소소송의 주안점은 위법성의 확정 내지 확인에 있다고 할 수 있다. 그리하여 처분이 취소되더라도 그것의 위법성이 확정되지 않으면 소송의 목적은 완전히 달성된 것으로 볼 수 없는데, 이는 바로 후술(387면 이하)하는 바와 같이 처분의 위법성을 소송물의 요소로 포착해야 할 실제적 필요성으로 귀결된다.

둘째, 사법상 형성소송은 비록 詐害性 또는 定款違反 등의 하자가 있지만 실체법적으로 완전한 법적 효과를 발생하고 있는 회사설립이나 주주총회결의를 소송을 통해 비로소 소멸시키는 것이다. 그러므로 제소기간 내에 소송이 제기되지 않으면 그 법적 효과는 법질서상 완전한 것으로 남게 된다. 이에 반하여 취소소송의 경우에는 위법한 처분은 비록 ― 통설적 견해에 따르면 ― 공정력에 의거하여 효력을 발생하긴 하지만 그것은 어디까지나 잠정적 효과에 불과하여 그 위법성은 법질서상 엄연히 존속하는데, 이를 시정하는 것이 취소소송이다. 이는 후술(393면 이하)하는 취소소송의 객관소송적 성격으로 연결된다.

3) 行政法上 특유한 形成訴訟

우리나라의 지배적 학설은 취소소송의 성질을 형성소송으로 이해한다.[53] 위법한 처분에 의해 ― 보다 정확하게 말해, 위법한 처분의 공정력에 의해 ― 형성된 법률효과를 취소판결을 통해 소급적으로 소멸시킴으로써 법률관계를 변동시킨다는 것이 그 논거이다. 그렇지만 이러한 지배적 학설 가운데, 독일의 제 2-1 설과 같이 취소소송을 사법상 형성

53) 김도창, 전게서, 745면; 김남진, 전게서, 645면; 김동희, 전게서, 633면; 이상규, 전게서, 294면; 홍정선, 전게서, 옆번호 2233; 홍준형, 전게서, 523면 등.

소송과 동일시하여 그 소송물을 '소송상 형성권(취소청구권)'만으로 파악하는 견해는 찾기 어렵다.[54] 오히려 상술한 바와 같이 실체법상 위법처분취소권이 존재한다고 볼 수 없다는 점에서 취소소송과 사법상 형성소송의 차이점을 강조하거나,[55] 취소소송이 바로 형성소송에 해당한다고 단정하는 것이 아니라 처분에 의해 형성된 법률관계에 대해 원상회복을 도모하는 "형성소송적 기능"을 수행한다는 점에서 취소소송을 형성소송으로 파악할 수 있다고 설명하는 견해도 있다.[56] 또한 취소소송을 형성소송으로 파악하면서도 예외 없이 취소소송의 소송물에 처분의 위법성 또는 권리 내지 법률상 이익의 침해라는 요소를 포함시키고 있다.

이상을 종합해 보면, 우리나라의 지배적 학설이 취소소송을 형성소송으로 이해할 때, 그 '형성소송'은 사법상의 형성소송이 아니라 행정법상 특유한 형성소송을 의미하는 것이라고 할 수 있다. 그리하여 취소소송의 주안점은 상술한 바와 같이 처분의 위법성 또는 권리 내지 법률상 이익의 침해를 확정 내지 확인하는 데 있고 처분의 '취소'는 그 필연적 결과에 불과한 것으로 이해되는 것이다. 따라서 취소소송에 있어 '처분의 위법성'을 소송물의 요소로 파악하는 통설·판례의 입장은 — ① 소송상 취소청구권도 포함시켜야 되는가, ② 권리 내지 법률상 이익의 침해도 포함시켜야 되는가, ③ '위법성'의 범위는 어디까지인가, ④ '처분'은 무엇을 가리키는가 라는 네 가지 문제는 일단 유보해 놓고 — 취소소송의 성질의 관점에서 타당한 것으로 평가될 수 있다. 이 점은

54) 다만 홍준형, 전게서, 523면 이하는 사법상 형성소송도 반드시 실체법상 형성권의 존재를 전제하지 않는다고 하면서 취소소송이 사법상 형성소송과 다르지 않다고 주장하지만, 이 견해도 상술한 바와 같이 국가배상청구소송에 대해 기판력을 미치게 한다는 실제적 목적을 위해 취소소송의 소송물에 처분의 위법성을 포함시키고 있으므로, 취소소송을 사법상 형성소송과 완전히 동일시하는 것이라고 할 수 없다.

55) 박윤흔, 전게서, 908면.

56) 김동희, 전게서, 633면.

프랑스는 물론 독일의 통설·판례와도 일치한다.

4) 實際的 必要性

관점을 바꾸어 취소소송에 있어 처분의 위법성을 소송물의 요소로 포함시켜야 할 실제적 필요성을 검토할 필요가 있다. 가장 중요한 것이 국가배상청구소송과의 관계이다. 기판력은 소송물에 관한 판단에 대해서만 발생한다. 따라서 취소소송의 소송물을 소송상 취소청구권만으로 파악한다면, 그 판결의 기판력은 처분의 취소청구권 존부에만 미치게 되고 국가배상청구소송의 선결문제인 처분의 위법성 여부에는 미치지 못한다. 우선 유의할 것은 독일에서는 상술(각주 18)한 바와 같이 後訴의 선결문제에 대한 기판력을 '선결력'(Präjudizialität)이라고 부르지만, 우리나라에서는 이를 구별 없이 '기판력'이라 한다는 점이다.[57] 독일의 제 2-2 설과 같이 처분의 위법성을 소송물에 포함시키지 않은 채 처분의 취소청구권 여부에 관한 기판력만으로 국가배상청구소송의 위법성 판단을 간접적 내지 사실상으로 구속한다는 것은 이론적 명확성과 설득력이 부족하다.

그렇다면 문제는 취소소송의 판결로 하여금 국가배상청구소송에 기판력을 미치도록 하는 것이 과연 타당한가 라는 것으로 귀결된다. 이것이 긍정된다면 처분의 위법성을 취소소송의 소송물에 포함시키는 방법밖에 없기 때문이다. 위 문제는 취소소송에서의 위법성과 국가배상에서의 위법성이 동일한 것인가 라는 쟁점과 결부되어 복잡한 양상을 띠고 있다. 본고에서는 이를 상론할 여유가 없어 결론만 말한다면, 양자의 위법성이 다르지만 후자의 위법성이 전자의 위법성을 포함하는 것으로 보아야 할 것이다. 주된 논거는 취소소송이 一次的인 권리

57) 특히 대법원 2001. 1. 16. 선고 2000다41349 판결 참조. "기판력이라 함은 기판력 있는 전소판결의 소송물과 동일한 후소를 허용하지 않는 것임은 물론, 후소의 소송물이 전소의 소송물과 동일하지 않다고 하더라도 전소의 소송물에 관한 판단이 후소의 선결문제가 되거나 모순관계에 있을 때에는 후소에서 전소판결의 판단과 다른 주장을 하는 것을 허용하지 않는 작용을 하는 것이다."

구제이고 국가배상은 이를 보완하는 二次的인 권리구제라는 점이다. 따라서 같은 논거로써 취소소송에서 취소판결을 받은 원고는 국가배상청구소송에서 그 기판력을 원용할 수 있도록 하는 것이 권리구제의 실효성을 위해 타당하다고 본다. 또한 국가배상청구소송이 민사소송으로 다루어지는 우리나라와 독일에서는 취소소송의 위상 확보를 위해서도 필요하다. 민사재판권과 행정재판권이 분리되어 있는 독일에서도 연방통상법원의 판례에 의해 행정법원에 의한 취소판결의 기판력이 인정되고 있음은 상술(각주 29)한 바와 같다. 우리나라에서도 최근 국가배상청구소송의 위법성 판단에는 취소판결의 기판력이 미친다는 것을 전제로 한 판례가 보인다.[58] 따라서 처분의 위법성은 취소소송의 소송물에 반드시 포함되어야 한다는 결론에 이른다.[59]

취소소송의 소송물에 처분의 위법성을 포함시켜야 할 또 하나의 실제적 필요성은 무효확인소송과의 관계에서 확인된다. 만일 취소소송의 소송물을 취소청구권만으로 이해한다면, 취소소송에서 기각판결이 내려진 경우 그 기판력은 원고에게 취소청구권이 없다는 점에 관해서만 발생하고 後訴인 무효확인소송에 있어 처분의 위법성 판단에는 미

58) 대법원 2000. 5. 12. 선고 99다70600 판결; 2001. 12. 14. 선고 2000다12679 판결.

59) 그러나 취소소송에서 기각판결이 내려진 경우에는 일정한 제한이 필요하다. 즉, 이 경우 처분이 위법하지 않다는 점에 관해 기판력이 발생하지만, 상술한 바와 같이 국가배상에서의 위법성이 취소소송에서의 위법성보다 넓기 때문에, 그 기판력에도 불구하고 국가배상청구소송에서 원고는 前訴에서 문제되지 않았던 새로운 관점에서 처분의 위법성을 주장할 수 있다고 할 것이다. 기각판결 이후 제기된 동일한 취소소송은 처분의 효력에 관한 것이어서 행정법관계의 안정성과 제 3 자의 이익을 해할 우려가 있는 반면, 국가배상청구소송은 원고와 행정주체 사이의 금전배상 문제에 불과하다. 이러한 점을 고려하여 취소소송에서 패소한 원고에게 추가적 권리구제의 기회를 부여하는 것이 국가배상제도의 취지에 부합하는 것이 아닌가 생각한다(同旨, 김동희, 전게서, 708면; 서원우, "국가의 부작위와 국가배상책임," 고시계 1985년 7월호, 147면 이하; 宮岐良夫, 전게 条解行政事件訴訟法, 252면). 그러나 다수설은 취소소송의 위법성과 국가배상의 위법성을 동일한 것으로 보아 취소소송의 기각판결도 국가배상청구소송에 전면적으로 기판력을 미쳐 국가배상이 인정될 수 없다고 한다(김남진, 전게서, 712면; 김철용, 전게서, 406면, 632면; 홍정선, 전게서, 옆번호 1506 이하).

치지 못한다. 무효확인소송은 처분의 위법성을 다툰다는 점에서 취소소송과 동일한 것으로서, 단지 그 위법성이 중대・명백하다는 이유로 제소기간의 제한이 면제되는 것에 불과하다. 따라서 동일한 처분에 대한 무효확인소송은 취소소송의 기각판결에 의해 반드시 차단되어야 하고, 이를 위해서는 취소소송의 소송물에 처분의 위법성이 포함되어야 하는 것이다. 판례도 취소소송 기각판결의 기판력은 무효확인소송에 미친다고 한다.[60)]

마지막으로 취소판결의 반복금지효와도 관련이 있다. 후술(439면 이하)하는 바와 같이 취소판결의 반복금지효는 행정소송법 제30조 소정의 기속력의 일환으로 파악되는데, 그 기속력을 기판력과 구별되는 특수한 효력으로 이해하는 우리나라의 통설에 따르면 반복금지효는 기판력 및 취소소송의 소송물과 관련이 없다. 그러나 반복금지효 내지 기속력을 기판력의 내용으로 파악하는 우리나라 판례 및 私見과 독일법에서는 취소판결의 반복금지효도 소송물의 문제와 연결된다. 그런데 독일에서는 상술한 바와 같이 취소판결 후 반복된 동일행정행위는 원칙적으로 단순위법으로서 취소소송의 대상이 되기 때문에, 취소소송의 소송물을 취소청구권만으로 파악하더라도 문제가 없다. 취소판결의 기판력이 취소청구권의 존재에 관해서만 발생한다고 하더라도 그 기판력에 의해 동일 행정행위가 後訴인 취소소송에서 바로 취소되기 때문이다.[61)] 그러나 우리나라 판례는 후술(각주 152)하는 바와 같이 기판력에 반하는 동일처분을 당연무효로 보고 있는바, 이에 대하여 제소기간 내에서는 소위 '무효선언을 구하는 의미의 취소소송'을 제기하겠지

60) 대법원 1992.12.8. 선고 92누6891 판결; 1993.4.27. 선고 92누9777 판결; 2003.5.16. 선고 2002두3669 판결.

61) 프랑스에서도 취소판결에 의한 반복금지효와 적극적 처분의무가 기판력의 내용으로 파악되고 있고(아래 442면 이하 참조), 상술(378면)한 바와 같이 반복된 동일행정행위에 대해서는 '부존재'(inexistence)가 아니어서 제소기간 내에 월권소송을 제기하여야 하므로, 독일과 동일한 결과가 되겠지만, 월권소송의 소송물을 '소송상 취소청구권'으로 파악하는 견해가 없으므로 고려 대상에서 제외한다.

만, 제소기간 후에는 무효확인소송을 제기할 수밖에 없다. 그리하여 여기에서도 위에서 검토한, 취소소송의 소송물과 무효확인소송과의 관계가 문제되는 것이다. 즉, 취소소송의 소송물에 처분의 위법성을 포함시켜야만 취소판결의 기판력이 후행 동일처분에 대한 무효확인소송에 미치게 된다.

5) 取消請求權의 문제

이상의 논의를 종합하면, 처분의 위법성을 취소소송의 소송물 요소로 파악하는 것이 취소소송의 성질 및 실제적 관점에서 모두 타당하다는 결론에 이른다. 이제 위(386면)에서 유보한 첫 번째 문제, 즉 처분의 위법성과 더불어 '취소청구권'도 소송물에 포함시켜야 하는가를 검토하기로 한다.

독일에서는 취소소송과 계속확인소송의 구별을 위해 취소청구권을 소송물에 포함시켜야 한다는 견해(제3-1설 및 제3-2설)가 있으나, 이는 통설에 의해 계속확인소송의 소송물 자체가 — '행정행위의 소멸'이라는 요소로 인해 — 취소소송의 그것과 다르기 때문에 굳이 그러할 필요성이 없다고 반박되고 있다는 점은 상술(376면)한 바와 같다. 더욱이 우리나라에서는 독일의 계속확인소송과 같은 소송유형이 없다. 행정소송법 제12조 후문의 취소소송을 독일의 계속확인소송과 유사한 것으로 보는 견해가 있으나,[62] 이에 의하더라도 위와 같은 독일 통설의 반박이 가능하다. 또한 무효확인소송과의 관계에서도, 동 소송의 소송물이 처분의 위법성 이외에 '위법성의 중대·명백성'이라는 요소를 갖고 있으므로, 이와 구별하기 위해 취소소송의 소송물에 취소청구권을 추가할 필요가 없다. 一說에 의하면 취소소송은 "단순히 처분 등

62) 예컨대 홍준형, 전게서, 588면. 私見에 의하면, 행정소송법 제12조 後文은 별개의 소송형태를 규정한 것이 아니라 동조 前文에 대한 注意的 규정에 불과한 것으로 본다. 이에 관해 本書 제8장 취소소송의 소의 이익과 권리보호필요성, 319면 이하 참조.

의 위법성을 확인하는 데 그치는 소송유형과 동일시될 수 없다는 점에서" 처분의 위법성과 더불어 취소청구권을 소송물에 포함시켜야 한다고 주장한다.[63] 현행법상 취소소송 이외에 그러한 처분의 (단순)위법확인소송은 허용될 수 없으므로 그러한 소송유형과 구별할 필요가 없으며, 오히려 바로 그렇기 때문에 취소소송의 소송물을 처분의 위법성으로 파악함으로써 그에 관해 기판력을 발생시켜야 하는 것이다.

6) 取消訴訟의 確認訴訟的 性格

이상과 같은 이유로, 처분의 위법성만을 취소소송의 소송물 요소로 파악하고 취소청구권을 제외하는 통설 · 판례의 입장이 타당한 것으로 평가된다. 이러한 통설 · 판례에 의하면, 위에서 강조한 바와 같이 취소소송에 있어 '처분의 위법성' 확인이 핵심적 요소로 전면에 나서고 처분의 취소는 그 위법성으로 인한 필연적 결과로 이해된다. 그러나 취소소송의 소송물을 이와 같이 이해하는 통설도 상술한 바와 같이 예외 없이 취소소송을 — 행정법상의 — 형성소송으로 보고 있는데, 이는 '실체적' 공정력 이론을 고수하고 있기 때문이라고 할 수 있다. 즉, 처분이 내려지면 그것이 (단순)위법한 것이더라도 공정력에 의거하여 즉시 실체법적으로 유효한 법률효과가 발생하였다가 그 법률효과가 취소판결에 의해 소급적으로 소멸하는 것이므로, 취소소송은 법률관계의 변동을 목적으로 하는 형성소송이라는 것이다.

그러나 우리나라에는 위와 같은 실체적 공정력을 명시하고 있는 독일 행정절차법 제43조 제2항과 같은 규정이 없는 점, 행정소송법 제12조 後文은 이미 효력이 소멸한 처분에 대해서도 취소소송을 인정하고 있는 점, 또한 우리 통설 · 판례에 의하면 애당초 법률효과를 갖지 않는 사실행위도 취소소송의 대상이 된다는 점, 우리 판례는 위법한 처분이 취소판결로써 취소되면 그 처분에 복종할 의무가 처음부터

63) 홍준형, 전게서, 526면.

없었음이 확정되었다고 판시하고 있는 점 등을 직시하면, 공정력은 단지 당해 처분의 적법·유효성이 추정되도록 하는, 말하자면 '추정적' 공정력으로 이해하는 것이 타당하다.[64] 이와 같이 종래의 '실체적' 공정력 도그마를 벗어나고 나면, 취소소송의 본질은 형성소송이 아니라 확인소송임이 분명해진다. 즉, 취소소송은 처분의 위법성을 확인함으로써 공정력에 의한 유효성의 추정을 깨뜨려 처분이 처음부터 효력이 없었던 것으로 확정하기 위한 소송으로 이해된다.

취소소송의 본질을 이와 같이 이해할 때 비로소 상술한 바와 같은 사법상 형성소송과의 차이점을 명백히 할 수 있다. 물론 취소소송이 이러한 추정적 공정력을 깨뜨림으로써 잠정적인 법률상태를 원상회복시킨다는 의미에서 형성소송과 유사한 기능 내지 '형성소송적 기능'을 수행한다고 할 수 있겠지만, 그 법적 성질의 핵심은 어디까지나 '확인소송적 성격'에 있다고 할 것이다. 이러한 관점에서 보면, 취소소송의 소송물에 처분의 위법성만을 포함시키고 취소청구권을 제외하는 통설·판례의 입장은 지극히 타당하다고 할 것이고, 동시에 이러한 통설·판례의 입장은 거꾸로 위와 같은 '추정적' 공정력 및 취소소송의 확인소송적 성격을 뒷받침해주는 강력한 논거가 될 수 있을 것이다.[65]

(2) 取消訴訟의 構造

1) 權利 내지 法律上 利益의 侵害

다음으로 위(386면)에서 유보한 두 번째 문제, 즉 취소소송의 소송물에 처분의 위법성과 더불어 '권리 내지 법률상 이익의 침해'를 포

64) 상세한 내용은 本書 제 5 장 취소소송의 성질과 처분개념, 168면 이하 참조.

65) 프랑스에서는 상술(378면 이하)한 바와 같이 월권소송의 소송물을 행정행위의 외적 위법성과 내적 위법성만으로 파악하고 취소청구권이라는 요소는 전혀 고려되지 않고 있는데, 프랑스에서도 우리의 공정력에 해당하는 행정의 '선결적 내지 예선적 특권'(privilège du préalable)이 절차적 추정력에 불과하여 월권소송이 확인소송적 성격을 갖는다(本書 제 4 장 인류의 보편적 지혜로서의 행정소송, 121면 이하 참조.

함시켜야 하는가에 관해 검토하여야 한다. 상술한 바와 같이, 독일의 통설·판례는 취소소송의 소송물을 '행정행위가 위법하고 그로 인해 자신의 권리가 침해되었다는 원고의 주장'으로 정의하고 있고, 우리나라에서도 상당수의 견해가 권리침해 또는 법률상 이익의 침해를 소송물의 요소에 포함시키고 있다. 그러나 독일에서는 취소소송의 본안요건으로 행정행위의 위법성과 함께 권리침해가 명시되어 있는 반면(행정법원법 제113조 제1항 1문), 우리 행정소송법상 취소소송에서는 법률상 이익이 원고적격의 요건으로 되어 있을 뿐(제12조) 본안요건은 위법성에 한정되어 있다(제4조 제1호).[66] 따라서 '법률상 이익'을 권리와 동일한 의미로 해석하여 우리 취소소송도 독일에서와 같은 원고적격의 제한을 받는 것으로 보더라도, 소송물은 본안판단에 관한 사항만을 대상으로 하는 것이므로, 소송요건에 관한 법률상 이익 또는 권리의 침해는 소송물의 요소가 될 수 없다.[67]

2) 取消訴訟의 客觀訴訟的 構造

이와 같이 처분의 위법성만을 취소소송의 소송물 요소로 파악하고 권리 내지 법률상 이익의 침해를 제외하고 있는 통설·판례의 입장이 타당하다고 할 것인데, 이러한 통설도 예외 없이 취소소송을 원고의 개인적 권리구제를 위한 주관소송으로 이해하고 있다.[68] 이는

66) 정확하게 말해 독일 취소소송의 원고적격은 '권리침해의 (설득력 있는) 주장' (행정법원법 제42조 제2항)으로서, 원고적격 여부의 판단은 주장 자체로 판단하게 되고, 본안요건으로서 그 권리침해가 사실인지 여부가 판단된다. 반면에 우리의 취소소송에서는 원고적격이 "처분의 취소를 구할 법률상 이익이 있는 자"이므로 원고적격 단계에서 법률상 이익의 존부 자체가 완전히 판단된다. 이에 관해 本書 제6장 취소소송의 원고적격(1), 208면 이하, 특히 각주 51 참조.

67) 일본의 취소소송도 우리와 마찬가지로 법률상 이익이 원고적격으로 되어 있을 뿐이고 본안요건은 위법성에 국한되어 있다. 따라서 일본의 통설도 우리나라의 통설·판례와 마찬가지로 취소소송의 소송물을 '처분의 위법성 일반'으로 정의하고 권리 내지 법률상 이익의 침해를 소송물의 요소로 파악하지 않는다. 宮岐良夫, 전게 条解行政事件訴訟法, 243면 참조.

68) 김동희, 전게서, 561, 709면; 박윤흔, 전게서, 812면; 이상규, 전게서, 29면 이하.

원고의 권리 내지 법률상 이익이 소송물인 본안판단사항에는 속하지 않지만 원고적격의 요건으로 요구되어 이를 구비하지 않으면 취소소송 자체가 허용되지 않으므로 결국 취소소송은 권리구제를 주된 목적으로 하는 것으로 보아야 한다는 취지이다. 그러나 주관소송(recours subjectif)과 객관소송(recours objectif)의 구별은 프랑스에서 비롯된 것으로서, 양자의 구별 기준은 — 어떠한 방식으로 원고적격이 제한되든지 간에 — 본안요건에 권리침해가 포함되느냐 여부이다.[69] 이러한 관점에 따른다면, 우리나라의 취소소송은 아무리 원고적격 단계에서 개인의 권리를 엄격하게 요구하고 있는 것으로 보더라도, 본안요건에서는 위법성만을 문제삼기 때문에 엄연히 객관소송으로서의 '구조'를 취하고 있다고 할 수 있다. 더욱이, 일본의 行政事件訴訟法 제10조 제 1 항은 원고의 법률상 이익과 관련 없는 위법을 이유로 취소를 구할 수 없다고 규정하고 있으나, 우리 법에는 이러한 규정이 없다. 명시적인 제한규정이 없으면 원칙으로 돌아가야 한다. 따라서 원고적격이 인정되는 이상, 본안에서는 원고의 주관적 관련성 여부와 관계없이 '객관적' 위법성, 다시 말해, 처분이 법질서상 일체의 법규에 위배된다는 것이 취소사유가 되는 것으로 보아야 하고, 이러한 의미에서 우리 취소소송은 보다 완벽한 객관소송적 구조를 취하고 있다고 할 수 있다.[70]

이러한 취소소송의 객관소송적 구조는 그 소송물의 요소를 처분의 위법성만으로 파악하는 통설·판례에 타당성을 부여하고, 동시에 이러한 통설·판례는 거꾸로 취소소송의 객관소송적 구조를 뒷받침하는 주요 논거를 이루는 것이다. 프랑스 월권소송의 소송물도 '행정행

69) Duguit, Les transformations du droit public, 1913, p. 187-190; Debbasch/Ricci, op. cit., n° 775, 792 참조.

70) 이러한 취소소송의 객관소송적 구조의 현행법상 논거들에 관하여 本書 제 5 장 취소소송의 성질과 처분개념, 160면 이하 참조. 또한 취소소송의 객관소송적 또는 주관소송적 기능과 관련하여 행정소송법 제12조 前文의 "法律上 利益"의 해석에 관해 本書 제 6 장 취소소송의 원고적격 (1), 208면 이하; 제 7 장 취소소송의 원고적격 (2), 281면 이하 참조.

위의 외적/내적 위법성'인데, 월권소송은 異論의 여지가 없이 객관소송으로 이해되고 있다. 또한 취소소송의 소송물을 '계쟁 행정행위의 위법성'으로 정의하던 독일의 제 1 설이 객관소송의 입장에서 비롯된 것임은 상술(370, 371면)한 바와 같다. 그 동안 우리 통설·판례의 소송물 개념에서 이러한 객관소송적 기초가 희석되어 있었지만, 이제 이를 복구함으로써 그 의미를 재조명할 필요가 있다고 할 것이다.

(3) '違法性'의 範圍

1) 處分의 違法性 一般

다음으로 위(386면)에서 유보한 세 번째 문제, 즉 취소소송의 소송물을 이루는 처분의 '위법성'은 어느 범위까지인가에 관해 검토하고자 한다. 이에 관해 다음과 같이 단계를 나누어 볼 수 있다. 즉, 추상적으로 위법성은 법질서상 존재하는 某種의 법규(법규정·법원칙)에 위반된다는 것을 의미한다(제 1 단계). 여기서 법규들을 실체적인 것과 절차적인 것으로 분류하면 실체적 위법성과 절차적 위법성으로 구분할 수 있다(제 1-1 단계). 이러한 추상적인 위법성은 실제사건에서 특정한 법규 위반으로 구체화되는데(제 2 단계), 이는 당해 법규의 해석, 사실인정 및 포섭 과정에서의 誤謬로 분류될 수 있다(제 3 단계). 이는 다시 당해 법규를 이루는 개개의 규범적 요소(제 4 단계), 나아가 개별적 사실관계(제 5 단계)에 따라 세분될 수 있다.

민사소송에서는 소송물을 세분하면 할수록 심판의 범위가 한정되어 당사자와 법원의 부담이 경감되고 심리가 집중되어 법원의 판단에 정확성을 기할 수 있으며 패소한 원고에게 다시 다른 사유로 소송을 제기할 수 있는 기회가 보장된다는 장점이 있지만, 피고로서는 응소의 부담이 커지고 분쟁의 일회적 해결을 실현하지 못한다는 단점이 있다. 이러한 장점을 강조하는 것이 舊소송물이론이고, 그 단점을 극복하고

자 하는 것이 新소송물이론이다. 취소소송에 있어서는 분쟁의 일회적 해결 및 이를 통한 행정법관계의 안정이 극히 중요한 의미를 가질 뿐만 아니라, 소송물을 세분하더라도 단기간의 제소기간으로 말미암아 패소한 원고가 다른 위법사유로써 다시 취소소송을 제기할 수 있는 기회는 사실상 봉쇄되고 — 소멸시효기간 내에 — 국가배상청구소송을 제기할 수 있을 뿐이다. 소송물이 세분되면 오히려 소제기시에 원고에게 과중한 부담을 안겨준다. 즉, 일정한 위법사유로 취소소송을 제기한 후 제소기간이 경과하고 나면 다른 위법사유는 더 이상 주장하지 못하게 되고, 따라서 처음부터 모든 가능한 위법사유들을 들어 소를 제기하여야 하는 것이다. 위법사유마다 별개의 소송물이 성립될 것이기 때문이다. 후술(397면)하는 바와 같이 직권탐지주의도 소송물 범위 내의 문제이므로 도움이 되지 못한다.

이상과 같은 이유로 취소소송에서는 소송물인 처분의 '위법성'을 최대한 확대할 필요가 있고, 이러한 점에서 — 위 제1단계와 같이 가능한 위법사유들을 모두 포괄한다는 의미로서 — 처분의 위법성 '일반'을 소송물로 파악하는 통설·판례가 타당하다고 할 것이다. 독일의 통설·판례에서 말하는 '행정행위의 위법성'도 이와 동일하며, 위법성을 구분하는 견해는 전혀 없다. 프랑스에서도 상술(379면)한 바와 같이 외적 위법성과 내적 위법성을 구분하기 때문에 위 제1-1단계에 해당한다고 할 수 있지만, 그 각각의 위법성 일반을 의미하고 위 제2단계 이하, 즉 구체적인 개개의 위법사유로 세분하지는 않는다.

소송물인 처분의 '위법성'을 위와 같이 최대한 확대함으로써 두 가지 부작용이 발생한다. 즉, 첫째 심판의 범위가 확장되어 당사자와 법원의 부담이 커지고, 둘째 패소한 원고가 다른 위법사유로써 국가배상청구소송에서 승소할 가능성이 박탈된다는 점이다. 후자의 부작용은 상술(387면 이하)한 바와 같이 국가배상의 위법성이 취소소송의 위법성을 포함하는, 보다 더 넓은 것으로 파악함으로써 취소소송 기각판결의 기판력을 제한하는 방법으로 대처할 수 있다. 또한 전자의 부작용은 후술(402면 이하)하는 바와 같이 소송물의 다른 요소, 즉 '처분'의 동일성을 한정함으로써 어느 정도 극복될 수 있다.

2) 職權探知主義와의 관계

취소소송의 소송물을 처분의 '위법성 일반'으로 파악하는 것은 직권탐지주의의 당연한 결과가 아닌가 라는 의문이 제기된다. 직권탐지주의가 — 또는 판례에 의한 소위 '변론보충적' 직권탐지주의도 — 행정소송의 공익적 성격에 의거하여 민사소송의 변론주의를 극복하고 심판의 범위를 확대하기 위한 것이라는 점에서는 처분의 '위법성 일반'이라는 소송물 개념과 일맥상통한다는 점은 부정할 수 없다. 그러나 직권탐지주의는 행정소송법 제26조 후단이 규정하고 있는 바와 같이 당사자가 주장하지 아니한 '사실'을 기초로 할 수 있다는 것으로서, 소송물 개념과 직결되는 것이 아니라 오히려 이를 전제로 하는 것이다. 다시 말해, 소송물의 범위 내에서 직권탐지주의가 적용된다. 예컨대, 소송물을 특정 법규(제 2 단계) 또는 심지어 그 법규의 요건사실(제 3 단계)까지 세분하더라도, 그 소송물에 관한 판단을 위해 당사자가 주장하지 아니한 사실도 기초로 할 수 있다는 것이 직권탐지주의이다.

3) 課稅處分 取消訴訟의 문제

과세처분 취소소송에 대하여 통설과 주류적 판례는 그 소송물을 '과세처분에 의한 (과세표준 및) 세액의 정당성 여부'로 정의하고 있음은 상술(381/382면)한 바와 같다. 여기서 총액주의와 소송물의 관계, 특히 위와 같은 과세처분 취소소송의 소송물 개념과 일반 취소소송의 소송물 개념과의 관계가 문제된다. 序說 4.(367면)에서 강조한 바와 같이 과세처분 취소소송도 가급적 취소소송이라는 큰 틀 아래에서 통일적으로 이해하여야 한다는 관점에서 보면, '과세처분에 의한 (과세표준 및) 세액의 정당성 여부'는 '처분의 위법성 일반'이라는 소송물 개념을 과세처분의 특징을 반영하여 표현하고 있는 것으로 보아야 한다. 먼저 후반부의 '정당성'이라는 부분을 살펴보면, 이는 그 어떤 위법사유도 전혀 없다는 것, 즉 '위법성 일반'과 동일한 의미이고, 단지 '정당성'이라는 용어로써 이미 법률에 의해 성립한 조세채무를 제대로 확인한 것인가 라는 과세처분의 특징을 나타내는 뉘앙스를 가질 뿐이다. 그리고 전반부의 '과세처분에 의한 (과세표준 및) 세액'이라는 부분은 과세처분의 동일성 판단기준으로서, 여기에 총액주의가 표현되어 있다.[71] 다시 말해, 과세처분은 세액 또는 과세표준에 의해서 그 동일성 여부가 결정되고, 개개의 수입액이나 경비 등 구체적인 처분사유가 다르더라도 동일한 과세처분이라는 것이다. 과세표준은 세액의 산출기초(과세표준 세율=세액)로서, 종합소득세에서 소득종류별 과세표준이 문제되는 경우[72]를 제외하고는 독립적인 의미가 없으므로 이하에서는 세액만을 언급하기로 한다. 이와 같이 과세처분의 동일성 요소를 이루는 '과세처분에 의한 세액'을 특정처분에 한정하느냐 아니면 일정한 범위 내에서 동일성 있는 처분까지 포함하는 것으로 이해하느냐 라는 문제는 남아 있다. 이러한 과세처분의 동일성과 총액주의에 관해서는 뒤(418면 이하)에서 재론한다. 여하튼 '과세처분에 의한 세액의 정당성 여부'는 '처분의 위법성 일반'이라는 일반 취소소송의 소송물 개념과 같은 의미임은 분명하다고 할 것이다.

4) 實體的 違法性과 節次的 違法性

또한 과세처분 취소소송에 관하여, 이미 학설 부분(381면)에서 언급하였듯이 최근 세법 분야에서 위법성을 실체적 위법성과 절차적 위

71) 同旨, 소순무, 전게서, 301면 이하.

72) 아래 420면 각주 110 참조. 그러나 이러한 경우에도 소득종류 상호간에 처분사유의 추가·변경이 허용되므로 결국 동일한 소송물을 이루는 것으로 보아야 한다. 이에 관해 아래 421면 각주 112 참조.

법성으로 나누어 각각 별개의 소송물로 파악하는 소위 違法性 二元論이 유력하게 주장되고 있다. 주된 논거는 실체적 위법성과 절차적 위법성에 있어 심리방법, 심판기준, 기판력 등이 동일하지 않다는 것인데, 근본적으로는 과세처분 취소소송의 獨自性論에 입각하고 있다. 즉, 과세처분의 실체적 위법성은 정당세액의 존부에 관한 것으로서, 이에 관한 취소소송이 일반 취소소송과 본질을 달리하는 반면, 절차적 위법성의 경우는 그렇지 않다는 것이다.[73] 序說 4.(367면)에서 강조한 바와 같이 과세처분 취소소송을 일반 취소소송과 통일적으로 이해하는 것이 타당하다고 한다면, 실체적 위법성과 절차적 위법성의 구분 문제를 먼저 취소소송 전체의 관점에서 검토하여야 할 것이다.

위에서 본 바와 같이 프랑스의 월권소송에서는 소송물이 '외적 위법성'(無權限과 형식상 하자)과 '내적 위법성'(권한남용과 법률위반)으로 구분되고 있는바, 이는 — 無權限을 제외하고 — 절차적 위법성과 실체적 위법성의 구별과 상응한다. 이는 월권소송의 역사적 발전의 所産이지만, 이론적 논거로는 기판력, 특히 그에 의한 반복금지효가 외적 위법성과 내적 위법성의 경우에 다르기 때문이라고 설명된다.[74] 즉, 내적 위법성의 경우에는 반복금지효가 절대적이지만, 외적 위법성의 경우에는 권한 있는 행정청이, 또는 형식상 하자를 보완하여, 동일 내용의 행정행위를 다시 내릴 수 있다는 것이다. 이러한 구분의 가장 중요한 실제적인 효과는 위 양 위법성 중 어느 하나만을 이유로 소송을 제기한 후 제소기간이 경과하면 당해 소송에서도 다른 위법성을 주장할 수 없게 되는 것이지만, 실무상 이러한 결과를 예방하기 위해 인용가능성이 있든 없든 무조건 訴狀에 양 위법성에 해당하는 위법사유를 모두 적시함으로써 유명무실하게 되고 있다고 한다.[75] 뿐만 아니라

73) 고종주, 전게논문, 205면.
74) Chapus, op. cit. (Droit administratif), n° 1211 참조.
75) Auby/Drago, op. cit., n° 202 참조.

학설상으로도 이러한 위법성의 양분은 이론적 필연성과 실제적 유용성이 없고 따라서 월권소송의 통일성을 위해 극복되어야 한다는 관점에서 비판이 가해지고 있다.[76]

우리나라에서도 취소소송 전체의 관점에서 보면, 위(396면)에서 강조한 바와 같이 소송물인 처분의 '위법성'을 최대한 확대해야 하는 이유는 분쟁의 일회적 해결을 통한 행정법관계의 안정과 원고의 소제기시 일괄주장 부담의 회피에 있다고 할 것인데, 이는 실체적 위법성과 절차적 위법성에 관해서도 다를 바가 없다. 또한 실체적 위법성이든 절차적 위법성이든 모두 실정법규에 대한 위반으로서 본질이 다르지 않다. 뿐만 아니라 후술(439면 이하)하는 바와 같이 반복금지효를 기판력과 구별되는 기속력의 일환으로 파악하여 소송물과 무관한 것으로 이해하는 우리나라의 통설에 따르면, 실체적 위법성과 절차적 위법성의 경우에 취소판결의 반복금지효가 다르다는 이유로 소송물을 양분할 필요가 없다. 또한 반복금지효를 기판력의 일환으로 이해하는 견해(私見)에 의하더라도, 절차적 위법성에 의거하여 취소판결이 내려진 경우에 행정청이 그 절차적 위법성을 보완하여 동일한 내용의 처분을 하게 되면 이는 변론종결 이후에 생긴 새로운 사유로서 기판력의 시간적 범위를 벗어나는 것으로 이해하면 된다. 요컨대, 절차적 위법성에 관한 기판력을 따로 구성하기 위해 소송물을 양분할 필요가 없다.[77]

요컨대, 취소소송의 소송물을 실체적 위법성과 절차적 위법성으로 구별할 이론적 필연성과 실제적 필요성을 인정하기 어렵다.[78] 과세처

76) 대표적으로 Koubi, Réflexions ciritiques à propos de la distinction entre légalité externe et légalité interne de l'acte administratif unilatéral, 1984.

77) 同旨, 장석조, 전게논문, 30면.

78) 우리 재판실무상 절차적 위법성을 별개의 소송물로 파악해야 할 필요성이 다음과 같은 점에서 주장될 수 있을 것이다. 즉, 절차적 위법성을 이유로 취소판결이 내려지더라도 행정청은 절차보완 후 동일한 처분을 내릴 수 있으므로, 원고로서는

분 취소소송의 경우에도 마찬가지이다. 과세처분 취소소송에 있어 실체적 위법성과 절차적 위법성을 구별해야 하는 구체적인 논거로서, 실체적 위법성의 경우에는 처분 중 객관적인 세액을 초과하는 부분만이 위법하게 되는 반면, 절차적 위법성에 있어서는 당해 과세처분 전체가 위법하게 된다는 취지의 설명이 있다.[79] 그러나 이와 같이 과세처분이 세액에 관하여 일부 위법으로 되어 그 일부만이 취소될 수 있는 것은 그것이 기속행위이고 그 규율내용이 可分的이기 때문이다. 일반 행정처분에 있어서도 마찬가지이다.[80] 절차적 위법성의 경우에도 그것이 세액의 일부에 대해서만 인정되는 경우에는 역시 과세처분의 일부취소가 가능하고, 따라서 일부취소와 관련해서도 절차적 위법성을 별도로 취급할 필요가 없다고 할 것이다.[81] 그 밖에 과세처분 취소소송에서 특별히 소송물을 실체적 위법성과 절차적 위법성에 따라 양분할 필요성은 이를 주장하는 견해에서도 뚜렷이 제시되지 않고, 다분히 과세처분 취소소송의 독자성을 강조하는 이론적 관점에 그치고 있다고

통상 이에 만족하지 않고 우선적으로 실체적 위법성을 이유로 한 취소판결을 받고자 하며, 이를 위해 실체적 위법사유를 주위적으로, 절차적 위법사유를 예비적으로 주장하게 된다. 그럼에도 불구하고 법원은 직권탐지주의에 의거하여 당사자의 주장 순서를 무시하고 실체적 위법사유에 관한 판단은 생략한 채 절차적 위법성만을 이유로 취소판결을 선고하는 경우가 적지 않다. 이로써 실효적인 권리구제와 분쟁의 일회적 해결에 지장을 초래하고 법원의 책임회피라는 비난까지 사게 될 우려가 있는데, 이러한 문제를 해결하기 위해, 소송물을 실체적 위법성과 절차적 위법성으로 양분하는 방법이 고려될 수 있는 것이다. 소송물이 달라지므로 법원은 양자에 대해 모두 심리·판단하지 않을 수 없게 되기 때문이다. 생각건대, 이러한 필요성은 충분히 인정되지만, 그렇다고 하여 소송물 개념을 양분하는 것은 得보다 失이 크다. 따라서 위와 같은 판단순서의 문제는 입법이나 소송예규 또는 판례로써 해결하고, 소송물 개념은 '위법성 일반'으로 유지하는 것이 타당하다고 할 것이다.

79) 고종주, 전게논문, 205면.

80) 이는 프랑스 월권소송에서 판례상 정립된 일반원칙이다. 즉, 일반적으로 일부취소(annulation partielle)는 행정행위의 내용을 수정하는 것이어서 권력분립원칙상 허용되지 않지만, 행정행위가 기속행위로서 그 규율내용이 가분적인 것(divisibilité)일 때에는 일부취소가 가능하다. Chapus, op. cit. (Droit du contentieux administratif), n° 1061, 1121 참조.

81) 同旨, 장석조, 전게논문, 29면.

할 수 있다. 결론적으로, 과세처분 취소소송의 특징을 상대적인 것으로 이해하는 이상, 취소소송을 통일적으로 파악하기 위해 일반 취소소송과 마찬가지로 '위법성 일반'이라는 소송물 개념을 유지하는 통설·판례가 타당하다고 할 것이다.[82)]

Ⅲ. 訴訟物 概念의 要素로서 '處分'의 同一性

1. 問題의 所在

이제 마지막으로 남은 문제는 위(386면)에서 유보한 네 번째 문제, 즉 취소소송의 소송물인 '처분의 위법성 일반'에서 '처분'은 무엇을 가리키는가 라는 것이다. 다시 말해, 여기서 '처분'이라 함은 당초 행정청이 내린 구체적인 처분(이하 '당초처분')만을 의미하는가, 아니면 당초처분과 일부 다른 점이 있더라도 동일한 처분이라고 평가될 수 있는 것까지 포괄하는가 라는 점이다. 당초처분만을 의미하는 것이라고 생각하는 경우에는 통상 이것만을 '동일한' 처분이라고 하기 때문에, 이 문제는 결국 처분의 동일성을 판단하는 기준이 무엇인가로 귀결된다.

위(395면 이하)에서 검토한 '위법성'의 범위에 관하여, 만일 위법성을 실체적 위법성과 절차적 위법성으로, 또는 구체적인 개개의 위법사유로 구분하게 되면, 동일한 — 아직 그 판단기준은 유보하고 — 처분에

82) 판례도 과세처분 취소소송의 소송물을 언급하면서 이를 실체적 위법성과 절차적 위법성으로 양분하는 경우는 없기 때문에, 위법성을 통일적으로 파악하고 있는 것으로 보인다. 다만 '과세처분에 의한 (과세표준 및) 세액의 정당성 여부'라는 판시로 말미암아 실체적 위법성인 세액만을 문제삼고 절차적 위법성은 별도로 취급하는 것이 아닌가 라는 의문이 제기될 수 있는데, 이러한 의문을 방지하고자 한다면 예컨대 '계쟁 (과세표준 및) 세액을 결정한 과세처분의 위법성 일반'으로 정의할 수 있을 것이다.

대한 취소소송에 있어서도 위법성의 종류 및 위법사유에 따라 소송물이 달라지게 된다. 그러나 위법성의 범위를 '위법성 일반'으로 포괄하는 통설·판례에 의하면, 이 개념요소에 의해서는 취소소송의 소송물이 민사소송 및 다른 유형의 행정소송의 소송물과 구별될 수 있을 뿐, 취소소송 상호간에는 구별되지 않는다. 모든 취소소송에서 '위법성 일반'이 문제되기 때문이다. 취소소송 내에서 소송물이 구별되는 것은 오직 그 대상이 되는 '처분'에 의해서이다. 이러한 의미에서 소송물의 동일성은 항상 — 취소소송 상호간에는(!) — 처분의 동일성과 일치하는 것이다. 말하자면, 취소소송의 소송물은 '처분'과 '위법성 일반'이라는 두 개의 요소로 구성되어 있는데, 후자는 취소소송 외부로 작용하는 반면, 전자는 취소소송 내부에서 작용한다고 할 수 있다.

위(382면 이하)에서 강조한 바와 같이 취소소송의 민사소송에 대한 중요한 특징은, 취소소송은 행정청의 처분에 불복하는 소송으로서, 피고 행정청은 당초처분 이후에도 여전히 처분권한을 보유하고 있다는 점이다. 그리하여 첫째, 행정청이 당초처분과 유사한 처분을 중복하여 내린 경우, 무엇을 취소소송의 대상으로 삼아야 하는가, 또 이미 당초처분에 대해 취소소송을 제기한 이후라면 이 중복처분에 대해서는 어떻게 다투어야 하는가가 문제된다. 둘째, 소송계속 중에 피고 행정청이 당초처분의 이유와는 다른 사유를 들어 처분의 근거로 주장하는 경우, 이는 처분권한을 소송상 행사한 것으로 볼 수 있으므로, 어떠한 범위 내에서 이를 허용할 것인가가 문제된다. 셋째, 취소판결이 확정된 이후 행정청이 다시 당초처분과 유사한 처분을 내린 때에는 이를 어떻게 취급해야 하는지 문제된다. 첫째는 소송계속의 범위, 둘째는 처분사유의 추가·변경, 그리고 셋째는 기속력(반복금지효)에 관한 문제이다.

무릇 소송물은 소송의 본질과 특징을 표징하는 것이므로, 위와 같은 세 가지 문제가 취소소송의 본질적 특징 — 즉, 행정청의 처분권한의 존속 — 으로부터 발생하는 것이라면, 취소소송의 소송물 개념도 당연히 이 문제들을 해결할 수 있는 이론적 단초를 내포하고 있는 것이어야 한다. 뿐만 아니라, 첫머리(368/369면)에서 강조한 바와 같이 '소송물'은 우리 실정법에 명시적인 근거가 없는, 순수한 법도그마틱적 개념으로서, 실무의 부담 경감이라는 법도그마틱의 기능을 제대로 발휘하기 위해서는 가능한 한 많은 실무상 쟁점들을 간명하고 통일적으로 해결할 수 있는 판단기준을 제공할 수 있는 것이어야 한다. 위 세 가지 문제의 초점은 중복처분, 처분사유의 추가·변경 및 재처분이 당초처분과 어떠한 관계에 있는가로 모아지고, 이는 결국 당초처분과의 '동일성' 문제로 귀결된다. 바로 이 문제를 소송물의 개념요소로서의 '처분'의 동일성과 연결시킬 수 있다면, 소송물 개념으로써 위 문제들을 모두 설명하고 판단할 수 있는 길이 열리게 되는 것이다.

2. 學說·判例의 傾向

(1) 訴訟係屬의 範圍

첫 번째 문제인 소송계속의 범위를 직접 소송물과 관련시켜 논의하는 문헌은 찾기 어렵고, 단지 과세처분 취소소송에 있어 경정처분의 문제와 관련하여 '소송물'이 언급되고 있다. 즉, 경정처분과 당초처분의 관계가 "경정처분과 소송물의 관계" 또는 "경정처분의 소송물"이라는 맥락에서 고찰된다.[83] 그러나 이는 소송물 개념에 의거하여 경정처분의 문제를 해결하고자 하는 것이 아니라, 경정처분과 당초처분 중 취소소송의 대상이 되는 처분을 결정함으로써 결과적으로 그 취소

83) 예컨대, 소순무, 전게서, 263면 이하; 고중주, 전게논문, 228면 이하. 또한 김연태, "조세행정에 있어서 경정처분의 효력," 행정판례연구 제 5 집, 2000, 469-501면 참조.

소송의 소송물이 특정된다는 의미이다. 다시 말해, 먼저 실체적 관점에서 경정처분과 당초처분이 독립적으로 존재하는가(병존설), 아니면 당초처분은 소멸하고 경정처분으로 합일되는가(흡수설), 아니면 거꾸로 경정처분이 당초처분으로 흡수·소멸되는가(역흡수설) 등이 검토된 다음 그 결론에 따라 취소소송의 대상이 결정되고 그럼으로써 그 소송물이 특정된다는 것이다. 이와 같이 경정처분과 당초처분의 관계가 주로 실체적 관점에서만 파악되기 때문에, 이미 당초처분에 대해 취소소송이 제기된 경우 경정처분은 어떻게 취급해야 하는가, 또한 반대로 경정처분에 대해서만 취소송이 제기된 경우 당초처분은 어떻게 취급해야 하는가 라는 소송법적 관점은 소홀히 다루어지고 있다. 그 밖에 소송계속의 범위와 관련된 논의로서, 최근 행정소송에 있어 소의 종류의 변경, 처분변경으로 인한 소변경 및 민사소송법 준용에 의한 청구의 변경의 관계에 관한 자세한 분석이 이루어지고 있으나,[84] 여기에서도 취소소송의 소송물 개념이 그 직접적인 판단기준으로 사용되고 있지 않다.

판례도 소송물과 관련하여 소송계속의 범위를 문제삼은 것을 찾을 수 없다. 판례는 경정처분의 문제에 관해서는 증액경정처분의 경우에 흡수설을, 감액경정처분의 경우에는 역흡수설(일부취소설)을 취하고 있지만,[85] 역시 상술한 바와 같이 주로 실체적 관점에만 한정되어 있고 소송물은 고려되지 않고 있다. 다만, 주목할 만한 것으로, 당초의 조세부과처분에 대해 적법한 취소소송이 계속 중에 증액경정처분이 내려진 경우 별도의 전심절차를 거치지 않고 바로 청구취지의 변경을

84) 마용주, "행정소송법상 소의 변경," 법조 통권 526호 (2000/7), 127-169면.

85) 대법원 1984.4.10. 선고 83누539 판결; 1992.5.26. 선고 91누9596 판결(이상 증액경정처분); 1997.10.24. 선고 96누10768 판결; 1991.9.13. 선고 91누391 판결; 1986.7.8. 선고 84누50 판결; 1982.11.23. 81누393 판결; 1982.9.14. 선고 82누55 판결(이상 감액경정처분); 1987.12.22. 선고 85누599 판결(증액경정처분·감액경정처분) 등.

통해 그 취소를 구할 수 있고 또한 그 청구취지변경에 제소기간의 제한도 없다고 한 판례가 있다.[86] 그러나 이러한 판례에서도 소송물과 관련하여 소송계속의 범위가 직접 언급된 바 없다.

(2) 處分事由의 追加·變更

두 번째 처분사유의 추가·변경 문제에 관해 살펴보면, 상당수의 문헌들이 단지 아래와 같은 대법원 판례에 따라, 당초처분에서 제시되었던 처분이유와의 관계(즉, 기본적 사실관계의 동일성 여부)만을 문제삼고 소송물 내지 그 개념요소로서의 '처분'의 동일성은 고려하지 않고 있다.[87] 또한 소송물과의 관계를 언급하는 경우에도, 소송물을 처분사유 추가·변경의 허용 범위를 결정하는 기준으로 삼게 되면 소송물이 통설에 의해 처분의 '위법성 일반'으로 파악되는 이상 처분사유의 추가·변경도 제한 없이 허용되게 되므로 소송물은 판단기준이 될 수 없다고 하는 것이 일반적이다.[88] 이러한 이유로 처분의 동일성을 판단기준으로 삼는 견해들이 있으나, 처분이유 또는 처분사유가 처분의 동일성을 좌우하는 요소가 되는가 여부만을 논의하고 이를 소송물과 직접 관련시키지 않는다.[89] 과세처분 취소소송에 관해서는 거의 대부분 처분의 동일성을 처분사유 추가·변경의 허용 여부에 대한 판단기준으로 삼고 있는데,[90] 여기에서는 처분의 동일성이 소송물의 동일성과 연결되기도 한다.[91]

---

86) 대법원 1982. 2. 9. 선고 80누522 판결. 이에 관하여 아래 427면 이하에서 논의한다.

87) 김남진, 전게서 684면 이하; 박윤흔, 전게서, 1010면 이하; 홍정선, 전게서, 옆번호 2356 이하.

88) 김동희, 전게서, 679면 이하; 김철용, 전게서, 596면; 김태우, 전게논문, 68면; 여남구, "처분의 이유제시의무와 처분사유의 추가·변경," 행정법원의 좌표와 진로(서울행정법원 개원 1 주년 기념백서), 1999, 430-448면 (436면).

89) 김철용, 전게서, 596면 이하; 김태우, 전게논문, 64면 이하.

90) 소순무, 전게서, 209-304면; 고종주, 전게논문, 212면 이하; 여남구, 전게논문, 445면 이하.

91) 여남구, 전게논문, 445면 이하 참조.

이러한 학설의 경향은 판례의 태도를 반영하는 것이다. 즉, 판례는 일반 취소소송에 관해서는 일관되게 처분사유의 추가 · 변경이 "당초 처분의 근거로 삼은 사유와 기본적 사실관계에 있어서 동일성이 있는 한도 내에서만" 허용된다고 판시하고 있는 반면,[92] 과세처분 취소소송에 관해서는 거의 대부분 "처분의 동일성이 유지되는 범위 내에서" 허용된다고 하고,[93] 또 "동일한 소송물의 범위" 내에서 허용된다고 판시한 것도 있다.[94] 이를 근거로 상당수의 견해들은 판례가 처분사유 추가 · 변경의 허용범위에 대한 판단기준을 일반 취소소송과 과세처분 취소소송에 있어 서로 다르게 적용하는 것으로 이해하고 있다. 즉, 전자에 있어서는 '처분사유'의 (당초처분의 처분사유와의) 동일성이고, 후자에 있어서는 이것보다 넓은 개념인 '처분'의 동일성 또는 '소송물'의 동일성이라는 것이다.[95] 이러한 이해방식 때문에 행정법 문헌에서 일반적으로 소송물 개념이 처분사유 추가 · 변경의 문제와 무관한 것으로 취급되고 있다고 할 수 있다. 과세처분 취소소송에 관해 판례가 말하는 "처분의 동일성"과 "소송물의 동일성"을 결합하면 바로 본고에서 논의하는 '소송물의 동일성을 결정하는 처분의 동일성',

92) 대법원 1983. 10. 25. 선고 83누396 판결; 1987. 7. 21. 선고 85누694 판결; 1991. 11. 8. 선고 91누70 판결; 1995. 11. 21. 선고 95누10952 판결; 1999. 4. 23. 선고 97누14378 판결; 2001. 3. 23. 선고 99두6392 판결; 2001. 9. 28. 선고 2000두8684 판결 등.

93) 대법원 1997. 5. 16. 선고 96누8796 판결; 1997. 10. 24. 선고 97누2429 판결; 1999. 9. 17. 97누9666 판결; 1999. 12. 24. 선고 98두16347 판결; 2000. 2. 11. 선고 98두342 판결; 2000. 3. 28. 선고 98두16682 판결; 2001. 6. 15. 선고 99두1731 판결; 2001. 8. 24. 선고 2000두4873 판결; 2001. 10. 30. 선고 2000두5616 판결 등. 위 판결들은 모두 처분의 동일성 이내라고 하여 처분사유의 추가 · 변경을 허용하였다.

94) 대법원 1997. 12. 26. 선고 97누4456 판결.

95) 김태우, 전게논문, 69면 이하; 여남구, 전게논문, 445면; 구욱서, 전게논문, 83면 이하. 또한 변동걸, "취소소송에 있어서 처분사유의 추가 · 변경," 대법원판례해설 제 8 호, 1988, 287-298면 (296면 이하); 구욱서, 전게논문, 87면은 과세처분 취소소송에 있어서도 처분사유의 동일성을 기준으로 처분사유 추가 · 변경의 범위를 제한하여야 한다는 취지로 판례를 비판하고 있다.

즉 소송물의 개념요소로서의 '처분'의 동일성이 도출되지만, 과세처분 취소소송에 한정된 것으로 치부되어 버리거나, 과세처분 취소소송에 있어서도 "소송물의 동일성"을 판단기준으로 삼은 판례가 위 각주 94의 판결밖에 없기 때문에 아직 학계의 주목을 받지 못하고 있는 것이 아닌가 한다.

(3) 羈束力(反復禁止效)

마지막으로 세 번째 문제인 기속력(반복금지효)은 바로 본고의 대상판결들에 직접 관련되는 것이다. 이에 관한 학설·판례의 경향은 이미 序說에서 살펴본 바 있는데, 통설은 기속력을 기판력과는 본질적으로 다른 것으로 파악함으로써 소송물과의 관련성을 처음부터 차단하고 있고, 판례는 반복금지효를 '기판력'의 문제라고 일컫고 있긴 하지만 그 객관적 범위를 '확정판결에서 지적된 위법사유'로 한정함으로써 역시 소송물과의 관련성을 부정하고 있다(위 365면 이하 참조).

3. 取消訴訟의 貫通概念으로서 訴訟物

이상에서 살펴본 바와 같이 학설·판례의 일반적 경향은 소송계속의 범위, 처분사유의 추가·변경 및 기속력(반복금지효)의 문제를 직접 소송물과 연결시키지 않고 있다. 그 주된 이유는 소송물의 개념 중 처분의 '위법성 일반'에만 치중하고 전반부의 '처분' 부분은 고려대상에서 제외하거나 아니면 당초처분 내지 특정처분으로 한정하고 있기 때문이다. 그 결과 소송물 개념의 실제적 역할은 취소소송의 판결과 국가배상청구소송의 관계를 해결하는 데 그치고 있다. 말하자면, 소송물 개념의 또 하나의 요소로서 '처분'이 갖는 이론적 잠재력을 死藏시키고 있는 것이다. 그러나 무릇 소송물 개념은 민사소송에서 그러하듯이 소송계속의 범위로부터 내지 심판의 대상과 판결의 효력범위까지 소송의 일련의 과정을 관통하는 기본개념이다. 취소소송에 있어서는 이러한 과정이 취소소송의 특질, 즉 행정청의 계속적 처분권한으로 인해 복잡한 양상을 띠고 있지만, 앞서(403/404면) 강조한 바와 같이 소송물 개념이 이미 그 안에 당해 소송의 본질과 특징을 담고 있는 것이라면, 이에 대해서도 마땅히 해결 기준을 제공할 것이 요청되는 것이다. 이러한 요청에 부응하기 위해서는 그 개념요소 중 '처분'을 당초처분 내지 특정처분의 한계를 넘어, 행정청의 계속적 처분권한에 의해 생기는 중복·경정처분, 처분사유의 추가·변경, 재처분 등의 문제를 포착할 수 있도록 확장함으로써 그 이론적 잠재력에 활력을 부여하여야 한다. 앞서(378면) 본 바와 같이 프랑스 월권소송에서도 소송물 개념요소로서의 '대상'(objet)을 특정 행정행위에 한정하지 않고 동일성 있는 행정행위까지 포함한다.

문제는 당초처분 내지 특정처분 이외의 '처분'의 동일성을 어떠한 기준으로 인정할 것인가에 있다. 민사소송에서는 舊소송물이론에 의거하여 소송물이 실체적 청구권마다 특정되기 때문에 소송물 개념에 의거하여 소송계속 내지 심판의 범위와 판결의 효력 범위를 결정하는데 어려움이 없다. 반면에 취소소송에서는 소송물이 처분의 '위법성 일반'으로서 개개의 실체적 법규와 위법사유들을 포괄하는 것이므로, 이 개념요소만을 기준으로 하면 심판의 대상과 판결의 효력 범위가 무제한으로 확대된다. 앞서 본 바와 같이 통설이 처분사유 추가·변경의 허용범위에 대한 판단기준으로 소송물을 배척하고 또 기속력(반복금지효)을 기판력과 다른 성질의 것으로 파악함으로써 소송물과의 관련성을 단절하는 이유가 바로 여기에 있다. 이러한 난점을 극복하면서 소송계속의 범위(중복·경정처분의 문제), 처분사유의 추가·변경의 허용범위 및 기속력의 범위(재처분의 문제)를 포착하기 위해서는, 한편으로 소송물 요소로서의 '처분'을 당초처분 내지 특정처분을 넘어 확장하면서도 동시에 다른 한편으로 심판의 대상과 판결의 효력 범위를 적절히 한정할 수 있도록 '처분'의 동일성의 판단기준을 설정하지 않으면 아니 된다.[96)]

4. 規律의 同一性

위와 같은 요청들을 충족하는 '처분'의 동일성의 판단기준은 바로 처분의 본질에서 찾을 수 있다. 처분은 일정한 생활관계에 대한 법적인 규율, 통상적으로는, 일정한 생활관계에 의거하여 상대방에게 권리를 부여 또는 제한하거나 의무를 부과 또는 면제하는 등 법적인 효과를 발생시키는 것이다. 독일 행정절차법 제35조에서 정하는 행정행위의 개념에서 이러한 '규율'(Regelung)이 중심을 이루고 있다. 이와 같이 처분의 본질에 해당하는 '규율'의 동일성이 '처분'의 동일성을 판단하는 통일적인 기준이 될 수 있을 것이다. 이는 앞서(372면) 본 독일의 제 2-2 설(Detterbeck)이 행정행위의 동일성 요소로서 제시하는 '일정한 생활관계에 대한 일정한 방식의 규율'에 상응하는 것이다.[97)] 여

96) 문제는 여기에서 끝나지 않는다. 우선, 소송계속과 처분사유의 추가 · 변경 그리고 반복금지효에 있어 그 각각의 범위를 반드시 동일하게 획정해야 하는가에 관해 의문이 제기될 수 있다. 이 세 가지 영역에서 대립하는 이념과 실제적 필요성이 일차적으로 각기 다르기 때문이다. 그 범위의 '확대'를 요청하는 것은 분쟁의 일회적 해결이라는 공통된 이념으로 포괄할 수 있지만, 반대로 그 범위의 '제한'을 요청하는 것으로, 소송계속의 범위에 관해서는 법원의 부담경감, 처분사유의 추가·변경에 관해서는 행정절차법상 행정청의 이유제시의무의 중시 및 원고의 방어권 보장, 반복금지효에 관해서는 행정청의 공익실현과 공평한 법집행을 위한 계속적 처분권한의 존중 등이 각각 주로 문제된다. 또한 취소소송의 대상이 되는 처분의 유형에 따라 구체적으로 그 각각의 범위를 다르게 정할 필요가 있다. 행정통제 및 권리구제의 실효성과 행정청의 계속적 처분권한의 존중은 행정적 제재처분 및 징계처분, 수익처분 발급의 거부처분, 과세처분 등에 따라 그 비중이 동일하다고 할 수 없기 때문이다.

97) 또한 홍준형, 전게서, 662면은 처분사유 추가 · 변경의 허용범위에 관하여 이를 소송물의 범위 내로 한정하면서 이를 처분의 본질적 부분인 '규율'(Regelung)과 연결시키고 이를 다시 판례가 말하는 처분사유의 기본적 사실관계에서의 동일성과 연결하고 있는데, 근본취지에 있어 본고와 같다. 다만 본고에서는 이러한 생각을

기에서 알 수 있듯이 '처분'의 동일성의 징표인 '규율'은 규율의 대상과 규율의 방식으로 이루어진다. 규율대상은 생활관계의 문제이지만, 규율의 방식은 법적인 문제이다. 양자가 동일할 때 동일한 규율로서 '처분'의 동일성이 인정된다. 이와 같이 생활관계에만 한정하지 않고 법적인 관점을 추가한다는 점에서 민사소송에 있어서의 전형적인 二分肢說과 구별된다. 요컨대, 취소소송 상호간에 소송물의 동일성을 결정하는 '처분'의 동일성은 곧 '규율'의 동일성이고, 따라서 취소소송의 소송물 개념인 '처분'의 위법성 일반은 '당초처분 및 이와 동일한 규율인 처분'의 위법성 일반으로 이해되어야 한다.[98] 이러한 소송물 개념이 취소소송의 관통개념으로서, 위 세 가지 문제, 즉 소송계속의 범위, 처분사유의 추가·변경의 허용범위 및 기속력(반복금지효)의 범위에 대한 공통된 판단기준으로 역할을 하게 되는 것이다.

5. 訴訟物과 處分事由의 追加·變更의 許容範圍

규율의 동일성은 획일적으로 판단되는 것이 아니라 처분의 유형에 따라 초점이 달라진다. 규율의 대상과 방식에 있어 규율의 핵심 내지 요체가 어디에 있는가를 그 근거법규를 기초로 판단하여야 한다. 규율의 동일성이 어떻게 파악되는가에 따라 소송물의 일반적 개념인

소송물 전반으로 확대하고자 하는 것이다.

98) 필자는 拙稿, "취소소송의 소송물에 관한 연구. 취소소송의 관통개념으로서 소송물 개념의 모색," 法曹 통권 526호(2000/7), 93-126면 (108면)에서 취소소송의 소송물을 '계쟁처분 및 그와 규율내용에 있어 기본적 사실관계가 동일한 처분의 위법성 일반'으로 정의한 바 있는데, 본고의 기본입장은 이것과 같지만, 본고에서의 '계쟁처분'이라 함은 소송의 대상이 되는 처분이라는 의미로서, 그 자체에서 이미 동일성 있는 처분까지 포함하는 것으로 이해될 수 있으므로 이를 '당초처분'으로 바꾸고, '기본적 사실관계'는 동일성의 징표가 생활관계만에 한정된다는 뉘앙스를 담고 있으므로 이를 삭제한다. 또한 본고에서는 필자의 고유한 소송물 개념을 새로이 정립하는 것이 아니라 통설·판례에 의한 소송물 개념의 의미를 — 그 방법론적 의의를 살리기 위해 — 올바로 해석하고자 한다는 점도 차이점이다.

'처분의 위법성 일반'이 달리 해석된다.

이하에서는 먼저 두 번째 문제인 처분사유의 추가·변경의 허용범위에 관련하여 제재처분·거부처분·과세처분 등 처분의 유형에 따라 규율 내지 처분의 동일성을 결정하는 요소를 결정한 다음, 이에 의거하여 아래 6.(425면 이하)에서 첫 번째 문제인 소송계속의 범위와 연결하여 중복·경정처분의 소송상 처리방법을 해명하고, 세 번째 문제인 기속력(반복금지효)의 범위에 관해서는 아래 Ⅳ.(434면 이하)에서 고찰하기로 한다.

(1) 制裁處分

허가취소·정지, 과징금 등 행정적 제재처분과 징계처분(이하 '제재처분')은 일정한 의무위반사실에 대한 제재(Sanktion)가 규율의 핵심이기 때문에 그 의무위반사실이 무엇이냐가 동일성의 판단기준이 된다. 반면에, 통상적으로 제재의 종류와 정도에 관해서는 법규상 (선택)재량이 부여되어 있고 그 범위 내에서 행정청이 선택하는 것이므로 규율의 동일성의 판단기준이 될 수 없다. 규율대상의 측면에서는 생활관계를 이루는 의무위반사실이 핵심인 데 비해, 규율방식은 그 의무위반사실에 대해 제재를 과한다는 점만이 요체이다. 요컨대, 처분이유 내지 처분사유가 동일성의 요소가 되고,[99] 처분주문은 고려되지 않는다. 이는 형사소송에서 소송물의 동일성이 공소사실에 관해서만 문제될 뿐 검사의 구형이나 판결에서 선고된 형량은 제외되는 것에 상응한다. 징계처분과 제재처분도 헌법 제12조 후단에서 말하는 '처벌'에

99) '처분이유'는 행정절차법상 개념으로서 처분에 부수하여 제시되는 것인 반면, '처분사유'는 소송법상 개념으로서 소송에서 처분의 적법성을 뒷받침하기 위해 행정청에 의해 주장되는 것이며, 처분시 제시되었던 처분이유가 소송에서 처분의 적법성을 뒷받침하는 주장으로서 역할을 한다는 의미에서 후자가 전자를 포함하는 관계라고 할 수 있다. 이에 관한 상세한 내용은 本書 제11장 처분사유의 추가·변경, 481면 이하 참조. 이하에서는 양자의 구별이 필요한 경우를 제외하고는 소송법적 관점에서 양자를 포괄하여 '처분사유'라고 부르기로 한다.

해당하는 것으로서, 원칙적으로 형사법상의 일사부재리 내지 이중위험 금지 원칙이 마찬가지로 적용되어야 하기 때문이다.[100] 결론적으로, 이와 같이 제재처분 취소소송에 있어서는 '처분'의 동일성이 처분사유의 동일성에 의해 결정되므로, 소송물의 일반적 개념인 '처분의 위법성 일반'이 여기에서는 '당초처분 및 당초처분의 처분이유와 기본적 사실관계가 동일한 처분사유에 의거한 처분의 위법성 일반'으로 해석된다.[101]

이러한 소송물의 범위 내에서 처분사유의 추가·변경이 허용된다. 이에 관한 판례의 사안은 제재처분에 관한 것과 거부처분에 관한 것으로 나누어지는데, 제재처분에 관한 판례는 위 소송물 개념과 정확히 일치한다.[102] 즉, 당초처분의 처분이유와 기본적 사실관계가 동일한 처분사유에 한하여 추가·변경이 허용되는 것이다. 앞서 본 바와 같이 통설은 소송물의 개념요소 중 '위법성 일반'에 주목하여 소송물이 판단기준이 된다면 처분사유의 추가·변경이 무제한적으로 허용될 것이라고 우려하지만, 소송물의 또 다른 개념요소로서 '처분'의 동일성 때문에 소송물을 판단기준으로 하더라도 그 허용범위가 판례와 똑같이 제한되는 것이다. 다시 말해, '위법성 일반'은 각 '처분'에 관하여 문제되는 것이고, 그 처분의 범위는 제재처분의 경우 처분사유에 의해 결

100) 이에 관해 拙著, 행정법의 체계와 방법론[행정법연구1], 제8장 협의의 행정벌과 광의의 행정벌, 359면 이하 참조.

101) 행정절차법상 처분이유제시를 강조하여 취소소송의 소송물을 "계쟁처분과 그 처분이유에 관한 위법성 일반"으로 정의하는 견해(김철용, 전게서, 596면 이하)도 제재처분에 관해서는 본고의 입장과 같은 취지라고 할 수 있다.

102) 제재처분에 관한 것은 대법원 1983.10.25. 선고 83누396 판결; 1989.12.8. 선고 88누9299 판결; 1992.10.9. 선고 92누213 판결; 1996.9.6. 선고 96누7427 판결; 1999.2.12. 선고 98두11861 판결; 1999.3.9. 선고 98두18565 판결; 2001.3.23. 선고 99두6392 판결 등인데, 위 1992년 판결을 제외하고 모두 처분사유의 추가·변경을 불허하였고 위 판결도 버스의 지입제 운영행위에 대한 법적 평가만을 달리하는 경우로서, 제재처분에 대하여는 매우 엄격한 입장을 취하고 있음을 알 수 있다.

정되는 것이다.[103)]

'처분'의 동일성이 처분사유에 의해서만 결정되고 제재처분의 주문에 의해 영향을 받지 않기 때문에 처분사유의 동일성이 유지되는 한 행정청은 처분사유 추가·변경의 방법을 통해 제재의 종류와 정도를 변경할 수 있는 것이 아닌가 라는 의문이 생길 수 있다. 그러나 제재의 종류와 정도의 변경은 실체법적 문제로서, 상대방에게 일정한 제재가 가해지기 위해서는 행정청이 소송외에서 행정절차법상의 방식에 따라 처분을 하지 않으면 아니 된다. 분명히 위 소송물 개념에 의하면 처분사유가 동일한, 그러나 처분주문이 다른 중복·경정처분 또는 재처분들도 동일한 소송물을 구성하는 것이고 따라서 후술하는 바와 같이 소송계속과 반복금지효의 범위 내에 속하지만, 처분사유의 추가·변경에 있어서는 위와 같은 실체법적 요건 때문에 제외된다. 말하자면, 같은 소송물의 범위 내에서도 '처분사유'만이 소송상 추가·변경될 수 있는 것이고 처분주문의 변경은 소송외에서만 가능하다.

(2) 拒否處分

수익처분의 발급신청에 대한 거부처분에 있어서는 제재처분과 달리 처분사유(거부사유)는 규율의 동일성 요소가 아니라고 보아야 할 것이다. 법규상 수익처분의 발급요건이 — 적극적 요건이든 소극적 요건이든, 또 중첩적으로든 선택적으로든 간에 — 여러 개가 규정되어 있는 경우, 각각의 요건들이 독자적인 규율을 이루는 것이 아니기 때문이다. 규율의 핵심은 그 요건들이 모두 충족되어 당해 수익처분을 발급하는 것 또는 일정한 요건들이 충족되지 아니하여 수익처분의 발급을 거부하는 것에 있다. 다시 말해, 규율대상인 생활관계는 당해 수익처분의

103) 처분사유와 위법사유는 혼동되어서는 아니 된다. 하나의 처분사유에 관하여 사실오인, 법령해석·포섭의 오류, 재량하자, 절차적 하자 등등 많은 위법사유가 발생할 수 있다. 소송물에 의해 위법사유는 제한되지 않지만 처분사유는 제한된다.

신청이고 규율방식은 그 수익처분의 발급 또는 거부이다. 양자가 동일하면 규율의 동일성이 인정된다. 발급요건들이 모두 충족되더라도 그 발급 여부에 관해 재량이 인정되는 경우에도 마찬가지이다. (거부)재량에 의한 거부 자체가 규율의 핵심이고 어떠한 사유로 그 재량을 행사하느냐는 규율의 세부적 내용에 불과하기 때문이다. 그 재량을 그르친 경우 재량하자로서, 발급요건 판단에 관한 사실오인, 법령해석·포섭의 오류와 더불어, 개개의 위법사유를 이룰 뿐이다. 따라서 거부처분 취소소송에 있어서는 소송물의 일반적 개념인 '처분의 위법성 일반'의 의미는 '당초처분 및 신청된 수익처분을 거부하는 처분의 위법성 일반'으로 해석되어야 할 것이다.

이러한 소송물 개념에 의하면, 신청된 수익처분이 동일한 이상 거부사유가 바뀌더라도 처분의 동일성, 따라서 소송물의 동일성이 유지되므로, 처분사유의 추가·변경이 모든 법규상 또는 재량에 의한 거부사유들에 대하여 허용된다. 이에 대하여 행정절차법상 행정청의 이유제시의무가 무시되고 원고의 방어권이 침해될 우려가 있다는 비판이 제기될 수 있다. 그러나 후술하는 바와 같이 처분사유 추가·변경의 허용범위는 원칙적으로 취소판결의 반복금지효의 범위와 일치하므로, 위의 소송물 개념은 전자를 확대함으로써 후자도 확대하여 권리구제의 실효성 및 분쟁의 일회적 해결을 도모하는 데 기여한다. 즉, 소송과정에서 모든 거부사유의 주장을 허용하는 대신 취소판결이 확정되면 다른 법령상의 거부사유에 의거한 재거부처분을 봉쇄하고 곧바로 행정소송법 제30조 제 2 항(거부처분 취소판결의 기속력) 및 제34조(간접강제)에 의거하여 발급을 강제할 수 있다. 다만 당초처분이 재량하자로 취소된 경우 다른 재량사유에 의거한 재거부처분은 허용된다.[104]

거부처분 취소소송의 주된 목적은 신청한 수익처분을 발급받는

104) 이에 관하여 아래 Ⅳ. 4. (4)의 1)(464면 이하) 참조.

데 있다. '제재처분' 취소소송의 경우에는 행정청이 추가・변경한 처분사유를 배척하고 취소판결이 내려지면 사후에 다른 처분사유로 동일한 제재처분을 받게 되더라도 일단 제재의 유예효과가 발생한다. 반면에 '거부처분' 취소소송에 있어서는 거부처분을 유예하는 것만으로는 통상 원고는 아무런 권리구제의 효과를 얻지 못하고 행정청이 다른 거부사유로써 다시 거부처분을 하면 분쟁만 재연된다. 이 문제는 입법론적으로 의무이행소송이 도입되면 완전히 해결될 수 있는 것이지만, 의무이행소송에 있어서도 소송물이 '신청된 수익처분의 발급의무 내지 원고의 발급청구권'이므로 행정청은 원칙적으로 당초 거부처분에서 제시하였던 거부사유 이외의 모든 거부사유들을 주장할 수 있다. 요컨대, 거부처분의 경우에는 이유제시라는 절차적 요청은 어차피 완벽히 관철시킬 수 없고 따라서 권리구제의 실효성 및 분쟁의 일회적 해결이라는 실체적 요청을 위해 후퇴할 수밖에 없다고 할 것이다.[105] 한편 원고의 방어권은 충분한 변론준비의 기회 부여와 失機한 공격방어방법의 각하(민소 제149조 제1항) 및 변론준비기일을 거친 경우의 새로운 공격방어방법의 제한(민소 제285조)을 통해 확보될 수 있다.[106]

---

105) 상세한 내용은 本書 제11장 처분사유의 추가・변경과 행정행위의 전환, 521면 이하 참조.

106) 프랑스 월권소송에서도 원칙적으로 처분사유의 추가・변경에 상응하는 처분이유의 대체(substitution de motifs)를 엄격하게 제한하고 있지만 거부결정(refus)의 경우 법령상의 거부사유에 관해서는 제한 없이 허용하는 것이 확립된 판례이다 [C.E. 8 juin 1934, *Augier*, Rec., p. 660, D. 1934; C.E. 26 mai 1950, *Soc. laitière provençale*, Rec., p. 314, 1re esp.; C.E. 16 novembre 1962, *Soc. industrielle de tôlerie*, Rec., p. 608; C.E. 7 janvier 1983, *Soc. Sogeba*, Rec., p. 1 et 796 등. 이에 관해 Chapus, op. cit. (contentieux), n° 1125 참조]. 반복금지효에 관해서는 아직 명시적인 판례는 없지만, 실무상 행정청으로 하여금 다른 법령상의 거부사유들이 있는지 여부를 밝히도록 한 다음 그 거부사유들이 모두 위법한 것으로 판단되면 취소판결이 선고되므로 다른 거부사유에 의거한 재거부처분이 금지된다. 1995년 거부결정 취소판결에 부수하여 주문에서 행정행위의 발급의무를 명시하는 이행명령(injonction)제도가 도입되었는데, 행정청이 주장하는 거부사유가 인정되지 않으면 그 이외의 발급요건은 문제삼지 않고 바로 이행명령이 선고되고 있다(C.E. 4 julliet 1997, *Ep. Bourezak*; C. E. avis, 30 novembre 1998, *Berrad* 등). 또한 최근 이를 뒷받침하는 이론이 주장되고 있다. 즉, 처분이유의 대

이러한 관점에서 우리 판례가 거부처분 취소소송에 관해서도 처분사유(거부사유)의 추가·변경의 허용범위를 당초의 처분이유(거부이유)와 기본적 사실관계가 동일한 처분으로 한정하고 있는 것[107]은 비판의 여지가 있다. 반복금지효도 그 범위 내에서만 발생하여 취소판결 이후에도 행정청은 다른 거부사유를 들어 거부처분을 반복할 수 있기 때문이다. 국민이 장기간의 법정투쟁을 통해 어렵게 승소판결을 받고도 거부처분의 반복에 의해 권리구제가 좌절되고, 끝까지 목적을 달성하려면 거부처분에 대해 계속하여 소송을 제기해야 되는데 그 도중에 근거법령이 개폐되어 버리는 등 법원에 대한 불신을 낳게 하는 요인이 되고 있다.

여하튼 이상과 같은 판례의 입장도 소송물 개념을 통해 완전히 설명된다. 즉, 판례가 이해하고 있는 거부처분 취소소송의 소송물은 제재처분 취소소송과 동일하게 '당초처분 및 그 처분이유(거부이유)와 기본적 사실관계가 동일한 처분사유(거부이유)에 의거한 처분의 위법성 일반'으로서, 이에 의해 처분사유 추가·변경의 허용범위와 반복금

체는 행정청만이 아니라 원고에게도 평등하게 작용되어야 하므로 더 이상 다른 거부사유로 대체될 수 없다는 것이 확인될 때에는 반드시 취소판결과 함께 이행명령을 선고해야 한다고 한다(Mouzouraki, L'efficacité des décisions du juge de la légalité administrative dans le droit fran ais et allemand, 1999, p. 362 f.). 이행명령은 독일의 의무이행소송에서와 같이 독립적인 의무이행판결이 아니라 거부결정 취소판결의 효력(기판력)을 명시(explicitation)하는 것으로 이해되고 있으므로(Chapus, op. cit., n° 1094, 1096; Debbasch/Ricci, op. cit., n° 666 참조), 위와 같은 경우 취소판결의 효력이 법령상의 거부사유 전체에 미친다는 것을 전제로 하는 것이다.

107) 대법원 1987. 7. 21. 선고 85누694 판결; 1989. 6. 27. 선고 88누6160 판결; 1989. 7. 25. 선고 88누11926 판결; 1991. 11. 8. 선고 91누70 판결; 1992. 2. 14. 선고 91누3895 판결; 1992. 8. 18. 선고 91누3569 판결; 1992. 11. 24. 선고 92누3052 판결; 1994. 9. 23. 선고 94누9368 판결; 1995. 10. 12. 선고 95누4704 판결; 1995. 11. 21. 선고 95누10952 판결; 1995. 12. 12. 선고 95누9051 판결; 1998. 4. 24. 선고 96누13286 판결; 1999. 4. 23. 선고 97누14378 판결; 1999. 11. 26. 선고 97누13474 판결; 2001. 9. 28. 선고 2000두8684 판결 등. 거부처분에 관해서는 처분사유의 추가·변경을 허용한 사례가 비교적 많다(위 1989. 7. 25. 판결; 1998년 판결; 1999. 4. 23. 판결; 2001년 판결).

지효의 객관적 범위가 결정되는 것이다. 이와 같이 판례에서도 소송물 개념이 — 비록 私見과는 다른 내용이긴 하지만 — 처분사유의 추가·변경과 반복금지효에 관해 공통된 기준으로 작용하고 있다는 점은 분명하다.

(3) 課稅處分

상술(367면)한 바와 같이 조세채무는 법률 자체에 의해 부과되어 있고 그리하여 과세요건이 충족되는 즉시 성립되는 것이므로, 이러한 조세채무의 성립 여부 및 범위를 확인하는 데 과세처분에 의한 규율의 핵심이 있다. 즉, 규율대상은 하나의 과세단위에 있어 과세요건을 충족하는 사실 전체이며, 규율방식은 그러한 과세요선 충속에 의해 성립한 납세의무의 범위, 즉 세액의 확정이다. 개개의 구체적인 과세요건사실이나 공제사유의 여부 및 범위는 규율의 핵심요소가 아니라고 보아야 한다. 그리하여 과세처분에 있어 규율의 동일성 내지 처분의 동일성을 결정하는 요소는 과세단위와 세액이라고 할 수 있다. 이러한 의미에서, 소송물의 일반적 개념인 '처분의 위법성 일반' 또는 이를 통설·판례가 과세처분 취소소송에 관해 표현하고 있는 '과세처분에 의한 세액의 정당성 여부'는 정확하게 말해 '당초의 과세처분 및 그와 과세단위가 동일한 과세처분에 의한 세액의 정당성 여부'라는 의미로 해석되어야 한다.

유의할 것은, 상술한 바와 같이 과세단위와 세액이 과세처분의 동일성을 결정하는 요소이지만, 일정 금액으로서의 세액은 항상 특정한 과세처분과 결부되어 있으므로, 소송물을 특정처분에 국한하지 않기 위해서는 세액을 독자적인 동일성 결정요소로 보아서는 아니 된다는 점이다. 다시 말해, 과세처분의 동일성은 일차적으로 과세단위에 의해 결정되는데, 그 과세단위에 대하여 일정한 과세처분이 내려지면 그 과세처분의 동일성은 그것의 세액에 의해 결정되는 것이다. 말하자면, 과세처분에 있어서는 2단계의 동일성이 문제된다고 할 수 있다. 이는 과세처분 및 그에 대한 취소소송의 특징을 반영하는 것이다. 과세처분은 이미 법률상 성립한 납세의무의 범위를 확정하는 것으로서 본질적으로 확인적 행정행위에 해당하고, 따라서 그에 대한 취소소송은 그 확인의 내용(납세의무의 범위, 즉 세액)이 정확한 것인가를 심판하는 것이다. 따라서 一次的으로 과세단위를 기준으로 과세처분들 상호간의 동일성이 판단되지만, 소송의 대상이 일정한 과세처분으로 특정된 후에는 그 과세처분의 세액이 二次的인 동일성 판단요소가 되는 것이다. 이에 따라 소송물도 2단계로 파악될 수 있다. 판례·학설이 과세처분 취소소송의 소송물을 '과세처분에 의해 결정된 세액의 정당성 여부'라고 할 때에는 주로 '처분'의 二次的 동일성에 의거한 소송물을 의미하는 것이고, '각 과세단위에 대한 정당한 세액의 객관적 존부'라고 할 때에는 일차적 동일성에 의거한 소송물을 가리키는 것으로 이해할 수 있다. 아래에서 보는 바와 같이 二次的 동일성은 심판범위에 관한 총액주의와 처분사유의 추가·변경에 관해 적용되는 것인 반면, 일차적 동일성은 소송계속과 기속력(반복금지효)의 범위에 관한 것이다.

먼저 판례·통설이 취하고 있는 총액주의에 관해 살펴보면, 이는 과세처분의 二次的 동일성에 관한 문제이다. 즉, 일정한 과세처분이 취소소송의 대상이 된 경우에 구체적인 과세요건사실 등 처분사유마다 별개의 처분이 되어 소송물을 달리하는 것이 아니라 세액이 동일한 이상 하나의 소송물을 구성하고, 따라서 심판의 범위는 원고가 다투는 개개의 처분사유에 한정되지 않고 세액 전체에 미친다는 것이다. 그리하여 원고가 다투는 처분사유(예컨대, 익금의 산정)가 잘못되었더라도 다른 처분사유(예컨대, 손금의 산정)에 관해 판단하여 그것에 의해 당해 과세처분의 세액이 충족될 때에는 적법한 과세처분으로 인정된다.[108] 요컨대, 처분사유들이 당초처분의 그것과 달라지더라도 동일한 과세처분이라는 것이다. 이와 같이 총액주의는 소송물 개념이 적용된 결과이다. 학설상 총액주의는 심판의 범위에 관한 것으로서, 심판의 대상인 소송물과는 별개의 문제로 이해하는 경우가 있다.[109] 그러나 이는 소송물의 범위를 '위법성 일반'이라는 측면에서만 파악하고 '처분'의 동일성 부분은 간과하고 있기 때문이다. 소송물의 개념요소 중 '위법성 일반'은 반드시 총액주의로 귀결되는 것이 아님은 분명하다. 쟁점주의를 취하더라도 각 처분사유마다 위법성 일반, 즉 사실오인, 법령해석·적용의 오류 등 모든 위법사유를 문제삼을 수 있기 때문이다. 반면에 소송물의 또 다른 개념요소인 '처분'의 (二次的인) 동일성을 어떻게 파악하는가에 따라 총액주의와 쟁점주의로 갈리게 된다. 심판의 대상과 범위는 별개의 문제가 아니다. 양자 모두 소송물에 의해 결정되는 것이다. 다만, 전자가 모든 위법사유들을 포괄하느냐 라는 문제로서 소송물 개념 중 '위법성 일반'에 의해 해결되고 후자는 모든 처분사유들을 포괄하느냐 라는 문제로서 '처분'의 동일성에 의해 결정되는 것이다.

강조할 것은 총액주의의 예외로 설명되는, 종합소득세 중 이자소득과 사업소득, 이자소득과 부동산임대소득 상호간의 관계에 있어서도[110] 위와 같은 '처분'의 동일성은 유지된다는 점이다. 만일 '처분'의 동일성이 깨어진다고 한다면 각 소득유형마다 별개의 소송물이 되고 따라

108) 대법원 1992.9.22. 선고 91누13205 판결; 1997.3.28. 선고 96누15022 판결 등 참조.

109) 예컨대 고종주, 전게논문, 214면 이하.

110) 판례에 의하면, 종합소득세 중 이자소득과 사업소득 그리고 이자소득과 부동산임대소득 사이에는 각 소득에 대한 과세표준별로 심판범위가 나누어지는 것으로 보아, 한 소득부분이 위법한 것으로 판단된 경우에, 원고가 다른 소득부분을 다투지 않는 한, 양 부분의 합산세액을 대상으로 그 정당한 세액을 산출하지 아니하고, 그 한 소득부분이 위법하다는 이유로 계쟁 종합소득세 부과처분 전체를 취소해야 한다고 한다(대법원 1989.11.14. 선고 89누1520 판결; 1997.11.14. 선고 96누8307 판결).

서 각각에 대하여 판결을 선고해야 할 터인데, 판례는 전체에 대하여 1개의 취소판결 또는 기각판결을 선고하고 있기 때문이다. 총액주의의 예외로서 심판범위가 분리되는 것은 행정과 司法의 권력분립으로 인한 행정소송의 한계가 반영된 것에 불과하다. 다시 말해, 종합소득세의 경우에도 세액 전체가 하나의 소송물을 이루는 것이지만, 별도의 법리에 의해 심판범위가 제한되는 것으로 이해되어야 한다. 아래에서 보는 바와 같이 처분사유의 추가·변경도 각 소득유형 사이에서 제한 없이 허용된다. 따라서 종합소득세의 경우에도 소송물 개념에 '과세표준'이라는 징표를 추가할 필요는 없다고 할 것이다. 과세표준마다 별개의 소송물이 성립한다는 오해를 빚을 수 있다. 이러한 의미에서 최근 판례에서 과세처분 취소소송의 소송물을 "과세처분에 의하여 인정된 과세표준 및 세액의 객관적 존부"로 판시하고 있는 것[111]은 재고를 요한다.

다음으로 처분사유의 추가·변경에 관해 살펴보면, 판례는 앞서 본 바와 같이 과세처분 취소소송에서 그 허용범위를 "처분의 동일성이 유지되는 범위" 또는 "동일한 소송물의 범위"라고도 판시하면서 계쟁 과세처분의 세액을 뒷받침하는 모든 처분사유들에 대하여 추가·변경을 허용하고 있다. 이것이 바로 상술한 과세처분의 二次的 동일성과 그에 의거한 소송물을 가리키는 것이다. 종합소득세 중 이자소득과 부동산임대소득도 위와 같이 심판범위가 제한되긴 하지만, 엄연히 동일한 소송물로서 상호간에 처분사유의 추가·변경이 허용된다.[112] 이와 같이 처분사유 추가·변경의 허용범위는 심판범위에 관한 총액주

111) 대법원 1999. 9. 17. 선고 97누9666 판결; 1999. 12. 24. 선고 98두7350 판결; 2000. 3. 28. 선고 98두16682 판결 등.

112) 대법원 1997. 11. 14. 선고 96누8307 판결은 종합소득세에서 부동산임대소득과 이자소득 상호간에 행정청이 "처분사유를 변경하고 그에 따른 정당한 세액을 주장·입증하지 아니하는 한" 심판범위가 제한된다고 설시함으로써 양자 사이에 처분사유의 추가·변경이 허용된다는 것을 전제하고 있다.

의와 원칙적으로 — 앞서 본 종합소득세의 경우를 제외하고는 — 일치하는데, 양자가 모두 소송물 개념에 의해 결정되는 것이다. 상술한 바와 같이 상당수의 견해들이 처분사유의 추가·변경에 관한 판례의 태도를 일반 취소소송과 과세처분 취소소송으로 구분하여 전자의 경우에는 '처분사유'의 동일성, 후자의 경우에는 '처분'의 동일성을 기준으로 삼고 있는 것으로 이해하고 있다. 판례의 문구가 다르긴 하지만, 그렇다고 하여 양자를 본질적으로 다른 것으로 속단하여서는 아니 된다. 양자는 모두 취소소송의 소송물의 동일성을 표현하는 것으로서, 다만 그 개념요소로서 '처분'의 동일성의 판단기준이 처분의 유형(즉, 제재처분·거부처분인가 과세처분인가)에 따라 달라질 뿐이다. 다시 강조하건대, 과세처분 취소소송을 무조건 일반 취소소송과 분리하여 사고하는 태도는 지양되어야 하며, 취소소송의 큰 틀 아래에서 다른 처분 유형과의 상관관계 속에서 이해하도록 노력하여야 한다.

마지막으로 과세처분의 一次的 동일성과 二次的 동일성과의 관계에 관해 보다 자세히 살펴본다. 위에서 언급한 바와 같이 이에 따라 소송물 개념도 2단계로 파악될 수 있지만, 양자가 따로 존재하는 것이 아니라 이차적 동일성 내지 소송물도 결국 일차적 동일성 내지 소송물로 포섭된다. 과세처분 취소소송에 있어 처분 및 소송물의 동일성은 근본적으로 과세단위에 따라 결정되고[113] 구체적인 세액은 고려되지 않는다. 그리하여 '과세단위'가 같은 처분이라면 그 세액을 불문하고 동일한 소송물에 속하지만, 단지 심판범위와 처분사유 추가·변경의 범위에 있어 별도의 법리 때문에 추가적으로 '세액'에 의한 제한을 받을 뿐이다. 전자(심판범위)에 있어서는 행정소송의 한계, 즉 법원은 행정청이 특정과세처분을 통해 결정한 세액을 넘어 심판할 수 없고,

113) 판례 중 동일한 건물 양도행위에 대해 부과된 양도소득세와 부가가치세는 과세단위가 다르기 때문에 별개의 과세처분이고 따라서 중복과세가 아니라고 대법원 1997. 2. 25. 선고 96누10881 판결; 1996. 10. 11. 선고 96누8758 판결 참조.

후자(처분사유의 추가·변경)에 있어서는 실체법적인 문제, 즉 행정청은 — 앞서 본 제재처분에서 제재의 종류와 정도의 변경과 마찬가지로 — 반드시 소송 외에서 별개의 처분으로 세액을 변경할 수 있고 소송상 처분사유 추가·변경의 방식으로는 할 수 없게 되는 것이다. 이러한 관점에서 과세처분 취소소송의 소송물 개념을 '세액'이라는 요소는 제외하고 일단 '당초처분 및 그와 과세단위가 동일한 처분의 위법성 일반'이라고 정의하여도 무방하다. 하지만 상술한 바와 같이 일정한 과세처분이 소송의 대상으로 특정되면 그 과세처분의 동일성은 세액에 의해서만 결정된다는 점을 표현하기 위해 소송물 개념에 '세액'을 이차적인 동일성 결정요소로 추가하는 것이고, 이에 의해 심판범위(총액주의)와 처분사유 추가·변경의 허용범위가 결정되는 것이다.

(4) 警察處分·計劃處分·授益處分

실무상 소송물 개념이 문제되는 것은 주로 이상에서 고찰한 제재처분, 거부처분 및 과세처분에 관한 것이지만, 그 밖의 침익처분과 수익처분에 관해서도 그 각 규율의 핵심이 어디에 있는지를 파악하여 '처분'의 동일성 범위를 정하고 이를 기초로 소송물의 일반적 개념인 '처분의 위법성 일반'을 해석할 수 있다.

경찰처분 내지 질서행정처분에 있어서는 그 규율의 핵심이 근본적으로 처분사유, 즉 경찰권과 질서행정권의 발동대상인 (개별수권규정 또는 개괄수권조항 — 현행법상 인정된다는 전제하에 — 에 규정된) 위험사태에 있기 때문에, 일차적으로 이러한 처분사유의 동일성을 기준으로 처분의 동일성이 결정된다고 할 것이다. 그러나 상술(412면)한 바와 같이 제재처분에서는 처분사유(위반사항)만이 처분의 동일성의 요소가 되고 처분주문(제재의 종류와 정도)은 제외되는 제재처분과는 달리, 경찰처분에서는 그 경찰권 내지 질서행정권 발동의 내용과 형태, 즉 처분주문도 처분의 동일성에 영향을 미친다고 보아야 할 것이다. 이는 제재처분이 처벌적 성격을 갖고 있는 반면 경찰처분은 위험방지라는 적극적 기능을 수행한다는 차이점에서 비롯된다.

반면에 도시관리계획결정 등 계획재량처분은 개개의 구체적 재량고려사유를 불문하고 처분주문의 동일성을 기준으로 소송물을 정하여야 할 것이다. 이로써 모든 재량고려사유에 대해 처분사유의 추가·변경이 허용된다고 할 것인데, 도시관리계획결정의 경우 결정결과만을 고시하도록 되어 있고(국토의계획및이용에관한 법률 제30조 제6항) 결정준비과정에서 작성하는 계획도서 및 계획설명서(동법 제25조 제2항)에 재량고려사유가 기재될 것이지만[114] 이를 행정절차법상 이유제시의무와 동일한 것으로 볼 수 없으므로, 분쟁의 일회적 해결을 위해 처분사유 추가·변경의 범위를 넓게 잡는 것이 타당하다고 생각한다.

또한 수익처분의 경우(제3자가 제기한 취소소송)에도 원칙적으로, 같은 종류의 수익처분이 별개의 선택적 요건에 의해 발급되는 경우를 제외하고는, 처분주문의 동일성을 기준으로 소송물을 정하여야 할 것이다. 처분발급의 중첩적 요건들이 모두 동일한 소송물에 속하므로 행정청은 그 요건들에 관해 구체적인 처분사유들을 추가·변경할 수 있다.

(5) 小 結

이상의 논의를 요약하면, 취소소송 상호간에 소송물의 동일성을 결정하는 '처분'의 동일성은 곧 그 처분에 의한 '규율'의 동일성을 의미한다. 이 규율의 동일성은 처분의 유형에 따라 달라지는데, 제재처분 및 경찰하명처분은 처분사유의 동일성에 의해, 거부처분은 신청된 수익처분의 동일성에 의해, 과세처분은 과세단위와 세액에 의해, 계획재량처분과 수익처분은 원칙적으로 처분주문의 동일성에 의해 각각

114) 김종보, 건축행정법, 2002, 195-209면 참조.

판단된다. 이러한 규율 및 처분의 동일성에 기초하여 소송물의 일반적 개념인 '처분의 위법성 일반'은 그 구체적인 의미가 처분 유형별로 해석된다. 이와 같이 해석된 소송물 개념이 처분사유 추가 · 변경의 허용범위 및 과세처분 취소소송에서의 심판범위(총액주의)를 결정하는 기준이 된다. 마지막으로 강조할 것은, 소송물은 소송법상 개념이기 때문에 그 개념요소로서 '처분'도 소송법적 관점에서 파악되어야 하고, 따라서 특정처분의 한계를 벗어나 그와 동일성 있는 처분까지 확대함으로써 역동적인 소송과정을 탄력적으로 포착할 수 있도록 하여야 한다는 점이다.

6. 訴訟物과 訴訟係屬의 範圍

(1) 潛在的 審判範圍와 現實的 審判範圍

소송계속의 범위와 소송물의 관계에 관해서는 먼저, 소송계속의 범위도 '처분'의 동일성 및 그에 의거한 소송물의 동일성을 기준으로 획정함으로써 처분사유 추가 · 변경의 허용범위와 일치시키는 것이 과연 타당한 것인가 라는 문제가 제기된다. 앞에서 지적한 바와 같이 양자를 둘러싸고 대립하는 이념과 실제적 요청들이 똑같은 것이 아니기 때문이다. 소송계속의 범위는 주로 당초처분과 유사한 중복처분을 어떻게 취급할 것인가의 문제인 반면, 처분사유의 추가 · 변경은 소송의 대상이 일정한 처분주문의 처분으로 특정된 다음 그 처분의 처분사유를 어디까지 추가 · 변경할 수 있도록 할 것인가의 문제이다. 그러나 본고에서와 같이 소송물 개념을 특정처분에 한정하지 않고 동일성 있는 '처분'까지 확장하되 그 동일성을 각 처분 유형에 있어 규율의 특수성을 반영하여 파악하게 되면, 소송물 개념은 소송계속의 범위와 처분사유 추가 · 변경의 허용범위를 동시에 결정하는 관통개념으로서 역할을 할 수 있게 된다. 무릇 소송물은 소송에 있어 법원과 원·피고의

三面關係를 표현하는 개념이다. 이러한 三面關係의 外延을 이루는 것이 소송계속의 범위로서, 이는 곧 법원의 잠재적 심판범위가 되고, 이를 기초로 ① 원고에 의한 — 제소기간 및 전심절차의 제한을 받지 않는 — 청구취지변경의 허용범위와 ② 행정청에 의한 처분사유의 추가·변경의 허용범위, 그리고 ③ 법원에 의한 현실적 심판범위가 결정된다. 따라서 이 세 가지 점이 가능한 한 통일적인 기준에 의해 결정될 때 비로소 취소소송의 역동적 과정이 체계적으로 이해되고 설명될 수 있다. 그러한 통일적 기준이 바로 본고에서 정립한 소송물 개념이다.

소송물과 위 세 가지 문제의 상호관계는 다음과 같다. 소송물에 의해 소송계속의 범위가 결정되는데, 이는 곧 위 ①의 범위와 일치하고, 또 ②, ③의 범위의 외적 한계를 이룬다. 이 세 가지 문제에 대해 일단 공통적으로, '처분'의 동일성을 매개로 하여 각 처분 유형의 특수성이 고려된다. 다음으로, ②에 관해서는 상술(414면)한 바와 같이 처분주문의 변경은 소송 외에서 행정절차법상 처분의 방식에 의해 이루어져야 한다는 점과 민사소송법상 공격방어방법 제출의 시간적 제한이 부가되고, ③에 관해서는 불고불리의 원칙, 행정청의 재량권 존중 등 행정소송의 한계가 부가된다. 이와 같이 ②와 ③에 대하여 별도의 실체법적 · 소송법적 법리가 추가되긴 하지만, 위 세 가지 문제에 대해 소송물 개념이 통일적인 판단기준으로서 역할을 한다는 점은 분명하다. 말하자면, 소송물의 범위와 일치하는 소송계속의 범위가 '잠재적' 심판범위가 되고, 그것은 한편으로 ①에 의하여, 다른 한편으로 ②에 의하여, 각각 ③의 '현실적' 심판범위가 결정된다고 할 수 있다. 다시 말해, 소송물을 기준으로 성립하는 소송계속의 범위는 二重的 의미의 잠재적 심판범위로서, 원고의 청구취지변경과 피고 행정청의 처분사유의 추가 · 변경에 의해 양 방향으로 현실화되는 것이다.

(2) 重複·更正處分에 대한 請求趣旨變更

위에서 언급한 바와 같이 취소소송에서 '소송계속'이 갖는 방법론적 의의는 행정청이 소송외에서 중복처분 또는 경정처분을 반복할 때 이를 용이하게 —즉, 제소기간 또는 전심절차의 제한을 받지 않고— 청구취지변경의 방법으로 이미 계속 중인 소송으로 포섭하여 한꺼번에 다툴 수 있도록 함으로써 권리구제의 효율성·편의성과 분쟁의 일회적 해결에 이바지한다는 점에 있다.[115)]

이는 과세처분 취소소송에서 증액경정처분에 관하여 가장 잘 나타난다. 즉, 판례가 취하고 있는 흡수설(위 405면, 각주 85)에 따를 때, 소송법적 관점에서, 이미 당초처분에 대해 적법한 (즉, 전심절차요건과 제소기간을 준수한) 취소소송이 제기된 후 증액경정처분이 내려진 경우, 또는 이미 증액경정처분이 내려졌음에도 이를 간과하고 당초처분에 대해서만 취소소송을 제기한 경우, 그 취소소송의 운명은 어떻게 되는가 라는 문제가 제기된다. 당초처분은 실체법적으로 이미 증액경정처분에 흡수되어 소멸하였기 때문이다. 이에 관해 판례는, 위(각주 86)에서 언급한 바와 같이, 동일한 과세목적물에 대한 증액경정처분에 대해서는 전심절차와 제소기간의 제한 없이 청구취지변경의 방법으로 다툴 수 있다고 한다.[116)] 전심절차가 필요하지 않은 것은 행정심판전치의 예외를 정한 행정소송법 제18조 제3항 2호 소정의 '내용상 관련성', 또는 위 판결이 지적하고 있는 '취소사유(실체적 위법성)의 공통성'에 의해 설명될 수 있다.[117)] 그러나 그것만으로는 제소기간의 제한

115) 宮岐良夫, 南博方 編, 条解行政事件訴訟法, 251면은 소송물의 개념요소로서의 '처분'을 특정처분에 한정하게 되면 위와 같이 중복·경정처분에 대한 분쟁의 일회적 해결은 불가능하다는 점을 지적하고 있으나, 과연 어떠한 소송물 개념에 의거하여 어떠한 방법으로 분쟁의 일회적 해결을 도모하느냐에 관한 구체적인 논의가 없다.

116) 대법원 1982. 2. 9. 선고 80누522 판결.

117) 즉, 위 판결은 그 논거로서, 경정결정 또는 재경정결정은 "일개의 납세의무에

을 받지 않는 것을 설명하기에 부족하다. 행정소송법 제22조는 소송계속 중에 행정청이 소송의 대상인 처분을 변경한 때에 청구취지 또는 청구원인을 변경할 수 있는 '처분변경으로 인한 소의 변경'을 규정하고 있는데, 처분의 변경이 있음을 안 날로부터 60일 이내라는 기간제한이 있기 때문이다. 또한 행정소송법 제 8 조 제 2 항에 의해 민사소송법 제262조 제 1 항 소정의 '청구의 변경'(즉, 청구취지 또는 청구원인의 변경)을 준용한다고 하더라도, 기간준수의 효력은 청구취지의 변경을 신청하는 서면을 제출한 때 생긴다(동법 제265조, 제262조 제 2 항). 그렇다면 위 판결에서 청구취지의 변경이 제소기간의 제한을 받지 않는 것은 무엇 때문인가?

이를 근본적으로 설명할 수 있는 것이 바로 본고에서 정립한 소송물 개념이다. 즉, 과세처분 취소소송의 소송물은 '당초처분 및 그와 과세단위가 동일한 처분에 의한 세액의 정당성 여부'이므로, 당초처분에 대한 취소소송이 제기된 때 이미 장래의 (동일한 과세단위에 대한) 모든 경정처분에 대해서도, 동일한 소송물이기 때문에, 잠재적 심판범위로서 소송계속이 성립하였다.[118] 소송법적으로 일단 소송계속이 성

대하여 한 수개의 처분으로서, 당초 부과처분에 존재하고 있다고 주장되는 취소사유(실체상의 위법성)가 경정결정 또는 재경정 결정에도 마찬가지로 존재하고 있어 당초 부과처분이 위법하다고 판단되면 경정, 재경정 또한 위법하다고 하지 않을 수 없는 경우라면 …" 따로 전심절차를 거칠 필요가 없고 또한 청구취지변경의 제소기간 준수 여부도 따질 필요가 없다고 판시하였다. 또한 위 판결과 동일한 취지로, 대법원 1988. 2. 23. 선고 85누147 판결은 동일한 과세소득의 발생원인·발생년도와 세목에 대하여 과세처분이 수차 중복하여 고지된 경우, 납세의무의 성립시기가 달라 형식상 별개의 과세처분이 된다 하더라도, 실체상의 위법사유가 동일하므로 선행 과세처분에 대한 전심절차를 거치는 과정에서 그 위법여부의 심사를 거쳤다면 후행 과세처분에 대하여 별도의 전심절차를 거치게 하지 않더라도 전심절차제도의 목적도 충분히 달성된 것으로 볼 수 있기 때문에, 후행 과세처분에 대하여 따로 전심절차를 거칠 필요가 없다고 판시하였다. 이 판결에서는 제소기간의 제한 여부는 문제되지 않았는데, 만일 제소기간이 문제되었다면, 역시 이 판결에 대해서도 제소기간의 제한을 받지 않는 근거가 무엇인가 라는 의문이 제기될 것이다.

118) 정해남, "당초의 과세처분과 경정처분의 법률관계," 조세사건에 관한 제문제

립한 후에는 당초처분이 실체법적으로 증액경정처분에 흡수되어 소멸하더라도 소송계속은 소멸하지 않는다. 그렇기 때문에 기존의 소송계속에 의거하여, 따라서 새로운 提訴에 따른 제소기간의 제한을 받지 않고, 원고는 청구취지의 변경(확장)을 통해 증액경정처분의 취소를 구할 수 있는 것이다. 다시 말해, 잠재적 심판범위에 속하여 있던 그 증액경정처분이 현실적 심판대상으로 변경된 것에 불과하다. 위 판결의 사안과는 달리, 이미 경정처분이 내려진 후 이를 간과하고 당초처분에 대하여 — 그에 대한 제소기간 내에 — 취소소송을 제기한 경우에도 마찬가지로 보아야 할 것이다. 실체법적으로 이미 당초처분이 소멸하였다 하더라도 소송법적으로는 소제기를 통해 그에 관한 소송계속이 성립하였기 때문이다. 부적법한 訴도 일단 소송계속이 성립하며,[119] 특히 행정소송에서는 처분이 소멸한 이후에도 취소를 구할 법률상 이익이 있으면 적법성이 인정된다(행소 제12조 후문). 또한 감액경정처분에 관하여 판례의 역흡수설을 따를 때, 원고가 착오로 감액경정처분에 대해서만 소송을 제기한 경우에도 마찬가지이다. 감액경정처분은 당초처분에 흡수되어 존재하지 않지만 그에 대한 소제기에 의해 이미 과세단위가 동일한 모든 처분에 대해 소송계속이 성립하였기 때문에 설사 당초처분에 대한 제소기간이 도과하였더라도 청구취지의 변경에 의해 당초처분을 다툴 수 있다.[120]

이상의 설명은 과세처분 이외에 제재처분, 거부처분 등 다른 모든 유형의 처분의 경우에도 타당하다. 즉, 처분의 동일성 범위 내의 중복·

(上) 재판자료 제60집, 1993, 71-153면 (129면)은 위 판결이 전·후소가 실질적으로 동일하다는 점을 근거로 한 것이라고 추측하고 있는데, 이러한 '소송의 실질적 동일성'이 바로 소송물의 동일성을 가리키는 것이다.

119) 이시윤, 신민사소송법, 2003, 240면 참조.

120) 이미 당초처분에 대해 소송이 제기된 이후 감액경정처분이 내려진 경우에는 당초처분만이 그 감액된 세액으로 존재하므로, 다시 말해 새로운 처분이 없으므로, 그에 대한 제소기간 또는 전심절차의 문제가 전혀 없이, 당연히 청구취지의 변경(감축)으로 대처할 수 있다.

경정처분들을 제소기간 및 전심절차의 제한 없이 청구취지변경을 통해 이미 계속중인 취소소송으로 포섭할 수 있다. 제재처분의 경우에는 처분사유(위반사항)의 기본적 사실관계가 동일한 이상 그 제재의 종류 또는 정도가 다른 중복 · 경정처분에 대하여, 거부처분의 경우에는 동일한 신청에 대하여 거부사유를 달리하는 중복 · 경정처분에 대하여 그러하다.[121)]

이와 같이 제소기간의 제한이 없는 청구취지변경의 법적 성질이 무엇인가? 견해에 따라서는 이러한 청구취지변경은 민사소송법상의 '청구의 변경'이 행정소송에 준용된 것이지만 처분의 동일성 때문에 기간준수의 효력발생시기에 관한 동법 제265조의 규정은 준용되지 않는 것으로 이해할 수도 있을 것이다.[122)] 그러나 私見에 의하면, 처분이 '형식적으로' 변경된다는 점에서 행정소송법 제22조 제1항 소정의 '처분변경으로 인한 소변경'에 해당하는데 처분의 '실질적인' 동일성에 의거하여 동조 제2항의 기간제한은 적용되지 않는, 행정소송법상의 특수한 형태의 청구변경(청구취지변경)으로 보는 것이 타당하다. 다른 사유에 의한 청구변경에 관해서는 행정소송법의 규정이 없기 때문에 민사소송법의 규정이 준용된다고 보아야 할 것이지만, 처분의 변경 또는 중복 · 추가로 인한 청구변경(청구취지 또는 청구원인의 변경)에 대해서는, '처분'이라는 행정법 특유의 요소가 개입되는 것이기 때문에,

121) 예컨대 동일한 위반사항(소음기준위반)에 대하여 영업정지처분을 하였다가 이를 (영업정지에 갈음하는) 과징금 부과처분과 시설개수명령으로 바꾼 경우에, 영업정지처분과 과징금 부과처분은 동일한 위반사항에 대한 제재처분이라는 점에서 규율의 동일성이 인정되지만, 시설개수명령은 제재처분이 아니라 질서행정처분이기 때문에 규율의 동일성이 인정되지 않는다.

122) 민사소송에서도 일부청구의 경우에는 그 취지로 보아 채권 전부에 관하여 판결을 구하는 것으로 해석되는 경우에는 그 동일성의 범위 내에서 그 전부에 관하여 시효중단의 효력이 발생하기 때문에 그 후 기간의 제한 없이 청구취지를 확장할 수 있다는 것이 확립된 판례인데(대법원 1992. 4. 10. 선고 91다43695 판결; 1992. 12. 8. 선고 92다29924 판결; 2001. 9. 28. 선고 99다72521 판결 등), 이를 소송물의 동일성의 관점에서 설명하는 것이 학설의 일반적 경향이다.

처분의 동일성이 인정되는 경우이든 아니든 간에, 오직 행정소송법 제22조에 의해서만—다만, 처분성의 동일성이 인정될 때에는 동조 제 2 항은 제외하고—규율되고 민사소송법의 규정은 배제된다고 보아야 할 것이다. 특히 민사소송법(제262조 제 1 항)에서는 "청구의 기초"의 동일성이라는 요건이 필요한 반면 행정소송법(제22조 제 1 항)에서는 아무런 요건이 요구되지 않는 점에서 후자가 전자의 特則이라는 것이 더욱 명백해진다.[123)]

(3) 無效確認訴訟과 取消訴訟의 관계

처분의 동일성에 의거한 소송계속의 존속 및 제소기간의 문제는 무효확인소송과 취소소송의 관계에서도 발생한다. 즉, 행정소송법 제21조 소정의 '소의 변경'에 있어, '청구의 기초의 동일성'을 요건으로 취소소송이 다른 항고소송(무효확인소송 · 부작위위법확인소송) 또는 당사자소송으로 변경되면, 그 변경의 효력이 원래의 提訴時로 소급하는데(제21조 제 1 항 · 제 4 항 및 제14조 제 4 항), 이는 거꾸로 무효확인소송 · 부작위위법확인소송이 취소소송으로 변경되는 경우(제37조)와 당사자소송이 취소소송으로 변경되는 경우(제42조)에도 준용된다. 이 중 처분의 동일성과 제소기간의 문제는 무효확인소송을 취소소송으로 변경하는 경우에 발생한다. 이 경우에 '청구의 기초의 동일성'을 요건으로 취소소송의 제소기간의 준수 여부가 처음 무효확인소송을 제기한 시점으로 소급한다는 것은 무슨 의미인가?

이에 대해서도 본고에서 정립한 소송물 개념이 명확한 대답을 줄 수 있다. 물론 무효확인소송의 소송물은 '처분의 중대 · 명백한 위법성 일반'으로서, 취소소송의 그것과 다르지만, 그 소송물의 개념요소로서의 '처분'의 동일성은 마찬가지인데, 바로 이 '처분'의 동일성이 위 소 변경의 요건인 '청구의 기초'의 동일성에 상응하는 것이다. 동일성 있

123) 민사소송법 제262조 제 1 항 소정의 요건인 "청구의 기초"의 의미에 관하여 아래 각주 124 참조.

는 처분을 대상으로 하는 한, 무효확인소송에 의한 소송계속의 효과는 취소소송으로 변경된 후에도 그대로 유지되고, 따라서 취소소송의 제소기간의 준수 여부가 처음 무효확인소송을 제기한 시점으로 소급하게 되는 것이다. 당초의 처분을 대상으로 하는 경우뿐만 아니라, 위 (2)(427면 이하)에서 본 바와 같이 동일성의 범위 내에 있는 중복처분 또는 경정처분을 대상으로 하는 경우도 포함된다.

만일 위 소변경의 요건인 '청구의 기초'의 동일성을 본고에서 말하는 '처분'의 동일성보다 넓은 개념으로 파악하게 되면, 행정소송법 제22조와 제21조의 관계에서 부당한 결과가 초래된다. 즉, 동법 제22조에서는 같은 취소소송 내에서 '처분'의 동일성이 유지되어야만 기간제한이 면제되는데, 제21조의 무효확인소송과 취소소송 사이에서는 그보다 더 느슨한 '청구의 기초'만 동일하면 기간제한이 없게 되는 결과가 되어, 다시 말해, 다른 종류의 소송에 대하여 같은 종류의 소송에 대해서보다 제소기간의 제한을 완화하는 결과가 되는 것이다. 따라서 위 소변경의 요건인 '청구의 기초'의 동일성은 '처분'의 동일성에 상응하는 개념으로 해석되지 않으면 아니 된다.[124] 요컨대, 취소소송 상호간이든 무효확인소송과 취소소송 사이이든 간에 마찬가지로, '처분'의 동일성을 전제로 기간준수의 효과가 원래의 提訴時로 소급한다.

---

124) 이는 취소소송과 부작위위법확인소송 또는 당사자소송 사이에서도 마찬가지이다. 즉, 양자 사이에 기간준수의 효과가 승계되는 이유는 부작위위법확인소송·당사자소송에 있어 분쟁의 대상이 되는 행정작용 또는 행정상 법률관계가, 만일 이를 처분으로 파악하여 취소소송을 제기한다면, 그 취소소송의 대상이 될 처분, 정확하게 말해, 처분의 본질인 '규율'과 일치하기 때문이라고 이해하여야 할 것이다. 말하자면, '청구의 기초'의 동일성은 '假定的인 처분'의 동일성이다. 따라서 행정소송법 제21조에 의한 소변경의 요건인 "청구의 기초"와 민사소송법 제262조에 의한 청구변경의 요건인 "청구의 기초"는 다른 것으로서, 후자가 훨씬 넓은 것으로 보아야 한다(이에 관해서는 사실상의 분쟁이익으로 보는 견해, 기본적 사실관계로 보는 견해, 사실자료로 보는 견해 등이 있다. 호문혁, 민사소송법, 2005, 720면 참조). 바로 그렇기 때문에 민사소송에서는 기간준수의 효과가 원래 提訴時로 소급하지 않지만, 행정소송에서는 소급하는 것이다.

(4) 國稅基本法 제22조의2 제 1 항의 문제

마지막으로 소송계속의 범위와 관련하여 언급할 것은, 국세기본법 개정(2002. 12. 18.)에 의해 새로 도입된 제22조의2 제 1 항이다. 이에 의하면, 증액경정처분은 당초 확정된 세액에 관한 권리·의무관계에 영향을 미치지 아니한다고 한다. 이로써 증액경정처분에 관한 판례의 흡수설에 일부 수정이 불가피하게 되었다 하더라도, 이는 실체법적 문제에 불과한 것으로서, 소송법적 관점에서 소송물 및 소송계속의 범위에는 변함이 없다고 할 것이다. 즉, 당초처분에 의한 납세의무가 제소기간 도과로 이미 확정되었다 하더라도 증액경정처분에 대하여 취소소송을 제기하면 그 소송물은 동일한 과세단위에 대한 모든 처분에 대해 미치게 되므로 당초처분에 의한 세액을 포함하여 증액경정처분에 의한 세액 전체가 일단 심판범위에 속한다고 할 것이다. 그리하여 당초처분에 의한 세액에 잘못이 있어 그것이 증액경정처분에 의한 전체 세액에 영향을 미치는 경우에는 그만큼 증액경정처분을 취소할 수 있는데 다만 위 국세기본법 규정 때문에 당초처분에 의한 세액만큼은 공제하고 취소해야 한다는 결론에 이르게 된다.

원래 제소기간 경과로 인한 불가쟁력은 처분의 효력을 더 이상 다툴 수 없다는 것일 뿐 그것을 적법한 것으로 확정하는 기판력은 아니고,[125] 따라서 후행처분에 그 위법성이 승계되는 경우도 있다. 판례에 의하면 이러한 하자(위법성)의 승계를 위한 요건은 후행처분이 선행처분과 동일한 행정목적을 달성하기 위한 것으로서, 양자가 서로 결합하여 하나의 법률효과를 발생시키는 경우이다.[126] 증액경정처분도 최종적으로 당해 과세단위에 대한 납세의무의 범위를 확인하는 것이므로 당초처분과 결합하여 하나의 법률효과를 발생시키는 것이라고

125) 同旨, 대법원 1994. 11. 8. 선고 93누21927 판결.
126) 대법원 1993. 2. 9. 선고 92누4567 판결; 1993. 11. 9. 선고 93누14271 판결 등.

할 수 있고, 더욱이 양자는 소송법적으로 — 소송물의 관점에서 — 동일한 처분이기 때문에, 당초처분의 위법성이 증액경정처분에 승계된다고 보아야 한다.[127] 요컨대, 제소기간 도과로 당초처분이 확정된 경우에는 불가쟁력의 한계, 하자의 승계 및 소송물의 동일성 법리에 의해 위와 같은 결론이 뒷받침되는 것이다. 위 국세기본법 규정만으로는 이러한 법리들을 깨뜨리기에 부족하고, 설사 그렇다 하더라도 비례원칙 위반 및 재판청구권 침해로서 위헌의 소지가 크기 때문에, 헌법합치적 해석의 관점에서도 위와 같이 해석되어야 할 것이다. 유의할 것은 당초처분이 그에 대한 취소소송에서 기각판결로 확정된 경우에는 그 적법성에 기판력이 발생하므로 하자의 승계가 불가능하므로 위와 같은 논리가 성립할 수 없다는 점이다. 그러나 판결확정 이후의 (탈루소득에 대한) 증액경정처분이 기판력 내지 기속력에 반하는 것이 아닌가 라는 새로운 문제가 발생하는데, 이에 관해서는 후술한다(461면 이하).

Ⅳ. 訴訟物과 反復禁止效의 範圍

1. 問題의 所在

소송물이 취소소송의 관통개념으로서 역할을 완수하기 위해서는 기속력(반복금지효)의 범위를 결정하는 기준이 될 수 있어야 한다. 소송물이 기판력의 객관적 범위를 이룬다는 점에 異論이 없지만, 앞서 본 바와 같이 소송물과 기판력은 국가배상청구소송과의 관계에서만 문제될 뿐 기속력과는 관계없다는 것이 통설의 입장이다. 이러한 통설을 극복하고 소송물을 기속력의 범위에 관한 결정기준으로 파악하는 데에는 실제적 관점과 이론적 관점에서 문제가 제기된다.

127) 同旨, 대법원 1984. 4. 10. 선고 83누539 판결.

(1) 實際的 觀點

실제적 관점에서의 문제는 소송물을 기준으로 반복금지효의 (객관적) 범위를 획정함으로써 이를 처분사유 추가·변경의 허용범위 및 소송계속의 범위와 일치시킬 필요가 있는가 라는 것이다. 반복금지효를 둘러싼 이념과 실제적 요청들이 처분사유의 추가·변경 및 중복·경정처분의 경우와 다르기 때문이다. 여기에서는 한편으로 취소판결의 실효성을 확보함으로써 행정소송의 기능과 원고의 권리구제가 형해화되는 것을 방지해야 할 것이지만, 다른 한편으로 공익실현과 공평·엄정한 법집행을 위한 행정청의 처분권한이 부당히 박탈되어서는 아니된다. 어떻게 이들 상반된 요청들을 조화시켜 반복금지효의 적정한 범위를 획정할 것인가가 문제의 핵심이다.

우선, 반복금지효의 한계가 소송물의 개념요소로서 '처분'의 동일성, 따라서 처분사유 추가·변경의 허용범위 및 소송계속의 범위를 벗어날 수 없다는 점은 분명하다. 행정청의 입장에서는 소송의 현실적 심판범위 나아가 잠재적 심판범위에도 속하지 않았던 내용에 대해서까지 처분권한이 박탈되어서는 아니 되기 때문이다. 판례도 행정청이 前訴에서 처분사유의 추가·변경이 허용되지 아니하였던 사유를 들어 재처분을 하는 것은 취소판결에 저촉되지 않는다고 한다.[128)]

한편 원고의 입장에서는 소송물 내지 '처분'의 동일성이 바로 반복금지효의 범위와 일치될 것을 요구한다. 원고로서는 행정청이 소송상 처분사유를 추가·변경하거나 소송외에서 동일성 범위 내의 중복·경정처분을 내리면 당해 소송에서 이를 한꺼번에 다툴 수 있었기 때문이다. 그렇지 아니하고 장기간의 심리를 거쳐 어렵게 승소확정판결을 받은 이후에 비로소 행정청이 그와 같은 사유 또는 내용으로 재처

128) 대법원 1991.8.9. 선고 90누7326 판결.

분을 하게 되면 승소가 허사가 되고 다시 소송을 제기해야 할 부담을 안게 된다. 이는 분쟁의 일회적 해결 이념에도 배치되는 것이다. 이러한 결과를 방지하기 위해서는 소송상 처분사유의 추가·변경이 허용되거나 소송외에서 동일성 범위 내의 중복·경정처분이 가능하였던 경우에는 재처분이 금지되어야 한다. 결국 반복금지효의 범위도 소송물을 기준으로 정함으로써 처분사유 추가·변경의 허용범위와 소송계속의 범위와 일치시켜야 한다는 것이다.

이상과 같이 반복금지효의 범위를 정함에 있어 소송물이 그 한계를 설정하는 것이든 아니면 바로 그 결정기준이 되든 간에 결코 무시할 수 없는 중요한 요소가 된다는 것은 분명하다. 따라서 일단 소송물을 반복금지효의 外延을 정하는 기준으로 삼고 그 안에서 다른 요소들 — 특히 행정청의 권한과 책임 — 을 고려하여 그 구체적 범위를 획정하는 방법론이 타당성을 인정받을 수 있을 것이다.

(2) 理論的 觀點

이론적 관점에서의 문제는 반복금지효가 그 법적 성질상 소송물과 관련될 수 있는 것인가 라는 데 있다. 바로 이에 대하여 통설은 상술한 바와 같이 반복금지효는 기판력과는 다른, 특수한 효력인 기속력에 해당하는 것이므로 기판력의 객관적 범위를 정하는 소송물과 관계없다고 한다. 일반적으로 행정소송법 제30조 소정의 기속력을 소극적 효력(반복금지효)과 적극적 효력(재처분의무·원상회복의무)으로 나누어 설명하는데, 양자의 관계에 대해서는 뒤에서 따로 언급하고 이하에서는 기속력을 반복금지효에 한정하여 논의하기로 한다. 통설의 논거는 앞서 본 바와 같이 세 가지로 요약된다. 즉, ① 재처분은 별개의 처분으로서 소송물을 달리하므로 동일한 소송물에 적용되는 기판력의 대상이 될 수 없고, ② 기판력은 소송법적 효력인 데 반해 기속력은 실체법적 효력이며, ③ 기판력은 소송물인 '위법성 일반'에 미치지만 기속력은 '판결에서 지적된 위법사유'에 미친다는 것이다. 이하에서 이러한 통설의 논거들을 검토하면서 필자가 파악하는 기속력의 법적 성질과 소송물과의 관계를 밝히기로 한다.

2. 再處分과 訴訟物의 同一性

먼저 위 ①의 논거부터 살펴보면, 통설의 입장은 발급일자를 처분의 동일성을 결정하는 요소로 봄으로써 결국 소송물을 특정처분에 국한하는 것이다. 그러나 그렇다고 하더라도 그것만으로 재처분에 대한 기판력의 작용을 부정할 수 있는 논거가 될 수 없다. 즉,

독일의 통설은 상술(375면)한 바와 같이 소송물을 특정의 계쟁행정행위에 한정하면서도 취소판결의 기판력이 — 정확하게 말해, 그에 의거한 선결력(Präjudizialität)이 — 동일한 내용의 후행 행정행위에 대한 취소소송에 미친다고 한다. 후행 행정행위가 별개의 소송물을 이루지만 前訴의 소송물이 後訴의 선결문제가 되기 때문이라는 것이다. 우리 판례도 민사소송에 관하여 소송물이 동일하지 않더라도 前訴의 소송물에 관한 판단이 後訴의 선결문제가 되거나 모순관계에 있을 때에는 前訴 판결의 기판력이 後訴에 작용하여 그에 저촉되는 주장이 허용되지 않는다고 한다.[129] 독일의 통설과는 달리, 선결문제만이 아니라 모순관계에 있는 경우까지 포함된다. 따라서 설사 — 최근 독일의 일부견해가 주장하듯이[130] — 재처분 자체의 위법성이 前訴에서 판단된 바가 없기 때문에 前訴의 소송물이 後訴의 선결문제가 될 수 없고 단지 兩訴의 선결문제가 같을 뿐이라고 하더라도, 後訴에서 재처분이 적법

129) 대법원 1995. 3. 24. 선고 94다46114 판결; 1999. 12. 10. 선고 99다25785 판결; 2000. 6. 9. 선고 98다18155 판결; 2001. 1. 16. 선고 2000다41349 판결 등.
130) Detterbeck, a.a.O., S. 108 f.

하다는 행정청의 주장이 前訴의 취소판결과 모순관계에 있음은 분명하므로, 우리 판례상으로 前訴의 기판력이 後訴에 미치는 데에 지장이 없다.

위와 같은 문제는 본고에서와 같이 소송물을 당초처분에 한정하지 않고 그와 동일성 있는 처분에까지 확장하는 경우에는 전혀 걸림돌이 되지 않는다. 앞서 본 바와 같이 취소소송에 관한 우리 판례가 거의 일관되게 재처분의 허용 여부를 기판력의 관점에서 해결하고 있는데, 소송물의 동일성 여부에 관해서는 판시하지 않고 있다. 따라서 재처분이 별개의 처분으로 소송물을 달리한다는 전제 하에 위와 같은 민사소송에 관한 판례에 따라 선결문제 또는 모순관계라고 하여 기판력을 적용하는 것인지 아니면 본고에서와 같이 '처분'의 동일성에 의거하여 동일한 소송물로 보는 것인지 판례의 문언상으로는 나타나 있지 않다. 그러나 내용이 완전히 동일한 재처분만이 아니라, 특히 과세처분의 경우와 같이, 처분사유와 심지어 처분주문까지 다른 재처분에 대해서도—선결문제 또는 모순관계에 관한 언급이 없이—기판력에 저촉되는지 여부를 판단하고 있기 때문에, 소송물의 동일성, 따라서 '처분'의 동일성을 전제로 하고 있음이 분명하다고 할 것이다. 여하튼 재처분이 발급일자가 다르다는 것만으로 별개의 처분으로 소송물을 달리하는 것인가의 문제는 이에 대한 기판력의 적용 여부를 좌우하는 쟁점이 되지 못한다.

3. 旣判力과 羈束力의 관계

결정적인, 그리고 이론적으로 가장 어려운 쟁점은 통설의 두 번째 논거이다. 즉, 반복금지효는 오직 실체법적인 기속력에 속하는 것으로서, 소송법적 효력인 기판력과는 구별된다는 것이다. 이는 일차적으로 기속력 내지 반복금지효의 법적 성질에 관한 것이지만, 근본적으로는 취소소송에 있어 판결의 효력을 어떻게 이해할 것인가의 문제로 귀결된다.

(1) 通說의 根本的 視角

우리나라의 통설에 의하면, 취소소송에 있어 판결의 효력을 형성력, 기속력 및 기판력으로 나누고, 형성력은 행정소송법 제29조에, 기속력은 동법 제30조에 각각 규정된 것이지만 기판력은 민사소송법의 규정(제216조, 제218조)의 준용에 의한 것으로 본다. 이와 같이 형성력 · 기속력 · 기판력을 병렬시키고 그 중 형성력이 가장 중심적인 효력이고, 이를 보완하는 것이 기속력이며, 기판력은 통상 부차적인 것으로 취급된다.

이러한 통설의 태도는 근본적으로 취소소송에 대해 형성소송으로서의 성격을 강조하는 데에서 비롯된다. 즉, 취소소송은 위법성에도 불구하고 — (실체적) 공정력에 의거하여 — 발생하고 있는 처분의 효력을 소급적으로 제거하기 위한 형성소송이기 때문에, 당연히 그 승소판결인 취소판결의 중심을 이루는 것은 형성력일 수밖에 없고, 그런데 이에 의해서는 처분의 효력만이 상실될 뿐이므로 행정청에게 처분의 반복을 금지하거나 신청에 대한 재처분, 원상회복 등의 적극적인 의무를 부과하기 위해서는 추가적으로 기속력이 필요하다는 것이다. 이것으로 행정법상 취소소송의 역할은 끝이 나는데, 형성력의 전제요건인 위법성을 판단하는 과정에서 부수적으로, 민사소송법의 준용 때문에, 생기는 부산물로서 기판력이 발생하지만, 이는 취소소송 안에서는 아무런 역할을 하지 못하고 국가배상청구소송에 대해서만 작용할 수 있을 뿐이며, 이것조차 위법성의 상대성 이론에 의해 부정되는 경우가 있다. 그리하여 심지어 취소판결의 기판력 자체를 부정하는 견해까지 대두된다.[131] 이와 같이 취소소송에서 기판력이 부차적 내지 이질적

131) 구욱서, 전게논문, 90면 이하; 일본에서는 岡光民雄, 取消判決等の効力, 전게 条

인 것으로 경시되고 있는 이상, 기판력이 기속력을 포함하는 포괄적인 효력으로 인정되기는 어려운 것이다.

(2) 比較法的 考察

1) 독 일

취소소송이 순수한 형성소송으로 파악되고 있는 독일에서도 기판력은 결코 경시되지 않고 오히려 판결 효력의 중심을 이루고 있다. 확정판결의 효력을 총칭하여 'Rechtskraft'(확정력)라고 하고 이를 형식적인 것과 실질적인 것으로 나누는데, 전자는 더 이상 상소로써 다툴 수 없는 힘이고 후자는 내용적으로 구속력을 갖는 힘이다. 행정법원법 제121조 소정의 'Rechtskraftbindung', 즉 '확정판결의 효력 내지 확정력으로서의 구속력'이 바로 후자를 가리키는 것인데, 그 내용으로 확정판결은 소송물(Streitgegenstand)에 대하여 판단한 범위 내에서 당사자 등을 구속한다고 규정되어 있으므로,[132] 우리의 기판력에 그대로 상응하는 것이다. 이와 같이 실질적 확정력 내지 기판력(이하 '기판력'이라고만 함)이 행정법원법상 명문의 규정에 의해 모든 종류의 행정소송 판결에 대해 공통적으로 인정되는 기본적 효력이고, 취소소송에서 취소판결은 기판력과 더불어 — 명문의 규정은 없지만 — 형성력(Gestaltungswirkung)도 아울러 갖는 것으로 이해된다. 기판력은 위 규정에서 명시되어 있듯이 당사자간에만 미치는 상대적 효력인 데 반해, 형성력은 명시적 규정이 없음에도 불구하고 그 성질상 대세효가 있는 것으로 파악하는 것이 통설이다.[133] 다시 말해, 취소판결의 효력에 있어 기본적인 것은 기판력이고, 형성력은 취소소송에 있어 특별히 추가된

解行政事件訴訟法, 748면.

132) [Rechtskräftige Urteile binden, soweit über den Streitgegenstand entschieden worden ist, die Beteiligte und …]

133) Schoch/Schmidt-Aßmann/Pietzner, Verwaltungsgerichtsordnung, § 121 Rn. 37; Würtenberger, Verwaltungsprozeßrecht, 1998, Rn. 623 등 참조.

것이라고 할 수 있다.

그런데 독일에는 우리나라의 기속력에 해당하는 것은 없다. 반복금지효는 이미 앞의 비교법적 고찰(375면)에서 본 바와 같이 기판력의 작용에 의한 것으로 파악된다. 취소판결의 기판력이 반복 행정행위에 대한 취소소송에 미치기 때문에 실체판단 없이 바로 그 행정행위가 취소된다는 것이다.[134] 그 밖의 적극적인 조치의무는, 기판력이 당해 소송물에 관한 판단에, 형성력이 행정행위의 효력 상실에 각각 한정되므로, 취소판결의 효력으로 포착될 수 없는데, 우리의 (거부처분취소에 의한) 재처분의무와 같은 것은 의무이행소송이 별도로 있어 필요 없지만, 원상회복의무는 그 필요성이 절실하다. 그리하여 행정법원법 제113조 3문은 행정행위가 이미 집행된 경우에 원고의 신청에 따라 취소판결과 더불어 판결로 그 원상회복의 의무 및 그 방법을 명할 수 있도록 규정하고 있다. 그러나 이는 취소판결과는 별개의 이행판결이며, 취소판결의 효력에 의해 발생하는 원상회복의무를 명하는 것이 아니라, 소위 '결과제거청구권'(Folgenbeseitigungsanspruch)이라는 별도의 실체법상의 청구권에 의거한 것으로 이해된다. 또한 이 청구권은 위 행정법원법 규정에 의해 부여된 것이 아니라, 오히려 동 규정이 위 청구권의 존재를 전제로 하고 있다는 것이 통설이다.[135] 즉, 위법한 행정행위가 취소되어 효력이 상실되면 소송법과 별도로 실체법적으로 위와 같은 청구권이 발생하고 이에 의거하여 집행의 원상회복을 명하는 판결이 선고된다는 것이다. 요컨대, 독일에서는 취소판결의 효력으

134) 독일의 제 2 설에 의하면 소송물인 취소청구권의 존재에 기판력이 미치고, 제 3 설(통설·판례)에 의하면 소송물인 위법성 및 권리침해성에 기판력이 미치므로, 어떠한 견해에 의하더라도 後訴에서 반복 행정행위가 실체판단 없이 바로 취소된다는 점은 마찬가지이다. 제 2-2 설 및 제 3-3 설은 단지 기판력이 後訴에 미치는 근거에 관해 견해를 달리 할 뿐이다.

135) Schoch/Schmidt-Aßmann/Pietzner, a.a.O., §113 Rn. 58; Würtenberger, a. a.O., Rn. 384; Kopp/Schenke, Verwaltungsgerichtsordnung. Kommentar. 13. Aufl., 2003, §113 Rn. 81 등 참조.

로서 우리의 기속력과 같은 것이 인정되지도 않고 또한 인정될 필요도 없다. 원상회복의무에 관해서는 실체법상의 청구권이 그 역할을 대신하고 있다.

2) 프 랑 스

프랑스 월권소송에서도 취소판결의 효력은 기판력이 그 중심을 이루는 것으로서, 반복금지효를 내포하고 있을 뿐만 아니라, 독일과 달리, 재처분의무 및 원상회복의무 등 기속력과 심지어 형성력까지도 포괄하고 있다. 프랑스에서 상술(378면)한 바와 같이 민사소송에서나 행정소송에서나 모든 종류의 판결이 갖는 내용적 효력은 'autorité de la chose jugée', 즉 '旣判事項의 權威'인데, 이는 원칙적으로 대상(objct)·원인(cause)·당사자(parties)의 동일성 범위 내에서 발생하는 것이므로 우리의 기판력에 상응하는 것이다.[136] 월권소송에 있어 취소판결의 기판력은 절대적 기판력(autorité absolue de la chose jugée)으로서 대세효를 가지므로 '당사자'의 동일성은 문제되지 않고, 나머지 두 개의 요소, 즉 '대상'과 '원인'의 동일성 범위 내에서 발생한다. 다시 말해, 당초의 행정행위 및 그와 동일성 있는 행정행위의 외적 위법성(無權限·형식상 하자) 또는 내적 위법성(권한남용·법률위반) 유무에 대하여 기판력이 발생하는 것이다. 위법성이 二元化되어 있다는 점을 제외하고는 우리나라 취소판결의 기판력과 일치한다. 유의할 것은 프랑스에서 취소판결의 대세효는 독일에서와 같이 형성력에 한정된 것이 아니라 위법성에 관한 판단, 즉 기판력 자체에 대해 인정된다는 점이다. 반면에 월권소송의 기각판결은 원칙으로 돌아가 '당사자'의 동일성 범위 내에서 상대효밖에 갖지 않는다.[137]

---

136) '旣判力'이라는 용어는 그 語義에서 알 수 있듯이 이러한 프랑스의 '旣判事項의 權威'에 그 기원을 두고 있다고 할 수 있다. 대상과 원인의 동일성은 기판력의 객관적 범위를 결정하고, 당사자의 동일성은 기판력의 주관적 범위를 결정하는 것이다.

137) 이상에 관해 Chapus, Droit du contentieux administratif. 10ᵉ éd., 2002, n°

프랑스 월권소송에서 취소판결의 효력으로서 형성력은 기판력과 분명히 구별되지 않는다. 이를 구분하여 설명하는 문헌을 찾기 어렵다. 프랑스에서는 위법한 행정행위가 행정의 '선결적 내지 예선적 특권'(privilège du préalable)에 의거하여 단지 절차적으로 적법·유효성이 추정되는 데 불과하고 취소판결에 의하여 위법성이 확정되면 그 추정이 번복되어 처음부터 무효이었던 것으로 돌아가는 것으로 이해되기 때문이다.[138] 요컨대, 월권소송의 확인소송적 성격[139]에서 비롯되는 것이다. 이러한 추정의 번복을 형성력의 일종으로 파악할 수도 있겠지만, 프랑스에서는 그것이 기판력의 한 내용으로 포괄된다.

또한 반복금지효, 재처분의무 및 원상회복의무 등 우리나라에서 기속력으로 파악되는 것도 모두 취소판결의 기판력의 내용으로 파악된다. 독일에서는 반복금지가 기판력의 작용으로, 원상회복(결과제거)이 실체법적 청구권의 문제로 양분되는 데 반해, 프랑스에서는 일원적으로 원상회복(restitutio in integrum)이 '旣判事項의 집행'(exécution de la chose jugée)의 중심을 이루고, 거부결정 취소시의 재처분의무는 그 원상회복의 한 구체적 방법으로, 동일 행정행위의 반복(réfection)은 원상회복의무의 노골적인 위반으로 각각 파악된다. 상술(각주 106)한 바와 같이, 1995년 도입된 이행명령(injonction)이 독일과 같은 별도의 이행판결이 아니라 단지 거부결정 취소판결의 기판력을 명시하는 데 불과한 것으로 이해되고 있다. 반복금지효도 기판력에 의거한 것으로 파악된다. 즉, 취소판결 이후 동일한 행정행위가 반복된 경우에는 '대상'(objet)의 동일성에 의거하여 기판력이 작용함으로써 後訴

1198-1211; Debbasch/ Ricci, Contentieux administratif. 8e éd., 2001, n° 700-703 참조.

138) Laubadère/Venezia/Gaudemet, Droit administratif. 16e éd., 1999, p. 101; Vedel/Delvolvé, Droit administratif. Tome 1. 12e éd., 1992, p. 352 참조.

139) 이에 관해 本書 제 4 장 인류의 보편적 지혜로서의 행정소송, 121면 이하 참조.

에서 실체판단 없이 바로 행정행위가 취소되는 것이다.[140]

아래 4.(458면 이하)에서 논의하는 기속력의 객관적 범위 문제와 관련하여 프랑스에서 세 가지 점이 특기할 만하다. 첫째, 형식상 하자를 이유로 한 취소판결 이후에 그 하자를 보완하여 동일한 행정행위를 내린 경우, 권한남용(불순한 동기)을 이유로 한 취소판결 이후에 적법한 사실조사와 합법적 의도로써 동일한 행정행위를 내린 경우,[141] 징계처분 취소판결 이후에 당초처분과 동일한 사실관계에 관한 것이지만 그와는 다른 직무위반사유에 해당한다는 이유로 동일한 징계처분을 내린 경우[142] 등에는 기판력이 미치지 않는다. 둘째, 취소판결의 내용 자체에서 새로운 행정행위의 대체(remplacement)가 예상되어 있거나 아니면 그 대체가 의무로 부과되어 있는 경우에는 그에 의거하여 대체된 행정행위가 당초의 것과 동일한 것이더라도 기판력에 저촉되지 않는다. 셋째, 기판력이 반복금지 등 원상회복의무를 부과하는 것으로 작용하는 경우에는 판결의 主文(dispositif)뿐만 아니라 그것의 '필수적인 또는 불가분의 근거'(support nécessaire ou inséparable)를 이루는 理由(motif)에도 미치는 것으로 이해된다.[143]

(3) 行政訴訟法 제29조 제1항의 解釋

1) 問題의 所在

이상에서 본 바와 같이 독일과 프랑스에서 모두 취소판결의 효력으로서 기판력이 중심을 이루고 있고, 독일에서는 이에 더하여 형성력 및 실체법적 원상회복의무가 추가되며, 프랑스에서는 이들마저 기판력

140) 대표적 판례는 C.E. 28 décembre 1949, *Societé des automobiles Berliet*, Rec., p. 579; C.E. 4 octobre 1972, *Societé civile immobilière de construction*, Rec., p. 598 등.

141) C.E. 4 août 1922, *Societé du Bourbonnais*, Rec., p. 732.

142) C.E. 20 mai 1955, *Sagols*, Rec., p. 274.

143) 이상에 관해 Chapus, op. cit., n°s 1199, 1220-1242, 1266 s.; Debbasch/Ricci, op. cit., n° 942 참조.

에 포괄된다. 어디에서도 우리나라 통설에서처럼 취소판결의 효력이 형성력·기속력·기판력으로 분열되지 아니하며, 기판력이 부차적인 것으로 취급되는 것은 더더욱 아니다. 통설의 이러한 입장은 이미 위에서 지적한 바와 같이 행정소송법 제29조, 제30조 및 민사소송법 규정을 각각 형성력·기속력·기판력의 독립된 근거규정으로 이해하는 것에서 비롯되는 것인데, 행정소송법 제29조와 제30조는 일본의 行政事件訴訟法 제32조 및 제33조와 동일한 규정으로서, 일본의 통설도 우리의 통설과 마찬가지이다.[144)]

문제의 초점은 "처분등을 취소하는 확정판결은 제 3 자에 대하여도 효력이 있다"라고 하는 행정소송법 제29조 제 1 항(일본법 제32조 제 1 항)의 규정에 있다. 이 조항을 허심탄회하게 읽으면, 여기에서 "효력"이라고 함은 취소판결이 갖는 '효력 전체'를 의미하는 것으로 해석되고 이를 형성력에 한정하거나 여기에서 기판력을 제외할 문언상의 근거는 없다.[145)] 그럼에도 우리나라와 일본의 통설이 위 조항을 오직 형성력에 관한 규정으로만 파악하는 것은 취소판결의 대세효를 형성력에 한정하고 기판력은 민사소송법의 원칙(제218조 제 1 항)에 따라 — 취소판결이든 기각판결이든 동일하게 — 상대효만 갖도록 하기 위함이다. 그리하여 취소소송이 철저한 주관소송으로 되어 있는 독일법과 동일한 결과가 되는데, 간과할 수 없는 차이점은, 독일에서는 앞서 본 바와 같이 취소판결의

144) 岡光民雄, 전게 条解行政事件訴訟法, 711면 이하 참조.

145) 행정소송법 제29조 제 2 항은 동조 제 1 항을 집행정지결정과 그 취소결정에 준용하고 있는데, 이 집행정지결정이 기판력을 갖지 않는다고 해서 제 1 항에서 기판력을 제외할 근거가 되지 못한다. 제 1 항에서 규정된 취소판결의 모든 효력 중 기판력을 제외한 나머지 부분이 집행정지결정 등에 준용된다고 보면 문제가 없기 때문이다. 오히려 통설에 의하면, 제29조 제 1 항이 형성력에 한정되고 제30조 소정의 기속력 및 그 주관적 범위가 이와 별도로 규정된 것으로 이해되고 있음으로 말미암아, 집행정지결정 등은 형성력만 발생하고 기속력은 없는 것이 아닌가, 집행의 정지를 명하는 결정이 피고 행정청만을 구속하고 관계행정청은 구속하지 못하는 것이 아닌가 라는 의문이 제기될 수 있다. 이러한 의문을 피하기 위해 제29조 제 1 항의 "효력" 속에 제30조 소정의 기속력도 포함되는 것으로 해석하게 된다면, 어찌하여 유독 기판력만 제외되는가에 대한 의문이 더욱 강력해진다.

기판력이 상대효를 갖는다는 것이 행정법원법에 명문으로 규정되어 있고 형성력에 관해서는 명문의 규정이 없음에도 불구하고 그 성질상 필수적인 것으로서 대세효를 인정하고 있는 반면, 우리나라와 일본에서는 거꾸로 행정소송법의 문언상으로 취소판결에 대해 아무런 제한 없이 대세효가 인정되어 있는 것을 굳이 이론적으로 수정을 가하여 이를 형성력에 한정하고자 하는 데에 있다. 다시 말해, 위 행정소송법 제29조 제1항을 독일의 예에서 볼 수 있듯이 명문의 규정이 없이도 인정될 수 있는 형성력의 대세효를 명시하는 '주의적' 규정으로 격하시키는 것이다. 여하튼 통설은 이와 같이 취소판결의 기판력에 대해 대세효를 부정하고 그럼으로써 주관소송으로서의 성격을 관철시키는 방법으로 — 위에서 지적한 바와 같이 형성력을 중심적 효력으로 파악하여 형성소송적 성격을 강조하는 것과 아울러 — 우리의 취소소송을 독일의 그것에 맞추고자 하는 것이다.

2) 우리법의 特徵

그러나 우리 취소소송의 구조가 여러 가지 점에서, 특히 본안요건에서 권리침해를 문제삼지 않는다는 점에서, 독일의 취소소송과 근본적으로 다르다는 것은 이미 상술한 바와 같다(393면 참조). 또한 우리 행정소송법 제29조와 제30조가 일본법을 그대로 본받은 것이지만, 우리법과 일본법에는 두 가지 중요한 차이점이 있다. 첫째, 일본법에서도 본안요건에서 권리침해를 문제삼지 않지만, 앞서(394면) 지적한 바와 같이 취소사유를 원고의 법률상 이익에 관한 것으로 제한하는 일본법 제10조 제1항과 같은 규정이 우리법에는 없기 때문에, 우리의 취소소송이 보다 완벽한 객관소송적 구조를 취하고 있다. 다시 말해, 위법성이 원고의 개인적 지위와 관련된 소위 '주관적' 위법성에 한정되지 않고 '객관적' 위법성 전반을 의미한다. 따라서 그러한 객관적인 위법성을 확정하는 기판력을 굳이 상대적인 것으로 한정할 필요는 없다.[146] 둘째, 취소판결의 대세효에 관한 행정소송법 제29조 제 1 항(일본법 제32조 제 1 항)과 제 3 자에 의한 재심청구에 관한 제31조(일본법 제34조)가 일본법에서는 취소소송에 관해서만 규정되어 있고 다른 항고소송에는 준용되지 않는 반면, 우리법에서는 무효등확인소송과 부작위위법확인소송에도 준용되고 있다(행소 제38조 제 1 항 및 제 2 항). 일본에서는 무효확인판결에 대하여 이는 확인판결로서 형성력을 발생하지 않고 또한 준용 규정도 없다는 이유로 대세효를 부정하는 것이 다수설이다.[147] 그렇다면 우리법이 대세효에 관한 제29조 제 1 항 및 그 대세효를 전제로 한 제 3 자의 재심청구를 무효등확인판결과 부작위위법확인판결에 대해서도 준용하고 있다는 것은 바로 동 조항이 형성력에 한정되는 것이 아니라 확인판결의 전형적인 효력인 기판력에도 적용된다는 결정적인 근거가 된다.

이러한 일본법의 차이점과 일본에서 행정소송이 갖는 미약한 비중[148] 및 행정중심주의에 기인한 극단적인 사법소극주의[149]에 비추

146) 일본에서는 취소소송의 주관소송적 성격을 강조한 나머지 대세효를 — 기판력에 대해서는 물론 — 형성력에 대해서까지 제한하여 일반처분을 취소하는 판결의 경우 원고만이 그 취소효과를 원용할 수 있다는 견해가 다수설이다(岡光民雄, 전게 条解行政事件訴訟法 731면 이하 참조). 판례는 이러한 다수설을 따른 것(東京地決 昭和 40. 4. 22.)도 있고 그 반대의 것도 있다(大坂地判 昭和 57. 2. 19.)(이에 관해 김동희, 전게서, 709면 각주 1 참조). 반면에 우리나라에서는 대세효를 형성력에만 한정하는 통설의 입장에서도 일반처분의 취소판결에 대해 대세적인 형성력을 인정하는 것이 일반적 견해이다(김동희, 전게서, 709면; 김철용, 전게서, 630면). 이것은 우리의 취소소송이 일본의 그것보다 훨씬 더 강하게 객관소송적 성격을 띠고 있다는 단적인 징표라고 할 수 있는데, 이를 형성력에 한정할 것이 아니라 기판력에 대해서까지 인정하는 것이 우리 취소소송의 구조 및 행정소송법 제29조 제 1 항의 문언에 부합된다는 것이 필자의 소견이다.

147) 岡光民雄, 전게 条解行政事件訴訟法, 734면 참조.

148) 우리나라의 2002년 접수된 행정소송사건은 본안소송과 신청사건을 합하여 22,365건에 달하는 데 비하여(법원행정처, 법원통계월보 2002년 12월호, 8면 이하 참조), 일본에서는 1994년부터 1998년까지 행정소송 접수사건이 연평균 약 1,566건에 불과하다(山村恒年 編, 市民のための行政訴訟改革, 2000, 154면 참조).

149) 최근 독일 문헌에 게재된 일본 학자의 논문에서 일본 행정법의 근본문제의 하나로서, 19세기 이래 현재까지 국가의 에너지를 행정에게 집중시킨 결과, 대립하는 이익들의 공적 조정이 법원의 임무가 아닌 행정의 임무로 여겨지는 등 행정소송의 비중이 상대적으로 작아졌다는 점을 지적하고 있다. Yuji Onishi, Die Grund-

어 보면, 행정소송법 제29조와 제30조가 일본법에서 유래하였다고 하여 반드시 일본의 학설을 추종할 필요는 없다고 할 것이다. 우선, 취소소송의 의의와 기능으로부터 출발하여야 한다. 취소소송은 법치행정원칙의 실현을 위한 필수적 수단으로서, 행정작용이 동 원칙에 위반된 것인지 여부, 다시 말해, 처분의 위법성 여부를 판단하는 데 핵심이 있다. 이것이 바로 취소소송의 소송물이며, 이에 관한 법원의 유권적 판단에 제도적 권위를 부여하는 것이 기판력이기 때문에, ― 독일과 프랑스의 예에서 알 수 있다시피 ― 취소판결이든 기각판결이든 간에 그 효력의 중심을 이루는 것은 기판력이 아닐 수 없다. 앞에서 검토한 바와 같이, '처분의 위법성 일반'이라는 소송물 개념 속에 이미 행정소송으로서의 취소소송은 기본적으로 확인소송적 성격 내지 기능을 갖고 있다는 점이 표현되어 있다. 통설과 같이 취소소송을 형성소송으로 파악하더라도, 처분의 취소를 위해 그 전제조건으로서 위법성을 확인하는 것이 아니라, 위법성을 확인하면 그것의 부수적 결과로서 처분을 취소한다는 것이 사법상 형성소송과 다른 중요한 차이점이다. 그렇다면 판결의 효력에 있어서도 그 위법성을 확인하는 기판력이 중심을 이루고 그에 의거하여 추가적으로 형성력, 그리고 필요한 경우 기속력까지 발생한다고 보아야 하는 것이다.[150)]

---

probleme des japanischen Verwaltungsrechts, in: Pitschas/Kisa (Hg.), Internationalisierung von Staat und Verfassung im Spiegel des deutschen und japanischen Staats- und Verwaltungsrechts, Berlin 2002, S. 173-185 (179).

150) 형성력의 본질에 관하여 일본에서는 ① 구성요건적 효력설, ② 제도적 효력설, ③ 기판력 작용설, ④ 해제조건성취설, ⑤ 의사표시적 효력설 내지 취소선언설 등이 주장되고 있다(岡光民雄, 전게 条解行政事件訴訟法, 715면 이하 참조). ④설은 취소소송을 확인소송으로 파악하는 견해와 연결되고, 나머지 학설은 모두 취소소송을 형성소송으로 파악하는 견해와 연결되는데, ③설은 양 견해와 모두 연결될 수 있다. 필자의 사견은 ④설 또는 ③설에 가깝다고 할 수 있지만, 나머지 학설들도 본고에서 피력하는 바와 같이 기판력이 중심된 효력이고 형성력이 부수적 효력이라는 점과 정면으로 모순되지 않는다고 할 것이므로, 이에 관해 詳論을 피한다.

3) 結 論

위와 같은 취소소송의 확인소송적 성격 및 기판력의 중심적 지위에 상술(446면)한 우리 취소소송의 객관소송적 구조를 보탠다면, 행정소송법 제29조 제 1 항에서 제 3 자에 대하여도 발생한다고 하는 "효력"은 형성력에 한정된 것이 아니라 기판력을 기본으로 하는, 취소판결의 '효력 전체'를 의미하는 것임이 분명해진다. 기각판결은 민사소송법의 원칙대로 취급해도 무방하지만 취소판결은 취소소송의 특질을 그대로 표출하는 것이므로 행정소송법에서 특별히 규율한다는 것이 입법자의 의도인 것이다. 즉, 기각판결은 상대효를 갖는 데 반해 취소판결은 그 어떤 효력이든지 간에 대세효를 갖도록 한다는 것이다. 이는 앞서 본 프랑스의 월권소송의 경우와 일치한다. 이러한 해석에 의해서만 비로소 행정소송법 제31조가 규정하는 제 3 자의 재심청구제도가 정확히 이해될 수 있다. 만일 형성력에 대해서만 대세효가 인정된다면, 제 3 자는 기판력의 저촉을 받지 않고 취소된 처분이 적법한 것임을 주장하여 자신의 권리 · 이익의 침해를 방지할 수 있기 때문에, 재심청구가 반드시 필요한 것은 아니기 때문이다. 독일에는 이러한 제도가 없고, 프랑스의 월권소송에 이에 상응하는 'tierce opposition'이 있다. 더욱이 위 제29조와 제31조가, 일본법과 달리, 형성력이 없는 무효등확인판결과 부작위위법확인판결에도 준용된다는 것은 기판력의 대세효를 전제로 하지 않고는 자연스럽게 설명될 수 없다.

이와 같이 행정소송법 제29조 제 1 항이 기판력을 포함한, 취소판결의 효력 전체에 관한 규정이라고 한다면, 제30조 소정의 기속력도 제29조 제 1 항의 "효력"에 포함되는 것으로 보아야 한다. 그러므로 제30조 제 1 항에서 피고 행정청과 더불어 관계행정청도 기속한다고 규정하고 있는 것은 제29조 제 1 항에서 부여한 대세효의 당연한 결과이며, 그렇기 때문에 여기서 "관계행정청"이라 함은 국가 · 지방자치단체 등 동일한 법인격 내의 것에 한정되지 않고 취소된 처분에 관계되는 권한을 가진 모든 행정청을 총칭하는 것으로 해석된다.[151] 이와 같이 제30조 제1항은 기속력의 대상인 행정청의 범위에 대해서는 분쟁의 소지가 있을 수 있으므로 이를 — 주의적으로 — 규정하고 있지만 기속력을 원용할 수 있는 자의 범위에 관해서는 침묵하고 있는데, 그렇다면 원고 이외에는 이를 원용할 수 없는가? 이를 논하고 있는 문헌을 찾기 어려우나, 대세효를 형성력에만 한정하는 통설에 의하더라도 기속력은 형성력을 보완하는 것으로서, 제3자도 기속력을 원용할 수 있다고 하여야만 그 대세적인 형성력이 실효성을 가질 수 있다. 그리하여 제29조 제1항이 기속력에도 '준용'된다고 하는 해석이 불가피하게 되는데, 私見에 의하면 동 조항이 기속력에 바로 '적용'되기 때문에 이러한 문제가 전혀 발생하지 않는다.

(4) 羈束力의 法的 性質

이상에서 검토한 바와 같이 행정소송법 제29조 제1항이 기판력과 기속력을 모두 포함하는 것으로 파악하더라도, 통설의 두 번째 논거(437면, ②), 즉 기속력은 기판력과는 별개의 실체법적 효력이라는 주장이 완전히 극복된 것은 아니다. 물론 양자가 한 조항에서 공통적으로 규율되고 있다는 것은 그들의 법적 성격이 완전히 異質的인 것은 아니라 무언가 同質的인 요소가 있고 따라서 양자를 일원적으로 이해할 수 있다는 결정적인 논거가 된다. 그러나 그 동질적인 요소는 제29조 제1항이 규정하는 대세적 효력에 지나지 않고 제30조에서 기속력을 특수한 실체법적 효력으로 규정하고 있다는 반론이 여전히 가능하다. 그러므로 쟁점은 과연 기속력은 실체법적 효력인가 라는 것으

151) 이는 통설에서도 인정하는 바인데(김동희, 전게서, 714면; 김철용, 전게서, 629면; 박윤흔, 전게서, 1023면; 이상규, 전게서, 491면 이하 등), 이러한 해석은 본고에서와 같이 행정소송법 제29조 제1항에 기속력도 포함되고 따라서 그에 의해 대세효가 인정되는 것으로 파악할 때 가장 자연스럽게 도출된다.

로 집약된다.

1) 反復禁止效의 訴訟上 實現

먼저 기속력 중 반복금지효에 관해 살펴보면, 이는 상술(441, 443면)한 바와 같이 독일과 프랑스에서 공히 소송법적인 기판력의 작용으로 이해된다. 즉, 취소판결 이후에 동일한 행정행위가 반복되면 이에 대해 제기된 취소소송에서 그 판결의 기판력이 미침으로써 실체에 관한 심사 없이 바로 후행 행정행위가 취소된다는 것이다. 이러한 기판력의 작용방식은 우리나라에서도 그대로 설명이 가능하고, 뿐만 아니라 이에 의할 때 반복금지효를 가장 실제적으로 이해할 수 있다. 반복금지효의 구체적인 실현은 어차피 재처분에 대한 소송에서 이루어지기 때문이다.

앞서 본 바와 같이(363면, 각주 1) 우리의 판례도 반복금지효를 '기판력'이라고 부르는 것이 주류인데, 다만 독일과 프랑스에서와 달리 이에 위반된 재처분을 당연무효로 보고 있는 점이 특징이다.[152] 유의할 것은 여기서의 당연무효는 기판력의 존재를 이유로 제소기간의 제한 또는 (민사소송에서는) 취소소송의 배타적 관할을 특별히 면제하는 '소송법적'인 효과로 파악하여야 한다는 점이다. 판례는 문구상으로는 재처분이 "중대하고 명백한 하자"로 인해 당연무효가 된다고 설시하고 있으나, 당연무효가 문제되는 통상의 경우와는 달리, 왜 그것이 명백한 하자인지에 관해 구체적인 사유를 들지 않고 오직 前訴의 확정판결 내지 그 기판력에 저촉되기 때문이라고 하는데, 바로 이러한 점에서 그 당연무효는 기판력에 의거한 소송법적 효과인 것이다. 만일 이를 실체법적인 효과로 본다면, 확립된 판례인 중대·명백설에 따라,

152) 대표적으로 대법원 1989. 9. 12. 선고 89누985 판결. 제소기간 내에서는 사실상 — 소위 '무효를 선언하는 의미의' — 취소소송만이 문제되므로 독일·프랑스와 동일하다. 제소기간을 도과한 경우에 당연무효가 특별한 의미를 갖지만, 이 때에도 무효확인소송에서든 당연무효를 선결문제로 하는 민사소송에서든 간에 前訴의 취소판결의 기판력으로 인한 것으로 보아야 한다.

기판력에 의해 재처분의 위법성이 실체심사 없이 곧바로 인정되고 그 중대성도 항상 긍정될 수 있겠지만 명백성의 요건은 처분의 동일성 여부가 불명확한 경우가 있으므로 언제나 충족되는 것은 아니라는 문제가 발생한다. 이 때문에 우리의 판례를 이해하기 위해서는 기판력만으로는 부족하고 그와 별개인 기속력이 동원되어야 한다는 주장이 제기될 수 있으나, 그 기속력이 행정소송법 제30조 제1항의 규정에 의해 부여된 실체법적인 효력이라면 문제는 여전히 해결되지 않는다. 그에 대한 위반은, 모든 실체법적 규정의 위반과 마찬가지로, 원칙적으로 '위법'만을 구성하고 그 명백성은 개별 사안의 구체적 사정에 따라 인정되어야 하기 때문이다. 유독 위 조항에 위반된 경우만을 항상 명백한 위법으로 본다는 또 다른 실체법적 규정이 없음은 물론이다. 이는, 반복금지효를 실체법적 효력으로 파악하는 이상, 그 위반의 효과도 실체법적 관점에서 볼 수밖에 없기 때문에 생기는 문제이다. 따라서 우리의 판례를 정확히 이해하기 위해서라도, 반복금지효를 소송법적 효력으로 파악함으로써 그 위반의 효과인 당연무효도—제소기간의 제한 또는 취소소송의 배타적 관할의 면제라는—소송법적인 것으로서, 통상의 당연무효에 관한 중대·명백설과 무관한 것으로 보지 않으면 아니 되는 것이다.

2) 行政訴訟法 제30조 제1항

나아가 행정소송법 제30조 제1항의 규정 내용을 보더라도 동 조항이 실체법적 효력을 부여하고 있는 것으로 보기에 어려운 면이 있다. 민사소송에 있어 판결이 확정되면 판결의 내용대로 실체법상의 법률관계가 변동된다고 하는 소위 실체법설은 권력분립원칙에 반한다는 이유로 이미 오래 전에 극복되었다.[153] 그렇다면 권력분립이 첨예하게 문제되는 취소소송에서는 판결에 대해 어떤 실체법적 효력을 부여

153) 이에 관해 이시윤, 전게서, 519면 이하; 호문혁, 민사소송법 제2판, 2002, 578면 이하 참조.

하는 것은 더더욱 신중해야 하고, 헌법적 문제는 별론으로, 반드시 명시적인 법률규정이 필요하다고 할 것이다. 실체법적 효력을 부여하는 가장 명시적인 방법은, 예컨대 '취소확정판결에 의해 처분이 취소됨으로써 효력이 상실된 때'라는 실체법적 요건을 정하고 그 효과로서 '행정청은 일정한 조치를 할 수 없다' 또는 '일정한 조치를 하여야 한다'라고 하여 행정청의 작위·부작위의무를 적극적으로 규정하는 것이라고 할 수 있다. 독일에서 실체법적 청구권으로 관념되고 있는 결과제거청구권이 바로 이러한 실체법적 요건과 효과를 갖는 것이다.[154] 그러나 우리법의 제30조 제 1 항은 처분의 효력 상실이라는 요건도 전제하지 않고 행정청의 어떤 의무도 적극적으로 규정하지 아니한 채 단지 취소확정판결은 피고 행정청 등을 기속한다고만 규정하고 있다. 따라서 이와 같이 취소판결 자체에 대해 부여된 기속력이 소송법적인 효력을 넘어 실체법적 효력까지 갖는다고 보기에는 부족한 것이다.

이는 반복금지효뿐만 아니라 원상회복의무에 관해서도 그러하다. 앞서 본 바와 같이 프랑스 월권소송에서는 반복금지효를 포함한 원상회복의무 전체가 旣判事項의 집행(exécution)이라는 소송법적 관점에서 파악된다. 우리의 기속력도 독일의 결과제거청구권과 같은 실체법

154) 바로 이 점에서 우리의 통설은 취소판결의 형성력을 전제로, 그에 대한 보완적 효력으로서 기속력을 상정하고, 이를 형성력에 의해 처분의 효력이 — 실체법적으로 — 상실된 결과 발생하는 것으로 이해하고 있기 때문에, 혹시 기속력을 독일의 결과제거청구권과 동일한 것으로 보고 있는 것이 아닌가 라는 추측이 가능하다. 그러나 독일에서도 반복금지효는 결과제거청구권과는 무관하게 기판력의 작용으로 파악되고 있을 뿐만 아니라, 결과제거청구권 자체에 관해서도 이를 소송법과는 무관한 실체법적인 것으로 관념할 수밖에 없는 실정법적 이유가 있다. 즉, 독일 행정법원법 제113조는 제 1 문에서 "법원이 행정행위를 취소한다"라고 규정한 다음 이어 제 2 문에서 행정행위가 이미 집행된 경우에는 법원은 원고의 신청에 따라 "행정청이 그 집행을 원상회복할 의무가 있다는 점 및 그 방법"을 선고할 수 있다고 규정하고 있으므로, 앞서 언급한 바와 같이 위 제 2 문에 의해 직접 행정청의 어떤 의무가 발생하는 것이 아니라 오히려 위 제 2 문은 제 1 문에 의한 행정행위 취소를 요건으로 하여 발생하는 실체법적 청구권, 즉 결과제거청구권의 존재를 전제로 하는 것으로 해석될 수밖에 없는 것이다.

적인 것이 아니라면, 프랑스의 예에서와 같이, 취소판결 자체가 갖는 소송법적 효력의 하나로서, 그 소송법적 효력의 중심이 되는 기판력에 포섭된다고 보는 것이 가장 자연스럽다. 다시 말해, 제30조 제 1 항은 행정청이 취소판결의 기판력을 사후에 존중 내지 집행할 의무를 주의적으로 규정하면서 이를 특히 "기속력"이라고 명명한 것이라고 할 수 있다. 그 주의적 규정의 요점은 상술한 "관계행정청"에 대한 부분과 아울러 "그 사건에 관하여"라는 부분인데, 이는 후술(459면)하는 바와 같이 소송물에 관한 판단인 기판력이 당해 소송을 넘어 작용하는 것이므로 그 객관적 범위를 한정하는 것이 중요하기 때문이다.

3) 行政訴訟法 제30조 제 2 항

반면에 행정소송법 제30조 제 2 항은 거부처분 취소판결에 의한 재처분의무에 관하여 "행정청은 판결의 취지에 따라 다시 이전의 신청에 대한 처분을 하여야 한다"라고 하여 행정청의 의무를 적극적으로 규정하고 있으므로, 이 조항에 의한 재처분의무는 실체법적인 것이 아닌가 라는 의문이 있을 수 있다. 그러나 이것이 전형적인 실체법적인 의무라고 한다면, 이를 확정하는 판결이 선재하고, 그 판결의 불이행에 대하여 비로소 강제집행 단계로 나아가게 되는 것인데, 제34조에서 바로 간접강제가 가능하도록 규정하고 있다. 이 간접강제는 사법상 비대체적 작위의무에 대한 간접강제(민사집행법 제261조)에 상응하는 것으로서, 거부처분 취소판결에 대한 강제집행절차에 해당한다. 다시 말해 '의무 → 판결 → 강제집행'이 아니라 '의무 → 강제집행'으로 되어 있다. 어떤 실체법적인 의무라고 하더라도 확정판결 등 執行權原(채무명의)(Vollstrecktungstitel)을 매개로 하지 않고 강제집행을 할 수 없다는 것이 민사집행법상 대원칙인데, 이는 행정소송에서도 마찬가지라고 할 것이다. 그렇다면 재처분의무도 바로 간접강제라는 강제집행절차의 대상이 된다는 점에서 소송법적인 판결집행의무에 해당하는 것이고, 따라서 이 또한 기판력의 작용으로 포괄되는 것이다.

4) 棄却判決의 羈束力 문제

이와 같이 기속력이 기판력의 작용 내지 연장이라고 한다면, 기각판결도 기속력을 갖는가 라는 문제가 제기된다. 즉, 기각판결은 처분의 적법성에 관해 기판력을 발생하는 것은 분명한데, 이러한 기판력에 의거하여 행정청이 그 처분을 적법한 것으로 취급해야 할 기속을 받게 되고 따라서 사후에 그 처분이 위법하다는 이유로 직권취소할 수 있는가 여부이다. 이에 관해 舊행정소송법 제13조는 취소판결과 기각판결을 구별하지 않고 "확정판결"이 관계행정청을 기속한다고 규정하고 있었으므로, 1960년대의 판례는 기각판결에도 당연히 기속력이 생기는 것으로 보아 행정청이 사실심 변론종결 이전의 사유를 내세워 그 행정청이 위법하다 하여 (직권)취소할 수 없고, 만일 그러한 (직권)취소처분은 당연무효라고 판시하였다.[155] 물론 성질상 위 구법 제13조에서 기각판결은 제외되어야 한다는 주장이 있었지만, 명확한 법률규정 때문에 기속력의 법적 성질 여하에 관계없이 기각판결의 기속력이 긍정되었던 것이다. 그러나 현행법 제30조 제 1 항은 기속력을 갖는 판결을 "처분등을 취소하는 확정판결"에 한정하고 있는데, 기속력을 오직 동 조항에 의한 특수한 효력으로 본다면 이제 기각판결은 법률개정에 의해 제외된 것으로 보아야 하지만,[156] 본고에서와 같이 기속력을 기판력의 작용의 하나로 본다면 논의의 여지가 있다.

생각건대, 앞서 언급한 바와 같이 기각판결에 관해서는 행정소송법이 직접 규율하고 있지 않으므로 민사소송법의 준용에 의해 해결되어야 하고, 따라서 기각판결의 처분의 적법성에 관한 기판력은 상대적 효력에 불과하다. 우선, 원고에 관해 보면, 행정청이 기각판결 이후 처

155) 대법원 1960. 8. 26. 선고 4291행상60 판결; 1962. 5. 17. 선고 61누172 판결; 1964. 10. 27. 선고 64누53 판결; 1969. 1. 21. 선고 64누39 판결.

156) 이상규, 전게서, 488면 이하.

분을 직권취소하면 원고가 원했던 결과가 달성되었으므로 이를 다툴 리가 없다. 기속력을 後訴에서의 기판력 작용으로 이해하는 한, 소송이 제기될 가능성이 전혀 없는 경우에는 이를 논할 실익이 없고, 이러한 의미에서 기각판결의 기속력은 부정된다고 할 것이다. 당초처분을 직권취소 또는 철회한 후 그보다 더 불리한 처분을 하거나 아니면 당초처분은 그대로 둔 채 재처분을 추가하는 경우가 문제인데, 과세처분과 제재처분에 관해 자주 발생한다. 원칙적으로 기각판결의 기판력은 당초처분이 적법하다는 것이고 오직 당초처분만이 적법하다는 것은 아니므로 대체처분이나 추가처분의 위법성 판단에 전혀 영향을 미치지 못하며, 이러한 의미에서도 기각판결은 기속력을 갖지 못한다. 이러한 논리는 과세처분에 대하여 그대로 타당하다.[157] 아래에서 보는 바와 같이 과세처분의 경우에는 법률상 사후의 경정처분이 예상되어 있기 때문이다. 그러나 제재처분의 경우에는 일사부재리원칙에 의거하여 처분사유가 동일한 이상, 엄격한 의미에서 기판력의 작용은 아니지만, 반복금지효에 준하여 대체처분 또는 추가처분을 봉쇄할 필요가 크다고 할 것이다. 이는 기각판결의 경우뿐만 아니라 상대방이 소를 제기하지 아니하여 불가쟁력이 발생한 경우에도 마찬가지이다.

다음으로, 원처분으로 수익을 받은 제 3 자가 원고적격을 구비하여 직권취소처분에 대해 취소소송을 제기하는 경우에도 기각판결은 상대효밖에 없어 원칙적으로 제 3 자는 그 기판력을 원용할 수 없기 때문에, 단지 그 제 3 자가 前訴에서 피고 행정청측에 소송참가를 한 경우에만 문제된다.[158] 위 1960년대의 판례는 당시 행정소송법상 별도의

157) 同旨, 구욱서, 전게논문, 88면 이하.

158) 이러한 경우는 두 가지 유형으로 나누어질 수 있다. 즉, 건축허가처분과 같이 직접 상대방(건축주)에게는 수익적이지만 제 3 자(인근주민)에게 침익적인 처분에 대하여 제 3 자가 제기한 취소소송에서 직접 상대방이 참가한 경우와 반대로 영업허가취소처분과 같이 직접 상대방(영업주)에게는 침익적이지만 제 3 자(인근주민)에게는 수익적인 처분에 대하여 직접 상대방이 제기한 취소소송에서 제 3 자가 참가한 경우이다.

참가제도가 없던 시절 민사소송법에 의한 보조참가인에 대하여 기판력을 긍정하였는데, 현행법 제16조 제 4 항은 제 3 자의 소송참가에 대하여 필요적 공동소송에 관한 민사소송법 제67조의 규정을 준용하고 있으므로 기판력이 인정된다는 데 의문의 여지가 없다. 따라서 이와 같이 소송참가를 통해 기각판결의 기판력을 받게 된 제 3 자가 사후의 직권취소처분에 대해 취소소송을 제기하게 되면, 前訴의 소송물에 관한 판단(즉, 원처분의 적법성)이 後訴의 선결문제(즉, 직권취소처분의 요건)를 이루는 것이므로, 앞서(각주 129)에서 인용한 판례에 따르면 기판력이 미치게 되어 실체심사 없이 직권취소처분은 바로 취소된다. 이러한 결과는 통설에 의하더라도 위 판례를 따르는 한 마찬가지일 것이지만, 기속력을 행정소송법 제30조에 의한 반복금지효 등에 한정하기 때문에 모순금지에 해당하는 위 경우는 기판력에 의한 것이지 기속력은 아니라고 할 것이다. 그러나 이는 용어상의 문제에 지나지 않는다. 본고에서와 같이 기속력을 널리 기판력의 존중 내지 집행의무로 파악하여 기판력과 모순되는 처분의 금지까지 포괄하는 것으로 본다면, 기각판결도 행정청측에 소송참가한 제 3 자가 사후의 직권취소처분을 다툴 원고적격을 갖는 경우에는 기속력을 발생한다고 할 것이다. 여하튼 이 문제와 관련하여 분명한 것은 기판력과 기속력은 — 설사 서로 구별된다 하더라도 — 상대적 구별에 불과하다는 점이다.[159]

159) 현행법하의 판례인 대법원 1992. 12. 8. 선고 92누6891 판결은 "행정처분취소청구를 기각하는 판결이 확정되면 그 처분이 적법하다는 점에 관하여 기판력이 생기고 이는 그 訴의 원고뿐만 아니라 관계 행정기관도 이에 기속된다 할 것"이라고 설시하였는데, 이에 대하여 현행법의 명문의 규정에 반하여 관계행정청에게 기각판결의 기속력을 부과하는 것이라고 비판하는 견해가 있다(이상규, 전게서, 489면). 이 사건은 원고가 다시 무효확인소송을 제기한 경우로서, 이에 대해 취소소송 기각판결의 기판력이 미친다는 것이므로, 행정청에 대한 설시부분은 방론에 해당하지만, 그 내용은 시사하는 바가 크다. 즉, 원고도 관계 행정기관도 모두 "기판력"에 "기속"된다는 것이므로, 그 '기속'은 다름 아닌 기판력의 존중의무를 의미하는 것이다. 위 견해는 기각판결이 관계행정청에 대하여 원처분을 유지하여야 할 의무를 부과하는 것이 아니라고 비판하고 있으나, 기각판결의 기속력은 무조건 원처분을 유지하라는 것은 아니고 그 기판력을 존중하라는 것으로서, 따라서 행정청

4. 反復禁止效의 客觀的 範圍

(1) 概　說

이상에서 논의한 바와 같이 기판력과 기속력은 취소판결의 효력으로서 행정소송법 제29조 제 1 항에 의해 공통적으로 규율되고 있을 뿐만 아니라 기속력은 기판력의 작용으로 포섭될 수 있다는 점에서, 양자를 준별하는 통설의 두 번째 논거(437면, ②)는 극복되었다고 할 수 있다. 이와 같이 이론적으로 어려운 쟁점을 넘고 나면 마지막으로 가장 실제적인 쟁점이 남아 있다. 통설의 세 번째 논거(437면, ③)인 반복금지효의 객관적 범위가 그것이다. 즉, 통설에 의하면, 기판력의 객관적 범위는 소송물인 '위법성 일반'인 데 비해 반복금지효 내지 기속력은 취소판결에서 판단된 구체적인 개개의 '위법사유' 또는 '처분사유'에 한정된다고 한다. 그렇기 때문에 기판력과 반복금지효는 異質的인 것이고, 소송물은 기판력에 관한 것일 뿐 결코 반복금지효의 범위를 판단하는 기준이 될 수 없다는 것이다. 이 쟁점이 실제적으로 중요한 이유는 반복금지효에 관한 모든 논의가 결국 취소판결 이후에 행정청이 어느 범위 내에서 재처분을 할 수 있느냐의 문제로 귀결되기 때문인데, 이는 대량성·복잡성과 공평과세요청을 특징으로 하는 세무행정에 있어 특히 중대한 의미를 갖는다는 점은 앞서(365/366면) 언급한 바와 같다.

이 쟁점을 극복하는 길은 의외로 간단하다. 즉, 한편으로 소송물 개념은 행정청의 처분권한의 존속이라는 취소소송의 고유한 문제에 대처하기 위해 취소소송의 관통개념이 되어야 한다는 법도그마틱적 필요성과 반복금지효는 기판력의 작용으로 파악되어야 한다는 이론적

측에 소송참가한 제 3 자가 있는 경우에 함부로 종전의 사유를 들어 원처분이 위법하다는 이유로 직권취소하지 못하도록 하는 것이다. 또한 위 견해는 각하판결까지 언급하고 있으나, 본고의 견해에 의하더라도 각하판결은 처분의 적법성에 관해 기판력을 발생하지 않으므로 전혀 기속력을 갖지 않는다.

근거를 바탕으로 기판력의 범위인 소송물을 반복금지효의 범위와 일치시키되, 다른 한편으로 ① 소송물의 개념요소로서 처분의 동일성, ② 기판력의 시간적 한계 및 ③ 이를 규명하기 위한 구체적 판결이유에 의거하여 반복금지효의 범위를 적절히 제한하는 것이다. 기판력의 시간적 한계는 판결주문 자체에 의해 명백한 경우도 있지만 대부분 판결이유까지 참고하여야만 밝혀지게 된다. 이러한 '필터'들을 통하여, 통설이 반복금지효의 범위를 한정하고자 하는 경우들을 대부분 해결할 수 있고 오히려 통설에 의하면 그 범위가 과도하게 축소되는 것을 방지할 수 있다. 이와 같이 기판력이 반복금지효 내지 기속력으로 작용할 때에는 그 객관적 범위가 결정적인 의미를 갖기 때문에 행정소송법 제30조 제 1 항은 주의적 규정으로서 "그 사건에 관하여"라는 문구를 명시하고 있다는 점은 위(454면)에서 지적한 바와 같다. 이하에서는 위 세 가지 필터를 차례로 分說하기로 한다.

(2) '處分'의 同一性에 의한 制限

위 첫 번째 필터로서, 제재처분과 경찰처분과 같이 '처분사유'의 동일성이 바로 '처분'의 동일성으로 연결되는 경우에는, 그 처분사유가 위법하다고 하여 취소판결이 내려진 후에는 그 처분사유와 동일성이 없는—판례에 따르면, 기본적 사실관계가 다른—처분사유로써 동일한 내용의 처분을 하는 것은 소송물 자체가 바뀌는 것이므로 기판력 내지 반복금지효에 저촉되지 않는다. 이는 처분사유 추가·변경의 허용범위와 정확히 일치한다. 소송 중에 추가·변경할 수 없었던 사유에 대해 행정청의 재처분권한이 박탈되어서는 아니 되기 때문이다. 따라서 굳이 반복금지효의 범위를 소송물과 별개로 설정할 필요가 없다.[160)]

160) 석호철, 전게논문, 275면은 기속력의 객관적 범위를 일반적으로 '판결로 지적된 개개의 위법사유'라고 하고 있으나 정확하게는 "판결에서 위법한 것으로 판단된 개개의 처분사유"라고 하는 것이 상당하다고 한다. 바로 이러한 견해가 주로 제재처분 등과 같이 처분사유별로 소송물이 나누어지는 경우를 상정한 것이라고 할 수

통설의 입장에서 간혹, 소송물이 '위법성 일반'이므로 소송물을 기준으로 하면 일정한 제재처분이 취소되면 어떠한 사유로도 다시 주문(제재의 종류와 정도)이 동일한 제재처분을 할 수 없는 것이 아닌가 라고 염려하는 경우가 있으나, 이는 소송물의 개념요소로서 '처분'의 동일성 부분을 간과하였기 때문이라고 할 수 있다. 강조할 것은 同種의 위반행위가 일정기간 반복된 경우 엄격하게 보면 일시를 달리하기 때문에 기본적 사실관계가 다르다고 할 수 있으나 영업범 등 형사법상 包括一罪의 법리에 준하여 이들을 포괄하여 동일한 소송물로 파악함으로써 반복금지효의 범위를 확대할 필요가 있다는 점이다.[161] 나아가 異種의 위반행위가 반복된 경우에도 행정청이 고의로 그 중 일부를 유보하고 제재처분을 내린 때에는 신의칙위반 내지 권리남용으로 추가적 제재처분을 봉쇄할 수 있을 것이다.[162]

(3) 旣判力의 時間的 限界에 의한 制限

1) 節次的 違法性의 事後補完

두 번째의 필터인 기판력의 시간적 한계를 통해 상당히 많은 문제들이 해결된다. 가장 대표적인 것이 절차적 위법성을 이유로 취소판결이 내려진 후 — 정확히 말해, 사실심 변론종결 이후 — 절차를 보완하여 동일 내용으로 재처분하는 경우이다. 이 경우에는 '처분'의 동일성이 있기 때문에 같은 소송물로서 기판력 내지 반복금지효의 객관적 범위 안에 들어오지만, 절차의 보완이라는 새로운 사실이 발생하였으므로 기판력의 시간적 한계를 벗어나고, 따라서 재처분이 기판력에 저촉되지 않는다.

통설은 이러한 경우에 대해 반복금지효는 판결에서 지적된 위법

있다.

161) 同旨, 석호철, 전게논문, 276면.

162) 근본적인 해결은 행정절차법 또는 개별법에서 제재처분의 시효 또는 제척기간을 규정하는 것이다.

사유, 즉 절차적 위법성에만 미치므로 절차를 보완하면 아예 반복금지효의 객관적 범위를 벗어나는 것이라고 설명한다. 그러나 위와 같이 기판력의 시간적 한계로 충분히 설명이 가능하기 때문에 반복금지효의 객관적 범위를 그렇게 한정할 필요가 없다. 오히려 판결에서 지적된 '위법사유'라는 것을 확대하여 모든 종류의 처분에 대하여 처분의 기초사실의 오인, 심지어 증거의 불충분 또는 부적합도 이에 포함된다는 전제 하에 기초사실을 수정하거나 증거를 보완하면 무조건 재처분이 허용되는 것으로 볼 우려가 있다. 이러한 경우 기판력의 시간적 한계를 벗어나는 것으로 인정될 수 있으나, 처분의 유형과 판결의 내용에 따라 신중한 판단을 요하는 것이다(후술, 462면).

2) 脫漏所得에 대한 課稅處分

또 다른 중요한 문제가 과세처분 취소판결 이후에 과세관청이 탈루소득을 발견하고 이에 대해 재처분을 하는 경우이다. 앞서 본 바와 같이 본고에서는 과세처분에 있어 '처분'의 동일성 기준을 그 규율의 단위인 과세단위로 파악하고 있고 세액은 문제삼지 않으므로, 동일한 과세단위에 대한 것인 이상 탈루소득에 대한 재처분도 동일한 소송물로서 일단 기판력 내지 반복금지효의 객관적 범위에 들어온다. 그런데 소득세법 제80조 제 4 항, 법인세법 제66조 제 4 항 등 모든 종목의 세법에는 과세관청이 당초의 과세처분에 오류 또는 탈루가 있음을 발견한 때에는 즉시 이를 다시 경정하도록 규정하고 있다. 다시 말해, 탈루소득에 대한 재처분이 법률상 처음부터 예상되어 있는 것이다. 그리하여 민사소송상 일부청구에 관한 절충설(판례)에 준하여 당초 과세처분이 당해 과세단위에 대한 세액 전부가 아님이 법률상 명시되어 있음을 근거로 탈루소득에 대한 재처분을 별개의 소송물로 파악할 수도 있을 것이다. 그러나 이러한 방법은 소송계속 중에 탈루소득을 이유로 한 (증액)경정처분이 내려진 경우 — 제소기간 내에 — 別訴를 제기해야 하는 불편을 초래한다. 그렇기 때문에 소송물의 범위를 제한하는 것보다 기판력의 시간적 한계로써 해결하는 것이 타당하다고 할 것이다. 즉, 사실심 변론종결 이후 탈루소득의 발견은 위와 같은 세법상의 경정처분 규정에 의거하여 기판력의 기준시점을 벗어나는 새로운 사실로 파악할 수 있다. 이와 같이 탈루소득의 경우에도 기판력의 시간적 한계로써 문제를 해결할 수 있으므로, 소송물을 당초 과세처분에 의한 세액으로 한정하거나, 아니면 반복금지효의 범위를 판결에서 적시된 위법사유로 축소할 필요가 없다.

3) 反復禁止效의 基準時

이와 관련하여 기판력 내지 반복금지효의 시간적 한계의 기준시점에 관해 실펴보면, 위에서 언급한 바와 같이 사실심 변론종결시이다. 이는 민사소송법상 원칙으로서, 판례가 반복하여 설시하고 있는 바이다. 즉, 사실심 변론종결 이전의 사유를 내세워 동일한 처분을 반복하는 것은 기판력에 반한다는 것이다.

이에 대하여, 기판력의 기준시점은 사실심 변론종결시이지만 반복금지효의 기준시점은 위법판단 기준시와 동일하게 처분시라고 하면서, 이러한 점에서도 양자가 다름에도 불구하고 판례는 양자를 혼동하고 있다고 비판하는 견해가 있다.[163] 그러나 위법판단 기준시와 기판력 내지 반복금지효의 기준시점은 동일하지 않다. 우리 판례는 제재처분, 거부처분, 과세처분 등 처분의 유형을 막론하고 위법판단 기준시를 처분시로 보고 있는데, 이러한 판례에 의하더라도, 처분시에 존재하였던 처분의 적법사유 또는 위법사유들을 기판력의 기준시점인 사실심 변론종결시까지 주장하여야 하고, 그렇지 아니하면 기판력에 의해 차단되어 더 이상 행정청은 이를 근거로 재처분을 할 수 없고 원고는 이를 이유로 다시 처분의 위법성을 다툴 수 없다는 것이다.

163) 석호철, 전게논문, 278면.

위 견해는 처분시 이후 사실심 변론종결시 이전에 발생한 사유는 반복금지효에 걸리지 않고 재처분을 할 수 있으므로 반복금지효의 기준시점은 처분시라고 주장하고 있다. 그러나 이러한 사유들이 반복금지효의 제한을 받지 않는 것은 위 견해에 의한 기준시점(처분시) 이후에 발생한 것이기 때문이 아니라, 판례와 私見에 의한 기준시점(변론종결시) 이전에 발생하긴 하였지만 당해 소송에서 — 위법성 판단기준시 이후의 것으로서 처분의 위법성 판단과 관계없는 것이어서 — 주장할 수 없었던 것이기 때문이다. 요컨대, 기판력에 의해 차단되는 것은 소송물의 범위 내에 속하는 것으로서 사실심 변론종결시까지 '당해 소송에서' '주장할 수 있었던' 사유들이다.

이와 같이, 본고에서 소송물의 범위를 넓게 잡고 있는 과세처분, 거부처분, 계획재량처분, 수익처분(제 3 자가 다투는 경우) 등의 경우에, 처분시 이후 변론종결 이전에 새로이 발생한 사유들이 같은 소송물에 속한다고 하더라도, 그것이 당초처분의 처분시의 위법성을 판단하는 자료가 되지 않는 한, 당해 소송에서 공격·방어방법의 변경 또는 처분사유의 추가·변경을 통해 주장될 수 없기 때문에 기판력에 의해 차단되지 않고 따라서 반복금지효에 걸리지 않는다. 위와 같은 유형의 처분들에 관해 소송물의 범위를 넓게 잡은 것은 행정청이 새로운 사유들에 기해 소송 외에서 동일한 처분을 반복하는 경우에 이를 당해 소송에서 — 제소기간의 제한 없이 — 청구취지 확장에 의해 포착하기 위한 것이다. 반대로 행정청으로 하여금 반드시 변론종결 이전까지 이들 사유에 기하여 「소송 외에서」 처분을 하도록 강제한다는 것은 원칙적으로 행정청의 처분권한을 과도하게 제약하는 것이기 때문에, 기판력에 의해 차단시킬 수 없는 것이다.

다만, 절차적 하자의 보완에 의한 재처분은 예외적으로 취급하여야 할 것이다. 즉, 확립된 판례에 의하면 절차적 하자의 치유는 처분에 대한 불복 여부의 결정을 방해하지 않을 때까지, 다시 말해, 늦어도 行政爭訟 提起時까지만 허용되므로,[164] 변론종결 이전에 절차적 하자를 보완하였다 하더라도 이를 당해 소송에서 주장할 수 없다. 그렇다고 하더라도 행정청이 당해 소송의 결과를 기다리다가 패소하면 그 때에 비로소 재처분을 할 수 있도록 한다면 행정의 恣意를 허용하는 결과가 된다. 따라서 변론종결 이전에 절차적 하자를 보완하였다면 즉시 소송외에서 재처분을 하여 — 그 재처분은 같은 소송물이므로 — 원고로 하여금 제소기간의 제한 없이 당해 소송에서 함께 다투도록 하여야 하고, 그렇지 아니하고 취소판결이 내려지면 기판력에 의해 차단된다고 보아야 한다. 요컨대, 절차적 하자의 보완의 경우에는 행정청의 재처분권한의 행사의 時期를 제약할 수 있다고 할 것이다.

(4) 判決理由에 의한 制限

세 번째 필터는 기판력의 시간적 한계를 규명하기 위한 판결이유의 구체적 내용이다. 이는 결국 기판력의 시간적 한계에 의거한 것이므로 위 두 번째 필터와 함께 설명될 수 있는 것이지만, 시간적 한계가 일견 명백한 것이 아니라 그 규명을 위해 판결이유의 구체적 내용을 참조할 필요가 있는 경우이므로 따로 논의한다. 이것이 문제되는 것은 재량처분(제재처분 · 거부처분 · 행정계획)과 과세처분이다.

1) 裁量處分이 裁量權濫用으로 全部 取消된 경우

먼저 재량적 제재처분(징계처분 포함)에 관해서 보면, 이에 대해서는 통상 법률상 제재 여부에 관한 결정재량과 제재의 종류와 정도에 관한 선택재량이 부여되어 있다. 그런데 앞서(412면) 본 바와 같이 본고에서는 제재처분에 있어 처분사유만을 '처분'의 동일성 결정기준으로 삼고 처분의 주문은 제외하고 있으므로, 동일한 처분사유에 대한

164) 대법원 1997.12.26. 선고 97누9390 판결; 1996.10.15. 선고 96누7878 판결; 1984.4.10. 선고 83누393 판결 등.

처분이면 그 주문이 다르더라도 같은 소송물에 속하게 된다. 이러한 소송물 개념은 한편으로 소송계속 중 동일한 처분사유로 상이한 주문의 제재처분을 반복하는 경우 원고로 하여금 이를 당해 소송에서 — 제소기간·전심절차의 제한이 없는 청구취지변경의 방법으로 — 다툴 수 있도록 하고, 다른 한편으로 당해 처분사유가 인정되지 않는다는 이유로 취소판결이 내려진 후에는 처분주문이 다르다 하더라도 처분사유가 종전의 것과 동일한 이상 같은 소송물로서 바로 기판력 내지 반복금지효에 저촉되도록 하는 기능을 갖는다. 반면에, 그렇다면 과도한 제재로서 재량하자를 이유로 취소판결이 내려진 경우에 동일한 처분사유로써 종전처분보다 경미한 제재처분도 할 수 없는 것이 아닌가 라는 의문이 생기는데, 이를 해결하기 위한 것이 이 세 번째 필터이다. 즉, 이러한 경우 권력분립원칙 때문에 법원은 재량하자인 제재처분을 전부 취소해야 하고 적정한 제재를 넘는 부분만 일부 취소할 수 없다. 그러나 이러한 전부취소판결은 행정청으로 하여금 다시는 그 처분사유로써 제재처분을 하지 말라는 것이 아니다. 행정청이 적법한 재량행사를 거쳐 다시 적정한 정도의 제재처분을 할 것이 이미 그 판결이유 속에 예상되어 있다. 그리하여 행정청에 의한 재차의 재량행사는 — 앞서 탈루소득의 발견에 관해 세법상의 경정규정을 근거로 하였듯이 — 그러한 판결이유를 근거로 기판력의 시간적 한계를 벗어나는 새로운 사실로 인정받게 되고, 따라서 그에 의거한 재처분은 반복금지효에 걸리지 않는 것이다.

재량적 거부처분과 계획재량처분의 경우에는 처분주문만이 '처분'의 동일성 결정기준이 되기 때문에, 그에 관한 일체의 — (위법판단 기준시에 관한 처분시설에 따르면) 이미 처분시에 존재하였던 — 재량고려사유들이 같은 소송물에 속하고, 따라서 소송계속 중 이에 관하여 전부 처분사유의 추가·변경이 허용된다. 이는 거부처분과 행정계획에 있어서는 제재처분과 달리 분쟁의 일회적 해결이 중요하다는 것을 근거로 한다는 점은 상술(415, 424면)한 바와 같다. 반면에, 일부의 재량고려사유들이 부적법하여 재량하자로 행정계획이 전부 취소된 경우에는, 위 재량적 제재처분에 있어서와 같이, 행정청의 再次의 재량행사는 기판력의 시간적 한계를 벗어나는 새로운 사실로서, 그에 의한 재처분은 반복금지효에 저촉되지 않는다. 재량하자를 이유로 거부처분이 취소된 경우에도 마찬가지이다.[165]

2) 課稅處分이 實體的 違法事由로 인해 全部 取消된 경우

실제적으로 가장 중요한 문제가 과세처분인데, 앞의 序說(363/364면, 각주 2, 3)에서 본 바와 같이 판례가 기판력의 범위를 '판결에서 적시된 위법사유'에 한정함으로써 실체적인 위법사유도 사후에 보완하여 재처분할 수 있다고 판시하는 대부분의 사안들이 바로 과세처분에 관한 것이다. 과세가액 평가방법의 오류, 위법한 수입금액 推計調査, 상속재산 범위의 오인, 증여의 거래유형 착오, 종합소득세에서 부동산임대소득·이자소득간의 소득유형 착오 등의 경우가 그것이다.[166] 이들 판례는 예외 없이 이러한 위법사유를 이유로 종전의 과세처분 전체가

165) 여기서 행정청이 소송과정에서 처분사유의 추가·변경을 통해 다른 재량고려사유로 바꿀 수 있었기 때문에 그 재량고려사유에 의거한 재처분도 차단되어야 한다는 주장이 제기될 수 있다. 그러나 원래의 재량고려사유가 적법한 것인지 여부는 최종판결에 의해 비로소 확정되는 것이므로 그 이전에 행정청이 패소에 대비하여 모든 가능한 재량고려사유들을 교환적으로 또는 예비적으로 추가하도록 강제하는 것은 행정청의 일차적 판단권 내지 자율적 책임성에 반할 뿐만 아니라 법원의 심리부담이 극히 가중되는 결과가 된다. 私人 간의 민사소송에서는 사실심 변론종결시까지 "주장할 수 있었던 사유"들은 모두 기판력에 의해 차단되지만, 취소소송에서는 행정청에게 재량고려사유에 관한 처분사유의 추가·변경의 가능성을 넓게 부여하되 행정청이 이를 이용하지 아니하여 원처분이 전부 취소된 경우에는 그 전부취소판결 속에 재처분을 당연히 예상한다는 취지가 포함된 것으로 보아 재처분을 허용하여야 할 것이다. 말하자면, 민사소송에서의 기판력의 차단효가 취소소송에서는 행정청의 재량고려사유에 대한 일차적 판단권, 법원의 과중한 심리부담의 방지, 전부취소판결의 취지에 의거하여 일부 제한되는 것으로 볼 수 있다. 이 문제는 다음의 과세처분의 경우에도 동일하게 발생한다.

166) 위 각주 3 참조.

취소된 사안에 관한 것이다. 과세처분은 확인적 행정행위로서 엄격한 기속행위이기 때문에, 원칙적으로 법원은 — 총액주의에 의거하여 — 위법사유들을 배제하고 당해 과세처분에 의한 세액 범위 내에서 정당한 세액을 산출하여 이를 넘는 부분을 일부 취소할 수 있다. 그러나 위 판례들의 사안에서는 이와 같이 법원이 직접 정당한 세액을 조사하는 것이 심리범위를 벗어나기 때문에 과세처분을 전부 취소할 수밖에 없었다. 따라서 위 재량처분의 경우와 마찬가지로 그 전부 취소가 다시는 당해 과세단위에 대하여 과세처분을 하지 말라는 것이 아니라, 행정청이 재차 적법한 방법으로 정당한 세액을 산출하여 재처분할 것이 이미 그 판결이유에 예상되어 있다고 할 것이다. 그러므로 결국 위 제재처분에 관한 설명에서와 동일하게 그 재처분은 기판력 내지 반복금지효의 시간적 한계를 벗어나게 된다.[167] 판례는 거의 대부분 이러한 재처분이 종전처분과는 별개의 "새로운" 처분이라고 설시하고 있는데, 그 정확한 의미는 소송물을 달리하는 異種의 처분이라는 것이 아니라 기판력의 시간적 한계를 벗어나는 새로운 사실에 의거한 처분이라고 할 것이다.[168]

167) 또한 앞서 본 바와 같이(444면, 각주 141), 프랑스에서는 권한남용(불순한 동기)을 이유로 한 취소판결 이후에 적법한 사실조사와 합법적 의도로써 동일한 행정행위를 내린 경우, 취소판결의 내용 자체에서 예상되어 있거나 의무로 부과되어 있는 대로 행정행위의 대체가 이루어진 경우에는 기판력에 저촉되지 않는다고 하는데, 프랑스 문헌에서 명시적으로 이를 언급하고 있지 않지만, 위와 같은 기판력의 시간적 한계로써 충분히 설명될 수 있다.

168) 여기에서도 과세관청이 소송과정에서 처분사유의 추가·변경을 통해 실체법적 위법사유를 시정할 수 있었기 때문에 재처분이 차단되어야 한다는 주장이 제기될 수 있다. 생각건대, 우선 실체법적 위법사유를 시정함으로써 세액 자체가 변경되는 경우에는 「소송 외에서」 처분을 다시 해야 하고 처분사유의 추가·변경을 통해서는 할 수 없는바, 상술한 바와 같이 이러한 재처분을 반드시 소송과정 중에 하도록 강제할 수는 없기 때문에 취소판결의 기판력에 의해 재처분이 차단된다고 보아서는 아니 될 것이다. 또한 세액 자체를 변경하지 않고 처분사유만을 추가·변경하면 되는 경우에도, 바로 위에서 재량고려사유에 관해 보았듯이, 행정청의 일차적 판단권의 존중, 법원의 과중한 심리부담의 방지, 과세처분의 전부취소판결에 재처분이 당연히 예상되어 있다는 점에 의거하여 재처분을 허용하는 것이 타당할 것이다.

요컨대, 기판력이 반복금지효로 작용할 때에는 소송물이 그 객관적 범위를 이루고, 재량처분과 과세처분의 경우에는 판결이유에 비추어 그 시간적 한계가 규명된다는 것이다. 이와 반대로 판례와 통설은 기판력 또는 기속력의 객관적 범위 자체를 판결이유에서 적시된 위법사유에 한정함으로써 문제를 해결하고자 한다. 상술(444면)한 바와 같이 프랑스의 판례·문헌에서는 기판력이 반복금지 등 원상회복의무를 부과하는 것으로 작용하는 경우 판결의 주문만이 아니라 그것의 불가분의 근거가 되는 판결이유에도 미친다고 하는데, 이는 우리 민사소송이론에서 기판력의 내용을 주문만으로 파악하기 어려운 경우에는 그에 필수불가결한 이유까지 참조해야 한다는 것과 일치하는 내용이다. 여기서 유의할 것은, 그렇다고 하여 기판력의 범위가 판결이유에 한정된다는 것이 아니라, 어디까지나 기판력의 범위를 결정하는 주된 요소는 소송물에 관한 판단인 판결주문이고 그 내용(특히 그 시간적 한계)

여하튼 과세관청 입장에서는 처분사유 추가·변경의 방법과 취소판결 이후 재처분의 방법 중에 임의로 선택할 수 있으므로, 민사소송의 당사자에 비하여 유리한 지위에 서게 되는데, 이는 취소소송의 특질에서 비롯되는 불가피한 결과라고 할 것이다. 또한 이러한 점에서 총액주의가 사실상 부분적으로 — 과세관청이 처분사유를 추가·변경하지 않는 경우에 — 쟁점주의로 운용되고 있다고 할 수 있다. 유의할 것은 이러한 결과는 법원이 스스로 적극적으로 과세처분의 실체적 위법사유를 시정하고 적법한 실체법적 근거에 의거하여 정당한 세액을 산출할 수 없기 때문에 부득이 원래의 과세처분을 전부 취소할 수밖에 없는 경우에만 인용될 수 있다는 점이다. 이러한 경우는 판례에서 알 수 있는 바와 같이 극히 일부의 실체법적 위법사유에 한정된다.

반면에 제재처분 및 경찰하명처분에서의 처분이유, 거부처분에서의 기속적 거부사유에 관해서는 처분사유의 추가·변경의 허용범위와 반복금지효의 범위가 정확히 일치해야 한다. 다시 말해, 이 경우에 실체적 위법사유(예컨대, 사실오인, 증거부족 등)는 前訴에서 처분사유의 추가·변경을 통해 시정될 수 있었다는 이유로 반드시 기판력에 의해 차단되어야 하고, 따라서 이를 사후에 보완하더라도 재처분은 허용되지 않는다고 보아야 한다. 이렇게 보더라도 제재처분 및 경찰하명처분의 경우에는 소송물이 개개의 처분이유에 한정되므로 행정청과 법원에게 부담이 되지 않지만, 거부처분의 경우에는 소송물이 모든 법규상의 거부사유들을 포괄하게 되므로 행정청과 법원의 부담이 커진다. 이러한 이유로 현재 판례·실무상 거부처분 취소소송도 쟁점주의로 운용되고 있는데, 상술한 바와 같이 실질적으로 의무이행소송으로서의 기능을 할 수 있도록 하기 위해 행정청에게 '거부사유 일괄제시의무'를 부과하는 것이 타당하다는 것이 私見이다.

을 분명하기 하기 위해 판결이유가 보충적으로 원용된다는 점이다.

그럼에도 불구하고 우리 판례·통설이 소송물에 관한 판단은 제쳐두고 오직 판결이유에서 적시된 위법사유만을 기준으로 함으로 말미암아, 앞서 지적한 바와 같이, 어떤 위법사유이든지 이를 사후에 보완하면 재처분할 수 있다는 식으로 오해·남용될 위험이 크다. 뿐만 아니라 기판력과 기속력의 범위, 처분사유 추가·변경의 범위, 소송계속의 범위가 서로 일치하지 아니하여 혼란을 초래하며 그 범위 결정이 恣意的인 것이 아닌가 라는 의심까지 들게 한다.

V. 結　　語

대상판결들의 결론에는 모두 찬성하지만, 그 논리구성에 관해서는 再考를 요청한다. 종래의 확립된 판례에 따라 반복금지효를 기판력의 문제로 파악하되, 기판력의 시간적 한계에 의하여 그 반복금지효의 범위를 제한하는 것이 보다 타당하다고 할 것이다. 여하튼 대상판결들이 "기판력 내지 기속력"이라고 설시함으로써 기판력과 기속력이 본질적으로 다른 것이 아니라는 점을 밝히고 있는 것은 환영할 만하다. 또한 대상판결들이 종전처분의 위법사유를 보완하여 행한 재처분을 모두 "새로운" 처분이라고 하고 있는데, 여기서 "새로운"이라는 표현은 기판력의 시간적 한계를 벗어났음을 의미하는 것으로 충분히 새길 수 있다. 다만, 대상판결-1에서는 그 논거로서 "처분의 동일성"이 인정되지 아니한다고 설시함으로써 그것이 기판력의 객관적 범위에 관한 문제라는 뉘앙스를 여전히 담고 있는 것이 문제이다. 또한 대상판결-2에서 "종전처분과 그 과세원인을 달리하여"라고 설시함으로써 종합소득세에 관한 종래의 판례에서처럼 임대소득과 이자소득을 서로 구분하고 있는 듯한 인상을 주고 있는 것도 私見에 따르면 비판의 여지가 없지 않다. 즉, 임대소득과 이자소득은 일정 기간의 종합소득세라는 과세단위를 같이 하는 한 동일한 소송물이고 따라서 양자 모두 기판력 내지 기속력의 객관적 범위에 속하는 것이지만, 한편으로 심판범위에 있어서는 사법심사의 한계로 인해 총액주의의 예외를 이루고, 다른 한편으로 반복금지효에 관해서는 재처분이 기판력의 시간적 한계를 벗어나는 것이라고 판시하는 것이 논리적으로 보다 타당한 것이 아닌가 한다.

본고에서 전개한 소송물 개념과 방법론은 다음과 같은 세 가지 意義를 갖는다고 할 수 있다. 첫째, 반복금지효의 범위를 기판력의 객관적 범위와 시간적 한계에 의거하여 획정함으로써 한편으로 재처분에 의해 무제한적으로 취소판결이 형해화되는 것을 방지함과 아울러 다른 한편으로 공익실현을 위한 재처분의 필요성을 충분히 고려할 수 있다는 실제적 관점, 둘째, '처분'의 동일성을 기초로 취소소송을 관통하는 소송물 이론을 정립함으로써 통일적이고 체계적인 이해를 모색할 수 있다는 이론적 관점, 셋째, 종래 실종되었던 기판력의 위상을 회복시킴으로써 취소소송에서의 법원의 유권적 판단에 대해 합당한 권위가 부여되도록 한다는 제도적 관점이 그것이다.

제 11 장

處分事由의 追加·變更과 行政行爲의 轉換

[事案의 概要]

구 의료보험법(1999. 2. 8. 법률 제5857호로 개정되기 전의 것) 제33조 제 1 항에 의거하여 제정된 의료보험요양기관지정취소기준(보건사회부훈령 제683호)은 의료보험요양급여기준및분만급여기준(보건사회부고시 제1994-36호)이 정하는 본인부담금 수납대장 등 관계서류를 비치하지 아니한 때에는 의료보험요양기관지정을 취소하도록 규정하고 있었다. 원고가 운영하는 의원이 위 본인부담금 수납대장을 비치하지 아니한 사실이 적발되어 경정 전 피고 의료보험연합회(경정 후 보건복지부장관)는 위 취소기준에 따라 원고에 대한 의료보험요양기관지정을 취소하였다. 이에 원고가 불복하여 취소소송을 제기하였는데, 위 취소기준의 근거가 된 구 의료보험법 제33조 제1항이 포괄위임 등을 이유로 헌법에 위반된다는 헌법재판소의 결정(1998. 5. 28. 선고, 96헌가1 결정)이 선고되자, 피고는 원심에서 당초 의료보험요양기관지정을 취소한 것은 원고가 동법 제33조 제2항 2호 및 제76조 제2항이 정하는 보건복지부장관의 관계서류 제출명령에 위반하였기 때문이라고 처분사유를 추가하였다. 아울러 피고는 이 사건 처분이 원고가 운영하는 의원에 대한 원래의 처분, 즉 요양기관 지정처분의 효력을 장래에 향해 상실케 하는 행정행위 철회로서의 성격을 가지고 있는데 원고 운영의 의원에 대한 요양기관의 지정을 철회하여야 할 공익상 필요가 절실하므로 이 사건 처분은 행정행위 철회의 법리에 의하여 적법하다고 주장하였다.

[原審判決]

서울고등법원 1999. 4. 29. 선고 95구3895 판결은 피고가 원고의 관계서류 제출명령 위반을 이 사건 처분의 사유로 추가한 것에 관해서는 당초 처분의 근거로 삼은 구체적 사실과 그 기초가 되는 사회적 사실관계의 기본적인 점에서 다르기 때문에 이와 같은 새로운 사유를 이 사건 처분의 근거로 주장할 수 없다고 판시하고, 이 사건 취소처분이 행정행위 철회의 법리에 의하여 적법하다는 피고의 주장에 관해서는 원고에 대한 요양기관의 지정을 철회하여야 할 공익상의 필요보다는 그로 인하여 원고가 입게 될 불이익이 막대하다고 하여 피고의 주장을 배척하였다.

[大法院判決](대상판결)

대법원 2001. 3. 23. 선고 99두6392 판결은 먼저 원고의 관계서류

제출명령 위반을 처분사유로 추가한 점에 관하여 다음과 같이 처분사유의 추가·변경의 허용범위에 관한 일반론을 설시하였다.

> "행정처분의 취소를 구하는 소송에 있어서는 실질적 법치주의와 행정처분의 상대방인 국민에 대한 신뢰보호라는 견지에서, 처분청은 당초의 처분사유와 기본적 사실관계에 있어서 동일성이 인정되는 한도 내에서만 새로운 처분사유를 추가하거나 변경할 수 있을 뿐, 기본적 사실관계와 동일성이 없는 별개의 사실을 들어 처분사유로서 주장함은 허용되지 아니하고, 법원으로서도 당초 처분사유와 기본적 사실관계의 동일성이 없는 사실은 이를 처분사유로 인정할 수 없다고 할 것이며, 여기서 기본적 사실관계의 동일성 유무는 처분사유를 법률적으로 평가하기 이전의 구체적인 사실에 착안하여 그 기초가 되는 사회적 사실관계가 기본적인 점에서 동일한지 여부에 따라 결정된다고 할 것이다(대법원 1987.7.21. 선고 85누694판결; 1995.10.12. 선고 95누4704 판결; 1999.3.9. 선고 98두18565 판결 등 참조)."

이러한 일반론을 전제로 하여, 보건복지부장관의 관계서류 제출명령에 위반하였다는 것은 그 관계서류를 의원에 비치하지 않고 있었다는 사실과 그 기초가 되는 사회적 사실관계의 기본적인 점에서 다르기 때문에 이와 같은 새로운 사유를 이 사건 처분의 근거로 주장할 수 없고, 따라서 같은 취지의 원심 판단은 정당하다고 판시하였다.

반면에 대법원은 이 사건 취소처분이 행정행위 철회의 법리에 의하여 적법하다는 피고의 주장에 관해서는 원심의 판단과는 달리 그러한 주장은 공익과 사익의 형량을 거칠 필요도 없이 그 자체로 허용될 수 없는 것이라고 판시하였다. 즉,

> "행정청이 법 제33조 제1항 등 관련 규정이 정하는 요양기관 지정 취소의 사유가 발생하였음을 이유로 하여 명문의 규정에 의하여 요양기관의 지정을 취소하는 처분을 하고 나서 그 처분의 근거규정이 효력을 상실하자 원래 처분의 효력을 상실케 하는 별개의 행정행위로서

의 행정행위 철회를 하지 아니한 채 명문의 규정을 근거로 한 요양기관 지정취소처분이 바로 행정행위 철회에 해당하여 유효하다고 주장하는 것은 실질적 법치주의와 행정처분의 상대방인 국민에 대한 신뢰보호라는 견지에서 철회로써 달성하려는 공익상의 필요와 그 상대방이 입게 될 불이익을 비교할 필요도 없이 허용될 수 없다."

대법원은 원심판결에 이와 모순되는 잘못된 설시가 있으나 이 사건 처분이 행정행위 철회로서도 유효하다는 피고의 주장을 배척한 결론에 있어서는 정당하고 따라서 판결에 영향을 미친 위법이 없다고 하여 상고를 기각하였다.

Ⅰ. 序　　說

1. 行政行爲의 違法性 判斷의 基準과 方法

법치행정 원칙의 핵심이 위법한 행정행위는 행정소송에서 반드시 是正되어야 한다는 데 있음은 異論의 여지가 없다. 문제는 그 행정행위의 '위법성'을 어떻게 판단하는가에 있다. 그 판단의 '기준'은 행정행위에 대한 사법심사의 척도로 기능하는 行政法의 法源을 중심으로 다루어진다. 그 판단의 '방법'은 일차적으로 행정행위에 대한 사법심사의 강도를 결정하는 裁量(또는 판단여지)과 관련하여 논의된다. 이와 같이 일반행정(실체)법의 주요영역인 法源論과 行政裁量論은 행정행위의 위법성 판단의 기준과 방법이라는 관점에서 행정소송의 두 개의 큰 軸을 이룬다. 여기서 행정재량론은 행정소송에서 행정의 자율성·책임성을 어느 정도로 인정할 것인지를 문제삼는 것이다.

그런데 행정소송에서 행정행위의 위법성을 판단하는 '방법'에 관해서는 행정재량의 문제 이외에 다음과 같은 쟁점들이 논의되고 있다. 첫째, 處分時의 사실 및 법상태를 기준으로 행정행위의 위법성 여부를 판단할 것인지, 아니면 判決時의 사실 및 법상태를 기준으로, 따라서 處分時 이후, 특히 소송과정 중에 발생한 사정변경도 포함하여 판단할 것인지 라는 違法判斷 基準時의 문제이다. 일단 處分時를 판단기준시로 삼는 경우에도 둘째, 행정청이 處分時에 제시하였던 처분이유에 의거하여 행정행위의 위법성을 판단할 것인지 아니면 소송과정에서 새로이 처분의 근거로 주장하는 사유를 포함하여 판단할 것인지 아니면 아예 행정청의 이유제시나 주장과 관계없이 법원이 직권으로 이를 판단할 것인지 라는 處分事由의 追加·變更 및 職權探知의 문제가 제기된다. 셋째, 處分時에 위법하였던 행정행위가 그 이후의 행정청 또는 관계인의 추완행위에 의하여 처음부터, 다시 말해, 處分時로 소급하여, 적법한 행정행위이었던 것으로 될 수 있는가 라는 瑕疵의 治癒 문제도 있다. 넷째, 이와 같은 적극적인 추완행위가 없는 경우에도 원래의 행정행위는 위법하였지만 다른 행정행위로는 적법하게 발령될 수 있었을 때에는 그 다른 행정행위로 바꿈으로써 처음부터 적법한 행정행위이었던 것으로 만들 수 있는가 라는 行政行爲의 轉換도 문제된다.[1)]

이러한 문제의 개관을 통하여 우리는 소중한 인식을 얻을 수 있다. 즉, 종래 일반적으로 소송법에 특유한, 다분히 기술적인 쟁점으로 취

1) 이와 같이 처분사유의 추가·변경, 하자의 치유, 행정행위의 전환은 전형적으로 處分時를 위법판단 기준시로 볼 때 제기되는 문제이지만, 判決時를 판단기준시로 삼더라도 동일하게 제기될 수 있다. 다만, 유의할 것은 후술하는 바와 같이 처분사유의 추가·변경을 제한하는 문제는 행정청의 이유제시의무와 관련하여 處分時에 존재했던, 따라서 행정청이 이유제시를 할 수 있었던 사유에 한정된 것이며 그 이후 判決時에 이르기까지 새로이 발생한 사유는 — 判決時를 위법판단 기준시로 삼는 경우 — 아무런 제한 없이 처분의 근거로 주장될 수 있다는 점이다. 또한 判決時를 기준으로 함으로써 사후의 추완행위에 의해 행정행위가 적법하게 된 것으로 판단되어 취소를 면하게 되는 경우에도 그로 인해 실체법적으로도 處分時로 소급하여 처음부터 적법한 행정행위로 되느냐 라는 문제는 남는다. 행정행위의 전환에 있어서는 전환될 행정행위의 적법 여부가 處分時를 기준으로 판단되는가 判決時를 기준으로 판단되는가의 차이밖에 없다.

급되었던 위법판단 기준시와 처분사유의 추가·변경에 관한 문제는 ― 하자의 치유와 행정행위의 전환의 허용성 여부와 더불어 ― 행정행위의 위법성은 언제 어떻게 인정되는가 라는 문제를 매개로 하여 행정실체법과 연결되고, 다시 이들은 모두 행정소송에서 행정의 자율성·책임성을 어느 정도로 인정할 것인가, 거꾸로 말해, 행정소송의 기능과 한계는 무엇인가 라는 물음으로 귀결되어 결국 행정재량론과 맥락을 같이 하는 것이다. 요컨대, 행정법 이론체계의 전체를 관통하는 大主題인 '行政과 司法의 관계'가 구체적으로 나타나는 다양한 국면들인 것이다.

2. 行政節次와 行政訴訟

이러한 '行政과 司法의 관계'는 1998년 행정절차법이 시행되면서 새로운 차원으로 접어들게 되었다. 행정절차가 이제 단순한 행정내부의 사무처리과정이 아니라 행정통제·권리구제를 위한 절차로서, 행정소송과 나란히 법을 구체화하고 실현하는 법적 절차가 된 것이다.[2] 이러한 법적 절차로서의 행정절차에 의거하여, 행정은 더 이상 '사실적 권력'으로서 단지 사법심사의 대상을 이루는 법의 객체가 아니라 그 자체 司法에 비견할 수 있는 '법적 주체'가 된다.[3] 그 법적 주체가 법적 절차(행정절차)를 통해 내린 결정을 그와 독립된 司法이 '다시 한번' 법적 절차를 통해 검토하는 것 ― 글자 그대로 judicial 'review' ― 이 행정소송이다. 요컨대, 행정절차와 행정소송은 법치주의 실현을 위한 상호보완적 절차이다.

이와 같은 행정절차와 행정소송의 상호보완적 관계라는 새로운 차원에서 상술한 행정행위 위법성의 판단 문제도 새로운 국면을 맞게

2) 本書 제12장 행정소송과 행정절차(1), 557면 이하 참조.

3) 拙著, 행정법의 체계와 방법론[행정법연구 1], 제3장 행정법과 법철학, 92면 이하 참조.

된다. 먼저 위법성 판단의 '기준'에 관하여, 행정절차법도 사법심사의 척도를 이루는 法源에 속하기 때문에 행정절차법을 위반한 행정행위도 의문의 여지없이 위법성이 인정되지만, 그러한 절차적 위법성만으로 행정소송에서 당해 행정행위를 취소할 것인지 라는 문제는 남는다. 절차적 위법성만으로 행정행위를 취소한다는 것은 본질적으로 — 흔히 생각하듯이 행정에 대한 制裁(Sanktion)라기보다는 — 당해 사건을 행정절차로 되돌려 보내어 다시 적법한 행정절차를 거치게 함으로써 행정절차가 갖는 법적 절차로서의 기능을 존중한다는 의미이다. 반면에, 법원이 그 절차적 위법성으로 인해 실체적 위법성이 야기되지 않았다고 판단하여 그 절차적 위법성만으로는 행정행위를 취소하지 않는다는 것은 행정소송을 유일한, 또는 우월적인 법적 절차로 파악하고 행정절차의 독자적 기능을 부인한다는 의미이다.

또한 위법성 판단의 '방법'과 관련하여 위법판단 기준시, 처분사유의 추가·변경, 하자의 치유, 행정행위의 전환의 문제들도 행정절차와 행정소송의 관계에 동일한 영향을 미친다. 處分時를 위법판단 기준시로 하고, 처분사유의 추가·변경을 엄격히 제한하며, 하자의 치유와 행정행위의 전환을 허용하지 않는 것은 행정절차의 결과로서 내려진 행정행위의 내용과 이유를 그 모습 그대로 행정소송에서 판단하겠다는 것으로서, 법구체화를 위한 주된 절차가 행정절차이며 행정소송은 단지 이를 사후적으로 심사한다는 의미이다. 반대로 判決時를 위법판단 기준시로 삼고, 처분사유의 추가·변경을 원칙적으로 인정하며, 하자의 치유와 행정행위의 전환을 폭넓게 허용하는 것은 — 행정절차의 종결 단계에서의 행정행위의 모습은 차치하고 — 행정소송 과정에서 수정·변화된 행정행위의 내용과 이유를 대상으로 판단하겠다는 것으로서, 행정절차의 독자적 의미가 본질적으로 부인됨을 의미한다.[4)]

4) 행정재량론도 이러한 행정절차와 행정소송에 직접·간접적으로 영향을 미친다. 독일에서는 실체에 영향이 없음이 명백한 경우 절차적 위법성만으로 행정행위를

따라서 상술한 ① 절차적 위법성의 독자적 취소사유 여부, ② 위법판단 기준시, ③ 처분사유의 추가·변경, ④ 하자의 치유 및 ⑤ 행정행위의 전환의 쟁점들은 모두 행정절차와 행정소송의 접점문제라고 할 수 있다. 이들 쟁점을 둘러싸고 행정절차와 행정소송의 상호관계가 결정되어지기 때문이다. 양자의 상호보완 내지 상호경합 관계라는 관점에서 볼 때 행정절차의 핵심은 — 행정소송에서의 심리와 판결에 상응하는 — 의견제출·청문과 이유제시인데, 그 잠탈 문제가 위 다섯 가지 쟁점들에 있어 모두 제기되지만, 가장 직접적으로 관계되는 것이 위 ③ 처분사유의 추가·변경이다. 행정절차에서 처분이유로 제시되지 않았던 사유를 행정소송에서 비로소 처분의 근거로 주장한다는 것은 바로 행정절차에서의 이유제시의 의미를 정면으로 부정하는 것일 뿐만 아니라 처분의 근거에 대한 의견제출 또는 청문의 기회를 박탈하는 것이기 때문이다. 위 ⑤ 행정행위의 전환에 있어서는 다른 절차적 요건들도 문제될 수 있지만 가장 심각한 것은 역시 의견제출·청문과 이유제시 요건이 잠탈된다는 점이다. 바로 이러한 처분사유의 추가·변경과 행정행위의 전환의 문제가 본고의 연구대상이다.[5)]

취소할 수 없고(독일 행정절차법 제46조), 일정한 요건하에서 행정행위의 전환이 인정되며(동법 제47조), 판례상 처분사유의 추가·변경이 원칙적으로 인정되고 있으나, 재량행위의 경우에는 절차적 위법성이 항상 실체에 영향을 미친다는 이유로 독자적 취소사유로 인정하는 것이 학설의 대세이고, 기속행위를 재량행위로 전환하는 것은 명문으로 금지되고 있으며(동법 제47조 제 3 항), 후술하는 바와 같이 학설은 재량행위의 처분사유의 추가·변경은 엄격히 제한되는 것으로 보고 있다. 이는 행정재량론이 — 위 다섯 가지 쟁점들과 더불어 — 행정소송에서 행정의 자율성·책임성을 어느 정도로 인정할 것인가의 문제를 다루는 핵심영역이기 때문이다.

5) ④를 절차적 하자의 치유(④-1)와 실체적 하자의 치유(④-2)로 나누어 보면, ①과 ④-1은 모든 절차적 요건에 관한 것으로서 행정절차의 비중과 직결되는 문제라고 할 수 있다. 반면에 ②와 ④-2는 절차적 요건에 한정되지 않고 실체법적 요건도 포괄하는 문제이다. 여하튼 위 다섯 가지 쟁점은 모두 공통적으로 의견제출·청문 및 이유제시라는 행정절차의 핵심요건을 내포하는 문제임은 분명하다.

3. 問題의 所在

이 사건 의료보험요양기관지정 취소처분(이하 "이 사건 처분")이 당초 그 이유로 제시되었던 '본인부담금 수납대장 未備置'의 근거법률인 舊의료보험법 제33조 제 1 항이 위헌결정됨으로써 위법한 처분으로 취소될 것이 명백한 상황 하에서, 원심에서 피고 행정청은 이 사건 처분의 적법성을 입론하여 취소를 면하고자 두 가지 점을 주장하였다. 즉, 원고가 보건복지부장관의 관계서류 제출명령에 위반하였기 때문에 동법 제33조 제 2 항 2 호 소정의 취소사유에 해당한다는 것이 그 첫째이고, 이 사건 처분은 행정행위의 철회로서의 성격을 갖는 것인데 원고 운영의 의원에 대한 요양기관지정을 철회하여야 할 공익상의 필요가 절실하다는 것이 그 둘째이다.

위 첫 번째 점은 동법 제33조에서 규정하고 있는 동일한 '요양기관지정의 취소'에 관하여 단지 그 취소사유만을 달리하는 것이므로 처분사유의 추가·변경에 해당함은 의문의 여지가 없다.[6] 반면에 두 번째 점은 위 '요양기관지정의 취소'가 위반사실을 이유로 수익처분을 철회하는 소위 '制裁撤回'로서, 공익상 그 수익처분을 더 이상 유지할 수 없는 사정의 발생을 이유로 하는 소위 '公益上 撤回'와 성질을 달리하는 처분이라고 한다면 행정행위의 전환에 해당하지만, 양자가 행정행위의 철회로서 동일한 처분이고 단지 그 철회사유를 달리할 뿐이

6) 구 의료보험법 제33조[요양기관의 지정]
① 보험자 또는 보험자단체는 보건복지부장관이 정하는 바에 따라 요양기관의 지정을 취소할 수 있다.
② 보건복지부장관은 요양기관이 다음 각 호의 1에 해당하는 때에는 그 요양기관의 지정을 취소할 것을 보험자 또는 보험자단체에 명할 수 있다.
1. 제35조의 규정에 의한 요양급여나 분만급여의 비용의 청구에 있어서 부정이 있을 때
2. 제76조 제 2 항의 규정에 의한 명령에 위반하거나 허위보고를 하거나 관계공무원의 검사 또는 질문을 거부·방해 또는 기피한 때

라고 한다면 역시 처분사유의 추가 · 변경에 해당하는 문제가 된다.

대상판결이 첫 번째 점과 두 번째 점을 분리하여 설시하면서 처분사유의 추가 · 변경의 허용범위에 관한 일반론을 첫 번째 점에 관해서만 전개한 것에 비추어 보면, 첫 번째 점만을 처분사유의 추가 · 변경으로 파악하였음이 분명하다. 따라서 본고에서는 첫 번째 점에 초점을 맞추어 처분사유의 추가 · 변경을 비교적 상세히 고찰하고(Ⅱ.), 두 번째 점과 관련하여 행정행위의 전환을 간략히 살펴보기로 한다(Ⅲ.). 그러나 상술한 바와 같이 두 번째 점도 관점에 따라 처분사유의 추가·변경으로도 이해할 수 있고, 또한 행정행위의 전환에 있어서도 양 행정행위의 관계가 중요한 문제가 된다. 그러므로 제재철회와 공익상 철회의 관계를 분석하여 이에 관하여 행정행위의 전환과 처분사유의 추가 · 변경의 허용 여부를 모두 검토할 필요가 있다(Ⅳ.).

Ⅱ. 處分事由의 追加 · 變更

1. 意 義

(1) 概 念

'처분사유의 추가 · 변경'이라 함은 處分時에 존재하였으나 행정청이 처분이유로 제시하지 아니한 사유를 소송 도중에 처분의 근거로 추가 · 변경하는 것을 의미한다. 그 사유가 실제로 處分時에 참작되었는지 여부는 불문한다. 통상 처분사유를 추가 · 변경하는 것은 피고 행정청이지만, 독일에서는 기속행위의 경우 직권탐지주의에 의거하여 법원도 직권으로 적법한 처분사유를 참작할 수 있다는 것이 판례 · 다수설이다.[7] 그러나 우리나라에서는 이에 관한 명시적 판례가 없기 때문

7) BVerwGE 10, 202 (204 f.); 71, 363 (368); Hufen, Verwaltungsprozeß-

에 일반적으로 피고 행정청만이 처분사유의 추가·변경을 할 수 있는 것으로 인식되고 있으나, 기록상 현출된 사유는 당사자의 주장과 관계없이 판단의 근거로 삼을 수 있다는 판례(소위 '변론주의 보충설')에 따르면 — 물론 후술하는 처분사유의 추가·변경의 허용 범위 내에서 — 법원도 기록상 현출된 것에 관해서는 처분사유로 추가·변경할 수 있는 것으로 보아야 할 것이다.

(2) 處分理由와 處分事由

특기할 만한 것은 '처분이유'와 '처분사유'의 차이점이다. 처분이유는 행정절차법 제23조 소정의 이유제시의무의 대상이 되는 것으로서 형식적·절차법적인 개념인 데 반하여, 처분사유는 처분의 적법성을 뒷받침하는 근거라는 의미로 실질적·소송법적인 개념이다. 독일에서 처분이유에 해당하는 개념은 'Begründung'이고 처분사유에 해당하는 것은 'Gründe'이다. 통상적인 語義로서 Begründung은 Gründe를 제시하는 행동을 의미하는 것이므로 후자는 전자의 대상에 불과하다. 그러나 행정법 전문용어로서 Begründung은 외형상 행정행위의 주문(Tenor)에 대응하는 이유기재 부분을 가리키는 형식적 개념인 반면, Gründe는 실질적 개념으로서, 행정행위의 내용인 規律(Regelung)의 적법성을 뒷받침하는 근거라는 의미이다. 그러므로 Begründung에도 내용적으로 規律에 해당하는 것이 포함될 수 있고, 반대로 주문에 Gründe에 해당하는 것이 포함될 수도 있다.[8)]

위와 같은 처분이유와 처분사유의 차이점은 序說(476면 이하)에서

---

recht. 4. Aufl., 2000, § 24 Rn. 22; Schmitt Glaeser, Verwaltungsprozeßrecht. 14. Aufl., 1997, Rn. 531; Würtenberger, Verwaltungsprozeßrecht, 1998, Rn. 618 등.

8) 이에 관해 특히 Hans-Werner Laubinger, Die Umdeutung von Verwaltungsakten, VerwArch 78 (1987), S. 207-227, 345-367 (224 f.); Ule/Laubinger, Verwaltungsverfahrensrecht. 4. Aufl., 1995, § 58 Rn. 9 (S. 566) 참조.

강조한 행정절차와 행정소송의 상호관계를 이해하는 데 매우 중요한 시사점을 제공해준다. 즉, 행정청이 처분을 함에 있어 행정절차법 제23조 소정의 이유제시의무를 다하기 위해 처분에 부수하여 제시하는 것이 '처분이유'인 반면, 행정소송(취소소송)에서 처분의 적법성에 관한 입증책임을 부담하는 피고 행정청이 그 입증을 위하여 소송상 제출하는 법적·사실적 주장이 '처분사유'가 된다. 행정절차의 독자적 기능을 완전히 부정하는 경우에는, 행정소송이 제기되면 행정절차상 처분이유가 무엇이었든지 간에 오직 당해 소송에서 처분의 적법성을 주장·입증하는 것만이 관심사가 된다. 따라서 처분사유의 추가·변경은 무제한으로 인정되고, 처분이유만으로 처분의 적법성이 인정되는 때에도 그것은 단지 처분사유로서의 의미밖에 없다. 반대로 행정절차의 독자적 기능을 최대한 강조하여 행정소송은 그 사후적 심사에 그치는 것으로 이해하는 경우에는, 행정소송에서 처분의 적법성을 뒷받침하는 것은 행정절차상의 처분이유에 한정되고 이와 다른 처분사유라는 것은 있을 수 없기 때문에 논리적으로 처분사유의 추가·변경도 전혀 허용될 수 없다. 이를 처분사유의 추가·변경의 허용 범위라는 관점에서 살펴보면, 행정소송에서 처분사유의 추가·변경을 넓게 인정하면 할수록 처분이유 및 행정절차의 존재의의가 약화되고, 반대로 처분사유의 추가·변경을 엄격히 제한하면 할수록 처분이유 및 행정절차의 존재의의는 강화된다. 요컨대, 처분이유와 처분사유라는 용어는 행정절차와 행정소송의 비중의 차이, 그리고 처분사유의 추가·변경의 허용 범위를 나타내는 바로미터라고 할 것이다.

(3) 處分事由와 裁量考慮事由

상술한 바와 같이 '처분사유'가 처분의 적법성을 뒷받침하는 근거라는 실질적·소송법적 개념이라면, 재량행위의 경우에는 재량권 행사의 적법성을 뒷받침하는 근거들, 즉, 재량고려사유도 당연히 처분사유에 포함된다. 후술(504면 이하)하는 바와 같이 독일의 판례·다수설은 행정법원법 제114조 2문이 규정하고 있는 '재량고려사유'(Ermessenserwägungen)의 '보완'(ergänzen)이 재량행위에 대한 처분사유의 추가·변경을 의미하는 것으로 이해하고 있다. 특히 이유제시에 관한 독일 행정절차법 제39조 제1항 3문은 "재량결정에 대한 이유제시는 행정청이 재량권을 행사함에 있어 의거하였던 관점들을 알 수 있도록 하여야 한다"라고 규정하고 있다. 따라서 최소한 당해 재량결정에 영향을 미쳤던 주요한 재량고려사유들은 반드시 이유제시 단계에서 처분이유로 제시되어야 하는데, 행정소송에서 그 제시된 것과 다른 재량고려사유들이 추가·변경될 수 있는가가 문제되는 것이다. 요컨대, 독일에서는 재량고려사유도 처분사유(Gründe)의 일종으로서, 처분사유의 추가·변경의 관점에서 파악된다.[9)]

반면에 우리나라에서는 주의를 요한다. 징계처분과 영업허가취소·영업정지 등 제재처분의 경우에 일반적으로 '처분사유'가 처분의 근거법규의 요건사실인 징계사유(비위사실) 또는 제재사유(위반행위)만을 의미하고, 그 효과부분의 재량(결정재량·선택재량)에 관한 재량고려사유, 즉 정상참작사실은 제외되는 것으로 이해되기 때문이다. 법령상 '처분사유'라는 용어가 징계처분과 제재처분에 관해 규정되어 있는 경우가 있는데,[10)] 그 문언상으로 분명하지 않지만 그 취지로 보아 징계사유와 제재사유만을 의미하는 것으로 보인다. 뿐만 아니라, 판례는 제재처분에 있어 재량권남용 여부를 판단하는 기준으로서 "처분사유

9) 후술(502면 이하)하는 바와 같이 독일에서는 오히려 재량고려사유가 위 행정법원법 제114조 2문의 해석을 둘러싸고 처분사유의 추가·변경 문제의 초점이 되어 있다.

10) 국가공무원법 제75조 및 지방공무원법 제67조 제1항은 공무원에 대한 징계처분·강임·휴직·직위해제·면직처분 등을 행할 때에 '처분의 사유'를 기재한 '처분사유'설명서를 교부하도록 규정하고 있고, 식품위생법시행령 제36조 제1항은 영업허가취소·영업정지·영업소폐쇄처분 등을 할 때에는 '처분사유'와 처분내용 등을 기재한 서면으로 하여야 한다고 규정하고 있다.

로 된 위반행위의 내용"과 "제반 사정"을 병렬적으로 설시함으로써 처분사유는 위반행위만을 의미하고 정상참작사유는 제외되는 것으로 이해된다.[11] 이와 같이 '처분사유'가 징계·제재사유만을 의미하는 것으로 이해됨으로 말미암아, ― 아래(490면) ①, ③, ⑤판결에서와 같이 ― 처분사유의 추가·변경의 문제도 징계·제재사유에 대해서만 검토하고, 그 징계·제재의 量定에 관한 재량고려사유들은 아무런 제한 없이 추가·변경이 허용되는 것으로 간주되는 것이 판례·학설의 일반적 경향이다. 이러한 경향은 행정절차법 제23조 제1항에서 처분의 "근거와 이유를 제시하여야 한다"라고 규정하고 있을 뿐 재량고려사유에 관해서는 언급이 없다는 점과 일맥상통한다. 학설상 재량행위의 경우 구체적인 재량고려과정을 알 수 있는 정도로 이유를 제시하여야 한다는 견해가 있으나,[12] 대부분의 학설이 재량고려사유를 별도로 논의하지 않고 있을 뿐만 아니라, 판례는 제재처분에 대한 이유제시에 관하여 제재사유만을 문제삼고 그 제재의 量定에 관한 재량고려사유는 논외로 한다.[13] 이와 같이 징계·제재처분의 경우에는 재량고려사

11) 즉, 대법원 2002. 9. 24. 선고 99두1519 판결은 건설업면허취소처분과 관련하여 "제재적 행정처분이 사회통념상 재량권의 범위를 일탈하였거나 남용하였는지 여부는 처분사유로 된 위반행위의 내용과 당해 처분행위에 의하여 달성하려는 공익목적 및 이에 따른 제반 사정 등을 객관적으로 심리하여 공익침해의 정도와 그 처분으로 인하여 개인이 입게 될 불이익을 비교 교량하여 판단하여야 한다"고 설시하고 있다. 이는 대법원 2002. 7. 12. 선고 2002두219 판결; 2001. 7. 27. 선고 99두9490 판결; 2001. 3. 9. 선고 99두5207 판결(이상 과징금처분); 2001. 9. 18. 선고 2001두3983 판결(자동차운송사업면허취소처분); 2000. 4. 7. 선고 98두11779 판결(의사면허자격정지처분); 1993. 12. 21. 선고 93누16796 판결(공인중개사자격취소처분); 1991. 10. 11. 선고 91누1097 판결(소매인지정취소처분); 1990. 5. 22. 선고 90누1571 판결(영업허가취소처분); 1990. 5. 11. 선고 90누1069 판결(의약품제조허가품목에대한허가취소처분); 1989. 4. 25. 선고 88누3079 판결(학원휴소처분) 등에서 거의 동일한 문구로 설시되어 온 것이다.

12) 김철용, 행정법 I, 2005, 356면.

13) 대법원 1984. 7. 10. 선고 82누551 판결(비료생산업허가취소처분); 1987. 5. 26. 선고 86누788 판결(주류판매업면허취소처분); 1990. 9. 11. 선고 90누1786 판결(일반주류도매업면허취소처분); 2002. 2. 5. 선고 2001두7138 판결(임원취임승인취소처분) 등.

유가 이유제시의무의 대상에서 제외되는 것으로 보기 때문에 그에 대한 소송상 추가·변경의 문제도 발생하지 않는 것이다.

후술(523면 이하)하는 바와 같이 私見에 의하면, 처분사유의 추가·변경은 처분의 동일성의 범위 내에서 허용되게 되는데, 징계·제재처분의 동일성은 징계·제재사유에 의해서만 결정되고 재량고려사유(정상참작사실)는 그 처분의 동일성 범위 내에 속하는 것으로서, 이에 관해서는 추가·변경이 제한 없이 허용되는 것으로 보기 때문에, 결국 상술한 판례·학설의 일반적 경향과 일치한다. 그러나 무슨 이유로 그와 같이 제한 없이 허용되는가를 검토하기 위해서는 일단 재량고려사유도 처분사유에 속하는 것으로 보아 처분사유의 추가·변경의 관점에서 고찰되지 않으면 아니 된다. 따라서 본고에서는 한편으로 실체법·절차법적 용어로서 징계·제재처분의 '처분사유'라고 함은 — 우리의 법령과 판례에 따라 — 징계·제재사유만을 가리키는 의미로 사용하되, 다른 한편으로 소송법적 관점에서는 재량고려사유의 추가·변경도 처분사유의 추가·변경의 관점에서 검토하기로 한다.[14)]

(4) 理由提示의 追完과의 관계

상술한 바와 같이 처분사유의 추가·변경의 문제는 행정절차법상

14) 반면에, 재량행위인 거부처분의 경우, 즉 법정요건이 모두 충족되더라도 공익상의 이유로 당해 수익처분의 발급을 거부할 수 있는 경우에는 그 재량고려사유 내지 재량거부사유는 우리나라에서도 당연히 거부처분의 '처분사유'에 속하는 것으로 이해되고 있다. 국토이용관리법 제21조의3 제 5 항은 토지거래계약허가의 신청에 대한 불허가처분에 있어 "불허가처분사유"를 서면으로 통지하여야 한다고 규정하고 있고, 판례도 아래(490면)의 ②, ④, ⑥ 내지 ⑧판결에서와 같이, 거부처분의 재량고려사유에 대해 처분사유의 추가·변경의 허용 여부를 문제삼고 있다. 이는 판례·학설상 거부처분의 재량고려사유는 — 징계·제재처분의 재량고려사유와는 달리 — 당연히 행정절차법 제23조 제 1 항 소정의 이유제시의무에 포함되는 것으로 보기 때문이다. 다만 대법원 2002. 5. 17. 선고 2000두9812 판결에서와 같이, 그 재량고려사유의 이유제시의 정도에 관해 문제될 뿐이다. 이에 관해 조해현, "행정처분의 근거 및 이유제시의 정도," 행정판례연구 제 8 집, 2003, 123면 이하 참조.

의 이유제시와 동전의 양면 관계에 있다. 개념상으로는 — 처분이유와 처분사유를 구별하듯이 — '이유제시의 추완'과 '처분사유의 추가·변경'은 구별된다. 즉, 전자는 처분에 전혀 이유가 제시되지 않았거나 이유가 제시되었지만 불명확 또는 불충분함으로 말미암아 절차적 위법성이 발생한 경우 이를 사후에 보완함으로써 그 절차적 위법성을 치유하는 것을 가리킨다. 이에 반해 '처분사유의 추가·변경'은 실체법에 관한 것으로서, 처분에 제시된 이유가 실체법적으로 타당하지 않거나 심지어 이유가 전혀 제시되지 않은 경우에도 소송과정에서 처분의 근거를 새로이 주장함으로써 처분의 실체적 적법성을 입론하는 것이다.[15)]

이와 같이 이유제시의 추완과 처분사유의 추가·변경은 개념적으로 구분되지만, 양자는 이념적으로 서로 밀접한 관련을 맺고 있다. 序說(478면)에서 강조하였듯이 절차적 하자의 치유와 처분사유의 추가·변경은 모두 행정절차와 행정소송의 접점문제일 뿐만 아니라, 위에서 살펴본 바와 같이 처분이유와 처분사유는 행정절차와 행정소송의 관계를 단적으로 나타내는 개념들이기 때문이다. 이러한 이념적 관련성은 특히 이유제시의 추완의 시간적 한계와 관련하여 문제된다. 즉, 우리나라의 판례·통설에 의하면, 행정소송이 제기된 이후에는 더 이상 이유제시의 추완이 허용되지 않는다고 하는데,[16)] 행정소송에서 불명

15) 독일에서 이유제시의 추완은 'nachholen'이라는 동사를 사용하여 'Nachholen von Begründung'이라 하고 처분사유의 추가·변경은 'nachschieben'이라는 동사를 사용하여 'Nachschieben von Gründen'이라고 함으로써 개념을 구별한다. Maurer, Allgemeines Verwaltungsrecht. 14. Aufl., 2002, §10 Rn. 40; Hufen, a.a.O., §24 Rn. 20-24; Kopp/Ramsauer, Verwaltungsverfahrensgesetz. Kommentar. 7. Aufl., 2000, §45 Rn. 18; Kopp/Schenke, Verwaltungsgerichtsordnung. Kommentar. 12. Aufl., 2000, §113 Rn. 60-62; Stelkens/Bonk/Sachs, Verwaltungsverfahrensgesetz. 6. Aufl., 2001, §45 Rn. 33-68; Eyermann, Verwaltungsgerichtsordnung. Kommentar. 11. Aufl., 2000, §113 Rn. 63-64 등 참조.

16) 심지어 대법원 1984. 4. 10. 선고 83누393 판결은 이유제시의 추완의 시간적 한계를 '행정심판 제기시'까지로 한정하고 있다.

확·불충분한 처분이유를 보완하는 것이 허용되지 않는다면, 처분이유 자체를 교체하는 처분사유의 추가·변경은 더더욱 허용되어서는 아니 된다는 논리가 가능하다. 이유제시의 추완을 小로, 처분사유의 추가·변경을 大로 파악하여 小가 금지되니 당연히 大도 금지된다는 勿論解釋의 방법론이다.[17] 양자를 절차법적인 제도와 실체법·소송법적인 제도로서 본질을 달리하는 것으로 파악한다면 이러한 勿論解釋을 피할 수는 있겠으나, 위와 같은 양자의 밀접한 상호관계가 처분사유의 추가·변경의 허용범위에 지대한 영향을 미친다는 점은 부정할 수 없다. 우리 판례가 행정소송에서 이유제시의 추완을 불허하면서 동시에 후술(489면 이하)하는 바와 같이 처분사유의 추가·변경을 엄격한 요건 하에서만 제한적으로 허용하고 있는 것이 바로 이러한 입장이라고 할 수 있다.

유의할 것은 행정소송에서 이유제시의 추완이 허용되지 않음으로써 처분사유의 추가·변경이 전혀 불가능한 경우도 있다는 점이다. 이러한 문제는 이유제시에 절차적 하자가 있어 이를 '추완'할 필요가 있는 동시에 그 제시된 이유가 실체법적으로 타당하지 못하기 때문에 '처분사유의 추가·변경'이 필요한 경우에 발생한다. 우리나라의 확립된 판례에 의하면, 이유제시, 사전통지, 의견제출, 청문 등 중요한 절차적 요건을 위반한 때에는 그것만으로 처분을 취소할 사유가 된다. 따라서 이유제시의 절차적 하자로 인하여 — 그 추완의 기회가 주어지지 않고 — 처분이 취소되면, 처분사유를 추가·변경할 기회도 주어지지 않는다. 그러므로 처분사유의 추가·변경이 가능한 것은 당초 이유제

17) 이는 후술(494면 이하)하는 바와 같이 독일에서 1996년 이전에 행정절차법상 절차적 하자의 치유가 '행정소송 제기시'까지만 허용되고 있었던 것(제45조 제2항)을 근거로 처분사유의 추가·변경을 원칙적으로 금지하고자 시도한 소수설이 채용한 논거이다. 1996년 행정소송 종결시까지 절차적 하자의 치유가 가능하도록 행정절차법이 개정되었기 때문에 위와 같은 논거는 독일에서는 더 이상 타당하지 않게 되었지만, 우리나라에서는 절차적 하자의 치유를 행정쟁송 제기시까지 제한하는 판례로 인해 여전히 설득력을 유지하고 있다고 할 것이다.

시가 절차적으로 하자가 없었거나 하자가 있었더라도 소송 이전에 이미 치유된 경우에 한정된다. 다시 말해, 행정청이 절차적으로 이유제시의무를 다한 경우에 비로소 행정소송에서 처분사유의 추가·변경이 허용되는 것이다. 독일에서는 절차적 하자의 치유의 시간적 한계와 절차적 하자의 독자적 취소사유 여부가 우리나라와 다르기 때문에 결론이 달라질 수 있는데, 이에 관해서는 후술(497면 이하, 특히 각주 26)한다.

(5) 違法判斷 基準時와의 관계

또한 개념적으로 처분사유의 추가·변경은 위법판단 기준시의 문제와 구별된다. 이미 序說(475면)에서 언급한 바와 같이 처분사유의 추가·변경은 당초 處分時에 존재하였던 — 그러나 처분이유로 제시되지 않았던 — 사실 및 법상태에 관한 문제이다. 나시 말해, 처분사유의 추가·변경이 문제되는 것은 이를 무제한으로 허용하게 되면 행정청의 이유제시의무가 유명무실해지기 때문인데, 바로 그렇기 때문에 처분사유의 추가·변경 문제는 행정청이 處分時에 처분이유로 제시할 수 있었던, 따라서 處分時에 이미 존재하였던 사정에 관해서만 발생하는 것이다. 반면에, 위법판단 기준시의 문제는 處分時에는 존재하지 않았지만 判決時에 이르기까지 새로이 생긴 사실 및 법상태를 어떻게 취급할 것인가에 관한 것이다. 그러므로 判決時를 위법판단 기준시로 삼는 경우 이같이 새로운 사실 및 법상태는 아무런 제한 없이 주장될 수 있다. 행정청이 處分時에 처분이유로 제시할 수도 없었으므로 이유제시의무와 충돌하지 않기 때문이다.

이와 같이 처분사유의 추가·변경과 위법판단 기준시의 문제가 개념적으로 명확히 구별되지만, 양자는 역시 행정절차와 행정소송의 상호관계에 관한 접점문제로서 이념적 관련성을 갖는다. 특히 위법판단 기준시가 判決時로 후퇴한다는 것은 법원이 분쟁해결에 적극적으로 개입한다는 것을 의미하므로, 처분사유의 추가·변경에 관해서도 법원의 직권탐지기능을 강조함으로써 그 허용범위를 확대하게 된다. 또한 判決時가 판단기준시가 됨으로써 새로운 사실 및 법상태에 관한 주장이 허용된다는 것은 원래의 처분이유에는 제시되지 않았던 사유를 처분의 근거로 추가하는 것으로서, — 행정청의 이유제시의무와의 충돌 문제가 발생하는 것은 아니지만 — 사실상 처분사유의 추가·변경과 동일한 결과가 된다.

(6) 이상의 고찰에서 처분사유의 추가·변경은 이유제시의 추완 내지 절차적 하자의 치유, 절차적 하자의 독자적 취소사유 여부, 위법판단 기준시 등과 이념적·실제적으로 밀접한 관련을 맺고 있음을 살펴보았다. 이는 이미 序說(476면 이하)에서 行政과 司法, 행정절차와 행정소송의 관계라는 관점에서 개관한 바 있는데, 아래에서의 비교법적 고찰에서 한번 더 확인할 수 있을 것이다.

2. 判例의 傾向

비교법적 고찰에 들어가기 전에 그 비교대상을 확정한다는 의미에서 먼저 우리 판례의 경향을 검토하기로 한다. 대법원은 일관하여 — 대상판결에서와 같이 — 처분사유의 추가·변경이 당초의 처분이유와 기본적 사실관계에 있어 동일성이 인정되는 범위 내에서 허용된다고 판시하고 있는데, 그 구체적인 사안들을 살펴보면, 사실관계는 변경하지 않고 단순히 근거법령을 추가하거나 추상적, 또는 불명확한 당초의 처분이유를 구체화하는 정도 내에서만 기본적 사실관계의 동일성을 인정함으로써 처분사유의 추가·변경을 엄격하게 제한하고 있는 것으로 파악된다.

기본적 사실관계의 동일성이 인정된다는 이유로 처분사유의 추가·

변경을 허용한 판례는 다음과 같다.

> ① 음주운전으로 자동차운전면허가 취소되었음을 사유로 개인택시운송사업면허를 취소하면서 그 처분사유로 자동차운수사업법 제31조 제1항 3호 소정의 「공공복리위반」을 내세웠다가, 위 운전면허취소라는 구체적 사실을 변경하지 아니하고 적용법조로 동법 제31조와 동법 시행규칙 제15조(개인택시운송사업면허요건규정 불비)를 추가한 것은 새로운 처분사유의 추가·변경이 아니다(대법원 1987. 12. 8. 선고 87누632 판결; 1988. 1. 19. 선고 87누603 판결).
>
> ② 주유소 영업허가 불허사유로 처음에 내세운 「행정청의 허가기준에 맞지 않는다는 사유」와 추후에 내세운 「이격거리에 관한 허가기준 위배」라는 사유는 동일성 있는 범위 내의 것이다(대법원 1989. 7. 25. 선고 88누11926 판결).
>
> ③ 버스의 지입제 운영행위에 대하여 자동차운수사업 면허취소처분을 함에 있어 당초 처분근거로 삼은 자동차운수사업법 제26조(명의이용금지)를 위반했다는 사유와 직영으로 운영하도록 한 면허조건을 위반하였다는 사유는 기본적 사실관계에 있어서 동일하다(대법원 1992. 10. 9. 선고 92누213 판결).
>
> ④ 석유판매업허가신청에 대하여 "주유소 건축 예정 토지에 관하여 도시계획법 제4조 및 구토지의형질변경등행위허가기준등에관한규칙에 의거하여 행위제한을 추진하고 있다"라는 당초의 불허가처분사유는 그 후 소송에서 피고가 내세우는 사유인 「토지형질변경허가 요건 불비 및 도심환경보전의 공익상 필요」라는 사유와는 기본적 사실관계의 동일성이 있다(대법원 1999. 4. 23. 선고 97누14378 판결).

반면에 기본적 사실관계의 동일성을 인정할 수 없다 하여 처분사유의 추가·변경을 허용하지 아니한 사례는 다음과 같다.

> ⑤ 구청위생과 직원인 원고가 문제의 당구장이 정화구역외인 것처럼 허위표시를 함으로써 정화위원회의 심의를 면제하여 허가처분하였

다는 당초의 징계사유와 정부문서규정에 위반하여 이미 결제된 당구장 허가처분서류의 도면에 상사의 결제를 받음이 없이 거리표시를 기입하였다는 비위사실과는 기본적 사실관계의 동일성이 없다(대법원 1983. 10. 25. 선고 83누396 판결).

⑥ 광업권설정출원을 불허함에 있어 당해 광구에는 소외인들에 대해 이미 광업권설정등록이 필하여져 있다는 사유와 위 광구가 도시계획지구에 해당하여 광물을 채굴함이 공익을 해한다는 사유는 기본적 사실관계의 동일성이 없다(대법원 1987. 7. 21. 선고 85누694 판결).

⑦ 석유판매업허가신청에 대하여 관할 군부대장의 동의를 얻지 못하였다는 당초의 불허가사유와 당해 토지가 탄약창에 근접한 지점에 있어 공익적인 측면에서 보아 허가할 수 없다는 사유는 동일성이 없다(대법원 1991. 11. 8. 선고 91누70 판결).

⑧ 인근주민의 동의서 不提出을 이유로 토석채취허가신청을 반려한 후 자연경관이 훼손된다는 이유를 소송에서 주장하는 것은 아니 된다(대법원 1992. 8. 18. 선고 91누3569 판결).

⑨ 규정온도미달을 이유로 온천발견신고수리를 거부하였다가 추후 소송에서 공공사업에의 지장을 그 거부처분의 사유로 드는 것은 아니 된다(1992. 11. 24. 선고 92누3052 판결).

3. 比較法的 考察

(1) 독 일

독일에서는 일찍부터 처분사유의 추가·변경에 관한 풍부한 판례와 학설이 있고 최근 이에 관한 실정법적 규정도 제정됨으로써, 우리나라에서의 논의에 중요한 단서를 제공해 주기 때문에 비교적 자세히 살펴보고자 한다.

1) 傳統的 判例·學說

독일에서는 전통적으로 판례·학설상 처분사유의 추가·변경이 원칙적으로 허용되어 왔는데, 그 논거 중 가장 중요한 것은 직권탐지주의와 소송경제 내지 분쟁의 일회적 해결의 이념이다. 즉, 직권탐지주의(Untersuchungsgrundsatz)에 의하면 법원은 당사자가 주장하지 아니한 법적·사실적 사항에 대해서도 판단할 수 있는데, 당초 처분에 제시된 이유는 소송과정에서 처분의 적법성을 뒷받침하기 위한 법적·사실적 주장에 불과한 것으로 취급되고, 따라서 법원은 그 처분이유와는 별개의 근거로써 처분의 적법성을 인정할 수 있으므로, 피고 행정청도 당연히 처분이유와는 다른 사유를 처분의 적법성의 근거로써 주장할 수 있다는 것이다. 또한 소송경제(Prozeßökonomie)의 관점에서는, 처분사유의 추가·변경을 허용하지 않고 당초 처분에 제시된 이유가 타당하지 않다는 이유로 처분을 취소하더라도 행정청은 ― 소송과정에서 추가·변경하고자 하였던 ― 새로운 이유로써 동일한 처분을 다시 할 수 있고, 이에 대해 재차 취소소송이 제기되는 결과를 빚게 되기 때문에, 분쟁의 일회적 해결의 이념에 반한다는 것이다. 그리하여 '당초 처분에 제시된 이유가 실질적으로 잘못되었다는 점만으로 소송에서 취소되지 아니한다는 원칙'(Grundsatz der rechtlichen Unbeachtlichkeit einer sachlich verfehlten Begründung)이 인정되었다.[18)]

---

18) 처분사유의 추가·변경에 관한 독일의 문헌은 학위논문인 Martin Axmann, Das Nachschieben von Gründen im Verwaltungsrechtsstreit, Frankfurt a.M. 2001; Barbara Heinrich, Behördliche Nachbesserung von Verwaltungsakten im verwaltungsgerichtlichen Verfahren und Rechtsschutz der Betroffenen, München 1999; Siegfried Schwab, Die Begründungspflicht nach §39 VwVfG, Pfaffenweiler 1991; Jee-Tai Ryu, Nachholen der Begründung, Nachschieben von Gründen und Konversion von Verwaltungsakten. Versuch einer Abgrenzung dieser Rechtsfiguren im Rahmen des Bundesverwaltungsverfahrensgesetzes, Diss. Regensburg 1989; Jürgen-Johann Rupp, Nachschieben von Gründen im verwaltungsgerichtlichen Verfahren, Heidelberg 1987; Johann Wittmann, Das Nachschieben von Gründen im Verwaltungsprozeß, Diss. München 1970; Manfred Voucko, Die Pflicht zur Begründung von Verwaltungsakten, Diss.

이와 같이 처분사유의 추가·변경이 원칙적으로 허용되지만, 처분사유의 추가·변경에 의해 행정행위의 본질(Wesen)이 변경되거나 원고의 권리방어(Rechtsverteidigung)가 침해되는 경우에는 처분사유의 추가·변경이 허용되지 않는다는 예외를 유보하는 것이 또한 확립된 판례·통설이다. 그러나 여기에서 말하는 행정행위의 '본질'은 主文(Tenor)과 그 규율(Regelung) 내용에 의해 결정되고 원칙적으로 처분이유에 의해서는 좌우되지 않는 것으로 파악되기 때문에, 거의 대부분의 경우 처분사유의 추가·변경을 제한하는 역할을 하지 못한다.[19] 또한 처분사유가 추가·변경되었음이 원고에게 고지되어 소송절차 내에서 그에 관해 의견을 표명할 수 있는 기회가 부여되면 원고의 권리방어가 침해되지 않는 것으로 간주되므로, 처분사유의 추가·변경을 실질적으로 제한하지 못한다.[20] 따라서 독일의 판례·통설은 전통적으로 사실상 제한 없이 처분사유의 추가·변경을 허용하고 있었다고 할 수 있다.

Frankfurt a.M. 1967; 학술잡지 논문인 Hans-Detlef Horn, Das Nachschieben von Gründen und die Rechtmäßigkeit von Verwaltungsakten, Die Verwaltung 25 (1992) S. 203-239; Wolf-Rüdiger Schenke, Das Nachschieben von Gründen im Rahmen der Anfechtungsklage, NVwZ 1988, S. 1-13; Hans-Werner Laubinger, Die Umdeutung von Verwaltungsakten, VerwArch 78 (1987), S. 207-227, 345-367; Friedrich K. Schoch, Nachholen der Begründung und Nachschieben von Gründen, DÖV 1984, S. 401-411; Ferdinand Kopp, Die Heilung von Mängeln des Verwaltungsverfahrens und das Nachschieben von Gründen im Verwaltungsprozeß, VerwArch 61 (1970), S. 219-259 등 참조.

19) BVerwGE 1, 311; 8, 46 (54); 10, 202 (204 f.); 19, 252 (257); 38, 191; 61, 200 (209); 67, 216 (221 f.); 71, 363 (368); 75, 119 (121); 80, 96 (97); 85, 163 (166) 등 일련의 판례에서 처분사유가 추가·변경됨으로써 행정행위의 본질에 변경이 없다고 판시하였다.

20) BVerwGE 1, 310 (313); 8, 46 (54); 8, 234 (238); 10, 202 (204); 19, 252 (257); 38, 191 (195); 61, 200 (204); 64, 356 (360); 75, 119 (121) 등 수많은 판례에서 이러한 이유로 원고의 권리방어에 대한 침해를 부정하였다.

2) 批判的 見解

이러한 판례·통설에 대하여 1976년 행정절차법 제정을 계기로 반론이 제기된다. 즉, 동법 제39조에서 행정청의 이유제시의무를 명시하고, 제45조 제 1 항 2 호에서 절차적 하자의 치유의 일환으로 이유제시의 추완을 예시하지만 동조 제 2 항에서 그 치유의 시간적 한계를 행정심판 종결시까지로 한정하였다. 따라서 1.의 (4)(487면)에서 언급한 勿論解釋에 의거하여, 행정소송 단계에서 이유제시의 추완이 허용되지 않기 때문에 그 이유를 교체하는 처분사유의 추가·변경은 더더욱 허용될 수 없다는 견해가 주장되었다.[21] 요컨대, 동법 제45조 제 2 항의 유추적용에 의거하여 처분사유의 추가·변경이 금지된다는 것이다.

이러한 견해의 대표적 학자는 Wolf-Rüdiger Schenke인데, 그는 위와 같은 판례·통설에 대하여 전면적인 비판을 가하였다.[22] 그는 판례·통설의 주된 논거인 직권탐지주의와 소송경제에 대하여, 이는 소송법적인 문제로서 도구적 성격을 갖는 것에 불과한데, 처분사유의 추가·변경은 실체법과 행정절차법에 관한 문제이므로, 전자를 근거로 후자를 결정할 수 없고, 오히려 후자의 허용 범위 내에서 전자가 고려될 수 있을 뿐이라고 반박한다. 또한 판례·통설이 유보하고 있는 예외에 관해서는, 행정행위의 구성요소는 主文만이 아니라 이유까지 포함하는 것이므로 처분사유가 추가·변경되면 행정행위의 본질도 바뀌는 것으로 보아야 하고, 처분사유의 추가·변경에 대한 원고의 권리침해 문제는 — 소송상 방어의 기회 문제가 아니라 — 행정절차상의 이유제시와 의견청취(Anhörung)의 권리에 관한 것이므로, 결국 판례·통

21) 대표적인 것으로 Wolf-Rüiger Schenke, Das Nachschieben von Gründen im Rahmen der Anfechtungsklage, NVwZ 1988, S. 1-13; Jürgen-Johann Rupp, Nachschieben von Gründen im verwaltungsgerichtlichen Verfahren, Heidelberg 1987, 특히 S. 44 ff. 참조.

22) 이하는 Wolf-Rüdiger Schenke, a.a.O.의 내용을 요약한 것임.

설에 의한 예외는 오히려 원칙적으로 처분사유의 추가·변경을 금지하여야 하는 논거가 된다고 한다. 특히 행정절차상의 이유제시는 상대방으로 하여금 승소가능성을 예측하여 소송제기 여부를 결정할 수 있도록 하는 것이므로, 상대방은 '내용적으로 타당한 이유제시를 구할 청구권'(Anspruch auf sachlich zutreffende Begründung)을 갖는다고 한다. 처분사유의 추가·변경은 이러한 행정절차법상의 권리를 침해할 뿐만 아니라 당해 (추가·변경된) 처분사유에 대하여 행정심판에서 합목적성까지 심사받을 기회도 박탈하는 것이기 때문에 허용되어서는 아니 된다는 것이다. 가장 결정적인 비판은 처분사유의 추가·변경을 허용한다는 것은 당초 위법하였던 행정행위를 處分時에 소급하여 적법한 것으로 치유한다는 것인데, 이러한 위법성의 소급적 치유를 인정하는 명문의 법률규정이 없기 때문에 법률유보원칙에 위배된다는 것이다.[23)]

이상의 비판은 근본적으로 기속행위와 재량행위에 공통적으로 적용되는 것이지만, 특히 재량행위에 관해서 더욱 강조된다. 즉, 재량행위는 裁量瑕疵 여부에 따라 적법·위법이 판단되는 것이고 그 裁量瑕疵 여부는 행정청이 제시한 재량고려사유(Ermessenserwägung)에 의거

23) Ebd., S. 11 f. 이와 같이 처분사유의 추가·변경을 허용하지 않더라도 訴變更을 통하여 소송경제 내지 분쟁의 일회적 해결을 도모할 수 있다고 한다. 즉, 처분사유의 추가·변경에 의하여 행정청이 묵시적으로 새로운 행정행위를 한 것으로 간주하여 원고가 그에 대하여 행정법원법 제91조에 따라 訴變更(Klageänderung)을 신청하면, 피고 행정청이 이에 동의하거나 그렇지 않다 하더라도 법원이 訴變更의 적절성을 인정하면 訴變更이 허용되기 때문에, 추가·변경된 처분사유는 — 당초의 행정행위와는 다른 별개의 행정행위에 대한 취소소송의 형식으로 — 당해 소송절차에서 종국적으로 판단될 수 있다는 것이다(Ebd., S. 7, 13). 독일법상 행정심판 전치주의가 유지되고 있기 때문에, 이러한 원고의 訴變更 신청은 행정심판을 통하여 합목적성 심사까지 받을 수 있는 권리를 포기하는 것을 의미하고, 법원의 訴變更 허가에 의하여 행정심판은 생략되는 것이다. 유의할 것은 독일법상 이러한 訴變更 신청에 대하여, 우리 행정소송법 제22조 제 2 항이 처분변경으로 인한 訴變更 신청의 기간을 제한(60일)하는 것과는 달리, 기간의 제한이 없다는 점이다. 이에 관해 아래 각주 85(531면) 참조.

하여 판단되는 것이기 때문에, 재량고려사유는 재량행위의 본질적 구성요소에 해당하고, 따라서 그 사유가 추가·변경되면 재량행위의 행정행위의 본질도 바뀌는 것으로 보아야 한다는 것이다. 뿐만 아니라 소송에서 재량고려사유를 추가·변경한다는 것은 당초 그 사유에 관하여 재량을 행사하지 않았다는 것을 의미하므로 그것만으로 바로 裁量瑕疵를 범한 위법한 재량행위가 되고, 따라서 명문의 법률규정 없이 처분사유의 추가·변경이라는 방법을 통해 그 위법성을 소급적으로 치유할 수 없다는 주장이 강한 설득력을 갖는다. 재량행위를 특별 취급해야 한다는 실정법상 근거가 되는 것이 행정절차법 제46조이다. 동조는 — 1996년 개정 이전에 — "실체적으로 다른 결정이 내려질 수 없었을 때"에는 행정소송에서 절차적 하자만을 이유로 행정행위를 취소할 수 없다고 규정하고 있었는데, 재량행위의 경우는 실체적으로 다른 결정이 내려질 수 있는 가능성이 항상 존재하기 때문에 절차적 하자만을 이유로 행정행위를 취소할 수 있다는 것이 통설이었다. 이와 같이 재량행위에 관해서는 행정절차의 준수 여부가 결정적인 의미를 가지므로, 처분사유의 추가·변경을 통해 행정절차상의 의견청취와 이유제시의 권리가 근본적으로 침해된다는 주장이 강력하게 제기된다. 뿐만 아니라 행정심판에서의 합목적성 심사는 특히 재량행위에 관해 의미를 갖는 것이다.[24]

24) 이 견해에 의하면, 기속행위의 경우에도 처분사유의 추가·변경이 허용되지 않는 것으로 보기 때문에 당초 실체법적으로 타당하지 않은 이유가 제시된 행정행위는 위법한 것으로서, 처분사유의 추가·변경을 통해 그 위법성이 치유될 수 없는 것이지만, 행정절차법 제46조의 유추적용에 의하여 그 기속행위를 취소할 수 없는 것으로 보아야 한다고 한다. 즉, 동조에 의하면 기속행위의 경우는 실체적으로 다른 결정이 내려질 수 있는 가능성이 없으므로 — 1996년 개정된 내용에 의하면, 절차적 하자가 실체에 영향을 미칠 수 없음이 명백하므로 — 절차적 하자만으로 행정행위를 취소할 수 없는바, 실체법적으로 타당하지 않은 이유가 제시된 기속행위의 경우에도 동일하게 보아야 한다는 것이다. 이유가 전혀 제시되지 않은 기속행위의 경우에는 절차적 하자로서 위 제46조에 따라 그것만을 이유로 취소될 수 없는데 행정청이 제시한 이유가 실체법적으로 타당하지 않다는 이유로 기속행위를 취소하게 되면, 행정청이 이유를 전혀 제시하지 않는 편이 유리하게 될 것이어서 부당하

3) 通說의 反論

1976년 행정절차법 제정 이후 이상과 같은 비판에도 불구하고 판례·통설은 여전히 처분사유의 추가·변경을 원칙적으로 허용하는 입장을 고수하고 있다. 위 비판에 대한 통설적 입장에서의 반론의 요지는 다음과 같다.[25)]

첫째, 절차적 하자의 치유를 행정심판 종결시까지로 제한하는 행정절차법 제45조 제 2 항은 절차법적 문제인 이유제시의 추완에만 적용되고 실체법·소송법적인 문제인 처분사유의 추가·변경에는 직접 적용될 수 없음은 물론 유추 적용될 수도 없다. 유추적용은 '실정법이 원래의 입법의도에 반하여 불완전한 것일 때'(planwidrige Unvollständigkeit des positiven Rechts) 가능한 것인데, 행정절차법의 입법과정과 입법이유에 비추어 위 조항은 명시적으로 절차적 하자의 치유에만 한정되는 것으로 입법되었기 때문에 유추적용도 불가능하다. 따라서 행정소송이 제기되면 이유제시의 추완은 위 제45조 제 2 항에 의하여 더 이상 허용되지 않지만, 처분사유의 추가·변경은 이와 무관하게 허용된다는 것이다.[26)]

다는 것이 그 논거이다. 이러한 경우 원고는 행정법원법 제113조 4 문(소위 계속확인소송)의 유추적용에 의하여 그 기속행위의 위법성과 권리침해를 확인받을 수 있을 뿐이라고 한다(Ebd., S. 13). 이에 관하여 本書 제 8 장 취소소송의 소의 이익과 권리보호필요성, 313면 참조.

25) 이하의 내용에 관하여 특히 Hans-Detlef Horn, Das Nachschieben von Gründen und die Rechtmäßigkeit von Verwaltungsakten, Die Verwaltung 25 (1992) S. 203-239; Ralf Peter Schenke, Das Nachschieben von Gründen nach dem 6. VwGO-Änderungsgesetz, VerwArch 90 (1999), S. 232-266 (232-246) 참조.

26) Horn, a.a.O., S. 225 ff. 이러한 통설의 입장에 따르면, 이유제시에 관해 절차적 하자가 있는 동시에 그 이유가 실체법적으로도 타당하지 못한 경우, 재량행위에 있어서는 — 상술(487면)한 바와 같이 우리나라에서와 동일하게 — 그 절차적 하자만으로 행정행위가 취소되기 때문에 처분사유의 추가·변경의 기회를 갖지 못하지만, 기속행위는 행정절차법 제46조에 의해 그 절차적 하자만으로 취소되지 않고 실체법적 위법성 여부가 심리되므로 그 심리과정에서 피고 행정청은 처분사유의 추가·변경을 통하여 실체법적 적법성을 주장할 수 있다. 그리하여 실체법적으로 적법한 것임이 인정되면 당해 기속행위는 이유제시의 하자로 인해 절차적 위법성

둘째, 행정행위의 定義에 관한 행정절차법 제35조의 규정[27)]에서 알 수 있듯이, 행정행위의 본질은 기속행위이든 재량행위이든 간에 그 규율(Regelung), 즉 법적 효과의 내용에 의해 결정되고, 행정행위의 이유는 그 규율의 적법성을 뒷받침하는 것이다. 행정법원법 제113조 제 1 항 1 문은 법원은 "행정행위가 위법하고 그로 인해 원고의 권리를 침해하는 때에 그 행정행위를 취소한다"라고 규정하고 있는데, 여기서 '위법'하기 때문에 '취소'되는 것은 행정행위의 법적 효과, 즉 규율이고 행정행위의 이유는 아니다. 그러므로 규율의 내용이 적법한 이상 행정청이 제시한 이유가 실체법적으로 타당하지 않더라도 행정행위는 적법한 것이고, 처분사유의 추가·변경은 이와 같이 행정행위가 — 제시된 이유가 타당하지 않음에도 불구하고 — 적법하다는 점이 인정되도록 법원을 설득하는 소송상 주장에 관한 문제로서, 위법한 행정행위를 소급적으로 치유하는 것이 아니기 때문에, 그 치유에 관한 명문의 법률규정이 필요 없다.[28)]

셋째, 소수설이 주장하는 '내용적으로 타당한 이유 제시를 구하는 청구권'은 인정되지 않는다. 행정청의 이유제시의무를 규정하고 있는 행정절차법 제39조는 "행정청이 당해 결정을 내리게 된" 주요한 사실적·법적 근거를 제시하도록 규정하고 있을 뿐,[29)] 실체법적으로 타당한 근거를 제시하라는 것이 아니기 때문이다. 특히 내용적으로 타당하

을 띠지만 실체법적으로 적법한 것으로서 취소되지 않는다.

27) "공법 영역에서 개별사안의 규율을 위해 행정청에 의해 내려지는, 외부에 대한 직접적 법적 효과의 발생을 목적으로 하는 모든 처분, 결정 또는 기타의 조치" (jede Verfügung, Entscheidung oder andere Maßnahme, die eine Behörde zur Regelung eines Einzelfalles auf dem Gebiet des öffentlichen Rechts trifft und die auf unmittelbare Rechtswirkung nach außen gerichtet ist).

28) Horn, a.a.O., S. 232 ff. 특히 이 부분에서 처분사유의 추가·변경을 원칙적으로 허용하고 있는 독일의 판례·통설이 위 개념 부분에서 논의한 처분이유와 처분사유의 관계에 관하여 소송 단계에서는 전자가 후자에 완전히 흡수되는 것으로 이해하고 있다는 점을 알 수 있다.

29) "die wesentlichen tatsächlichen und rechtlichen Gründe mitzuteilen, die die Behörde zu ihrer Entscheidung bewogen haben."

지 못한 이유를 소송과정에서 계속 유지할 것을 구하는 청구권, 또는 자신에게 유리한 소송상태가 계속 유지될 것을 구하는 청구권은 인정될 수 없다. 실체법적으로 타당하지 못한 이유제시에 의해 상대방이 행정소송을 제기하였다가 처분사유의 추가·변경에 의해 패소하는 경우에는 소송비용을 행정법원법 제155조 제 4 항(귀책사유에 의한 소송비용 부담)에 의거하여 피고 행정청에게 부담시키고 그 이외의 손해에 관해서는 국가배상을 통해 원고의 권리가 구제될 수 있다.[30)]

넷째, 처분사유의 추가·변경을 허용하더라도 이유제시제도의 취지가 몰각되는 것은 아니다. 즉, 이유제시는 ① 행정에 대해서는 자기통제의 기회를 부여하고, ② 상대방에 대해서는 행정소송 제기의 필요성 여부를 판단할 수 있도록 하며, ③ 법원에 대해서는 심리의 대상을 명확히 하고 그 자료를 제공하고, ④ 법질서 전체의 관점에서는 행정행위의 수긍가능성(Akzeptanz)을 확보하는 것인데, 앞의 세 가지 기능은 형식적으로 적법하게 이유를 제시함으로써 충족되고 또한 행정소송이 제기되면 그 기능은 종료된다. 네 번째의 기능은 실체법적으로 타당한 이유가 제시되어야만 충족되는 것이지만, 이는 행정소송 과정에서 처분사유의 추가·변경에 의하여 수행될 수 있으며, 종국적으로는 법원의 판결이유를 통하여 실현되는 것이다.[31)]

다섯째, 직권탐지주의는 행정소송에서 결코 포기될 수 없다. 오늘날 행정소송의 기능이 객관적 행정통제에서 주관적 권리구제로 변화되었으나, 상술한 바와 같이 행정소송을 통해 구제받고자 하는 원고의 권리가 처분사유의 추가·변경에 의해 침해되는 것이 아닐 뿐만 아니라, 행정소송은 여전히 기본법 제20조 제 3 항이 규정하는 행정의 "법률과 법"의 준수 여부를 심사하는 행정통제의 성격을 갖는다. 처분사유의 추가·변경은 이러한 법원의 객관적 법발견에 기여하는 것으로

30) Horn, a.a.O., S. 218, 225; Ralf P. Schenke, a.a.O., S. 244.
31) Horn, a.a.O., S. 215 ff.; Ralf P. Schenke, a.a.O., S. 244 f.

서, 특히 현대 행정법관계는 행정과 시민의 양극관계가 아니라 시민 사이에도 이해관계가 대립하는 다극관계이므로, 처분사유의 추가·변경을 금지하고 이유제시가 잘못되었다는 이유만으로 행정행위를 취소하는 것은 제 3 자의 권익을 침해할 우려가 있다.[32]

4) 行政節次法의 改正

이상과 같은 판례·통설과 소수설의 대립에 관하여, 1996년 행정절차법 개정에서 동법 제45조 제 2 항이, 절차적 하자의 치유를 '행정소송 종결시'까지 허용하는 것으로 개정됨으로써 소수설의 가장 강력한 실정법적 논거가 상실된 반면, 논쟁의 대상이었던 '내용적으로 타당한 이유제시 의무'에 관하여 행정절차법이 침묵함으로써 이를 부정하는 판례·통설이 실정법적으로 확인된 것으로 볼 수 있다.[33]

소수설은 위와 같은 법개정 이후에도 여전히 — 이유제시 추완의 시간적 한계의 유추적용을 제외하고 — 상술한 논거들을 근거로 하여 처분사유의 추가·변경이 원칙적으로 금지된다는 주장을 유지하고 있으나,[34] 그 이전에 비하여 설득력이 약화되었다는 점은 부인할 수 없다. 특히 동법 제46조도 "실체에 영향을 미치지 않았음이 명백한 경우"

---

32) Horn, a.a.O., S. 228 ff.; Ralf P. Schenke, a.a.O., S. 240 ff.

33) Ralf P. Schenke, a.a.O., S. 240 ff. 위와 같이 소송중에 언제든지 절차적 하자의 치유가 가능하게 됨으로써 이유제시에 관해 절차적 하자가 있는 동시에 그 이유가 실체법적으로도 타당하지 못한 경우, 소송이 제기되면 더 이상 절차적 하자의 치유가 불가능하였던 1996년 이전의 상황과는 달리, 재량행위에 있어서도 이유제시의 추완과 처분사유의 추가·변경을 동시에 할 수 있게 되었다. 또한 후술(502면 이하)하는 바와 같이 1997년 행정법원법 개정에 의하여 재량행위에 대한 재량고려사유의 '보완'(ergänzen)을 허용하는 명문의 규정을 도입하면서도 기속행위에 관해서는 아무런 규정을 두지 않은 것은 최소한 기속행위의 경우에는 종전의 판례·통설에서와 같이 처분사유의 추가·변경이 원칙적으로 허용된다는 것을 전제한 것이라고 할 수 있다.

34) Wolf-Rüdiger Schenke, Verwaltungsprozeßrecht. 8. Aufl., 2002, Rn. 813-815; ders, "Reform" ohne Ende-Das sechste Gesetz zur Änderung der Verwaltungsgerichtsordnung und anderer Gesetze (6. VwGOÄndG), NJW 1997, S. 81-93 (88-90) 참조.

절차적 하자만으로 행정행위를 취소할 수 없는 것으로 개정됨으로써 재량행위의 경우에도 구체적인 사안에서 절차적 하자가 실체법적 위법성을 야기하지 않았다는 이유로 취소가 부정될 수 있는 여지가 발생하는 등 '절차의 신속화'라는 명분 하에서 행정절차의 비중이 현저히 축소되었기 때문에, 행정절차의 비중을 살리기 위해 처분사유의 추가·변경을 제한하고자 하는 주장이 약화되었다고 할 수 있다.

5) 裁量行爲의 문제

그러나 재량행위에 관해서는, 이미 위(495면 이하)에서 지적한 바와 같이, 처분사유, 즉 재량고려사유가 행정행위의 본질적 구성요소에 해당된다는 소수설의 주장이 강한 설득력을 갖고 있다. 그리하여 기속행위에 관해서는 통설의 입장을 취하되, 재량행위의 경우에는 재량고려사유가 변경되면 행정행위의 본질도 변경되기 때문에 판례·통설에 의하더라도 처분사유의 추가·변경이 제한되는 예외에 해당한다는 견해가 확산되었다. 특히 재량행위가 裁量瑕疵를 이유로 취소되더라도 행정청은 다른 재량고려사유로써 동일한 主文의 행정행위를 다시 할 수 있다는 점은 異論의 여지가 없는데, 이는 새로운 행정행위가 이미 취소된 행정행위와는 별개의 것이므로 이에 관해 취소판결의 기판력(Rechtskraft)이 미치지 않기 때문이고, 이는 재량고려사유가 행정행위의 본질에 영향을 미친다는 단적인 논거가 되는 것이다.

이러한 견해가 드디어 판례에서도 확인되었다. 1981년 판례에서는 기속행위를 재량행위로 변경하는 처분사유의 추가·변경은 재결청이 처분청과는 별개의 기관이며 행정심판에서 합목적성까지 심사되는 경우에는 상대방의 행정심판 청구권을 침해한다는 이유로 허용되지 않는다고 판시하였다.[35] 특히 1990년 판례에서는 재량행위에 있어 재량고려사유를 추가·변경하는 것은 행정행위의 내용을 사후적으로 변

35) BVerwG, U. v. 13. 11. 1981 - NJW 1982, 1413.

경하는 것인데, 그 근거법률에서 이러한 변경을 금지하지 않고 있으므로 원고는 그 변경된 행정행위의 위법성을 다툴 수 있으나, 행정심판청구의 목적이 이미 충족되었거나 아니면 그 목적이 전혀 달성될 수 없는 경우에 한하여 행정심판절차가 생략될 수 있다고 판시하였다.[36] 다시 말해, 재량행위에 관해 재량고려사유가 추가·변경되면 행정행위의 본질이 변경되므로 처분사유의 추가·변경으로 인정될 수 없고, 위와 같이 예외적으로 행정심판절차를 생략할 수 있는 경우에 한하여 訴變更을 통해 그 본질이 변경된 새로운 행정행위를 다툴 수 있다는 것이다.[37]

6) 行政法院法 제114조 2문

이와 같이 학설·판례상 재량행위에 대한 처분사유의 추가·변경의 허용 여부에 관하여 의문이 제기되자, 1997년 행정법원법 개정에서 이에 관한 명문의 규정을 도입하였다. 즉, 재량행위에 대한 재량권 일탈·남용의 심사가능성을 인정하는 동법 제114조에 2문을 추가하여 "행정청은 행정소송 절차 중에도 행정행위에 관한 재량고려사유를 보완할 수 있다"[38]고 규정하게 되었다. 그러나 종래의 논쟁을 종식시키고자 하였던 입법의도와는 달리 여전히 학설·판례가 갈리고 있다.[39]

---

36) BVerwG, U. v. 18. 5. 1990 - BVerwGE 85, 163 (165 f.). 다만 이 사건에서는 추가된 재량고려사유에 관해 행정규칙이 제정되어 있었으므로 행정심판이 청구되더라도 재결청이 그 재량고려사유와는 다른 판단을 할 가능성이 사실상 없으므로 행정심판을 거칠 필요 없이 당해 소송절차에서 판단할 수 있다고 하였다.

37) 위 1990년 판례는 '訴變更'을 명시적으로 언급하고 있지 않다. 그러나 재량고려사유의 추가·변경을 통해 내용이 사후적으로 변경된 행정행위를 원고가 당해 소송절차에서 다툴 수 있다고 하는데, 이를 위한 절차가 바로 訴變更이라고 할 것이다. 이에 관해 위 각주 23 참조.

38) "Die Verwaltungsbehörde kann ihre Ermessenserwägungen hinsichtlich des Verwaltungsaktes auch noch im verwaltungsgerichtlichen Verfahren ergänzen."

39) 이하의 내용에 관하여 Martin Axmann, Das Nachschieben von Gründen im Verwaltungsrechtsstreit, Frankfurt a.M. 2001, S. 128 ff.; Barbara Heinrich,

(가) **學 說** 한편으로 위 규정의 법적 성질에 관하여 두 가지 견해가 성립할 수 있다. ① 한편으로, 재량고려사유의 보완은 행정행위의 본질에 변경을 초래하지 않는다는 전제하에, 위 규정은 원래의 재량행위에 관한 처분사유의 추가·변경을 허용한 것으로 보는 견해이다. 이에 의하면, 당초 잘못된 재량고려사유로 인해 — 재량하자로서 — 위법한 재량행위가 재량고려사유의 보완에 의하여 동일성을 유지하면서 소급적으로 적법한 재량행위로 되는 것이라고 이해한다. ② 이와 반대로, 재량고려사유의 보완은 언제나 행정행위의 본질에 변경을 초래한다는 전제하에, 위 규정은 새로운 행정행위에 대한 訴變更이 이루어진 것으로 의제하는 것이라고 보는 견해이다. 법률에 의한 자동적인 訴變更이므로 원고의 신청, 관계인의 동의 또는 법원의 적절성

Behördliche Nachbesserung von Verwaltungsakten im verwaltungsgerichtlichen Verfahren und Rechtsschutz der Betroffenen, München 1999, S. 129-137; Hans-Jürgen Brischke, Heilung fehlerhafter Verwaltungsakte im verwaltungsgerichtlichen Verfahren-Durch Nachholen der Begründung, Nachschieben von Gründen, Umdeutung, Ergänzung von Ermessenserwägungen und förmliche Änderung oder Ergängzung des streitbefangenen Verwaltungsaktes, DVBl. 2002, S. 429-434; Pöcker/Barthelmann, Der missglückte §114 Satz 2 VwGO-Ein Beitrag zu den verwaltungsprozessualen, kostenrechtlichen und rechtstheoretischen Problemen der Nachlieferung von Ermessenserwägungen, DVBl. 2002, S. 668-676; Ralf P. Schenke, Das Nachschieben von Ermessenserwägungen - BVerwGE 106, 351, JuS 2000, S. 230-235; ders, Das Nachschieben von Gründen nach dem 6. VwGO-Änderungsgesetz, VerwArch 90 (1999), S. 232-266 (256 ff.); Johann Bader, Die Ergänzung von Ermessenserwägungen im verwaltungsgerichtlichen Verfahren, NVwZ 1999, S. 120-125; Michael Dolderer, Die neu eingeführte „Ergänzung von Ermessenserwägungen" im Verwaltungsprozeß-Ein weiterer Schritt zum „Abbau des Rechtsstaates"? DÖV 1999, S. 104-110; Andreas Decker, Die Nachbesserung von Ermessensentscheidungen im Verwaltungsprozeßrecht und ihre verfahrensrechtliche Behandlung gemäß §114 S. 2 VwGO, JA 1999, S. 154-159; Martin Löhnig, Nachschieben von Gründen. Probleme bei der Anwendung des neuen §114 S. 2 VwGO, JA 1998, S. 700-704; Wolf-Rüdiger Schenke, „Reform" ohne Ende - Das sechste Gesetz zur Änderung der Verwaltungsgerichtsordnung und anderer Gesetze (6. VwGOÄndG), NJW 1997, S. 81-93 (88-90) 등 참조.

인정이 필요하지 않다. 이러한 견해에 의하면, 원래의 재량행위의 위법성은 제거되지 않고 그대로 남게 되는데, 원래의 재량행위는 새로운 재량행위로 인해 이미 직권취소의 경우와 유사하게 소멸되었기(erledigt) 때문에, 더 이상 취소소송은 불가능하고 행정법원법 제113조 4문에 따라 계속확인소송의 대상이 될 수 있다.

다른 한편으로 재량고려사유의 '보완'(ergänzen)의 의미에 관하여 다음의 세 가지 견해가 성립할 수 있다. ㉮ 첫째, 이를 처분사유의 추가·변경이라고 할 때의 '추가·변경'(nachschieben)과 동일한 것으로 보는 견해이다. 이에 의하면 원래 제시되지 않았던 재량고려사유를 새로이 주장하거나 기존의 재량고려사유를 다른 것으로 교체함으로써 전혀 새로운 방향으로 재량권을 행사하는 것도 '보완'에 포함된다. ㉯ 둘째, 조금 그 의미를 축소시켜 '보완'을 재량권 행사의 기본적인 방향이 동일한 범위 내에서 그 구체적인 고려사유를 추가·변경·교체하는 것을 의미하는 것으로 파악하는 견해이다. ㉰ 셋째, 그 의미를 최대한 축소시켜 기존의 불명확하고 불충분한 재량고려사유를 명확하게 하거나 보충하는 것만이 '보완'에 해당한다는 견해이다.

최근 학설의 유력한 경향은 위 견해들 중 ②와 ㉯의 견해를 취하고 있다. 즉, 입법자의 의도는 — 위 ①의 견해와 같이 — 행정행위의 본질이 변경되지 않는다는 전제하에 재량고려사유의 보완을 원래의 재량행위에 대한 처분사유의 추가·변경으로 인정하고자 하는 데 있었지만, 이는 연방의 입법권한을 넘는 것이라고 한다. 처분사유의 추가·변경에 의한 위법성의 소급적 치유는 실체법적인 문제로서 원칙적으로 州의 입법권한에 속하므로, 연방법인 행정법원법에서 이를 규정할 수 없다는 것이다. 따라서 일반원칙으로 돌아가 재량고려사유가 변경되면 언제나 행정행위의 본질이 변경된다는 점은 변함이 없는데, 그렇기 때문에 이를 다투기 위해서는 訴變更을 하거나 아니면 전심절차를 거쳐 別訴를 제기하여야 할 것이지만, 재량고려사유의 '보완'은 — 이 부분에서 위 ㈏의 견해와 연결된다 — 재량권 행사의 기본적 내용을 동일하게 유지하는 한도 내의 것이므로 자동적으로 訴變更이 이루어지는 것으로 간주하는 것이 위 규정의 취지라고 한다. 이러한 자동적 訴變更은 한편으로 전심절차를 생략하고 다른 한편으로 訴變更의 요건 — 관계인의 동의 또는 법원의 적절성 인정 — 을 면제하는 것으로서, 순수한 소송법상의 문제이기 때문에, 기본법 제74조 1호에 의해 연방의 입법권한에 속한다고 한다.[40] 위 2)(494면 이하)에서 소개한 소수설은 이 유제시의 중요성을 강조하는 기본 입장을 배경으로 하여, 위 규정의 법적 성질에 관하여 위 ②의 견해를 취하면서 '보완'의 의미에 관해 위 ㈐의 견해를 취하여 위 규정의 의미를 가능한 한 축소시킴으로써, 재량고려사유의 추가·변경을 최대한 제한하고자 한다.[41]

㈏ **判 例** 1998년 연방행정법원은 위와 같이 행정법원법 제114조 2문의 의미를 축소하고자 하는 학설(위 ②, ③의 견해)의 노력을 무색하게 하는 판결을 선고하였다.[42] 망명(Asyl)자격이 인정된 외국인(원고)이 집단적 범죄행위를 범하여 공공의 안전·질서 등을 침해하였다는 이유로 추방명령(Ausweisung)을 받은 사안이다. 동 판결에 의하면, 관계법의 해석상 망명이 인정된 외국인에 대한 추방명령은 공공의 안전·질서 등에 대한 침해라는 요건이 충족되더라

40) 대표적으로 Ralf P. Schenke, Das Nachschieben von Gründen nach dem 6. VwGO-Änderungsgesetz, VerwArch 90 (1999), S. 232-266 (256 ff.); Martin Axmann, Das Nachschieben von Gründen im Verwaltungsrechtsstreit, Frankfurt a.M. 2001, S. 159 ff. 참조.

41) Wolf-Rüdiger Schenke, "Reform" ohne Ende - Das sechste Gesetz zur Änderung der Verwaltungsgerichtsordnung und anderer Gesetze (6. VwGOÄndG), NJW 1997, S. 81-93 (88-90); ders, Verwaltungsprozeßrecht. 8. Aufl., 2002, Rn. 816-819.

42) BVerwG, U. v. 5. 5. 1998 - BVerwGE 106, 351 (362 ff.). 이 판결에 관해서는 특히 Ralf P. Schenke, Das Nachschieben von Ermessenserwägungen - BVerwGE 106, 351, JuS 2000, S. 230-235 참조.

도 그 발령 여부에 관해 재량행위이며, 이에 관해 본국으로의 강제송환(Abschiebung) 가능성 여부가 가장 중요한 재량고려사유라고 한다. 그런데 피고 행정청은 당초 이에 관해 아무런 재량고려사유를 제시하지 않았다가 원심에 이르러 비로소 원고의 본국이 원고에 대하여 보호선언(Schutzerklärung)을 하였기 때문에 강제송환 가능성이 있다는 점을 주장하였다. 연방행정법원은 이러한 피고 행정청의 주장을 위 행정법원법 제114조 2문에 의거한 재량고려사유의 보완으로 허용하였다.[43] 그 논거로서, 위 규정에 의한 재량고려사유의 보완은 재량행위에 대한 처분사유의 추가·변경에 해당하는 것이라는 전제하에, 위 규정이 제정되기 이전부터 판례상 재량행위에 대해서도 행정행위의 본질의 변경이 없는 한 처분사유의 추가·변경이 널리 허용되어 왔음을 지적한 다음, 처분사유의 추가·변경의 허용 여부는 우선 실체법과 행정절차법에 의해 결정되는데 外國人法에 이를 금지하는 규정이 없고 이유제시의 추완의 시간적 한계를 정한 행정절차법 제45조 제 2 항[44]은 처분사유의 추가·변경을 방해하지 않으므로, 이와 같이 실체법과 행정절차법에 의해 허용되는, 재량행위에 대한 처분사유의 추가·변경이 행정소송법적으로도 장애가 없다는 점을 분명히 한 것이 바로 위 행정법원법 제114조 2문이라고 판시하고 있다. 다시 말해, 이 규정에서 말하는 '재량고려사유의 보완'은 소송물의 변경을 초래하지 않기 때문에 전심절차나 소변경이 필요 없이 바로 심판대상이 된다는 점을 위 규정이 명시하고 있다는 것이다. 또한 이와 같이 위 규정은 소송법적 의미밖에 갖지 않으므로 연방의 입법권한(기본법 제74조 제 1 항 1 호)에 속한다고 한다. 이러한 판시 내용에 비추어 보아, 위 판결은 위 규정의 법적 성

43) 그러나 그와 같이 보완된 재량고려사유만으로 이 사건 처분의 적법성을 인정하기에 충분하지 않다는 이유로 이 사건 처분의 위법성을 인정하였다.

44) 이 사건 당시 바이에른 주에서는 이유제시의 추완을 행정소송 종결시까지 허용하는 개정 행정절차법이 아직 시행되지 않고 있었으므로, 행정심판 종결시까지 제한하는 구법이 이 사건에 적용되기 때문에 이러한 판단이 필요하였던 것이다.

질에 관하여, 학설의 일반적 입장과는 달리, 위 ①의 견해를 취하고 있음이 명백하다.[45)]

(다) **評 價** 위 판결의 논리를 분석해 보면, 행정법원법 제114조 2문이 소송법적 의미밖에 없다고 보는 것은 학설에서와 동일하다. 이 점은 연방의 입법권한 때문에 異論이 있을 수 없다.[46)] 그러나 위 판결은 그 소송법적 의미의 내용을 학설과는 전혀 다르게 파악하고 있는데, 이는 실체법적 문제에 관하여 학설과 정반대의 입장을 취하기 때문이다. 즉, 학설은 실체법적으로 재량행위에 대한 처분사유의 추가·변경이 허용되지 않으므로 소송법상 반드시 訴變更이 필요하지만 일정한 조건하에서 그 訴變更을 '의제'하는 것이 위 규정이라고 보는 반면, 위 판결은 실체법적으로 재량행위에 대한 처분사유의 추가·변경이 허용된다는 전제하에, 그렇기 때문에 소송법적으로 訴變更이 '필요없다'는 점을 명시한 것이 위 규정이라고 이해한다.[47)]

---

45) 또한 위 판결은 소송과정에서 재량고려사유가 변경되더라도 원고는 그 변경된 재량고려사유에 대해 적절히 방어할 수 있을 뿐만 아니라 패소하는 경우에는 소송비용이 피고 행정청의 귀책사유를 참작하여 부과되므로 헌법상 권리구제의 보장원칙에 반하지 않는다고 판시하였다. 그리고 법관이 소송과정에서 재량고려사유의 결여 또는 불완전성을 지적하더라도 이는 사실상태와 법상태에 대한 법원의 심리과정에서 이루어지는 것으로서 법관의 중립성 요청에 위배되는 것은 아니라고 한다. 나아가 원고는 재량하자로 위법한 행정행위에 의해 자신의 권리가 침해되지 않도록 할 청구권은 갖지만, 행정청이 재량하자를 제거하지 못하도록 하는 청구권은 갖지 않는다고 판시하였다. 이러한 판시내용은 위 3)(497면 이하)에서 소개한 통설의 소수설에 대한 반론을 그대로 반영한 것이라고 할 수 있다.

46) 다만, 연방행정법 영역과 州행정법 영역을 구분하여 전자에 관해서는 위 규정이 실체법적 및 행정절차법적 의미를 가질 수 있다는 생각도 가능하지만, 그와 같이 연방차원과 州차원에 따라 규범내용이 다른 입법은 異例的인 것이기 때문에, 명문의 규정이 없는 한 그러한 생각은 타당성이 없다고 한다. 이에 관해 Ralf P. Schenke, a.a.O. (Das Nachschieben von Gründen nach dem 6. VwGO-Änderungsgesetz) S. 261 (Fn. 152) 참조.

47) 위 판결은 종래의 판례에서 재량행위에 대해서도 처분사유의 추가·변경이 널리 허용되어 왔다고 하면서 그 예로 1982년의 두 개의 판결(BVerwG, U. v. 27. 1. 1982 - BVerwGE 64, 356; U. v. 19. 8. 1982 - Buchholz 418.02)을 들고 있다. 이에 대하여 학설은 상술(각주 30)한 바와 같이 재량고려사유의 변경으로써 행정행위 자체가 변화된다고 판시한 1990년의 판결(BVerwGE 85, 163)에 의하여 판

이러한 차이는 위 규정이 말하는 재량고려사유의 '보완'의 의미에 관해서도 영향을 미친다. 행정행위의 본질 변경에도 불구하고 訴變更을 의제하는 것이라고 보는 관점에서는 그로 인한 소송법적 원칙(특히 전심절차)의 희생을 최소화하기 위해 그 적용범위를 제한하고자 한다. 그리하여 위 ㉯의 견해는 재량권 행사의 기본적인 방향이 동일하면 — 다른 행정행위이긴 하지만 — 소송물의 동일성이 유지되는 것으로 보아 이러한 범위 내에서만 소변경의 의제를 인정하는 것이고, ㉰의 견해는 개개의 재량고려사유의 동일성까지 요구하는 것이다. 반면에 위 판결과 같이 재량고려사유의 보완이 재량행위에 대한 처분사유의 추가·변경으로서 허용된다고 하는 관점에서는 위 ㉮의 견해와 같이 그 '보완'을 '추가·변경'(nachschieben)과 동일한 의미로 해석할 수 있다. 이에 따르면 아무런 내용적 제한 없이, 전혀 새로운 재량고려사유를 추가하거나 기존의 재량고려사유를 교체하는 것도 포함된다. 위 판결의 사안에서 본국으로의 강제송환 가능성에 관하여 당초 처분에 아무런 이유가 제시되지 않았다가 원심에서 비로소 이에 관하여 본국의 보호선언이 있었다는 사실이 주장되었는데, 이는 전혀 새로운, 최초로 제시되는 재량고려사유임에도 불구하고 허용된 것이다. 따라서 위 판결은 위 ㉮의 견해를 취한 것으로 볼 수 있다. 판결이유에서 "재량결정을 뒷받침하는 근거들의 완전한 사후제시 또는 교체"는 제외된다고 설시하고 있는 부분이 있으나,[48] 이는 재량행위에 대한 모든 법적·사실적 근거들을 통째로 바꾸거나 이를 사후에 제시하는 경우를 의미하는 것으로 이해하여야 할 것이다.

그러나 재량고려사유의 보완을 재량행위에 대한 처분사유의 추가·변경으로 파악(위 ①견해)하면서도 그 '보완'의 의미를 위 ㉯의 견해와

례가 변경된 것으로 보아야 한다고 비판한다. 특히 Ralf P. Schenke, a.a.O., S. 257 참조.

48) BVerwGE 106, 351 (365). "die vollständige Nachholung oder die Auswechslung der die Ermessensentscheidung tragenden Gründe."

같이 축소하여 이해하는 입장도 논리적으로 충분히 성립할 수 있다. 즉, 입법자가 종래의 판례에 따라 재량행위에 대하여도 원칙적으로 처분사유의 추가·변경이 허용되는 것으로 명시하면서도 '보완'이라는 용어를 사용함으로써 그 허용범위를 일정한 정도로 제한하고자 한 것으로 이해하는 것이다. 거꾸로 말해, 재량행위에 대해서는 그러한 '보완'의 범위 내에서만 행정행위의 본질을 변경함이 없이 처분사유의 추가·변경이 가능하다는 것이다. 재량고려사유의 보완을 통해 재량권 행사의 근거가 "핵심에 있어"(im Kern) 변경되어서는 아니 됨을 지적함으로써 이러한 입장을 취하고 있는 것으로 보이는 문헌이 다수 있다.[49] 이는 위 판결(①-㉮)과 학설(②-㉯/㉰)의 중간을 이루는 일종의 절충설(①-㉯)로서 현재 다수설이라고 할 수 있다.

7) 要 約

요컨대, 독일에서는 기속행위이든 재량행위이든, 主文이 바꾸지 않고 소송과정에서 원고에게 방어의 기회가 주어지는 한, 내용적인 제한 없이 처분사유의 추가·변경을 허용하는 것이 판례의 태도이다. 다만 판례상 기속행위를 재량행위로 바꾸는 것, 다시 말해, 행정청이 처음에 기속행위라고 생각하여 재량권을 행사하지 않았다가 소송단계에 와서 비로소 재량행위로서 재량고려사유를 주장하는 것은 금지된다. 학설은 기속행위에 대해서는 판례와 같이 보는 것이 압도적 통설이지만, 재량행위에 대해서는 행정법원법 제114조 2문에 따라 처분사유의 추가·변경이 '보완'이라는 일정한 내용적 제한 내에서 허용된다는 견해(다수설)와 처분사유의 추가·변경 자체를 부정하고 위 규정을 새로운 행정행위에 대한 — 재량권 행사의 방향의 동일성 또는 재량고려사유의 동일성이 인정되는 한 — 訴變更의 의제에 불과한 것으로 이해하는 견해

49) Würtenberger, Verwaltungsprozeßrecht, 1998, Rn.619; Eyermann, a.a.O., § 114 Rn. 89; Schoch/Schmidt-Aßmann/Pietzner, Verwaltungsgerichtsordnung, § 114 Rn. 12e 등 참조.

가 있다. 이러한 판례 · 학설의 대립에도 불구하고 위 규정으로 인해 분명해진 것은 재량행위의 경우에 최소한 법원의 직권에 의한 처분사유의 추가 · 변경은 허용되지 않는다는 점이다. 독일법상 직권탐지주의 하에서도 법원이 행정청의 재량권을 대신 행사할 수 없다는 것은 일찍부터 인정되어 온 바이다.

(2) 프 랑 스

프랑스에서 처분사유의 추가 · 변경에 상응하는 개념이 '처분이유와 법적 근거의 대체'(substitution de motifs et base légale)이다.[50] 먼저 유의할 것은 독일과 우리나라에서는 이유제시의 대상에 행정행위의 사실적 근거와 법적 근거가 모두 포괄되고 처분사유의 추가 · 변경 문제도 양자를 구별하지 않고 논의되는 데 반해, 프랑스에서는 '처분이유'(motif)가 행정행위의 사실적 근거만을 대상으로 하기 때문에 처분이유의 대체와 법적 근거(base légale)의 대체가 각기 분리되어 논의된다는 점이다. 또한 독일과 우리나라에서는 통상 피고 행정청에 의한 처분사유의 추가 · 변경이 문제되지만, 프랑스에서는 법원이 항상 그 '대체'(substititution)의 주체로 파악된다는 점도 특기할 만하다. 행정청이 소송에서 이를 주장하는 경우에도 법원의 권한 발동을 촉구하는 의미밖에 없고 계쟁 행정행위의 처분이유와 법적 근거를 교체하여 이를 적법한 행정행위로 인정하는 것은 어디까지나 법원이라는 관념이다. 이는 한편으로 프랑스 행정소송의 강한 직권주의적 성격을 반영하

50) 이에 관하여 Jean-Marc Peyrical, Le juge administratif et la sauvegarde des actes de l'annulation. Étude sur la neutralisation et la subsititution des motifs, AJDA 1996, p. 22-34; Marie José Guedon, Régularité interne de l'acte administratif et pouvoir de subsititution du juge, AJDA 1981 p. 443-451; Chapus, Droit administratif général. Tome 1. 14e éd., 2000, n° 1235, 1239; (même auteur) Droit du contentieux administratif. 10e éd., 2002, n° 1124, 1125; Debbasch, Droit administratif. 6e éd., 2002, p. 808 et s.; Debbasch/Ricci, Contentieux administratif. 8e éd., 2001, n° 929, 930 등 참조.

는 것이라고 할 수도 있겠지만, 후술(527면 이하)하는 바와 같이 근본적으로 행정소송이 행정행위에 대한 사후적·객관적 통제로 파악되는 결과라고 보아야 할 것이다. 그러나 일정한 경우 법원이 행정행위의 처분이유와 법적 근거를 교체하는 것이 허용되지 않는다고 한다면, 피고 행정청도 이를 — 직권발동의 촉구로서 — 주장할 수 없다는 것, 정확하게 말해, 이를 주장하더라도 아무런 소용이 없다는 것을 의미한다.[51] 이러한 의미에서 그 허용 범위의 문제는 독일법상 행정청에 의한 처분사유의 추가·변경과 軌를 같이하는 것이라고 할 수 있다.

프랑스 판례에 의하면 처분이유의 대체는 원칙적으로 허용되지 않는다. 이는 1979년 행정청의 이유제시(motivation)의무를 규정한 법률이 제정되기 이전부터 확립된 판례이다. 예외적으로 기속행위(compétence liée)의 경우에는 처분이유의 대체가 허용된다고 하지만, 실제 이를 허용한 판례는 주로 — 적극적인 침익적 행정행위가 아니라 — 수익적 행정행위의 거부결정이 기속행위인 경우, 다시 말해, 법령상의 거부사유 중 어느 하나만 있으면 당해 행정행위를 발급할 수 없는 경우에, 당초 제시된 거부사유를 다른 거부사유로 대체하는 것에 관한 것이다.[52]

반면에 법적 근거의 대체는 원칙적으로 허용된다. 법적 근거에 대해서는 법원이 全權을 갖고 있으므로, 행정청이 당초 잘못된 법규정이나 법원리에 의거하였더라도 법원은 타당한 법규정 또는 법원리에 의거하여 계쟁 행정행위의 적법성을 인정할 수 있다는 것이다. 유의할 것은 이와 같이 법적 근거의 대체가 허용되는 것은 그로 인하여 처분이유의 대체를 수반하지 않는 경우에 한정된다는 점이다. 동일한 사실

51) 다만 처분이유·법적 근거의 대체가 허용되는 경우에는 반드시 피고 행정청의 주장이 필요한 것은 아니고 법원의 직권으로도 가능하다.

52) C.E. 8 juin 1934, Augier, p. 660, D.1934; C.E. 26 mai 1950, Soc. laitière provençale, p. 314, 1re esp.; C.E. 16 novembre 1962, Soc. industrielle de tôlerie, p.608; C.E. 7 janvier 1983, Soc. Sogeba, p. 1 et 796 etc.

에 대하여 그 법적 평가 및 근거법규정을 달리하는 때에는 법적 근거의 대체로서 허용되지만, 근거법규정을 달리함으로써 그 요건사실로서 다른 사실이 원용되는 경우에는 처분이유의 대체가 되어 원칙적으로 금지된다. 예컨대, 행정행위의 근거로서 재정적 이익을 원용하였다가 공공질서의 보호를 원용하는 것은 동일한 사실관계 하에서도 요건사실이 달라지기 때문에 허용될 수 없다. 법적 근거의 대체를 통해 행정행위의 법적 성질이 변경됨으로써 독일법상 행정행위의 전환과 유사한 문제가 발생하는 경우가 있는데, 이에 관해서는 후술(542면)하기로 한다.

(3) 영국과 미국

영국에서는 행정행위의 이유제시가 '자연적 정의'(natural justice) 원칙의 내용으로 파악되지만, 이유제시의무가 일반적으로 강제되지는 않는다.[53] 다만 특정한 행정영역에서 이유제시의무를 규정하는 개별법과 구체적인 사안에서 특히 시민의 자유를 침해하는 행정행위에 이유가 제시되지 않았다는 이유로 행정행위를 취소하는 판례가 점차 증가하고 있다. 이와 같이 이유제시가 강제되는 경우에는 소송과정에서 이유제시의 추완이나 처분사유의 추가·변경이 허용되지 않는 것이 원칙이다.[54] 그러나 사법심사의 개시 여부를 결정하는 단계에서 행정청이 선서진술서(affidavit)를 통해 내용적으로 잘못 제시된 이유를 수정하는 것을 허용한 판례도 없지 않다.[55] 하지만 나중에 제시된 이유

53) 이하에 관해서는 Wade/Forsyth, Administrative Law. 8.ed., 2000, p. 516-520; de Smith/Woolf/Jowell, Judicial Review of Administrative Action. 5.ed., 1995, para 9-039~9-057 (p. 457-472); Michael T. Molan, Administrative Law. 3. ed., 2001, p. 157-162 참조.

54) 대표적으로 *R v. Westminster City Council, ex p. Ermakov* [1996] 2 All ER 302.

55) *R v. Home Secretary, ex p. Jahromi* [1996] 8 Admin. LR 197; *R v. Camden LBC, ex p. Mohammed* [1997] 9 Admin. LR 639; *R v. Northapmpton County Council, ex p. W* [1998] COD 108 등.

는 기존의 이유를 해명(elucidation)하는 것이어야 하고 그것과 모순되어서는 아니 된다는 판례가 최근 정립되고 있다.[56]

미국(연방)의 행정절차법 U.S.C. 제557조 (c)항 3문에 의하면, 제556조에 의해 청문이 실시되는 공식적 규칙제정절차(rule-making)와 처분절차(adjudication)의 경우에는 모든 결정은 "기록에 나타난 모든 사실적·법적 또는 재량적 주요 쟁점에 관하여 사실인정·결론 및 이유 또는 근거에 대한 설명"[57]을 담고 있어야 한다고 규정함으로써 상세한 이유제시를 요구하고 있다. 반면에 청문이 요구되지 않는 비공식적 규칙제정절차와 처분절차에 대해서는 동법 제555조 (e)항이 문서에 의한 신청·청원 기타의 요구를 거부하는 경우에 "거부의 이유에 대한 간단한 설명"을 요구할 뿐 이유제시를 일반적으로 강제하는 규정이 없으나, 이유제시가 없으면 사법심사가 불가능하다는 이유로 원칙적으로 이를 요구하는 것이 판례의 경향이다. 더욱이 — 공식적 절차는 물론 비공식적 절차에 의한 것까지 포함하여 — 법원은 행정청이 제시한 이유에 의거하여 행정행위의 위법성 내지 재량권남용을 심사하여야 하고, 그 이유가 잘못된 경우에는 다른 이유로써 그 적법성이 유지될 수 있는 경우에도 당해 행정행위를 취소(set aside)하여 행정청으로 하여금 다시 결정하도록 하여야 한다는 원칙이 1943년 Chenery I 판결[58] 이래로 정립되어 있다(First Chenery Rule). 이에 의하면, 미국에서는 처분사유의 추가·변경이 원칙적으로 금지된다고 할 수 있다.

56) *Commissioners of Customs and Excise v. Shah* [1999] (unreported); *R v. Director General of Electricity Supply, ex p. London Electricity Plc* [2000] The Times 13. June 2000; *R v. South Bank University, ex p. Coggeran* [2001] ELR 42 등이다. 이에 관해 M. Fordham, Judicial Review Handbook. 3. ed., London 2001, p. 897 참조.

57) [a statement of findings and conclusions, and the reasons or basis therefor, on all the material issues fo fact, law, or discretion presented on the record].

58) *SEC v. Chenery Corp.*, 318 U.S. 80, 87, 94 (1943).

다만, 비공식적 규칙제정절차와 처분절차에서는 이 원칙이 완화되어 최근 소송과정에서 '추가적 해명'(additional explanation)을 허용하고 심지어 법원이 행정청에 대해 이를 요구하는 것도 허용된다는 판결이 다수 선고되고 있다.[59] 그러나 유의할 것은 이러한 추가적 해명이 사실적·법적 근거를 보충 또는 보강하는 것으로서, 당초의 사실인정(finding of facts)을 완전히 바꾸는 것은 아니라는 점이다.[60]

(4) 小 結

이상의 비교법적 고찰에 의하면, 처분사유의 추가·변경이 독일→프랑스→영국→미국 순으로 점점 더 엄격히 제한된다는 것을 알 수 있다. 즉, 독일에서는 기속행위와 재량행위를 불문하고 행정행위의 主文이 변경되지 않는 한 처분사유의 추가·변경을 허용하는 것이 판례의 경향이고, 심지어 재량행위에 대하여 이를 허용하는 — 그 법적 성질과 허용범위에 관해 판례·학설이 갈리긴 하지만 — 명문의 실정법 규정까지 제정되어 있다. 반면에, 프랑스에서는 사실적 근거(motifs)의 대체가 재량행위에 대해서는 금지되고 기속행위에 대해서만 허용되며 오직 법적 근거만을 대체하는 것은 널리 허용되고 있다. 영국에서는 이유제시(reasong)가 강제되는 경우에는 기속행위와 재량행위를 불문하고 이유의 수정이 금지되는 것이 원칙이고 다만 개별사안에서 예외적으로 '해명'(elucidation)의 한도 내에서 허용될 뿐인데, 아직 이유제시가 일반적으로 강제되고 있지는 않다. 마지막으로 미국에서는 청문을 거치는 공식적 절차에서는 예외 없이, 청문을 거치지 않는 비공식적 절차에서는 원칙적으로 사실인정(finding of facts)과 법적 이유(rea-

59) 특히 *PBGC v. LTV Corp.*, 496 U.S. 633 (1990). 이에 관하여 Davis/Pierce, Administrative Treatise. 3.ed. 2000 Cumulative Supplement, §8.5 참조.

60) 이상 미국의 설명에 관해서는 Davis/Pierce, Administrative Treatise. 3.ed., 1994 §8.5; Davis, Administrative Law Text. 3.ed., 1972, §16; Schwartz, Administrative Law. 3.ed., 1991, §7.29-§7.31, §10.2-§10.4 참조.

son)의 제시가 강제되고, First Chenery Rule에 의해 그 수정이 금지되며, 비공식적 절차에 있어 법적 이유의 추가적 설명만이 예외적으로 허용될 뿐이다.

우리나라 판례에서는 — 위 2.(489면 이하)에서 살펴본 바와 같이 — 기속행위와 재량행위를 불문하고 처분사유의 추가·변경은 당초 제시된 이유와 기본적 사실관계가 동일한 한도 내에서만 허용된다는 원칙이 확립되어 있는데, 실제 사안에서는 근거법령만을 추가·변경하거나 추상적이거나 불명확한 이유를 구체화하는 경우에만 기본적 사실관계의 동일성이 인정되고 있다. 따라서 우리나라에서 처분사유의 추가· 변경이 독일보다 엄격한 것은 물론, 그 허용범위에 관해 기속행위와 재량행위를 구별하지 아니함으로써 재량행위에 관해서는 프랑스보다 조금 완화되어 있으나 기속행위에 관해서도 동일하게 엄격한 기준이 적용되기 때문에 전체적으로 프랑스보다도 훨씬 더 엄격하게 제한되고 있다고 할 것이다. 또한 우리나라에서는 행정절차법 제23조에 의하여 이유제시가 일반적으로 강제되고 있다는 점에서, 이유제시가 강제되는 경우에 한해 이유의 수정이 금지되는 영국보다도 더 처분사유의 추가·변경이 더 제한되어 있고, 미국과 유사하거나 그에 접근하는 것이라고 할 수 있다. 요컨대, 우리나라 판례의 태도가 세계적으로 가장 엄격한 수준에 속한다고 할 것이다.

4. 評　　價

(1) 職權探知主義

이상과 같은 우리나라 판례의 태도를 평가함에 있어 가장 먼저 살펴볼 것은 직권탐지주의이다. 독일에서 처분사유의 추가·변경이 사실상 제한 없이 허용되는 근거가 바로 직권탐지주의이기 때문이다. 우리 행정소송법 제26조에서도 법원은 당사자가 주장하지 아니한 사실에 대하여도 판단할 수 있다고 규정하고 있으나, 독일에서와 같은 완전한 직권탐지주의를 규정한 것이 아니라 변론에서 주장되지 않았더라도 기록상 현출된 사항은 판단할 수 있다는 것으로서, 변론주의를 보충하는 의미로 이해하는 것이 판례이므로, 우리나라에서는 직권탐지주의가 상당히 약화되어 있다고 할 수 있다. 뿐만 아니라, 상술한 독일 소수설의 주장과 같이, 직권탐지주의는 순수한 소송법상의 원칙이기 때문에, 그것만으로 행정절차법적 문제(이유제시) 및 실체법적 문제(하자의 치유)와 결부되어 있는 처분사유의 추가·변경을 전적으로 허용하는 근거가 될 수 없다. 오히려 직권탐지주의는 당초 제시된 처분이유의 범위 내에서만 타당한 것으로 보아야 할 것이다. 즉, 당사자가 주장하지 아니하더라도 — 우리 판례에 의하면, 그럼에도 기록상 현출된 경우에 — 법원이 판단할 수 있는 '사실'은 당초 제시된 처분이유에 관련된 것에 한정되는 것으로 볼 수 있다. 따라서 당초의 처분이유와 기본적 사실관계가 동일한 범위 내에서만 처분사유의 추가·변경을 허용하는 우리나라 판례가 직권탐지주의와 정면으로 배치되는 것은 아니라고 할 것이다.

(2) 行政節次의 比重

처분사유의 추가·변경 문제는, 위 독일법의 고찰(491면 이하)에서 뚜렷이 나타나듯이, 결정적으로 행정절차와 행정소송의 관계에서 행정절차의 비중을 어떻게 볼 것인가에 의해 좌우된다. 序說(476면 이하)에서 지적한 행정절차와 행정소송의 접점문제 중 절차적 하자의 치유가능성에 관하여, 우리 판례는 절차적 하자의 치유를 행정소송 이전까지만 허용하고 있고,[61] 특히 이유제시의 하자는 행정심판이 제기되면 더 이상 치유될 수 없다는 판례가 행정절차법 시행 훨씬 이전에 있

61) 최근의 판례로는 대법원 1997. 12. 26. 선고 97누9390 판결.

었다.[62] 또한 절차적 하자의 독자적 취소사유 여부에 관해서도, 최소한 사전통지, 청문 및 이유제시 의무를 위반한 처분은 그것만으로—기속행위인가 재량행위인가, 실체에 영향을 미쳤는가를 불문하고—취소된다는 것이 확립된 판례이다.[63] 이러한 판례의 태도는 명문의 규정으로 절차적 하자의 치유를 행정소송 종결시까지 허용하고 실체에 영향을 미치지 않는 한 절차적 하자만으로 행정행위를 취소할 수 없도록 하는 독일보다는 물론, 행정심판 단계에서는 절차적 하자의 치유를 인정하는 영국[64]과 '기속행위의 경우 일정한 위반사유는 취소사유가 되지 않는다는 이론'(théorie des moyens inopérants en cas de compétence liée)에 의거하여 행정결정이 실체적으로 적법한 때에는 절차적 하자만으로 행정결정이 취소되지 않는 것으로 보는 프랑스[65]보다 훨씬 더 행정절차의 비중을 크게 보는 것이다. 나아가 위법판단 기준시에 관하여, 우리 판례는 적극적 침익처분과 거부처분을 구별하지 않고 모두 處分時를 취소소송의 위법판단 기준시로 보고 있는데,[66] 이는 독일에서 의무이행소송에 관해 判決時를 원칙으로 하고 취소소송에 관해서도 處分時 原則이 부정되어(BVerwGE 64, 218, 221) 많은 경우에 判決時가 판단기준이 되고 있는 것[67]과 단적으로 대비된다. 序說(477면)에서 언급한 바와 같이 판단기준시가 判決時로 후퇴할수록 행

62) 대법원 1984. 4. 10. 선고 83누393 판결.

63) 최근의 판례로는 대법원 2001. 4. 13. 선고 2000두3337 판결.

64) Fordham, op. cit., no. 36.4 (p. 585-588); D. Bergner, Grundrechtsschutz durch Verfahren. Eine rechtsvergleichende Untersuchung des deutschen und britischen Verwaltungsverfahrensrechts, München 1998, S. 280-287 참조.

65) Auby/ Drago, Traité des recours en matière administrative, Paris 1992, n° 326; Chapus, op. cit. (contentieux administratif), n° 928; Ladenburger, Verfahrensfehlerfolgen im französischen und im deutschen Verwaltungsrecht, Berlin 1999, S. 156 ff. 참조.

66) 일반적인 침익처분에 관해서는 대법원 1983. 6. 28. 선고 82누182 판결; 1987. 8. 18. 선고 87누49 판결; 1988. 6. 7. 선고 87누1079 판결; 1996. 12. 20. 선고 96누9799 판결 등. 거부처분에 관해서는 대법원 1989. 3. 28. 선고 88누12257 판결; 1993. 5. 27. 선고 92누19033 판결; 1998. 1. 7.자 97두22 결정 등.

67) Eyermann, a.a.O., § 113 Rn. 45 ff. 참조.

정소송의 비중이 커진다는 관점에서 보면 處分時를 판단기준시로 고수하고 있는 우리 판례는 상대적으로 행정절차를 중시하는 것이라고 할 수 있다.

이와 같이 우리 판례가 절차적 하자의 치유가능성 및 독자적 취소사유성, 그리고 위법판단 기준시와 관련하여 행정절차의 비중을 매우 중시하고 있으므로, 또 다른 행정절차와 행정소송의 접점문제인 처분사유의 추가·변경에 관해서도 그 허용 범위를 엄격히 제한하고 있는 것은 전체적으로 논리가 일관된 것이라고 평가할 수 있다. 실제적인 측면에서도 우리나라에서 1998년 행정절차법이 시행된 이후 아직 행정실무에서 행정절차를 무시하는 풍조가 불식되지 않고 있으므로 위와 같이 행정절차를 중시하는 판례의 태도에 원칙적으로 찬성할 수 있다. 행정절차를 위반한 처분의 경우 그 위법성의 치유를 부정하고 그 위법성만으로 처분을 취소하는 것이 행정으로 하여금 행정절차를 준수하도록 강제하는 가장 실효적인 수단이 되기 때문이다. 국가배상과 담당 공무원에 대한 징계조치만으로는 부족하다고 할 것이다.

특히 처분사유의 추가·변경을 널리 허용하게 되면 행절절차법상의 이유제시제도가 유명무실하게 될 우려가 있다. 한편으로, 행정소송이 제기되면 그 때에 제대로 된 처분사유를 주장하면 된다는 생각에서 행정청이 아무렇게나 이유를 제시함으로써 '행정의 자기통제'라는 이유제시의 첫 번째 기능이 몰각된다. 권리구제의 측면에서 이유제시의 가장 중요한 기능은, 이미 독일법에 대한 고찰에서 언급되었다시피, 상대방으로 하여금 처분에 제시된 이유를 보고 행정소송 제기 여부를 정확히 판단할 수 있도록 하는 것인데, 상대방이 잘못된 처분이유를 보고 행정소송을 제기하였다가 처분사유의 추가·변경에 의해 패소하게 된다면 이러한 권리구제적 기능은 형해화된다. 독일의 판례·통설은 이러한 경우 소송비용을 행정청에게 부담시키고 그 이외의 손해는 국가배상으로 전보하면 된다고 하지만, 소송비용은 — 특히 우리나라에서 — 실제로 소송에 소요된 비용의 극히 일부분에 불과할 뿐만 아니라 국가배상은 행정청의 고의·과실을 입증하기 어려워 실제상 거의 불가능하다. 뿐만 아니라 우리 행정절차법은 행정청으로 하여금 사전에 처분의 사실적·법적 근거를 통지하도록 함으로써(제21조 제1항 3호) 상대방이 의견제출 또는 청문절차에서 이를 반박·방어할 수 있는 기회를 부여하고 있는데, 처분사유의 추가·변경을 제한 없이 인정하게 되면 이러한 사전통지 제도의 취지가 상실될 우려가 있다.

또한 행정심판과 관련한 문제도 있다. 상술(495면)한 바와 같이 독일의 학설과 일부 판례는 재량행위에 대하여 처분사유의 추가·변경이 제한되는 것은 소송에서 비로소 처분사유가 추가·변경되면 그 새로운 처분사유에 대해 행정심판에서 부당성까지 심사받을 수 있었던 기회가 박탈되기 때문이라고 한다. 독일에서는 행정심판전치 원칙이 유지되고 있는 데 반해, 우리나라에서는 1994년 행정소송법 개정에 의하여 행정심판전치 원칙이 폐지되고 행정심판이 원칙적으로 임의절차로 됨으로써, 상대방은 처분의 내용 및 이유에 따라 행정심판이 유리한 것인지를 따져 행정소송에 앞서 행정심판을 청구할 수 있는 선택권을 갖게 되었다. 따라서 우리나라에서는 처분사유의 추가·변경이 재량행위에 대한 부당성 심사기회(행정심판법 제4조 1호 참조)의 박탈뿐만 아니라, 재량행위·기속행위 양자에 대하여 행정심판청구의 선택권 박탈이라는 문제도 발생한다.

(3) 訴訟經濟 내지 紛爭의 一回的 解決 문제

행정절차를 중시하는 관점에서 처분사유의 추가·변경을 엄격하게 제한하는 것이 원칙적으로 타당하다고 하더라도, 소송경제 특히 분쟁의 일회적 해결의 문제는 남는다. 처분사유의 추가·변경의 허용범위는 취소판결의 기속력(반복금지효)의 객관적 범위와 일치한다.[68] 따라서 전자를 제한하면 후자도 제한되므로, 취소판결이 선고되더라도 행정청은 前訴에서 추가·변경하지 못하였던 사유로써 다시 主文이 동일한 처분을 할 수 있게 되고, 이에 대하여 재차 행정소송이 제기되는 결과를 빚게 된다. 독일에서 처분사유의 추가·변경이 사실상 제한 없이 허용되는 가장 결정적인 근거가 바로 이러한 분쟁의 일회적 해결의 요청이다.

그러나 행정절차와 소송경제는 세계보편적으로 어느 한 쪽이 절대적으로 우월한 가치가 아니라, 각국의 법질서의 규범적·사실적 상황과 행정작용의 유형, 또는 개별행정영역의 특수성에 따라 상호 형량함으로써 우월 여부 및 우월의 정도를 결정하여야 하는 '法原理'(Rechtsprinzip)라고 할 것이다.[69] 이러한 형량의 요소로서 고려되어야 하는 우리나라 법질서의 규범적 상황은, 1998년 행정절차법 시행으로 행정절차를 중시하여야 할 당위성이 인정되었을 뿐만 아니라 판례가 일관하여 절차적 하자의 치유가능성 및 독자적 취소사유성, 위법판단 기준시 등 행정절차와 행정소송의 접점문제에 관하여 행정절차를 우선시키고 있다는 점이다. 여기에 우리나라 행정법원의 인적·물적 장비가 독일에 비하여 절대적으로 부족하다는 사실적 상황이 주요한 형량요소로 작용한다.[70] 이러한 점에서 소송경제의 요청을 희생하면서도 행

68) 즉, 대법원 1991.8.9. 선고 90누7326 판결에 의하면, 행정청이 前訴에서 처분사유의 추가·변경이 허용되지 아니하였던 사유를 들어 재처분을 하는 것은 취소판결에 저촉되지 않는다고 한다.

69) 法原理의 본질과 방법론적 의미에 관해 拙著, 행정법의 체계와 방법론[행정법연구 1], 제 1 장 행정법에 있어서의 이론과 실제, 42면 이하; 제12장 법체계와 실천이성, 493면 이하 참조.

70) 현재 우리나라에서 행정소송을 전담하고 있는 법관은 서울행정법원, 지방법원 행정부, 고등법원 특별부의 법관, 그리고 대법원 재판연구관과 대법관을 모두 포함하여 약 100명에 불과한 반면, 독일에서 행정소송 담당법관은 1995년 모두 약 3,900명(행정법원 2,200명, 사회법원 1,100명, 조세법원 600명)이다. Jost Pietzcker, Die Verwaltungsgerichtsbarkeit als Kontrollinstanz, in: Schmidt-Aßmann/Hoffmann-Riem (Hg.), Verwaltungskontrolle, Baden-Baden 2001, S. 89-

정절차를 중시하여 처분사유의 추가·변경을 엄격하게 제한하는 판례의 태도는 원칙적으로, 통상적인 침익처분, 특히 제재처분의 경우에, 타당하고 할 것이다.

그러나 거부처분의 경우에는 사정이 다르다. 이에 관해 살펴보면, 위 2.에서 본 바와 같이 판례는 거부처분에 관해서도 처분사유의 추가·변경을 엄격하게 제한하고 있다.[71] 그리하여 실무상 — 소위 '쟁점주의'라 하여 — 당초 처분에 제시된 거부사유만을 심리대상으로 하고 있다. 따라서 그 거부사유의 위법성을 이유로 당해 거부처분이 취소되더라도, 그 취소판결의 기속력은 심리의 대상이 되었던 당해 거부사유에만 미치기 때문에, 행정청은 다른 사유를 들어 다시 거부처분을 할 수 있게 되고 이에 대해 다시 취소소송이 제기되어 그 거부처분이 취소되더라도 또 다시 다른 사유로써 거부처분을 하고… 이와 같은 과정은 무한히 반복될 수 있으므로 소송경제의 요청은 완전히 무시된다. 그렇다고 하여 행정절차의 이념이 완벽히 실현되는 것도 아니다. 즉, 행정절차를 통해 행정청이 당해 신청에 대한 거부사유들을 모두 밝혀내어 이를 일괄적으로 제시하는 것이 행정작용의 適正性과 透明性의 확보라는 행정절차의 이념에 합치되는 것임에도, 위와 같은 쟁점주의로 인해 행정청은 거부사유들을 모두 밝힐 노력도 하지 않고 또한 밝혀진 거부사유들 중에서도 가장 자신 있는 하나의 사유만을 제시하고서는 사태의 추이를 관망할 우려가 있다. 뿐만 아니라, 권리구제의 효과도 거의 없다. 거부처분이 취소되더라도 다른 거부사유로 다시 거부처분이 내려질 수 있다는 것은 단지 거부처분이 '유예'된다는 것을 의미할 뿐이기 때문이다. 통상의 침익처분의 경우에는 다른 처분사유로 동일한 처분이 재차 내려지더라도 그 때까지 권리침해가 유예되는 효과가 발생하는 것과 근본적으로 다르다.

---

116 (93) 참조.

71) 위 491면의 ⑥-⑨판결 참조.

위와 같은 문제를 해결하는 방법은 처분사유의 추가·변경의 허용범위를 당해 신청에 대해 제시될 수 있는 모든 거부사유들에까지 확대하는 것이다. 그리하여 소송중에는 피고 행정청이 모든 가능한 거부사유들을 모두 추가·변경할 수 있되, 그 거부사유들이 모두 배척되어 거부처분이 취소되면 이제는 다른 거부사유들을 이유로 다시 거부처분을 할 수 없도록 하는 것이다. 이와 같이 되더라도 행정절차의 이념은 훼손되지 않고 오히려 행정절차가 활성화될 수 있다. 행정청은 최초의 행정절차 단계에서 모든 가능한 거부사유들을 밝히고자 최선의 노력을 다할 것이기 때문이다.

그러나 판례에서와 같이 '처분사유' 상호간의 동일성을 문제삼는다면, 비록 그 동일성을 기본적 사실관계에 비추어 판단한다고 하더라도 거의 대부분 동일성이 인정되기 어려워 — 위 ⑥-⑨판결(491면)에서와 같이 — 처분사유의 추가·변경이 허용될 수 없다. 이를 극복하는 방법으로, 당해 신청을 거부할 수 있는 사유들은 모두, 당해 신청의 대상인 일정한 사회적 사실에 관련된 것이라는 점에서, 서로 기본적 사실관계에 있어 동일하다고 보는 방안이 강구될 수 있다. 예컨대 위 ⑧판결에서, 인근주민의 동의서 不提出과 자연경관의 훼손은 당해 토석채취에 관련된 것이므로 그 기본적 사실관계가 동일하다고 보는 것이다. 그러나 이러한 방법은 판례에서 말하는 기본적 사실관계라는 것이 거부의 '사유'에 관한 것이지 거부의 '대상'에 관한 것은 아니라는 비판을 면하기 어렵다.[72] 따라서 근본적인 방법으로서, '처분사유'의 동일성에 초점을 맞추는 판례의 기준 자체를 수정하지 않으면 아니된다. 그러면서도 통상적인 침익처분에 관해서는 처분사유의 추가·변

72) 이러한 이유 때문에, 원래 본 논문에서 위와 같이 '거부사유'의 동일성을 확대하는 방법을 통해 거부처분에 있어 처분사유의 추가·변경의 허용범위를 확대하고자 하였으나(행정판례연구 제 7 집, 2002, 244면 참조), 本書에서는 아래와 같이 '처분'의 동일성을 처분사유의 추가·변경의 허용기준으로 삼는 방법론을 채택하게 된 것이다.

경을 엄격히 제한하는 판례의 취지를 살릴 수 있는 방법론을 정립할 것이 요청된다.

(4) 訴訟物의 要素로서의 '處分'의 同一性

이러한 難題를 해결할 수 있는 열쇠는 과세처분에 있어 처분사유의 추가·변경의 허용범위에 관한 판례에서 찾을 수 있다. 즉, 판례는 과세처분에 관하여 "처분의 동일성이 유지되는 범위" 또는 "동일한 소송물의 범위"를 처분사유의 추가·변경의 허용기준으로 삼고 있다.[73] 그리하여 판례의 문구만을 본다면, 일반 취소소송에서는 '처분사유'의 동일성으로, 과세처분 취소소송에서는 '처분'의 동일성 또는 '소송물'의 동일성으로, 각기 처분사유의 추가·변경의 허용범위가 다른 것으로 보인다.[74] 그러나 과세처분 취소소송도 행정소송법에 의한 취소소송이기 때문에 취소소송이라는 큰 틀 아래에서 통일적으로 파악하되 그 대상인 처분의 유형에 따라 특수성이 반영되는 것으로 이해하여야 한다.[75] 이러한 관점에서, 판례가 말하는 '처분사유'의 동일성, '처분'의 동일성 및 '소송물'의 동일성을 아우르는 기준을 정립하면 다음과 같다. 즉, 취소소송의 소송물은 '처분의 위법성 일반'으로서, 이 가운데 전반부의 '처분'의 동일성이 바로 취소소송 상호간에 소

73) 대법원 1997.5.16. 선고 96누8796 판결; 1997.10.24. 선고 97누2429 판결; 1999.9.17. 선고 97누9666 판결; 1999.12.24. 선고 98두16347 판결; 2000.2.11. 선고 98두342 판결; 2000.3.28. 선고 98두16682 판결; 2001.6.15. 선고 99두1731 판결; 2001.8.24. 선고 2000두4873 판결; 2001.10.30. 선고 2000두5616 판결 등. 이 판결들에서 모두 처분사유의 추가·변경이 허용되었다.

74) 실제로 상당수의 문헌에서는 이와 같이 일반 취소소송과 과세처분 취소소송의 경우를 다르게 이해하고 있다. 김태우, "취소소송에 있어서 처분사유의 추가·변경," 특별법연구 제5권, 1997, 69면 이하; 여남구, "처분의 이유제시의무와 처분사유의 추가·변경," 행정법원의 좌표와 진로 (서울행정법원 개원1주년 기념백서), 1999, 445면; 구욱서, "과세처분 취소소송의 판결확정과 재처분의 가부," 인권과 정의, 2000/3, 83면 이하; 변동걸, "취소소송에 있어서 처분사유의 추가·변경," 대법원판례해설 제8호, 1988, 296면 이하 참조.

75) 이에 관한 자세한 내용은 本書 제10장 취소소송의 소송물, 407-411면 참조.

송물의 동일성을 결정하는 요소가 되는데,[76] 그 '처분'의 동일성을 처분의 유형에 따라 각기 다르게 파악되는 것으로 이해하는 것이다. 처분의 동일성은 처분의 본질적 징표인 '규율'(Regelung)의 초점이 어디에 있는가를 기준으로 판단된다. 그리하여 제재처분의 경우에는 그 처분사유(즉, 제재사유인 위반행위)[77]에 따라, 거부처분의 경우에는 신청의 대상에 따라, 과세처분의 경우에는 — 소위 총액주의에 의거하여 — 과세단위와 세액에 따라, 질서하명처분의 경우에는 처분주문과 처분사유(즉, 규제대상인 질서교란사태)에 따라, 계획결정은 결정주문(계획내용)에 따라 각기 처분의 동일성이 결정되고, 이와 같이 결정되는 처분의 동일성 내지 소송물의 동일성의 범위 내에서 처분사유의 추가·변경이 허용되는 것이다.[78] 다시 말해, 통상적인 침익처분(제재처분·질서하명처분)에 있어서는 '처분사유'의 동일성이 처분 자체의 동일성을 결정하는 기준으로서, 여전히 처분사유의 추가·변경을 엄격히 제한할 수 있도록 종래의 판례를 유지하되, 거부처분에 있어서는 일정한 신청에 대한 모든 거부사유들이 처분의 동일성 범위 내에 속하는 것으로 보아 처분사유의 추가·변경을 허용할 수 있게 된다. 이것이 바로 바로 위(522-523면)에서 요청한 방법론이다.

(5) 裁量考慮事由의 문제

다만 한 가지 남아 있는 문제가 재량행위에 있어 재량고려사유의 취급이다. 우리 판례는 기속행위의 경우와 재량행위의 경우를 구별하지 않고 동일한 기준을 적용하고 있는데, 이를 비판하면서 기속행위에 대해서는 허용기준을 완화해야 하고 재량행위에 대해서는 처분사유의

76) 후반부의 '위법성 일반'은 다른 소송유형과의 관계에서 취소소송을 구별하는 것이다.

77) 제재처분에 있어 '처분사유'라 함은 법령상 그리고 판례상으로 제재사유인 위반행위만을 의미하고 재량(결정재량·효과재량)에 관한 정상참작사실은 제외된다. 이에 관하여 위 1.의 (3)(482면 이하) 참조.

78) 이에 관한 자세한 내용은 本書 제10장 취소소송의 소송물, 412-424면 이하 참조.

추가·변경을 일체 허용하지 말아야 한다는 견해가 있다.[79] 이는 위 비교법적 고찰(491면 이하)에서 알 수 있듯이 행정절차의 기능을 기속행위와 재량행위에 대하여 다르게 파악하는 독일 학설의 영향을 받은 것이라고 할 수 있다. 그러나 상술(517면)한 바와 같이 우리나라에서는 절차적 하자의 법적 효과에 관해 재량행위의 경우와 기속행위의 경우를 구별하지 않는 것이 판례의 확립된 태도이고 또한 그것이 우리나라의 상황 하에서 타당하다고 한다면, 처분사유의 추가·변경에 있어서도 — 영국과 미국에서처럼 — 양자를 구별할 필요가 없다고 할 것이다. 이러한 관점에서 제재처분·질서하명처분과 거부처분 및 계획결정의 경우로 나누어 살펴보기로 한다.

먼저, 제재처분과 질서하명처분의 경우에는 그것이 기속행위이든 아니면 — 거의 대부분이 그러한 것처럼 — 효과재량(결정재량·선택재량)이 부여된 재량행위이든 간에, 처분의 동일성이 유지되는, 처분사유(위반사항 또는 질서교란사태)의 동일성의 범위 내에서만 처분사유의 추가·변경이 허용되어야 한다. 재량행위라고 하여 이 점에서 차이가 있을 수 없다. 문제는 재량행위인 경우 결정재량과 선택재량에 관한 재량고려사유인데, 위 1.의 (3)(483면 이하)에서 본 바와 같이 우리나라에서는 일반적으로 제재처분의 재량고려사유는 아예 '처분사유'에서 제외됨으로써 처분사유의 추가·변경의 문제가 발생하지 않는 것으로, 따라서 그 추가·변경이 제한 없이 허용되는 것으로 간주되고 있다. 독일에서는 상술한 바와 같이 재량고려사유의 추가·변경도 처분사유의 추가·변경의 — 심지어 중심적인 — 문제로서 논의되는데, 학설상 그 허용범위를 제한하거나(504면의 ㉯, ㉰견해) 아니면 허용성 자체를 부정하는 견해(503면의 ②견해)가 유력하지만, 독일의 판례(505면 이하)는 여전히 재량고려사유의 추가·변경도 사실상 제한 없이 허용하고

79) 柳至泰, "행정소송에서의 행정행위 근거변경에 관한 대법원 판례분석," 사법행정 1993/6, 67면.

있다. 우리나라에서도 제재처분의 재량고려사유도 일단 처분사유의 추가·변경의 문제에 포함시켜 고찰하되, 제재의 量定에 관한 고려사유들은 모두 처분의 동일성의 범위 내에서 속하기 때문에 제한 없이 추가·변경이 허용되는 것으로 이해하여야 할 것이다. 앞서 본 판례(각주 13)에서와 같이 그러한 재량고려사유가 행정절차법상 이유제시의무에 속하지 않는 것으로 보는 이상, 그것의 추가·변경을 제한 또는 금지하고자 한다면 매우 부당한 결과가 초래된다. 이유제시의무가 없다는 것은 행정청이 처분당시에 제시하지 않고 있다가 소송에 이르러 비로소 그 재량고려사유를 아무런 제한 없이 주장할 수 있다는 것인데, 행정청이 자발적으로 처분당시에 처분이유로 제시한 경우에는 소송상 추가·변경의 허용 여부가 문제된다는 것은 행정청이 이유제시를 충실히 하면 할수록 소송에서 불리한 위치에 서게 되는 결과가 되기 때문이다. 이와 같이 처분사유의 추가·변경의 허용범위는 이유제시의무의 범위에 따라 달라진다.

다음으로, 거부처분에 관해 살펴보면, 위에서 피력한 私見에 의하면, 신청 대상인 수익처분의 발급을 위한 일정한 법정요건이 충족되지 못하였다는 거부사유들은, 그 수익처분이 기속행위인 경우이든 재량행위의 경우이든 간에, 모두 처분의 동일성의 범위 내에서 속할 뿐만 아니라, 재량행위인 경우에 법정요건 이외의 재량고려사유(즉, 재량에 의한 거부사유)도 마찬가지이다. 거부처분에 있어 규율의 핵심은 신청대상인 수익처분의 발급거부에 있고, 그 거부사유들은 모두 그 규율을 위한 수단에 불과하기 때문이다. 그 수익처분이 재량행위라고 해서, 또한 재량거부사유라고 해서 차이가 있을 수 없다. 상술(521면 이하)한 바와 같이 거부처분 취소소송에 있어서는 처분사유의 추가·변경의 허용범위를 확대하여 취소판결의 기속력의 범위를 확장함으로써 분쟁의 일회적 해결을 기해야 한다는 것은 오히려 재량거부사유의 경우에 더욱 절실하다. 재량거부사유는 행정청이 무한히 새로운 것으로 대체할 수 있기 때문이다.

(6) 取消訴訟의 機能과 性質

이상에서 본 바와 같이 처분사유의 추가·변경 문제는 주로 직권탐지주의, 행정절차의 비중, 소송경제 내지 분쟁의 일회적 해결 등과 관련하여 논의되고 있고 또한 이들이 가장 핵심적인 쟁점이 된다. 그러나 私見에 의하면, 취소소송의 기능과 성질도 밀접한 관련이 있다고 본다. 이러한 생각의 단초는, 상술(511면)한 바와 같이, 독일과는 반대로 프랑스에서는 처분사유의 추가·변경에 상응하는 처분이유의 대체(substitution de motifs)를 엄격히 제한하는 판례가 1979년 행정청의 이유제시(motivation)의무를 규정한 법률이 제정되기 이전부터 확립되어 있다는 점이다. 그 이전에는 프랑스도 독일과 같은 대륙법국가로서, 영미법국가와 달리 행정절차가 그다지 중시되지 않았기 때문에, 처분사유의 추가·변경에 관해 독일과 프랑스가 정반대의 입장을 취하게 된 것이 행정절차의 비중과는 직접 관련이 없다는 것을 알 수 있다. 그런데 독일과 프랑스에서 정반대인 것은 행정소송(취소소송)의 기능과 성질이다. 즉, 독일에서는 취소소송이 원고의 권리를 구제하기 위한 '주관소송'으로서, 위법한 행정행위의 효력(실체적 공정력)을 소급적으로 취소하는 '형성소송'으로 파악되는 반면, 프랑스에서는 취소소송에 상응하는 월권소송이 행정의 적법성을 통제하기 위한 '객관소송'으로서, 위법한 행정행위의 효력을 취소하는 형성소송이 아니라 행정행위의 위법성을 확인하여 예선적 특권에 의한 적법성 추정을 깸으로써 행정행위가 처음부터 무효이었던 것으로 확정하는 '확인소송'으로서의 성질을 갖는다.[80] 이상과 같은 취소소송의 기능과 성질에 관

80) 이에 관한 자세한 내용은 本書 제 4 장 인류의 보편적 지혜로서의 행정소송, 121면 이하 참조.

한 차이에서 연유하여 처분사유의 추가·변경에 관해서도 정반대 입장이 생긴 것이 아닌가 라는 추정이 가능해진다.

먼저 취소소송의 기능에 관해 살펴보면, 독일의 '주관소송'의 관점에서는 취소소송이 원고의 권리, 즉 행정행위의 위법성과 권리침해를 이유로 한 행정행위 취소청구권을 확정하기 위한 소송으로 관념되기 때문에, 그 권리의 확정을 위한 당사자 사이의 攻防이 핵심이고, 따라서 당초 행정행위에 제시되었던 '처분이유'(Begründung)는 소송상 계쟁 행정행위의 적법성을 뒷받침하기 위한 처분사유(Gründe)로 전환되고, 그리하여 처분이유에 포함되지 않았던 사유도 제한 없이 처분사유로 추가·변경되어 주장될 수 있는 것이라고 할 수 있다. 반면에 프랑스의 '객관소송'의 관점에서는 월권소송이 계쟁 행정행위의 객관적 적법성 여부를 판단하기 위한 절차로 파악되기 때문에, 그 절차에서의 원고와 피고 행정청의 주장은 의미가 없고 그 판단대상인 행정행위의 원래의 처분이유(motifs)만이 문제되고 소송과정에서 이를 수정하는 것이 허용되지 않는 것이라고 할 수 있다. 유의할 것은 독일의 일부 문헌에서 처분사유의 추가·변경을 제한하는 관점에서 원고의 권리구제를 강조하고, 반대로 처분사유의 추가·변경의 원칙적 허용을 찬성하기 위해 취소소송이 행정의 객관적 적법성 통제 기능도 아울러 가진다는 점을 강조하고 있다는 점이다.[81] 그러나 이는 소위 '실체적으로 적법한 이유제시에 대한 청구권' 문제를 둘러싸고, 한편에서는 이러한 청구권을 인정하기 위하여 원고의 권리구제를 강조하고, 다른 한편에서는 이를 부정하기 위하여 행정의 객관적 적법성 통제를 강조하는 것이라고 할 수 있다. 다시 말해, 원고의 (이유제시에 관한) 절차적 권리에 초점을 맞춘 것이다. 그 대신에 원고의 소송상 권리, 즉 행정

81) Wolf-Rüdiger Schenke, a.a.O. (Das Nachschieben von Gründen im Rahmen der Anfechtungsklage), S. 2; Horn, a.a.O., S. 228 f.

행위 취소청구권에 초점을 맞추게 되면,[82] 위와 같은 필자의 이해와 같이, 그 '권리'의 소송상 확정이 강조될수록 처분사유의 추가·변경이 넓게 허용되고, 반대로 '행정의 적법성' 통제가 강조될수록 처분사유의 추가·변경이 제한되는 것으로 볼 수 있다.

다음으로 취소소송의 성질에 관하여, 독일의 '형성소송'의 관점에서는 행정행위를 취소하는 시점, 즉 判決時를 기준으로 그 때까지 소송에서 행정행위의 적법성을 뒷받침하기 위해 주장된 사유들을 모두 고려하여 판단해야 하기 때문에 처분사유의 추가·변경이 널리 허용되는 것으로 이해할 수 있다. 반면에 프랑스의 '확인소송'의 관점에서는 행정행위의 위법성을 확인하여 처음부터 무효이었음을 확정하는 것이므로 당초의 처분이유가 판단대상이 되고 소송과정에서 어떠한 사유들이 적법성 근거로 주장되었는가는 문제삼지 않는다고 할 것이다.

위와 같은 취소소송의 기능과 성질에 있어서의 차이점은 한 마디로 말해 취소소송이 續審인가 事後審인가 라는 문제로 설명될 수 있다. 즉, 주관소송/형성소송의 관점에서는 행정소송이 제기된 이후에도 계쟁 행정행위에 관한 상대방과 행정청의 법률관계가 존속되어 소송과정에서 행정행위의 적법성 여부에 관한 공격·방어가 계속되는 續審으로 파악된다. 이에 대하여 객관소송/확인소송의 관점에서는 행정소송이 제기되면 행정행위를 둘러싼 상대방과 행정청의 법률관계는 종료되고 종전의 행정행위를 사후적으로 심사하는 事後審이 되는 것이다. 상술(517면)한 바와 같이 독일에서는 많은 경우에 취소소송의 위법판단 기준시가 判決時로 후퇴되어 있는 데 반해 프랑스에서는 處分時가 위법판단 기준시로 고수되고 있는 점도 이러한 續審과 事後審의 차이에서 이해될 수 있다.

82) 독일의 통설은 취소소송의 소송물을 원고의 '소송상 청구권'(prozessualer Anspruch), 즉 취소소송을 통해 권리구제를 받기 위한, '계쟁 행정행위가 위법하고 그로 인해 자신의 권리가 침해되었다는 원고의 주장'으로 파악하고 있다. 이에 관해 本書 제10장 취소소송의 소송물, 369면 이하(특히 370면 ③, 373면 ③) 참조.

이상의 고찰에 의거하여, 처분사유의 추가·변경을 엄격히 제한하고 위법판단 기준시를 예외 없이 處分時로 파악하고 있는 우리나라의 판례를 보면, 우리의 취소소송의 기능과 성질이 프랑스의 월권소송과 마찬가지로 객관소송/확인소송/사후심에 해당한다는 점을 단적으로 알 수 있다.[83] 영국과 미국의 행정소송도 본질적으로 객관소송/확인소송/사후심으로서의 성격을 갖고 있다.[84] 우리나라와 영국·미국에서는 이러한 취소소송의 기능과 성질에 '행정절차'의 비중이 추가됨으로써 처분사유의 추가·변경이 매우 엄격히 제한되는 반면, 프랑스에서는 취소소송의 기능과 성질의 측면에서는 동일하지만 행정절차의 비중이 지금까지 비교적 크지 않기 때문에 기속행위에 대해서는 처분사유의 추가·변경이 예외적으로 허용된다고 할 수 있다.

요컨대, 우리 판례가 처분사유의 추가·변경을 엄격히 제한하고 있는 것은 취소소송이 객관소송의 기능과 확인소송의 성질을 갖는다는 점에서도 설명될 수 있고, 동시에 이러한 취소소송의 기능과 성질의 주요한 논거를 이루는 것이다.

(7) 關聯問題

먼저, 우리 판례가 처분사유의 추가·변경이 당초 제시된 처분이유와 기본적 사실관계에 있어 동일한 범위 내에서만 허용된다고 하면서 실제로 — 법령의 근거만을 변경하는 것을 제외하면 — 기존의 불명확한 이유를 구체화하는 경우만을 허용함으로써 처분사유의 추가·변경과 (불명확한) 이유제시의 추완의 차이점이 상대화되고 있다는 점을 지적하여야 할 것이다.

다음으로, 행정청이 소송과정에서 허용범위를 벗어나 처분사유를

83) 취소소송의 객관소송·확인소송적 성격에 관한 자세한 내용은 本書 제 5 장 취소소송의 성질과 처분개념, 160면 이하, 168면 이하 참조.

84) 이에 관해 本書 제 4 장 인류의 보편적 지혜로서의 행정소송, 124면 이하 참조.

추가·변경하면 법원으로서는 이를 판단대상으로 삼아서는 아니 된다. 그러한 처분사유의 추가·변경은 처분의 동일성을 깨뜨리는 것이므로, 원고로서는 그로 인해 종전의 처분이 변경된 것으로 간주하여 행정소송법 제22조 제 1 항에 따라 소변경을 신청할 수 있다고 할 것이고, 이를 법원이 허가하면 전심절차가 요구되는 경우에도 동조 제 3 항에 의해 이를 거칠 필요가 없게 된다.[85] 처분이 변경된 것이므로 이로써 종전의 처분은 소멸하였다고 할 것이다. 따라서 상술(504면)한 바와 같이 독일에서는 이에 대하여 더 이상 취소소송은 불가능하고 소위 계속확인소송으로 전환되어야 하지만, 우리나라에서는 행정소송법 제12조 후문에 따라 종전의 처분에 대해서도 취소로 인하여 회복되는 법률상 이익이 있는 한 여전히 '취소'를 구할 수 있다.[86] 따라서 원고가 종전의 처분도 함께 다투고자 한다면 교환적 소변경이 아닌 추가적 소변경을 하면 될 것이고, 이로써 취소소송의 대상이 두 개가 되는데, 법원은 종전의 처분에 관한 취소의 법률상 이익이 없으면 이에 대하여 각하판결을 하고 변경된 처분에 대해서만 본안판단을 하여야 할 것이다.

85) 유의할 것은 우리 행정소송법상 이러한 처분변경으로 인한 소변경 신청에 대하여, 독일법과는 달리, 처분의 변경이 있음을 안 날로부터 60일의 기간 제한(제22조 제 2 항)이 있다는 점이다. 그 기간이 도과하면 변경된 처분에 불가쟁력이 발생하여 원고에게 불리하다는 점을 이유로 우리나라에서는 허용 범위를 넘는 처분사유의 추가·변경에 대하여 처분변경으로 인한 소변경을 인정해서는 아니 된다는 견해가 있을 수 있다. 그러나 이 때의 처분변경은 소송 내에서 추단 내지 의제된 것으로서, 소송의 신속을 위하여 60일의 기간 제한은 적용된다 하더라도, 소송 외에서 정식의 — 처분의 방식에 관한 행정절차법 제24조의 규정에 따른 — 처분으로 이루어지지 않는 한, 불가쟁력은 발생하지 않는다고 할 것이다. 다시 말해, 처분변경으로 간주하여 소변경 신청을 할 수 있다는 것일 뿐 반드시 하여야 하는 것은 아니므로, 원고의 선택의 폭을 넓힌다는 취지에서 처분변경으로 인한 소변경을 인정하는 것이 타당하다고 생각한다. 원고가 소변경을 신청하지 않으면 그 추가·변경된 처분사유는 법원의 판단대상이 되지 못한다는 점은 물론이다.

86) 이 때의 '취소'는 엄격히 말해 위법성의 확인을 의미한다. 상술한 바와 같이 이는 우리나라 취소소송이 확인소송적 성질을 갖는다는 주요한 논거가 된다. 이에 관해 특히 本書 제 8 장 취소소송의 소의 이익과 권리보호필요성, 319면 이하 참조.

마지막으로 행정심판에서도 처분사유의 추가·변경이 동일하게 제한되어야 하는가 라는 문제가 있다. 독일에서는 취소소송의 대상이 "행정심판 재결에 나타난 형태로서의 원래의 행정행위"(행정법원법 제79조 제1항 1호)이다. 다시 말해, 행정행위는 행정심판을 거치면서 그 내용과 형태가 최종 결정되기 때문에, 행정심판 단계에서는 아무런 제한 없이 처분이유를 추가·변경할 수 있다. 심지어 이러한 처분이유의 추가·변경 가능성에 바로 '행정의 자기통제'라는 행정심판의 존재 의의가 있다고 말해진다.[87] 이는 독일에서 행정심판이 행정소송과는 본질적으로 다른 것으로서, 행정절차의 일환으로 파악되기 때문이다. 우리나라에는 상술(각주 16)한 바와 같이 행정심판이 제기되면 더 이상 이유제시의 추완이 허용되지 않는다는 1984년의 판례가 있다. 이는 우리나라에서 행정심판이 일반적으로 행정소송에 준하는 쟁송절차로 파악되고 있다는 점에 근거를 찾을 수 있을 것이다. 그러나 생각건대, 헌법 제107조 제3항은 행정심판은 사법절차가 준용되어야 한다고 규정하고 있으나, 이는 행정심판의 절차적 구성에 관한 것이고, 행정심판이 본질적으로 '행정의 자기통제'로서의 기능을 갖고 있다는 점은 부정할 수 없다. 이유제시의 추완과 처분사유의 추가·변경은 상술한 바와 같이 행정절차의 비중과 소송경제 내지 분쟁의 일회적 해결이라는 두 개의 가치가 충돌하는 문제로서, 양자의 비교형량에 의해 해결되어야 할 것인데, 행정심판에 있어서는 위와 같은 행정심판의 특수성에 비추어 소송경제를 우선시켜야 할 것이다. 이러한 이유에서 행정심판에서는 이유제시의 추완과 처분사유의 추가·변경이 원칙적으로 허용되는 것으로 보아야 한다.[88]

87) Horn, a.a.O., S. 208 f.

88) 이에 관해 拙稿, "행정심판법의 구조와 기능," 행정법연구 제12집, 2004, 247면 이하, 260면 이하 참조.

5. 對象判決의 檢討

결론적으로, 대상판결이 종래의 판례에 따라 이 사건 의료보험요양기관지정 취소처분에 있어 처분사유의 추가·변경의 허용범위를 당초 제시된 처분이유와 기본적 사실관계에 있어 동일한 범위 내로 제한하는 것은 행정절차, 특히 이유제시와 원고의 방어권(의견제출·청문)의 관점에서 타당하다. 제재처분에 있어서는 법령상 규정된 위반행위의 유형마다 원칙적으로 기본적 사실관계를 달리하는 것으로 보아야 한다. 제재처분의 경우에는 특히 행정절차상의 방어권 보장이 중요하고 그 방어의 주된 대상이 바로 위반사유이므로, 이에 관한 기본적 사실관계의 동일성 판단을 엄격하게 하여야 한다. 이러한 관점에서, 피고 행정청이 이 사건 처분의 취소를 면하고자 원심에서 주장한 첫 번째 사유인 '보건복지부 장관의 제출명령에 대한 위반'의 점에 대하여, 대상판결이 이는 당초 처분이유로 제시된 '본인부담금 수납대장의 不備置'와 기본적 사실관계에 있어 동일하지 않다고 판단하여 그러한 처분사유의 추가·변경을 허용하지 않은 것은 타당하다고 할 것이다. 따라서 이 부분에 관한 대상판결의 判旨에 찬동한다.

피고 행정청이 원심에서 주장한 두 번째 점은 이 사건 처분이 행정행위 철회의 성격을 갖는 것으로서, 원고 운영의 의원에 대한 요양기관지정을 철회하여야 할 공익상의 필요가 절실하다는 것이다. 여기서 이 사건 처분이 행정행위 철회의 '성격을 갖는 것'이라는 의미가 무엇인가? 이 사건 처분이 '원래부터' 행정행위의 철회이었다는 의미로 이해한다면 피고 행정청의 위 주장도 역시 처분사유의 추가·변경에 해당한다. 즉, 당초에는 원고의 위반행위(본인부담금 수납대장 不備置) 자체를 철회사유로 삼았지만, 이제 그러한 위반행위로 인하여 요양기관지정을 중단해야 할 공익상 필요가 생겼다는 것을 철회사유로 한다는 것이다. 이에 따르면, 행정행위의 '철회'는 상위개념으로서, 일정한 위반행위를 이유로 하는 개별법령상의 취소(즉, 制裁撤回)와 공익상 필요를 이유로 하는 철회(公益上 撤回)가 모두 여기에 포함되는 것으로 보면, 이 양자는 철회의 처분사유에 불과한 것이다. (양자가 객관적으로 이러한 관계에 있는 것인지, 또한 피고 행정청의 주장을 과연 위와 같은 취지로 파악해야 하는지, 그렇다면 양자는 기본적 사실관계의 동일성이 인정되어 처분사유의 추가·변경이 허용될 수 있는지 등의 문제를 검토하기 위해서는 제재철회와 공익상 철회의 관계를 좀더 깊이 고찰할 필요가 있으므로, 이에 관해서는 아래 Ⅳ. 548면 이하에서 논의하기로 하고, 여기서는 결론을 유보한다.)

반면에, 이 사건 처분이 행정행위 철회의 '성격을 갖는 것'이라는 피고 행정청의 주장을 이 사건 처분이 '원래' 행정행위 철회로서 행해진 것은 아니지만 이제 그것이 행정행위 철회이었던 것으로 '바꾸어' 본다는 의미로 이해할 수도 있다. 즉, 이 사건 처분을 행정행위 철회로 轉換한다는 것이다. 이에 의하면, 이 사건 처분(제재철회)과 공익상 철회는 각기 다른 종류의 행정행위로 파악된다. 대상판결은 명시적인 언급을 하고 있지 않지만, 序說(480면)에서 이미 지적하였다시피, 처분사유의 추가·변경의 허용 범위에 대한 일반론을 위 첫 번째 점(보건복지부장관의 관계서류 제출명령에 대한 위반)에 관해서만 전개하고, 공익상 필요에 의한 철회의 주장은 이와 분리하여 다루고 있을 뿐만 아니라, 이에 관해 "요양기관지정 취소처분이 바로 행정행위 철회에 해당하여 유효하다고 주장하는 것"이라고 설시하고 있는 점에서, 이를 행정행위의 전환 문제로 파악한 것으로 보인다. 그런데 대상판결은 단지 이러한 주장이 "실질적 법치주의와 행정처분의 상대방인 국민에 대한 신뢰보호라는 견지에서," "철회로써 달성하려는 공익상의 필요와 그 상대방인 국민이 입게 될 불이익을 비교할 필요도 없이" 허용될 수 없다고 하였을 뿐 더 이상 자세한 판시가 없으므로, 행정행위의 전환 자체를 부정한 것인지 아니면 그 허용요건이 충족되지 않았다는 것인지 명확하지 않다. 따라서 이하에서 節을 바꾸어 이러한 의문을 해결하는 데 필요한 범위 내에서 행정행위의 전환에 관하여 고찰하고자 한다.

Ⅲ. 行政行爲의 轉換

1. 槪　　說

일반적으로 행정행위의 전환이라 함은 행정행위가 원래의 행정행위로는 위법한 것이지만 이를 다른 행정행위로 보면 그 요건이 충족되는 경우에 그러한 다른 행정행위로 보아 처음부터 유효한 행정행위이었던 것으로 취급하는 것으로 정의된다. 전환의 요건으로 ① 양 행정행위 사이에 요건·목적·효과에 있어 실질적 공통성이 있고, ② 원래의 행정행위가 전환 후의 행정행위로서의 성립·효력요건을 갖추고 있어야 하며, ③ 원래의 행정행위를 한 행정청의 의도에 반하지 않아야 하고, ④ 당사자에게 원래의 행정행위보다 불이익을 부과하는 것이 아니어야 하며, ⑤ 제3자의 이익을 침해하는 것이 아니어야 한다고 한다. 종래의 통설은 무효인 행정행위에 대해서만 전환을 인정하였지만, 위법성의 정도가 보다 경미한 단순위법의 행정행위에 대해서도 이를 인정할 수 있다는 것이 현재의 일반적 경향이다.[89)]

문제는 법적 근거이다. 실정법적 근거로서 무효행위의 전환에 관

89) 金東熙, 행정법 Ⅰ, 2002, 318면 이하; 金鐵容, 행정법 Ⅰ, 2002, 232면 이하; 朴鈗炘, 행정법강의(상), 2001, 435면 이하; 金南辰, 행정법 Ⅰ, 2002, 293면 이하 참조.

한 민법 제138조의 유추적용이 언급되기도 하지만,[90] 일반적으로 行政經濟와 法的 安定性의 관점에서 위와 같은 엄격한 요건 하에서 행정행위의 전환을 허용하더라도 법치행정원칙에 반하지 않는다는 설명과 더불어, 그 입법례로서 독일 행정절차법 제47조가 소개되고 있다.[91] 이를 인정한 우리나라 판례로서 사망자에 대한 처분을 상속인에 대한 처분으로 인정한 오래된 대법원 및 하급심 판결 2개[92]가 제시되고 있으나, 이는 후술(543면 이하)하는 바와 같이 행정행위의 전환을 인정한 것이 아니다. 따라서 현재 우리나라에서 행정행위의 전환이라는 개념은 말하자면, 행정법의 일반원칙 및 비교법에 의거한 이론의 형태로 인정되고 있으나, 아직 판례·실무상 완전히 정착된 개념은 아니라고 할 것이다. 따라서 본고에서는 먼저 독일법을 중심으로 비교법적 고찰을 한 다음 우리나라 판례의 경향을 분석하고 대상판결을 검토하기로 한다.

2. 比較法的 考察

(1) 독 일

1) 독일 행정절차법 제47조 제1항은 "하자 있는 행정행위는, 그것과 동일한 목적을 지향하는 어떤 다른 행정행위가 처분청에 의해 당해 절차와 형태로 적법하게 발해질 수 있었으며 또한 그 발령요건이 충족되는 때에는, 그 다른 행정행위로 전환될 수 있다"고 규정

90) 朴鈗炘, 전게서, 436면. 민법 제138조는 "무효인 법률행위가 다른 법률행위의 요건을 구비하고 당사자가 그 무효를 알았더라면 다른 법률행위를 하는 것을 의욕하였으리라고 인정될 때에는 다른 법률행위로서 효력을 가진다"고 규정하고 있다.

91) 특히 柳至泰, "行政行爲의 轉換에 관한 法理," 사법행정 90.1/90.2; 姜求哲, "독일에 있어서 瑕疵있는 행정행위의 轉換에 관한 考察," 사법행정 91.5; 朴鍾局, "독일법상의 瑕疵있는 行政行爲의 轉換要件에 관한 고찰," 공법연구 제31집 제1호 2002.11, 495면 이하 참조.

92) 대법원 1969.1.21. 선고 68누190 판결; 서울고등법원 1971.9.14. 선고 68구539 판결.

함으로써 행정행위의 전환(Umdeutung)을 명시적으로 인정하고 있다.[93] 전환의 요건으로서, 위 조항에서 이미 ① 원래의 행정행위와 전환 후의 행정행위 사이의 목적 동일성, ② 전환 후의 행정행위의 형식적·실체적 적법성이 요구되고 있으며, 이어 동조 제 2 항은 ③ 행정청의 명백한 의사에 반하지 않을 것, ④ 전환 후의 행정행위의 법적 효과가 원래의 행정행위에 비하여 당사자에게 불리하지 않을 것, ⑤ 원래의 행정행위가 직권취소될 수 없는 것이 아닐 것[94]을 요구하고 있다. 또한 동조 제 3 항은 ⑥ 기속행위의 재량행위로의 전환을 금지하고, 마지막으로 제 4 항은 ⑦ 의견청취(Anhörung)에 관한 동법 제28조를 준용하고 있다.

2) 이와 같이 요건이 엄격하기 때문에 독일에서도 행정행위의 전환이 실제로 많이 활용되지 않고 있지만, 이에 관한 이론적·실무적 쟁점들이 많고 학설과 판례가 풍부하다. 이에 관한 본격적인 연구는 다음 기회로 돌리고, 본고에서는 단지 그 개요만을 살피기로 한다. 가장 핵심적인 쟁점은 행정행위 전환의 성립방식에 관한 것으로서, 이는 행정청의 전환행위(Umdeutungsakt)의 법적 성질 및 효력, 전

93) 이하에 관하여 학위논문인 Staporn Samalee, Die Umdeutung fehlerhafter Verwaltungsakte, Diss. Göttingen 1999; Peter N. Wirth, Umdeutung fehlerhafter Verwaltungsakte, Frankfurt a.M. 1991; Ryu, Jee-Tai, Nachholen der Begründung, Nachschieben von Gründen und Konversion von Verwaltungsakten, Regensburg 1989; 학술잡지논문인 Windthorst/Lüdemann, Die Umdeutung von Verwaltungsakten im Verwaltungsprozeß, NVwZ 1994, S. 244-247; Hans Meyer, Klausuranaylse: Die Umdeutung - der richtige Rettungsanker? JuS 1989, S. 909-913; Hans-Werner Laubinger, Die Umdeutung von Verwaltungsakten, VerwArch 78 (1987), S. 207-227, 345-367; Wolf-Rüdiger Schenke, Die Umdeutung von Verwaltungsakten, DVBl. 1987, S. 641-654; Felix Weyreuther, Zur richterlichen Umdeutung von Verwaltungsakten, DÖV 1985, S. 126-136; Ulrich Prutsch, Konversion von Straßenbaubeiträgen nach Bundesbaugesetz oder Kommunalabgabengesetz, DÖV 1981, S. 941-913 참조.

94) 이는 주로 행정절차법 제48조에 의거한 신뢰보호를 이유로 수익적 행정행위의 직권취소가 제한되는 경우를 가리킨다.

환의 주체, 권리구제의 방법 등 나머지 거의 모든 쟁점들과 연결된다.

제 1 설은 행정행위 전환은 위와 같은 요건들이 충족되면 '법률상 당연히'(kraft Gesetz) 성립하는 것으로 본다. 이에 의하면, 행정청의 전환행위는 전환이 성립되었음을 선언하는 인식행위(deklaratorischer Erkenntnisakt)에 불과하고 그 효력 발생 여부는 법원의 종국판결에 의하여 비로소 확정되며, 행정청 이외에 상대방도 전환을 주장할 수 있고, 법원도 당사자의 주장과 관계없이 전환을 인정할 수 있다. 행정청의 전환행위에 대하여는 상대방은 원래의 행정행위에 대한 취소소송을 제기하면서 전환의 불성립을 주장하거나, 전환된 새로운 행정행위가 존재하지 않는다는 확인소송을 제기할 수 있다고 한다. 이것이 판례의 주류적 태도이며 전통적 견해이다.[95]

제 1-1 설은 행정행위 전환의 성립에 관해서는 제 1 설과 같고 따라서 상대방과 법원도 전환의 주체가 될 수 있다고 하지만, 행정청의 전환행위를 확인적 행정행위로 본다는 점이 다르다. 이에 따르면, 행정청의 전환행위가 있으면 행정행위의 공정력(행정절차법 제43조 제 2 항)에 의거하여 즉시 전환의 성립을 — 객관적 내지 실체법적으로 전환이 성립되었는지 여부와는 관계없이 — 확인하는 효력이 발생하고 상대방이 제소기간 내에 취소소송을 제기하여 전환행위가 취소되지 않으면 불가쟁력에 의해 확정된다. 법적 안정성이 주된 논거이다. 원래의 행정행위를 다투기 위해서는 전환행위와는 별도로 이에 대한 취소소송이 제기되어야 한다.[96]

95) BVerwG, NVwZ 1993, 976 (977); OVG Münster, NWVBl. 1991, 296 (298); BVerwG, NVwZ 1984, 645; VGH Mannheim, NVwZ 1985, 349; OVG Bremen, DÖV 1984, 125; Maurer, Allgemeines Verwaltungsrecht. 14. Aufl., 2002, § 10 Rn. 44; Würtenberger, Verwaltungsprozeßrecht, 1998, Rn. 622; Ule/Laubinger, Verwaltungsverfahrensrecht. 4. Aufl., 1995, § 274 Rn. 20; Stelkens/Bonk/Sachs, Verwaltungsverfahrensgesetz. 6. Aufl., 2001, § 47 Rn. 1 ff.; Obermayer, Verwaltungsverfahrensgesetz. 3. Aufl., 1999, § 47 Rn. 5; Samalee, a.a.O., S. 208 ff.

96) Laubinger, a.a.O., S. 345 ff. (348).

제 2 설은 행정행위의 전환은 단지 형성적 행정행위인 행정청의 전환행위를 통해서만 성립되는 것으로서, 상대방과 법원은 전환의 주체가 될 수 없다고 한다. 이에 의하면, 행정청의 전환행위가 있으면 공정력에 의거하여 즉시 — 형성적 행정행위이므로 — 객관적 내지 실체법적으로 전환이 성립되어 원래의 행정행위는 소멸하고 전환 후의 행정행위만이 존재하는 것으로 된다. 따라서 권리구제방법으로는, 전환행위가 아니라 전환 후의 행정행위에 대하여 취소소송을 제기할 수 있는데, 전환 후의 행정행위가 취소되면 소급적으로 원래의 행정행위가 부활하므로 이에 불복이 있으면 전환 후의 행정행위와 원래의 행정행위를 병합하여 취소소송을 제기하게 된다. 원래의 행정행위에 대한 취소소송이 제기된 상태에서 행정청의 전환행위가 있으면 소송물이 변경되므로 원고는 소변경을 신청하여야 한다고 한다.[97] 최근 학설의 유력한 경향이다.[98]

제 2-1 설은 행정절차법 제47조에 의한 행정행위의 전환은 제 2 설과 같이 단지 행정청의 형성적 행정행위에 의하는 것이라 하더라도, 무효행위의 전환에 관한 독일 민법 제140조의 유추적용에 의하여 상대방과 법원도 행정행위 전환의 주체가 될 수 있다고 한다. 행정행위의 전환이 행정청에 의한 것과 법원에 의한 것이 본질적으로 다르다는 것과 행정절차법 제47조가 민법 제140조의 유추적용을 배제하지 않는다는 것이 주된 논거이다.[99]

3) 이상과 같은 견해대립은 행정행위의 전환제도의 연혁에서

97) 원칙적으로 소변경의 적절성(Sachdienlichkeit)이 인정되므로, 피고 행정청 등 관계인이 동의하지 않더라도 법원은 소변경을 허가하게 된다.

98) Wolf-Rüdiger Schenke, a.a.O., S. 645; ders, Verwaltungsprozeßrecht. 8. Aufl., 2002, Rn. 820 ff.; Knack, Verwaltungsverfahrensrecht. 6. Aufl., 1998, §47 Rn. 2; Windthorst/Lüdemann, a.a.O, S. 245; Wirth, a .O., S. 105 f., 112 ff.; Ryu, Jee-Tai, a.a.O., S. 231 ff. 특히 권리구제의 방법에 관해서는 Windthorst/Lüdemann, a.a.O, S. 246 f.; Wirth, a.a.O., S. 225 ff. 참조.

99) Weyreuther, a.a.O., S. 126 ff. (132).

비롯된다. 즉, 독일에서는 20세기 초반부터 이미 판례·학설상 일반적으로 무효행위의 전환에 관한 민법규정[100)]의 유추적용에 의하여 행정행위의 전환이 인정되었다.[101)] 민법상 무효행위의 전환은 그 조문에서 명백하다시피 요건이 충족되면 법률상 당연히 성립하는 것이고 당사자의 전환 주장은 이를 선언하는 인식행위에 불과한 것으로 파악되기 때문에, 1976년 행정절차법이 제정되기 이전에는 위 제1설이 판례·학설상 일치된 견해이었다. 행정절차법이 제정되어 그 제47조에서 상술한 바와 같이 행정행위의 전환을 명문으로 규정하게 되면서, 그 해석을 둘러싸고 위와 같은 견해대립이 생겨난 것이다. 제2설은 무엇보다도 동조 제1항이 "하자 있는 행정행위는 … 전환될 수 있다"(Ein fehlerhafter Verwaltungsakt kann … umgedeutet werden)라고 규정하고 있기 때문에, 민법에서의 무효행위 전환과는 달리, 행정행위의 전환은 행정청의 적극적 행위에 의하여 형성적으로 이루어지는 것이라고 주장한다. 여기서 'kann'이라는 문구는 행정행위의 전환이 행정청의 재량에 속하는 것임을 나타내는 것이라고 한다. 전환의 요건으로 상대방의 불이익이 없을 것과 의견청취절차가 준용된다는 점도 행정행위의 전환이 독자적인 행정행위라는 것에 관한 추가적인 논거가 된다. 이에 대하여 제1설은 행정절차법 제47조는 그 입법이유서에 나타나 있듯이 종래의 확립된 판례·학설을 입법화한 것으로서, 단지 그 요건들을 명시하였을 뿐이라고 한다. 또한 전환의 요건으로 행정청

100) 독일 민법 제140조는 "무효인 법률행위가 다른 법률행위의 요건을 충족하는 경우에, 당사자가 무효를 알았다면 다른 법률행위의 효력 발생을 원하였으리라고 인정되는 때에는, 그 행위의 효력이 발생한다"고 규정하고 있는데, 우리 민법 138조의 내용과 동일하다.

101) 자세한 내용은 Samalee, S. 35 ff. 참조. 특히 바이마르 시대에는 제국법원의 판례에 의하여 신의성실 등 민법의 주요한 규정들이 '일반적 법관념'(allgemeiner Rechtsgedanke)이라는 형태로 행정법관계에 적용된다는 것이 승인되었는데, 무효행위의 전환에 관한 민법규정도 그 하나의 예에 속한다. 이에 관해서는 拙著(Jeong Hoon Park), Rechtsfindung im Verwaltungsrecht, Berlin 1999, S. 65 ff. 참조.

의 명시된 의사에 배치되지 않을 것이 요구되는 것은 행정청만이 전환의 주체가 아니라는 단적인 근거가 되며, 입법자가 전환을 행정행위로 파악하였다면 의견청취절차가 당연히 적용되기 때문에 굳이 '준용'(entsprechende Anwendung)되는 것으로 규정하였을 리가 없다고 반박한다.

4) 행정행위의 전환은 행정청이 원래 의도하지 않았지만 그 위법성을 알았다면 의도했었을 행정행위로 바꾸는 것으로서, 행정청의 假定的 意思를 의제하는 것이라는 점에서, 행정청이 — 외적인 형식과는 달리 — 실제로 갖고 있었던 의사를 확인하는 행정행위의 해석(Auslegung)과 구별된다고 한다.[102] 이 점은 후술(544-545면)하는 바와 같이 우리나라 판례를 검토하는 데 중요한 역할을 한다.

행정행위의 전환에 의하여 원래의 행정행위가 다른 행정행위로 바뀌는 것이므로 행정행위의 본질의 동일성의 범위 내에서 허용되는 처분사유의 추가·변경과 구별된다. 독일의 판례·통설은 상술(493면)한 바와 같이 행정행위의 '본질'(Wesen)을 행정행위의 '규율'(Regelung), 즉 법적 효력에 있는 것으로 파악한다. 따라서 행정행위의 법적 효력이 동일하면 처분사유의 추가·변경의 문제가 되고, 법적 효력이 바뀌면 행정행위 전환의 문제가 된다. (이 점은 제재철회와 공익상 철회의 관계와 관련하여 재론한다.) 다만 위에서 본 바와 같이 목적의 동일성이 행정행위 전환의 요건이므로, 법적 효력이 다르더라도 그것이 실질적으로 의도하는 효과가 동일하지 않으면 아니 된다. 또한 유의할 것은 행정행위의 전환은 전환 후의 행정행위가 실체적·형식적으로 적법할 것을 요건으로 하기 때문에 행정행위의 전환이 허용된다는 것은 — 전환 후의 — 행정행위의 적법성이 인정된다는 것을 의미하는 데 반하여, 처분사유의 추가·변경은 행정행위의 적법성을 입론하

102) Wolf-Rüdiger, a.a.O. (Die Umdeutung von Verwaltungsakten), S. 642.

기 위한 근거만을 바꾸는 것으로서, 그 추가·변경이 허용된다고 하여 바로 행정행위의 적법성이 인정되는 것은 아니라는 점이다. 추가·변경된 처분사유가 적법 여부의 판단 대상이 될 뿐이다.

행정행위의 전환에 있어서는 전환 후의 행정행위가 처음부터 적법한 것으로 간주되는 것이기 때문에, 원래의 행정행위를 직권취소하고 새로운 적법한 행정행위를 하는 것과 구별된다. 후자의 경우에는 원래의 행정행위와 새로운 행정행위 사이의 기간 동안에 효력의 공백상태가 발생하고 또한 국가배상책임이 발생할 수 있다. 처음부터 적법한 행정행위로 효력을 발생하도록 한다는 데 바로 행정행위 전환의 가장 중요한 실익이 있는 것이다.

(2) 프랑스·영국·미국

프랑스, 영국 및 미국의 문헌에서는 행정행위의 전환이라는 개념을 명문의 규정에 의한 것은 물론 私法규정의 유추적용에 의한 것도 찾을 수 없다. 다만, 프랑스에서는 상술한 바와 같이 '법적 근거의 대체'(substitution de base légale)가 사실적 근거의 변동이 없는 한 제한 없이 허용됨으로 말미암아 이에 의해 법적 효력이 다른 행정행위로 바뀌는 경우도 포함되고 있는데, 이를 독일에서의 행정행위 전환에 상응하는 것이라고 볼 수 있다. 최근 이러한 법적 근거의 대체도 행정청의 권한행사의 양태(modalité)가 동일한 범위 내에서, 다시 말해, 행정청의 동일한 평가권한(pouvoir d'appréciation) 내에서, 동일한 형식과 절차에 따라, 때로는 동일한 기간 내에서 그러한 행정행위를 할 수 있을 때에 한하여 허용되어야 한다는 주장이 제기되고 이를 반영하는 판례가 나오고 있다.[103)]

103) Chapus, op. cit. (contentieux), no 1124; Jean-Marc Peyrical, art. préc., p. 31; Marie J. Guedon, art. préc., p. 448 참조.

3. 判例의 傾向 및 對象判決의 檢討

(1) 우리나라 문헌에서 거의 예외 없이 행정행위의 전환을 인정한 판례로 들고 있는 대법원 1969. 1. 21. 선고 68누190 판결은 다음과 같이 판시하고 있다.

> "소론과 같이 사망자에게 대한 행정처분은 무효이고 그 무효의 행정처분이 그 상속인에게 송달되었다 하여서 그 무효의 행정처분이 유효화될 리 없다 함은 소론과 같다 하더라도 본건에 있어서 원심이 확정한 사실에 의하면, 피고의 전신인 성동세무서장은 원고의 전자인 소외 이경주(귀속재산이었던 본건 부동산을 불하받은 자)에게 대한 귀속재산인 본건 부동산의 불하처분을 취소하고 이를 위 이경주에게 송달하였던바, 동인이 사망하였다는 사실을 발견하고 그 상속인들에게 대하여 다시 적법히 송달을 하였다는 것이므로, 위와 같은 사실로 보아 위와 같은 행정처분을 1968. 5. 23. 사망자인 이경주의 상속인들에게 송달할 때에 망 이경주의 상속인들에 대하여 다시 그 불하처분을 취소한다는 새로운 행정처분을 한 것이라는 취지로 해석 못할 바 아니고…"

위 판결에 관하여 우선 분명히 하여야 할 것은 사망자에 대한 행정처분을 그 사망자에게 송달한 시점으로 소급하여 유효한 것으로 본 것은 아니라는 점이다. 이는 전반부의 "사망자에 대한 행정처분은 무효이고 그 무효의 행정처분이 그 상속인에게 송달되었다 하여서 … 유효화될 리 없다"라는 판시에서 쉽게 알 수 있다. 또한 원래 사망자에 대하여 한 행정처분을 상속인에게 송달한 시점까지 소급하여 유효한 것으로 본 것도 아니다.[104)] 사망자에 대한 행정처분을 상속인에게

104) 만일 위 판결과는 달리 사망자를 상대방으로 하는 처분이 그 상속인에게 송달됨으로써 — 사망자에 대한 송달일에 소급하여, 또는 상속인에 대한 송달일부터 — 유효하게 되었다고 인정하더라도, 이는 행정행위의 전환이 아니라, 하자의 치유에 해당하는 것이다. 상속인에 대한 송달이라는 적극적인 행위가 추가되었기 때문이다. 행정행위의 전환은 적극적인 행위를 추가함이 없이 단지 원래의 행정행위를 다른 행정행위로 간주하는 것이다.

송달함으로써 '상속인에 대하여' 다시 새로운 처분을 한 것으로 보았기 때문이다. 다시 말해, 사망자를 상대방으로 기재한 처분서를 상속인에게 송달한 행위가 문제의 초점이다. 이 행위는 처분서에 기재된 상대방과 송달받은 사람이 다르기 때문에 무효이다. 그렇다면 이 행위를 다른 유효한 행위(즉, 상속인을 상대방으로 하는 처분)로 전환한 것인가? 위 판결은 행정처분의 '전환'이라는 말을 사용하고 있지 아니할 뿐만 아니라 "위와 같은 사실로 보아 … 취지로 해석 못할 바 아니고"라고 판시하고 있으므로, 위 판결은 행정청의 假定的 意思를 의제함으로써 행정행위의 전환을 한 것이 아니라, 행정청의 실제 의사를 확인하는 '행정행위의 해석'을 한 것이라고 보아야 한다. 다시 말해, 처분서의 기재상으로 사망자가 상대방으로 되어 있지만 同人의 사망 사실을 알고 그 처분서를 상속인에게 다시 송달하였기 때문에, 행정청이 실제로는 상속인을 처분의 상대방으로 하겠다는 의도를 가졌던 것으로 해석할 수 있었던 것이다. (만일 행정청이 사망자의 사망 사실을 몰랐다고 한다면 행정행위의 전환으로 파악할 수 있는 여지가 있다.) 재결신청인이 사망한 경우 토지수용위원회의 재결의 효력이 상속인에 대한 것으로 전환되었다고 하는 서울고등법원 1971. 9. 14. 선고 68구539 판결도 '전환'이라는 용어를 사용하였더라도 마찬가지라고 할 것이다. 이 사건에서도 재결신청인의 사망 사실을 알고 그 — 사망자를 상대방으로 기재한 — 재결서를 상속인에게 송달하였기 때문이다.

이는 대법원 1994. 4. 26. 선고 93누13360 판결에서도 확인될 수 있다. 이 판결은 다음과 같이 판시하고 있다.

> "사망자를 송달받을 자로 하여 행하여진 수용재결서의 송달은 그 상속인들에 대한 송달로서의 효력을 인정할 수 없으므로 수용재결에 대한 이의신청기간은 사망자에 대한 수용재결서정본 송달일로부터 진행된다고 할 수 없고, 그 상속인들을 송달받을 자로 하여 그들에 대하

여 별도의 송달이 있은 날로부터 비로소 진행된다고 보아야 할 것인 바…"

만일 이 판결이 행정행위의 전환을 인정한 것이라면 사망자를 송달받을 자로 하여 수용재결서가 송달된 날에 이미 송달의 효력이 발생한 것으로 보았어야 할 것이다. 만일 행정청이 사망자의 사망사실을 알았더라면 상속인을 송달받을 자로 하여, 또는 더 완벽하게, 수용재결서에 상속인을 상대방·토지소유자로 기재하여, 송달하였을 터이므로, 이러한 행정청의 假定的 意思에 기하여 위 송달행위를 상속인에 대한 송달로 전환할 수 있기 때문이다. 그러나 위 판결에서 상속인을 송달받을 자로 하여 그들에 대하여 송달이 있을 때 비로소 송달의 효력이 발생하여 재결에 대한 이의신청기간이 진행된다고 판시한 것은, 수용재결서에 비록 사망자를 상대방·토지소유자로 기재하였지만 실제로는 상속인에 대한 유효한 재결로 '해석'할 수 있기 때문이다.

(2) 이미 앞(534면)에서 검토한 바와 같이 대상판결은 피고 행정청이 원심에서 주장한 두 번째 점, 즉 이 사건 처분이 행정행위 철회의 성격을 갖고 있다는 주장에 대하여, 이를 처분사유의 추가·변경이 아니라 행정행위 전환의 문제로 파악하고 있다. 따라서 먼저 피고 행정청의 위 주장을 이와 같이 파악하는 것이 타당한가, 그리고 제재철회를 공익상 철회로 바꾸는 것이 객관적으로 행정행위의 전환에 해당하는 것인가 라는 의문이 제기되는데, 이에 관해서는 아래 Ⅳ.에서 논의하기로 한다.

일단 행정행위의 전환의 문제라고 전제하고 살펴보면, 대상판결은 우선 행정행위의 전환을 독일의 제 1 설과 같이 이해하고 있다고 할 것이다. 제 1-1 설에서와 같이 원고가 피고 행정청의 전환행위의 취소를 구하지도 않았고, 제 2 설에서와 같이 원고가 전환 후의 행정행위에 대하여 소변경을 신청하지도 않았음에도 행정행위의 전환 여부를 판단하고 있기 때문이다. 다시 말해, 피고 행정청의 위 주장을 행정행위 전환의 — 법률상 당연히 이루어지는 — 성립에 관한 소송상 주장으로 보아 그 당부를 판단하고 있는 것이다. 우리나라에는 독일 행정절차법 제47조와 같은 명문의 규정이 없으므로 민법 제138조의 유추적용에 의해서만 행정행위의 전환 제도가 인정될 수밖에 없고, 따라서 그 제도가 인정되더라도 독일의 제 1 설과 같이 이해되어야 하기 때문에, 대상판결의 이러한 태도는 극히 타당하다고 평가할 수 있다.

그런데 대상판결은 그와 같이 이해되는 행정행위의 전환제도 자체를 부정하고 있는 것으로 보인다. 그렇지 않다면 최소한 간략하게라도 행정행위 전환의 요건을 설시한 다음 이 사건에서 그 요건이 충족되지 않는다고 판시하였어야 할 터인데, 이에 관해 아무런 언급이 없이 단지 "실질적 법치주의와 행정처분의 상대방인 국민에 대한 신뢰보호라는 견지에서," "철회로써 달성하려는 공익상의 필요와 그 상대방이 입게 될 불이익을 비교할 필요도 없이" 허용될 수 없다고 판시하고 있을 뿐이기 때문이다. 원심판결은 공익상의 필요와 상대방의 불이익을 비교형량하여 후자가 막대하다는 이유로 피고 행정청의 주장을 배척하였는바, 이는 전환 후의 행정행위, 즉 공익상 철회가 신뢰보호원칙 내지 비례원칙에 비추어 위법하기 때문에 행정행위의 전환이 성립될 수 없다는 취지로 이해할 수 있다. 이에 반하여 대상판결이 이러한 비교형량의 필요성조차 부정한 것은 행정행위의 전환제도 자체를 부정하였기 때문이다. 즉, 행정행위의 전환에 관해서는 "실질적 법치주의와 행정처분의 상대방인 국민에 대한 신뢰보호"가 요청되기 때문에 사적 자치를 전제로 하는 민법상 무효행위의 전환에 관한 규정이 결코 유추적용될 수 없고, 그 밖에 행정행위의 전환을 인정할 만한 법적 근거가 없다는 것이다. 이러한 분석은 대상판결의 설시 중 "원래

처분의 효력을 상실케 하는 별개의 행정행위로서의 행정행위 철회를 하지 아니한 채"라는 부분에 의해서도 뒷받침된다. 공익상 필요가 있으면 별개의 행정행위로 요양기관지정을 철회하라는 것은 바로 행정행위의 전환을 통한 소급효를 인정하지 않겠다는 취지이다.

(3) 결론적으로, 위 (1)에서 살펴본 바와 같이 우리나라에서는 아직 행정행위의 전환을 인정한 판례가 없음은 물론 그 가능성을 전제로 그 요건을 따진 판례도 찾을 수 없다.[105] 이러한 상황 하에서 대상판결이 행정행위의 전환제도 자체를 부정한 것은 종래의 판례경향에 따른 것이라고 할 수 있다. 또한 序說(475-478면)에서 지적한 바와 같이 행정행위의 전환 문제도 행정절차의 이념과 소송경제·행정경제의 이념이 충돌하는 것으로서, 결국 가치의 형량 문제로 귀결된다. 행정행위의 전환이 인정되면 — 독일법에서와 같이 엄격한 요건과 제한을 둔다 하더라도 — 행정절차, 특히 이유제시와 사전통지·의견제출·청문의 의의가 반감될 것임이 분명하다. 앞서(518면) 처분사유의 추가·변경에 관한 비교법적 고찰 및 우리나라 판례의 평가에서 밝혔다시피, 지금까지 우리의 판례가 절차적 하자의 치유가능성 및 독자적 취소사유성, 처분사유의 추가·변경, 위법판단 기준시의 문제에서 행정절차의 비중을 우선하고 있고, 또한 이러한 판례의 태도가 원칙적으로 타당하다고 할 것이므로, 행정행위의 전환에 관해서도 이러한 태도를 관철하고 있는 대상판결의 결론에 찬동할 수 있다. 다만 그 설시내용이 너무 빈약하다는 비판은 면하지 못할 것이다. 당사자의 주장이나 상고이유가 치밀하지 못한 탓도 있겠지만, 근본적으로는 아직 우리나라에 이에 관한 논의와 연구가 부족하기 때문일 것이다.

---

105) 대법원 1983. 7. 26. 선고 82누420 판결은 "하자있는 행정행위"의 "전환"이라는 문구를 사용하고 있으나, 그 판결의 이유에서 쉽게 알 수 있다시피, 이는 '하자의 치유'에 의해 위법한 행정행위가 적법·유효한 행위로 바뀐다는 것을 표현한 것으로서, 본고에서 논의하는 '행정행위의 전환'이 아니다.

Ⅳ. 制裁撤回와 公益上 撤回

1. 問題의 所在

마지막으로 위에서 남겨 놓은 제재철회와 공익상 철회의 관계에 관한 문제들을 고찰하기로 한다. 이 사건 처분은 구 의료보험법 제33조 제 1 항 및 의료보험요양기관지정취소기준에 규정된 취소사유로서 본인부담금 수납대장 不備置를 이유로 원고 운영의 의원에 대한 요양기관지정을 취소한 것인데, 위 법률규정이 위헌으로 결정되자 피고 행정청은 원심에서 이 사건 처분의 취소를 면하고자, 이 사건 처분은 행정행위 철회의 성격을 갖는 것으로서, 위 요양기관지정을 철회하여야 할 공익상의 필요가 절실하다고 주장하였다. 이에 관하여 ① 이러한 피고 행정청의 주장은 행정행위의 전환에 해당하는 것으로 보아야 하는가, 아니면 처분사유의 추가·변경에 해당하는 것으로 보아야 하는가, ② 각각에 있어 그 허용 요건을 충족하는가 라는 두 개의 문제가 제기되고, 이는 모두 ③ 이 사건 처분과 같은 제재철회와 피고 행정청이 새로이 주장한 공익상 철회는 객관적으로 어떠한 관계에 있는가 라는 물음으로 귀결된다.

2. 制裁撤回의 本質 및 公益上 撤回와의 관계

(1) 우리나라의 거의 모든 행정법규는 감독조치로서, 각종 유형의 위반행위를 상정해 놓고 이를 이유로 허가·면허·승인·특허 등 수익처분을 취소하거나 일정 기간 그 효력을 정지할 수 있도록 하는 규정을 두고 있다. 여기서 '취소'라고 함은 당해 수익처분의 효력을 그

발급 시점으로 소급하여 소멸시키는 것이 아니라,[106] 단지 장래에 향하여 소멸시키는 것이므로, 강학상 철회에 해당한다는 점은 異論의 여지가 없다. 따라서 의무위반에 대한 제재로서 행해지는 철회라는 의미에서 '제재철회'라고 부를 수 있을 것이다. 이 사건 처분은 법률과 그에 의거한 훈령에 의거하여 본인부담금 수납대장 不備置라는 의무위반행위를 이유로 수익처분인 요양기관지정을 취소한 것으로서, 이러한 제재철회에 해당한다.

행정법상 의무이행을 확보하는 수단으로 직접 강제력을 행사하여 의무가 이행된 상태를 실현하는 직접적 수단(행정상 강제집행 및 즉시강제)과 더불어 의무위반에 대하여 불이익을 부과함으로써 그 危嚇力을 통해 의무이행을 강제하는 간접적 수단이 있다. 여기에서 문제되는 제재철회가 바로 이러한 간접적 수단에 해당되는데, 그 이외에도 영업정지 등 수익처분의 효력 제한, 과징금, 공급거부, 공표, 관허사업의 제한, 행정형벌, 행정질서벌(과태료) 등이 여기에 속한다. 일반적으로 이 가운데 행정형벌과 행정질서벌을 합하여 행정벌이라고 하지만, 제재철회 등 나머지 수단들도 행정법상 의무위반에 대해 불이익을 부과한다는 점에서 '광의의 행정벌'이라고 부를 수 있다. 헌법 제12조 후단이 규정하고 있는 바와 같이 모든 국민은 법률과 적법한 절차에 의하지 아니하고는 처벌받지 아니한다는 적법절차(due process of law)의 원리는 형사절차에만 한정되지 않고 입법·행정 등 국가의 모든 공권력 작용에 적용된다.[107] 따라서 여기서 '처벌'이라 함은 형벌만을 의미하지 않고 행정법상 의무위반에 대해 부과되는 '모든 종류의 불이익'을 의미하는 것으로 볼 수 있다. 이와 같이 행정법상의 모든 제재

106) 만일 그러한 소급적 취소를 인정하는 법규가 있다면 이는 비례원칙위반으로 명백히 위헌이 될 것이다. 반면에 위반행위 시점까지 소급하여 수익처분을 소멸시키는 '취소'는 무조건 위헌이라고 할 수 없을 것이지만, 이러한 예는 실정법상 찾기 어렵다.

107) 同旨, 헌법재판소 1992. 12. 24. 선고, 92헌가8 결정.

수단들에 대하여 적법절차 원리가 적용된다는 것을 자각하기 위한 방법론적 개념이 바로 위에서 제시한 '광의의 행정벌'이다.[108)]

(2) 제재철회는 이러한 광의의 행정벌로서, 적법절차원리에 의하여 원칙적으로 법치주의적 안전장치들이 동일하게 적용되어야 한다. 그 중 가장 중요한 것은 비례원칙과 부당결부금지원칙이다. 오늘날 순수한 형사범에 있어서도 형벌이 단순한 應報만이 아니라 사회질서유지를 위한 일반예방과 사회로부터 범인의 분리 및 교화라는 특별예방 등 실질적인 목적을 가질 때에만 헌법 제37조 제2항 소정의 기본권 제한의 허용 범위를 벗어나지 않는다. 제재철회도 법령에 규정된 위반행위를 범하였다는 것만으로 — 말하자면 '행정법상 의무위반에 대한 應報'로서 — 무조건 인정되어서는 아니 된다. 의무위반행위가 처음부터 예상되었더라면 애당초 수익처분이 발급되지 않았고, 따라서 수익처분이 발급된 후에 그러한 위반행위를 범하면 구체적 사정에 비추어 당해 수익처분을 더 이상 유지시킬 수 없는 사정변경이 발생한 것으로 볼 수 있는 여지가 일부라도 있는 경우에 비로소 입법자는 그 위반행위를 제재철회의 사유로 규정할 수 있다고 할 것이다. 물론 제재철회가 危嚇力으로 의무이행을 강제하기 위한 수단이라는 점에서 위와 같은 공익상 사정변경의 경우에만 한정할 수 없겠지만, 만일 이러한 실질적 필요성과 전혀 무관하게 위반자에게 해악을 부과하여 의무위반을 방지하자는 목적만을 갖는 것이라면 헌법상 비례원칙과 부당결부금지원칙을 위반한 것이라고 보아야 한다.

(3) 이상과 같은 이유로 제재철회와 공익상 철회는 본질을 달리하는 상이한 것이 아니라 상당 부분 서로 겹치는 관계에 있다고 할 것

108) 자세한 내용은 拙著, 행정법의 체계와 방법론 [행정법연구 1], 제8장 협의의 행정벌과 광의의 행정벌, 323면 이하 참조.

이다. 즉, 제재철회는 입법자가 한편으로 의무이행을 강제하기 위한 危嚇수단이라는 점에서 의무의 중대성을 고려하고, 다른 한편으로 의무위반행위로 인해 수익처분을 더 이상 유지시킬 수 없는 공익상 필요성을 고려하여, 법률에 철회사유를 명시한 것이다. 말하자면, 제재철회 속에는 항상 공익상 철회가 일부라도 포함되어 있고, 제재철회의 사유는 부분적으로라도 공익상 철회의 필요성이 구체화되어 있다고 하겠다. 반대로 공익상 철회는 일반적인 사정변경 이외에, 의무위반행위로 인하여 — 제재철회의 사유로 法定되지 아니하였더라도 — 더 이상 당해 수익처분을 유지할 수 없는 경우에도 가능하므로, 이러한 의미로 공익상 철회는 제재철회를 포함하는 것이라고 할 수 있다.

이러한 관점에서 행정행위의 철회를 상위개념으로 파악하고 그 안에 철회사유의 종류에 따라 제재철회와 공익상 철회로 나뉘는 것으로 보는 것이 타당하다고 생각한다. 독일 행정절차법 제49조 제 2 항도 수익적 행정행위의 철회사유로서, 1 호에 철회가 법규에 의해 인정되는 경우를 규정하고, 3 호에서는 사후에 발생한 사실이 당초부터 있었다면 행정청이 당해 수익적 행정행위의 발급을 거부할 수 있었고 또한 현재 그 수익적 행정행위를 철회하지 않으면 공익이 위협받게 되는 경우를 규정하고 있다. 1 호는 주로 제재철회에 해당하며 3 호는 여기에서 말하는 공익상 철회를 가리키는 것이다. 우리나라 문헌에서도 제재철회와 공익상 철회를 (수익적) 행정행위의 철회사유로 — 다른 사유들과 함께 — 나란히 설명하는 것이 일반적이다.[109)]

(4) 제재철회와 공익상 철회의 관계를 이상과 같이 이해하면, 양자 상호간의 교체는 행정행위의 전환의 문제가 아니라는 결론에 이른다. 즉, 행정행위의 전환은 원래의 행정행위를 그와 다른 행정행위로

109) 金東熙, 전게서, 331면 이하; 金鐵容, 전게서, 249면; 金南辰, 전게서, 314면 이하.

바꾸는 것으로서, 행정행위의 동일성 밖에서 이루어지는 것이다. 독일에서는 상술(541면)한 바와 같이 판례·통설상 처분사유의 추가·변경의 허용범위에 있어서나 행정행위의 전환의 개념정의에 있어서나 모두 행정행위의 규율(Regelung) 내지 법적 효과의 동일성을 기준으로 한다. 우리나라에서도 — 처분사유의 추가·변경은 別論으로 하더라도[110] — 행정행위의 전환의 개념은 법적 효과의 동일성을 기준으로 파악되어야 할 것이다. 왜냐하면 상술(546면)한 바와 같이 우리나라에서 행정행위의 전환이 인정된다면 그것은 민법규정의 유추적용에 의할 수밖에 없는데, 민법상 무효행위의 전환은 법적 효과가 서로 다른 법률행위 사이에 이루어지는 것이기 때문이다.[111] 이러한 관점에서 보면, 제재철회와 공익상 철회의 법적 효과는 공히 수익적 행정행위의 효력을 장래에 향해 소멸시키는 데 있으므로, 행정행위의 전환과 관련하여 양자가 동일한 행정행위로 취급되고, 따라서 양자 상호간의 교체는 행정행위의 전환에 해당하지 않게 되는 것이다.

110) 상술한 바와 같이, 처분사유의 추가·변경의 허용범위를 판례는 당초의 처분이유와의 동일성을 기준으로 하지만, 私見에 의하면 처분의 동일성을 기준으로 하되, 통상의 침익처분(제재처분·질서하명처분)에서는 그 처분의 동일성이 '처분사유'(제재사유·질서교란사태)에 의해 결정되는 것으로 본다. 이에 관해 위 523면 이하 참조.

111) 이를 도식적으로 설명하면 다음과 같다. 독일에서는 판례·통설상 행정행위의 동일성, 즉 규율 내지 법적 효과의 동일성이 유지되면 처분사유의 추가·변경이 허용되고 이것이 깨어지면 행정행위의 전환 문제가 되므로 양자는 법적 효과의 동일성을 경계로 연속선상에 있다고 할 수 있다. 반면에 우리 판례 및 통상의 침익처분(제재처분·질서하명처분)에 관한 私見에 따르면, 처분사유의 기본적 사실관계의 동일성이 유지되면 처분사유의 추가·변경이 허용되는데, 이것이 깨어지더라도 행정행위의 전환 문제는 법적 효과의 동일성이 유지되는 한 발생하지 않고 이 동일성마저 깨어질 때 비로소 발생한다. 이러한 의미에서, 우리 판례에서는 처분사유의 추가·변경의 문제와 행정행위의 전환 문제는 — 처분사유의 기본적 사실관계의 동일성이 깨어지는 지점으로부터 법적 효과의 동일성이 깨어지는 지점 사이에서 — 불연속관계에 있다고 할 수 있다. 이 불연속의 영역에서는 처분사유의 추가·변경이 금지될 뿐만 아니라 행정행위의 전환도 성립되지 아니한다. 이 사건에서 제재철회를 공익상 철회로 변경하는 것이 바로 이러한 불연속의 영역에 속한다.

(5) 위와 같은 이유로, 제재철회를 공익상 철회로 바꾸는 것은 행정행위의 전환이 아니라, 수익적 행정행위의 철회에 있어 철회사유를 바꾸는 처분사유의 추가·변경에 해당하는 것으로서, 결국 그 허용 여부의 문제로 귀결된다. 우선, 공익상 철회가 제재철회의 근거인 의무위반사실과 다른 별개의 사정변경을 근거로 하는 경우에는, 독일의 판례에서는 양자 사이의 처분사유의 추가·변경도 원칙적으로 허용된다고 하겠지만, 우리 판례와 私見에서와 같이 처분사유(즉, 철회사유)의 — 기본적 사실관계에 있어서의 — 동일성을 기준으로 하면 결코 허용될 수 없다고 할 것이다. 반면에 제재철회와 공익상 철회가 동일한 의무위반사실에 의거하는 경우에는 좀더 세밀한 분석이 필요하다. 제재철회의 사유는 그 의무위반사실에 한정되는 데 반해, 공익상 철회의 사유에는 그 의무위반사실과 함께 그로 말미암아 공익상 당해 수익처분을 더 이상 존속시킬 수 없는 사정이 발생하였다는 점도 포함된다. 따라서 공익상 철회를 제재철회로 변경하는 경우에는 전자의 사유 중 일부(즉, 의무위반사실)를 처분사유로 하는 것이므로 그 기본적 사실관계의 동일성이 쉽게 인정된다. 제재철회에 대해 결정·선택재량이 부여되어 있어 그에 관한 재량고려사유가 추가되더라도 원칙적으로 기본적 사실관계의 동일성에 영향을 미치지 아니한다고 할 것이다. 반대로 제재철회를 공익상 철회로 변경하는 경우에는 (의무위반사실에 더하여) 공익상 철회가 필요한 사정이 추가되는 것이기 때문에, 과연 기본적 사실관계가 동일한 것인지에 관해 의문이 생긴다. 기본적 사실관계의 동일성 판단을 엄격하게 하는 우리 판례의 태도를 강조하여 그 동일성을 부정하는 견해도 있을 수 있는데, 행정절차를 중시한다는 관점에서 타당성이 인정될 수 있을 것이다. 그러나 공익상 철회에 있어 추가되는 것은 원고의 개인적 사정이 아닌 객관적인 제반 여건에 관한 것으로서, 행정절차에서 다시 의견제출·청문·이유제시의 기회를 부여할 필요가 절실하지 않다. 그러한 공익상 필요는 본질적으로 규범적

판단의 대상이 되는 것이므로, 피고 행정청이 이를 주장하는 이상, 당해 소송에서 법원이 판단하는 것이 분쟁의 일회적 해결의 관점에서 보다 더 타당하다고 할 것이다. 이러한 취지에서, 동일한 의무위반사실을 대상으로 하는 한, 처분사유의 기본적 사실관계의 동일성을 인정할 수 있는 여지가 충분히 있는 것으로 생각한다.

3. 對象判決의 檢討

이미 위에서 검토한 바와 같이 대상판결은 피고 행정청의 공익상 철회의 주장을 행정행위의 전환으로 파악하고서는 행정행위의 전환제도 자체를 부인함으로써 배척하였다. 그러나 상술한 바와 같이 제재철회와 공익상 철회는 법적 효과가 동일한 것으로서, 행정행위의 전환문제가 발생하지 않는다. 뿐만 아니라, 피고 행정청은 “이 사건 처분이 … 요양기관 지정처분의 효력을 장래에 향해 상실케 하는 행정행위 철회로서의 성격을 가지고 있는데” 라고 주장하고 있는바, 이는 바로 법적 효과에 착안하여 제재철회와 공익상 철회가 동일한 행정행위라는 점을 지적한 것이라고 할 수 있다. 따라서 피고 행정청의 주장은 행정행위의 전환이 아니라 단지 철회의 처분사유로서 기존의 의무위반사실(본인부담금 수납대장의 不備置)에 공익상 철회의 필요성을 추가한 것으로 보아야 할 것이다. 그리고 상술한 바와 같이 동일한 의무위반사실을 대상으로 하는 것인 만큼 행정절차의 필요성이 그다지 크지 않다는 점에서 이러한 처분사유의 추가를 허용할 수 있을 것이다.[112)]

---

112) 그러나 공익상 철회로 처분사유의 추가·변경이 허용되더라도 특단의 사정이 없는 한 적법성이 인정될 수 없을 것이다. 위와 같은 의무위반사실만으로 요양기관 지정을 더 이상 존속시킬 수 없는 공익상의 사정이 인정되기 어려울 뿐만 아니라, 그것이 인정되더라도 ― 원심판결의 판시대로 ― 침해되는 사익과의 관계에서 비례원칙 위반이 될 가능성이 크기 때문이다. 제재철회는 이러한 비례원칙에 의한 제한을 (기속행위의 경우) 없애거나 (결정·선택재량이 있는 경우) 완화시킨다는 데 실익이 있다.

V. 結 語

행정절차의 중요성과 취소소송의 객관소송/확인소송/사후심으로서의 기능 및 성격에 비추어, 제재처분에 있어 처분사유의 추가·변경의 허용 범위를 당초에 제시된 처분이유와 기본적 사실관계에 있어 동일한 범위 내로 한정하는 점과 위반행위를 달리하는 처분사유, 즉, 본인부담금 수납대장 不備置와 보건복지부장관의 관계서류 제출명령의 위반 사이에 기본적 사실관계의 동일성을 부정한 점에서는 대상판결의 判旨에 찬성한다.

또한 행정행위의 전환제도 자체를 부인하는 점에 대해서도 우리나라에는 이를 인정하는 명문의 규정이 없고 무효행위 전환에 관한 민법 규정을 유추적용하는 것도 행정법관계의 특수성상 허용되지 않는다는 관점에서 대상판결의 判旨에 찬성한다. 그러나 동일한 위반행위를 이유로 제재철회를 공익상 철회로 바꾸는 것을 행정행위의 전환문제로 취급한 점에 대해서는 반대한다. 이를 처분사유의 추가·변경문제로 파악하여, 당초 제시된 처분이유와의 기본적 사실관계의 동일성을 인정함으로써 그 변경을 허용하는 것이 타당하다고 본다.

마지막으로, 처분사유의 추가·변경과 행정행위의 전환은 행정절차와 행정소송의 접점문제로서, 한편으로 행정절차의 중요성과 다른 한편으로 소송경제 내지 분쟁의 일회적 해결, 법적 안정성, 행정경제의 요청이 서로 충돌하는 문제임을 한번 더 강조한다. 행정절차는 행정소송과 상호관련적 내지 상호경합적인 법구체화절차이다. 따라서 행정소송을 강화하고자 최대한 노력하면서도 그로 인해 행정절차의 기능을 형해화시켜서는 아니 된다. 행정절차를 존중하고 확충함으로써 '법적' 권력으로서의 행정의 위상과 책임을 제고하는 것이 법치주의 실현에 있어 필수불가결한 요소이기 때문이다.

제12장

行政訴訟과 行政節次 (1)

— 比較法的 考察 및 네 개의 接點問題 —

Ⅰ. 序　　說

1. 問題의 提起

현재 우리나라에서 행정소송법과 행정절차법 양 법영역에 관하여 개혁에 관한 논의가 활발하게 진행되고 있으나, 한쪽 영역의 개혁이 다른 영역에 어떠한 영향을 미치는지는 충분히 고려되고 있지 않다. 다시 말해, 행정소송 또는 행정절차 어느 한 영역만을 중시하고 다른 영역은 소홀히 하는 관념이 존재하고 있다고 할 수 있다.

예컨대, 한편으로 의무이행소송의 문제 또는 행정소송에서의 처분사유의 추가·변경의 문제를 논의하면서 단지 시민의 권리구제의 편의라는 관점, 한 마디로 말해, 소송경제만이 중시되고 있다. 이것이 행정절차에 어떠한 영향을 미치는지에 관해서는 거의 문제삼고 있지 않다. 다른 한편으로, 행정절차에서 이유제시와 의견제출·청문의 강화가 오직 시민의 이익을 위한다는 이유로 주장되거나 단지 행정의 효율성을 근거로 반대되고 있을 뿐, 행정절차의 강화를 통해 행정청이 행정소송에서 어떠한 지위를 획득하게 될 것인가는 고려되고 있지 않다.

그러나 행정소송과 행정절차는 서로 분리하여 고찰될 수 없다. 왜냐하면 양자는 기능적으로 관련된 상호관련적 절차로서, 입법자가 대부분 먼저 단지 추상적으로 그리고 그 대강의 형태로만 행정법을 정립하면, 이를 구체화하고 내용적으로 완성하는 것은 위 양 절차가 담당하기 때문이다. 이와 같이 행정소송법과 행정절차법이 상호관련적 관계라는 점을 자각하고, 그렇다면 양자의 바람직한 기능분배는 어떻게 이루어져야 하는가 라는 물음에 관해 논의하고자 하는 것이 본고의 목적이다.

2. 考察의 順序

먼저 행정소송과 행정절차의 관계를 이해하기 위한 근본적인 전제인 실체적 정당성과 절차적 정당성의 문제를 다룬다(Ⅱ.). 다음으로 행정소송과 행정절차의 관계를 결정하는 네 가지 접점문제를 차례로 고찰한다(Ⅲ.). 즉, 절차적 하자의 치유(1.), 절차적 하자의 독립적 취소사유 여부(2.), 행정소송의 판단기준시(3.) 및 처분사유의 추가·변경(4.)이 그것이다. 마지막으로 현재 행정재판제도의 개혁 논의에서 도입 여부가 주요쟁점이 되고 있는 의무이행소송의 문제를 행정소송과 행정절차의 관계라는 관점에서 분석하고자 한다(Ⅳ.). 이 문제에 관해 위 네 가지 접점문제들이 종합적으로 다시 고찰된다.

각 쟁점마다 우선 독일법, 프랑스법 및 영미법의 비교를 개관한 다음 우리나라 법의 상황을 비판적으로 검토하기로 한다.[1)]

Ⅱ. 實體的 正當性과 節次的 正當性

1. 比較法的 考察

(1) 概 觀

전체적인 법비교를 통해 알 수 있는 것은, 행정소송과 행정절차의 기능을 분배하는 선은, 도식적으로 말해, 독일에서 행정소송에 가장 가깝게 그어져 있음을 알 수 있다. 다음으로 위 분배선은 프랑스, 영국, 미국 순서로 점차 행정절차에 가깝게 그어진다. 이러한 평가의 구체적인 근거는 아래 개개의 접점문제를 고찰하면서 설명하기로 한다. 여기서는 이러한 차이가 근본적으로 다음과 같은 표제어로써 설명될 수 있다는 점을 지적하기로 한다. 즉, 독일은 법치국가(Rechtsstaat), 프랑스는 법률국가(état de la loi), 영국은 법의 지배(rule of law), 미국은 법의 적정절차(due process of law).

(2) 독일 — 法治國家

'법치국가'(Rechtsstaat)라는 독일의 관념은 뷔르텐베르거 교수가

1) 법비교에 있어 유럽의 법률가들은 미국 행정법을 제외시킬 수도 있을는지 모르지만, 한국의 법률가들은 오늘날 미국법이 한국에 강한 영향을 미치고 있기 때문에 최소한 미국법에 대한 개관은 필수불가결하다. 1977/1981년 영국의 행정재판제도 개혁으로 인해 이제 영국 행정법과 미국 행정법이 동일하다고 할 수 없기 때문에 더욱 그러하다.

오늘 주제발표에서 정확하게 지적하고 있다시피,[2] 법의 실체적 정당성 이념에 근거하고 있다. 이 이념은 18세기 이후 독일의 정치적 발전의 한 산물로서, 근본적으로 민주주의의 불완전성을 자연법 내지 이성법 그리고 법관국가(Richterstaat)를 통해 보완하고자 하는 것이 그 특색이라고 할 수 있다. 이는 기본법 제19조 제 4 항이 규정하는 포괄적 권리구제에 의거하여 행정재판의 강력한 심사강도로 연결되었는데, 나치불법국가에 대한 반작용의 하나로도 이해할 수 있다.

또한 이러한 민주주의의 불완전성에 대한 보완책의 하나로 독일에 특유한 행정법의 주관화(Subjektivierung)도 들 수 있다고 생각한다. 즉, 국가권력을 민주적으로 통제하기보다는 法廷에서 국가권력에 대한 시민의 주관적 공권이 주장되었다. 나아가 행정절차가 무시되는 이유를, 전통적으로 행정이 법치국가의 구성부분을 이루는 '법적 권력'으로 파악되지 아니하고, 단지 법치국가적 통제의 대상이 되는 하나의 '사실적 권력'으로 이해되었다는 데에서 찾을 수 있다. 그리하여 법의 관점에서는 행정결정이라는 마지막 결과물이 중요한 것이고, 그 결정이 어떠한 절차를 통해 이루어졌는지는 관심의 대상이 아니었다.

(3) 프랑스 — 法律國家

'법률국가'(état de la loi)라는 프랑스의 관념은 프랑스에서 일찍이 민주주의 혁명이 성공함으로써 의회가 우월한 민주적 정당성을 획득하였다는 역사적 사실에 기반을 둔다. 일반의지로서의 법률(la loi comme volonté générale)이 그것이다. 법관은 '법률을 말하는 입'(la bouche, qui prononce les paroles de la loi)에 불과하였다.[3] 따라서 법의 실체적 정당성이 법관에 의해 확정되는, 독일식의 법치국가로 발전하는 것은 프랑스에서는 원래부터 불가능하였다. 하지만 사법부로부터

2) 本書 제13장 행정소송과 행정절차 (2), 593면 이하 참조.

3) Montesquieu, De l'esprit des lois, livre XI. chap. 6.

완전히 분리된 행정재판권, 즉 꽁세유·데따는 비교적 높은 지위를 차지하였다. 같은 행정부에 속하지만 행정활동을 하는 부서와 행정법원 사이에 권력분립이 매우 강조되었는데, 이로 인해 행정의 제 1 차적 판단권(décision préalable)이 존중되게 되었다. 또한 행정재판의 기능은 일차적으로 행정에 대한 객관적 법적 통제로 이해된다.[4)]

이상을 종합해 보면, 프랑스에서는 행정소송과 행정절차의 기능분배선은 독일에서처럼 극단적으로 행정소송 방향으로 그어진 것이 아니라, 행정절차 방향으로 한 걸음 옮겨져 있음을 알 수 있다. 그러나 프랑스를 本鄕으로 하는 합리주의로 말미암아 법의 실체적 정당성이 영국에서와 같이 절차적 정당성으로 해소되지 않고 실체적 정당성에 관한 신뢰가 유지될 수 있었다. 여기에서 바로 프랑스에서는 개별법률을 통해 행정절차, 특히 이유제시가 규율되고 있지만, 아직 행정절차에 관한 일반법률이 제정되고 있지 아니하는 하나의 이유를 찾을 수 있다.

(4) 영국 — 法의 支配

'법의 지배'(rule of law)라는 영국의 관념은 법의 실현에 관한 일반 법원의 기능을 강조하는 것이 그 특징이라고 할 수 있다. 그 논리적 결과로서 행정사건에 대해서도 일반법원이 관할권을 갖는다. 이로써 독일에서와 같은 법관국가로서 발전할 수도 있었을 것이다. 그러나 한편으로 민주주의가 지속적으로 발전하였기 때문에 그렇게 될 필요가 없었으며, 다른 한편으로 의회주권(parliamentary souverignty), 그리고 경험과 무관하게 존재하는 일체의 실체적 정당성을 부정하는 경험주의로 인해 그렇게 발전할 수도 없었다.

영국이 행정절차를 강하게 지향하게 된 결정적인 역사적 이유는

4) 자세한 내용은 拙著, 행정법의 체계와 방법론[행정법연구 1], 제11장 독일행정법과 비교하여 본 프랑스 행정법의 특징, 461면 이하 참조.

행정활동이 전통적으로 일종의 司法的 활동으로 이해되었고 따라서 행정청도 하급법원의 일종으로 파악되었다는 데에서 찾을 수 있다. 그리하여 법원은 행정결정을 마치 상고심이 하급법원의 판결을 검토하듯이 심사하게 된 것이다. 여기에서 또한 법원의 심사대상이 행정결정의 법적 하자(error of law)에 한정되게 된 원인을 찾을 수 있다. 더욱이 취소사유(권한유월 ultra vires)가 1940년대에 이르기까지 매우 좁게 단지 추상적 권한의 흠결의 경우에만 인정되었다. 1964년의 *Ridge v. Baldwin* 판결 이후 비로소 절차적 하자, 특히 청문의 흠결이 '자연적 정의'(natural justice)에 대한 위반으로서 행정결정의 취소사유가 되었다. 1969년 *Anisminic v. Foreign Compensation Commission* 판결 이후 실체적 위법성을 포함하여 모든 법적인 하자가 권한유월로 인정되고 따라서 취소사유가 되기에 이르렀다.[5)]

따라서 영국이 절차를 강하게 지향하게 된 것은 취소사유를 확대하기 위한 노력의 일환으로 절차적 하자가 가장 손쉽게 동원될 수 있었기 때문이라고 평가할 수 있고, 이러한 의미에서 전통적으로 약한 법원의 심사강도에 대한 보완으로 볼 수 있을 것이다. 이러한 상황은 1977/1981년 행정재판제도의 개혁 이후 법원의 심사범위가 확대됨으로써 조금씩 변하고 있다.

(5) 미국 — 法의 適正節次

'법의 적정절차'(due process of law)라는 미국의 관념은 행정법에 있어 특히 실체적 내용의 기본권들이 행정활동에 직접 적용되지 않는 것으로 이해되었기 때문에 큰 중요한 의미를 갖는다. 다시 말해, 헌법차원에서 법의 적정절차 위반이 행정활동에 대한 유일한 심사척도가 된다. 법의 '적정절차'와 법의 '지배'라는 용어의 차이에서 상징적으로

5) 이에 관한 자세한 내용은 本書 제15장 영국의 행정소송, 661면 이하 참조.

알 수 있듯이, 미국에서 행정소송과 행정절차의 기능분배선은, 미국 행정법이 영국의 전통에 의거하고 있음에도 불구하고, 영국법보다 한 걸음 더 행정절차 쪽으로 나아가 그어져 있다.

미국의 행정절차법(Administrative Procedure Act; APA)은 이미 1946년에 제정되었는데, 실체적 위법성(재량권 남용 기타 법의 위반, 헌법상 권리의 침해, 실질적 증거의 흠결 등)과 더불어 절차적 하자를 독자적인 취소사유로 명시하고 있다[U.S.C. § 706 (2) (D)]. 이와 같이 행정절차가 매우 중시하게 된 결정적인 이유는 행정에 대한 특유한 이해에서 찾을 수 있다. 즉, 행정의 조직과 임무는 거의 대부분 개별 법률에 의해 부여되는데, 법적인 결정을 내릴 수 있는 권한은 원래 법원에 속하는 것으로서, 입법자에 의해 — 역시 당해 법률에 의해 설치된 — 행정기관(agency)에게 위임된 것으로 파악되는 것이다. 이와 같이 권한을 부여받은 행정은 그 권한을 가능한 한 재판절차에서와 유사하게 행사해야 하는 것이다. 이러한 의미로 행정의 준사법권이라는 말을 이해할 수 있다.[6)]

그리하여 법원의 심사는 원칙적으로 당해 결정을 위해 행정청이 작성한 기록의 검토에 한정된다(기록에 의거한 제한된 심사, restricted review on the record). 따라서 이러한 심사에서 절차적 하자가 중요한 역할을 한다는 것은 당연하다. 상술한 바와 같이 이는 영국에서와 비슷한 것이지만 미국에서는 사법권이 행정청에게 위임되었다는 관념으로 인해 절차적 정당성이 최고도로 강조되고 있는 것이다.

---

6) Breyer/Stewart, Administrative Law and Regulatory Policy. 3. ed., 1992, p. 41-66; Schwartz, Administrative Law. 3. ed., 1991, § 2.18(p. 74-76); Black's Law Dictionary. 7. ed., 1999, p. 1258(quasi-judicial), p. 1190(power, quasi-judicial power) 참조. 또한 拙著, 행정법의 체계와 방법론[행정법연구 1], 제 3 장 행정법과 법철학, 101면 이하 참조.

(6) 小　結

세계화, 특히 유럽통합으로 인해 상술한 네 개 나라의 법질서의 차이는 점차 축소되고 있다. 프랑스에서는 오늘날 헌법재판소(Conseil constitutionell)의 강화와 더불어 오늘날 '법률국가' 대신에 '법의 국가'(état de droit)라는 말이 유행하고 있다.[7] 영국의 행정재판도 현재 유럽대륙의 시스템에 접근하고 있는데, 특히 행정재판(사법심사청구소송, application for judicial review, 2000년 10월부터는 claim for judicial review로 개칭)에 대한 제 1 심 법원의 전문화와 그 관할결정을 위한 공법과 私法의 구별이 특기할 만하다.

하지만 위와 같은 법비교를 통해 우리에게 소중한 요소들을 발견할 수 있다. 즉, 독일법에서는 행정의 실체적 적법성을 심사하고자 하는 법원의 책임의식, 프랑스법에서는 행정에 대한 객관적 통제로서의 행정소송의 기능, 영미법에서는 행정절차를 재판절차와 대등한 법적 절차로 이해한다는 점이 그것이다.

2. 우리나라

(1) 현　황

우리나라에서는 행정소송법이 1951년, 즉 정부 수립 후 3년 만에 제정되어 시행되었음에 반해, 행정절차법은 1998년 비로소 시행되었다. 그러나 이미 1975년에 행정절차법을 위한 정부초안이 작성된 적이 있는데, 입법되지 않았다. 1987년 또 다시 정부초안이 입법예고까지 되었으나 역시 입법되지 못하였다. 그 대신에 1989년 행정절차에

---

7) 예컨대, Jacques Chevalier, L'État de droit. 3e éd., Paris 1999; André Barilari, L'État de droit. réflexion sur les limites du juridisme, Paris 2000; Luc Heuschling, État de droit. Rechtsstaat. Rule of Law, Paris 2002.

관한 국무총리훈령(행정규칙)이 발령되어 특히 이유제시와 청문(의견제출을 포함하는 넓은 의미, 이하 같음)이 규율되게 되었다.[8]

특히 강조해야 할 것은 우리나라 행정절차법의 제정 역사는 동법의 제정이 20여년 동안, 역시 유신독재·신군부독재 시절(1972~1987)에도, 국가의 민주화 개혁의 일환으로 요청되어 왔다는 점이다. 우리나라의 6월 명예혁명(1987년) 직후 상술한 바와 같이 행정절차에 관한 규율들이 비록 행정규칙의 형태로나마 실시되기 시작하였다. 그 입법은 10년 후에 이루어졌지만, 행정절차법은 민주화투쟁의 성과의 하나이다. 행정절차법을 고찰함에 있어 이를 간과해서는 아니 된다.

행정절차법은 의도적으로 절차적 하자의 치유와 독립취소 가능성에 관한 명시적 규정을 두지 않고 이를 판례와 학설에 맡기고 있다. 행정소송법에도 그에 관한 명시적 규정이 없는데, 위법판단 기준시와 처분사유의 추가·변경에 관해서도 그러하다. 아래에서 상론하다시피, 판례에 의하면 절차적 하자가 매우 중시되고 있는데, 절차적 하자가 기속행위와 재량행위의 경우를 불문하고 행정소송에서 (심지어 행정심판에서도) 치유 불가능하고 사전통지, 청문 및 이유제시에 관해서는 독립취소사유가 된다. 또한 처분시가 예외 없이 위법판단 기준시가 되고, 처분사유의 추가·변경이 매우 제한적으로 허용되고 있다.

(2) 평 가

상술한 바에 의하면, 일견하여 우리나라에서는 행정소송과 행정절차의 기능분배선이 미국에서와 유사하게, 아니 미국보다 더욱더, 행정절차 쪽으로 기울어져 있음을 알 수 있다. 그러나 판례·재판실무에서 처분의 절차적 하자를 엄격하게 취급하는 것이 근본적으로 행정절차의 이념과 기능을 중시하기 때문이라기보다는 실제적인 관점들에 초

8) 우리나라 행정절차법의 연혁에 관하여, 오준근, 행정절차법, 1998, 41면 이하 참조.

점이 맞추어져 있다고 할 수 있다. 즉, 절차적 하자만을 이유로 처분을 취소하게 되면 법원의 업무부담을 경감할 수 있고, 원고로서는 행정청이 다시 절차적 하자를 보완하여 동일한 처분을 하더라도 그 때까지 처분이 유예되는 효과를 얻을 수 있다는 점이다. 또한 절차적 요건을 위반한 공무원에 대해 징벌적 효과를 거둘 수 있다는 점도 지적되고 있다.

이러한 판례의 경향과 그로 인한 법원의 부담경감, 권리구제적 효과 및 공무원에 대한 징벌적 효과에 대하여 원칙적으로 찬성할 수 있다. 그러나 다음 네 가지 점은 반드시 지적되어야 할 것이다.

첫째, 절차적 하자의 문제 그리고 위법판단 기준시 및 처분사유의 추가·변경의 문제는 법원의 부담경감 또는 원고의 이익, 또는 공무원에 징벌적 효과의 관점에서만 고찰될 수 없고 이를 넘어 전체 국가기능의 구조 문제에 관한 것이라는 점이 자각되어야 한다. 우리나라는 민주주의적 역량으로써 독재에 대해 끊임없이 저항하여 왔고 1987년 6월 명예혁명을 성공시켰으며 지금까지 착실히 민주화를 이룩하여 왔음을 잊어서는 아니 된다. 그리하여 행정절차는 참여민주주의의 광장으로 기능할 수 있도록 발전되어야 한다. 일차적으로 바로 이러한 관점에서 행정소송과 행정절차 사이의 구체적인 문제들이 고찰되어야 하는 것이다.

둘째, 법원의 부담경감이 행정의 법률적합성과 적법성을 감독해야 하는 책임을 회피하는 것으로 귀결되어서는 아니 된다. 법관의 부족으로 말미암아 법원의 부담경감 문제가 법정책의 중요한 과제의 하나이다.[9] 그러나 불과 15년 전까지 독재를 경험하였고 아직 자의적 행정

9) 우리나라 전체 인구는 약 4,500만명인데 전체 법관수는 약 2,000명이다. 행정사건(조세 및 사회보장사건을 포함, 민사소송으로 다루어지는 국가배상 및 공법상 부당이득반환 청구사건은 제외)에 종사하는 법관수는 약 100명이며, 2004년 전체 행정사건수는 약 18,000건에 달하고 있다. 사법연감 2005, 545면 참조.

관행이 완전히 없어지지 아니한 우리나라에서는 행정의 실체적 적법성의 확보가 중요한 과제라고 할 것이다. 아직 실체적 적법성을 대체할 수 있을 정도로 행정절차와 참여민주주의가 발전되지 않았다. 이러한 상황 하에서 행정소송을 통해 행정의 실체적 적법성을 통제하여야 할 필요성이 어느 때보다 절실하므로, 법원으로서는 그 책임을 결코 소홀히 생각하여서는 아니 될 것이다. 이 점이 현재 너무 행정절차 쪽으로 기울어져 있는 기능분배선을 약간 반대쪽으로 옮겨야 한다고 판단하는 근거이다.

셋째, 기속행위의 경우 절차적 하자를 이유로 하여 침익처분이 취소됨으로써 원고가 갖는 유예적 효과가 과연 보호가치 있는 것인지 비판적 검토가 필요하다. 독일에서는 단지 절차적 하자만을 이유로 기속행위의 취소를 구하는 것이 권리남용으로 간주되고 있다.[10] 자신에게 아무런 이익이 없는 결과를 구하는 것이기 때문이라고 한다. 그렇다면 위와 같은 유예적 효과가 있는 경우에도 권리남용이 되느냐 라는 문제가 제기된다. 이유제시와 청문에 관한 주관적 권리를 인정하는 경우에도 이유제시 또는 청문의 흠결을 이유로 기속행위의 취소를 구하는 것이 권리남용이 될 수 있다. 그러한 절차적 권리가 침해되었다고 하여 그로 인한 손해배상을 구할 수 있음은 별론으로, 당해 행정행위에 의해 부과되는 ― 기속행위이므로 반드시 부과되어야 하는 ― 의무 자체를 면할 수 있다고 보기 어렵기 때문이다. 따라서 이 경우에 권리남용을 부정할 수 있는 것은 기속행위의 경우에도 말하자면, '청문이나 이유제시 없이 내려진 행정행위에 의해서는 의무를 부과받지 아니할 권리'를 인정할 때에만 가능하다. 생각건대, 우리나라에서는 절차적 보장의 관점에서 이러한 권리를 인정할 수 있으리라고 본다.

넷째, 행정절차의 중시는 반드시 행정책임의 提高로 연결되어야

10) 本書 제13장 행정소송과 행정절차 (2), 600면 참조.

한다. 행정절차의 중시가 행정결정의 실체적 정당성에 대한 책임을 회피하는 핑계로 남용되어서는 아니 된다. 또한 무용한 절차의 반복을 정당화하는 수단으로 사용되어서도 아니 된다. 그 단적인 예로서, 판례는 취소소송에서 처분사유의 추가·변경을 엄격히 제한하고 있는데, 이는 한편으로 이유제시 등 행정절차의 기능을 중시하는 것으로 긍정적인 면이 있지만, 다른 한편으로 취소판결의 기속력의 범위도 당해 처분사유에 한정되기 때문에 취소판결 이후에 행정청은 다른 사유로 동일한 처분을 반복할 수 있게 되어 분쟁의 일회적 해결에 반한다는 부정적인 면도 있다. 특히 거부처분의 경우에는 심지어 행정청이 거부사유가 여러 개 있음에도 불구하고 의도적으로 가장 자신 있는 한 개만을 처분이유로 제시하였다가 그 거부처분이 취소되면 그 다음 자신 있는 거부사유를 역시 한 개만 제시하는 식으로 분쟁해결을 지연시킬 위험마저 있다. 이에 대한 대책이 반드시 마련되어야 한다.[11)]

Ⅲ. 네 개의 接點問題

1. 節次的 瑕疵의 治癒

(1) 比 較 法

독일법에서는 '절차적 하자의 치유'(Heilung des Verfahrensfehlers)가 행정소송의 사실심 종결시까지 허용된다(독일 행정절차법 제45조 제2항). 이에 따라 행정청은 행정절차에서 청문이나 이유제시를 하지 않은 경우에도 기속행위이든 재량행위이든 불문하고 소송절차에서 이를 추완할 수 있게 됨으로써 행정절차의 독자적 의미는 사실상 완전히 축소되어 버린다.

11) 이에 관해 아래 581면 및 本書 제11장 처분사유의 추가·변경과 행정행위의 전환, 521면 이하 참조.

프랑스 판례에 따르면, 행정소송에서 '절차적 하자의 치유'(régularisation ou couverture d'un vice de procédure)는 개별적 예외사안을 제외하고는 최소한 이유제시의 흠결에 관해서는 허용되지 않는다. 대부분 이러한 원칙의 근거로서, '행정행위의 불소급 원칙'(principe de non-rétroactivité de l'acte administratif)이 제시되기도 하고,[12] 때로는 하자의 치유가 인정된다면 행정절차의 의미가 상실될 위험이 있다는 점이 제시되기도 한다.[13]

영국의 판례는 '절차적 하자의 치유'(curing procedural unfairness)는 단지 행정심판절차(appeal to tribunals)에서만 허용하고 재판절차에서는 허용하지 않는다.[14] 이는 행정심판절차의 보완적 성격, 달리 말해, 행정의 자기통제적 기능에 의거하는 것이다.

미국의 판례나 문헌에서는 절차적 하자의 치유에 관한 판례나 설명을 찾기 어렵다. 그 이유는 행정소송이 주로 행정절차법(APA)에서 네 가지 종류의 절차—공식적/비공식적 규칙제정절차(formal/informal rulemaking) 및 공식적/비공식적 처분절차(formal/informal adjudication)—에 관해 규정하고 있는 절차적 요건의 준수 여부를 심사하는 기능을 갖는 것으로서, 소송에서의 절차적 하자의 치유라는 것은 당연히 허용되지 않는 것으로 간주되기 때문이다.[15]

---

12) 즉, 절차적 하자의 치유를 통해 행정행위는 소급적으로 처음부터 아무런 하자 없이 완전한 효과를 갖게 되는데, 이는 행정행위의 불소급 원칙으로 말미암아 허용될 수 없다는 것이다.

13) Auby/Drago, Traité des recours en matière administrative, Paris 1992, p. 400 (n° 246); Chapus, Droit administratif général. Tome 1. 14ᵉ éd., 2000, n° 1318; Clemens Ladenburger, Verfahrensfehlerfolgen im französischen und im deutschen Verwaltungsrecht, Berlin 1999, S. 13 ff. 참조.

14) Michael Fordham, Judicial Review Handbook. 3. ed., Oxford 2001, No. 36.4 (p. 585-588); Daniel Bergner, Grundrechtsschutz durch Verfahren. Eine rechtsvergleichende Untersuchung des deutschen und britischen Verwaltungsverfahrensrechts, München 1998, S. 280-287 참조.

15) 이에 관하여 특히 Pierce/Shapiro/Verkuil, Administrative Law and Process. 2. ed., New York 1992, p. 204-330 참조.

(2) 우리나라

행정절차법이나 행정소송법에 절차적 하자의 치유에 관한 규정이 없다. 행정절차법 시행 훨씬 이전의 판례에 의하면, 이유제시의 하자는 행정심판 제기 이전에만 치유될 수 있다고 판시하였다.[16] 그리해야만 쟁송의 성공 여부에 대한 판단이 제대로 이루어질 수 있기 때문이라고 한다. 현재의 판례[17]와 통설도 동일한 입장을 취하고 있다. 따라서 우리 법에 의하면 이유제시와 청문의 흠결이 행정소송 단계에서는 물론이고 행정심판 단계에서부터 이미 치유 불가능한 것이다.

이러한 상황은 우리나라에서 행정심판이 행정의 자기통제를 위한 절차라기보다는 권리구제절차로서 이해되고 있다는 점에서 정당화될 수도 있을 것이다. 그러나 상술한 법비교에 비추어 이는 너무 극단적인 것이라고 할 것이다. 따라서 행정심판이 권리구제기능과 더불어 행정절차로서의 성격을 갖는다는 점에 착안하여 절차적 하자의 치유의 가능성을 행정심판 단계에서는 인정할 것이 요청된다. 반면에 행정소송 단계에서의 치유불가능성은 전적으로 찬성할 수 있는데, 무엇보다도 참여민주주의의 광장으로서의 행정절차의 중요성을 감안하여 그러하다.

2. 節次的 瑕疵에 의거한 獨自的 取消可能性

(1) 比 較 法

독일법에 의하면, 절차, 형식 또는 지역관할에 관한 규정을 위반했더라도 그 위반이 행정결정의 내용에 영향을 미치지 않았음이 명백한 때에는 그 위반만을 이유로 행정행위의 취소를 구할 수 없다(행정절차법 제46조). 이에 따르면 절차적 하자와 실체적 위법성 사이의 인과관계 여

16) 대법원 1984.4.10. 선고 83누393 판결.

17) 특히 대법원 1997.12.26. 선고 97누9390 판결.

부가 '절차적 하자에 의거한 독자적 취소가능성'(Beachtlichkeit des Verfahrensfehlers) 여부를 결정하는 기준이 된다. 재량행위, 판단여지 또는 계획재량의 경우에는 절차적 하자가 없었더라면 다른 내용의 결정이 내려질 수 있는 가능성이 있기 때문에 위와 같은 인과관계가 인정되어 절차적 하자만을 이유로 행정행위가 취소될 수 있다. 반면에 기속행위인 경우 또는 재량행위라 하더라도 구체적 사안에서 재량이 영으로 수축한 경우에는 절차적 하자가 없었더라도 역시 동일한 내용의 결정이 내려질 수밖에 없었으므로 위와 같은 인과관계가 부정되고, 따라서 절차적 하자만을 이유로 행정행위가 취소될 수 없다.

프랑스 판례에 의하면 절차적 하자(vice de forme ou de procédure)는 취소사유의 네 가지 범주의 하나에 속한다.[18] 그러나 절차적 하자가 항상 취소사유가 되는 것은 아니다. 이에 관해 두 가지 판단기준이 중요하다. 첫째, '중요한 절차적 요건'(formalité substantielle)과 '중요하지 않은 절차적 요건'(formalité non-substantielle ou accessoire)이 구별되는데, 전자에 대한 위반만이 취소사유가 된다. 원칙적으로 청문과 이유제시는 중요한 절차적 요건에 해당하지만, 예외적으로 그에 관한 부분적인 하자가 결정 내용에 영향을 미치지 않았던 경우에는 중요하지 않은 요건으로 간주되기도 한다.[19] 둘째, '기속행위의 경우 일정한 위반사유는 취소사유가 되지 않는다는 이론'(théorie des moyens inopérants en cas de compétence liée)이 적용된다. 이에 의하

18) 취소사유는 이러한 절차적 하자 이외에 무권한(incompétence), 권한남용(détournement de pouvoir) 및 법률위반(violation der la loi)으로 구분된다. 이는 다시 두 개의 상위 범주로 분류되는데, 무권한과 절차적 하자는 형식적 위법성(외적 위법성)으로, 권한남용과 법률위반은 실체적 위법성(내적 위법성)으로 분류된다. 형식적 위법성과 실체적 위법성은 동일한 행정행위에 관해서도 별개의 소송물을 구성하고, 따라서 제소기간, 상소 등과 관련하여 별개로 취급된다. 이에 관해 本書 제10장 취소소송의 소송물, 379면 참조.

19) C.E. 4 juillet 1952, *Decharme*, Rec., p. 362 ; C.E. Ass. 7 mars 1975, *Assoc. des amis der labbaye de Fontevraud*, Rec., p. 179 (양 사건 모두 청문에 관한 것임).

면, 기속행위의 경우 절차적 하자가 있더라도 다른 나머지 세 가지 범주의 취소사유가 존재하지 않으면, 특히 행정결정이 실체적으로 적법한 때에는 행정결정이 취소되지 않는다.[20] 이러한 점에서 분명히 독일법과 동일하지만, 다음과 같은 간과할 수 없는 차이점이 있다. 첫째, 프랑스에서는 기속행위가 독일에서보다 훨씬 어렵게 인정된다는 점이다. 재량이 법률효과에 관해서만 한정되지 않고 불확정법개념에 대해서도 인정될 수 있기 때문에 그러하다. 둘째, 판례는 개별 사안에서 청문과 이유제시가 관계인에 대한 절차적 보장으로 기능하는 때에는 시민의 '방어권'(droit de la défence)에 의거하여 기속행위의 경우에도 절차적 하자로 인한 취소를 인정한다.

영국의 판례는 '강행적 절차요건'(mandatory procedural requirements)과 '훈시적 절차요건'(directory procedural requirements)을 구별한다. 전자에 대한 위반만이 취소사유가 되는데, 이 점에서는 프랑스의 판례와 유사하다. 청문과 이유제시는 '자연적 정의'(natural justice)의 요청으로서 강행적 절차요건에 속한다. 영국 판례에서는 기속행위의 경우 절차적 하자가 취소사유가 되지 않는다는 원칙은 없고 그 대신에 몇 개의 판례에서 '無用性'(uselessness) 논거가 행정청에 의해 주장되고 소수의견이 이를 받아들인 적이 있다. 이는 청문이 흠결되었더라도 원고가 청문을 통해 자신에게 이익되는 것을 전혀 주장할 수 없었던 경우에는 취소사유가 되지 않는다는 주장이다. 그러나 판례의 지배적 경향은 이러한 경우 절차적 하자의 전제가 되는 행정청의 절차의무 자체를 부정함으로써 독립취소 가능성 문제를 비켜가고 있다. 이러한 회피기술을 통해 여하튼 영국에서는 자연적 정의의 위반이 절대적으로 취소사유가 된다는 원칙이 고수되고 있다.[21]

---

20) Chapus, Droit du contentieux administratif. 10e éd., n° 928; Auby/Drago, op. cit., n° 326; Ladenburger, a.a.O., S. 156 ff. 참조.

21) Fordham, op. cit., p. 821 ff.; Bergp. 821 ff.; Berg293 ff. 참조.

미국에서는 상술(563면)한 바와 같이 행정절차법에 법적으로 요구되는 절차를 위반하여 내려진 행정결정은 위법한 것으로 선언되고 취소되어야 한다는 명시적인 규정을 두고 있다. 이상의 비교법에서 흥미로운 것은 행정소송과 행정절차의 기능분배선이 중간 부분, 즉 두 번째와 세 번째에 있는 프랑스와 영국에서는 절차적 하자로 인한 독립취소 가능성에 관한 명시적 규정이 없는 반면, 기능분배선이 양 극단에 있는 독일과 미국에서는 그에 관한 명시적 규정이 있다는 점이다. 독일에서는 폭넓게 독립취소 불가능성이 규정되어 있는 데 반해, 미국에서는 절대적 취소사유로 규정되어 있다. 미국 판례에서도 영국 판례에서와 같이 많은 사안에서 법적으로 요구되는 절차요건 자체가 있느냐가 문제되는데, 개별 사안의 구체적 사정에 비추어 그러한 절차요건의 존재가 드물지 않게 부정된다.

(2) 우리나라

상술한 바와 같이, 우리나라 행정절차법에는 절차적 하자의 효과에 관한 명시적 규정이 없다. 학설상 절차적 하자가 있는 처분은 — 절차적 — 위법성을 띠는 것이는 점에 관해 의견이 일치하고 있다. 그러나 절차적 하자만으로 처분을 취소할 수 있느냐에 관해서는 의견이 대립하고 있다. 일방에서는 독일법에 따라 기속행위의 경우에는 독립적 취소사유가 되지 않는다고 주장한다. 타방에서는 입법자가 이에 관한 규정을 두지 않았기 때문에 원칙으로 돌아가야 한다고 주장한다. 즉, 행정소송법 제 4 조 1 호에 따라 모든 위법한 행정행위는 취소되어야 한다는 것이다. 이에 더하여 법률유보원칙이 강조되는데, 시민의 재판청구권 및 이에 따른 취소청구권은 명시적인 법률 없이 제한되어서는 아니 된다고 한다.

우리나라 판례는 후자의 견해를 따르는 것으로 보인다. 최소한 사전통지, 청문 및 이유제시에 관하여 법원이 절차적 요건의 위반을 인정하면서도 취소가능성을 부정한 사건은 찾을 수 없다. 그러나 드물지 않게 절차적 하자 자체가 부정된 사례는 있는데, 절차적 하자가 소제기 이전에 (역시 행정심판 제기 이전에) 치유되었다고 하거나 아니면 행정의 절차의무가 면제사유가 존재한다는 이유에서이다. 사전통지와 청문에 관한 면제사유로서 행정절차법(제21조 제4항)은 당해 처분의 성질상 사전통지와 청문이 불필요하다고 인정되는 상당한 사유가 있는 경우를 규정하고 있다. 이와 관련하여 대법원의 최근 판례[22]를 언급할 필요가 있는데, 이에 의하면 당해 처분의 "성질"이라는 것이 그 처분의 객관적 성격(즉, 침익처분이라는 점)을 의미하는 것일 뿐 사전통지가 원고에게 송달되지 않고 반송되었다는 등 개별 사안의 구체적 사정을 의미하는 것은 아니라고 한다. 이 사안에서는 침익적 재량처분이 문제되었으나, 대법원은 침익적 처분이라는 점만을 지적하면서 위와 같은 불필요성의 사유를 부정하였다.

이러한 판례에 비추어 보면, 우리나라에서는 절차적 하자에 의거한 독립취소 가능성에 관해서도 행정소송과 행정절차의 기능분배선이 미국에서와 같이, 또는 미국보다 더, 행정절차 쪽으로 그어져 있다고 평가할 수 있다. 즉, 청문과 이유제시의 하자가 — 영국과 미국에서처럼 절차적 하자 자체를 부정하는 회피논리가 있기는 하지만 — 인정되는 경우에는 절대적으로 취소사유가 된다. 나아가 청문의 불필요성 여부를 판단하는 근거가 오직 당해 처분의 객관적 성격에 한정되는데, 그것이 침익적 처분이라는 점만이 고려될 뿐 기속행위인지 재량행위인지 여부는 문제삼지 않는다. 이러한 점은 개별 사안의 구체적 사정을 문제삼는 미국 판례보다 엄격한 것이다.

이상을 종합해 보면, 우리나라에서 절차적 하자에 의거한 취소가

22) 대법원 2001. 4. 13. 선고 2000두3337 판결.

능성을 조금 축소할 필요가 있다. 기속행위인 경우 상술한 예외규정을 통해 청문의 객관적인 필요성 여부를 신중히 판단함으로써 행정의 청문의무를 부정하는 방법이 가능하다. 또한 법원은 원고가 명백히 요구하는 경우에는 실체적 위법성을 먼저 판단할 것이 요청된다. 원고가 주장하지도 않거나 아니면 예비적으로 주장한 절차적 하자를 이유로 처분을 취소하여 사건을 행정청에게 되돌려서는 아니 된다.[23]

3. 判斷基準時

(1) 법 비 교

독일 판례는 일찍이 취소소송에 관해 행정소송법상 행정청의 최종 결정시가 항상 '위법판단 기준시'(maßgeblicher Zeitpunkt der Beurteilung der Rechtswidrigkeit)가 된다는 원칙은 없다고 판시하였다.[24] 위법판단 기준시는 실체법상의 문제라는 것이다. 이러한 입장에서 판례는 취소소송의 경우에도 행정소송에서의 구두변론 종결시(이하에서는 '판결시'라고 함)가 판단기준시가 되는 事例群을 적지 않게 정립하였다. 이는 명확한 판단기준을 도출하기 어려운 카쥬이스틱(Kasuistik, 개별적 해결)을 이루고 있다. 의무이행소송의 경우에는 판례상 판단기준시가 원칙적으로 역시 행정소송 판결시가 된다. 그 근거는 의무이행소송의 경우에는 거부결정의 적법·위법이 문제되는 것이 아니라 법원은 판결시에 원고에게 계쟁 행정행위 발급청구권이 인정되는가 여부를 판단해야 한다는 데에서 찾을 수 있다.[25]

프랑스 판례에 따르면 취소소송(월권소송 recours pour excès de

23) 이 문제와 소송물 개념과의 관계에 관해 本書 제10장 취소소송의 소송물, 400면 각주 78 참조.

24) BVerwGE 64, 218 (221).

25) Würtenberger, Verwaltungsprozeßrecht, 1998, Rn. 608 ff.; Eyermann, Verwaltungsgerichtsordnung. 11. Aufl., 2000, § 113 Rn. 45 ff. 참조.

pouvoir)의 경우 판단기준시는 예외 없이 행정결정 시점이다.[26] 이는 거부결정에 대한 취소소송에서도 마찬가지이다. 그러나 1995년 이행명령(injonction)이 도입되었는데, 이는 예전과 같이 처분시의 사실 및 법상태를 기준으로 판단하여 거부결정이 위법하다고 인정되어 취소되는 경우에 그로 인한 행정청의 의무를 명시하기 위해 선고되는 것이다. 이러한 이행명령의 판단기준시는 판결시가 된다.[27] 이러한 시스템은 私見에 의하면 한편으로 소송경제 및 효율적 권리구제와 다른 한편으로 행정의 제1차적 판단권 및 행정절차의 기능을 조화시키는 데 기여할 수 있는 것으로 생각한다. 이에 관해 의무이행소송 문제와 관련하여 후술(581면 이하)한다.

영국법과 미국법에 관해서는 판례와 문헌에서 판단기준시에 관한 것을 찾기 어렵다. 그 이유는 행정소송은 행정절차를 통해 만들어진 기록을 토대로 행정결정을 심사하는 것으로서, 본질상 당연히 그 행정결정 시점이 판단기준시가 된다는 점에 의문이 없기 때문이라고 할 수 있다. 'judicial reviw'를 독일어로 직역하면 'gerichtlicher Rückblick'(법원의 回顧)이다. 다만, 영국의 mandamus(현재는 mandatory order로 개칭)와 미국의 mandatory injunction은 본질적으로 독일에서의 부작위에 대한 재결정명령 판결과 유사한 것인데, 본질상 판결시가 판단기준시가 된다.

판단기준시를 판결시로 후퇴시키게 되면, 결과적으로 행정절차가 행정소송 안으로 끌려 들어오게 된다. 독일에서 취소소송의 경우에도 적지 않은 事例群에서 판결시가 판단기준시가 된다는 사실은 바로 행정절차가 중시되고 있지 아니함을 보여주는 하나의 표징이라고 할 수

26) Vedel/Delvolvé, Droit administratif. Tome 1. 12e éd., 1992, p. 317; Auby/Drago, op. cit., n° 205 참조.

27) C.E. 18 octobre 1995, *Ep. Réghis*, Rec. Lebon p. 989; C.E. 4 juillet 1997, *Ep. Bourezak*, Rec. Lebon p. 278; C.E. 4 juillet 1997, *Leveau*, Rec. Lebon p. 282. 이에 관하여 Chapus, préc. (Contentieux), n° 1096 참조.

있다. 이는 취소소송에서 가장 전형적으로 나타나지만, 의무이행소송에서도 마찬가지이다. 거부결정이 그 결정시점에 위법했었던 경우, 다시 말해, 원고의 청구권이 존재했었던 경우에는 행정에게 의무이행을 선고하기 위해서는 원고의 청구권, 따라서 행정의 의무가 현재에도 존속하는지 여부를 확인하기 위해 판결시를 기준으로 한번 더 판단해야 한다. 이는 문제되는 것이 없다. 반면에 최소한 다음과 같은 경우에는 문제점을 노출한다. 즉, 거부결정이 그 결정시점에서는 적법하였었는데, 다시 말해, 원고의 청구권이 없었던 경우이다. 이러한 경우에도 만일 사실 및 법상태의 변경을 통해 비로소 판결시에 원고의 청구권이 인정된다면 행정에게 의무이행을 선고하게 된다.[28] 이는 행정의 제1차적 판단권의 박탈과 그로 인한 행정절차의 의미 상실을 초래하는 것이다. 이러한 결과를 피하기 위해서는 원고는 행정청에게 새로운 사실 및 법상태에 의거하여 다시 행정행위 발급을 신청함으로써 행정청으로 하여금 그 새로운 상태에 관해 판단할 수 있는 기회를 주어야 한다. 이번에도 행정청이 다시 거부결정을 하면 그 때에 비로소 소송을 제기할 수 있다. 이에 관해 의무이행소송 문제와 관련하여 후술(582면 이하)한다.

(2) 우리나라

우리나라 판례는 취소소송의 판단기준시를 예외 없이 처분시로 고수하고 있다. 거부처분에 대한 취소소송의 경우에도 마찬가지이다(本書 제1장, 21면 참조). 이에 대하여 행정절차의 기능을 중시해야 한다는 점에서 원칙적으로 찬성할 수 있다. 의무이행소송이 법률상 또는 법원의 판례형성을 통해서도 인정되지 않고 있기 때문에 독일에서와

28) 이에 관하여 특히 Ferdinand Kopp, Der für die Beurteilung der Sach- und Rechtslage maßgebliche Zeitpunkt bei verwaltungsgerichtlichen Anfechtungs- und Verpflichtungsklagen, in: FS für C.-F. Menger, 1985, S. 693 ff. (705) 참조.

같은 문제는 발생하지 않는다. 그러나 판단기준시는 거부처분 취소소송의 경우 취소판결의 기속력의 시적 기준으로 연결된다. 다시 말해, 행정청은 거부처분이 그것의 거부사유가 적법하지 않다고 하여 취소된 이후 처분시부터 판결시 사이에 발생한 새로운 사실 및 법상태를 이유로 또 다시 처분의 발급을 거부할 수 있게 된다. 이는 소송경제의 측면에서나 시민의 판결에 대한 신뢰의 측면에서 문제가 크다(아래 584면 이하 및 각주 41 참조).

4. 處分事由의 追加·變更

(1) 법 비 교

독일 판례는 일찍부터 학설의 비판에도 불구하고 처분사유의 추가·변경(Nachschieben von Gründen), 즉 실체적으로 하자 있는 이유제시를 내용적으로 치유하는 것을 원칙적으로 허용하여 왔다.[29] 다만 예외적으로 그로 인해 행정행위의 본질이 변경되거나 원고의 권리방어가 침해되는 경우에는 그러하지 않다고 한다. 그러나 여기서 말하는 행정행위의 본질은 단지 행정행위의 主文에만 관련되고, 원고의 권리방어는 원고가 추가·변경된 처분사유에 관해 의견을 표명할 기회가 소송절차 중에 부여되면 침해되지 않는 것으로 간주된다. 따라서 사실상 처분사유의 추가·변경은 제한 없이, 기속행위이든 재량행위이든, 허용된다.

학설과 몇몇 판례에서 최소한 재량행위의 경우에는 재량사유의 추가·변경을 통해 행정행위의 본질이 변경된다는 비판과 지적이 있었기 때문에, 재량사유의 추가·변경의 허용성을 법률적으로 확인하기 위해 1997년 행정법원법 제114조 2문이 추가되었다. 많은 학자들이

29) 독일에서의 처분사유의 추가·변경에 관한 자세한 내용은 本書 제11장 처분사유의 추가·변경과 행정행위의 전환, 491면 이하 참조.

이 규정의 의미를 축소하기 위해 노력하고 있다. 즉 위 규정에서 "보완"(ergänzen)이라 함은 새로운 재량사유를 추가하는 것도 아니고 기존의 재량사유를 본질적으로 변경하는 것도 아니라고 해석하는 것이다. 그러나 최근의 판례는 이러한 노력을 무력화시켰다.30) 이에 의하면 원고에 대한 추방결정에 있어 원래 결정에서는 제시되지 않았던 새로운 재량사유로서 강제송환 가능성에 관한 사유를 추가하는 것을 허용하였다. 따라서 독일법에 따르면 기속행위이든 재량행위이든 원칙적으로 처분사유의 추가·변경이 허용되고, 다만 재량행위의 경우에 처음에는 기속행위로 파악하여 전혀 재량고려를 하지 않았다가 소송단계에 와서 비로소 재량고려사유를 제시하는 것만이 금지된다고 할 수 있다.

프랑스 판례에 의하면 독일에서의 처분사유의 추가·변경에 상응하는 '처분이유의 대체'(substitution des motifs)는 원칙적으로 허용되지 않는다. 예외로서 허용된 사례들은 기속행위인 수익적 행정결정의 거부사유, 다시 말해, 그 사유들 중 하나만 있으면 당해 행정결정을 발급할 수 없는 경우에 관한 것이다.31)

영국의 판례는 처분사유의 추가·변경의 불허용 원칙을 고수하고 있다. 하지만 몇몇 사례에서 행정청이 선서진술서(affidavit)를 통해 내용적으로 잘못 제시된 이유를 수정하는 것을 허용한 적이 있다. 또한 추가·변경된 이유는 기존의 이유를 해명하는 것이어야 하고 그것과 모순되는 것은 아니어야 한다는 판례가 정립되어 있다.32)

---

30) BVerwG, Urteil vom 5. 5. 1998 - BVerwGE 106, 351.

31) C.E. 8 juin 1934, *Augier*, p. 660, D. 1934; C.E. 26 mai 1950, *Soc. laitière provençale*, p. 314, 1re esp.; C.E. 16 novembre 1962, *Soc. industrielle de tôlerie*, p. 608; C.E. 7 janvier 1983, *Soc. Sogeba*, p. 1 et 796 etc. 이에 관하여 Chapus, op. cit. (Contentieux), n° 1125 참조.

32) Wade, Administrative Law, 8. ed., London 2000, p. 521 f.; Fordham, op. cit., p. 897 참조.

미국법에 따르면 규칙제정절차(rule-making)와 공식적 처분절차(formal adjudication)의 경우에는 처분사유의 추가·변경이라는 관념을 상정하기 어렵다. 왜냐하면 이 경우에는 행정청에 의해 완성된 이유를 심사하는 것이기 때문이다. 하지만 비공식적 처분절차(informal adjudication)에 관해서는 판례가 '추가적 해명'(additional explanation)을 허용하고 법원으로 하여금 행정청에 대해 이를 요구하는 것도 허용하고 있다.[33]

(2) 우리나라

판례에 의하면, 처분사유의 추가·변경은 단지 처분사유의 기본적 사실관계의 동일성의 한계 내에서만 허용된다. 다시 말해, 당초의 처분사유와 기본적 사실관계에 관하여 동일한 사유만이 추가·변경될 수 있는 것이다. 관련 사례들을 구체적으로 살펴보면, 사안의 변경 없이 단지 법률상 근거만을 변경하거나 추상적 또는 불명확한 사유를 구체화하거나 명확하게 하는 경우만이 기본적 사실관계가 동일하다는 인정을 받고 있다. 기속행위인가 재량행위인가가 문제되지 않는다. 이러한 의미에서 우리나라 판례는 독일은 물론, 프랑스의 판례보다 엄격하고, 영미 판례와 유사하다.

독일법에서와 같이 처분사유의 추가·변경을 폭넓게 허용하면 행정결정의 이유제시제도를 유명무실하게 만들 위험이 있다. 이유제시제도가 갖는 기능들, 즉 관련자의 권리구제, 행정의 자기통제, 법원의 부담경감, 시민에 대한 설득 내지 수용가능성 제공 등 모든 기능들이 상실되고 말 위험이 있다. 따라서 우리나라 판례에 대해 원칙적으로 찬성할 수 있다.

---

33) 특히 PBGC v. LTV Corp., 496 U.S. 633 (1990). 이에 관하여 Davis/Pierce, Administrative Treatise. 3. ed., 1994 (und 2000 Cumulative Supplement), § 8.5. 참조.

그러나 거부처분에 관해서는 再考되어야 한다. 즉, 처분사유의 추가·변경의 허용범위는 취소판결의 기속력의 객관적 범위와 일치하기 때문에, 전자를 엄격히 제한하면 후자의 범위도 축소되어 소송경제에 반하게 된다. 통상적인 침익처분의 경우에는 이유제시의 중요성 때문에 소송경제를 후퇴시킬 수 있고 그렇게 하더라도 원고의 권리구제에 큰 영향이 없으나, 거부처분의 경우에는 오히려 모든 처분이유(거부사유)의 일괄제시의무를 상정할 수 있고, 취소판결의 기속력이 제한되면 원고에게 불리한 방향으로 분쟁이 무한 반복될 위험마저 있다. 따라서 거부처분의 경우에는 처분사유의 추가·변경의 허용범위를 당해 신청에 대한 모든 거부사유로 확대할 것이 요청된다.[34)]

Ⅳ. 義務履行訴訟의 問題

1. 義務履行訴訟의 長點

마지막으로, 이상에서 살펴본 행정소송과 행정절차 사이의 네 개의 접점문제들이 한꺼번에 등장하는 독일의 의무이행소송(Verpflichtungsklage)에 관하여 간략히 살펴보기로 한다. 우리나라의 현행 거부처분 취소소송과 부작위위법확인소송과 대비하여 의무이행소송이 갖는 장점은 다음과 같다. 즉, 첫째, 의무이행소송은 행정행위의 발급신청에 대한 행정청의 거부(Ablehung)뿐만 아니라 부작위(Unterlassung)에 대해서도 인정되므로, (부작위위법확인소송과 같은) 부작위에 대한 별도의 소송유형이 필요 없다. 둘째, 행정청의 '거부'와 '부작위'가 있으면 충분하고 그 법적 성질을 따지지 않기 때문에, 우리 판례상 거부

34) 이에 관한 자세한 내용은 本書 제11장 처분사유의 추가·변경과 행정행위의 전환, 521면 이하 참조.

처분 및 부작위의 성립요건으로서의 신청권 문제가 발생하지 않는다. 셋째, 한편으로 계쟁 행정행위의 발급요건 전부가 심판범위(즉, 처분사유의 추가·변경의 허용범위)와 취소판결의 효력의 객관적 범위에 속하게 되고, 다른 한편으로 행정행위 발급의무의 판단기준시 및 취소판결의 효력의 기준시는 判決時가 된다. 따라서 의무이행판결이 확정되면 행정청은 다른 요건의 不備를 이유로, 또한 判決時까지의 사정변경을 이유로, 더 이상 계쟁 행정행위의 발급을 거부할 수 없게 됨으로써, 분쟁의 일회적 해결이 가능하다.[35)]

2. 義務履行訴訟의 問題點

그러나 의무이행소송은 상술한 바와 같이 행정소송과 행정절차의 기능분배선이 완전히 행정소송 쪽으로 기울어져 있는 독일의 제도로서, 위 네 가지 접점문제에 대한 극단적인 해결을 전제로 하고 있다. 즉, 행정청의 (거부결정에 이르기까지의) 절차적 하자가 제한 없이 치유될 수 있고, 계쟁 행정행위가 기속행위인 경우에는 그 절차적 하자가 판결에 전혀 영향을 미치지 못하며, 판단기준시가 判決時가 되고, 처분사유(즉, 거부사유)의 추가·변경이 제한 없이 허용된다. 이로써 (수익적 행정행위의 발급을 위한) 행정절차가 그 독자적 의미를 상실하고 소송절차 안으로 완전히 포섭됨으로써, 행정소송이 행정에 대한 사후감독이라는 본연의 기능에서 벗어나 일종의 행정민원창구로 변하여 법원의 부담이 가중될 위험이 있다.

특히 判決時가 판단기준시이기 때문에, 거부결정 당시에는 행정행위 발급요건이 충족되지 아니하였다가 소송 도중에 사정변경으로 그 요건이 충족된 경우에도 의무이행판결이 선고된다는 것이 문제이다.

---

35) 즉, 의무이행판결이 확정되면 행정청은 다른 요건의 不備를 이유로, 또한 判決時까지의 사정변경을 이유로, 더 이상 계쟁 행정행위의 발급을 거부할 수 없게 된다.

행정청으로서는 당초 원고의 신청에 대하여 행정절차를 거쳐 적법하게 거부결정을 내렸었다. 사후에 사정변경이 발생하였다면 이를 이유로 원고가 행정청에 다시 신청을 하도록 함으로써 행정청이 그 사정변경에 관하여 먼저 판단하도록 하여야 함에도 불구하고, 의무이행소송에서는 바로 의무이행판결이 선고됨으로써 행정청의 제 1 차적 판단권과 이를 위한 행정절차의 기능이 완전히 무시되는 것이다.[36]

3. 解決方案

이상과 같은 문제점들을 직시하면, 입법론적으로 우리나라에 독일의 의무이행소송을 그대로 도입하는 것은 바람직하지 않다는 결론에 이른다. 행정청의 부작위의 경우에는 행정청의 제 1 차적 판단권 및 행정절차의 기능을 존중할 필요가 없으므로 이에 대해서는 의무이행소송을 도입하되,[37] 행정청의 거부처분에 대해서는 현행 거부처분 취소소송을 다음과 같이 두 가지 점에서 수정 · 보완하는 것이 타당하다고 생각한다.

첫째는 상술(581면)한 바와 같이 처분사유의 추가 · 변경의 허용

---

36) 의무이행소송에 있어 위와 같은 행정청의 일차적 판단권의 무시, 행정절차의 경시, 법원의 부담 가중 등의 문제는 독일 학자들에 의해서도 지적되고 있다. 대표적으로 Albert von Mutius, Gerichtsverfahren und Verwaltungsverfahren, in: System des verwaltungsgerichtlichen Rechtsschutzes. Festschrift für C.-F. Menger, 1985, S. 575-604 (601 ff.); Bernhard Stüer, Zurückweisung und Bescheidungsverpflichtung im Verwaltungsprozeß, in: a.a.O., S. 779-795 (788 ff.); Kopp/Schenke, Verwaltungsgerichtsordnung. Kommentar. 12. Aufl., 2000, § 113 Rn. 198 참조.

37) 특히 현행 부작위위법확인소송이 단지 행정청의 형식적인 응답의무만을 강제하는 것에 불과하고 실체적인 처분발급의무는 심리대상이 아니라는 판례(대법원 1990. 9. 25. 선고 89누4758 판결)와 학설(김동희, 행정법 I, 2005, 741면)을 감안하면 부작위에 대하여 바로 의무이행소송을 인정할 필요성이 절실하다. 위 판례와 학설에 따르면 계쟁처분이 기속행위인 경우에도 부작위위법확인판결에도 불구하고 행정청은 거부처분을 내릴 수 있고 따라서 원고는 다시 그에 대해 거부처분 취소소송을 제기하여야 하는 二重의 절차적 부담이 있기 때문이다.

범위를 당해 신청에 대한 모든 거부사유로 확대하는 것이다. 이로써 거부처분 취소판결의 기속력이 확대되어 원칙적으로 행정청이 다른 거부사유로써 다시 처분의 발급을 거부할 수 없게 되는데,[38] 이는 행정소송에서 거부사유에 관한 행정청의 주장책임을 가중함으로써 행정청이 원래의 행정절차에서 모든 거부사유를 찾고자 노력하고 상대방(신청인)은 이를 극복하고자 노력하게 되어 결국 행정절차가 활성화되는 결과를 얻을 수 있다.

둘째, 거부처분 취소판결의 기속력이 판결의 '취지'에 따라 결정되도록 하는 현행 방식(행정소송법 제30조 제2항)에서 탈피하여 그 기속력의 구체적 내용을 판결주문에서 — 프랑스의 이행명령(injonction)에 상응하는 — '의무확정명령'으로 명시하는 것이다.[39] 계쟁처분이 기속행위인 경우에는 처분의 발급이 명해질 수 있지만, 재량행위인 경우에는 再決定만이 명해질 수 있을 뿐이다. 이러한 의무확정명령은 거부처분이 處分時를 기준으로 위법하여 취소되는 경우에 한하여 다시 判決時를 기준으로 행

38) 거부처분 취소판결이 확정되면 계쟁처분이 기속행위·재량행위인가를 불문하고 그 법정발급요건에 관해서는 차단효가 발생하여 행정청은 그 요건의 不備를 이유로 다시 거부처분을 할 수 없게 된다. 계쟁처분이 재량행위인 경우 거부재량사유에 관해서는, 그것이 (거부)처분의 동일성 범위 내에 속하기 때문에 다른 거부재량사유로의 처분사유의 추가·변경이 허용되고 따라서 일응 거부처분 취소판결의 기속력의 객관적 범위에는 속하는 것으로 보아야 할 것이지만, 재량하자를 이유로 한 거부처분의 취소판결은 행정청이 다시 적법한 재량을 행사하여 재결정하라는 의미이기 때문에, 새로운 재량거부사유는 그 취소판결의 기속력의 시간적 범위를 벗어나는 것으로서, 행정청은 이를 이유로 재차 거부처분을 내릴 수 있다. 이에 관한 자세한 내용은 本書 제10장 취소소송의 소송물, 464면 이하 참조.

39) 영국과 미국의 행정소송에서도 직무집행판결(영국의 mandamus, 2000년 이후 mandatory order로 개칭; 미국의 mandatory injunction)이 가능하지만, 어떠한 판결을 선고할 것인가는 전적으로 법원의 재량에 속하는 것인데, 직무집행판결은 원칙적으로 행정청의 부작위 또는 자신의 관할 내지 권한에 속하지 않는다는 이유로 결정권을 전혀 행사하지 않은 거부결정의 경우에 선고되고 있다. 통상적인 거부결정에 대해서도 직무집행명령이 선고되는 경우가 있으나 이 때에도 거부결정에 대한 취소판결(certiorari; quashing order)에 부수하여 직무집행명령이 선고된다. 이에 관해 Wade/Forsyth, Administrative Law. 9. ed., 2004, p. 615-625; P. P. Craig, Administrative Law. 5. ed., 2003, p. 766-770; Schwartz, Administrative Law. 3. ed., 1991, § 9.14 참조.

정청의 의무를 확정하는 것이다. 따라서 거부처분이 處分時에 적법하였던 경우에는 거부처분 취소소송 자체가 기각되어 의무확정명령은 불가능해지므로 행정청의 제 1 차적 판단권이 완전히 존중된다. 다른 한편으로 의무확정명령의 기준시가 判決時이기 때문에 그 이전의 사정변경에 의한 거부사유에 대하여 차단효가 발생함으로써 분쟁의 일회적 해결이 가능해지고, 그리하여 행정절차와 행정소송이 조화롭게 연결될 수 있다.[40][41]

40) 필자는 대법원 행정소송법개정위원회에서 처음에는 이상과 같이 현행 거부처분 취소소송을 수정·보완할 것을 주장하였으나, 논의 결과 그 동안 학계와 실무계의 염원이었던 '의무이행소송'을 도입하는 것이 시대적 요청에 부합한다는 점과 종래의 판례·실무상 거부처분 취소소송에 관한 쟁점주의를 극복하기 쉽지 않다는 점을 감안하여 위와 같은 주장을 철회하고, 거부처분에 대해서도 의무이행소송을 도입하되, 반드시 거부처분 취소소송과 병합하여 의무이행소송을 제기하도록 하고, 거부처분이 취소판결에 의해 취소되는 경우에 한하여 의무이행소송에 대하여 심리하도록 하는 방안을 주장하게 되었다. 이에 관한 상세한 내용은 拙稿, "행정소송법 개정의 주요쟁점," 공법연구 제31집 제 3 호, 2003, 95면 이하 참조.

41) 현행법의 해석론에 의하더라도, 거부처분의 위법성은 處分時를 기준으로 판단하되, 거부처분이 處分時에 위법하여 취소하는 경우에, 判決時를 기준으로 그 때까지의 사정변경에 의해 행정청의 처분발급의무가 소멸하였는지 여부를 판단하여 판결이유에 명시함으로써, — 그 "판결의 취지"에 따라(행정소송법 제30조 제 2 항) — 判決時를 기준으로 거부처분 취소판결의 기속력이 발생하도록 하는 방법이 가능하다. 이에 의하면, 거부처분이 취소되고 판결이유에서 判決時까지 행정청의 처분발급의무가 소멸하지 않았다는 점이 명시된 경우에는 행정청은 더 이상 判決時 이전의 사정변경을 이유로 처분의 발급을 거부할 수 없게 되고, 또한 판결이유에서 계쟁처분의 성질(기속행위/재량행위)에 따라 행정청의 의무내용이 계쟁처분의 발급에까지 미치는지 아니면 再決定에 불과한 것인지를 명시함으로써 이에 행정청이 구속되도록 한다면, 위와 같은 의무확정명령과 유사한 결과를 얻을 수 있다. 다만 그러한 (시간적·내용적) 의무확정이 판결이유에서 이루어지는가 판결주문에서 이루어지는가 라는 중요한 차이가 있다.

제13장

行政訴訟과 行政節次 (2)

- 독일법과 유럽공동체법 -

삼권분립의 국가에서는 예로부터 행정소송과 행정의 관계가 논란되어 왔다. 행정결정이 어느 범위에서 법원의 통제를 받게 되는지,[1] 그리고 행정의 고유한 형성여지를 인정함으로써[2] 행정소송의 기능적

* 이 글은 Thomas Würtenberger, Das Verhältnis zwischen Verwaltungsprozeß-recht und Verwaltungsverfahrensrecht, 『서울대학교 법학』 제45권 제 1 호 (통권 130호), 2004, 363-384면을 번역한 것이다.

1) Würtenberger, Verwaltungsprozeßrecht, 1998, Rn. 20 ff. 및 거기에 소개된 포괄적인 사법심사와 제한적 사법심사의 영역에 관한 문헌들을 참조.

2) Maurer, Schnapp, Der Verwaltungsvorbehalt, VVDStRL 43 (1985), S. 135 ff., 172 ff.; Schmidt, Der „Verwaltungsvorbehalt" – ein neuer Rechtsbegriff?,

인 법적 한계를 설정할 것인지[3])가 쟁점들이다. 또한 행정절차상의 하자가 행정소송에서 어떠한 효과를 갖는지에 관한 문제도 이러한 논제에 속한다.[4])

행정소송법과 행정절차법은 동일한 목표, 즉 법적으로 정당한 결정의 발견 내지 실현을 추구한다. 이러한 임무가 행정절차와 행정소송에 어떻게 분배되느냐의 문제는 여러 상이한 모델에 따라 달라진다. 한편으로 특히 영국의 규율모델과 유럽연합의 규율모델에 따르면, 행정절차가 정당한 법적 결정을 찾는 데 중요한 기여를 하는 것으로 여겨지고, 그리하여 "절차에 의한 정당성 담보"에 의거하여 절차상 하자는 원칙적으로 행정결정의 취소로 귀결되며, 법원의 통제는 무엇보다 곧 절차에 대한 통제를 의미한다. 다른 모델, 특히 독일의 모델에 따르면, 실체법적으로 정당한 행정결정은 일차적으로 행정법질서에서 도출되고, 절차는 법적으로 정당한 결정을 식별하기 위한 보조적 기능을 하는 것으로서, 절차적 하자가 있더라도 그로 인해 실체법적으로 정당한 결정이 위법하게 될 수 없으며, 그리하여 절차적 하자에 대한 법원의 통제는 현저하게 제한된다.[5]) 이는 결과적으로 행정소송에 의해 내용에 대한 통제가 포괄적으로 이루어진다는 의미이다. 이상과 같은 두 가지의 모델은 어디에서도 완전하게 실현되고 있지 않다. 양자가 중첩되는 현상은 다음과 같은 반비례 공식(Je-desto-Formel)으로 표현될 수 있다. 즉, 절차적 통제가 강할수록 내용적 통제는 약해지고, 거꾸로 내용적 통제가 강할수록 절차적 통제는 약해진다. 이러한 공식은 절차에 의해 구체화되어지는 법에 관해 다음과 같이 표현될 수 있다. 즉,

---

NVwZ 1984, S. 545 (546 ff.).

3) Schuppert, Self-restraint der Rechtsprechung, DVBl. 1988, S. 1191 (1197 ff.).

4) 행정절차의 기능에 관한 기본적인 것은 Wahl, VVDStRL 41 (1983), S. 153 ff. 참조.

5) 이에 관해 Wahl, Das Verhältnis von Verwaltungsverfahren und Verwaltungsprozeßrecht in europäischer Sicht, Typoskript 2002, S. 6 참조.

행정결정에 대한 법적 기준이 불명확할수록 법을 구체화하는 임무는 점점 더 절차로 접근하고, 법이 행정결정의 내용을 명확하게 규정할수록 법적 정당성에 대해 절차가 갖는 중요성은 점점 줄어든다. 주지하다시피 이에 관해 앞의 모델에 대표적인 것은 유럽연합의 모델이고, 뒤의 모델에 대표적인 것은 독일법이다. 양 모델 중 어느 것을 선호할 것인지는 법을 구체화하는 데 있어 절차가 갖는 임무와 이에 대한 재판의 기능을 어떻게 이해하는가에 달려 있다.

Ⅰ. 行政節次上 節次的 瑕疵의 治癒

관할규정, 절차규정 혹은 형식규정을 위반하면 행정행위는 형식적으로 위법한 것이 되어 이로써 행정소송에서 취소되어진다. 그러나 이에 관해 독일 행정절차법에 너무 많은 예외가 있기 때문에 오히려 다음과 같은 원칙이 있다고 말할 수 있다. 즉, 형식적 하자가 있더라도 위법한 행정행위가 되지 않는다.[6)]

1. 行政節次法 제45조 제 1 항 및 제 2 항에 의하여

행정절차법 제45조 제 1 항 및 제 2 항[7)]에 의하면, 절차규정이나 형식규정에 위반하더라도, 특히, 필요한 이유제시가 나중에 행해지거나(제2호), 관계인에 대한 필수적인 청문이 사후에 이루어진 경우(제3호), 행정행위 발급을 위해 반드시 필요한 다른 행정관청의 협력이 사후에

6) 즉, 절차적 하자 또는 형식적 하자의 치유를 통해 위법한 행정행위가 적법한 행정행위로 되는데, 이러한 효과는 통설에 의하면 행정행위의 발급 당시로 소급된다고 한다. Ule/Laubinger, Verwaltungsverfahrensrecht, 4. Aufl. 1995, §58 Rn. 16 및 거기에 소개된 문헌들을 참조.

7) 동일한 취지의 조항으로는 조세통칙법(Abgabenordnung) 제126조 및 사회법전 제10편(Sozialgesetzbuch－X) 제41조가 있다.

이루어진 경우에는(제4호), 취소사유가 되지 않는다. 행정절차법 제45조 제2항에 의하면, 이러한 절차적 하자의 치유는 행정소송이 종료될 때까지, 다시 말해, 상고심의 구두변론 종결시까지 절차적 행위를 추완함으로써 이루어질 수 있다.

실무상 절차적 하자가 매우 많은 경우에 치유될 수 있지만, 모든 절차적 하자가 치유될 수 있는 것은 아니다. 절차규정에 대한 위반이 행정행위의 무효를 초래하는 경우에는, 절차에 적합한 행정행위가 새로이 행해져야 한다. 또한 행정절차법 제45조에 의하면, 토지관할 및 사물관할에 관한 규정이나 절차상 제척·기피에 관한 규정(동법 제20조 및 제21조)을 위반한 경우에는 하자가 치유될 수 없다.

2. 行政節次法 제46조에 의하여

행정절차법 제46조[8]에 의하면, 절차·형식 또는 토지관할에 관한 규정을 위반하여 행정행위가 이루어진 경우에도, 그 위반으로 인해 당해 결정에 실체적으로 아무런 영향을 미치지 않았음이 명백한 때에는 그 위반만을 이유로 행정행위의 취소를 청구할 수 없다. 이 규정이 담고 있는 법관념은, 행정행위가 실체적으로 적법하기 때문에 곧 다시 동일한 행정행위가 발급되어져야 한다면 형식적 하자만을 이유로 행정행위의 취소를 요구하는 것은 소송경제에 위배되고 또한 권리남용이 된다는 것이다.

행정절차법 제46조는 행정절차법 제45조 제1항에 규정된 형식적 하자보다 적용범위가 넓다. 행정절차법 제46조에 따르면, 행정행위의 발급에 행정절차법 제20조 및 제21조에 의해 제척·기피되는 자가 관

8) 동일한 취지의 조항으로는 도시계획법전(BauGB) 제214조 제3항 및 조세통칙법(Abgabenordnung) 제127조가 있다.

여한 경우에도 행정행위의 취소를 청구할 수 없게 된다. 단지 사물관할, 다시 말해, 임무배정에 관한 규율에 위반한 경우에만 행정절차법 제46조가 적용되지 않는다.[9)]

행정절차법 제46조의 본질적인 기준은 대체불가능성과 그로 인한 인과관계의 흠결이다. 즉, 형식적 하자가 결정에 실체적으로 영향을 미치지 않았음이 명백하여야 한다. 이러한 인과관계의 흠결은, 행정행위가 근거하고 있는 법규정이 행정청에게 재량이나 판단여지 또는 계획여지를 일체 허용하지 않는 경우에 인정된다. 그렇지 않은 경우에는 원칙적으로 형식적 하자가 재량결정 또는 계획결정에 영향을 미쳤다는 점을 배제할 수 없다. 그러나 재량이 영으로 수축되거나[10)] 또는, 좀처럼 없는 예외적인 사안이겠지만, 형량 영역에 있어 계획적 형성여지가 없는 경우에는, 형식적 하자는 실체적으로 당해 결정에 대한 원인이 되지 않는다. 또한 형식적 하자는 가령 재량 영역의 경우 흠결된 청문이 이루어졌더라도 행정청의 결정을 위한 근거를 전혀 추가시킬 수 없었을 때에도 역시 당해 결정에 영향을 미치지 않는 것으로 된다. 그러나 이러한 경우 그러한 하자를 범하지 않았더라도 실체적으로 동일한 결정에 이르게 되었을 것이라는 점에 관해 합리적인 의심이 배제되어야 한다는 요건이 타당하게 주장되고 있다.[11)]

3. 行政訴訟上 處分事由의 追加·變更을 통하여

'처분사유의 추가·변경'(Nachschieben von Gründen)에 관한 문제

9) 사물관할에 대한 위반은 치유될 수 없다는 것은 유럽연합의 모든 회원국 및 유럽연합법에서 법원칙으로 되어 있다. 이에 관해 Ladenburger, Verfahrensfehlerfolgen im französischen und im deutschen Verwaltungsrecht, 1999, S. 160 ff. 참조.

10) BVerwGE 62, 108 (116); BVerwG, NVwZ 1988, 525.

11) 행정절차법 제46조에 대한 헌법합치적 제한 해석에 관해 Wolff/Bachof/Stober, Verwaltungsrecht, Bd. 2, 6. Aufl., 2000, § 49 Rn. 51 ff. 참조.

는 행정행위의 발급 당시 이미 존재했었지만 행정청에 의해 주장되지 않았던 사실적 또는 법적인 사유가 이제 법원의 재판에서 고려될 수 있는가에 관한 것이다. 처분사유의 추가·변경은 계쟁 행정행위에 관해 행정절차법 제39조에 따라 행정청의 관점에서는 충분한 이유가 제시되었으나 소송과정에서 그 이유제시가 내용적으로 잘못된 것임이 판명된 경우에 문제된다. 이러한 처분사유의 추가·변경은 행정절차법 제45조 제 1 항 2 호 및 제 2 항에 따라 누락된 이유제시를 추완하는 것과 구별된다.[12]

행정소송상 처분사유의 추가·변경은 원칙적으로 허용된다. 행정법원은 추가·변경된 하자 없는 이유(예컨대, 새로 제시된 사실관계, 새로운 법적 근거)를 고려해야 하는데, 법원은 계쟁 행정행위에 관해 적법성을 빠짐 없이 심사해야 하기 때문이다. 여기서 행정소송의 직권탐지주의(행정법원법 제86조 제 1 항)와 행정 및 司法의 법률에 대한 기속(기본법 제20조 제 3 항)은 법원으로 하여금 행정청이 제시하지 않았지만 계쟁 행정행위를 정당화시켜 줄 가능성이 있는 사유들도 반드시 고려하도록 요구한다.[13] 마지막으로 소송경제의 원칙은 행정청이 새로운 또는 변경된 이유에 기해 즉시 발급하여야 할 행정행위를 법원의 판결로써 취소하는 것을 금지한다.

재량 영역에서는 처분사유의 추가·변경은 제한된다. 행정법원법 제114조 2 문에 의하면, 행정청은 행정소송절차에서 행정행위에 관한 재량고려사항을 단지 보충할 수만 있다.[14] "보충"(ergänzen)이라는

12) Würtenberger, Verwaltungsprozeßrecht, Rn. 617 ff.; Schoch, NVwZ 1984, S. 401; Rupp, Nachschieben von Gründen in verwaltungsgerichtlichen Verfahren, 1987; Schenke, NVwZ 1988, S. 1; Horn, Die Verwaltung 25 (1992), S. 203.

13) Hufen, Verwaltungsprozeßrecht, 4. Aufl. 2000, § 24 Rn. 22.

14) 새로 도입된 행정법원법 제114조 제 2 문에 대한 비판으로 Redeker, NVwZ 1997, S. 625 (627 ff.).

말은 전혀 새로운 재량고려사항을 추가하는 것은 허용되지 않음을 의미한다. 다시 말해, 이미 제시된 재량사유가 그 핵심에 있어 교체되어서는 아니 된다. 뿐만 아니라 재량이 최초로 행사되어서도 아니 된다.[15] 이와 같이 행정소송상 재량고려사항의 보충에 한정함으로써 본질적으로 새로운 재량고려사항의 추가로 인해 원고의 권리방어가 현저히 침해되는 것을 방지할 수 있다고 한다.[16]

Ⅱ. 歷史的·理念的 背景 — 독일의 法治國家와 法官國家

행정소송에서 절차상 하자가 중요하게 취급되지 않는 것은 독일이 법치국가 및 법관국가(Richterstaat)로 이행하는 과정에서 나타난 결과물이다. 이는 독일의 정치적·법적 문화의 전통에 깊이 뿌리 박혀 있다.[17] 독일에 특유한 법치국가로의 이행과정[18]이 바로 영국 그리고

15) Eyermann/Rennert, §114 VwGO, Rn. 89; Determann, Jura 1997, S. 350 (351).

16) 절차적 하자의 치유는 소송비용에 관해 다음과 같은 법적 효과를 갖는다. 즉, 주장된 절차적 및 형식상 하자가 그 동안 치유되었다는 이유로 행정심판청구가 기각되는 경우에는 행정절차법 제80조 제1항 2문의 비용에 관한 규율이 적용된다. 이에 따르면 행정심판 청구인은 권리주장을 위한 필요적 비용을 상환받게 된다. 행정소송에서도 마찬가지이다. 당초에는 이유 있는 것으로 보이던 소송이 형식적 하자의 치유로 인해 이유 없게 된 때에는 행정법원법 제155조 제4항에 의해 행정청에게 비용이 부과된다. 즉, 행정청은 자신의 책임으로 그 절차적 하자를 범한 것이기 때문에, 절차의 비용을 행정청에게 부과시킬 수 있다. 이는 원고가 동법 제92조 제1항에 따라 소를 취하하는 경우와 더불어 당사자 쌍방이 일치하여 절차적 하자의 치유 이후 법적 분쟁이 종결되었음을 선언하는 경우에도 마찬가지이다.

17) 이하의 설명에 관해 Würtenberger, VVDStRL 58 (1999), S. 141, 147 ff. 및 거기에 소개된 문헌들을 참조.

18) Würtenberger, Zu den Wurzeln des Rechtsstaates in Deutschland, in: Rill (Hg.), 50 Jahre freiheitlich-demokratischer Rechtsstaat, 1999, S. 15 ff. 유럽연합의 회원국들의 헌법질서의 기초로서의 법치국가에 관하여 Schwarze (Hg.), Die Entstehung einer europäischen Verfassungsordnung, 2000, S. 479 ff. 참조. 프

또한 프랑스와 비교하여 행정절차와 행정소송상 권리구제에 관한 관념이 상이하게 된 본질적 이유를 이룬다.[19] 19세기와 20세기 초 독일에서 법치국가 개념과 법치국가를 실현시키는 정치적 질서가 발전되었는데, 다른 나라에서는 이와 유사한 법치국가 논의가 없었다.[20] 이러한 법치국가의 관념은, 결정의 법적 정당성은 절차를 통해서가 아니라 오히려 法原理로부터의 연역을 통해 획득된다는 이념을 바탕으로 한 것이다. 18세기 말 이래로 정착된 이러한 관념의 대표적인 예는 比例原則을 통한 법의 형성[21]과, 19세기에 격렬하게 논의되었으나 1950년대 이후 헌법적으로 확립된, 입법과 행정에 대한 사인의 신뢰보호[22]까지 포괄하는 法的 安定性의 이념이다.

이러한 전통은 18세기 말의 자연법에까지 거슬러 올라가는 것으로, 독일이 법관국가로 발전하게 된 要因이 되었다. 이성이 모든 법과 법원리의 최후 보루라는 古來의 원칙은 18세기 말 자연법에 이르러 정치적·법적 질서의 변화를 목표로 하는 새로운 공격방향을 갖게 되었다. 이 새로운 질서는 예컨대 같은 시기의 프랑스에서와 같이 민주주의적인 입법에 의해 만들어지는 것이 아니라, 理性의 주도에 따라 자유주의적인 법질서를 실현시키고자 하는 것이었다. 주지하다시피 칸트와 관념론 철학이 그러한 이성과 법원리에 정향된 정치적·법적 질서의 정신적 토대를 제공하였다. 칸트는 한 사람의 자유가 다른 사람

랑스와 독일의 법치국가 발전의 비교에 관해서는 Würtenberger, Konvergenzen oder Dominanz nationaler Rechtstraditionen in Deutschland und Frankreich? in: Frankreich-Jahrbuch 2001, S. 151, 155 ff. 참조.

19) Ladenburger (Fn. 9) 참조.

20) 이는 영국법상 '법의 지배'(rule of law)의 실현에 관해서도 마찬가지이다. 이에 관해 Brinktrine, Verwaltungsermessen in Deutschland und England, 1998, S. 169 ff. 참조.

21) 이에 관해 Remmert, Verwaltungs- und verfassungsgeschichtliche Grundlagen des Übermaßverbots, 1995 참조.

22) Würtenberger/Jeannerod, Vertrauen in den Gesetzgeber in Frankreich und in Deutschland, in: Würtenberger u.a. (Hg.), Wahrnehmungs- und Betätigungsformen des Vertrauens im deutsch-französischen Vergleich, 2002, S. 153 ff.

의 자유와 더불어 함께 존재할 수 있고[23] 외적인 한계 내에서 자유가 최대한 만족되도록[24] 자유의 영역을 획정하는 것이 법의 임무라고 정의하였는데, 이는 오늘날 '실천적 정합성'[25](praktische Konkordanz) 또는 '자유의 비례적 배분'과 같은 도그마틱적 명제에 계승되고 있다. 법원리의 최후 보루는 민주적 공동결정이 아니라 理性이라는 테제[26]가 헌법과 행정법의 논증방식을 발전시킨 정신적 토대인데, 이러한 논증방식은 법치국가적 합리성 요청과 더불어 오늘날에도 독일에 현존하고 있다. 독일의 법치국가는 민주주의적인 자유의지와 무관하게, 그리고 절차법을 통해 시민들과 대화함이 없이, 理性의 주도에 따라 자유의 최적 질서를 실현함을 목표로 하는 것으로서, 민주주의의 결여와 행정절차 요청의 결여를 보상하고자 하는 것이다.

이러한 노선으로 말미암아 독일에서는 행정절차를 통한 법적 정당성 실현이라는 이념이 오랫동안 전개되지 않았던 것이다. 법적으로 정당한 결정은 법원리에서 도출되는 것이므로, 절차의 정당성이나 절차적 정의를 필요로 하지 않는다. 행정결정의 법치국가적 정당성을 감시하는 것은 오히려 행정소송의 임무인데, 행정소송은 독일에서 오래전부터 특별히 높은 호응을 누려 왔다. 法院을 통한 자유 보호는 19세기 후반 이후 언제나 중심적이고 그리고 성공적으로 실현된 관심 사이었다.[27]

---

23) Kant, Metaphysik der Sitten I, 2. Einl., §C; 이에 관해 Zippelius, Geschichte der Staatsideen, 9. Aufl. 1994, Kap. 16 c.

24) Kant, Idee zu einer allgemeinen Geschichte in weltbürgerlicher Absicht (1784), „Fünfter Satz."

25) Hesse, Grundzüge des Verfassungsrechts der Bundesrepublik Deutschland, Neudruck der 20. Aufl., 1999, Rn. 317 ff.

26) Stolleis, Geschichte des Öffentlichen Rechts in Deutschland, 2. Bd., 1992, S. 167 ff., 404.

27) 이와 관련하여 프로이센일반란트법 제17편 제2항 제10조를 '문언에 반해'(contra legem) 해석함으로써 법치국가적 경찰법의 기초를 마련한 크로이쯔베르크(Kreuzberg) 판결(PrOVGE 9, 353; Koeschell, VBlBW 1993, 268)을 상기할 수 있다. 또한 특징적인 것은 독일에서 행정재판제도를 도입할 때 의도적으로, 프

20세기 1950년대 이후 기본법 제19조 제 4 항의 권리구제보장과 실질적 법치국가 개념에 의거하여 점점 더 행정결정의 내용적 정당성에 대한 법원의 통제가 강화되었다. 법률유보이론에 의해 입법자는 기본권과 관련된 영역에 있어 행정결정의 내용을 가능한 한 최대한으로 규정하여야 한다. 예컨대 사업허가는 독일의 관념에 따르면 기속행위이다. 반면에 유럽연합의 초국가적 영역에 적용되는 환경법은 단지 목적규정만을 갖고 있어 행정에게 명백한 형성여지와 최적화여지를 부여하고 있는데,[28] 이는 독일의 사업허가법에 그대로 편입될 수 없는 것이다. 오직 하나뿐인 정당한 법적 결정은 모든 경우에 법적 기준의 정확한 적용을 통해 발견될 수 있다는 것은 독일에 특유한 幻想(Illusion)으로서,[29] 이에 의거하여 행정법원의 포괄적인 통제가 이루어졌다. 1950년대 이후 행정소송을 통해 불확정개념의 적용이 통제되어 왔고,[30] 비례원칙과 평등원칙에 의거한 재량통제가 증가하였으며, 또한 1960년대 말 이후 계획결정의 통제를 위한 법적 척도가 개발되었고, 특히 헌법적 기준에 의한 행정소송의 심사강도의 강화가 정당시되기에 이르렀다.[31] 이러한 법치국가 관념 하에서는 법치국가에서 국가의 지배권을 제한하는 법의 내용과 범위를 정하는 데 결정적인 역할을 하는 것은 法的 理性의 擔持者로서의 법관과 법률가이다.[32] 法院과 법률가들은 행정에 대해 법치국가와 법을 요구하였던 것이다.

랑스 체제와는 반대로, 행정법적 개념들의 결정권한을 행정이 아니라 행정재판소에게 부여하였다는 점이다. 이에 관해 상세한 것은 Hahn, Rudolf von Gneist 1816-1895, 1995, S. 184 ff. 참조.

28) 이에 관한 문헌은 Würtenberger, VVDStRL 58 (1999), S. 139, 160 ff. 참조.

29) 이는 Dworkin의 원리사상(Prinzipiendenken)의 기초를 이루는 것이다. 이에 관해 Alexy, Recht, Vernunft, Diskurs, 1995, S. 212 참조.

30) BVerwGE 94, 307, 309; Schulze-Fielitz, JZ 1993, S. 772.

31) 이에 관한 문헌은 Würtenberger (Fn. 28) S. 150 참조.

32) Chevallier, L'Etat de droit, 2. Aufl. 1994, S. 65 ff., 147 ff.

Ⅲ. 批判과 長點

독일에서 행정소송상 형식적 하자가 광범위하게 치유되고 또한 독립적인 취소사유가 되지 않는 것이 강력한 비판에 부딪히고 있다. 이러한 비판은 또한 입법자가 최근 점점 더 형식적 하자의 법적 중요성을 부인함으로써 더욱더 유발되었다.

1. 批　判

(1) 憲法的 批判

헌법적 비판은 법치국가 원리,[33] 인간의 존엄성 보장, 그리고 절차를 통한 기본권보호[34]라는 관점에서 제기되는 우려를 주된 무기로 하여 행해진다. Sachs에 의하면,[35] 형식적 하자를 중요하게 취급하지 않는다는 것은 행정청이 위험부담 없이 절차규정을 소홀히 할 수 있고 그로써 법치국가적 법률구속을 회피할 수 있게 됨을 의미한다고 한다. 게다가 소송 중에 비로소 이루어지는 청문은 실제적으로 무익한 것인데, 경험적으로 볼 때 청문을 통해 새로운 사실이 드러나더라도 행정청은 한 번 내린 행정결정을, 그것도 행정소송에서 비로소 수정하고자 하지 않기 때문이라고 한다.[36] 만일 행정청이 절차법적 의무, 특히 시민에 대한 청문의무를 사실상 면탈하게 된다면, 이는 법치국가원리에 대한 위반이고,[37] 또한 기본법 제 1 조 제 1 항의 인간존엄성 보

33) Sodan, DVBl. 1999, S. 729 (738); Hatje, DÖV 1997, S. 477 (483 ff.); Bracher DVBl. 1997, S. 534 ff.; Niedobitek, DÖV 2000, S. 761 (767 f.).

34) Sodan (Fn. 33), S. 729 (738).

35) Sachs, in: Stelkens/Bonk/Sachs, Verwaltungsverfahrensgesetz, 6. Aufl., 2001, § 45 Rn. 114 ff.

36) Redeker, NVwZ 1996, S. 126 (131).

37) Knemeyer, Rechtliches Gehör in Gerichtsverfahren, in: Isensee/Kirchhof

장에 대한 위반도 될 것이다. 왜냐하면 이 양 원리에 따르면 행정절차에서 시민은 주체적 지위로 존중되어야 하고 따라서 그의 의견이 청취되어야 하며, 행정은 행정결정에 내리기 전에 시민의 주장과 희망을 신중히 고려해야 하기 때문이다. 또한 적정한 절차의 정비를 통해 기본권 보호가 확보되어야 한다는 원칙은 최소한 시민이 중대한 기본권 침해를 받기 전에 청문의 기회를 가질 수 있을 것을 요구한다.

이상과 같은 헌법적 문제제기는 확실히 진지하게 받아들여져야 한다. 그러나 그것은 타당하게도 지배적 견해로 관철될 수 없었다.[38] 절차법은 바로 기본법으로부터 직접 도출될 수 없기 때문이다. 오히려 민주적 정당성을 가진 입법자가 절차법을 정립함에 있어 하자의 효과를 어떻게 규율할 것인가에 관해 광범위한 형성의 여지를 갖는다. 이 점을 且置하고서도, 위와 같은 헌법적 비판은 절차법적 의무의 중대한 위반은 직무감독적 조치를 통해 막을 수 있고 그렇기 때문에 행정청이 절차적 규정을 결코 아무런 위험부담 없이 무시할 수는 없다는 점을 충분히 고려하고 있지 않다.

(2) 行政節次의 機能에 대한 잘못된 評價

입법자가 형식적 하자를 점점 더 중요하지 않은 것으로 파악하고 있는데, 이는 행정절차의 기능을 잘못 평가하는 데 기인한다. 재량이 부여되어 있는 한, 또한 형량여지가 인정되는 계획 절차 및 허가 절차에 있어서, 행정은 상당한 법적 형성여지를 가지며 특별한 절차책임을 지고 있다. 이러한 행정절차의 주요과제는 법률의 집행이라기보다는 다양한 법적인 목적들을 고려하면서 다면적인 분쟁상황을 해결하는 것으로서, 따라서 행정에 의한 법의 형성이라고 할 것이다. 여기서 행

(Hg.), Handbuch des Staatsrechts, Bd. VI, 1989, § 155 Rn. 59.

38) Sachs (Fn. 35), § 46, Rn. 3 m. N.w.; Maurer, Allgemeines Verwaltungsrecht, 13. Aufl., 2000, § 10 Rn. 42 f.

정은 절차참가자와 관계인들이 모두 수긍할 수 있는 법적 결정을 찾아야 한다. 이와 같이 행정절차가 더 이상 단지 법발견에 봉사하는 데 그치는 것이 아니라 통합적, 분쟁해결적 그리고 법창조적인 기능을 할 수 있도록 하기 위해, 법질서는 결정을 위한 명확한 기준을 제공할 수 없고 오직 행정절차의 정비를 통해서만 필요한 법적 구제가 보장될 수 있다는 점이 주장되고 있다.[39] 따라서 시민이 법적으로 정당한 결정을 구하는 데 있어 능동적인 절차상 지위를 인정받아야 한다고 한다.[40]

이러한 행정절차의 새로운 방향은 節次的 正義에 관한 규율을 준수할 것을 요구한다. 이러한 규율에 해당하는 것으로는, 행정과 시민 사이에 법과 사실상태에 관한 상세한 대화가 행해지는 것, 기술적 · 자연과학적 전문지식들이 절차에 동원되는 것, 행정절차에서 전문가들의 담론이 이루어지는 것, 한 마디로 말해, 모든 절차참여자들 사이에 개방된 토론이 가능해지는 것이다. 독일의 전통적인 법치국가적 행정은 중립성을 유지하기 위해 관계인에 대해 거리를 두는 것을 행정의 신조로 삼았으나, 이제 이러한 영역에서는 시민을 행정절차의 주체로 존중하는 민주적 행정으로 개방되어야 한다. 이와 같이 영국의 절차존중문화로 접근하는 것은 행정소송의 관념에도 영향을 미치지 않을 수 없다. 행정절차와 소송절차의 기능적 관련성이 새로이 강조되고 있다. 즉, 절차적 통제가 전면에 대두되고 내용적 통제는 오히려 부차적인 것이 된다.

이러한 점이 아직 독일에서 입법자에 의해 완전히 수용되지 않고

---

39) Hufen, Fehler im Verwaltungsverfahren, 4. Aufl. 2002, Rn. 8 ff., 586 ff.

40) 행정절차에 시민을 편입시킴으로써 행정결정에 대한 시민의 수긍가능성과 협력적 법구체화를 도모하는 새로운 실무에 관해 Schmidt-Aßmann, Das Allgemeine Verwaltungsrecht als Ordnungsidee, 1998, S. 80 ff.; Würtenberger, Die Akzeptanz von Verwaltungsentscheidungen, 1996, S. 98 ff., 120 ff. 및 거기에 소개된 문헌들을 참조.

있다. 행정에게 법적으로 부여된 계획여지와 형성여지를 대화를 통해 구체화하기 위한 틀을 마련하는 절차를 규율하는 데 주목하지 않고 오히려 관대한 절차적 하자의 치유를 규정함으로써 담론적·참여적 절차를 형성할 행정의 책임을 적절히 고려하지 않고 있는 것이다.[41)]

2. 形式的 瑕疵를 고려하지 않는 것의 長點

(1) 羈束的 決定의 경우 形式的 瑕疵를 고려하지 아니함

형식적 하자를 고려하지 않는 것에 대하여 많은 비판이 있지만, 그럼에도 형식적 하자가 사후에 어떤 역할도 하지 못하는 영역이 분명히 존재한다.

행정행위 혹은 다른 법적인 규율이 법에 의해 명확히 정해져 있는 경우에는, 단지 행정청이 규정된 형식을 지키지 않았다거나 절차를 올바로 수행하지 못했다는 이유만로 법률상 기속적으로 규정된 조치를 행정소송에서 취소한다면 불합리하고 무의미한 것이 된다. 설사 관계인이 행정소송에서 형식적으로 위법한 행정의 조치를 취소시키는 데 성공할 수 있다 하더라도 결국 그에게 아무런 이득이 되지 못한다. 왜냐하면 행정청은 동일한 조치를, 이제는 관할규정, 절차규정 및 형식규정을 준수하면서 다시 행해야 하기 때문이다.[42)] 뿐만 아니라, 형식적 하자에 대한 치유규정과 취소청구권 배제는 권리남용의 금지에서 근거를 찾을 수 있다. 어떤 결과를 얻더라도 아무런 쓸모가 없음을 알면서도 그러한 결과를 얻고자 하는 것은 권리남용이다.[43)] 따라서

41) 同旨, Schenke, NJW 1997, S. 81 (86 ff.); Redeker, NVwZ 1996, S. 521 (522 ff.).

42) 同旨, Bettermann, in: FS für Ipsen, S. 275 f.; 프랑스 행정절차법에서도 동일하게 평가되고 있는데, 이에 관해 Ladenburger (Fn. 9), S. 164 ff. 및 거기에 소개된 문헌들을 참조.

43) 同旨, 입법이유제안서 BT-Drs. 7/910, S. 66; BT-Drs. 13/1445, S. 7; Schenke, DÖV 1986, S. 305, 314.

형식적 하자의 치유와 취소청구권의 배제는 권리남용적인 재판청구의 금지 및 권리보호이익에 관한 절차법적 규율에 지나지 않는다고 할 것이다.

마지막으로 이는 또한 소송경제의 원칙에 의해 요청되는 바이다. 이 원칙은 법원을 통한 권리구제라는 資源은 무한한 것이 아니라는 점, 권리구제를 구하는 개인들은 신속하고도 당해 사건에 적합한 법치국가적 절차를 제공받아야 한다는 점에서 헌법적으로 정당화될 수 있다.[44] 그렇다면 행정소송에서 형식적 하자를 이유로 행정조치가 취소되더라도 행정의 법적 구속으로 말미암아 반드시 동일한 조치가 다시 내려질 것이 예상되는 경우에는 행정소송절차가 요구되어서는 아니 된다. 상술한 하자의 치유규정과 취소청구 배제규정은 소송요건이 아니어서 원칙적으로 소의 적법성과는 무관한 것이긴 하지만, 이러한 규정들로 말미암아 행정절차법 제45조 및 제46조의 요건들이 충족되는 경우에는 소송의 제기 자체가 사실상 불가능해진다.

하지만 이에 대하여, 법적으로 기속된 결정에 있어서도 그 결정 이전에 시민의 의견을 청취하는 것이 의미 있는 일이라고 반박할 수 있을 것이다. 왜냐하면 기속결정의 경우에도 사전의 청문이 행정결정에 대한 시민의 수긍가능성을 제고할 수 있고 그리하여 소송을 예방할 수 있기 때문이다. 더욱이 사실관계의 기초가 보다 넓게 확보될 수 있는데, 이는 당해 기속결정의 내용을 정확히 결정하는 데 중요한 의미를 가질 수 있다. 예컨대, 시민에 대한 사전의 청문을 통해 비례원칙에 의거한 고려가 행해짐으로써 행정청으로 하여금 기속결정의 경우에도 통상적인 법적 효과를 법적인 근거 하에서 수정할 수 있는 여지가 생길 수도 있을 것이다.

44) Würtenberger, Die rechtsprechende Gewalt – ökonomisch betrachtet, in: FS für Brohm, 2002, S. 631, 637.

이러한 반론은 분명히 타당한 것이기는 하지만, 기속결정의 경우 형식적 하자를 무의미한 것으로 파악한 입법자의 결단과 정면으로 배치되는 것은 아니라고 할 수 있다. 즉, 이 문제에 관해 궁극적으로 절차경제 및 행정의 효율성이라는 요청이 기속행위의 경우에도 행정절차의 준수를 통해 법적 정당성을 제고하고자 하는 요청과 충돌하는 것이다. 이러한 충돌을 형량을 통해 해결하고자 하는 경우, 절차경제 및 소송경제의 관점에 우월한 비중을 인정하는 것이 훨씬 타당하다고 할 것이다.

(2) 節次促進의 문제점

입법자는 1996년 행정절차상 형식적 하자의 치유가 가능한 시기를 소송절차 종료시까지 확대하고 또한 행정절차법 제46조의 적용범위를 확대하였는데, 그 목적은 다음과 같은 것이었다. 즉, 행정절차와 특히 허가절차가 촉진되어야 한다는 것이다. 이것이 독일의 경제적 상황을 안정시키는 데 기여한다는 것이다.[45] 허가를 요하는 시설의 운영자들을 위하여 행정절차상의 하자로 인해 절차가 지연되지 않도록 하여야 하며, 따라서 절차적 하자의 의미를 축소시켜야 한다는 것이다.

이러한 목적이 실제로 달성될 수 있는지는 의심스럽다. 왜냐하면 입법자는 절차에 참여하여 의견진술의 기회를 충분히 갖지 못했다고 느끼는 관계인들은 모두 사업허가결정에 대해 소송을 제기하게 되고 그 결과 투자효과의 실현에 현저한 지연을 초래한다는 점을 간과하였기 때문이다. 뿐만 아니라 행정절차의 실제에 관한 경험적 분석에 따르면, 행정절차에서 異議와 불만들이 상세히 개진되고 논의되면 소송

---

45) Schoch, Die europäische Perspektive des Verwaltungsverfahrens- und Verwaltungsprozeßrechts, in: Schmidt-Aßmann (Hg.), Strukturen des Europäischen Verwaltungsrechts, 1999, S. 279, 288 ff.; Hufen, JuS 1999, 313 f.

제기 의사가 현저히 줄어들고 재판이 개시되더라도 그 부담이 경감되고 확실히 재판절차가 단축될 수 있다고 한다.[46] 이와 같이 투자효과의 신속한 실현은 정밀하고 공정한 행정절차를 통해 이루어질 수 있는 것이며, 절차규정을 무시하는 것으로는 불가능하다.

Ⅳ. 유럽공동체법에서의 形式的 瑕疵의 重要性

유럽공동체 회원국들의 국내법질서는 점차 유럽공동체법에 동화되지 않으면 아니 된다. 공동체법이 적용되지 않는 영역에서도 공동체법은 상당한 혁신의 추진력을 제공한다. 가령 공동체법에서 새로운 규율 관념이 정립되면 그것이 전통적인 재래의 국내법보다 우수한 것이 아닌가라는 의문이 제기되는 것이다. 이러한 혁신의 추진력은 '유럽통합에 참여할 자격'(europafähig)을 유지하거나 획득하여야 할 필요 때문에 가속화되고 있다. 특히 공동체 법질서의 형성에 어떤 국가의 법질서가 영향을 미치는가 라는 경쟁관계가 나타나게 되었다. 이와 결부된 행정절차법 · 행정소송법의 유럽화 문제는 현재 행정법학에서 매우 활발하게 논의되고 있는 주제이다.[47]

공동체법상 절차상 하자를 취급함에 있어서는 다음과 같은 점을 구별하여야 한다. 한편으로 유럽공동체의 '고유행정법'(Eigenverwaltungsrecht), 다시 말해, 공동체의 기관과 행정청을 통해 공동체법을 집행하기 위한 행정법이 있다. 다른 한편으로 회원국의 행정청이 자신

46) 이에 관해서는 Würtenberger (위 각주 40) 및 거기에 지적된 행정결정의 수긍가능성 제고의 필요성과 이를 위한 행정지침의 초안을 참조.

47) Schmidt-Aßmann, Strukturen des Europäischen Verwaltungsrechts, in: ders. (Hg.), Strukturen des Europäischen Verwaltungsrechts, 1999, S. 9, 34 ff.; Schoch, ebd., S. 279 ff.; Sommermann, DÖV 2002, S. 133 ff.; Schwarze (Hg.), Das Verwaltungsrecht unter europäischem Einfluß, 1996 참조.

의 행정활동에 있어 공동체법을 집행하는 경우 적용되는 국내 규정이 있다. 다음과 같은 고찰이 어떠한 인식관심을 갖는가는 多言을 요하지 않는다. 첫째, 공동체의 고유행정법이 절차적 하자의 효과에 관해 독일 행정절차법과는 다른 규율체제를 따르고 있는가, 그렇다면 어느 정도인가라는 문제이다. 둘째, 독일 국내 행정청이 공동체법을 집행하는 경우에도 절차적 하자의 효과에 관한 독일의 규율들이 여전히 적용될 수 있는가 라는 문제이다.[48]

1. 유럽공동체의 固有行政法에서 形式的 瑕疵의 취급

특별한 규정들이 존재하지 않는 한, 유럽공동체조약 제230조가 공동체법상 절차적 하자의 효과에 관한 규율체제를 설명하는 데 출발점을 이룬다. 공동체조약 제230조 제 1 항에 의하면, 유럽법원이 제 3 자에 대해 법적 효과가 발생하는 이사회(Rat; Council) 및 집행위원회(Kommission; Commission)의 행위의 적법성을 감독한다. 이 영역에서는 유럽법원이 회원국, 이사회 또는 집행위원회가 관할위반, 본질적 형식규정의 위반, 공동체조약 및 동 조약의 집행을 위해 적용되는 법규범의 위반 또는 재량권남용을 이유로 제기하는 소송에 관해 관할권을 갖는다(공동체조약 제230조 제 2 항). 뿐만 아니라 개개의 자연인 또는 법인은 자신에게 내려진 결정에 대하여 소송을 제기할 수 있다. 이러한 규정에 의하면, 유럽공동체의 법적 행위는 관할위반과 본질적 형식규정 위반의 경우에 취소된다. 독일에서와 같은 일반적 치유규정이나 취소청구 배제규정은 존재하지 않는다. 이는 공동체법이 절차에 강하게 지향되어 있음을 의미한다. 하지만 중요한 부분영역에서는 독일법과 내용적으로 일치하는 점이 있다.

48) 이하의 설명에 관해 기본적으로 Wahl (Fn. 5), S. 8 ff. 및 거기에 소개된 풍부한 문헌들을 참조.

(1) 管轄違反

우선 관할위반은 유럽공동체의 법적 행위의 취소사유가 된다는 규정을 살펴보기로 한다. 이는 단체관할(Verbandszuständigkeit)의 위반, 다시 말해, 규율대상이 공동체의 관할영역에 속하지 않는 경우와 더불어 상대적 관할의 위반, 즉 예컨대 공동체의 한 기관이 다른 기관의 관할영역에 속하는 행위를 하는 경우를 포괄하는 것이다. 그 밖에 공동체의 조치가 규정에 위반하여 공동체 외부 지역에까지 영향을 미치는 것은 지역적 관할위반으로 일컬어진다.[49] 사물관할의 하자가 항상 취소사유가 된다는 점에서는 독일 행정절차법 제45조 및 제46조 규정에 상응한다. 그러나 공동체법상 권한 없는 기관의 행위 또는 지역적 관할위반의 효과는 국내법상 행정청의 관할위반 행위의 효과와 거의 비교할 수 없을 정도로 다른 것이다. 즉, 국내법은 조직적으로 세분되어 있긴 하지만 하나의 행정 내부에서의 관할위반을 규율하는 것인 데 반하여, 공동체법에서는 헌법 기관 사이의 권한 분배가 문제되는 것이다. 이러한 기관의 관할을 규율함에 있어서는 '제한적 개별수권의 원칙'(Prinzip der begrenzten Einzelermächtigung)이 적용되는데, 이 원칙에 의거하여 관할규율의 엄격한 적용이 요구되는 것이다.[50] 특히 행정절차법 제45조 및 제46는 단지 회원국 국경 내부에서의 지역적 관할에 대한 위반을 다루는 것인 반면, 공동체법은 국경을 넘어 공동체 내부에 대한 관할 규정을 위반하는 것을 문제삼는다.

---

49) Cremer, in: Calliess/Ruffert, Kommentar zu EU-Vertrag und EG-Vertrag, 2. Aufl. 2002, Art. 230 Rn. 70 및 거기에 소개된 참고문헌; König/Sander, Einführung in das EG-Prozeßrecht, 1997, Rn. 315 ff.

50) 즉, 제한적 개별수권의 원칙을 강행규정으로 정립하고 있는 공동체조약 제5조 및 제7조 제1항에 의해 단체권한과 기관권한의 준수가 요구되고 있다. 이에 관해 Schwarze, in: ders. (Hg.), EU-Kommentar, 2000, Art. 230 EGV Rn. 5 참조.

(2) 形式規定의 違反

공동체법상으로 어떠한 형식규정이 본질적인 것으로 그리고 어떠한 형식규정이 비본질적인 것으로 평가되는지 명확한 규정이 없다. 오히려 동일한 형식규정이 상황에 따라 본질적인 것으로서 계쟁조치의 취소를 정당화하기도 하지만, 비본질적인 것으로서 취소가 이루어지지 않는 경우도 있다.[51] 무엇이 본질적 형식규정인가를 해명하는 데 행정절차법 제46조의 법관념이 활용될 수 있다. 즉, 그 규정을 준수하였더라도 어떤 다른 결과로 되지 않을 경우에는 비본질적인 규정이다.[52] 공동체법상 형식규정에 속하는 것으로는 국내법에서와 마찬가지로 공동체 기관과 회원국의 참여권 및 청문권이다. 임의적 청문이 결여된 경우에는 법적으로 규정되지 아니한 청문이 이루어진 경우와 마찬가지로 계쟁조치의 적법성에 영향을 미치지 않는다. 또한 공동체의 제 1 차법(공동체조약 제88조 제 2 항)과 가령 카르텔법과 같은 제 2 차법에서 공동체의 법적 행위에 관계되는 개인의 청문권이 규정되어 있다. 그 밖에도 유럽법원의 판례에 의하면, 개인이 계쟁 법적 행위에 의해 특별히 손해를 입은 경우 법적 청문권을 보장할 의무가 있다고 한다.[53] 독일법과는 달리, 흠결된 청문은 추완될 수 없다.[54] 하지만 유럽법원의 판례에서는 이러한 청문권에 대한 하나의 특별한 예외가 인정되어 있다. 즉, 흠결된 청문이 결정의 결과에 어떠한 영향도 미치지 않았음이 명백한 때에는 무효가 되지 않는다.[55] 이 점에 관한 한 독일의 규율과 공동체조약 제230조의 규율 사이에 완전히 상반된 차이는 없다. 결정이 취소되기 위해서는 형식적 하자가 그 결정에 영향을 미쳤어야 한다는 행정절차

51) Cremer (Fn. 49), Art. 230 Rn. 71.
52) Classen, Die Verwaltung 31 (1998), S. 307 (327 ff.).
53) Cremer (Fn. 49), Art. 230 Rn. 74 및 거기에 소개된 문헌들을 참조.
54) Classen (Fn. 52), 307 (324). 오직 EuGH Slg. 1979, 461 (513) 판결만이 다른 취지이었으나, 이 판결은 그 후 유럽법원의 판례에서 인용되지 않고 있다.
55) EuGH Rs 301/87 Slg. 1990, I-307, Rn. 31 (Frankreich/Kommission).

법 제46조의 법관념은 역시 공동체법에서도 완화된 형태로 발견된다.

(3) 理由提示義務에 대한 違反

유럽공동체의 법적 행위에 대한 이유제시 의무는 공동체조약 제253조 및 예컨대 카르텔법 또는 공무원법과 같은 다수의 제 2 차법에 규정되어 있다. 이러한 이유제시의무는 독일에서의 이유제시의무와 마찬가지로 조치에 관련된 사람의 이익을 위해서이지만, 공익을 위한 측면도 있다. 즉, 법적 행위에 대해 이유를 제시하는 기회에 당해 조치를 발하는 기관의 내부적 자기통제가 이루어지는 것이다.[56] 이유제시는 관계인으로 하여금 행정이 내린 법적 · 사실적 평가를 검토하여 자신의 권리구제 가능성을 가늠할 수 있도록 한다. 또한 이유제시는 법원으로 하여금 용이하게 당해 조치를 심사할 수 있도록 한다.[57] 동시에 절차경제를 위하여 공동체 기관들이 지나치게 광범위한 이유제시로 인해 과도한 부담을 받아서는 아니 된다고 한다.

이유제시의무의 위반은 예외 없이 공동체조약 제230조 제 1 항에 따른 본질적인 형식규정의 위반으로 간주된다.[58] 이유제시의 흠결 또는 양적으로 부족한 이유제시, 그리고 하자 있는, 자체 모순인 이유제시의 경우에는 당해 법적 행위가 취소된다. 하지만 이러한 원칙은 유럽법원에 의해 철저히 고수되는 것은 아니다. 때때로 유럽법원은 형식적으로 위법하지만 실체적으로는 적법한 결정의 경우, 이를 취소하더라도 행정청이 다시 이유제시의무를 준수하여 동일한 결정을 내릴 것이 예견되는 때에는 이를 취소하지 않는다고 판시하였다.[59] 그러나

56) Calliess, in: Calliess/Ruffert, Art. 253 EGV Rn. 4 ff.
57) Calliess (Fn. 56), Art. 253 EGV Rn. 8; Classen (Fn. 52), 307 (324) 및 각각 거기에 소개된 문헌들을 참조.
58) Calliess (Fn. 56), Art. 253 EGV Rn. 25.
59) 공무원법에 관한 판례인 EuGH Slg. 1984, 2323 (2339); 1985, 1005 (1110) 참조.

Calliess가 지적하는 바와 같이 이 점에 관하여 명확한 유럽법원의 판례는 형성되어 있지 않다.[60] 이와 같이 유럽법원의 판례가 동요되며 통일되지 못하는 것을 보면, 실체적인 정당성과 형식적 하자 사이에 존재하는 충돌의 해결이 독일법과는 다른 출발점에서 시작되지만 그와 전혀 다른 결론으로 이루어지는 것이 아님을 알 수 있다.

2. 독일의 行政에 의해 공동체법이 집행되는 경우 行政節次法 제45조 및 제46조의 적용가능성

독일의 행정에 의해 공동체법이 집행되는 경우에는, 그로 인해 공동체법의 효율성이 침해되거나 차별금지원칙에 위반되지 않는 한, 회원국(즉, 독일)의 절차법이 적용된다.[61] 최소한 기속행위에 관해서는 공동체법을 집행하는 경우에도 아무런 문제없이 행정절차법 제45조 및 제46조를 적용할 수 있다. 왜냐하면 실체적으로 정당한, 공동체법에 의거한 행정행위 기타 조치들이 단지 절차적 하자 때문에 봉쇄되지 아니하면 오히려 공동체법의 효율적인 적용이 강화되기 때문이다. 또한 국내법의 집행과 공동체법의 집행에 동일하게 행정절차법 제45조 및 제46조를 적용하는 것이기 때문에 차별금지원칙에 위반하는 것도 아니다. 공동체법이 행정절차에 관한 독자적인 규정을 갖고 있는 경우에는, 개별 사안에서 그 절차규정의 위반이 행정절차법 제45조 및 제46조에 의해 치유되거나 또는 취소청구가 배제되지 않는지 여부가 검토되어야 한다.[62] 독일의 실무는 필자의 생각과 상반되지만, 환경영향평가에 관한 유럽법 규정의 위반이 행정절차법 제46조에 따라 취소

60) Calliess (Fn. 56), Art. 253 EGV Rn. 26.

61) EuGH Slg. 1971, 49 (58); 1107 (1116); 이하의 설명에 관해 Classen (Fn. 52), S. 307 (322 ff.) 참조.

62) Sachs (Fn. 35), § 45 Rn. 186 ff. 공동체법을 적용함에 있어 회원국이 갖는 절차법적 자율성의 한계에 관하여 Rodíguez Iglesias, EuGRZ 1997, 289 ff. 참조.

사유가 되지 않는 것으로 볼 수는 없을 것이다. 유럽법상 절차적 기준들은 절차지향적 규율모델을 따르는 것으로서, 이 모델은 무엇보다도 절차참여를 통한 수긍가능성의 확보와 최적의 법실현을 목표로 하고 있기 때문이다.[63)]

V. 結　　語

끝으로 특히 두 가지 점을 강조하고자 한다.

행정결정의 형식적 하자를 소송상 어떻게 취급할 것인가에 관하여 독일법과 유럽공동체법은 서로 다른 출발점을 갖고 있다. 이는 양 법질서의 논리에 기인한다. 즉, 공동체법은 결정을 단지 그 목적에 관해서만 규정하는 경우가 많기 때문에 절차관념과 절차적 하자의 중요성이 지배적이다. 독일법에는 통상 행정결정의 요건에 관해 상세히 규정되어 있기 때문에 절차적 하자는 오히려 부차적일 수 있다. 그러나 이러한 상이한 단초들은, 독일법에도 치유가 불가능한 일련의 절차적 하자가 있으며 공동체법상으로도 일정한 절차적 하자는 무효를 초래하지 않고 따라서 공동체 조치가 취소되지 않는다는 점에서는, 서로 합치된다. 모든 경우에 내용적 정당성을 결정적인 것으로 보는 원리와 절차적 정당성을 결정적인 것으로 보는 원리가 상호 대립하지만, 이에 관해 위와 같이 중요한 예외가 있기 때문에, 분명히 일정한 일치점들이 있다고 말할 수 있다. 이러한 일치점들은 상술한 바와 같이 독일의 행정법학에서 절차적 하자에 대한 광범위한 치유와 취소청구배제에 대하여 노골적인 비판이 제기되고 있음으로 인해 더욱 확대될 것이다.

63) 유럽법에 규정된 환경영향평가가 흠결된 경우 행정절차법 제46조에 따라 취소청구가 배제될 수 있는가 라는 문제에 관해 극히 의견이 대립되고 있는데, 이에 관해 Wahl (Fn. 5), S. 18 f. 및 거기에 소개된 문헌들을 참조.

이러한 일치점들만 보더라도 유럽공동체의 절차관념과 독일법의 절차관념 사이에 완전히 상반된 차이가 있다고 말하는 것은 의문이라고 생각된다. 뿐만 아니라 다음과 같은 점을 추가하고자 한다. 행정절차상 하자의 효과를 규율하는 독일의 모델은 필요에 따라 어떤 경우에는 보다 더 내용적 정당성을 지향하고 어떤 경우에는 보다 더 절차적 정당성을 지향할 수 있을 만큼 충분히 탄력적이다. 실무상 특히 계획절차와 허가절차에 있어 행정절차와 소송절차의 연관성이 새롭게 강조되고 있다. 즉, 법의 안정화 및 구체화라는 행정절차법의 임무가 실무상 존중되고 강조되면 될수록 행정소송의 최후적 결정권한을 부정하는 것이 더욱 더 정당화된다.[64] 계획결정이나 시설허가결정이 신청인, 관계인, 그리고 공익의 담당자들의 참여하에 이루어진 것으로서, 담론적 정당성의 이념을 충족시키는 결정이라면, 그 정당성에 대한 행정법원의 심사는 필요 없게 된다.[65] 그리하여 행정소송에서는 지속적으로 다투어져 온 쟁점들이 행정절차에서 관계인들과의 대화를 통해 설득력 있고 恣意 없이 해결되었는가라는 점만을 사후적으로 검토하면 된다.[66] 독일 행정절차의 실무가 이와 같이 이루어진다면 그 실무는 유럽공동체의 행정절차와 동일한 것이 될 것이다. 하지만 다음과 같은 차이점은 여전히 남게 될 것이다. 즉, 공동체 영역에서는 형식적 하자가 있는 경우 법원은 원칙적으로 본안판단을 하지 않고 행정으로 하여금 제대로 된 행정절차를 거칠 수 있도록 계쟁 법적 행위를 취소하게 될 것이다. 반면에 독일 행정절차법에 의하면 원칙적으로 법원이 본안판단을 내릴 수 있도록 절차적 하자의 補正이 이루어질 것이다. 이러한 단초가 모든 세부적인 비판에도 불구하고 장점을 갖는다는 것

64) 이에 관하여 Schmidt-Aßmann, DVBl. 1997, S. 281 (287) 참조.

65) Würtenberger (Fn. 17), S. 139, 169 f.

66) 지도관념으로서의 "사후적 검토"(Nacharbeiten)에 관해 BVerfGE 85, 26 (58) 참조. 담론지향적 행정절차에 상응하는 행정소송의 담론지향적 모델에 관하여 Gerhardt, in: Schoch/Schmidt-Aßmann/Pietzner, Vor §113 VwGO Rn. 20; Schmidt-Aßmann, DVBl. 1997, S. 281 (288) 참조.

은 행정절차의 전문가라면 누구에게든지 자명한 사실이다. 즉, 계획결정이나 허가결정이 내려지기까지 절차관계인들이 여러 해 동안 시간과 돈을 투자하였는데, 이를 단지 이유제시의 하자나 청문의 흠결을 이유로 취소하는 것이 정당한 것일 수 있겠는가?

제 14 장

行政訴訟의 裁判上和解

Ⅰ. 序　　說

"중재가 재판보다 좋다"(Schlichten ist besser als Richten), 또는 "빈약한 화해가 충실한 소송보다 좋다"(Ein magerer Vergleich ist besser als ein fetter Prozeß)라는 法諺에서 알 수 있다시피, 東西古今을 막론하고 항상 재판은 최후의 수단이었고, 이에 이르기 전에 분쟁당사자 상호간의 양보에 의한 평화로운 해결 — 이것이 참다운 '법적 평화'(Rechtsfrieden)이다! ―을 모색하여 왔다. 이는 민사소송에 있어 大原則을 이루는 것이기에, 민사소송법은 소송의 정도 여하에 불구하고 법원은 언제나 당사자에게 화해를 권고할 수 있고(제145조 제1항), 화해가 성립되어 조서에 기재된 때에는 그 조서는 확정판결과 동일한 효력을 갖는 것으로 규정하고 있다(제220조). 뿐만 아니라 2002년 민사소송법 전면개정에서 화해권고결정제도가 도입되어, 법원 · 수명법관 또는 수탁판사가 직권으로 사건의 공평한 해결을 위한 화해권고결정을 하면(제225조 제1항), 당사자는 그 조서 또는 결정서를 송달받은 날부터 2주 이내에 이의를 신청할 수 있는데(제226조), 이 기간 내에 이의신청이 없거나 이의신청에 대한 각하결정이 확정된 때 또는 이의신청이 취하되거나 이의신청권이 포기된 때에는 화해와 같은 효력을 가진다(제231조).

행정소송법에는 이러한 화해를 인정하는 명문의 규정이 없다.[1] 따라서 행정소송에 있어 재판상화해는 위와 같은 민사소송법 규정들을 ― 법적용례에 관한 행정소송법 제8조 제2항을 통해 ― 행정소송에 준용하는 방법을 통해서만 허용될 수 있는데, 종래 화해는 행정소송의 본질 내지 특수성에 배치된다는 이유로 민사소송법 규정의 준용 가능성을 전적으로 부정하는 견해가 일반적이었다.

그러나 모든 법제도와 법개념들은 어떤 선험적인 '본질'과 '특수성'을 갖고 있는 永久不變의 존재가 아니다. 그것들은 예외 없이, 특정한 역사적 상황 속에서 일정한 목적 · 기능에 봉사하는 도구이다. 행정소송제도 역시 근대 서양에서 법치주의 이념 하에서 시민이 자신의 권리 · 자유를 보호하기 위해 행정의 잘못을 공격하는 제도로 출발하였다. 그렇기 때문에, 행정소송을 제기한다는 것은 극히 異例的인 사건으로서, 시민으로서는 국가권력의 不義에 대한, 타협의 여지가 없는,

1) 다만, 국가를당사자로하는소송에관한법률시행규칙 제14조 및 별지 31호 서식에서는 행정소송 소송수행자 지정서의 뒷면의 「소송수행자에 대한 지시사항」에 "화해"시 검사의 지휘를 요청하도록 하는 내용이 들어 있다.

한판 승부 내지 투쟁이었다. 뿐만 아니라, 선험적으로 우월한 지위를 인정받고 있는 행정을 '법'이라는 이름 아래 공격하기 위해서는 엄격한 법적 구속이 강조되어야 했었다. 이러한 상황 하에서 행정소송에서 '법'의 척도에 의해서가 아니라 '상호양보'에 의한 화해를 통해 소송을 종결한다는 것은 상정하기 어려운 것이었다.

오늘날의 상황은 근본적으로 달라졌다. 법치주의와 민주주의가 보다 완전히 실현되면 될수록 행정소송은 행정과 국민 상호간에 다툼이 있는 불명확한 법률관계를 해명하고 국민의 권익주장과 행정의 공익실현책무 사이의 갈등을 조정하기 위한 것으로 이해된다.[2] 국민생활의 모든 영역에 행정이 밀접하게 관련됨으로써 행정과의 분쟁가능성도 높아져, 이제 행정소송은 국민이 — 투쟁정신에 입각한, 국가권력과의 한판 승부로서가 아니라 — 편안한 마음으로 법적 불만을 해소하기 위해 이용하는 '법적 서비스' 제도가 된 것이다. 행정의 입장에서도 이제 행정소송은 행정이 공익실현을 위한 정책을 추진함에 있어 처음부터 예견되는 하나의 과정으로 인식된다. 따라서 행정소송에서 국민은 '법적 서비스'를 신속하게 받기 위해, 행정청은 정책을 탄력성 있게 추진하기 위해, 기꺼이 서로 양보할 수 있는 상황이 조성되는 것이다.

우리나라에서 특히 1998년 행정법원의 開院 이후, 행정소송에 있어 화해의 필요성이 커지고, 행정법원 스스로 화해에 대해 적극적인 자세를 보이고 있다.[3] 이는 사건의 증가에 따른 법원의 업무부담을 경감한다는 현실적인 필요성만이 아니라, 위에서 살펴본 바와 같은, 법치주의와 민주주의 발전에 따른 행정재판제도의 '본질'의 변화에 따른 것으로 평가할 수 있다. 우리 법원이 국민과 행정에 대해 '상호양

2) 이러한 행정소송의 의미변화에 대하여 本書 제 2 장 행정법원의 임무와 역할, 37면 이하 참조.

3) 白潤基, "行政訴訟制度의 改善," 서울행정법원(편), 행정법원의 좌표와 진로(개원 1 주년 기념백서), 1999, 179면 이하 참조.

보'를 통한 화해를 권고하고 그 민감한 副作用—특히 국민과 행정의 결탁으로 인한 부패의 가능성, 또는 국민과 행정 양측으로부터의 법원에 대한 불만·비난의 가능성—에도 불구하고 화해의 주도자로서의 책임을 기꺼이 맡겠다는 것은 우리나라 司法府의 독립성과 권위를 반영하는 중요한 현상이 아닐 수 없다. 행정소송에서의 화해에 관한 문제를 논의함에 있어 이상과 같은 역사적 내지 이념적 의의를 간과해서는 아니 된다.

Ⅱ. 槪 念

1. 裁判上和解와 訴訟上和解

민사소송에서는 일반적으로 「訴訟係屬中 당사자 쌍방이 법원의 면전에서 소송물의 전부 또는 일부에 대하여 상호의 주장을 서로 양보하여 합의함으로써 소송을 종료시키는 소송행위」를 '訴訟上和解'라고 하고, 여기에 提訴前和解를 합하여 '裁判上和解'라고 한다. 행정소송에 있어서도 현재 본안소송 이외에 부수적 재판절차, 즉 집행정지 신청절차 또는 간접강제 신청절차에서의 화해와 심지어 提訴前和解의 허용성까지 문제되고 있으므로, 이를 모두 포괄하는 의미로 '裁判上和解'라는 개념을 사용하는 것이 바람직하다. 이하에서 단지 행정소송상 '화해'라고 하는 경우에도 이러한 넓은 의미의 裁判上和解를 가리키는 것이다. 그 하위개념으로 訴訟上和解와 申請上和解 및 提訴前和解가 포함되는데, 訴訟上和解는 다시 행정소송의 유형별로 抗告訴訟上 和解, 當事者訴訟上 和解 등으로 나누어진다.

2. 取下와의 관계

取下는 원고가 소송상 청구를 철회하는 것으로서, 이에 의해 소송계속이 소제기의 시점으로 소급하여 소멸한다. 이와 같이 取下는 소송계속의 소멸이라는 형식적 효과만을 갖는 데 반하여, 화해는 내용적인 규율을 포함하며 이에 의거한 형성적 효력 또는 의무부과적 효력을 갖는다.

행정소송에서 取下가 인정된다는 점에 관해서는 의문이 없다. 행정소송에 있어서도 원고의 소송상 청구에 관해서는 處分權主義가 타당하기 때문이다. 현재 실무상 법원의 권고에 따라 당사자들이 합의하면 그 내용을 조서에 기재하고 그에 따라 피고 행정청이 계쟁처분을 직권취소 또는 변경하면 원고가 소를 取下하고 피고 행정청이 이에 동의하는 소위 '事實上和解'가 관행으로 정착되고 있다.[4] 그러나 이러한 사실상화해는 그 자체로 처분을 소멸·변경시키는 형성적 효력이 없을 뿐만 아니라 행정청이 합의내용을 이행하지 않을 때 이를 강제할 수 있는 효력도 없다. 바로 이 점에서 정식의 화해가 필요하다.

3. 認諾과의 관계

인낙은 민사소송법 제220조에 따라 피고가 원고의 청구를 그대로 인정하여 그것이 조서에 기재되면 확정판결과 동일한 효력이 있게 되는 것인데, 피고만이 전부 양보한다는 점에서 당사자 모두 일부씩 양보하게 되는 화해와 다르다.

4) 1998년 행정법원 개원 이후 2000년에는 이러한 '사실상화해'가 서울행정법원 처리건수의 약 10퍼센트를 차지하고 있다. 독일에서도 실무상 이와 같이 取下를 통한 화해가 자주 활용되고 있는데, 이를 '不眞正和解'(unechter Vergleich) 또는 '화해유사적 진술'(vergleichsähnliche Erklärung)이라고 한다. 이에 관해 Schoch/Schmidt-Aßmann/Pietzner, Verwaltungsgerichtsordnung, § 106 Rn. 82-94 참조.

독일에서는 이러한 인낙(Anerkenntnis)이 — 행정소송에서 직권탐지주의가 지배함에도 불구하고 — 법원의 심리대상인 '사실'에 관한 것이 아니라 당사자가 처분할 수 있는 '소송물'에 관한 것이라고 하면서 처분권주의(Verfügungsgrundsatz)에 의거하여 인낙을 허용하는 것이 최근의 통설적 견해이다.[5)] 그러나 연방행정법원의 판례는 반대이다.[6)]

우리나라에서는 행정소송에 있어 화해의 허용성을 '형식논리적'으로 확대하면 인낙의 허용성도 긍정할 수 있겠으나, 후술(639면)하는 바와 같이, 행정소송에서 재판상화해를 허용하고자 하는 '실질적' 근거는 계쟁처분 또는 공법상 법률관계에 관한 사실관계 또는 법적 상태가 불명확한 상태에서 당사자 쌍방이 상호 양보하는 경우 이를 계기로 분쟁의 평화적 해결을 도모하자는 데 있다. 따라서, 행정소송법상 명문의 규정이 없는 이상, 피고 행정청이 원고의 청구 전부를 그 자체로 — 다시 말해, 사실적 또는 법적 이유와 연결시키지 않고 — 승인하는 인낙은 허용되지 않아야 할 것이다. 행정소송에 있어서도 자백법칙이 적용된다는 것이 판례·실무이므로,[7)] 피고 행정청이 원고의 청구를 그대로 승인하는 경우 법원은 석명권을 행사하여 이를 事實에 관한 자백으로 유도하고 이를 근거로 법적 판단을 거쳐 원고승소판결을 선고하여야 할 것이다. 이러한 관점에서, 피고 행정청이 원고의 청구를 모두 승인하면서 소송비용에 관해서 당사자 쌍방이 상호 양보하는 방식으로 화해를 성립시키는 것도 허용되지 않는다고 할 것이다.

---

5) Franke, Der gerichtliche Vergleich im Verwaltungsprozeß, 1995, S. 32-35 참조.

6) BVerwGE 4, 312 (315); 62, 18 (19). 전자의 판결은 행정법원법 제정(1960년) 이전의 것으로서, 법원의 직권탐지주의 원칙에 따라 민사소송법상의 認諾이 행정소송에서는 불가능하다고 판시했다. 후자의 판결은 행정법원법 제정 이후의 것인데, 피고 행정청이 원고의 청구를 승인하고 계쟁 행정행위를 취소·변경하겠다고 진술하더라도 원고의 권리보호필요성이 상실되는 것은 아니기 때문에 그것만으로 소송을 종결시킬 수는 없다고 판시하였다.

7) 서울고등법원 재판실무개선위원회(편), 행정소송실무편람, 1998, 158-160면 참조.

Ⅲ. 比較法的 考察

1. 독 일

(1) 최초의 판례로서 프로이센 고등행정재판소의 1909. 1. 21. 판결은 행정소송 — 공법상 금전지급청구소송 — 에 관해 화해(Vergleich)가 가능함을 인정하였으나 화해만으로 바로 소송이 종료되는 것은 아니라고 하였다.[8] 당시 행정소송을 규율하던 란트행정법(Landesverwaltungsgesetz, 1883년 제정)은 행정소송이 단지 판결 · 결정 · 명령의 형태로만 종국적으로 판단되는 것으로 규정하고 있었기 때문에, 화해는 독자적인 소송종료사유가 되지 못하였다. 위 고등행정재판소 판결의 주요논거가 바로 화해가 그 자체로 집행력을 갖지 못하기 때문에 그것만으로 법적 분쟁을 종결시키는 법적인 힘이 없다는 데 있었다. 두 번째 판례는 위 고등행정재판소 1941. 2. 20. 판결인데, 여기서 문제된 것은 訴訟外和解이었지만 — 訴訟上和解라 하더라도 소송을 종료시키는 효과가 없음을 전제로 — 訴訟上和解와 訴訟外和解를 명확히 구별하지 않고, 화해로부터 당사자의 訴取下 의사가 도출된다는 이유로, 訴가 취하되지 않고 속행되는 경우 상대방은 신의성실원칙 위반의 항변을 제출할 수 있다고 판시하였다.[9]

2차 세계대전 이후 미국 점령지역에서는 남독일 행정법원법 제99조가 처음으로 명시적으로 당사자들이 소송의 대상에 관해 처분권이 있는 한 법원의 면전에서 계쟁 청구권의 전부 또는 일부의 해결을 위해 화해를 체결할 수 있음을 규정하였다. 다만, 화해에 집행력이 있

8) ProOVGE 54, 87.

9) ProOVG, RVBl. Bd. 62. S. 422 ff. 위 두 개의 프로이센 고등행정재판소 판결에 관하여 Franke, a.a.O., S. 25-26 참조.

다는 규정이 없었기 때문에 학설은 민사소송법(제794조 제1항 1호)을 유추하여 이를 긍정하였다. 영국 점령지역에서는 군정명령 제165호 제68조가 위와 같은 화해의 허용성을 인정함과 아울러 화해가 있으면 법원은 결정을 통해 소송을 종료시킨다는 규정을 두었는데, 그 소송종료결정은 단지 선언적 의미밖에 없는 것으로 이해되었다. 동 군정명령 제108조 제1항은 화해의 집행력을 명문으로 인정하고 있었는데, 이는 화해 자체에 의해 소송이 종료됨을 전제하였기 때문이다.[10)]

(2) 1960년 제정·시행된 행정법원법 제106조는 명문으로 '裁判上和解'(gerichtlicher Vergleich)를 인정하였는데, 당사자들이 소송의 대상에 관해 처분권이 있는 한 계쟁 청구권의 전부 또는 일부를 해결·종결하기 위해 법원, 수명법관 또는 수탁판사의 조서작성에 따라 화해를 체결할 수 있다고 규정하면서 위 군정명령에서와 같이 소송을 종료시키는 법원의 결정에 관해 아무런 규정을 두지 않았다. 그리하여 드디어 재판상화해가 직접 — 다시 말해, 법원의 별도의 결정 없이 — 소송을 종료시키는 것으로 자리잡게 되었다.

위 행정법원법 규정에서 알 수 있는 바와 같이, 원래 독일의 재판상화해는 소송의 대상에 관해서만 가능하였고 또한 화해의 방법은 조서작성에 한정되어 있었다. 그런데 1990년 동법의 제4차 개정에서 ① 화해의 대상을 한정하지 않음으로써 소송의 대상이 아닌 사항도 화해에 포함시킬 수 있도록 되었고, ② 조서작성에 의한 화해성립 이외에 법원, 재판장 또는 주심판사의 화해권고(Vergleichsvorschlag)를 당사자가 서면으로 승인하는 방법이 추가되었다.

(3) 재판상화해의 실체적 요건은 "관계인이 화해의 대상을 처분할 수 있는 경우"인데, 이는 공법상계약(öffentlich-rechtlicher Vertrag)

10) Franke, a.a.O., S. 26-28 참조.

의 체결이 허용되는 경우를 의미한다는 것이 판례·통설이다.[11] 독일 행정절차법 제54조 1문이 공법의 영역에서의 법률관계는, 다른 법률 규정에 반하지 않는 한, 계약에 의해 설정·변경·폐지될 수 있다고 규정함으로써 공법상계약의 허용성을 포괄적으로 인정하고, 나아가 동조 2문은 행정행위의 상대방이 될 사람과 행정행위에 갈음하는 계약을 체결할 수 있다고 명시하고 있다.[12] 따라서 재판상화해는 행정행위에 대한 취소소송 및 의무이행소송, 사실행위에 대한 금지소송 및 일반이행소송, 그리고 (행정행위의 무효 또는 법률관계의 存否에 대한) 확인소송 등 모든 종류의 행정소송에 관해 허용된다.[13]

다만, 행정절차법 제55조에 의하면 행정행위에 갈음하는 공법상계약을 화해계약으로 체결하는 것은 사실관계 또는 법적 상태가 불명확한 경우에 한정되고, 또한 동법 제59조 제 2 항은 ① 화해의 내용이 당연무효인 경우, ② 단순위법(절차적 하자만 있는 것은 제외)인 경우에도 그 위법성을 당사자 쌍방이 알고 있었거나 사실관계 또는 법적 상태가 명확하였던 때에는 공법상계약이 무효가 된다고 규정하고 있다. 이러한 공법상계약으로서 화해계약의 유효요건들은 결국 재판상화해에 있어 관계인의 처분권이 인정되기 위한 요건이 된다.

이상과 같은 공법상계약과의 관련성에 의거하여 재판상화해는 소

11) Schoch/Schmidt-Aßmann/Pietzner, Verwaltungsgerichtsordnung, § 106 Rn. 50; Kopp/Schenke, Verwaltungsgerichtsordnung. 13. Aufl., 2003, § 106 Rn. 12-15; Eyermann, Verwaltungsgerichtsordnung. 11. Aufl., 2000, § 106 Rn. 9-14; Franke, Der gerichtliche Vergleich im Verwaltungsprozeß, 1995, S. 51-70 등 참조.

12) 이와 같이 행정행위에 갈음하는 공법상계약은 행정의 우월적 지위가 전제된다는 의미에서 '從屬法的 契約'(subordinationsrechtlicher Vertrag)이라고 부르고, 그 밖의 공법상 법률관계에 관한 계약은 행정과 私人의 대등한 지위에 의거한 것이라는 의미에서 '對等法的 契約'(koordinationsrechtlicher Vertrag)이라고 부른다.

13) 유의할 것은 행정법원법 제47조 소정의 '규범통제절차'(Normenkontrollverfahren)에 있어서는 화해가 허용되지 않는다는 점이다. 행정절차법상 공권력작용에 대한 공법상계약은 행정행위에 갈음하는 것만에 한정되고 행정입법에 갈음하는 공법상계약은 허용되지 않기 때문이다.

송행위로서의 성격과 공법상계약으로서의 성격을 동시에 갖는 것으로 파악된다. 다시 말해, 당사자능력 · 소송능력 · 변론능력(대리인의 경우 대리권)이 구비되면 일단 재판상화해가 소송행위로 유효하게 성립하지만, 실체법적으로 위와 같은 공법상계약으로서의 유효요건이 결여되면 공법상계약으로서 무효일 뿐만 아니라 소송행위로서도 무효가 된다. 반면에 실체법적으로 공법상계약이 유효하게 성립되면 그것이 소송법적인 이유 때문에 소송행위로서 무효가 되더라도 실체법적 효력에는 영향이 없다.[14)]

(4) 사회보장소송을 규율하는 사회법원법(Sozialgerichtsordnung) 제101조 제 1 항은 1990년 개정 이전의 행정법원법 제109조와 동일한 규정을 두고 있고, 또한 사회법전(Sozialgesetzbuch) 제10편은 제53조 제 1 항에서 공법상계약에 관해 행정절차법과 동일한 내용을 규정하고 있으며 다만 동조 제 2 항에서 사회급부에 관한 공법상계약은 그 급부가 급부주체의 재량에 속하는 경우에만 허용되는 것으로 제한하고 있다. 따라서 이러한 범위 내에서 사회보장사건에 관해서도 재판상화해가 인정된다. 그러나 조세법원법(Finanzgerichtsordnung)이나 조세통칙법(Abgabenordnung)에는 재판상화해와 공법상계약의 허용성에 관한 명문의 규정이 없는데, 조세의 엄격한 법률기속성과 조세평등원칙에 의거하여 조세에 관한 공법상계약 및 재판상화해의 허용성을 부정하는 것이 통설이다.[15)]

---

14) Schoch/Schmidt-Aßmann/Pietzner, a.a.O., § 106 Rn. 54-57; Kopp/Schenke, a.a.O., § 106 Rn. 5-7; Eyermann, a.a.O., § 106 Rn. 6 등 참조.

15) 이에 관해 Franke, a.a.O., S. 83-39; Kruse, Lehrbuch des Steuerrechts. Bd. 1. Allgemeiner Teil, 1991, S. 59-60, 212 참조. 소수설은 조세통칙법 제78조 3 호에 "과세관청과 공법상계약을 체결하였거나 체결하고자 하는 자"를 "관계인" (Beteiligte)으로 규정하고 있음을 근거로 공법상계약, 그리고 따라서 재판상화해의 가능성을 도출하고 있는데, 이에 대해 통설은 위 제78조 3 호의 규정은 행정절차법(제13조)을 그대로 본뜬 '편집상의 과오'라고 반박한다. 연방조세법원의 판례에 의하면, 조세채권 자체에 관한 화해는 허용되지 않지만 그 발생요건인 사실관

2. 프 랑 스

(1) 프랑스에서는 독일에서와는 달리 '재판상화해'(conciliation)와 실체법상의 '화해계약'(transaction)이 서로 독립적인 것으로 파악된다. 즉, 재판상화해는 단지 당사자들이 소송절차를 종료시킬 것을 합의하는 순수한 소송행위로서, 반드시 실체법상의 화해계약을 전제 또는 수반하지 않는다. 재판상화해가 조서에 기재되면 그 내용에 따라 실체법적 화해계약으로서의 효력을 가질 수 있고, 반대로 소송 외에서 체결된 실체법적 화해계약을 법원에 제출하여 그 내용대로 便宜判決(jugement d'expedient)을 받은 경우에는 재판상화해가 성립되지만, 재판상화해와 실체법적 화해계약은 별개의 행위로서, 성립 및 효력발생에 있어 서로 무관하다. 이와 같이 프랑스에서 실체법적 문제와 무관하게 재판상화해가 인정되고 있다는 점은 후술(627면 이하)하는 바와 같이 우리나라에서 抗告訴訟上 和解의 허용성을 인정하는 데 좋은 시사점이 된다.

(2) 실체법적 화해계약은 越權訴訟의 대상이 되는 행정작용에 관해서는 허용되지 않고 完全審判訴訟의 대상이 되는 행정책임(계약책임 및 손해전보책임)에 관해서만 인정된다. 반면에 순수한 소송행위로서의 재판상화해는 월권소송과 완전심판소송에 관해 공히 인정되는데, 독일에서와는 달리, 그 자체로 직접 소송을 종료시키는 효력은 없고, 단지 이를 계기로 법원이 訴訟終了(non-lieu)를 선언하게 된다. 이러한 재판상화해는 처음에는 1791. 3. 27.자 법률 이후 오랫동안 공공질서와 관

계, 사실에 대한 법적 평가 및 포섭에 관해 '사실상의 합의'(tatsächliche Verständigung)는 허용되고 구속력도 있다고 한다(BFHE 142, 549, 554 f.). 하지만 이러한 사실상의 합의는 화해조서에 기재되어 그것만으로 소송이 종료되는 정식의 재판상화해와는 달리, 행정청이 합의의 내용대로 처분을 취소·변경하면 원고가 소를 취하하는, 우리 실무상 사실상화해에 상응하는 것이다.

련되는 사항에 관하여 금지되었고, 예외적으로 금전지급문제에 관해 재판상화해가 허용된 경우에도 그 화해를 위한 절차가 별도로 마련되지 않았다. 제 5 공화국에 이르러 전쟁피해구제위원회, 상이군인연금법원, 손해분쟁해결위원회 등 특별법원에 의한 소송에서 화해를 위한 절차가 필수적인 것으로 규정되었다. 그 후 1986. 1. 6.자 「행정재판소 판사의 독립성을 보장하는 법률」은 "제 1 심 행정재판소 판사는 재판상화해(conciliation)의 직무를 수행한다"는 규정을 둠으로써 행정소송에서의 재판상화해를 일반적·명시적으로 허용하고 있다. 나아가 1987. 12. 31.자 법률은 국가와 지방자치단체 및 공공시설법인의 계약책임과 계약외책임(불법행위책임 등)에 대한 분쟁은 꽁세유·데따의 데끄레가 정하는 바에 따라 소송에 앞서 반드시 화해를 위한 절차를 거치도록 규정하기에 이르렀다.[16)]

3. 日 本

우리 행정소송법과 같이, 일본의 行政事件訴訟法은 재판상화해에 관한 명문의 규정이 없고 다만 동법 제 7 조에서 "행정사건에 관하여 이 법률에 규정이 없는 사항에 대하여는 민사소송의 예에 의한다"라고 규정하고 있으므로, 민사소송법의 재판상화해에 관한 규정이 행정

16) 이상에 관하여 Munoz, Pour une logique de la conciliation, AJDA 1997, p. 41-47; Lyon-Caen, Sur la transaction en droit administratif, AJDA 1997, p. 48-53; Chapus, Droit du contentieux administratif. 10e éd., 2002, n° 1074-1079; Pacteau, Contentieux administratif. 6e éd., 2002, n° 413; Debbasch/Ricci, Contentieux administratif. 8e éd., 2001 n° 106 참조. 참고로, 1997년까지 위 1986. 1. 6.자 법률을 시행하는 꽁세유·데따의 데끄레가 아직 제정되지 않아 재판상화해가 거의 활용되지 아니하여 — 제 1 심 재판장들에 대한 앙케이트에서 조사된 바와 같이 — 단 12건만이 재판상화해로 해결되었다고 한다(Munoz, op. cit., p. 41). 그리하여 1993년 꽁세유·데따의 연구보고서인 'Régler autrement les conflits'에서 행정소송의 해결을 위한 새로운 모델 정립과 관련하여 재판상화해 절차의 제정 및 실체법적 화해(transaction)의 권고의 필요성을 강조하고 있다(Pacteau, op. cit., p. 424 참조).

소송에도 준용되는가가 문제된다. 학설상 당사자소송에 관해서는 그 성질이 민사소송과 유사하다는 이유로 이를 긍정하고 민중소송과 기관소송에 관해서는 강한 공익성을 이유로 이를 부정하는 것이 일반적이지만, 항고소송에 관해서는 긍정설과 부정설이 대립하고 있다. 실무상으로는 취소소송에 있어서도 정식의 화해 또는 사실상화해에 의해 상당수의 사건이 종결되고 있다.[17] 취소소송에서 화해의 허용성을 인정한 하급심 판례로는 "행정청의 직권에 의한 행정행위의 취소는 그 성립에 하자가 있는 경우에 허용되지만, 또한 하자의 存否에 대해 다툼이 있는 경우 그 해결을 위해 상대방과 상호 양보하여 화해를 체결하고 양보의 방법으로 당해 행위를 취소하는 것도 허용된다"고 하면서 공무원에 대한 면직처분을 취소하고 의원퇴직처분으로 변경하는 화해를 유효하다고 판시한 것(横浜地裁 1960. 11. 19. 判決)과 행정청의 자유재량이 인정되는 범위 내의 사항에 대하여는 재판상화해가 가능하다고 판시한 것(長崎地裁 1961. 2. 3. 判決)이 있다.[18]

Ⅳ. 行政訴訟에 있어 裁判上和解의 許容性

1. 問題의 所在

행정소송에 있어 재판상화해의 허용성 여부는 화해에 관한 민사소송법 규정이 행정소송에도 준용될 수 있는가 여부에 달려 있는데,

17) 예컨대 1991년도 행정소송사건의 제1심 처리건수의 약 1.6%가 소송상화해로 종결되었고, 약 27%가 소취하로 종결되었는데 그 중 상당부분이 사실상화해에 의한 것이라고 한다(司法研修所 編, 行政事件訴訟の一般的問題に關する實務的研究, 235頁). 또한 1996년도 행정소송사건의 제1심 처리건수 1,345건 중 30건(2.2%)이 소송상화해로 종결되었다고 한다(宮田三郎, 行政訴訟法, 263頁).

18) 이상에 관해 南博方 編, 條解行政事件訴訟法, 1993, 231-234頁 [執筆 宮崎良夫] 참조.

이는 결국 재판상화해를 인정하는 것이 행정소송의 특성에 합치되는가의 문제로 귀결된다. 이 문제는 행정소송 전체에 대해 획일적으로 해결될 수 없고 행정소송의 종류와 유형에 따라 검토되어야 한다.

2. 抗告訴訟

(1) 否定說

종래의 다수설은 항고소송에 있어 재판상화해의 허용성을 부정하고 있다. 그 주요한 논거로서, ① 항고소송의 심리에는 직권탐지주의가 적용되고, ② 항고소송의 대상인 행정처분은 고권적 내지 일방적 행위이기 때문에 私人과의 합의에 의해 발급되거나 취소·변경될 수 없으며, ③ 행정처분은 공익에 관한 사항을 담고 있으므로 당사자들이 임의로 처분할 수 없을 뿐만 아니라, 재량행위의 경우에도 행정청의 재량권과 소송물에 대한 처분권은 별개의 것이고, ④ 행정의 법률적합성이 잠탈될 우려가 있으며, ⑤ 재판상화해는 확정판결과 동일한 효력을 갖는데, 항고소송의 확정판결은 對世的 效力을 갖기 때문에, 당사자간의 합의만으로 대세적 효력을 갖는 재판상화해를 허용할 수 없다는 점이 주장된다.[19)]

(2) 肯定說(私見)

그러나 위와 같은 부정설의 논거는 모두 다음과 같이 극복될 수 있고, 따라서 현행법상으로도 일정한 요건과 절차·방식상의 제한 하에서 — 민사소송법 규정의 준용을 통해 — 항고소송에서의 화해를 인정할 수 있다고 할 것이다.

---

19) 李尙圭, 行政爭訟法 제5판, 2000, 511면; 金學世, 行政訴訟의 體系, 증보개정판, 1998, 334면; 학설 상황에 관해 金鐵容, 行政法 I, 제6판, 2003, 618면 이하 참조.

1) 직권탐지주의는 '사실'의 심리에 관한 것인 반면, 재판상화해는 '소송물'에 관한 처분권주의의 표현으로서, 직권탐지주의와 재판상화해가 양립할 수 없는 것은 아니다. 독일에서는 행정법원법 제86조에서 직권탐지주의(Untersuchungsgrundsatz)를 정면으로 채택하면서 상술한 바와 같이 재판상화해도 명문으로 인정하고 있다. 더욱이 우리 판례·실무는 행정소송법 제26조 소정의 '직권심리'가 완전한 직권탐지주의가 아니라 변론주의에 대한 보충적 기능만을 수행하는 것으로 파악하고 있기 때문에, 항고소송상 화해를 인정하는 데 걸림돌이 될 수 없다.[20]

2) 공법상계약의 문제에 관해서는, 상술한 바와 같이 독일 행정절차법상 행정행위에 갈음하는 공법상계약이 명문으로 허용되고 있고, 우리나라에서도 행정처분 등 권력행정에 관해서도 공법상계약이 체결될 수 있다는 것이 유력한 학설이다.[21] 私見에 의하면, 독일에서와 같은 명문의 규정이 없는 이상, 권력행정, 특히 침익적 행정에 있어 행정행위에 갈음하는 공법상계약의 허용성을 부정하거나 신중한 태도를 취하는 다수설[22]이 타당하다고 생각하지만, 우리나라에서는 재판상화해와 공법상계약을 결부시키는 독일의 이론을 굳이 따를 필요가 없고, 프랑스에서와 같이 실체법상 계약과 분리된 순수한 소송행위로서 재판상화해를 인정할 수 있는 여지가 있다. 이는 민사소송에서 화해를 순수한 소송행위로 파악하는 우리나라 판례와 일치하므로, 민사소송법의 준용을 통해 행정소송상 화해를 인정함에 있어 자연스러운 개념구성이다.

---

20) 同旨, 白潤基, 전게논문(각주 3), 185면.

21) 金南辰, 行政法 I, 제7판, 2002, 343면; 金鐵容, 전게서, 272면; 洪井善, 行政法原論(上), 제10판, 2002, 433면 등.

22) 金道昶, 一般行政法論(上), 1993, 515면 이하; 金東熙, 行政法 I, 2005, 215면; 金性洙, 一般行政法, 2004, 385면; 朴均省, 行政法總論, 2006, 375면; 韓堅愚, 現代行政法 I, 2000, 491-492면 등.

3) 당사자의 처분권에 관하여, 우선 원고의 처분권은 계쟁처분이 원고의 권리·이익에 속하는 한 이를 인정하는 데 어려움이 없다. 행정청의 처분권에 관해서는 주의를 요하는데, 위 2)에서 언급한 재판상화해의 (순수한) 소송행위적 성격에 의거하여 행정청의 처분권이 인정될 수 있다. 즉, 행정청의 재판상화해 행위는 바로 행정청이 — 소송계속 이후에도 訴訟外에서 보유하는 — 당해 사건에 관한 직권취소·변경 등 처분권한과 재량권을 소송절차 내에서 소송행위의 형식으로 행사하는 것이고, 그것이 원고의 소송행위와 일치하여 재판상화해가 성립하는 것이다. 다만 화해가 제3자의 권리에 영향을 미치거나 화해의 대상인 처분에 관해 관계행정청의 동의·승인·협의 등이 요구될 때에는 그 제3자 또는 관계행정청의 동의를 화해의 실질적 요건으로 삼으면 된다.

4) 행정의 법률적합성은 행정청의 모든 권한행사의 요건이다. 따라서 행정청이 소송행위로서 화해의 권한을 행사하는 경우에도 법률적합성의 제한을 받음은 물론이다. 다만 그것이 소송행위로서 이루어진다는 점에서 법적 안정성의 관점에서 그 법률적합성의 요건이 일부 완화될 수 있다. 후술(640면)하는 바와 같이 단순위법만으로는 화해의 효력에 영향이 없고 거기에 위법성의 중대·명백성, 당사자 쌍방의 악의 또는 사실관계 및 법적 상태의 명확성이 추가되는 경우에 비로소 무효로 보는 것이 바로 그것이다. 다시 말해, 화해의 내용이 객관적으로 위법하였다 하더라도 사실관계 또는 법적 상태가 불명확하여 당사자 쌍방이 이를 알지 못한 경우에는 화해가 유효하게 성립하는 것이다. 이와 같이 법률적합성의 요건이 완화되는 데 대한 보완책으로 후술(636면)하는 바와 같이 법원의 화해권고결정에 의해서만 화해가 성립할 수 있도록 하여야 할 것이다. 요컨대, 행정의 법률적합성은 행정소송상 화해의 실질적 요건과 방식을 제한하는 것은 별론으로

그 화해의 허용성 자체를 부정하는 논거가 될 수 없다.

5) 화해의 효력에 관해 살펴보면, 재판상화해가 확정판결과 동일한 효력이 있다 하더라도, 통설에 의하면 기판력은 당사자간에만 미치고 형성력만이 대세적 효력을 갖고(소위 '상대적 대세효') 기속력은 관계행정청에게만 미치므로, 형성력에 의해 자신의 권리가 침해되는 제 3 자 또는 기속력에 의해 동의·승인·협의 권한이 침해되는 관계행정청은 화해에 대한 동의를 거부함으로써 화해를 무효화시킬 수 있다. 또한 재판상화해를 허용하더라도 후술(641면)하는 바와 같이 계쟁처분의 위법성 또는 적법성에 관한 기판력을 인정하여서는 아니 된다.

6) 마지막 문제점은, 私見에 의하면 우리나라의 항고소송은 그 본안요건이 (객관적) 위법성만이고 권리침해 여부는 문제삼지 않는다는 점에서 객관소송적 구조를 취하고 있을 뿐만 아니라 그 기능의 측면에서도 행정의 적법성 통제를 위한 객관소송으로서의 성격을 강하게 갖고 있는데,[23] 이러한 항고소송의 객관소송적 구조와 기능이 화해를 허용하는 데 걸림돌이 되는가에 있다. 독일 행정소송에서 재판상화해가 명문으로 허용하고 있고 심지어 不提訴合意까지 인정하고 있는 것은 독일의 행정소송이 철저한 주관소송으로서의 성격을 갖는다는 점과 직결되는 것이다.[24] 그러나 전형적인 객관소송으로 이해되고 있는 프랑스의 월권소송에서도 일정한 요건 하에서 재판상화해(conciliation)가 허용되고 있다. 우리나라 항고소송에서도 법률적합성과 제 3 자·관계행정청의 동의를 요건으로 하고 특히 법원의 화해권고결정에 의한 화해만을 허용한다면 항고소송의 객관소송적 성격에 모순되는 것은 아니라고 할 것이다. 다만, 항고소송에 관한 不提訴合

23) 이에 관하여 本書 제 5 장 취소소송의 성질과 처분개념, 160면 이하 참조.
24) 이에 관해 本書 제 5 장 취소소송의 성질과 처분개념, 154/155면 참조.

意와 — 후술(634면)하는 바와 같이 — 提訴前和解는 허용되어서는 아니 될 것이다.[25]

(3) 個別的 問題領域

1) 실무상 화해의 필요성이 가장 큰 것은 도로교통법, 식품위생법 등 수많은 행정법규상 의무위반에 대한 제재로서의 철회 및 효력제한(즉, 허가취소 또는 면허·영업정지)이 과도한 처분으로서 비례원칙에 위반된다는 이유로 다투어지는 경우이다. 原處分이 취소되더라도 행정청은 다시 그보다 가벼운 제재처분을 내릴 수 있는데, 이 때 새로운 제재처분에 의한 면허·영업정지의 起算日 내지 原處分에 의해 실제로 영업을 중단한 기간의 算入 문제와 관련하여 새로운 분쟁이 야기될 수 있다. 따라서 행정청이 그 재처분권한을 소송상 화해를 통해 행사한다면 분쟁을 일거에 해결할 수 있다. 原處分에 관해 시행규칙상 처분기준이 정해져 있더라도, 대부분의 경우에는 감경규정에 의해 原處分이 감경될 수 있으므로 내용상 위법의 문제는 생기지 않는다. 감경규정이 없는 경우에도, 확립된 대법원판례에 의하면 그 처분기준이 법적 구속력이 없고, 또한 법적 구속력을 인정하더라도 법원의 화해권고결정에서 그 처분기준이 규범통제를 통해 그 법적 구속력을 否認당할 가능성이 있음을 지적함으로써 결국 법적 상태가 불명확한 것으로 되기 때문에 화해는 허용된다고 할 것이다.

2) 위 설명은 공무원·국립학교 학생 등에 대한 징계처분에 있어 懲戒量定이 문제되는 취소소송에 그대로 적용될 수 있다. 다만, 징계권자와 징계위원회가 분리되어 있는 경우에는 법원의 화해권고결정에 관해 징계위원회의 승인까지 받게 하는 것이 바람직할 것이다.

---

25) 항고소송에 관한 不提訴合意는 대법원 1998. 8. 21. 선고 98두8919 판결에 의해 無效로 판시된 바 있다.

3) 철거대집행처분의 경우, 원고의 청구는 포기하되 피고 행정청이 그 執行日을 연기하는 내용으로 화해하는 것은 — 행정상 강제집행의 時期는 원칙적으로 행정청의 재량에 속하므로 — 허용되고 내용상 위법의 문제도 대부분의 경우에 발생하지 않는다. 다만, 철거대상을 감축하는 내용으로 화해하는 것은, 위법건축물의 범위에 관해 행정청의 효과재량이나 요건재량이 인정될 수 없는 경우가 대부분일 것이므로, 사실관계나 법적 상태가 불명확한 때에만 화해가 허용되어야 할 것이다.

4) 가장 어려운 영역이 과세처분인데, 이는 독일법상으로도 정식의 재판상화해가 인정되지 않는다. 독일에서는 재정법원법과 조세통칙법에 재판상화해나 공법상계약에 관한 규정이 전혀 없기 때문에, 사회보장행정 및 일반행정영역에 대한 반대해석으로써 재판상화해의 허용성이 부정되는 것이다. 반면에 우리나라에서는 조세소송도 행정소송법에 의해 규율되고 있고, 따라서 동법 제 8 조 제 2 항의 민사소송법 준용 규정을 매개로 하여 원칙적으로 조세소송에 대해서도 화해에 관한 민사소송법 규정이 준용된다고 할 것이다. 다만, 과세처분 및 사용료 · 수수료 · 부담금 등 공과금처분의 경우에는 거의 대부분 기속행위이므로, 부과요건이 되는 사실관계, 사실에 대한 법적 평가 및 포섭에 관해 객관적으로 불명확상태가 있을 때에만 화해가 허용될 수 있을 것이다.

5) 거부처분 취소소송의 경우에는, 행정청이 원래 신청된 내용보다 축소된 처분, 또는 원고(신청인)에게 불리한 내용으로 수정된 처분을 발급해 주기로 화해하는 것이 예상된다. 이는 법원이 행정청에게 의무이행을 명하는 것이 아니라 행정청이 스스로 자신의 결정권한을 행사하여 이행의무를 부담하는 것이므로, 현행법상 의무이행소송이 허용되지 않는 것으로 보더라도, 그러한 화해를 부적법한 것으로 볼

수 없다.[26)]

3. 民衆訴訟·機關訴訟·當事者訴訟

민중소송과 기관소송은 전형적인 객관소송으로서 공익성이 강하므로 재판상화해를 허용할 수 없을 것이다.[27)]

당사자소송은 공법상 권리의무관계를 대상으로 하는 것인데, 이는 형식적으로 대등한 당사자 사이의 관계이지만 그 대상이 공법상 법률관계로서 내용적으로 공익과 관련된다. 당사자 대등성을 강조하면 재판상화해를 긍정하기 쉽고 공익관련성을 강조하면 그 반대가 된다. 따라서 어떠한 것이 당사자소송의 대상이 되는가에 착안하여 그 공익관련성을 따져 보아야 할 것이다. 먼저, 현재 민사소송으로 처리되고 있는 행정상 손해배상·손실보상, 공법상 부당이득의 반환 등이 — 판례변경 또는 법률개정을 통해 — 당사자소송의 대상으로 변경된다면 민사소송법 규정의 준용을 통해 재판상화해를 쉽게 인정할 수 있을 것이다. 또한 소위 '형식적 당사자소송'으로 파악되는 사업시행자와 토지소유자 간의 보상금증감에 관한 소송(공익사업을위한토지등의취득및보상에관한법률 제85조 제2항)의 경우에도 마찬가지이다. 반면에, 사회보장급부, 공무원의 급여 등의 청구와 같이, 그에 관해 행정청이 법령적용에 의거한 결정권한을 행사하지만, 법령에 엄격히 구속되는 기속행위로서, 권리구제의 편의성을 위해, 행정청의 거부결정을 처분으로 보지 않고 직접 당사자소송으로 당해 급부의 지급을 청구할 수 있도록 하기 위해 당사자소송의 대상으로 인정되는 경우가 있다.[28)] 이러한 경우에는 엄격한 법적 구속성과 강한

26) 同旨, 白潤基, 전게논문, 185면.

27) 실제로 공직선거법 제227조 단서는 선거에 관한 소송에서 화해에 관한 민사소송법 제145조 및 제220조의 적용을 명시적으로 배제하고 있다.

28) 광주민주화운동관련등에관한법률에 의거한 보상(대법원 1992.12.24. 선고 92누3335 판결), 석탄가격안정지원금(대법원 1997.5.30. 선고 95다28960 판결),

공익관련성으로 말미암아 당사자소송이라고 하여 제한 없이 재판상화해를 인정하여서는 아니 된다. 이러한 당사자소송은 항고소송에 준하여 허용성 여부를 검토하여야 할 것이다.

4. 執行停止申請節次 · 間接強制申請節次 · 提訴前和解

집행정지신청절차는 처분의 효력이나 그 집행 또는 절차의 속행을 정지하기 위한 것이기 때문에, 항고소송과 동일하게 일정한 제한과 요건 하에서 화해가 허용될 수 있다고 할 것이다. 다만 특기할 것은, 분쟁의 일회적 해결을 위해, 화해의 대상이 처분의 효력 등의 정지에 한정되지 않고, 본안소송에서의 화해와 마찬가지로 처분의 직권취소·변경 등에 관해서도 화해가 가능한 것으로 보아야 한다는 점이다.

간접강제신청절차는 간접강제의 방법으로 지연기간에 따른 손해배상 또는 즉시의 손해배상을 구하는 점에서 당사자소송과 유사한 성질을 갖는다. 따라서 만일 화해의 대상이 단지 손해배상 금액에만 한정된다면 상술한 바와 같이 — 행정상 손해배상에 관한 — 당사자소송과 동일하게 화해가 제한 없이 인정될 수 있을 것이다. 그러나 간접강제는 실무상 거의 대부분 거부처분 취소판결의 기속력의 객관적 · 시간적 범위와 관련하여 행정소송법 제30조 제 2 항 소정의 "판결의 취지에 따른 처분"이 무엇인가에 관해 다툼이 있는 경우에 문제되고, 따라서 화해의 대상으로 행정청이 즉시 또는 일정한 기한 내에 계쟁 수익

재해위로금 추가지급(대법원 1999. 1. 26. 선고 98두12598 판결), 군인퇴역연금(대법원 2003. 9. 5. 선고 2002두3522 판결) 등이 그것이다. 私見에 의하면 이들 경우의 올바른 소송형태는 원칙적으로 거부처분 취소소송이고, 행정청이 지급결정을 하였음에도 그 지급을 거부 · 지체하는 경우에만 당사자소송이다(拙稿, "행정소송법 개정의 주요쟁점", 공법연구 제31집 제 3 호, 2003, 81면 참조). 이러한 거부처분 취소소송과 당사자소송의 관계에 관해서는 선정원, "사회복지법상 행정청의 금전지급의 거부 및 변경행위의 법적 성질과 소송형식의 선택기준," 행정법연구 제13호, 2005, 223-238면 참조.

처분 또는 그보다 감축된 처분을 발급하기로 하는 약속이 포함된다. 이러한 경우 역시 행정의 법률적합성, 제 3 자의 권리와 관계행정청의 권한이 문제되기 때문에, 항고소송과 동일하게 일정한 제한 및 요건 하에서 화해가 허용되어야 할 것이다.

제소전화해(民訴 제385조 이하)는 본안소송 제기 이전에 화해의 취지를 특정하여 신청하는 것으로서, 상대방이 기일에 출석하여 이에 동의하면 바로 화해가 성립한다. 따라서 후술하는 바와 같이 항고소송에서 화해는 사실관계 또는 법적 상태가 불명확한 경우 법원의 화해권고결정에 의해서만 허용되는 것으로 본다면, 항고소송에 상응하는 제소전화해는 그 성질상 허용되지 않는 것으로 보아야 한다.[29] 반면에 상술한 바와 같이 행정상 손해배상·손실보상, 공법상 부당이득의 반환에 관한 당사자소송에서는 민사소송법 규정의 준용을 통해 화해가 제한 없이 허용된다면, 그에 상응하는 제소전화해도 허용된다고 하여야 할 것이다. 민중소송과 기관소송은 본안소송에 관해 화해가 허용되지 않으므로 제소전화해도 허용되지 않음은 물론이다.

V. 抗告訴訟上 和解의 法的 性質과 方式·要件·效力

이상에서 논의한 바와 같이 제한적으로나마 항고소송에서 화해가 허용될 수 있음을 전제로 그 법적 성질과 방식·요건·효력에 관해 고찰하기로 한다. 최소한 장래의 입법을 위한 자료가 될 수 있다는 데 의의를 찾을 수 있을 것이다.

---

29) 다만 입법론적으로, 앞으로 행정처분에 관한 법정외 분쟁해결절차(alternative dispute resolution, ADR)를 도입하게 되면, 미국의 '합의판결'(consent decree)과 같이 사전에 관계인들이 합의한 내용을 법원의 — 법률적합성, 제 3 자의 권리 및 관계행정청의 권한에 대한 — 심사를 거쳐 재판상화해로 성립시키는, 말하자면 변형된 제소전화해 제도를 마련할 필요가 있다.

1. 法的 性質

상술한 바와 같이 독일에서는 행정소송상 화해의 요건으로서 당사자의 처분권이 인정되기 위해서는 화해의 대상에 관하여 공법상계약의 체결이 허용될 것이 요구되는데, 독일 행정절차법은 일정한 요건하에서 행정행위에 갈음하는 공법상계약의 체결을 허용한다. 그러나 우리나라에서는 이와 같은 법률상 명문의 규정이 없기 때문에 행정처분에 관한 공법상계약의 허용성 자체에 대하여 의문이 있으나,[30] 위에서 본 프랑스의 예에 따라, 항고소송에 있어서의 화해를 실체법적인 공법상계약과는 분리된 순수한 소송행위로서 파악하면, 보다 쉽게 그 허용성을 인정할 수 있을 것이다.[31] 즉, 행정청은 자신의 직권취소·변경 권한 및 재량권을 '소송상' 행사하고 그것이 원고의 소송상 의사표시와 일치함으로써 소송행위로서의 화해가 성립하는 것으로 본다.

2. 方　　式

이와 같이 항고소송에 있어 화해를 '순수한 소송행위'로서 허용하더라도, 민사소송에서와는 달리, 법적 구속성 등 항고소송의 특성에 비추어 후술하는 바와 같이 일정한 '실질적' 요건들이 부과되어야 한다. 그 요건들이 결여된 경우에는 화해의 효력에 영향을 미치게 되므로, 법적 안정성을 위해 법원으로 하여금 사전에 그 요건의 구비 여부를 심사하도록 할 필요가 있다. 이를 위해 당사자간의 화해 내용을 법원이 심사하여 화해를 승인 또는 허가하는 방식이 적절하겠지만, 민사

30) 이를 부정하는 대표적인 견해는 金道昶 上, 515-516면.

31) 민사소송에 있어서의 화해도 독일에서는 실체법적 계약과 소송행위가 결합된 것으로 이해되지만 우리나라에서는 순수한 소송행위로 파악하는 것이 판례의 주류이다. 대법원 1962. 5. 31. 선고 4293민재항6 판결; 1963. 10. 10. 선고 63다333 판결 등 참조.

소송법에 이러한 제도가 마련되어 있지 않다. 따라서, 이를 입법론적 과제로 미루고, 현행법의 해석론으로서는 민사소송법 제225조 이하에 새로이 도입된 화해권고결정 제도를 준용하여 항고소송에서는 이러한 화해권고결정에 의해서만 화해가 성립될 수 있는 것으로 제한하는 것이 타당하다. 이는 화해의 법적 성질과 밀접한 관련이 있다. 즉, 법원의 화해권고결정이 개입함으로써 화해가 순수한 소송행위로서 성질을 갖는다는 점이 보다 확고히 되는 것이다.[32)]

법원·수명법관·수탁판사가 직권으로 화해권고결정을 하기 때문에(民訴 제225조), 항고소송에서 당사자간에 미리 합의가 성립되어 이를 법원에 제출한 경우에도 화해권고결정의 직권 발동을 촉구하는 의미밖에 없는 것으로 보아야 한다. 당사자 쌍방이 화해권고결정을 기재한 조서 또는 결정서의 정본을 송달받은 날부터 2주 이내에 이의신청을 하지 않거나 이의신청에 대하여 각하결정이 확정된 때 또는 당사자가 이의신청을 취하하거나 이의신청권을 포기한 때에는 재판상화해로서의 효력이 발생한다(民訴 제231조). 입법론적으로 항고소송에 관해서는 감독관청 또는 관계행정청과의 관계를 감안하여 이의기간을 연장할 필요가 있을 것이다.[33)]

화해권고결정에는 화해취지뿐만 아니라 화해권고 이유를 적시하여야 할 것이다. 화해의 투명성을 제고할 수 있고, 특히 행정청측에서 승인 여부를 결정할 때 참고가 되어 화해를 촉진시킬 수 있기 때문이다. 또한 화해취지는 명확하고 가능한 한 사후의 집행문제를 남기지

32) 실제로 「대법원행정소송법개정위원회」에서 마련하여 2004년 10월 공청회에서 발표된 행정소송법개정안 제35조는 항고소송에 관해 반드시 법원의 화해권고결정에 의거하여서만 소송상화해가 가능하도록 규정하고 있다. 반면에 당사자소송에 관해서는 민사소송법이 그대로 준용되기 때문에 법원의 화해권고결정 없이도 소송상화해가 가능하다.

33) 위 행정소송법개정안에서는 법원의 화해권고결정에 민사소송법 제225조 제 2 항 및 제226조 내지 제232조의 규정을 준용하되, 이의신청기간을 30일로 연장하였다.

않도록 하여야 한다. 예컨대, 계쟁처분의 전부 또는 일부를 취소하는 경우에는 "이 사건 처분을 취소한다" 또는 "이 사건 처분 중 면허정지기간 3개월을 넘는 부분을 취소한다"로 기재함으로써 화해를 통해 직접 계쟁처분이 취소되도록 한다. 피고 행정청은 화해를 통해 소송상 자신의 직권취소 권한을 행사한 것이 되는 것이다. 거부처분 취소소송의 경우에는 "이 사건 거부처분을 취소한다"는 것만으로 부족하고 "피고는 … 까지 원고에 대하여 … 처분을 발급한다"라는 내용까지 추가함으로써 피고 행정청의 의무를 확정하여야 한다. 행정청이 스스로 처분발급의무를 부담하는 것이므로, 현행법상 의무이행소송이 허용되지 않더라도 이러한 내용의 화해가 가능함은 물론이다.

3. 要　　件

(1) 形式的 要件

본안소송뿐만 아니라 집행정지신청절차 또는 간접강제신청절차에서도 화해가 허용되고, 사실심뿐만 아니라 상고심에서도 화해가 가능하다.

본안소송의 소송요건으로서, 당사자능력 · 소송능력 · 변론능력만이 화해의 요건이 된다. 행정사건인지 여부, 受訴法院의 관할, 대상적격, 원고적격, 권리보호필요성, 제소기간 등은 화해의 요건이 되지 않는다. 이러한 항고소송 특유의 소송요건이 구비되었는지가 불명확하거나 이에 관해 당사자간에 다툼이 있다 하더라도 본안에 관해 화해를 배제할 필요는 없다. 더욱이 일단 성립된 화해에 대해 위와 같은 소송요건의 흠결을 이유로 그 효력을 부정하게 된다면, 화해의 취지가 몰각되고 분쟁을 더욱 격화시키는 결과가 될 것이다.

화해의 대상은 소송물이 된 계쟁처분 및 이와 직접 관련 있는 사항들에 한정되어야 할 것이다. 계쟁처분과 무관한 사항에 대해서는 법원이 그 적법성 여부에 관해 심사하기 어렵기 때문이다. 예컨대, 의무위반을 이유로 한 영업허가취소처분을 다투는 취소소송에서 동 처분을 일정기간의 영업정지처분으로 경감하는 한편, 원고에게 그 의무위반을 시정하거나 아니면 그 再發을 방지하는 일정한 작위의무를 부담시키는 화해는 허용되지만, 당해 업소와 별개의 영업에 대한 허가처분의 발급에 관해 화해하는 것은 허용되지 않는다. 또한 소송의 대상이 可分的인 것일 때에는 그 일부에 대해 화해가 가능하지만, 不可分的인 부분에 대한 화해와 선결문제 또는 요건사실 중 일부에 대한 화해는 허용되지 않는다.[34)]

화해의 당사자는 원고와 피고 행정청 및 참가인이다. 화해가 순수한 소송행위이기 때문에 소송외의 제 3 자를 화해에 참여시키기 위해서는 먼저 소송참가가 이루어져야 한다. 참가인이 관여하지 않은 화해는 참가인에 대해 효력을 발생할 수 없음은 물론이다.

(2) 實質的 要件

상술한 바와 같이 항고소송상 화해는 순수한 소송행위이기 때문에, 원칙적으로 소송행위로서의 형식적 요건을 갖추면 충분하고 실체법적으로 공법상계약의 체결이 허용되기 위한 실질적 요건은 필요 없다. 그러나 법률적합성의 확보, 제 3 자의 권리 보호 및 관계행정청의 권한 존중을 위해 독일 행정절차법상 행정행위에 갈음하는 공법상계약의 허용요건을 참작하여 다음과 같은 실질적 요건들이 부과되어야 한다.

1) 當事者의 處分權

원고 및 참가인은 화해의 대상이 된 권리 · 의무가 자신에 속하는

34) 同旨, Kopp/Schenke, a.a.O., § 106 Rn. 15.

것이어야 한다. 피고 행정청 및 참가행정청은 추상적으로 — 토지관할 및 사물관할에 의거하여 — 당해 소송의 대상에 관해 결정권한을 가지고 있어야 한다. 이러한 요건이 결여된 경우 부적법한 화해가 된다.

2) 事實關係 또는 法的 狀態의 不明確性

독일 행정절차법 제55조에 의하면, 행정행위에 갈음하는 공법상 계약은 "사실관계 또는 법적 상태가 합리적 판단에 의하더라도 불명확한 경우"에 체결될 수 있는데, 우리나라에서도 항고소송에서 화해의 남용을 방지하기 위해 법원은 화해권고결정을 함에 있어 이를 검토할 것이 요청된다. 사실관계와 법적 상태가 명확하다면 법원은 바로 종국판결을 선고하여야 한다. 그러나 화해가 성립된 연후에 당초 사실관계와 법적 상태가 명확하였던 것으로 판명된 경우, 그 이유만으로 화해를 전복시킬 수 있다고 한다면 극심한 법적 불안정을 초래하기 때문에, 후술하는 바와 같이 여기에 화해 내용의 위법성이 추가될 때 비로소 부적법한 화해가 되는 것으로 보아야 할 것이다.

3) 和解內容의 適法性

법원이 화해권고결정을 함에 있어 화해의 내용이 적법한 것인지를 검토하여야 한다는 것은 물론이다. 화해가 성립한 후에 비로소 화해의 내용이 위법한 것으로 판명된 경우 화해에 어떠한 영향을 미칠 것인지에 관하여, 법원의 판단이 개입되었다는 점을 중시하여 — '판결의 무효'에 해당하는 정도로 극심한 위법성이 있는 경우는 별론으로 — 이를 문제삼지 않아야 한다는 견해가 충분히 가능하다. 그러나 법률적합성의 확보를 위해서는, 상술한 독일 행정절차법의 공법상계약에 관한 규정(제59조 제2항)에 준하여, ① 화해의 내용이 위법하고 그 위법성이 중대·명백한 경우, ② 단순위법인 경우에는 당사자 쌍방이 모두 이를 알고 있었거나 아니면 객관적으로 사실관계 및 법적 상태가 명확하였던 때에는 부적법한 화해로 보아야 할 것이다. 이와 같이 단순위법만으로는 부족하고 당사자 쌍방의 악의 등이 추가되어야 하는 것은 행정의 법률적합성 원칙이 '합의는 준수되어야 한다'(pacta sunt servanda)는 원칙과 형량·조화된 결과이다.

화해에 있어 민법상 의사표시의 瑕疵(착오·강박·사기·非眞意 의사표시·통정허위표시 등)가 있었더라도 그것이 재심사유(특히 民訴 제451조 제1항 5호)에 해당하지 않는 한 화해의 효력에 영향이 없다.

4) 第三者 및 關係行政廳의 同意

공법상계약에 관한 독일 행정절차법 제58조에 준하여, 화해의 내용이 제3자의 권리에 영향을 미치거나 법령상 관계행정청의 동의·승인·협의가 필요한 경우, 그 제3자 또는 관계행정청의 동의가 필요하다. 예컨대, 인근주민이 건축허가처분에 대한 취소소송을 제기한 경우 건축주의 동의 없이 피고 행정청이 동 허가처분을 취소하기로 하는 화해는 부적법한 것이다.[35]

4. 效　　力

(1) 確定判決과 동일한 效力

화해권고결정에 의해 화해가 성립한 경우에는 확정판결과 동일한 효력이 있다(民訴 제231조 및 제220조의 준용). 화해취지가 계쟁처분의 전부 또는 일부 취소인 경우에는 그 취지대로 처분의 효력이 자동적으로 상실되는바, 행정소송법 제29조 및 제30조에 규정된 취소판결의 효력이 준용됨으로써, 제3자에 대하여도 — 권리에 영향을 받는 제3자의 경우에는 그 동의

35) 이에 따라 위 행정소송법개정안 제35조 제1항 단서는 "다만, 화해에 의하여 직접 권리 또는 이익의 침해를 받을 제3자가 있거나 화해의 대상인 행정행위에 관하여 동의·승인·협의 등의 법령상 권한을 가진 행정청이 있는 경우에는 그 제3자 또는 행정청의 동의가 있어야 한다"라고 규정하고 있다. 이러한 제3자 또는 행정청의 동의가 결여된 경우에는 후술하는 바와 같이 재심청구가 가능하다.

를 요건으로 — 효력이 있고(제29조 제1항), 또한 동일한 처분의 반복이 금지된다(제30조 제1항). 화해취지가 행정청에게 처분발급의무를 부과하는 것인 경우에는 그 취지대로 이행의무가 발생하고 불이행에 대해서는 간접강제가 가능하다. 그 근거로서, 화해의 내용에 거부처분의 취소가 포함되어 있는 경우에는 거부처분 취소판결의 기속력에 관한 제30조 제2항 및 간접강제에 관한 제34조가 준용되는 것으로 볼 수 있겠으나, 거부처분의 취소는 없이 단지 처분발급의무만이 부과되어 있거나 아니면 처분의 발급이 아닌 사실행위의 의무가 부과되어 있는 경우에는, 어차피 민사소송법 규정의 준용에 의한 화해이므로, 이행판결의 구속력에 관한 민사소송법의 원칙과 간접강제에 관한 민사집행법 제251조가 준용되는 것으로 보는 것이 보다 자연스러울 것이다. 준용 규정이 무엇이든 내용은 동일하다.

화해에 의하여 계쟁처분의 위법성이나 적법성에 관해 기판력은 발생하지 않는 것으로 보아야 한다. 화해의 목적이 당사자의 상호 양보에 의해 분쟁을 평화적으로 해결하는 데 있고 처분의 적법성 여부를 확정하기 위한 것이 아닐 뿐만 아니라, 이에 관해 원고나 피고 행정청이 처분권을 갖지 않기 때문이다. 이는 법치행정 원칙에 의해 부과되는 제한이다. 따라서 계쟁처분을 그대로 유지하는 화해가 성립한 후에도 계쟁처분의 위법성을 이유로 행정상 손해배상을 구할 수 있다. 거꾸로 계쟁처분을 전부 또는 일부 취소하기로 하는 화해가 성립한 후에는 원고가 행정상 손해배상청구소송에서 처분의 위법성에 관한 기판력을 원용할 수 없는데, 그렇기 때문에 원고로서는 손해배상에 관한 사항도 화해에 포함시킴으로써 분쟁을 일거에 해결하는 방법을 강구해야 한다.

(2) 不適法한 和解의 效力

독일에서는 요건이 결여된 재판상화해는 처음부터 무효이고 따라서 소송종료의 효과는 없고 법원은 기일을 지정하여 소송을 속행하게 된다. 요건 구비에 관해 다툼이 있는 때에는 그 무효를 주장하는 당사자가 기일지정신청을 하고, 법원은 그 신청에 대하여 화해의 유·무효를 판단한다. 그러나 우리나라에서는 상술한 바와 같이 항고소송상 화해를 순수한 소송행위로 파악하여야 하므로, 부적법한 화해에 대해서는 — 민사소송에 관한 일관된 판례에 따라 — 기일지정신청이 아니라 準再審(民訴 제461조)을 제기하여야 한다. 이와 같이 본안소송과는 별도의 절차인 準再審에 의해서만 화해를 전복시키도록 하는 것이 항고소송에 있어 화해의 신중한 운영과 법적 안정성을 위해 바람직하다고 할 것이다.[36]

36) 위 행정소송법개정안은 화해에 관해 동의권을 가진 제 3 자 또는 관계행정청이 동의를 하지 아니하였음에도 불구하고 화해권고결정이 이의신청기간의 도과로써 확정된 경우에는 재심의 청구를 할 수 있는 것으로 명시하고 있다. 그 재심청구기간은 화해권고결정이 확정되었음을 안 날부터 30일 이내, 화해권고결정이 확정된 날부터 1년 이내에 제기하여야 하고, 이 기간은 불변기간이다(개정안 제35조 제 3 항 내지 제 5 항).

제15장

英國의 行政訴訟

Ⅰ. 沿　　革

1. 通常的 救濟와 大權的 救濟

(1) 영국(잉글랜드)[1]에서는 전통적으로 행정에 대한 사법심사가

1) 통상적으로 '영국'이라 함은 잉글랜드 · 웨일즈 · 스코틀랜드 · 북아일랜드로 구성되어 있는 「大브리튼 및 북아일랜드 연합왕국」(United Kingdom of Great Britain and Northern Ireland)을 의미하는데, 고유한 법체계를 갖고 있는 북아일랜드를 제외하더라도, 잉글랜드와 웨일즈에는 English law, 스코틀랜드에는 Scots law라는 서로 다른 두 개의 전통적 법체계가 있다. Scots Law는 프랑스의 영향을 받아 대륙법적인 색채를 강하게 띠고 있다. 본고에서는 잉글랜드의 행정소송제도에 한정하여 설명하겠으나, 행정소송은 잉글랜드 · 스코틀랜드 연합왕국 성립(1707

—'국왕행정기관'[2]을 제외한 '일반행정기관'에 있어 — 공무원의 '權限踰越'(ultra vires)에 대한 재판으로 이루어졌다. 그런데 공무원이 권한유월을 범한 경우에는, 다시 말해, 그에게 주어진 권한 범위를 넘어 권한을 행사한 경우에는 행정기관으로서의 자격을 상실하고 私人과 동일한 입장에 서게 된다는 관념이 지배하였기 때문에, 공무원의 권한유월에 대한 재판도 일반 민사소송과 동일한 것으로 이해되었다. 그리하여 민사소송에서 인정되는 손해배상(damages)과 명령판결(injunction) 또는 선언판결(declaration)이 가능하였는데, 이를 '通常的 救濟'(ordinary remedies)라고 하였다.

이러한 통상적 구제에 있어서는, 민사소송에서와 같이, ① 재판관할의 제한이 없고, ② 법원의 허가 없이 소장 접수에 의해 당연히 소송이 개시되며,[3] ③ 민사상 권리의 시효인 6년 이외에는 제소기간의 제한이 없고, ④ 문서제출명령과 증인심문이 허용되었으며 임시명령판결(interlocutory injunction)에 의하여 가구제도 가능하였다. 소송구조도 시민이 원고가 되고 공무원이 피고가 되는 대심구조를 취하였는데, 事件名이 예컨대 "*Hill v. Chief Constable of West Yorkshire*" 또는 "*Willis v. Childe*"로서, 피고가 職名으로 표시될 때도 있고 姓名으로 표시될 때도 있으나, 이는 소장의 기재에 따른 것이고, 실질적으로는 모두 공무원은 私人과 동일한 지위에 서게 된다.

년) 이후인 19세기부터, 특히 2차 세계대전 이후부터 본격적으로 발전한 것이므로, 본고의 기본적인 내용은 잉글랜드·웨일즈와 스코틀랜드에 공통되는 것이다.

2) 본고에서는 편의상 영국의 행정기관을 '국왕행정기관'과 그 밖의 '일반행정기관'으로 양분하기로 한다. 국왕행정기관은 다시 大臣 기타 국왕의 직속관료인 '국왕직속기관'과 국왕대권(royal prerogative)에 기해 설치·운영되는 독립행정기관(agency)인 '국왕대권기관'으로 나눌 수 있다. 일반행정기관에는 대표적으로 지방자치단체, 경찰 및 법률에 의해 설치·운영되는 독립행정기관이 해당된다. 위 구분은 후술하는 바와 같이 국왕의 면책특권과 관련하여 의미를 갖는다.

3) 처음에는 민사소송에서도 법원의 orginal writ(소송개시영장)에 의하여 소송이 개시되었으나, 1842년부터 summons(소환장) 제도로 전환됨으로써, 원고가 소장을 접수시키면 법원은 당연히 피고에게 소장과 기일소환장을 송달하여 소송을 개시하게 되었다.

통상적 구제의 대상은 공무원이 직무상 행한 일체의 행위로서, 공법적 행위인가 사법적 행위인가를 묻지 않았으며, 원고적격은 민사소송과 동일하게 (커먼·로상의) 권리의 침해를 주장하는 자에게 인정되었다. 본안이유인 권한유월(ultra vires)은 20세기 중반까지 권한의 지역적·시간적·기능적·금전적인 한계를 넘는 경우에만 인정되었고, 그 이외의 법률위반과 재량권남용은 제외되었다.

(2) 그러나 '국왕의 면책특권'(Crown's immunity)으로 인하여, 1947년 국왕소추법(Crown Proceedings Act)이 제정되기 이전에는, 국왕은 물론 大臣(minister, 장관) 기타 국왕의 직속관료(이하 '국왕직속기관')와 국왕대권(royal prerogative)에 기해 설치·운영되는 기관(이하 '국왕대권기관')에 대하여는 민사소송을 제기할 수 없었으므로, 위와 같은 통상적 구제도 허용되지 않았다. 다만, 국왕직속기관은 국왕대권에 의거한 '대권적 권한'(prerogative power)뿐만 아니라 의회제정법률에 의거한 '법률상 권한'(statutory power)도 행사하였는데, 후자의 권한행사에 대해서는 '大權的 救濟'(prerogative remedies)라는 특수한 재판절차와 구제방법이 인정되었다.[4] 그 구체적인 수단은 취소명령(certiorari), 금지명령(prohibition), 직무집행명령(mandamus), 인신보호명령(habeas corpus)이었다.[5]

---

4) 이러한 대권적 구제는 원래 17세기부터 — 현재의 고등법원(High Court)의 전신인 — 국왕재판소(Crown Court)가 국왕의 이름으로 지방의 하급법원 및 치안판사(Justice of the Peace)의 업무를 감독하기 위한 수단으로 발전된 것이다. 그 후 하급법원과 치안판사가 담당하던 행정업무가 지방자치단체(local government)로 이관되었는데, 지방자치단체에 대해서는 국왕의 면책특권이 적용되지 아니하여 상술한 통상적 구제가 허용되었으므로, 대권적 구제는 주로 통상적 구제가 허용되지 않는 국왕직속기관의 행위를 대상으로 삼게 된 것이다.

5) 취소명령(certiorari)은 원래 그 字意가 '문서송부명령'으로서, 하급법원이나 행정기관의 사건기록을 고등법원(High Court)으로 송부할 것을 명하는 것을 의미하던 것이었는데, 그렇게 사건기록이 송부되면 거의 예외없이 원래의 결정이나 판결이 취소되었기 때문에, 의미가 전화되어 취소명령을 의미하게 되었다. 인신보호명령은 주로 인신구속에 관한 것으로서 오늘날의 형사소송(우리나라의 구속적부심

대권적 구제에 있어서는, 위 통상적 구제와 대비하여, ① 런던 소재 고등법원(High Court)의 국왕재판부(King's Bench Division)의 전속관할에 속하고, ② 소송개시를 위해 법원의 허가(leave)가 필요하며, ③ 6개월의 제소기간이 있고, ④ 문서제출명령 · 증인심문 · 가구제가 허용되지 않는다는 제한이 있었다. 소송구조는 형식적으로 국왕이 原告로서, 被告인 행정기관을 탄핵하는 구조를 취하기 때문에, 事件名은 예컨대 "*R*(Rex 왕, Regina 여왕) *v. HM(His/Her Majesty's) Foreign Secretary, ex parte Robert*"로 표시된다. 이는 Robert의 신청을 계기로 절차가 개시되어 국왕이 원고가 되었다는 의미로서, 실질적인 원고는 Robert이다. 여기서는 통상적 구제의 경우와 달리, 피고가 반드시 職名으로 표시되는데, 이는 私人으로서가 아니라 행정기관의 지위에서 국왕의 탄핵을 받는다는 취지이다.

대권적 구제의 대상은 국왕직속기관이 법률상 권한에 기하여 행한 일체의 행위로서, 통상적 구제의 경우와 마찬가지로, 공법적 행위인가 사법적 행위인가를 묻지 않았다. 원고적격은 통상적 구제에서보다 훨씬 넓게, 원칙적으로 '피해를 당한 사람'(person aggrieved)에게 인정되었다. 이는 대권적 구제가 커먼 · 로상의 권리를 회복하기 위한 수단이 아니라 — 개인의 피해를 계기로 — 행정에 대한 통제를 수행하기 위한 제도로 발전된 것임을 나타내는 것인데, 이러한 전통에 의거하여 후술하는 바와 같이 현재의 사법심사청구소송이 객관소송적 성격을 강하게 갖게 되었다. 대권적 구제의 본안이유는 20세기 중반에 이르기까지 '기록상 명백한 오류'(error on the face of the record)로서, 대부분의 경우에 통상적 구제의 권한유월(ultra vires)보다 인정되기 어려운 것이었다.

사)과 관련되는 것이므로 본고에서는 논외로 한다.

2. 國王直屬機關에 대한 通常的 救濟(宣言判決)의 許容

(1) 상술한 바와 같이 국왕직속기관의 법률상 권한에 기한 행위에 대하여 인정된 대권적 구제에는 관할·절차 등 여러 가지 면에서 제한이 많았는데, 20세기에 들어와 사회입법, 도시계획입법 등을 통해 중앙정부가 직접 수행하는 행정활동이 확대되고 특히 행정입법이 급증함으로써 그에 대한 권리구제와 법적 통제를 확대할 필요성이 커졌다. 이미 1911년의 *Dyson v. Attorney-General* 판결은, 국왕의 大臣인 법무부장관의 租稅査定에 대하여, 민사소송에서 통상적 구제로서, 권한유월을 확인하는 선언판결(declaration)이 선고될 수 있음을 인정한 바 있으나, 변화의 결정적인 계기는 1947년 국왕소추법(Crown Proceedings Act)의 제정이었다. 이 법률의 중점은 민사소송에서 국왕에 대하여 국왕 자신이나 국왕의 모든 '관료 또는 대리인'(servants or agents)의 행위에 기한 불법행위책임 또는 계약책임을 물을 수 있도록 하는 데에 있었다. 그리하여, 국왕에 대한 명령판결(injunction)은 여전히 배제되었으므로, 국왕의 금전지급의무를 확인하는 선언판결이 선고될 수 있게 되었는데, 이로써 다른 한편으로 — 위 *Dyson* 판결에서와 같이 — 최소한 국왕직속기관의 법률상 권한에 기한 행위에 대하여는 그 권한유월을 확인하는 선언판결도 선고될 수 있다는 점이 의문의 여지 없이 승인될 수 있었다.

선언판결은 명령판결과는 달리 집행력이 없고 그에 대한 위반이 법정모욕죄(contempt of court)를 구성하지 않지만, 그에 따르지 않으면 불법행위책임이 발생할 수 있을 뿐만 아니라 정치적·사회적 압력을 받게 되므로, 상당히 실효적인 수단이었다. 여하튼 그 때부터 후술하는 1977/1981년 개혁에 이르기까지 민사소송에서 大臣 등 국왕직속기관의 조치에 대해 권한유월을 확인하는 선언판결이 선고되면 국왕직속기관이 그 조치를 직권으로 취소하는 관행이 성립됨으로써 사실상 취소판결의 기능을 수행하였다. 통상 영국에서는 전통적으로 행정소송이 민사소송으로 이루어져 왔다고 하는 설명이 국왕직속기관을 포함한 모든 행정기관에 대하여 타당할 수 있는 것은 이와 같이 1947년 국왕소추법 제정으로부터 1977/1981년 개혁까지의 기간에 한정되고, 그것도 선언판결에만 국한된 것이었다.

(2) 여하튼 선언판결을 통하여 통상적 구제가 확대됨으로써 그 본안이유인 권한유월(ultra vires)의 범위도 확장되었다. 즉, 상술한 바와 같이 종전에는 권한의 명시적인 (지역적·시간적·기능적·금액적) 한계를 넘는 경우에만 한정되었으나, 1947년의 *Wednesbury* 판결은 마땅히 고려해야 할 사항을 고려하지 않거나 고려하여서는 아니 될 사항을 고려함으로 말미암아 합리적인 사람이라면 도저히 그러한 결정을 하지 않았을 것이라고 인정되는 소위 '불합리성'(Unreasonableness)의 경우에도 권한유월에 해당한다고 판시하였다. 1964년의 *Ridge v. Baldwin* 판결에서는 청문의 기회를 부여하지 아니함으로써 '자연적 정의'(natural justice)에 위반한 절차적 하자도 권한유월에 해당하는 것으로 인정되었으며,[6] 나아가 1969년의 Anisminic 판결로써 모든 '법적 오류'(error of law)가 권한유월을 성립시킨다는 판례가 정립되었다.

3. 一般行政機關의 決定에 대한 行政審判의 導入

상술한 바와 같이 일반행정기관(지방자치단체, 경찰 및 법률에 의해

6) 자연적 정의의 제 1 원칙은 '양 당사자로부터 들어라'(audiatur et altera pars)이고, 제 2 원칙은 '누구도 자신의 사건에 관한 재판관이 될 수 없다'(nemo iudex in sua causa)인데, 제 1 원칙은 청문(hearing)을 의미하고, 제 2 원칙은 제척·기피(bias)의 근거가 된다. 영국의 판례는 20세기 중반까지 이러한 절차적 정의가 사법기관(judicial body)에만 적용되는 것으로 보았으나, 위 판결에 의해 사법기관/행정기관의 구별이 폐지되고 행정기관에 대해서도 적용되는 것으로 인정되었다.

설치 · 운영되는 독립행정기관 등)에 대해서는 전통적으로 통상적 구제가 전면적으로 허용되었으나, 20세기 중반 이후 중요한 변화를 겪게 된다. 즉, 주택 · 고용 · 교육 · 의료 · 사회보장 등 복지행정과 도시계획 · 환경 · 영업 · 경제 등에 대한 규제행정에 관하여 수많은 개별법률이 제정되면서 대량의 행정임무가 일반행정기관에게 부여되었는데, 그러한 법률들은 거의 예외 없이 각각의 행정 영역에 관해 '전문행정심판소'(tribunal)를 설치하고, 행정결정에 대해 불복이 있는 경우 일정한 기간 내에 — 일반적으로 6주 이내에 — '행정심판청구'(appeal)를 하여야 하며, 이에 다시 불복할 때에는 고등법원(High Court), 또는 영역에 따라서는 바로 항소법원(Court of Appeal)에, '행정심판불복소송'(appeal)을 제기하도록 규정하고 있다. 행정심판과 그에 대한 불복소송의 내용은 후술한다(Ⅲ. 2.).

이러한 행정심판의 도입으로 말미암아, 종래 민사소송과 동일하였던 일반행정기관에 대한 사법심사에 민사소송과 다른 특수한 요소가 추가된 것이다. 판례에 의하면, 일반적으로 행정심판청구가 가능하다고 하여 통상적 구제의 방법이 배제되는 것은 아니라고 하면서도 (1960년의 *Pyx Granite Estates Ltd. v. Ministry of Housing and Local Government* 판결), 특정한 행정결정에 대하여 행정심판절차가 규정된 경우에는 당해 행정결정에 대한 통상적 구제는 불가능하다고 하는 등 (1965년의 *Argosam Finance Co. Ltd. v. Oxby* 판결) 분명한 기준은 확립되지 못하였다.

Ⅱ. 司法審査請求訴訟

1. 概　　要

상술한 바를 요약하면, 영국의 행정소송은 전통적으로 일반행정기관에 대한 통상적 구제와 국왕직속기관의 법률상 권한행사에 대한 대권적 구제의 이원적 구조를 취하고 있었는데, 20세기 중반 이후, 한편으로 후자에 대해서도 선언판결에 의한 권한유월의 확인이 가능해지고, 다른 한편으로 전자에 대해서는 행정심판절차가 도입됨으로써, 전통적인 이원적 구조가 부분적으로 붕괴되어 혼란이 초래되었다. 이러한 혼란을 제거하기 위하여, 대권적 구제와 통상적 구제를 통합하여 모든 행정기관에 대한 사법심사를 일원화한 것이 1977/1981년의 행정소송 개혁이다. 즉, 1977년 제정된 최고법원규칙 제53편(Rules of Supreme Court Order 53)과 이에 법률적 근거를 부여하기 위해 1981년 제정된 최고법원법(Supreme Court Act)에 의하여 '사법심사청구소송'(application for judicial review; AJR)이 마련되었는데, 그 개요를 다음 네 가지로 요약할 수 있다.

① 국왕행정기관과 일반행정기관을 불문하고 모든 행정기관의 행위를 대상으로 하고, ② 종래의 대권적 구제수단이었던 취소명령(certiorari), 금지명령(prohibition), 직무집행명령(mandamus)과 통상적 구제수단으로서 종전에는 민사소송에 의해서만 가능하였던 손해배상(damages), 명령판결(injunction), 선언판결(declaration)이 모두 허용된다. 따라서 사법심사청구소송은 종래의 대권적 구제와 통상적 구제가 통합된 것이라고 할 수 있다. 그러나 ③ 통상적 구제수단을 구하는 경우에도 반드시 런던 소재 '고등법원'(High Court) '국왕재판부'(Queen's

Bench Division)의 '국왕사무전담법관'(Crown Office List)에게 제기하여야 하고, 3개월의 제소기간이 있으며, 법원으로부터 허가(leave)를 받음으로써 비로소 소송이 개시된다는 점에서는 대권적 구제의 성격을 계승하고 있다고 할 수 있다. 반면에 ④ 대권적 구제에서의 소송절차적 제한을 철폐하여 일반 민사소송에서와 동일하게 문서제출명령(discovery)과 증인심문(cross-examination)을 인정하였으며, 임시적 명령판결(interlocutory injunction)을 통해 가구제(interim relief)도 가능하게 되었다.[7] 요컨대, 심사대상·구제수단에 있어서는 종래의 대권적 구제와 통상적 구제가 통합되었지만, 재판관할·제소기간·소송개시에 있어서는 대권적 구제의 성격을, 소송절차·가구제에 있어서는 통상적 구제의 성격을 띠고 있는 것이다.

2000년 10월 민사소송규칙(Civil Procedure Rules) 제54부가 제정되면서 주요용어들이 개칭되었다. 즉, ① 사법심사청구소송의 명칭이 application for judicial review(AJR)에서 claim for judicial review(CJR)로 변경되었고, ② 종래 대권적 구제수단이었던 취소명령(certiorari)이 quashing order로, 직무집행명령(mandamus)이 mandatory order로, 금지명령(prohibition)이 prohibiting order로 개칭되었으며, ③ 소송개시의 허가를 가리키는 용어가 종래의 leave 대신에 permission으로 변경되었고(이상 제1조), ④ 사법심사청구소송의 전담재판부가 Crown Office List에서 Administrative Court로 개칭되었다(제4조). 이러한 변화는 예전에 대권적 구제에 관해 사용되었던 용어들을 폐기하여 대권적 구제의 역사적 내지 권위적 뉘앙스를 제거함으로써 사법심사청구소송을 명실상부한 새로운 행정소송으로 정립하고자 하는 노력

---

7) 유의할 것은, 통상적 구제수단으로서의 금지명령판결(prohibitory injunction)은 종래 대권적 구제수단인 prohibition에 의해, 이행명령판결(mandatory injunction)은 mandamus에 의해 그 목적을 달성할 수 있으므로, 이제 사법심사청구소송에서 'injunction'이라 함은 단지 가구제를 위한 interlocutory injunction만을 가리키는 용어가 되었다는 점이다.

의 일환으로 평가할 수 있다.

2. 節次的 排他性

최고법원규칙 제53편과 최고법원법에 의하면, 통상적 구제수단인 명령판결(injunction)과 선언판결(declaration)도 사법심사청구소송의 대상이 될 수 있는데, 그러한 경우에는 통상적 구제수단이라 하더라도 사법심사청구소송의 재판관할, 제소기간, 소송개시요건 등에 관한 제한을 동일하게 받는다고 규정하고 있을 뿐, 그러한 통상적 구제수단을 민사소송으로 구하는 것을 금지하는 조항은 없다. 그러나 1983년의 *O'Reilly v. Mackman* 판결은, 사법심사청구소송이 종래의 대권적 구제에 비하여 소송절차상의 제한들이 폐지되는 등 근본적으로 개선되었으므로, '공법적 기관'(public law body)에 관한 '공법적 문제'(public law issue)에 대하여 사법심사청구소송에 의하지 않고 민사소송으로써 명령판결이나 선언판결을 구하는 것은 '소송절차의 남용'(abuse of court's process)에 해당하여 각하되어야 한다고 판시하였다. 다시 말해, 공법적 문제에 관한 사법심사청구소송의 절차적 배타성(procedural exclusivity)이 인정된 것이다. 재판관할은 상술한 바와 같이 고등법원(High Court) 국왕재판부(Queen's Bench Division)의 전담재판부(현재 '행정법원' Administrative Court)의 전속관할에 속하지만, 一元的인 사법부 내에서, 항소심은 항소법원(Court of Appeal)이, 상고심은 대법원(House of Lords)이 맡는다.

사법심사청구소송은 행정기관의 행위를 다투는 것으로서 우리나라의 항고소송에 상응하는데, 위와 같은 절차적 배타성 및 제 1 심 재판관할의 특수성에 비추어, 현재 西歐의 국가 중 영국의 행정소송제도가 우리나라의 제도와 가장 유사한 것이라고 할 수 있다. 다만, 우리나라의 당사자소송에 상응하는 것은 없고, 국가(국왕)의 금전지급의무는 상술한 바와 같이 국왕소추법에 의해 선언판결(declaration)로써, 지방자치단체 등 기타 공법인의 금전지급의무는 커먼·로에 의해 이행명령판결(mandatory injunction)로써 모두 민사소송에 의한다는 점이 다르다. 손해배상(damages)은 사법심사청구소송의 구제수단에 포함되어 있지만, 절차적 배타성이 없고, 오히려 손해배상만을 구하기 위해 사법심사청구소송을 제기하는 것은 허용되지 않는다는 판례가 확립되어 상술한 2000년 10월의 민사소송규칙 제54부에 명문화되었다(제3조 제2항). 따라서 사법심사청구소송에서 손해배상을 구할 수 있는 것은 취소명령, 선언판결 등 다른 구제수단들과 병합되는 경우에 한정되는데, 이 점 또한 우리나라에서 국가배상청구소송이 실무상 민사소송으로 다루어지지만 관련청구로서 항고소송에 병합하여 손해배상이 청구될 수 있는 것과 유사하다.

사법심사청구소송의 제1심 재판관할은 전속관할로서, 합의관할 또는 응소관할이 인정되지 않는다. 위 1983년 *O'Reilly* 판결에서는 방론으로 당사자들이 민사소송으로 진행하는 것을 합의한 경우에는 절차적 배타성이 예외적으로 배제될 수 있음이 인정되었으나, 1992년의 *Kent v. University College London* 판결은 사법심사청구소송에서 법원의 역할은 행정에 대한 감독기능으로서, 민사소송에서의 역할과 본질적으로 다르기 때문에, 민사소송의 합의관할을 인정할 수 없다고 판시하였다. 또한 반대로 사법심사청구소송의 합의관할도 인정되지 않지만, 1992년의 *R v. Durham City Council, ex parte Robinson* 판결은 상술한 바와 같이 손해배상만을 청구할 때에는 사법심사청구소송이 허용되지 않음에도 불구하고 사법심사청구소송으로 진행하겠다는 당사자간의 합의가 있는 경우에는 이러한 합의를 참작하여 민사소송으로 변경한 후 이송할 수 있다고 하였다.

3. 對象適格

(1) 사법심사청구소송의 대상은 위 1983년 *O'Reilly* 판결이 설시한 바와 같이 '공법적 기관의 행위에 관한 공법적 문제'이다. 이로써 영국에서 전통적으로 부인되어 온 공법과 사법의 구별이 이제 사법심사청구소송의 대상적격과 관련하여 실제적 문제로 대두되고 있다.

먼저 '공법적 기관'에 관해 살펴보면, 1987년의 *Datafin* 판결과 1989년의 *The Insurance* 판결은 법률상 권한 또는 대권적 권한을 행사하는 행정기관·공공단체 이외에 사적인 민간단체라 하더라도 공적 기능을 수행하는 경우에는 '공법적 기관'에 해당한다고 판시하였다. 공적 기능의 판단기준은 '代替性'(surrogacy)인데, 당해 단체가 국가 및 공공단체의 기능을 대신한다는 의미로서, 뒤집어 말하면, 만일 그 단체가 없다면 당연히 국가 및 공공단체가 그러한 기능을 수행하지 않을 수 없을 것이라는 의미이다.[8] 그 후 1994년의 *Aegon Life* 판결은 민간단체가 공적인 기능을 수행함으로써 '대체성'의 요건이 충족되는 경우에도 그 기능이 구성원들 사이의 '계약관계'(contractual relationship)에 의거한 것이면 공법적 기관으로 볼 수 없다고 판시함으로써, 계약관계에 의한 기능수행이 아닐 것이라는 소극적 판단기준이 추가되었다. 여하튼 공적 기능에 초점을 맞춘다는 점에서 공법과 사법의 구별에 있어 利益說의 입장에 가까운 것이라고 할 수 있다.

다음으로 '공법적 문제'는 공법적 기관이 그 공적 기능을 수행하기 위해 일방적 결정권한(decision-making power)을 행사하는 경우에 인정된다. 따라서 시민에 대하여 개별·구체적인 법적 효과를 발생시

---

8) 1993년의 *R v. Football Association, ex parte Football League* 판결과 역시 1993년의 *R v. Disciplinary Committee of the Jockey Club, ex parte The Aga Kahn* 판결에서는 축구협회와 경마기수 징계위원회가 그러한 代替性이 없다는 이유로 사법심사청소소송이 각하되었다.

키는 행위만이 아니라, 행정입법(statutory instrument)과 그 이외에도 공적인 기준설정(official statements of policy), 법적 관계에 관한 공적 견해의 표명, 공적 기록 등도 사법심사청구소송의 대상이 된다. 1992년의 *Ali v. Tower Hamlets London Borough Council* 판결은 지방자치단체가 주택공급법(Housing Act 1985)에 의거한 주택공급을 거부하자 민사소송으로 이행명령판결을 구한 사안에서, 주택공급을 하기로 하는 결정을 하였음에도 이를 이행하지 않는 경우에는 私法的 문제이지만, 원고의 자격결여를 이유로 주택공급을 거부하는 결정은 공법적 문제이기 때문에 반드시 사법심사청구소송을 제기해야 한다고 하면서 소를 각하하였다. 또한 1993년의 *R v. Birmingham City Council, ex parte Dredger* 판결에서는 지방자치단체가 임대주택의 임대료를 인상하는 결정을 공법적 문제로 보아 사법심사청구소송의 대상으로 인정하였다. 뿐만 아니라, 1988년의 *R v. Lewisham LBC, ex parte Shell U.K. Ltd.* 판결에서는 정부조달계약에 있어 인종차별국가인 남아프리카 공화국과 관련되어 있다는 이유로 낙찰을 받지 못한 입찰자의 낙찰자결정에 대한 사법심사청구가 허용되었다.[9]

(2) 문제는 국왕의 대권(royal prerogative)에 기한 국가작용, 즉 국왕대권기관의 행위와 국왕직속기관의 대권적 권한에 기한 행위인데, 전통적으로 이에 대하여 통상적 구제(선언판결)는 물론 대권적 구제도 인정되지 않았다. 이에 해당하는 사례는 우리의 관점에서 다음과 같이

9) 그러나 1993년의 *R v. Lord Chancellor's Department, ex parte Hibbit and Saunders* 판결은 낙찰자결정이라고 하더라도 단순히 담합 등 입찰절차의 불공정성을 이유로 다투는 경우에는 공법적 문제가 아니라고 하면서 사법심사청구소송을 허용하지 않았다. 이와 같이 아직 판례가 정부조달계약에서의 낙찰자결정을 전면적으로 사법심사청구의 대상으로 인정한다고 볼 수 없지만, 최근 학설의 대세는 이를 긍정하고 있다(Lewis, Judicial Remedies in Public Law, 2000, para. 2-005~2-104, 4-001~4-083; Emery, Administrative Law: Legal Challenges to Official Action, 1999, p. 54-75 등).

네 가지 영역으로 분류할 수 있다. 즉, ① 정치·외교·국방·군대파견·사면 등과 같이 '통치행위'에 해당하는 영역, ② 출입국관리와 같이 오늘날 전형적인 통치행위로 파악되지는 않지만 국가의 주권 행사와 직결되는 영역, ③ 공무원감독, 국립대학의 관리 등과 같이 '특별권력관계'에 해당하는 영역, ④ 범죄피해자 보상과 같이 '일반권력관계'에 속하지만 특수한 복지행정에 해당하는 영역이 그것이다. 이에 대한 사법심사의 확대는 위 순서의 逆順으로 이루어졌는데, 먼저 위 ④영역에 관하여, 사법심사청구소송이 도입되기 이전인 1967년 *R v. Criminal Injuries Compensation Board, ex parte Lain* 판결에서 범죄피해자 보상에 대한 대권적 구제가 허용되었다. 사법심사청구소송이 도입된 후, 1984년의 *CCSU* 판결에서 위 ③의 영역인 공무원관계에 관하여, 대권적 권한의 행사라고 하여 사법심사에서 제외될 수 없다는 원칙이 천명되었다. 이어 1989년의 *Everett* 판결은 위 ②의 영역인 외국인 입국거부에 대하여, 1993년의 *Benthley* 판결은 위 ①의 영역 중 사면에 대하여 각각 사법심사청구소송을 허용하였다.

4. 先決問題

(1) 위와 같이 '공법적 기관의 행위에 관한 공법적 문제'에 해당하면 원칙적으로 사법심사청구소송에 의해서만 다투어질 수 있다. 하지만 사법심사청구소송의 절차적 배타성을 천명한 위 1983년 *O'Reilly* 판결이 이미 방론으로 예외가 있을 수 있음을 인정하였는데, 대표적인 예외로서, "私法에 의거하여 인정되는 원고의 권리가 침해되었음을 근거로 하는 청구에서 행정결정의 무효가 선결문제(collateral issue)로 되는 경우"를 들고 앞으로 또 다른 예외들도 인정될 수 있다고 하였다. 이는 행정결정의 위법성을 사법심사청구소송 이외에 민사소송 또는 형사소송에서 선결문제로서 주장할 수 있는가 라는 문제로서, 우리

나라에서의 문제상황과 흡사하다. 위 *O'Reilly* 판결에서 말하는 대표적인 예외는 영국 문헌에서 '선결적 공격'(collateral attack)이라 하여 민사소송에서 행정결정의 위법성을 이유로 행정상 손해배상 또는 부당이득반환을 구하는 경우이다. 반면에 '선결적 방어'(collateral defence)는 위 판결에서 예상되었던 추가적인 예외로서, 행정기관이 제기한 민사소송 또는 형사소송에서 행정결정의 위법성을 항변으로 주장하는 경우이다.

(2) 먼저 선결적 공격 중 손해배상청구에 관해 살펴보면, 영국에서는 철거명령에 의해 침해되는 건물의 소유권은 물론 영업허가 취소결정으로 침해되는 영업상 이익 내지 영업권도 사법상의 권리로 파악되기 때문에, 거의 모든 침익적 행위에 대하여 사법심사청구소송을 통해 그 행위를 다투지 않고 바로 민사소송에서 손해배상을 구할 수 있게 된다. 대표적인 판례는 유럽공동체 지침에 위반된 수입금지조치에 대하여 공무원의 직권남용(Misfeasance in public office)에 의한 손해배상을 민사소송에서 인정한 1985년의 *Bourgoin SA* 판결이다.

반면에, 1996년의 *The Great House at Sonning Ltd and Others* 판결은 지방자치단체의 고속도로 폐쇄결정에 대하여 공무원의 과실(negligence)을 이유로 민사소송으로 손해배상을 구한 사건에서, 위 고속도로 폐쇄결정이 사법심사청구소송을 통해 취소되기 이전에는 손해배상이 불가능하다고 판시하였는데, 이는 고속도로 사용에 관한 권리가 커먼·로상의 사법적인 권리가 아니라 법령에 의해 비로소 부여된 권리로 파악되기 때문이다. 또한 수익적 행위의 거부결정의 경우에도 그 수익적 행위를 구할 수 있는 권리가 근거 법령에 의해 비로소 부여된 권리로 파악되므로 마찬가지이다. 1983년의 *Cocks* 판결과 1997년의 *O'Rourke* 판결은 무주택자로서 관계 법률에 따라 주택공급을 신청하였다가 자격미달을 이유로 거부된 경우 사법심사청구소송을 거치지 않고 바로 민사소송으로 그 거부결정으로 인한 손해배상을 구할 수 없다고 하였다. 이상과 같은 경우에는 3개월의 제소기간 내에 사법심사청구소송을 제기하여 취소명령이나 직무집행명령 또는 선언판결로써 당해 행정결정을 다툼과 동시에 손해배상을 구하여야 한다. 이는 우리나라에서 항고소송이 제소기간 등을 준수하여 적법한 경우에만 손해배상 등 관련청구의 병합이 허용되는 것과 동일하다.

그러나 법령상의 사실적 요건이 충족되면 기속적으로 지급되는 금전급부의 거부에 대하여는 민사소송에서의 선결적 공격이 인정된다. 대표적인 판례는 1992년의 *Roy* 판결인데, 의사가 관계법령에 의거하여 기본진료수당을 청구하였으나 기본진료를 한 사실이 없다는 이유로 수당지급을 거부한 사안에서, 거부결정에 대한 사법심사청구소송을 거치지 않고 바로 민사소송으로 수당의 지급을 구할 수 있다고 하였다. 또한 과오납세금의 반환청구에 있어서도, 1992년의 *Beecham* 판결 및 1996년의 *British Steel plc* 판결에서, 조세부과결정을 사법심사청구소송를 통해 다투지 않고도 민사소송에서 그 권한유월을 주장하여 이미 납부한 조세의 반환의무를 확인하는 선언판결을 구하거나 그 반환청구(restitutiton)를 할 수 있다고 하였다. 이는 영국에서 과오납세금의 반환을 받을 권리가 커먼·로상의 사법적인 권리로 파악되기 때문인데, 조세부과처분이 취소소송에서 취소되거나 당연무효로 인정되지 않는 한 처분의 공정력으로 인해 기납부세금을 부당이득으로 반환받을 수 없는 우리나라와 다른 점이다.

(3) 민사소송에서의 선결적 방어에 관해서는, 1984년의 *Wandsworth L.B.C. v. Winder* 판결은 지방자치단체가 그 소유의 임대주택의 임대료를 인상한 후 임대료의 체납을 이유로 입주자에 대하여 임대주택의 명도를 구하는 사건에서, 입주자는 위 임대료 인상결정이 권한유월임을 주장하여 청구를 거부할 수 있다고 하였다. 반면에, 1988년의

Avon C.C. v. Buscott 판결은 지방자치단체가 그 소유의 임야를 무단 점유하고 있는 집시들에 대하여 퇴거를 명하고 이에 불응하자 강제퇴거를 구한 사건에서, 위 퇴거명령은 집시들을 위해 이동주택의 설치장소를 제공할 법률(Caravan Sites Act, 1968)상 의무에 위반하여 권한유월이라는 항변으로써 강제퇴거를 거부할 수 없다고 하였다. 위 두 판결의 결론이 상이한 것은 역시 주장되는 권리의 성질이 다르게 파악되기 때문이다. 즉, 임대주택 사용권은 커먼·로상의 사법적인 권리인 반면 이동주택 설치장소를 제공받을 권리는 법령에 의해 비로소 부여된 권리라는 것이다.

형사소송에서의 선결적 방어에 관해서도 모순되는 두 개의 판결이 있는데, 1998년의 *Boddington* 판결은 기차 내의 흡연을 금지하는 조례에 위반하여 기소된 사건에서 위 조례가 권한유월이라는 점을 무죄의 항변으로 허용한 반면, 1997년의 *Wicks* 판결은 도시계획법(Town and Country Planning Act, 1990)에 의한 집행명령에 위반하여 기소된 사건에서 그 집행명령이 권한유월이라는 점을 무죄의 항변으로 허용하지 않았다. 전자는 규범(조례)에 대한 것으로서, 우리나라의 구체적 규범통제에 상응하는 것이므로, 우리나라의 제도와 일치한다. 후자는 개별처분(집행명령)에 대한 것인데, 우리나라에서 처분의 공정력에도 불구하고 형사소송에서 독자적으로 처분의 위법성을 이유로 무죄를 선고할 수 있는 것(대법원 1992. 8. 18. 선고 90도1709 판결)과 다르다.[10)]

10) 독일에서는 행정행위의 적법성이 범죄구성요건으로 명시된 경우를 제외하고는 형사법원의 독자적 판단권을 부정하는 것이 판례·통설이다(Schmidt-Aßmann, in: Maunz-Dürig, Grundgesetz, Art.103 Abs. Ⅱ. Rn. 221 Fn. 236 참조). 프랑스에서는 1951. 7. 5. 관할재판소의 판결에 의해 개별처분의 위법성에 대한 형사법원의 독자적 심사권이 부정되었으나, 형사법원은 이에 굽히지 않고 수차에 걸쳐 독자적 심사권을 행사하였고, 결국 1994년부터 시행된 신형법전 제111-5조에 의해 명문으로 형사법원의 독자적 심사권이 인정되었다(Laubadère/Venezia/Gaudemet, Traité de droit administratif. Tome 1. 14e éd, 1996, p. 423-425 참조).

5. 原告適格

최고법원법(Supreme Court Act) 제31조 제 3 항은 원고가 청구의 대상에 대해 '충분한 이익'(sufficient interest)을 갖지 않으면 소송개시를 허가할 수 없다고 규정하고 있다. 이러한 '충분한 이익'은 독일의 '권리침해(주장)'보다는 물론, 프랑스의 '개인적이고 직접적인 이익'보다도 넓은 개념으로서, 이에 의거하여 판례상 원고적격이 널리 인정되고 있다. 즉, 특정한 영화를 방영하기로 한 공영방송국의 결정에 대하여 사설 텔레비전 방송업자의 원고적격이 인정되었고(*R v. Independent Broadcasting Authority, ex parte Whitehouse*, 1984), 뿐만 아니라, 영국의 납세자라는 이유만으로 유럽경제공동체에 대한 금전지급을 수권하는 樞密院令(Order in Council)案을 다투는 것이 허용되었으며(*R v. HM Treasury, ex parte Smedley*, 1985), 또한 신문기자에게 특정 법관이 익명을 사용하는 것을 다툴 수 있는 원고적격이 인정되었다(*R v. Felixtowe Justices, ex parte Leigh*, 1987). 그리고 단체에 대한 원고적격에 관해서도, '아동빈곤퇴치단체'가 아동복지에 관한 사회복지장관의 결정을 다투는 경우(*R v. Secretary of State for Social Services, ex parte Child Poverty Action Group*, 1985), 그린·피스가 방사능폐기물 처리를 허가하는 환경오염감독청 및 농수산부 장관의 결정을 다투는 경우(*R v. Inspectorate of Pollution and Another, ex parte Greenpeace Ltd(No. 2)*, 1994), '세계발전운동본부'가 말레이시아 정부에게 댐 건설 자금을 지원하기로 하는 외무장관의 결정을 다투는 경우(*R v. Secretary of State for Foreign and Commonwealth Affaires, ex parte World Development Movement Ltd*, 1995)에 모두 원고적격이 인정되었다.

이와 같이 원고적격이 넓게 인정되고 있는 것은 사법심사청구소송의 객관소송적 성격에서 비롯된다. 상술한 바와 같이, 사법심사청구소송은 그 소송요건(재판관할·제소기간·소송개시)에 있어 대권적 구제의 전통을 계승한 것인데, 대권적 구제는 원래 국왕의 이름으로 관리를 탄핵하는 제도로서, 이미 객관소송적 성격을 갖고 있었다. 사법심사청구소송은 이를 보다 강화하여, 원고적격을 대권적 구제에서의 '피해를 입은 사람'에서 '충분한 이익'으로 확대한 것이다. 사법심사청구소송의 事件名도 대권적 구제에서와 같이 "*R v.* 행정기관, *ex parte* 청구인"으로 표시된다. 또한 2000년 10월 제정된 민사소송규칙 제54부에서는 소장을 피고 행정기관 이외에도 원고가 이해관계인으로 지정하는 모든 사람에게 송달하고(제7조), 누구든지 소장을 송달받기를 신청할 수 있으며(제8조), 누구든지 법원의 허가를 받아 증거를 제출하고 변론에서 주장을 할 수 있도록(제17조) 규정함으로써 객관소송적 성격이 한층 더 강화되었다. 이는 우리의 관점에서 보면 항고소송에서의 참가인적격에 주관적 관련성 요건을 모두 철폐한 것이라고 할 수 있다.

영국 문헌에서 이러한 사법심사청구소송의 객관소송적 성격 및 원고적격의 확대는 민사소송에 의한 통상적 구제의 폐지를 정당화하는 근거로 제시된다. 즉, 행정에 대한 사법심사에 있어서는 그 공익적 성격으로 인해 재판관할, 제소기간 등에 관해 일반 민사소송에서와는 다른 제한이 불가피하지만, 다른 한편으로 바로 그렇기 때문에 원고적격은 민사소송에 비해 현저히 확대되어야 한다는 것이다. 이는 시민의 관점에서 보면, 말하자면 재판관할, 제소기간 등의 제한에 대한 보상으로서, 행정의 잘못을 탄핵할 수 있는 기회가 충분히 보장됨을 의미한다.

6. 本案理由 및 審査強度

사법심사청구소송의 본안이유에 관한 명문의 규정은 없다. 상술한 바와 같이, 전통적으로 행정에 대한 사법심사의 본안이유는 통상적 구제에서는 '권한유월'(ultra vires), 대권적 구제에서는 '기록상 명백한 오류'(error on the face of the record)로 이원화되어 있었다. 1947년 국왕소추법에 의해 국왕직속기관의 법률상 권한 행사에 대해서도 통상적 구제수단인 선언판결이 가능해짐으로써 사실상 '권한유월'로 통일되었는데, 1969년 *Anisminic* 판결에 의해 모든 '법적 오류'(error of law)가 권한유월을 성립시키는 것으로 확대되었다. 이것이 사법심사청구소송으로 연결되어 1993년 *Page* 판결은 모든 법적 오류가 사법심사의 본안이유가 된다는 것을 확인하였다.[11)]

법적 오류는 다시 실체적 위법성(illegality), 절차적 하자(procedural impropriety), 불합리성(unreasonableness, irrationality)으로 나눌 수 있다. 청문과 이유제시 등 강행적 절차요건(mandatory procedural requirements)에 위반한 절차적 하자는 그것만으로 취소사유가 되고 소송 도중에는 치유가 허용되지 않는다. 불합리성은 위에서 언급한 바와 같이 그것을 처음 제시한 1947년의 *Wednesbury* 판결의 이름을 따 'Wednesbury unreasonableness'라고도 하는데, 우리의 재량권남용에 상응하는 것이다.

본안이유는 법적 오류에 한정되므로, 사법심사는 '법적 문제'(question of law)에만 미치고 '사실 문제'(question of facts)에는 미치지 아니한다. 따라서 행정기관의 사실인정은 원칙적으로 번복되지 아니하지만, 그것이 증거에 의해 지지되지 않거나 관련요소들을 오해 또는 무시한 경우에는 — 우리나라의 채증법칙 위반과 같이 — '법적 오류'가 되어 취소사유가 된다. 불확정개념의 해석 · 포섭에서의 오류는 '범

11) 권한유월은 상술한 바와 같이 전통적으로 일반행정기관에 대한 사법심사가 민사소송으로 이루어지게 되는 근거를 이루었던 것이므로, 민사소송과는 별개의 사법심사청구소송이 도입 · 정착됨으로써 위와 같은 뉘앙스를 '권한유월'이라는 용어는 점차 사라지고, 일반적으로 '법적 오류' 아니면 그냥 '사법심사의 사유'(grounds of judicial review)로 지칭되고 있다.

주의 오류'(category error)로서 법적 오류의 하나로 파악되지만, 극히 추상적인 개념은 '개방적 조문'(open texture)라고 하여 행정기관의 판단을 존중한다. 재량부분의 통제에 있어서도 비례원칙(proportion-ality) 위반은 아직 유럽공동체법이 적용되는 영역에서만 인정되고 있을 뿐, 원칙적으로 위와 같은 '불합리성'에 한정된다. 이상과 같은 점에서, 사법심사청구소송에서의 심사강도(intensity of review)는 독일과 프랑스에 비해 가장 낮은 것으로 평가할 수 있는데, 이는 전통적으로 후술(Ⅲ. 1.)하는 사법심사의 제한에서 비롯되는 것이다.

7. 유럽법의 影響

영국은 뒤늦게 1972년 유럽공동체에 가입하면서 유럽공동체법(European Communities Act)을 제정하였고, 1950년 유럽인권협약에 가입하였으나 그 동안 소극적인 태도를 취하다가 최근 1998년 인권법(Human Rights Act)을 제정하면서 유럽인권협약의 거의 모든 내용이 국내법화되기에 이르렀다. 유럽법이 사법심사청구소송에 미친 영향은 크게 두 가지로 설명할 수 있다.

첫째, 상술한 바와 같이 1947년 제정된 국왕소추법에 의거하여 국왕직속기관의 법률상 권한 행사에 대하여 통상적 구제수단인 선언판결(declaration)이 가능하다는 점은 승인되었으나, 명령판결(injunc-tion)은 여전히 허용되지 않는 것으로 해석되었다. 그리하여 국왕직속기관에 대해서는 가구제를 위한 '임시적 금지명령판결'(interlocutory prohibitory injunction)이 불가능하였다. 또한 의회주권 사상으로 말미암아 법률에 대한 사법심사가 허용되지 않았으므로, 법률 자체의 문제점을 이유로 그에 의거한 행정기관의 조치를 취소하거나 집행정지시킬 수 없었다. 이러한 상황 하에서, 유럽법원이 1989년 *Factortame* 사건에서 유럽법의 적용이 회원국의 독자적인 제도 때문에 방해되어서는 아니 되기 때문에 영국 법원도 유럽법에 위반된 법률의 집행조치를 가구제로써 정지시켜야 한다고 판시하였고, 이에 따라 영국 대법원은 1990년 *Factortame (No. 2)* 판결에서 최초로 국왕직속기관(通商大臣)에 대해 집행정지를 명하는 명령판결이 선고되었다. 이어 1993년의 *M v. Home Office* 판결은 유럽법이 문제되지 않는 사안에서, 국왕직속기관의 행위에 대하여 — 아직 법률 자체를 문제삼지는 못하였지만 — 그 행위 자체의 위법성을 이유로 명령판결로써 집행정지를 명하였다.

둘째, 영국에는 아직 헌법적 효력을 갖는 기본권이 없고 따라서 기본권 침해를 이유로 한 위헌법률심사가 불가능하지만, 1998년 인권법이 제정된 이후에는 법원이 사법심사청구소송에서 계쟁 행정결정의 근거가 된 법률이 인권법과 모순된다는 선언판결(declaration)을 내리게 되었다. 앞에서 언급한 바와 같이 선언판결은 행정결정의 효력을 부정하는 것도 아니고 법정모욕죄의 대상도 아니며, 또한 실체법적으로도 인권법이 같은 법률상의 지위를 갖는 것이므로 다른 법률이 그에 모순된다고 하여 효력이 부정될 수도 없으나, 정부로서는 정치적으로 당해 법률을 폐지 또는 개정할 압력을 받게 된다. 이러한 의미에서 영국에서도 오랜 전통을 깨고 위헌법률심사가 미숙한 형태로나마 이미 시작되었다고 할 수 있다.

Ⅲ. 司法審査의 制限 및 行政審判制度

1. 司法審査의 制限

영국 행정소송에서 가장 흥미로운 것은 사법심사의 제한 문제이다. 주지하다시피 영국은 전통적으로 의회주권(parliamentary sovereignty)에 의거하여 법률에 대한 사법심사가 금지되어 왔고 재판청구권이라는 기본권도 없다. 따라서 의회는 18, 19세기부터 현재까지 상당수의 개별법률에서 당해 행정임무에 대하여 행정기관의 결정이 '최종적'이라는 조항(finality clause) 또는 심지어 명문으로 사법심사를 배제하는 조항(ouster clause)을 규정하여 왔다. 그런데 이러한 경우에 영국의 대법원은 예외 없이, 의회가 행정권한을 부여하면서 행정기관이 그 권한의 범위를 넘는 것을 허용하였을 리가 만무하다는 이유로, 위 조항들은 행정기관이 권한유월(ultra vires)을 범하지 않았을 때에 한하여 사법심사를 받지 않는다는 의미로 해석하는 것이 입법자의 의사를 제대로 파악하는 것이고, 따라서 권한유월에 대한 사법심사는 배제되지 않는다는 입장을 고수하여 왔다. 이러한 판례로는 1759년의 *R v. Derbyshire Justices* 판결, 1841년의 *R v. Chelenham Commissioners* 판결, 1969년의 *Anisminic v. Foreign Compensation Commission* 판결, 그리고 1997년의 *R v. Secretary of State for the Home Department, ex parte Mohammed Al Fayed* 판결 등 많은 판결들이 있다. 특히 위 1969년의 *Anisminic* 판결은 상술한 바와 같이 모든 법적 오류(error of law)가 권한유월(ultra vires)에 해당함을 천명함으로써, 사법심사를 배제하는 조항이 있더라도 권한유월을 통제한다는 명분 하에 모든 위법성을 심사할 수 있게 된 것이다. 이는 '문언에 반하는'(contra legem) 해석의 대표적인 예로서, 입법자의 주관적 의사와 상반되는 객관적 의사를 추정하는 것인데, 우리의 관점에서 보면 재판청구권에 의거한 헌법합치적 해석에 상응하는 것이라고 할 수 있다.

여하튼 권한유월을 무기로 삼아 입법자의 주관적 의사에 반하여 사법심사를 관철함에 있어서는 그 심사의 강도가 결코 높을 수 없었다. 상술한 바와 같이, 권한유월이 오랜 기간 권한의 명시적인 한계를 넘는 경우에 한정되었고, 20세기 후반에 모든 법적 오류로 확대되었지만 여전히 사실 문제는 심사대상에서 제외되고 불확정개념과 재량에 대한 심사강도가 다른 나라에 비해 약한 것은 모두 위와 같은 원인에서 비롯되는 것이라고 할 수 있다.

2. 行政審判制度

위와 같은 법원의 태도 때문에 입법자는 대부분 사법심사의 전면적인 제한보다는 부분적·절차적인 제한을 선택하였다. 제소기간의 제한과 행정심판제도가 그것인데, 이는 법원에 의해 수용되었다. 특히 상술한 바와 같이 20세기 중반 이후 본격적으로 도입된 행정심판제도는 사법심사의 제한을 둘러싼 의회·정부와 법원 사이의 공방전에서 타협의 산물로 생겨난 것이라고 할 수 있다. 1950년대에 전문행정심판소(tribunal)가 급증하면서 그 독립성의 결여와 절차의 미비에 관해 비판이 일게 되자, 1957년의 Franks Committee 보고서의 권고에 따라 1958년 「전문행정심판소 및 청문조사에 관한 법률」(Tribunals and Inquiries Act)이 제정되어 개별 전문행정심판소의 독립성을 확보하고 재결에 이유제시의무를 부과하며 변호사대리를 규정하는 등 행정심판제도를 개선하였다. 현재 스코틀랜드를 포함하여 영국 전체에 50여종의 전문행정심판소가 합계 약 2,000개가 설치되어 있다고 한다.

행정심판은 개별 행정영역마다 해당 전문행정심판소에 의해 이루어진다. 행정심판은 覆審으로서, 법적 문제뿐만 아니라 사실 문제에 관해서도, 그리고 위법성뿐만 아니라 부당성에 관해서도, 말하자면 '사안 전체'(on the merits)가 심사된다. 행정심판의 결과에 불복하면 소정의 기간 내에 고등법원(High Court) 또는 항소법원(Court of Appeal)에 행정심판불복소송을 제기하여야 한다. 행정심판불복소송은 事

後審・法律審으로서 심판재결의 법적 문제만을 심사하고 심판재결이 법적 오류(error of law)를 범한 경우에는 이를 취소하고 법원의 견해에 따라 다시 재결할 것을 명하면서 전문행정심판소로 '환송'(remit)한다.

상술한 바와 같이 처음에는 행정심판과 통상적 구제에 의한 사법심사의 상호관계가 분명하지 않았으나, 사법심사청구소송이 도입된 이후에는 1985년의 *Preston* 판결에서 행정심판이 규정되어 있는 경우에는 사법심사청구소송이 허용되지 않고 반드시 행정심판에 이어 행정심판불복소송을 제기하여야 한다는 원칙이 확립되었다. 우리나라의 행정심판전치주의와 (원처분주의의 예외로서) 재결주의에 상응하는 것이라고 할 수 있다. 그리하여 사법심사청구소송은 행정심판이 규정되어 있지 않는 경우에 한하여 허용되는 것으로서, 이러한 의미에서 '보충적 구제수단'(residual remedies)이라고도 일컬어진다. 일반적인 — 우리가 '민생행정'이라고 부르는 — 행정영역에서 내려지는 개별・구체적인 행정결정은 거의 예외 없이 행정심판이 마련되어 있기 때문에 이러한 표현이 완전히 틀린 것은 아니다. 그러나 국가 전체에 영향을 미치는 행정입법, 방침결정, 경제・무역에 대한 규제조치 등은 물론이고 시민생활에 직접적으로 관계 있는 영역에 있어서도 행정심판으로 다툴 수 없는 부분이 오히려 더 중요한 의미를 갖는 것이므로, 사법심사청구소송이 영국의 행정소송에서 중심을 이루는 것임은 분명하다.[12)]

12) 이상 영국의 행정소송제도에 관하여 *de Smith/Woolf/Jowell*, Judicial Review of Administrative Action. 5. ed., 1995 & First Cumulative Supplement to the 5. ed., 1998; *Lewis*, Judicial Remedies in Public Law. 2. ed., 2000; *Emery*, Administrative Law: Legal Challenges to Official Action, 1999; *Gordon/Bingham*, Judicial Review: Law and Procedure. 2. ed., 1996; *Wade/Forsyth*, Administrative Law. 8. ed., 2000; *Craig*, Administrative Law. 5. ed., 2003; *Bailey/Jones/Mowbray*, Cases and Materials on Administrative Law. 3. ed., 1997 등 참조.

판례색인

[대법원]

[헌법재판소]

[고등법원]

[서울행정법원]

[독일 연방헌법재판소]

[독일 연방행정법원]

[미국 연방대법원]

[일본 최고재판소]

[일본 지방법원]

사항색인

[외국학자인명]

외국법률용어색인(가나다 순)

※ 本書와 행정법의 체계와 방법론[행정법연구 1]의 내용을 종합한 것임

가구제(假救濟)	einstweiliger Rechtsschutz (독) / interim relief (영·미)
가장적(假裝的) 이유제시	Scheinbegründung (독)
가치론	Axiologie (독)
가치의 전제정(專制政)	Tyrannei der Werte (독)
가치이론	Werttheorie (독)
강제송환	Abschiebung (독)
강행적 절차요건	mandatory procedural requirements (영)
개괄수권조항(概括授權條項)	Generalermächtigungsklausel (독)
개념법학	Begriffsjurisprudenz (독)
개방적 조문 (불확정개념이 있는 조문)	open texture (영)
개별행위	acte individuel (프)
객관소송	recours objectif (프)
거부결정	Ablehnungsbescheid (독) / décision de rejet (프)
건설법전(독일, 우리나라 국토의계획및이용에관한법률에 상응)	Baugesetzbuch (BauGB) (독)
건축계획법	Bauplanungsrecht (독)
건축질서법	Bauordnungsrecht (독)
견제와 균형	check and balance (미)
결과제거청구권	Folgenbeseitigungsanspruch (독)
결단주의(決斷主義)	Dezisionismus (독)
경업자소송(競業者訴訟)	Konkurrentenklage (독)
계속적 행정행위	Dauerverwaltungsakt (독)
계속확인소송	Fortsetzungsfeststellungsklage (독)
계약체결상 과실	culpa in contrahendo (라)
계획	Planung (독)
계획고권(計劃高權)	Planungshoheit (독)
계획재량	Planungsermessen (독)

계획확정절차 Planfeststellungsverfahren (독)
고등법원(영국 런던소재 1심 법원) High Court (영)
고등행정법원(독일) Oberverwaltungsgericht (독)
고려명령(考慮命令)이론 Theorie des Gebotes der Rücksichtnahme (독)
공권(주관적) subjektives öffentliches Recht (독)
공권력 öffentliche Gewalt (독) / puissance publique (프)
공기업 öffentliches Unternehmen (독) / entreprise publique (프)
공동결정 Mitbestimmung (독)
공무수탁사인(公務受託私人) Beliehene (독)
공무원의 직권남용 misfeasance in public office (영)
공물 öffentliche Sache (독) / domaine public (프)
공법 öffentliches Recht (독) / droit public (프) / public law (영)
공법상계약 öffentlich-rechtlicher Vertrag (독) / contrat administratif (프)
공법상 부당이득반환청구권 öffentlich-rechtlicher Erstattungsanspruch (독)
공법적 공사도급 travaux publics (프)
공법적 관리작용 gestion pubique (프)
공역무 service public (프)
공역무 계속성 continuité du service public (프)
공익 öffentliches Interesse (독) / intérêt public (프) / public interest (영·미)
공적 시설법인 établissement public (프)
공적 안전(공공의 안녕과 질서) öffentliche Sicherheit (독)
과실 negligence (영·미)
관계인 Beteiligte (독)
관급공사계약 marché des travaux publics (프)
관습법 Gewohnheitsrecht (독) / droit coutumier (프)
관할재판소 Tribunal des conflits (프)
구별 잘하는 사람이 잘 판단한다 bene cernit, qui bene distinguit / Wer gut unterscheidet, der entscheidet gut
구성요건적 효력 Tatbestandswirkung (독)
구속력 Wirksamkeit (독)

구제수단／소송유형／판결주문	remedy (영·미)
국가목적규정	Staatszielbestimmung (독)
국고(國庫)	Fiskus (독)
국고행정	Fiskusverwaltung (독)
국왕대권	royal prerogative (영)
국왕소추법(1947년)	Crown Proceedings Act (영)
국왕의 면책특권	Crowns immunity (영)
국참사원(國參事院)	Conseil d'Etat (프)
군주행위(君主行爲)이론	théorie du fait du prince (프)
권력행정	obrigkeitliche Verwaltung (독)
권리	(subjektives) Recht (독)／droit (subjectif) (프)／right (영·미)
권리남용	Rechtsmißbrauch (독)
권리보호필요성	Rechtsschutzbedürfnis (독)
권리침해	Rechtsverletzung (독)
권한	Befugnis; Kompetenz (독)
권한남용	détournement de pouvoir (프)
권한유월(權限踰越)	ultra vires (라)
규범구체화 행정규칙	normkonkretisierende Verwaltungsvorschrift (독)
규범통제절차	Normenkontrollverfahren (독)
규율	Regelung (독)
규칙	Regel (독)／règle (프)／rule (영·미)
규칙제정행위(법규제정행위)	acte règlementaire (프)
규칙제정절차(공식적／비공식적)	rule-making (formal／informal) (미)
금반언(禁反言)	estoppel (영·미)
금지명령	prohibiting order (2000년 이전: prohibition) (영)
금지소송	Unterlassungsklage (독)
급부책임	Leistungsverantwortung (독)
급부행정	Leistungsverwaltung (독)
기록상 명백한 오류	error on the face of the record (영)
기록에 의거한 제한된 심사	restricted review on the record (미)
기본권 보호의무	grundrechtliche Schutzpflicht (독)

기본법(독일 연방헌법)	Grundgesetz (독)
기속행위(羈束行爲)	compétence liée (프)
기속행위의 경우 일정한 위반 사유는 취소사유가 되지 않는다는 이론	théorie des moyens inopérants en cas de compétence liée (프)
기판력(旣判力)	Rechtskraft (독) / autorité de la chose jugée (프)
기판사항(旣判事項)의 집행	exécution de la chose jugée (프)
낙찰(落札)	Zuschlag (독) / attribution (프) / award (영·미)
내용적으로 타당한 이유제시를 구할 청구권	Anspruch auf sachlich zutreffende Begründung (독)
내적 위법성	illégalité interne (프)
논증책임	Argumentationslast (독)
다단계 행정과정	opération complexe (프)
단순고권행정	schlicht-hoheitliche Verwaltung (독)
단순위법 / 취소가능성	Aufhebbarkeit (독)
단순위법의 하자에도 불구하고 발생하는 효력(공정력에 상응하는 것)	fehlerunabhängige Wirksamkeit (독)
단순행정	schlichte Verwaltung (독)
단순행정활동	schlichtes Verwaltungshandeln (독)
단체관할(연방·주·지방자치단체 기타 공공단체의 관할)	Verbandszuständigkeit (독)
단체소송	Verbandsklage (독)
담론(談論)이론	Diskurstheorie (독)
당사자소송(當事者訴訟)(독일 1960년 이전까지)	Parteistreitigkeiten (독)
대권적 구제	prerogative remedies (영)
대권적 권한	prerogative power (영)
대권적 令狀	prerogative writs (영)
대기환경 기술기준	TA-Luft (Technische Anleitung-Luft) (독)
대등법적(對等法的) 계약	koordinationsrechtlicher Vertrag (독)
대법원 / 상원	House of Lords (영)
대상적격	Statthaftigkeit (독)

대체, 행정행위의	remplacement (프)
대체적(법정외) 분쟁해결수단	alternative dispute resolution (ADR) (영·미)
도그마틱	Dogmatik (독)
도시상세계획	Bebauungsplan (독)
독립명령	règlement autonome (프)
독립적 취소소송(의무이행소송이 가능함에도 거부처분의 취소만을 구하는 것)	isolierte Anfechtungsklage (독)
독립취소가능성, 절차적 하자	Beachtlichkeit des Verfahrensfehlers (독)
리스크	Risiko (독)
만인소송(萬人訴訟)	recours populaire (프)
망명자소송	Asylverfahren (독)
매개적 법	mediales Recht (독)
명령판결	injunction (영·미)
무권한(無權限)	incompétence (프)
무하자재량행사청구권(無瑕疵裁量行使請求權)	Anspruch auf die fehlerfreie Ermessensausübung (독)
무효	Nichtigkeit (독) / nullité (프)
문서제출명령	discovery (영)
문언에 반하는(해석)	contra legem (라)
문제해명적 개념	heuristischer Begriff (독)
민사벌금	civil penalty (미)
민영화	Privatisierung (독) / privatisation (프·영·미)
민주주의	Demokratie (독) / démocratie (프) / democracy (영·미)
반복(취소판결 이후 동일한 행정행위의 반복)	réfection (프)
반환청구	restitutiton (영·미)
발주심판소(發注審判所)	Vergabekammer (독)
발주제한(發注制限)	Auftragssperre (독)
밥학(빵의 학문)인 법학	Rechtswissenschaft als Brotwissenschaft (독)
방법론	Methodenlehre; Methodologie (독)
방사효(放射效), 기본권의	Ausstrahlungswirkung (독)
범주의 오류(불확정개념의 해석·포섭의 오류)	category error (영)
법	(objektives) Recht (독) / droit (objectif)

	(프) ／ law (영·미)
법(률)관계	Rechtsverhältnis (독)
법관국가(法官國家)	Richterstaat (독)
법규(법명제)	Rechtssatz (독)
법규제정행위(규칙제정행위)	acte réglementaire (프)
법도그마틱	Rechtsdogmatik (독)
법률	Gesetz (독) ／ loi (프) ／ statute (영·미)
법률과 법	Recht und Gesetz (독)
법률국가	état de la loi (프)
법률상 권한	statutory power (영)
법률우위	Gesetzesvorrang; Vorrang des Gesetzes (독)
법률위반	violation de la loi (프)
법률유보	Gesetzesvorbehalt; Vorbehalt des Gesetzes (독)
법률을 말하는 입(법관을 지칭하는 말)	bouche, qui prononce les paroles de la loi (프)
법률의 흠결	Gesetzeslücke (독)
법률주의	Legalismus (독)
법복(法服)의 독재	Diktatur der Robe (독)
법실증주의	Rechtspositivismus (독)
법원(法源)	Rechtsquelle (독) ／ source du droit (프) ／ source of law (영·미)
법원리	Rechtsprinzip (독) ／ principe du droit (프) ／ principle of law (영·미)
법의 적정절차(적법절차)	due process of law (미)
적법절차(법의 적정절차)	due process of law (미)
법의 지배	rule of law (영·미)
법이론(法理論)	Rechtstheorie (독)
법적 근거의 대체	substitution de base légale (프)
법적 논증	juristische Argumentation (독)
법적 문제	question of law (영·미)
법적 안정성	Rechtssicherheit (독)
법적 오류	error of law (영·미)
법적 의제(擬制)	juristische Fiktion (독)
법적 평화	Rechtsfrieden (독)
법적 행위	acte juridique (프)
법적 효과, 대외적	Rechtswirkung nach außen (독)

법정모욕죄	contempt of court (영·미)
법치국가·법치주의	Rechtsstaat (독)
- 객관적 법치주의	objektiver Rechtsstaat (독)
- 권위적 법치국가	autoritärer Rechtsstaat (독)
- 실질적 법치주의	materieller Rechtsstaat (독)
- 자유적 법치국가	liberaler Rechtsstaat (독)
- 주관적 법치주의	subjektiver Rechtsstaat (독)
- 형식적 법치주의	formeller Rechtsstaat (독)
법학	Rechtswissenschaft (독)
법형성	Rechtsfortbildung (독)
법형식 선택의 자유	Freiheit der Rechtsformenauswahl (독)
병행적 침익	pararelle Belastung (독)
보장책임	Gewährleistungsverantwortung (독)
보충성	Subsidiarität (독)
보편화능력	Verallgemeinerungsfähigkeit (독)
보호가치 있는 이익	schutzwürdiges Interesse/Belange (독)
보호규범(=수호규범)	Schutznorm (독)
보호규범이론	Schutznormtheorie (독)
부관(附款)	Nebenbestimmung (독)
부당결부금지	Koppelungsverbot (독)
부작위	Unterlassung (독) / silence (프)
부작위(광의, 거부처분과 협의의 부작위를 포함)	Untätigkeit (독)
부작위소송(광의의 부작위의 경우 행정행위의 발급을 구하는 소송)	Untätigkeitsklage (독)
부존재(독일의 무효 Nichtigkeit에 상응)	inexistence (프)
- 법적 부존재(평가상 부존재)	inexistence juridique (프)
- 사실상 부존재	inexistence matérielle (프)
부진정화해(不眞正和解)	unechter Vergleich (독)
분리되는 행위	acte détachable (프)
불문법원(不文法源)	ungeschriebene Rechtsquelle (독) / source du droit non écrite (프) / unwritten source of law (영·미)

불법(不法)에 있어서의 평등	Gleichheit im Unrecht (독)
불소급원칙, 행정행위의	principe de non-rétroactivité de lacte administratif (프)
불예견(不豫見)이론	théorie de l'imprévision (프)
불합리성(재량권남용에 상응)	unreasonableness (영)
불확정개념	unbestimmter Begriff (독)
비공식적 행정활동	informales Verwaltungshandeln (독)
비교법	Rechtsvergleichung (독) / droit comparé (프) / comparative law (영·미)
비권력행정	nicht-obrigkeitliche Verwaltung (독)
비례원칙	Verhältnismäßigkeitsprinzip (독) / principe de la proportionnalité (프)
사물의 본성	Natur der Sache (독)
사법(私法)	Privatrecht (독) / droit privé (프)
司法 / 판례	Rechtsprechung (독)
사법경찰(司法警察)	Kriminalpolizei (독)
사법상계약(私法上契約)	contrat privé (프)
사법심사	judicial reviw (영·미)
사법심사, 행정행위(광의)에 대한	judicial review of administrative action (영·미)
사법심사배제 조항	ouster clause (영·미)
사법심사청구소송	claim for judicial review (CJR) (영)
사법심사청구소송(2000년 이전 명칭)	application for judicial review (AJR) (영)
사법심사청구소송 제1심 전담 재판부(High Court 소속)	Administrative Court (Crown Office List에서 2000년 개칭) (영)
사법적(私法的) 공사도급	travaux privés (프)
사법적(私法的) 관리작용	gestion privé (프)
사실문제	question of facts (영·미)
사적 자치	Privatautonomie (독)
사전대비(事前對備)	Vorsorge (독)
사회법원법	Sozialgerichtsordnung (SGO) (독)
사회법전	Sozialgesetzbuch (SGB) (독)
상공업적 공역무	service public industriel et commercial (프)
상대방(직접상대방)이론	Adressatentheorie (독)
생존배려	Daseinsvorsorge (독)

선결력(先決力)	Präjudizialität (독)
선결문제	collateral issue (영)
선결문제심판(유럽법원)	Vorabentscheidung (독) / preliminary ruling (영)
선결적 공격	collateral attack (영)
선결적 방어	collateral defence (영)
선(善)과 형평의 기술	ars boni et aequi (라)
선서진술서	affidavit (영·미)
선언판결	declaration (영·미)
성숙성, 사건의	ripeness (미)
소가(訴價)	Streitwert (독)
소권(訴權)	actio (라)
소극적 처분	negative Verfügung (독)
소멸 / 종료, 행정행위의	Erledigung des Verwaltungsaktes (독)
소송	Klage (독)
소송개시영장	orginal writ (영)
소송개시허가(사법심사청구소송, 2000년부터 새로운 명칭)	permission (leave에서 2000년 개칭) (영)
소송경제	Prozeßökonomie (독)
소송물(訴訟物)	Streitgegenstand (독)
소송상 실권(失權)	prozessuale Verwirkung (독)
소송상 청구권	prozessualer Anspruch (독)
소송상화해	Prozeßvergleich (독)
소송수행자격	Prozeßführungsbefugnis (독)
소송절차의 남용	abuse of courts process (영)
소송종료	non-lieu (프)
소송참가	Beiladung (독)
소송포기	Rechtsschutzverzicht (독)
소의 이익	intérêt à agir; intérêt pour agir (프)
소환장	summons (영·미)
손해배상	damages (영·미)
수긍가능성(首肯可能性)	Akzeptanz (독)
수호규범(=보호규범)	Schutznorm (독)
순수법학	Reine Rechtslehre (독)
신뢰보호	Vertrauensschutz (독) / protection of legiti-

	mate expectation (영·미)
신원확인(身元確認)	Personalienfeststellung; Sistierung / verification d'identité (프)
신의성실	Treu und Glauben (독)
신청에 기하여	ex parte ~ (라)
실권(失權), 제소권 또는 행정절차참가권의	Präklusion (독)
실권(失權), 행정권한의	Verwirkung (독)
실재적 침해(미국 판례상 행정소송의 원고적격 요건)	injury in fact (미)
실질적 법치주의	materieller Rechtsstaat (독)
실질적 확정력(기판력)	materielle Rechtskraft (독)
실천이성	praktische Vernunft (독)
실천적 정합성(整合性)	praktische Konkordanz (독)
실체법상 화해계약	transaction (프)
심사강도(=통제밀도)	Kontrolldichte (독) / intensity of control (영·미)
심사의 범위(미국, 본안문제-심사척도와 심사강도)	scope of review (미)
심사척도	Kontrollmaßstab (독)
연방노동법원	Bundesarbeitsgericht (BAG) (독)
연방사회법원	Bundessozialgericht (BSG) (독)
연방재정법원	Bundesfinanzgericht (BFG) (독)
연방통상법원	Bundesgerichtshof (BGH) (독)
연방행정법원	Bundesverwaltungsgericht (BVerwG) (독)
연방헌법재판소	Bundesverfassungsgericht (BVerfG) (독)
열기주의(列記主義)	Enumerationsprinzip (독)
예방적 금지소송	vorbeugende Unterlassungsklage (독)
예선적 특권	privilège du préalable (프)
완전심판소송	contentieux de pleine juridiction (프)
외적 위법성	illégalité externe (프)
원고적격	Klagebefugnis (독) / qualité pour agir (프) / standing (영·미) / locus standi (라)
원리	Prinzip (독) / principe (프) / principle (영·미)
원상회복	restitutio in integrum (라)

월권소송(越權訴訟)	recours pour excès de pouvoir (프)
위법성, 실체적	illegality (영)
위법성 견련성	Rechtswidrigkeitszusammenhang (독)
위법성항변	exception d'illégalité (프)
위법판단 기준시	maßgeblicher Zeitpunkt der Beurteilung der Rechtswidrigkeit (독)
재판권, 위임된	justice déléguée (프)
위험	Gefahr (독)
위험방지	Gefahrenabwehr (독)
위험범	Gefährdungsdelikt (독)
유럽공동체	Europäische Gemeinschaft / European Community
유럽공동체 이사회	Rat / Council
유럽공동체 집행위원회	Kommission / Commission
유럽공동체의 고유행정법	Eigenverwaltungsrecht der Europäischen Gemeinschaft
유럽공동체의 취소소송	Nichtigkeitsklage / action for annulment
유럽연합	Europäische Union / European Union
재판권, 유보된	justice retenue (프)
유형화	Typisierung (독)
의견청취(의견제출+청문)	Anhörung (독)
의무	Pflicht (독)
의무론	Deontologie (독)
의무이행소송	Verplichtungsklage (독)
의회주권	parliamentary sovereignty (영)
의회주의	Parlamentarismus (독)
2단계이론	Zwei-Stufen-Theorie (독)
이분지설(二分肢說)의 소송물 개념	zweitgliedriger Streitgegenstandsbegriff (독)
이성법(理性法)	Vernunftrecht (독)
이유제시	Begründung (독) / motivation (프) / reasoning (영·미)
이유제시의 추완(追完)	Nachholen von Begründung (독)
이익형량	Interessenabwägung (독)
이행강제금	Zwangsgeld (독)
이행명령	injonction (프)

이행명령판결	mandatory injunction (영·미)
이행소송	Leistungsklage (독)
인간 존엄성	Menschenw rde (독)
인낙(認諾)	Anerkenntnis (독)
인식근거	Erkenntnisgrund (독)
인신보호명령	habeas corpus (영·미)
인인권(隣人權)	Nachbarrecht (독)
인인소송(隣人訴訟)	Nachbarklage (독)
일견우월(一見優越)	prima facie-Vorrang (독)
일반의지로서의 법률	loi comme volonté générale (프)
일반이행소송	allgemeine Leistungsklage (독)
일반처분	Allgemeinverfügung (독)
일반행정법	Allgemeines Verwaltungsrecht (독)
행정행위, 일방적	acte administratif unilatéral (프)
일사부재리	ne bis in idem (라)
임시명령판결	interlocutory injunction (영·미)
입찰금지	debarment (영·미)
자기구속	Selbstbindung (독)
자기규율	Selbstregulierung (독)
자기확인력(自己確認力)	Selbstbezeugungskraft (독)
자생적 법	reflexives Recht (독)
자연적 정의	natural justice (영)
자연적 정의(自然的 正義)의 제 1 원칙(자신의 사건의 재판관이 될 수 없다)	nemo iudex in sua causa (라)
자연적 정의(自然的 正義)의 제 2 원칙(양 당사자로부터 들어라) (라)	audiatur et altera pars (라)
재결정(再決定)명령판결	Bescheidungsurteil (독)
재량	Ermessen (독) / discrétion (프) / discretion (영·미)
재량고려사유	Ermessenserwägung (독)
재량권남용	Ermessensmißbrauch (독) / abuse of discretion (영·미)
재판상화해	gerichtlicher Vergleich (독) / conciliation (프)
재판수수료	Gerichtsgebühr (독)

적법절차	due process of law (미)
전면적 사법심사	de novo review (미)
전문행정심판소	tribunal (영)
전환, 행정행위의	Umdeutung des Verwaltungsaktes (독)
절단(切斷)된 취소소송(계속확인소송의 별칭)	amputierte Anfechtungsklage (독)
절차	Verfahren (독) / procédure (프) / process (영·미)
절차남용	abuse of process (영)
절차재개	Wiederaufgreifen des Verfahrens (독)
절차적 배타성, 사법심사청구소송의	procedural exclusivity (영)
절차적 법	prozedurales Recht (독)
절차적 하자	Verfahrensfehler (독) / vice de forme ou de procédure (프) / procedural impropriety (영)
절차적 하자에 의거한 독립취소 가능성	Beachtlichkeit des Verfahrensfehlers (독)
절차적 하자의 치유	Heilung des Verfahrensfehlers (독) / régularisation ou couverture d'un vice de procédure (프) / curing procedural unfairness (영)
정당한 이익	berechtigtes Interesse (독)
정당한 피고	Passivlegitimation; richtige Beklagte (독)
제 1 차적 판단권(선결권)	décision préalable (프)
제 3 자 보호	Drittschutz (독)
제 4 자 보호	Viertschutz (독)
제왕(帝王)학문으로서의 법학	Rechtswissenschaft als Krone der Wissenschaften (독)
제재(制裁)	Sanktion (독) / sanction (프·영·미)
제한적 사법심사	limied reivew on the record (미)
제한적 · 개별적 수권원칙(유럽공동체)	Prinzip der begrenzten Einzelermächtigung (독)
조세법원법	Finanzgerichtsordnung (FGO) (독)
조세통칙법	Abgabenordnung (AO) (독)
조종(操縱), 조종학	Steuerung, Steuerungswissenschaft (독)

존재론 Ontologie (독)
종료(終了), 본안의 Erlediung der Hauptsache (독)
종속법적 계약 subordinationsrechtlicher Vertrag (독)
주관소송 recours subjectif (프)
주관적 공권 subjektives öffentliches Recht (독)
주관적 법치주의 subjektiver Rechtsstaat (독)
주관화(권리화), 행정법의 Subjektivierung des Verwaltungsrechts (독)
주문(主文) Spruch; Tenor (독) / dispositif (프)
준사법권(準司法權) quasi-judicial power (미)
준용(準用) entsprechende Anwendung (독)
중요한 절차적 요건 formalité substantielle (프)
증인(교호)심문 cross-examination (영·미)
지방자치단체 local government (영·미)
지방행정법원(제 1 심) Verwaltungsgericht (독)
직권탐지주의 Untersuchungsgrundsatz (독)
직무집행명령 mandatory order (mandamus에서 2000년 개칭) (영)
직업관료제 Berufsbeamtentum (독)
직접강제 unmittelbarer Zwang (독)
질서위반법 Gesetz über Ordnungswidrigkeiten (독)
집행권원(執行權原)(채무명의) Vollstrecktungstitel (독)
집행적 결정 decision exécutoire (프)
집행정지 가처분 référé-suspension (프)
착오의 객관적 현저성 objektive Erheblichkeit des Irrtums (독)
참여 Partizipation (독)
참여민주주의 participatory democracy (영·미)
처분 Verfügung (독)
처분권주의(處分權主義) Verfügungsgrundsatz (독)
처분사유 Gründe (독)
처분사유의 추가 · 변경 Nachschieben von Gründen (독)
처분이유 Begründung (독) / motif (프)
처분이유와 법적 근거의 대체 substitution de motifs et base légale (프)
처분절차(공식적 / 비공식적) adjudication (formal/informal) (미)
청구권 Anspruch (독)
청문(聽聞) hearing (영·미)
체계이론 Systemtheorie (독)

최적화명령(最適化命令)	Optimierungsgebot (독)
추가적 해명, 처분이유의	additional explanation (미)
추방명령	Ausweisung (독)
충분한 이익(사법심사청구소송의 원고적격)	sufficient interest (영)
취소(쟁송취소)	Aufhebung (독) / annulation (프) / certiorari; quash; annulment; set aside (영·미)
취소(직권취소)	Rücknahme (독) / retrait (프)
철회	Widerruf (독) / abrogation (프)
취소사유, 월권소송에서 행정행위의	cas douverture (프)
취소소송	Anfechtungsklage (독)
취소판결(명령)	quashing order (certiorari에서 2000년 개칭) (영)
카주이스틱(개별·구체적 해결방법)	Kasuistik (독)
탈경찰화(脫警察化)	Entpolizeilichung (독)
통상적 구제	ordinary remedies (영)
통치행위	Regierungsakt (독) / acte de gouvernement (프)
특별권력관계	besonderes Gewaltverhältnis (독)
특별행정법	Besonderes Verwaltungsrecht (독)
특정행위명령판결	Vornahmeurteil (독)
파울교회헌법(독일 1848년 3월 혁명에서 선포된 헌법)	Paulskirchenverfassung (독)
판단여지	Beurteilungsspielraum (독)
판례법	Präjudizienrecht; Richterrecht (독) / droit prétorien (프) / case law; judge-made law (영·미)
편의판결(便宜判決)	jugement d'expedient (프)
편입이론	Inkorporationsthese (독)
평등원칙	Gleichheitssatz (독)
폐지, 행정행위의(직권취소+철회)	Aufhebung des Verwaltungsaktes (독)
포괄수권명령	ordonnance (프)
포괄적 권리구제	umfassender Rechtsschutz (독)
포섭	Subsumtion (독)

폭력행위(중대위법행위)	voie de fait (프)
피고적격	passive Prozeßführungsbefugnis (독)
하자계측(瑕疵計測)	Fehlerkalkül (독)
학문법	Wissenschaftsrecht (독)
합의, 사실상	Verständigung, tatsächliche (독)
합의(合意)는 준수(遵守)되어야 한다	pacta sunt servanda (라)
합의적 행정활동	konsensuales Verwaltungshandeln (독)
합의판결	consent decree (미)
항소법원	Court of Appeal (영)
해석	Auslegung (독) / interprétation (프) / interpretation (영·미)
해석소송	recours en interprétation (프)
행정	Verwaltung (독) / administration (프·영·미)
행정강제	Verwaltungszwang (독)
행정개입청구권	Anspruch auf Einschreiten der Verwaltung (독)
행정경찰	Verwaltungspolizei (독)
행정계약	contrat administratif (프) / Verwaltungsvertrag (독)
행정규칙	Verwaltungsvorschrift (독)
행정기관	agency (미)
최종조항(행정기관의 결정이 '최종적'이라는 조항)	finality clause (영·미)
행정벌	Verwaltungssanktion (독)
행정범	Verwaltungsunrecht (독)
행정법	Verwaltungsrecht (독) / droit administratif (프) / administrative law (영·미)
행정법관계	Verwaltungsrechtsverhältnis (독)
행정법원법	Verwaltungsgerichtsordnung (VwGO) (독)
행정법의 일반원칙(들)	allgemeine Grundsätze des Verwaltungsrechts (독)
행정보조자	Verwaltungshelfer (독)
행정사법(行政司法)	Verwaltungsrechtspflege (독)
행정사법(行政私法)	Verwaltungsprivatrecht (독)
행정상 강제집행	Verwaltungsvollstreckung (독)

행정상 즉시강제	Verwaltungssofortvollzug (sofortiger Vollzug) (독)
행정상법	Verwaltungshandelsrecht (독)
행정소송	Verwaltungsprozeß (독) / contentieux administratif (프)
행정소송법	Verwaltungsprozeßrecht (독)
행정심판	Widerspruchsverfahren (독) / recours adminis-tratif (프) / appeal (to tribunals) (영)
행정심판불복소송	appeal (to the court) (영)
행정심판재결	Widerspruchsbescheid (독)
행정유보	Verwaltungsvorbehalt (독)
행정입법	Rechtssetzung der Verwaltung (독) / acte acte règlementaire (프) / statutory instrument (영) / rule-making (미)
행정재판(권)	Verwaltungsgerichtsbarkeit (독)
행정재판소(제 1 심)	Tribunal administratif (프)
행정절차	Verwaltungsverfahren (독) / procédure administrative (프) / administrative procedure (영·미)
행정절차법	Verwaltungsverfahrensgesetz (VwVfG) (독) / Administrative Procedure Act (APA) (미)
행정조달(공공발주)	Vergabe öffentlicher Aufträge (독)
행정조달계약(공공조달계약)	marché public (프) / public procurement contract (영)
행정조달계약(정부조달계약)	government procurement contract (미)
행정조사	administrative investigation (미)
행정질서벌	Verwaltungsordnungsstrafe (독)
행정항소재판소	Cour administratif dappel (프)
행정행위 종속성	Verwaltungsaktakzessoriet t (독)
행정행위(광의)	acte administratif (프) / administrative action (영) / agency action (미)
행정행위(최협의)	Verwaltungsakt (독)
행정형벌	Verwaltungsstrafe (독)
행정회사법	Verwaltungsgesellschaftsrecht (독)
헌법소원	Verfassungsbeschwerde (독)

헌법주의	Konstitutionalismus (독)
헌법합치적 해석	verfassungskonforme Auslegung (독)
협력	Kooperation (독)
협력원칙	Kooperationsprinzip (독)
협력적 국가	kooperativer Staat (독)
협력적 법	kooperatives Recht (독)
협력적 행정활동	kooperatives Verwaltungshandeln (독)
협상	Verhandlung (독)
협약	Absprache (독)
형량	Abwägung (독) / balancing (영·미)
형사범	kriminelles Unrecht (독)
형성력	Gestaltungswirkung (독)
형성소송	Gestaltungsklage (독)
형식상 하자	vice de forme (프)
형식적 법치주의	formeller Rechtsstaat (독)
형식적 행정행위	formeller Verwaltungsakt (독)
화해권고안	Vergleichsvorschlag (독)
화해유사적 진술	vergleichsähnliche Erklärung (독)
확인소송	Feststellungsklage (독) / recours déclaratif (프)
환경보호	Naturschutz (독) / protection des sites (프) / protection of environment (영·미)
환경영향평가	Umweltverträglichkeitsprüfung (독) / examen de tolérance écologique (프) environmental impact assessment (영·미)
환경오염 한계치	Immissionsgrenzwert (독)
환경유해배출 한계치	Emissionsgrenzwert (독)
환경인인소송(環境隣人訴訟)	Umweltnachbarklage (독)
환경자기감시	Öko-audit (독)
환송	remit (영·미)
효력평가소송	recours en appréciation de validité (프)
훈시적 절차요건	directory procedural requirements (영)

외국법률용어색인(ABC 순)

※ 本書와 행정법의 체계와 방법론[행정법연구 1]의 내용을 종합한 것임

Abgabenordnung (AO) (독)	조세통칙법
Ablehnungsbescheid (독)	거부결정
abrogation (프)	철회
Abschiebung (독)	강제송환
Absprache (독)	협약
abuse of courts process (영)	소송절차의 남용
abuse of discretion (영·미)	재량권남용
abuse of process (영)	절차남용
Abwägung (독)	형량
acte acte règlementaire (프) (미)	행정입법
acte administratif (프)	행정행위(광의)
acte administratif unilatéral (프)	일방정 행정행위
acte de gouvernement (프)	통치행위
acte détachable (프)	분리되는 행위
acte individuel (프)	개별행위
acte juridique (프)	법적 행위
acte réglementaire (프)	법규제정행위 / 규칙제정행위
actio (라)	소권(訴權)
action for annulment	유럽공동체의 취소소송
additional explanation (미)	추가적 해명, 처분이유에 대한
adjudication (formal / informal) (미)	처분절차(공식적 / 비공식적)
administration (프·영·미)	행정
administrative action (영)	행정행위(광의)
Administrative Court (Crown Office List에서 2000년 개칭) (영)	사법심사청구소송 제1심 전담재판부(High Court 소속)
administrative investigation (미)	행정조사
administrative law (영·미)	행정법
administrative procedure (영·미)	행정절차
Administrative Procedure Act (APA) (미)	행정절차법
Adressatentheorie (독)	상대방(직접상대방)이론
affidavit (영·미)	선서진술서

agency (미)	행정기관
agency action (미)	행정행위(광의)
Akzeptanz (독)	수긍가능성(首肯可能性)
allgemeine Grundsätze des Verwaltungsrechts (독)	행정법의 일반원칙(들)
allgemeine Leistungsklage (독)	일반이행소송
Allgemeines Verwaltungsrecht (독)	일반행정법
Allgemeinverfügung (독)	일반처분
alternative dispute resolution (ADR) (영·미)	대체적(법정외) 분쟁해결수단
amputierte Anfechtungsklage (독)	절단(切斷)된 취소소송(계속확인소송의 별칭)
Anerkenntnis (독)	인낙(認諾)
Anfechtungsklage (독)	취소소송
Anhörung (독)	의견청취(의견제출+청문)
annulation (프)	쟁송취소
Anspruch (독)	청구권
Anspruch auf die fehlerfreie Ermessensausübung (독)	무하자재량행사청구권(無瑕疵裁量行使請求權)
Anspruch auf Einschreiten der Verwaltung (독)	행정개입청구권
Anspruch auf sachlich zutreffende Begründung (독)	내용적으로 타당한 이유제시를 구할 청구권
appeal (to the court) (영)	행정심판불복소송
appeal (to tribunals) (영)	행정심판
application for judicial review (AJR) (영)	사법심사청구소송(2000년 이전 명칭)
Argumentationslast (독)	논증책임
ars boni et aequi (라)	善과 형평의 기술
Asylverfahren (독)	망명자소송
attribution (프)	낙찰(落札)
audiatur et altera pars (라)	자연적 정의(自然的 正義)의 제2원칙(양 당사자로부터 들어라) (라)
Aufhebbarkeit (독)	단순위법 / 취소가능성
Aufhebung (독)	쟁송취소

Aufhebung des Verwaltungsaktes (독)	폐지, 행정행위의(직권취소+철회)
Auftragssperre (독)	발주제한(發注制限)
Auslegung (독)	해석
Ausstrahlungswirkung (독)	방사효(放射效), 기본권의
Ausweisung (독)	추방명령
autoritärer Rechtsstaat (독)	권위적 법치국가
autorité de la chose jugée (프)	기판력(旣判力)
award (영·미)	낙찰(落札)
Axiologie (독)	가치론
balancing (영·미)	형량
Baugesetzbuch (BauGB) (독)	건설법전(독일, 우리나라 국토의계획및이용에관한법률에 상응)
Bauordnungsrecht (독)	건축질서법
Bauplanungsrecht (독)	건축계획법
Beachtlichkeit des Verfahrensfehlers (독)	절차적 하자에 의거한 독립취소 가능성
Bebauungsplan (독)	도시상세계획
Befugnis; Kompetenz (독)	권한
Begriffsjurisprudenz (독)	개념법학
Begründung (독)	이유제시
Begründung (독)	처분이유
Beiladung (독)	소송참가
Beliehene (독)	공무수탁사인(公務受託私人)
bene cernit, qui bene distinguit / Wer gut unterscheidet, der entscheidet gut	구별 잘하는 사람이 잘 판단한다
berechtigtes Interesse (독)	정당한 이익
Berufsbeamtentum (독)	직업관료제
Bescheidungsurteil (독)	재결정(再決定)명령판결
besonderes Gewaltverhältnis (독)	특별권력관계
Besonderes Verwaltungsrecht (독)	특별행정법
Beteiligte (독)	관계인
Beurteilungsspielraum (독)	판단여지
bouche, qui prononce les paroles de la loi (프)	법률을 말하는 입(법관을 지칭하는 말)
Bundesarbeitsgericht (BAG) (독)	연방노동법원
Bundesfinanzgericht (BFG) (독)	연방재정법원

Bundesgerichtshof (BGH) (독)	연방통상법원
Bundessozialgericht (BSG) (독)	연방사회법원
Bundesverfassungsgericht (BVerfG) (독)	연방헌법재판소
Bundesverwaltungsgericht (BVerwG) (독)	연방행정법원
cas douverture (프)	취소사유, 월권소송상 행정행위
case law; judge-made law (영·미)	판례법
category error (영)	범주의 오류(불확정개념의 해석·포섭의 오류)
check and balance (미)	견제와 균형
civil penalty (미)	민사벌금
claim for judicial review (CJR) (영)	사법심사청구소송
collateral attack (영)	선결적 공격
collateral defence (영)	선결적 방어
collateral issue (영)	선결문제
Commission	유럽공동체 집행위원회
comparative law (영·미)	비교법
compétence liée (프)	기속행위(羈束行爲)
conciliation (프)	재판상화해
Conseil d'Etat (프)	국참사원(國參事院)
consent decree (미)	합의판결
contempt of court (영·미)	법정모욕죄
contentieux administratif (프)	행정소송
contentieux de pleine juridiction (프)	완전심판소송
continuité du service public (프)	공역무 계속성
contra legem (라)	문언에 반하는(해석)
contrat administratif (프)	공법상계약
contrat administratif (프)	행정계약
contrat privé (프)	사법상계약(私法上契約)
Cour administratif dappel (프)	행정항소재판소
Court of Appeal (영)	항소법원
cross-examination (영·미)	증인(교호)심문
Crown Proceedings Act (영)	국왕소추법(1947년)
Crowns immunity (영)	국왕의 면책특권
culpa in contrahendo (라)	계약체결상 과실
curing procedural unfairness (영)	절차적 하자의 치유
damages (영·미)	손해배상

Daseinsvorsorge (독)	생존배려
Dauerverwaltungsakt (독)	계속적 행정행위
de novo review (미)	전면적 사법심사
debarment (영·미)	입찰금지
decision exécutoire (프)	집행적 결정
declaration (영·미)	선언판결
Demokratie (독) / démocratie (프) / democracy (영·미)	민주주의
Deontologie (독)	의무론
Dezisionismus (독)	결단주의(決斷主義)
Diktatur der Robe (독)	법복(法服)의 독재
directory procedural requirements (영)	훈시적 절차요건
discovery (영)	문서제출명령
discrétion (프) / discretion (영·미)	재량
Diskurstheorie (독)	담론(談論)이론
dispositif (프)	주문(主文)
Dogmatik (독)	도그마틱
domaine public (프)	공물
Drittschutz (독)	제 3 자 보호
droit administratif (프)	행정법
droit comparé (프)	비교법
droit coutumier (프)	관습법
droit du contentieux administratif (프)	행정소송법
droit prétorien (프)	판례법
droit public (프)	공법
due process of law (미)	법의 적정절차(적법절차)
décision de rejet (프)	거부결정
décision préalable (프)	제 1 차적 판단권(선결권)
détournement de pouvoir (프)	권한남용
Eigenverwaltungsrecht der Europäischen Gemeinschaft	유럽공동체의 고유행정법
einstweiliger Rechtsschutz (독)	가구제(假救濟)
Emissionsgrenzwert (독)	환경유해배출 한계치
Entpolizeilichung (독)	탈경찰화(脫警察化)
entreprise publique (프)	공기업
entsprechende Anwendung (독)	준용(準用)

Enumerationsprinzip (독)	열기주의(列記主義)
environmental impact assessment (영·미)	환경영향평가
Erkenntnisgrund (독)	인식근거
Erledigung des Verwaltungsaktes (독)	소멸／종료, 행정행위의
Erlediung der Hauptsache (독)	종료(終了), 본안의
Ermessen (독)	재량
Ermessenserwägung (독)	재량고려사유
Ermessensmißbrauch (독)	재량권남용
error of law (영·미)	법적 오류
error on the face of the record (영)	기록상 명백한 오류
estoppel (영·미)	금반언(禁反言)
établissement public (프)	공적 시설법인
état de la loi (프)	법률국가
Europäische Gemeinschaft／European Community	유럽공동체
Europäische Union／European Union	유럽연합
ex parte ~ (라)	신청에 기하여
examen de tolérance écologique (프)	환경영향평가
exception d'illégalité (프)	위법성항변
exécution de la chose jugée (프)	기판사항(旣判事項)의 집행
Fehlerkalkül (독)	하자계측(瑕疵計測)
fehlerunabhängige Wirksamkeit (독)	단순위법의 하자에도 불구하고 발생하는 효력(공정력에 상응하는 것)
Feststellungsklage (독)／recours déclaratif (프)	확인소송
finality clause (영·미)	최종조항(행정기관의 결정이 '최종적'이라는 조항)
Finanzgerichtsordnung (FGO) (독)	조세법원법
Fiskus (독)	국고(國庫)
Fiskusverwaltung (독)	국고행정
Folgenbeseitigungsanspruch (독)	결과제거청구권
formalité substantielle (프)	중요한 절차적 요건
formeller Rechtsstaat (독)	형식적 법치주의
formeller Verwaltungsakt (독)	형식적 행정행위
Fortsetzungsfeststellungsklage (독)	계속확인소송

Freiheit der Rechtsformenauswahl (독)	법형식 선택의 자유
Gefahr (독)	위험
Gefahrenabwehr (독)	위험방지
Gefährdungsdelikt (독)	위험범
Generalermächtigungsklausel (독)	개괄수권조항(概括授權條項)
gerichtlicher Vergleich (독)	재판상화해
Gerichtsgeb hr (독)	재판수수료
Gesetz (독)	법률
Gesetz über Ordnungswidrigkeiten (독)	질서위반법
Gesetzeslücke (독)	법률의 흠결
Gesetzesvorbehalt (독)	법률유보
Gesetzesvorrang (독)	법률우위
Gestaltugsklage (독)	형성소송
Gestaltungswirkung (독)	형성력
gestion privé (프)	사법적(私法的) 관리작용
gestion pubique (프)	공법적 관리작용
Gewohnheitsrecht (독)	관습법
Gewährleistungsverantwortung (독)	보장책임
Gleichheit im Unrecht (독)	불법(不法)에 있어서의 평등
Gleichheitssatz (독)	평등원칙
government procurement contract (미)	행정조달계약(정부조달계약)
Grundgesetz (독)	기본법(독일 연방헌법)
grundrechtliche Schutzpflicht (독)	기본권 보호의무
Gründe (독)	처분사유
habeas corpus (영·미)	인신보호명령
hearing (영·미)	청문(聽聞)
Heilung des Verfahrensfehlers (독)	절차적 하자의 치유
heuristischer Begriff (독)	문제해명적 개념
High Court (영)	고등법원(런던소재 1심법원)
House of Lords (영)	대법원 / 상원
illegality (영)	위법성, 실체적
illégalité externe (프)	외적 위법성
illégalité interne (프)	내적 위법성
Immissionsgrenzwert (독)	환경오염 한계치
incompétence (프)	무권한(無權限)
inexistence (프)	부존재(독일의 무효 Nichtigkeit

	에 상응)
inexistence juridique (프)	- 법적 부존재(평가상 부존재)
inexistence matérielle (프)	- 사실상 부존재
informales Verwaltungshandeln (독)	비공식적 행정활동
injonction (프)	이행명령
injunction (영·미)	명령판결
injury in fact (미)	실재적 침해(미국 판례상 행정소송의 원고적격 요건)
Inkorporationsthese (독)	편입이론
intensity of control (영·미)	심사강도(=통제밀도)
Interessenabwägung (독)	이익형량
interim relief (영·미)	가구제(假救濟)
interlocutory injunction (영·미)	임시명령판결
interprétation (프) / interpretation (영·미)	해석
intérêt public (프)	공익
intérêt à agir; intérêt pour agir (프)	소의 이익
isolierte Anfechtungsklage (독)	독립적 취소소송(의무이행소송이 가능함에도 거부처분의 취소만을 구하는 것)
judge-made law; case law (영·미)	판례법
judicial review of administrative action (영·미)	사법심사, 행정행위(광의)에 대한
judicial reviw (영·미)	사법심사
jugement d'expedient (프)	편의판결(便宜判決)
juristische Argumentation (독)	법적 논증
juristische Fiktion (독)	법적 의제(擬制)
justice déléguée (프)	위임된 재판권
justice retenue (프)	유보된 재판권
Kasuistik (독)	카주이스틱(개별적 해결방법)
Klage (독)	소송
Klagebefugnis (독)	원고적격
Kommission	유럽공동체 집행위원회
Konkurrentenklage (독)	경업자소송(競業者訴訟)
konsensuales Verwaltungshandeln (독)	합의적 행정활동
Konstitutionalismus (독)	헌법주의
Kontrolldichte (독)	심사강도(=통제밀도)

Kontrollmaßstab (독)	심사척도
Kooperation (독)	협력
Kooperationsprinzip (독)	협력원칙
kooperativer Staat (독)	협력적 국가
kooperatives Recht (독)	협력적 법
kooperatives Verwaltungshandeln (독)	협력적 행정활동
koordinationsrechtlicher Vertrag (독)	대등법적(對等法的) 계약
Koppelungsverbot (독)	부당결부금지
Kriminalpolizei (독)	사법경찰(司法警察)
kriminelles Unrecht (독)	형사범
Legalismus (독)	법률주의
Leistungsklage (독)	이행소송
Leistungsverantwortung (독)	급부책임
Leistungsverwaltung (독)	급부행정
liberaler Rechtsstaat (독)	자유적 법치국가
limied reivew on the record (미)	제한적 사법심사
local government (영·미)	지방자치단체
locus standi (라)	원고적격
loi (프)	법률
loi comme volonté générale (프)	일반의지로서의 법률
mandatory injunction (영·미)	이행명령판결
mandatory order (mandamus에서 2000년 개칭) (영)	직무집행명령
mandatory procedural requirements (영)	강행적 절차요건
marché des travaux publics (프)	관급공사계약
marché public (프) ／ public procurement contract (영)	행정조달계약(공공조달계약)
materielle Rechtskraft (독)	실질적 확정력 (기판력)
materieller Rechtsstaat (독)	실질적 법치주의
maßgeblicher Zeitpunkt der Beurteilung der Rechtswidrigkeit (독)	위법판단 기준시
mediales Recht (독)	매개적 법
Menschenwürde (독)	인간 존엄성
Methodenlehre; Methodologie (독)	방법론
misfeasance in public office (영)	공무원의 직권남용
Mitbestimmung (독)	공동결정

motif (프)	처분이유
motivation (프)	이유제시
Nachbarklage (독)	인인소송(隣人訴訟)
Nachbarrecht (독)	인인권(隣人權)
Nachholen von Begründung (독)	이유제시의 추완(追完)
Nachschieben von Gründen (독)	처분사유의 추가 · 변경
Natur der Sache (독)	사물의 본성
natural justice (영)	자연적 정의
Naturschutz (독)	환경보호
ne bis in idem (라)	일사부재리
Nebenbestimmung (독)	부관
negative Verfügung (독)	소극적 처분
negligence (영·미)	과실
nemo iudex in sua causa (라)	자연적 정의의 제 1 원칙(자신의 사건의 재판관이 될 수 없다)
nicht-obrigkeitliche Verwaltung (독)	비권력행정
Nichtigkeit (독)	무효
Nichtigkeitsklage	유럽공동체의 취소소송
non-lieu (프)	소송종료
Normenkontrollverfahren (독)	규범통제절차
normkonkretisierende Verwaltungsvorschrift (독)	규범구체화 행정규칙
nullité (프)	무효
Oberverwaltungsgericht (독)	고등행정법원(독일)
objektive Erheblichkeit des Irrtums (독)	착오의 객관적 현저성
objektiver Rechtsstaat (독)	객관적 법치주의
obrigkeitliche Verwaltung (독)	권력행정
öffentlich-rechtlicher Erstattungsanspruch (독)	공법상 부당이득반환청구권
öffentlich-rechtlicher Vertrag (독)	공법상계약
öffentliche Gewalt (독)	공권력
öffentliche Sache (독)	공물
öffentliche Sicherheit (독)	공적 안전(공공의 안녕과 질서)
öffentliches Interesse (독)	공익
öffentliches Recht (독)	공법
öffentliches Unternehmen (독)	공기업

Öko-audit (독)	환경자기감시
Ontologie (독)	존재론
open texture (영)	개방적 조문(불확정개념이 있는 조문)
Optimierungsgebot (독)	최적화명령(最適化命令)
opération complexe (프)	다단계 행정과정
ordinary remedies (영)	통상적 구제
ordonnance (프)	포괄수권명령
orginal writ (영)	소송개시영장
ouster clause (영·미)	사법심사배제 조항
pacta sunt servanda (라)	합의(合意)는 준수(遵守)되어야 한다
pararelle Belastung (독)	병렬적 침익
Parlamentarismus (독)	의회주의
parliamentary sovereignty (영)	의회주권
Parteistreitigkeiten (독)	당사자소송(當事者訴訟)(독일 1960년 이전까지)
participatory democracy (영·미)	참여민주주의
Partizipation (독)	참여
passive Prozeßführungsbefugnis (독)	피고적격
Passivlegitimation (독)	정당한 피고
Paulskirchenverfassung (독)	파울교회헌법(독일 1848년 3월 혁명에서 선포된 헌법)
permission (leave에서 2000년 개칭) (영)	소송개시허가(사법심사청구소송, 2000년부터 새로운 명칭)
Personalienfeststellung; Sistierung (독)	신원확인(身元確認)
Pflicht (독)	의무
Planfeststellungsverfahren (독)	계획확정절차
Planung (독)	계획
Planungsermessen (독)	계획재량
Planungshoheit (독)	계획고권(計劃高權)
praktische Konkordanz (독)	실천적 정합성(整合性)
praktische Vernunft (독)	실천이성
preliminary ruling (영)	선결문제심판(유럽법원)
prerogative power (영)	대권적 권한
prerogative remedies (영)	대권적 구제

prerogative writs (영)	대권적 令狀
prima facie-Vorrang (독)	일견우월(一見優越)
principe du droit (프) / principle of law (영·미)	법원리
principe de la proportionnalité (프)	비례원칙
principe de non-rétroactivité de lacte administratif (프)	불소급원칙, 행정행위의
Prinzip (독) / principe (프) / principle (영·미)	원리
Prinzip der begrenzten Einzelermächtigung (독)	제한적·개별적 수권원칙(유럽공동체)
Privatautonomie (독)	사적 자치
Privatisierung (독) / privatisation (프·영·미)	민영화
Privatrecht (독) / droit privé (프)	사법(私法)
privilège du préalable (프)	예선적 특권
procedural exclusivity (영)	절차적 배타성, 사법심사청구소송의
procedural impropriety (영)	절차적 하자
procédure administrative (프)	행정절차
prohibiting order (2000년 이전: prohibition) (영)	금지명령
protection des sites (프)	환경보호
protection of environment (영·미)	환경보호
protection of legitimate expectation (영·미)	신뢰보호
prozedurales Recht (독)	절차적 법
prozessuale Verwirkung (독)	소송상 실권(失權)
prozessualer Anspruch (독)	소송상 청구권
Prozeßführungsbefugnis (독)	소송수행자격
Prozeßvergleich (독)	소송상화해
Prozeßökonomie (독)	소송경제
Präjudizialität (독)	선결력(先決力)
Präjudizienrecht; Richterrecht (독)	판례법
Präklusion (독)	실권(失權), 제소권 또는 행정절차참가권의
public interest (영·미)	공익
public law (영)	공법

puissance publique (프)	공권력
qualité pour agir (프)	원고적격
quashing order (certiorari에서 2000년 개칭) (영)	취소판결(명령)
quasi-judicial power (미)	준사법권(準司法權)
question of facts (영·미)	사실문제
question of law (영·미)	법적 문제
Rat / Council	유럽공동체 이사회
reasoning (영·미)	이유제시
Recht (objektives) (독)	법
Recht (subjektives) (독)	권리
Recht und Gesetz (독)	법률과 법
Rechtsdogmatik (독)	법도그마틱
Rechtsfortbildung (독)	법형성
Rechtsfrieden (독)	법적 평화
Rechtskraft (독)	기판력(旣判力)
Rechtsmißbrauch (독)	권리남용
Rechtspositivismus (독)	법실증주의
Rechtsprechung (독)	司法 / 판례
Rechtsprinzip (독)	법원리
Rechtsquelle (독)	법원(法源)
Rechtssatz (독)	법규(법명제)(독)
Rechtsschutzbedürfnis (독)	권리보호필요성
Rechtsschutzverzicht (독)	소송포기
Rechtssetzung der Verwaltung (독)	행정입법
Rechtssicherheit (독)	법적 안정성
Rechtsstaat (독)	법치국가 · 법치주의
Rechtstheorie (독)	법이론(法理論)
Rechtsvergleichung (독)	비교법
Rechtsverhältnis (독)	법(률)관계
Rechtsverletzung (독)	권리침해
Rechtswidrigkeitszusammenhang (독)	위법성 견련성
Rechtswirkung nach außen (독)	법적 효과, 대외적
Rechtswissenschaft (독)	법학
Rechtswissenschaft als Brotwissenschaft (독)	밥학(빵의 학문)인 법학

Rechtswissenschaft als Krone der Wissenschaften (독)	제왕(帝王)학문으로서의 법학
recours administratif (프)	행정심판
recours en appréciation de validité (프)	효력평가소송
recours en interprétation (프)	해석소송
recours objectif (프)	객관소송
recours populaire (프)	만인소송(萬人訴訟)
recours pour excès de pouvoir (프)	월권소송(越權訴訟)
recours subjectif (프)	주관소송
reflexives Recht (독)	자생적 법
Regel (독)	규칙
Regelung (독)	규율
Regierungsakt (독)	통치행위
Reine Rechtslehre (독)	순수법학
remedy (영·미)	구제수단 / 소송유형 / 판결주문
remit (영·미)	환송
remplacement (프)	대체, 행정행위의
restitutio in integrum (라)	원상회복
restitutiton (영·미)	반환청구
restricted review on the record (미)	기록에 의거한 제한된 심사
retrait (프)	취소, 행정청에 의한(직권취소)
Richterrecht; Präjudizienrecht (독)	판례법
Richterstaat (독)	법관국가(法官國家)
richtige Beklagte (독)	정당한 피고
ripeness (미)	성숙성, 사건의
Risiko (독)	리스크
royal prerogative (영)	국왕대권
rule (영·미)	규칙
rule of law (영·미)	법의 지배
rule-making (formal / informal) (미)	규칙제정절차(공식적 / 비공식적)
rule-making (미)	행정입법
règle (프)	규칙
règlement autonome (프)	독립명령
réfection (프)	반복(취소판결 이후 동일한 행정행위의 반복)

référé-suspension (프) 집행정지 가처분
régularisation ou couverture d'un vicede procédure (프) 절차적 하자의 치유
Rücknahme (독) 취소, 행정청에 의한(직권취소)
sanction (프·영·미) 제재(制裁)
Sanktion (독) 제재(制裁)
Scheinbegründung (독) 가장적(假裝的) 이유제시
schlicht-hoheitliche Verwaltung (독) 단순고권행정
schlichte Verwaltung (독) 단순행정
schlichtes Verwaltungshandeln (독) 단순행정활동
Schutznorm (독) 보호규범(=수호규범)
Schutznormtheorie (독) 보호규범이론
schutzwürdiges Interesse / Belange (독) 보호가치 있는 이익
scope of review (미) 심사의 범위(미국, 본안문제-심사척도와 심사강도)
Selbstbezeugungskraft (독) 자기확인력(自己確認力)
Selbstbindung (독) 자기구속
Selbstregulierung (독) 자기규율
service public (프) 공역무
service public industriel et commercial (프) 상공업적 공역무
silence (프) 부작위
Sistierung, Personalienfeststellung (독) 신원확인(身元確認)
source du droit (프) / source of law (영·미) 법원(法源)
source du droit non écrite (프) 불문법원(不文法源)
Sozialgerichtsordnung (SGO) (독) 사회법원법
Sozialgesetzbuch (SGB) (독) 사회법전
Spruch; Tenor (독) 주문(主文)
Staatszielbestimmung (독) 국가목적규정
standing (영·미) 원고적격
Statthaftigkeit (독) 대상적격
statute (영·미) 법률
statutory instrument (영) 행정입법
statutory power (영) 법률상 권한
Steuerung, Steuerungswissenschaft (독) 조종(操縱), 조종학
Streitgegenstand (독) 소송물(訴訟物)

Streitwert (독)	소가(訴價)
subjektiver Rechtsstaat (독)	주관적 법치주의
subjektives öffentliches Recht (독)	(주관적) 공권
Subjektivierung des Verwaltungsrechts (독)	주관화(권리화), 행정법의
subordinationsrechtlicher Vertrag (독)	종속법적 계약
Subsidiarität (독)	보충성
substitution de base légale (프)	법적 근거의 대체
substitution de motifs et base légale (프)	처분이유와 법적 근거의 대체
Subsumtion (독)	포섭
sufficient interest (영)	충분한 이익(사법심사청구소송의 원고적격)
summons (영·미)	소환장
Systemtheorie (독)	체계이론
TA-Luft (Technische Anleitung-Luft) (독)	대기환경 기술기준
Tatbestandswirkung (독)	구성요건적 효력
Theorie des Gebotes der Rücksichtnahme (독)	고려명령(考慮命令)이론
théorie de l'imprévision (프)	불예견(不豫見)이론
théorie des moyens inopérants en cas de compétence liée (프)	기속행위의 경우 일정한 위반사유는 취소사유가 되지 않는다는 이론
théorie du fait du prince (프)	군주행위(君主行爲)이론
transaction (프)	실체법상 화해계약
travaux privés (프)	사법적(私法的) 공사도급
travaux publics (프)	공법적 공사도급
Treu und Glauben (독)	신의성실
tribunal (영)	전문행정심판소
Tribunal administratif (프)	행정재판소(제 1 심)
Tribunal des conflits (프)	관할재판소
Typisierung (독)	유형화
Tyrannei der Werte (독)	가치의 전제정(專制政)
ultra vires (라)	권한유월(權限踰越)
Umdeutung des Verwaltungsaktes (독)	전환, 행정행위의
umfassender Rechtsschutz (독)	포괄적 권리구제
Umweltnachbarklage (독)	환경인인소송(環境隣人訴訟)

Umweltverträglichkeitsprüfung (독)	환경영향평가
unbestimmter Begriff (독)	불확정개념
unechter Vergleich (독)	부진정화해(不眞正和解)
ungeschriebene Rechtsquelle (독)	불문법원(不文法源)
unmittelbarer Zwang (독)	직접강제
unreasonableness (영)	불합리성(재량권남용에 상응)
Unterlassung (독)	부작위
Unterlassungsklage (독)	금지소송
Untersuchungsgrundsatz (독)	직권탐지주의
Untätigkeit (독)	부작위(광의, 거부처분과 협의의 부작위를 포함)
Untätigkeitsklage (독)	부작위소송(광의의 부작위의 경우 행정행위의 발급을 구하는 소송)
unwritten source of law (영·미)	불문법원(不文法源)
Verallgemeinerungsfähigkeit (독)	보편화능력
Verbandsklage (독)	단체소송
Verbandszuständigkeit (독)	단체관할(연방 · 주 · 지방자치단체 기타 공공단체의 관할)
Verfahrensfehler (독)	절차적 하자
Verfassungsbeschwerde (독)	헌법소원
verfassungskonforme Auslegung (독)	헌법합치적 해석
Verfügung (독)	처분
Verfügungsgrundsatz (독)	처분권주의(處分權主義)
Vergabe öffentlicher Aufträge (독)	행정조달(공공발주)
Vergabekammer (독)	발주심판소(發注審判所)
Vergleichsvorschlag (독)	화해권고안
vergleichsähnliche Erklärung (독)	화해유사적 진술
Verhandlung (독)	협상
Verhältnismäßigkeitsprinzip (독)	비례원칙
verification d'identité (프)	신원확인(身元確認)
Vernunftrecht (독)	이성법(理性法)
Verplichtungsklage (독)	의무이행소송
Verständigung, tatsächliche (독)	합의, 사실상
Vertrauensschutz (독)	신뢰보호
Verwaltung (독)	행정

Verwaltungsakt (독) 행정행위(최협의)
Verwaltungsaktakzessorietät (독) 행정행위 종속성
Verwaltungsgericht (독) 지방행정법원(제 1 심)
Verwaltungsgerichtsbarkeit (독) 행정재판(권)
Verwaltungsgerichtsordnung (VwGO) (독) 행정법원법
Verwaltungsgesellschaftsrecht (독) 행정회사법
Verwaltungshandelsrecht (독) 행정상법
Verwaltungshelfer (독) 행정보조자
Verwaltungsordnungsstrafe (독) 행정질서벌
Verwaltungspolizei (독) 행정경찰
Verwaltungsprivatrecht (독) 행정사법(行政私法)
Verwaltungsprozeß (독) 행정소송
Verwaltungsprozeßrecht (독) 행정소송법
Verwaltungsrecht (독) 행정법
Verwaltungsrechtspflege (독) 행정사법(行政司法)
Verwaltungsrechtsverhältnis (독) 행정법관계
Verwaltungssanktion (독) 행정벌
Verwaltungssofortvollzug (sofortiger Vollzug) (독) 행정상 즉시강제
Verwaltungsstrafe (독) 행정형벌
Verwaltungsunrecht (독) 행정범
Verwaltungsverfahren (독) 행정절차
Verwaltungsverfahrensgesetz (VwVfG) (독) 행정절차법
Verwaltungsvertrag (독) 행정계약
Verwaltungsvollstreckung (독) 행정상 강제집행
Verwaltungsvorbehalt (독) 행정유보
Verwaltungsvorschrift (독) 행정규칙
Verwaltungszwang (독) 행정강제
Verwirkung (독) 실권(失權), 행정권한의
vice de forme (프) 형식상 하자
vice de forme ou de procédure (프) 절차적 하자
Viertschutz (독) 제 4 자 보호
violation de la loi (프) 법률위반
voie de fait (프) 폭력행위(중대위법행위)
Vollstrecktungstitel (독) 집행권원(執行權原)(채무명의)

Vorabentscheidung (독)	선결문제심판 (유럽법원)
Vorbehalt des Gesetzes (독)	법률유보
vorbeugende Unterlassungsklage (독)	예방적 금지소송
Vornahmeurteil (독)	특정행위명령판결
Vorrang des Gesetzes (독)	법률우위
Vorsorge (독)	사전대비(事前對備)
Werttheorie (독)	가치이론
Widerruf (독)	철회
Widerspruchsbescheid (독)	행정심판재결
Widerspruchsverfahren (독)	행정심판
Wiederaufgreifen des Verfahrens (독)	절차재개
Wirksamkeit (독)	구속력
Wissenschaftsrecht (독)	학문법
Zuschlag (독)	낙찰(落札)
Zwangsgeld (독)	이행강제금
Zwei-Stufen-Theorie (독)	2단계이론
zweitgliedriger Streitgegenstandsbegriff (독)	이분지설(二分肢說)의 소송물개념

저자약력

서울대학교 법과대학 졸업
동 대학원 석사과정 졸업(법학석사)
독일 Göttingen대학 박사과정 졸업(법학박사; Dr. iur.)
서울민사지방법원 · 서울형사지방법원 판사
대법원행정소송법개정위원회위원 · 국무총리행정심판위원회위원 · 법제처 행정심판법개정위원회위원 · 국정자문행정절차분과위원회위원 · 서울특별시제1인사위원회위원 등
사법시험 · 행정고시 · 입법고시 등 시험위원
현재 서울대학교 법학전문대학원 교수

[행정법연구 2]
행정소송의 구조와 기능

2006년 5월 30일 초판발행
2021년 3월 10일 중판발행

저 자 朴 正 勳
발행인 安 鍾 萬
발행처 (株) 博 英 社
서울특별시 금천구 가산디지털2로 53, 210호(가산동, 한라시그마밸리)
전화 (733)6771 FAX (736)4818
등록 1959. 3. 11. 제300-1959-1호(倫)

www.pybook.co.kr e-mail: pys@pybook.co.kr

정 가 33,000원 ISBN 89-7189-705-8